Grandes Pensadores do Estado e do Direito

Grandes Pensadores do Estado e do Direito

REFLEXOS NA ORGANIZAÇÃO DOS ESTADOS

2022 • Volume 2

Edson Simões

ALMEDINA

GRANDES PENSADORES DO ESTADO E DO DIREITO
REFLEXOS NA ORGANIZAÇÃO DOS ESTADOS – VOLUME 2

AUTOR: Edson Simões

DIRETOR ALMEDINA BRASIL: Rodrigo Mentz
EDITORA JURÍDICA: Manuella Santos de Castro
EDITOR DE DESENVOLVIMENTO: Aurélio Cesar Nogueira
ASSISTENTES EDITORIAIS: Isabela Leite e Larissa Nogueira

DIAGRAMAÇÃO: Almedina
DESIGN DE CAPA: Roberta Bassanetto

ISBN: 9786556274829
Março, 2022

Dados Internacionais de Catalogação na Publicação (CIP)
(Câmara Brasileira do Livro, SP, Brasil)

Simões, Edson
Grandes pensadores do Estado e do direito :
reflexos na organização dos Estados, volume 2 /
Edson Simões. – São Paulo : Almedina, 2022.

Bibliografia
ISBN 978-65-5627-482-9

1. Antropofagia 2. Democracia 3. Direito
4. Organização dos Estados I. Título.

22-98350 CDD-320.01

Índices para catálogo sistemático:

1. Organização dos Estados : Ciências políticas 320.01

Maria Alice Ferreira – Bibliotecária – CRB-8/7964

Este livro segue as regras do novo Acordo Ortográfico da Língua Portuguesa (1990).

EDITORA: Almedina Brasil
Rua José Maria Lisboa, 860, Conj.131 e 132, Jardim Paulista | 01423-001 São Paulo | Brasil
editora@almedina.com.br
www.almedina.com.br

SUMÁRIO

INTRODUÇÃO

Para analisarmos o que acontece no Brasil de hoje em relação à democracia, à Constituição e a suas leis, é necessário que se caracterize o que aconteceu e acontece no pensamento mundial, desde a antiguidade até o período contemporâneo e que se reflete atualmente em nosso panorama político, social, econômico e intelectual. Afinal, o Brasil utilizou de princípios e conceitos retirados de outras constituições para o seu "pacto social", realizando verdadeira mixórdia em seus pactos sociais de 1824 a 1988, dificultando no caso concreto a aplicação em sua essência das nossas Cartas, principalmente a de 1988. Mas quais foram esses princípios e conceitos?

Portanto, é necessária uma análise desde os sofistas até John Rawls em relação à política, ao Estado, à Justiça, ao direito, ao poder, à liberdade e à governança, para tentarmos entender a nossa complexa situação atual (constituições, democracia etc.), ou seja, quais as consequências ou não desses pensadores na organização do Estado brasileiro, de ontem e de hoje.

Capítulo 1
SOFISTAS

Os sofistas, grupo de pensadores da Grécia Antiga, eram relativistas filosóficos e refutavam toda verdade que tivesse valor universal. Consideravam o bem e o mal, a verdade e a falsidade como questões de critério individual, desconsiderando os padrões universais que pudessem ser aplicados às pessoas em todas as épocas. Ao aplicar a razão aos negócios humanos, os sofistas atacaram a religião tradicional e os valores morais da sociedade ateniense. Os sofistas também aplicaram a razão à lei e com o mesmo efeito – o enfraquecimento da autoridade tradicional[1].

Para os sofistas mais radicais, "a lei era apenas algo criado pelos cidadãos mais influentes para o seu próprio benefício", por isso ela não precisava ser obedecida. Alguns sofistas associaram essa agressão à lei a um ataque à antiga ideia ateniense de sôphrosúnè – moderação e autodisciplina –, pois esta negava os instintos humanos. O pensamento destes pensadores estimulou a desobediência à lei, o desprezo pelo dever cívico e o individualismo egoísta. Muito difundidas durante a Guerra do Peloponeso (431 a 404 a.C), suas atitudes e doutrinas enfraqueceram os elos da comunidade. Os conservadores buscaram restaurar a autoridade da lei e o respeito aos valores morais, renovando a fidelidade às tradições pelos gregos, especialmente no caso dos atenienses. Em outros termos:

> *"Os sofistas desenvolveram a arte da linguagem bem organizada, efetuando o convencimento da sociedade pelo discurso. A base era convencer o cidadão, tendo como princípio*

[1] Perry, Marvin. *Civilização ocidental: uma história concisa*, 3. ed., São Paulo: Martins Fontes, 2002, p. 62.

o demo, povo e 'cratia', poder ou força, no pressuposto de que o povo era responsável pelas decisões[2].
Eles tiveram a preocupação primeira de transmitir a cultura geral. Ilustrando os que buscavam suas lições, diligentemente os preparavam, através da excitação do raciocínio dialético, para a prática da atividade política, ocupação fundamental do cidadão ateniense. Sua paixão pela liberdade de pensamento conduziu-os à postura crítica diante da infinidade de temas que problematizaram. Nenhum setor do conhecimento deixou de ser apreciado pelo método dialético"[3].

O ateniense, cidadão grego por excelência, era adestrado na arte de argumentar como necessidade imposta pelo exercício das liberdades públicas, o qual se definia essencialmente por sua integração na vida da *polis* (a cidade como centro intelectual dos antigos gregos). Assim, cumprir o papel de cidadão significava cuidar dos negócios da cidade, persuadindo e decidindo. Se "a linguagem se tornara (...) a mais poderosa das armas nas grandes lutas políticas", isso se deu porque a democracia quase direta a transformara no mais eficiente instrumento de formação da vontade popular. Falar bem, com clareza e desenvoltura, a fim de imprimir confiança e, assim, convencer os ouvintes das verdades proferidas, eis a aspiração principal do político ateniense. Todos os grandes líderes da democracia, de Clístenes a Demóstenes, foram igualmente brilhantes oradores[4].

Os sofistas desenvolveram "um movimento pluralista de ideias, congregando doutrinas de várias ordens, até mesmo opostas e contraditórias. Não houve, pois, unidade de pensamento entre eles. Se há um traço que os aproxima, esse é a identidade dos problemas que os ocupavam – os de caráter ético-político – e o método crítico de examiná-los – a dialética, que manejavam com maestria. A maioria deles, aliás, apresentavam-se

[2] Na realidade, apenas os cidadãos tinham direitos civis e políticos, pois os escravos, estrangeiros e mulheres estavam excluídos de participação nesta democracia direta. Era uma democracia escravista.

[3] Sócrates se opunha aos sofistas; no entanto, do ponto de vista formal, servia-se do mesmo método dos seus rivais. VASCONCELOS, Arnaldo. *Direito, humanismo e democracia*. 2.ed. São Paulo: Malheiros, 2006, p. 65.

[4] VASCONCELOS, Arnaldo. *Direito, humanismo e democracia*. 2.ed. São Paulo: Malheiros, 2006, p. 65.

como professores de retórica, mestres da arte de persuadir. Têm-se distinguido, geralmente, duas correntes dentro do movimento: a chamada velha sofística, que dá forma e justifica a ideologia democrática da era de Péricles, e na qual estão incluídos Protágoras, Górgias, Hípias e Pródico; e a nova sofística, que serviu ao regime dos Trinta Tiranos, desencaminhando a dialética para as disputas sutis da erística[5], e na qual se podem contar Antífon, Trasímaco, Alcidamante, Licofron e Crítias"[6].

Em dois breves períodos de "eclipse da democracia", ideias autoritárias da nova sofística ensaiaram concretizar-se em 411 a.C. e 403 a.C., quando a democracia estava derrotada. Exceto esse período, sempre prevaleceu entre sofistas, filósofos, políticos, historiadores, dramaturgos, oradores e poetas "a convicção na excelência do regime democrático"[7].

Na Grécia antiga, a doutrina do Contrato Social, tal como a concebeu a primeira geração de sofistas, era considerada democrática. Trata-se da teoria da democracia laica, que entroniza valores humanos permanentes. Os sofistas desenvolveram um raciocínio próprio e preocupavam-se com o homem e a vida em sociedade, usando jogos de palavras, ilogicidade em seus raciocínios, trocadilhos, tentando demonstrar as suas "verdades" para chegar a determinados objetivos políticos. Desenvolveram o sofisma, que demonstrava o relativismo e o subjetivismo de todo o conhecimento[8]. A seguir, os principais defensores dessa forma de pensamento.

1.1 Protágoras (c. 485 ou 483 a.C. – 410 a.C.) – o constitucionalista de Péricles

Protágoras de Abdera, discípulo de Demócrito e amigo íntimo de Péricles, acumulou fortuna com seus ensinamentos. Ele percorria todo o

[5] A erística, considerada oposta à dialética, é uma técnica de disputa argumentativa no debate filosófico empregada com o objetivo de vencer uma discussão e não necessariamente descobrir a verdade sobre uma questão.

[6] Vasconcelos, Arnaldo. *Direito, humanismo e democracia*, cit., p. 89.

[7] Ibidem, p. 89.

[8] Sofisma ou sofismo, o equivalente a "fazer raciocínios capciosos". Em filosofia é um raciocínio ou falácia que se refere a uma refutação aparente, reputação sofística e também a um silogismo aparente ou silogismo sofístico, mediante os quais se quer defender algo falso e confundir o contraditor. Mora, José Ferrater. *Dicionário de Filososofia*. São Paulo: Edições Loyola, 1981, p. 1278.

estado-nação e preparava os seus alunos para as assembleias populares, em que se discutia a política da cidade. Péricles incumbiu-o de elaborar leis, como uma Constituição para a colônia pan-helênica de Túrios. Posteriormente, devido às suas teorias, foi expulso de Atenas por ser considerado "sacrílego" contra os deuses, uma vez que disse: "Nada sei sobre os deuses, se são ou não são, ou que forma têm – este é um assunto muito vago, e a vida é demasiado breve". Morreu em um naufrágio quando fugia para a Sicília. Ficou célebre pela frase que definia o homo mensura: "o homem é a medida de todas as coisas, das que são, enquanto são, e das que não são, enquanto não são". Platão deu o nome de "Protágoras" aos seus famosos diálogos sobre democracia[9].

Afirmou em Antilogias que para todos os assuntos há dois argumentos possíveis, um a favor e outro contra. Tradicionalista no plano das condutas humanas, acreditava que o senso moral é inato e que moralidade significa conformidade com as leis e os costumes (nomoi) do Estado a que se pertence.

1.2 Górgias (c. 485 a.C. – c. 380 a.C.) – defensor da concórdia

Originário da Sicília (Leontinos), destacou-se em Atenas devido a sua oratória e conhecimento. Foi embaixador na sua *polis* e professor de retórica de Péricles. A base de sua filosofia é o discurso. Seu grande adversário foi Parmênides. Górgias viveu 108 anos e é tido como o mais célebre dos sofistas. Górgias se preocupava com a ordem do mundo. Por isso, chamava esse universo de Kosmos (ordem mundial) e não de Askomia (desordem mundial).

Comparado a Nestor, orador na *Ilíada*, por Platão, influenciou Sócrates, que se opôs fortemente a seus rivais sofistas[10].

"Dois resumos de Górgias chegaram até nós: um escrito por Sexto Empírico[11] no século III d.C.; e outro, de autor anônimo, que data um

[9] Grant, Michael. *Civilização clássica – história resumida (Grécia e Roma)*. Jorge Zahar, 1994, p. 90.

[10] Reale, Giovanni. *Sofistas, Sócrates e socráticos menores*. São Paulo: Edições Loyola, 1998, p. 49.

[11] Foi um médico e filósofo grego que viveu entre os séculos II e III d.C. Seus trabalhos filosóficos se opõem à astrologia e a outras magias. Seus escritos foram publicados em

pouco depois de Aristóteles". Na versão de Sexto há a demonstração de três teses: (1) nada existe; (2) se algo existe, é impensável; (3) se algo é pensável, é incomunicável. Como se percebe, a partir de uma posição niilista ("nada existe"), Górgias chega ao ponto que lhe interessa: a impossibilidade de comunicar o real por parte do discurso ("o logos", tema da terceira tese). Para demonstrar suas duas primeiras teses, ele vale-se, maliciosamente, de argumentos sustentados pelos filósofos que ataca, especialmente Zenão de Eleia e Melisso e não hesita em recorrer a paradoxos e sofismas. Na realidade, cada uma das teses pretende destruir um dos pilares da filosofia de Parmênides, que sustentava que "há ser"; que o que é, se pensa, e o que se pensa, se expressa[12].

Para demonstrar que nada é (primeira tese), Górgias segue um raciocínio até reduzi-lo ao absurdo. Se se diz que "algo" é, esse "algo" deve ser algo que é, algo que não é, ou uma mistura dos dois. Não pode ser algo que não é, porque o que não é, não é. Porém, se o que é, é "algo", esse algo deve ter começado ou não. Se não começou, não é. Então, deve ter começado. Porém, o que havia antes de começar? O nada. Mas do nada, nada vem, ou seja, deve começar a partir de algo. Porém esse novo "algo" de onde surgiu? Do nada. Impossível. O raciocínio recomeça. Ou seja, se "algo" é, esse algo não pode ser nem o que é, dados os paradoxos expostos, nem o que não é, que, por definição, não é. Em consequência, tampouco pode ser uma mistura de algo que é com algo que não é, já que nenhum deles existe[13].

Diante de uma Grécia dividida[14], Górgias tornou-se "conselheiro da concórdia" para os gregos, direcionando-os contra os bárbaros e convencendo os atletas a não fazer campos de batalha em sua cidade, mas contra os inimigos. Ao declamar sua obra *Epitáfio* em Atenas, serviu para motivar os que tombaram nas batalhas, a quem os atenienses honraram com ritos

latim pela primeira vez em 1562, por Henricus Stephanus. Seus conceitos influenciaram Montaigne e Hume. Viveu em Atenas, Alexandria e Roma. Recebeu o apelido de Empírico por suas concepções filosóficas; porém, especialmente, por sua prática médica.

12 CORDEIRO, Néstor Luís. *A invenção da filosofia*, São Paulo: Odysseus, 2011, p. 138-139.

13 Ibidem, p. 139.

14 Vale salientar que também o Brasil, a partir das eleições de 2014, mostrou-se dividido, mas sem lideranças que apaziguassem os ânimos, o que resultou em ampliação do autoritarismo político.

funerários, e para incitar os atenienses, que desejavam o poder, desde que tomassem medidas drásticas. Assim, "ele se demorou nos louvores dos troféus sobre os medos, mostrando a eles que os troféus sobre os bárbaros requerem odes, enquanto os sobre os gregos requerem lamúrias"[15].

Principais obras: *Elogio de Helena, Oração Fúnebre, Discurso Olímpico, Defesa de Palamedes, A arte oratória.*

1.3 Hípias de Élis (c. 443 a.C – 343 a.C) – crítico da magistratura e das leis

Enciclopedista popular que recebeu críticas de Platão na obra *Diálogos*, foi professor itinerante e embaixador, servindo na Sicília, Atenas e em Esparta[16]. Comparou as diversas legislações de sua época, percebeu a relatividade das leis, dos costumes e dos códigos à luz da essência da natureza humana. Considerou as leis equivalentes aos tiranos; logo, antinaturais. O direito positivo para ele era inválido por ser opinativo[17]. Esse tema continua de certa forma atual, tendo em vista que devido à base principiológica dos textos constitucionais, para temas complexos, em vez de aterem-se às normas efetivamente presentes nas leis, determinados juízes apelam para os valores que norteiam a elaboração legislativa. A consequência é que ao promover suas próprias agendas políticas pessoais, afastam-se do legalismo e deixam de atuar como "interpretacionistas estritos". Dá-se o nome a esse tipo de interpretação de ativismo judicial, que tem como consequência não só trazer insegurança jurídica, mas também trazer impactos negativos em relação ao princípio da separação de poderes e ao princípio democrático.

Em *Hípias menor*, o filósofo é satirizado por Platão por ocasião de um passeio em Olímpia, usando roupas, calçados e adornos confeccionados por ele mesmo. Tentou ser reformador da democracia ao defender a eficácia e o realismo do regime político. Criticou o poder das magistraturas por sorteio e por considerá-lo antidemocrático. Escreveu sobre educação, matemática, história, linguística, etnologia, encenou peças de teatro

[15] Dinucci, Aldo. *Górgias de Leontinos*. Col. Sofistas. São Paulo: Oficina do Livro, 2017, v. I, p. 157.

[16] Vasconcelos, Arnaldo. *Direito, humanismo e democracia*, cit., p. 93.

[17] Ibidem, p. 93.

e redigiu poemas. Acreditava que conhecia o belo, a bondade, as ciências, tendo uma visão universal de todas as coisas[18]. Prestigiado, defendeu o Direito Natural e criticou as leis: "homens aqui presentes, para mim sois todos da mesma família, parentes e concidadãos pela natureza e não pela lei. Com efeito, o semelhante é, por natureza, da família do semelhante"[19].

Hípias considerava o direito natural isento de "caráter arbitrário e flexível das legislações positivas". Ele afirmava: "Sócrates, como acreditar que as leis são coisas sérias e que é preciso deixar-se persuadir por elas se com tanta frequência os que a fizeram as desaprovam e modificam"? (*Protágoras*, de Platão). Ele pregou a distinção entre o Direito Natural e o Direito Positivo, feito pelos homens, portanto opinativo.

Principais obras: *Diálogo troiano, Lista de vencedores dos jogos olímpicos, Nomes dos povos* e, provavelmente, *O anônimo de Jâmblico.*

1.4 Isócrates – (436 – 338 A.C.) – crítica à igualdade para todos

Pai da oratória, este orador ateniense eloquente estudou com os sofistas, pregou contra a Pérsia e fez uma greve de fome após a batalha de Queroneia porque não aceitava a sujeição dos gregos a seus inimigos. Em sua obra, *Evágoras*, afirmava que Sólon e Clístenes eram altamente capacitados para organizar uma cidade-estado perfeita e sem interferência da oligarquia e da monarquia. Não era defensor inconteste da democracia, pois criticava o conceito de igualdade. Era favorável ao poder do Aerópago, formado por aristocratas de alta capacidade executiva e tolerância. Desejava uma Constituição que determinasse a ordem e a unidade da cidade-estado. O pensador exigia a supressão do que chamava de "técnicas jurídicas duvidosas", como o jetom de presença e o sorteio dos arcontes. Propunha a igualdade seletiva e a meritocracia. Não considerava que o povo governasse a si mesmo diretamente, mas exercia a soberania por meio das eleições. Defendia o equilíbrio e a eficiência nas coisas públicas, e rejeitava extremismos ante a proposta de compor objetivos tanto do povo quanto dos magistrados para ter um executivo competente na pólis[20].

[18] Ibidem, p. 96.
[19] Ibidem, p. 96.
[20] Giordani, Mário Curtis. *História da Grécia*, Vozes: Petrópolis, 1984, p. 159-160.

Confiante no poder da educação (*paideia*), tentou formar uma nova juventude ateniense para se opor à invasão persa.

Principais obras: *Antidosis, O Pangericio, Evágoras, Plataicus, Sobre a paz, Areopageticus, Philippus* e *Panathenaicus*. Foi elogiado por Platão na obra *Fedro*.

1.5 Conclusão – o legado dos sofistas: relativismo, insubordinação às leis, princípios democráticos, populismo e marketing

Protágoras e Górgias negam a possibilidade de se encontrar um critério universal para distinguir o verdadeiro do falso. O primeiro atribui o fato à diversidade dos pontos de vista assumidos pelos indivíduos e o segundo, ao próprio funcionamento do discurso[21].

Acrescente-se que: "*os sofistas consideravam inútil especular sobre o surgimento dos princípios do universo, pois estes estariam além da inteligência humana. Defendiam que os cidadãos ajudariam no desenvolvimento de suas cidades ao usar a razão nas suas tarefas com visão de estadista. Por isso, eram contratados como preceptores por jovens que tinham objetivos políticos. Eram* relativistas, *atacavam as tradições religiosas e defendiam, também, a aplicação da lei à razão e o enfraquecimento das autoridades instituídas. As leis eram consideradas criação humana e não dos deuses, cuja função seria a de servir aos interesses dos cidadãos influentes e, portanto, que poderiam ser desobedecidas. Estas posições enfraqueceram Atenas, ajudando a levá-la ao colapso*"[22].

Segundo os sofistas, "'*o discurso é um grande soberano, que com o menor e mais invisível corpo, executa as ações mais divinas, pois ele tem o poder de cessar o medo, retirar a tristeza, inspirar a alegria e aumentar a piedade'. (...) A contradição desaparece, porquanto se dois interlocutores falam da mesma coisa de modo contraditório é porque não estão dizendo a mesma coisa e, se um diz algo que é e outro que não é, este último não está dizendo nada. (...) 'Todo discurso está no verdadeiro, pois aquele que fala diz algo; ora, aquele que diz algo diz o ser, e aquele que diz o ser está no verdadeiro*'"[23]. Após a Guerra do Peloponeso, com a derrota de

[21] Gianotti, José Arthur. Lições de filosofia primeira, Companhia das Letras, São Paulo, 2001, p. 39.

[22] Ibidem, p. 40.

[23] Ibidem, p. 91-92.

Atenas e a desmobilização dos cidadãos-soldados, os sofistas começaram a ser malvistos.

Ainda que se apresentassem sob roupagem democrática, os sofistas objetivavam, na verdade, atrair justamente aqueles que, num sistema menos democrático, comprariam uma posição de poder ou aqueles que teriam herdado uma posição de influência em virtude do nascimento aristocrático, ou seja, sua oratória era dirigida às classes abastadas. Quando a democracia é a ideologia predominante, os ricos e os aristocratas não podem comprar diretamente uma posição de influência. Para conservar tal prerrogativa injusta, eles precisam comprá-la *indiretamente,* pagando por uma educação cara que lhes confira uma superioridade em relação às pessoas comuns e possam manipular a opinião pública.

Afinal, pergunta-se se a contribuição dos sofistas (e seus análogos modernos) teria sido positiva ou não. Essa discussão persiste há mais de 150 anos e flutua de acordo com a ideologia predominante do mundo contemporâneo. Antes do século XX, quando a democracia ainda buscava firmar-se, os sofistas eram condenados por sua influência subversiva, embora Nietzsche os admirasse por elevar os vencedores naturais à posição vencedora de direito. Mas na década de 1950 prevalecia opinião contrária. Ainda sofrendo os efeitos no nazismo, os pensadores de esquerda haviam passado a olhar Platão com desconfiança, devido às suas opiniões políticas potencialmente totalitárias. E se Platão lhes era desagradável, os sofistas, que tantas vezes foram alvo dos ataques de Platão, passaram a ser vistos com menos repugnância[24].

Na prática, colaboraram inicialmente com a democracia ateniense.

[24] Osborne, Catherine. *Filosofia pré-socrática.* Porto Alegre: L&PM Pocket Encyclopaedia, 2013, p. 133.

Capítulo 2
CLÁSSICOS

Foram escolhidos para constar neste Capítulo pensadores que, apesar da distância temporal de suas elaborações teóricas, pela força de seus textos e discursos exercem enorme influência nas discussões contemporâneas, principalmente nos estudos do direito e da democracia. Revisitá-los é essencial para compreender a organização política das sociedades atuais.

2.1 Sócrates (c 469-470 - 399 a.C.) - O direito e o justo / A pólis e o seu ordenamento democrático

Nasceu em Atenas, filho de uma parteira e de um escultor, casado com Xantipa, e exercia a profissão paterna. Foi, inicialmente, identificado popularmente com os sofistas. Serviu ao exército durante a guerra entre Esparta e Atenas, destacando-se pela coragem nas batalhas. Procurou defender os interesses de Atenas, pregando a altivez aos cidadãos, com o objetivo de tornar melhores os atenienses com sua oratória, política e moral. Foi crítico da democracia direta, mas respeitoso com as leis. Defendeu a liberdade moral, o conhecimento objetivo e científico e a luta pelo bem[25].

A partir de 423 a.C., popular em Atenas, Sócrates fazia perguntas e cobrava definições aos seus interlocutores mediante o uso da razão. Tentava superar o relativismo dos sofistas e alcançar uma verdade absoluta para evitar a degradação da política, da religião e da linguagem que ocorria em Atenas. Defendia conceitos universais, usando como método o ato

[25] Perry, Marvin. *Civilização ocidental: uma história concisa*, cit., p. 62-63.

de perguntar insistentemente, para buscar o bem coletivo, a virtude e a justiça na cidade[26].

O diálogo socrático apresentava a ironia como forma de uma dissimulação do conhecimento. Posteriormente, usava a maiêutica[27], equivalente ao "parto das ideias", durante as discussões filosóficas:

> *"Na primeira, Sócrates procura, primeiramente, purificar o espírito da falsa ciência. O conhece-te a ti mesmo significa: adquire consciência do teu fim e das tuas faltas reais; a primeira destas, a que impede toda a correção espiritual, é a crença de não ter falhas, isto é, falta de conhecimento de si mesmo e da verdade que se esconde sob a ilusão e pretensão de sabedoria. Saber que não se sabe quer dizer adquirir consciência dos problemas e das falhas que escapam à pretensa sabedoria; eis aí o primeiro resultado do exame e conhecimento de si mesmo, primeira sabedoria verdadeira (...). Quando o interlocutor tomava consciência de sua ignorância, manifestando sinais de inquietação e dúvida, Sócrates passava para a segunda fase de seu método, a maiêutica (arte do parto)"*[28].

Em 399 a.C., quatro anos após Esparta vencer Atenas, Sócrates foi acusado por alguns cidadãos de heresia à religião e aos deuses, além de corromper a juventude. Após seu julgamento, foi condenado à morte por subversão contra a democracia direta ateniense, principalmente por ter criticado a eleição mediante sorteio, além de pregar a justiça e a integridade moral para os cidadãos e para os políticos. Não se defendeu no tribunal para anular a pena de morte e ingeriu cicuta, um poderoso veneno, conforme determinavam os juízes[29].

Nos tempos de incerteza, durante e imediatamente após a Guerra do Peloponeso, o filósofo fez inimigos. Antes de morrer, definiu seu credo:

[26] Ibidem, p. 63.

[27] Método socrático que consiste na multiplicação de perguntas, induzindo o interlocutor na descoberta de suas próprias verdades e na conceituação geral de um objeto. Também chamada de parturição de ideias ou engenhosa obstetrícia do espírito, em homenagem à mãe de Sócrates, que era parteira.

[28] GIORDANI, Mário Curtis. *História da Grécia*, cit., p. 357.

[29] PERRY, Marvin. *Civilização ocidental: uma história concisa*, cit., p. 64.

"Estás enganado, homem, se pensas que um varão de algum préstimo deve pesar a possibilidade de vida e morte em vez de considerar apenas este aspecto de seus atos: se o que faz é justo ou injusto, de homem de brio ou de covarde. (...) Mesmo que, apesar disso, me dissésseis: 'Sócrates, por hora não atenderemos a Ânito (o acusador) e te deixamos ir, mas com a condição de abandonares essa investigação e a filosofia: se fores apanhado de novo nessa prática, morrerás', mesmo repito, que me dispensáveis com essa condição, eu vos responderia: 'atenienses, (...) enquanto tiver alento e puder fazê-lo jamais deixarei de filosofar, de vos dirigir exortações, de ministrar ensinamentos em toda ocasião àquele de vós que eu deparar dizendo-lhe o que costumo: meu caro, tu, um ateniense, (...) não te pejas de cuidares de adquirir o máximo de riquezas, fama e honrarias, e de não te importares nem cogitares da razão, da verdade e de melhorar quanto mais a tua alma?'"[30].

Em oposição ao relativismo dos sofistas, Sócrates sustentava que as pessoas deveriam regular seu comportamento de acordo com valores universais. Embora reconhecesse que os sofistas transmitiam ensinamentos práticos, Sócrates achava que lhes faltava a visão interna do que realmente importava: qual é o sentido da vida? Quais os valores pelos quais o homem deve lutar? Como o homem pode aprimorar seu caráter? Nesse ponto os sofistas fracassaram, dizia Sócrates: "eles ensinavam o ambicioso a triunfar na política, mas a oratória da persuasão e o raciocínio inteligente não instruíam um homem na arte de viver". Segundo ele, os sofistas haviam atacado o antigo sistema de crenças, mas não ofereceram ao indivíduo nada que o pudesse substituir construtivamente. Em sua visão, os valores morais eram atingidos quando o indivíduo pautava sua vida por padrões objetivos alcançados por meio de uma reflexão racional, isto é, quando a razão se torna o instrumento formador, orientador e condutor da alma[31].

O pensador oferecia aos atenienses um método de investigação filosófica que denominou de dialética, ou discussão lógica, que poderia lhes permitir pensar racionalmente – e de forma crítica – sobre os problemas da existência humana. A verdadeira educação, para ele, equivalia à formação do caráter segundo os valores descobertos pelo uso ativo e crítico da razão. Em razão disso, ao contrário dos sofistas, Sócrates não defendia

[30] Ibidem, p. 64.
[31] Ibidem, p. 62-63.

nenhuma teoria ética sistemática, nenhuma lista de preceitos éticos, mas o uso da razão[32].

A dialética afirmava que a aquisição de conhecimento era um ato criativo à mente humana e não podia ser coagida para o conhecimento. O diálogo forçava o indivíduo a desempenhar um papel ativo na aquisição de valores pelos quais viver. Mediante um intenso interrogatório, Sócrates induzia seus interlocutores a explicar e justificar suas opiniões pela razão, pois só desse modo o conhecimento tornava-se parte de um ser humano. O diálogo significava que a razão devia ser usada nas relações entre os seres humanos, e que estes podiam aprender entre si a ajudar-se e aperfeiçoar-se mutuamente. Era o autoconhecimento posto em ação no sentido de melhorar a experiência humana[33].

Tendo como mestre o fundador da escola ateniense de filosofia, Anaxágoras[34], Sócrates contou também com várias influências. Ele teria colhido de Tales[35] e Heráclito[36] o conceito sobre a ordem maravilhosa reinante

[32] Ibidem, p. 63.

[33] Ibidem, p. 63.

[34] Anaxágoras (499 a.C. – 428 a.C.) – Oriundo da Ásia Menor (Clazômenas). Fundou a Escola Filosófica de Atenas. Ligado a Péricles, foi perseguido por ateísmo por seus adversários, condenado a morte e banido de Atenas (434 a.C.). Ligou a inteligência à matéria. Defendeu o princípio de todas as coisas, ou seja, as "sementes" que se misturam e se dispersam, sendo ordenadas pela inteligência e pelo espirito. Temos que imaginar um número infinito de "germes" ou "sementes", elementos que se diferenciam entre si qualitativamente, tendo propriedades irredutíveis e que após se combinarem, geram todas as coisas. Tentou explicar o universo, em suas origens e detalhes, a natureza da vida, o pensamento, o clima etc. Concorda com Parmênides, quando afirma: "nada é criado ou destruído: a criação ou distribuição das coisas é apenas aparente e explicável porque cada substância contém em si um pouco de todas as outras coisas". Contudo a mente não se misturou com nada, mas participa de tudo. Não aceita o vazio. Deixou 20 fragmentos abordando questões físicas e metafísicas. É considerado também um atomista como Demócrito, pois observava que os elementos primordiais eram infinitamente divisíveis, não existindo limite para a pequenez de uma gota d'água. Defende o "intelecto", como uma forma de inteligência ordenadora.

[35] Tales, nascido em Mileto, na Turquia, era filósofo, matemático e engenheiro. Foi tido como o primeiro filósofo de que se tem notícia no Ocidente. Sua teoria inspirou vários outros filósofos, entre eles o próprio Sócrates e Heráclito de Efeso, considerado o pai da dialética.

[36] Heráclito (544 a.C. – 474 a.C. Sécs. VI-V a.C) – Teve a influência de Parmênides (ele-

no Universo. Em Heráclito e Anaxágoras teria encontrado inspiração para a ideia de uma razão suprema que prende, regula e ordena o curso dos acontecimentos do Universo. De Parmênides[37] ou de Heráclito, teria provindo a oposição entre a dúplice ordem de conhecimentos proporcionada respectivamente pelo sentido e pela razão. Em contraste com os "ocos discursos" dos sofistas, Sócrates adotou, como meio de transmitir suas ideias, o diálogo constituído por uma série de questões breves e de respostas precisas. Em casas de amigos, nas ruas e praças Sócrates empregava sua dialética (dialético é o que sabe perguntar e responder) com a finalidade de levar seus interlocutores às conclusões almejadas[38].

Para o pensador, portanto, a verdade não vem de fora, mas de dentro. É investigada individualmente, o que, entretanto, não a impede de possuir um caráter universal, já que os homens são os mesmos em cada tempo e lugar. Em seu método, ele usa a indução e a dedução. A indução socrática consiste em comparar vários indivíduos da mesma espécie, eliminar-lhes as diferenças individuais e reter-lhes o elemento comum, permanente, a essência da coisa[39].

mento primordial o fogo). Natural da Ásia Menor (Éfeso) defendeu a corrente filosófica do "Mobilismo". Era de família aristocrata e devido aos conflitos existentes nos centros urbanos optou pelo campo, transformando-se num eremita, onde escreveu a sua obra. Defendeu o princípio do "Devir, de vir a ser o movimento", "Tudo é movimento", "Tudo flui", "Nada permanece o mesmo", "A verdade está no devir, não no ser", "Tudo se fez por contraste", "Tudo passa" e, finalmente, "Da luta dos contrários é que nasce a harmonia". Era melancólico, obscuro e trabalhava com metáforas e aforismos. Escreveu "Acerca da Natureza", "Água, ar e terra estão sempre se transformando um no outro" – há um fluxo eterno, pois "tudo se move e nada repousa". Defendia, no campo ético, a importância do conhecimento, da mediação e do respeito às leis. "Não é possível entrar duas vezes no mesmo rio", "Ouvindo não a mim, mas ao logos, é sábio concordar ser tudo um" (Racionalidade do cosmos) – A realidade é marcada por conflito, que lesa uma harmonia dos contrários. As coisas realizam passagens contínuas de um contrário ao outro. O que era quente muda para frio; o dia passa para noite; o claro vai para o escuro, e vice-versa, de forma contínua. É o princípio unificador que leva à realidade. Hegel considerava Heráclito o primeiro filósofo a adotar a dialética. "A unidade dos contrários" é que consegue sustentar o mundo.

[37] Parmênides de Eleia nasceu naquela cidade, situada na região sul da Magna Grécia. Seus primeiros contatos com a filosofia foram com a escola pitagórica.

[38] Giordani, Mário Curtis. *História da Grécia*, cit., p. 357.

[39] Ibidem, p. 357.

"A pregação de Sócrates não visou a elaboração de um sistema doutrinário, mas teve como finalidade dominante levar os homens ao conhecimento de si mesmo. Pode-se dizer que o objetivo da filosofia socrática é o homem, como ser moral. Xenofonte[40] e Aristóteles consideram Sócrates como inventor da ciência moral e o iniciador da filosofia dos conceitos. Ele raciocinava sobre as coisas humanas, indagando o que é piedade, o que é impiedade, o belo, o feio, o justo e o injusto, em que consiste a sabedoria e em que consiste a loucura; o que são a fortaleza e a vileza; o que é o Estado e o que é o homem de Estado..."[41].

Para completar sua investigação, Sócrates separa a ciência moral da ciência da natureza. Considera estéreis as especulações cosmológicas dos pensadores que o procederam, o que, entretanto, não o impede de possuir um conceito otimista do Universo no qual descobre o vestígio da Razão Universal, da Providência Divina. A partir da ordem e da finalidade existentes no mundo, Sócrates, que antecipa a teodiceia[42] de Platão e Aristóteles, conclui que Deus existe, é onipresente, onisciente e onipotente, sendo invisível e manifesta-se unicamente por meio de suas obras[43].

[40] Xenofonte (428-7 a.C. - 354 a.C.) – Historiador e ensaísta ateniense que analisou as guerras ocorridas na Grécia durante o século IV, principalmente o final da guerra do Peloponeso. Fez narrativas sobre Sócrates com quem conviveu, narra o seu processo em "Apologia de Sócrates". Participou de grupo mercenário a serviço de Ciro, "o Jovem", com seu amigo Proxenes e que resultou no texto "Anabase". Participou da batalha da Coroneia (394 – contra Atenas), ao lado dos espartanos na Ásia Menor e acabou condenado ao exílio por Atenas. (Está na obra: "Econômico" ou "As Rendas" – "Banquete" – "Memoráveis"). Outras obras: "Helênicas" – relata a história da Grécia (411-362 a.C) Anabase ou Retirada – Ciropédia ou a Educação de Ciro, o "Grande" / Memorabilia sobre Sócrates / Econômico ou Chefe da casa – sobre administração – Apologia (defesa de Sócrates – Hierão – sobre a tirania – "Agesilau" – "A constituição dos espartanos" – "Cavaleiro – Cavalaria" – "Cinegética" – sobre a caça – "Constituição dos atenienses" (Apócrifa).

[41] Ibidem, p. 358. Vide a obra *Memoráveis*, de Xenofonte, que foi um dos discípulos de Sócrates.

[42] Ramo da filosofia conhecida como teologia natural, que tem como objetivo discutir a existência de Deus com argumentos racionais.

[43] Giordani, Mário Curtis. *História da Grécia*, cit., p. 372. Vide a obra *Memoráveis*, de Xenofonte, que foi um dos discípulos de Sócrates.

A ideia do Bem, para o filósofo, é o conjunto de bens regulados pela razão. Daí, resulta a vida feliz. No conceito socrático de Bem encontramos como característica fundamental a utilidade: não há bem que não seja bem para alguma coisa. Nos *Protágoras*, Sócrates identifica o bem com o agradável e o mal como desagradável. Sobre os postulados de Sócrates exige um espírito de renúncia, um domínio que o sábio deve possuir sobre si mesmo. A vida feliz é conseguida mediante o alcance do maior bem por meio da prática da virtude. Virtuoso é, pois, quem conhece a virtude. Desse intelectualismo ético segue-se um otimismo ético que proclama a bondade natural do homem: ninguém faz, voluntariamente, o mal. O pecado é uma ignorância. Naquele tempo, como hoje, pensar assim era revolucionário[44].

Assim, para ele a virtude pode ser transmitida da mesma forma como se transmite a ciência. "Percebe-se essa convicção na atividade educadora de Sócrates para quem, se o músico é aquele que sabe música, o pedreiro o que sabe edificar, é natural que o justo seja aquele que sabe o que deve temer e o que tem de arrostar". O mestre de Platão realizou uma obra perene cuja influência já se fez sentir durante a sua vida, mas que se intensificou sobremaneira após sua morte. Não é exagero afirmar que toda a História subsequente da filosofia grega sente o influxo do pensamento socrático[45].

Sócrates não deixou obras escritas. Conhecemos seu pensamento por textos alheios, principalmente de Platão, que foi seu discípulo.

2.2 Platão (427 a.C. – 347 a.C.) – O idealismo da República / Teoria da Justiça / Objeto da Justiça – O crítico da democracia direta

Discípulo de Sócrates, Platão foi também pensador, político e músico. Parente de Solón, nasceu em uma família nobre e interessou-se pela política logo cedo. Aos 29 anos, sofreu grande trauma com a democracia ateniense, após o julgamento e a execução de seu mestre, o que lhe fez condenar esse sistema.

Depois do acontecimento que lhe foi marcante, Platão dedicou-se à produção literária e a viagens ocasionais quando, aos 40 anos, a caminho

44 Giordani, Mário Curtis. *História da Grécia*, cit., p. 359.
45 Ibidem, p. 359.

da Grécia Ocidental (Taras, atual Tarento), conheceu o político, general e matemático Arquitas (seguidor de Pitágoras), que lhe despertou o conceito de "Rei-Filósofo". Em seguida, dirigiu-se a Siracusa, a fim de se tornar conselheiro do tirano Dionísio I, mas sem êxito, pois o rei se manteve despótico[46].

De volta a Atenas, onde passou a lecionar filosofia, Platão acabou fundando a Academia (386 ou 385 a.C.), onde atuou por 20 anos, dedicando-se também à elaboração de inúmeros diálogos com foco, principalmente, na sua obra magna, *A República.* O legado do filósofo estendeu-se até 529 d.C. na preparação dos futuros dirigentes da Grécia e de conselheiros, tornando-os aptos a elaborar constituições ou projetos para a nova legislação[47].

A partir dos ensinamentos de seu mestre, Sócrates, Platão criou um sistema filosófico amplo, que compreendia não só o mundo da natureza como o mundo social. A doutrina das Ideias e a teoria do Estado justo são as suas principais construções teóricas. Em *Teoria das Ideias,* Sócrates havia ensinado que os modelos universais do certo e do justo existem e que são alcançados através do pensamento. Com base nessas concepções, Platão postulou a existência de um mundo superior de realidade, independentemente do mundo das coisas que nos é revelado todos os dias. Essa realidade superior, afirmava ele, é o reino das Ideias ou Formas – padrões imutáveis, eternos, absolutos e universais de beleza, bondade, justiça e verdade. A verdade reside nesse mundo das Formas e não no mundo apreendido pelos sentidos, esse em que vivemos[48].

Em seus escritos, "Platão dedicou especial atenção à política. No entanto é importante compreender o contexto de sua filosofia. Para Platão a filosofia e a política estão de tal forma relacionadas que chegou à afirmação audaciosa e utópica: 'Enquanto os filósofos não forem reis e os reis não possuírem qualidades de genuínos e abalizados filósofos, isto é, enquanto não coincidirem autoridade política e filosofia, jamais o Estado ou os indivíduos usufruirão de tranquilidade e de ausência de males'[49]".

[46] Ibidem, p. 364.

[47] Ibidem, p. 365.

[48] Perry, Marvin. *Civilização ocidental: uma história concisa,* cit., p. 64-65.

[49] Giordani, Mário Curtis. *História da Grécia,* cit., p. 155. Vide a obra *A República,* de Platão.

A República, *O Político* e *As Leis* são três obras que Platão consagrou ao estudo da organização da cidade ideal, que reúne homens classificados hierarquicamente de acordo com suas aptidões e funções. Há os demiurgos, incumbidos de prover às necessidades materiais da nação; os guerreiros, com a missão de defender o Estado; e os arcontes, estes encarregados de exercer o governo[50].

Em *As Leis*, Platão escreve o seguinte sobre os homens e a sociedade primitiva:

> *"Nestas condições, eles não eram extremamente pobres nem se viam obrigados, pela miséria, a trabalhar em operações comerciais. Mas também não era possível enriquecer, porque nessa época não se possuía ouro nem prata (...).*
> *Quando, numa sociedade, não existem pobreza nem riqueza, é natural que nela reinem os mais nobres costumes. Porque não podem existir nem arrogância, nem injustiça, nem inveja, nem rivalidades. Os homens têm de ser necessariamente bons – graças à simplicidade de suas condições de vida. (...) entretanto, nesses tempos passados, os homens eram melhores e mais corajosos, mais bondosos e mais justos, sob todos os aspectos. A escrita não existia ainda nessa época. Os homens organizavam a sua vida unicamente segundo os hábitos e os costumes tradicionais"*[51].

Nessa obra, Platão não se move apenas no domínio do ideal, como em *O Estado*. Em ambas o filósofo critica com veemência as relações de propriedades vigentes. A primeira obra é revolucionária, enquanto a segunda é apenas reformista. Platão, em *As leis*, afirma que "o melhor Estado, a melhor Constituição e as melhores leis aparecerão quando a sociedade tiver por lema: "Tudo é comum entre amigos!"[52].

Para Platão não é, portanto, necessário "procurar em parte alguma um modelo de Constituição ideal. Basta que os homens sejam fiéis a esse lema ou que, pelo menos, se esforcem para o atingirem"[53]. É imprescindível repartir todas as terras e todas as casas. Inicialmente, não será possível

50 GIORDANI, Mário Curtis. *História da Grécia*, cit., p. 156.

51 BEER, Max. *História do socialismo e das lutas sociais*. São Paulo: Expressão Popular, 2006, p. 26.

52 Ibidem, p. 73.

53 Ibidem, p. 70.

realizar o cultivo do solo em comum. "A geração atual ainda não está suficientemente educada para isso. Mas a divisão deve ser feita de tal forma que cada um considere a porção que lhe coube como parte integrante da propriedade coletiva: 'Na divisão do solo pôr-se-á a maior equidade possível. É preciso impedir que o número de porções primitivas diminua, a fim de evitar o aparecimento de uma classe de grandes proprietários ao lado de uma outra classe de cidadãos sem o menor quinhão de terras'. Ninguém poderá ter ouro, prata ou dinheiro, em quantidade excedente às necessidades quotidianas"[54].

A legislação de Platão e os seus projetos de reformas foram elaborados para toda a Grécia. No que diz respeito aos chefes, Platão só cuida das famílias nobres da Grécia. Do seu ponto de vista, é lícito, realmente, falar numa nação helênica, que será tão unida e solidária quanto possível, no domínio das relações de propriedade. Mas no que concerne às capacidades intelectuais e morais, deve, pelo contrário, basear-se num sistema hierárquico. A nobreza intelectual dirigirá o Estado. Os agricultores e os artesãos cuidarão exclusivamente das suas atividades profissionais, com o fim de desenvolver, ao máximo, todas as aptidões, nos limites da respectiva esfera profissional[55]. Os trabalhos manuais penosos ou degradantes não serão realizados pelos gregos, mas pelos estrangeiros ou pelos escravos. Os gregos devem dedicar-se unicamente às suas obrigações de cidadãos ou desempenhar as profissões mais nobres[56].

Platão, em *As leis*, pensa em suprimir os principais antagonismos econômicos. O Estado trata apenas da questão de educação e do gênero de vida dos reis filósofos, dos funcionários e dos guerreiros. Supõe-se que Platão tencionava implantar o comunismo em benefício das camadas superiores da sociedade, sem modificar a condição das demais. Entende-se que isso não é verdade, pois o filósofo pretendia implantar o comunismo em benefício de todos os gregos. De outro modo, a crítica que faz da parte política e moral da situação da sua pátria seria completamente destituída de sentido[57]. Muitas teorias desenvolvidas em *A República*,

[54] Ibidem, p. 70.
[55] Ibidem, p. 70.
[56] Ibidem, p. 71.
[57] Ibidem, p. 71.

como o comunismo, são postas de lado em *As leis*. "*Percebe-se na última obra de Platão o vivo sentimento da relatividade e da instabilidade das coisas humanas. Procura-se tornar o Estado estável apesar de todos os fatores de decadência que nele estão contidos. Estabilidade e perfeição, eis o que pretende Platão: 'importa, antes de tudo, que as leis sejam estáveis*'"[58].

Em relação à educação, Platão defende que desempenha papel principal no desenvolvimento do indivíduo, pois com a educação obrigatória surgirá a seleção. Os futuros chefes de Estado, os funcionários, os guerreiros receberão educação esmerada. Todos aqueles que se mostrarem aptos para desempenhar as funções de dirigentes devem continuar os estudos até a idade de 50 anos. Poderão, assim, aperfeiçoar-se em todos os campos da ciência. Mas seus conhecimentos devem ser particularmente profundos no domínio da política.

Em sua visão, a arte deverá ter um papel essencial nessa preparação. "A ginástica e a música devem influir, de modo especial, na formação dos guerreiros, entre os quais, aliás, reinará um comunismo integral. Platão está dominado pela obsessão de fomentar, por todos os meios, a união dos defensores do Estado. Assim é que prescreve, para os guerreiros, o comunismo não só dos bens materiais como das mulheres e dos filhos. 'As mulheres dos soldados serão comuns a todos. Nenhuma habitará particularmente com alguns deles. Os filhos serão da mesma forma comuns e nem o pai reconhecerá o seu filho e nem o filho o seu pai'"[59].

2.2.1 Tipos de governo

Segundo o filósofo, o governo ideal para Platão seria monárquico ou aristocrático, este restrito à noção de "autoridade dos melhores", em que o mais sábio governa. Nesse modelo, dá-se grande importância à honra, pois nele se identifica algo de intermediário entre uma aristocracia e uma oligarquia da riqueza, a timocracia[60]. Além desta, "Platão considera três outros tipos de regime que assinalam a decadência da cidade ideal: *oligarquia, democracia* e *tirania*"[61].

[58] Giordani, Mário Curtis. *História da Grécia*, cit., , p. 159.
[59] Ibidem, p. 156. Vide a obra *A República*, de Platão.
[60] Ibidem, p. 157.
[61] Ibidem, p. 157.

A oligarquia degenera da timocracia e caracteriza-se pelo domínio da classe rica. É o governo de poucos ricos com exclusão dos pobres. Trata-se de verdadeira plutocracia, embora Platão não empregue essa expressão usada, aliás, por Xenofonte (*Memoráveis*, IV, 6, 12):

> *"A oligarquia enferma de inumeráveis males e vícios. Primeiramente, o Estado começa por desmembrar-se em duas classes ou, antes, em dois Estados distintos: o dos pobres e dos ricos; a indigência de um lado, o luxo do outro. Segundo a Constituição oligárquica, o acesso aos cargos públicos compra-se mediante o pagamento do censo. Os pobres, por fatalidade da sua condição, são excluídos das magistraturas do Estado. Daí, rixas e mútuas conspirações que inevitavelmente hão de maquinar-se entre pobres e oligarcas. Platão revolucionará, na sua legislação política, estes princípios aristocráticos, franqueando o acesso às funções públicas a cidadãos ricos e pobres, estabelecendo como única norma de seleção a preponderância do método e das aptidões individuais"*[62].

Quanto à democracia, segundo Platão, é "como uma feira de Constituições, à qual se pode ir escolher o modelo que se deseja para a fundação de qualquer Estado" (*República* 557 d). Nesse regime, prossegue Platão, domina a anarquia, "que dispensa uma espécie de igualdade tanto ao que é igual, como ao que é desigual" (*República* 558 c). A sede insaciável de liberdade arruína a democracia:

> *"Em tais estados, acontecem irregularidades como esta: o mestre teme e adula os discípulos; os discípulos desprezam os mestres e os educadores. Os jovens equiparam-se aos velhos e rivalizam com eles em palavras e ações; os velhos, por sua vez, para condescenderem com os jovens, fazem-se histriões e chocarreiros* (aquele que fala gracejos irritantes), *imitando os jovens para não parecerem rabugentos e despóticos" (República 563, a)*[63].

Platão, partindo da premissa de que uma ação extrema em um sentido provoca uma reação violenta em sentido contrário, conclui que o excesso de liberdade leva ao excesso de escravidão, que a liberdade degenera em ilegalidade. Chega à conclusão que a democracia dá origem à tirania.

[62] Ibidem, p. 157.
[63] Ibidem, p. 158.

"Para o filósofo, o povo sente a necessidade de um guia para acabar com as dissensões"[64].

2.2.2 Estado, Democracia e República

Assim como Sócrates, opondo-se ao relativismo sofista, Platão sustentava que os modelos objetivos e eternos têm existência real. Na teoria de *O Estado justo*, ao adaptar o legado racional dos filósofos gregos à política, o discípulo de Sócrates formulou uma teoria política de amplo alcance. Aquilo que os gregos realizaram na prática – o afastamento de uma política de caráter mítico e teocrático –, Platão efetuou no plano do pensamento: a idealização de um modelo racional de Estado.

O filósofo enfrentou essa teoria. Se Sócrates buscara dissipar a crise espiritual através de uma transformação moral do indivíduo baseada na razão, Platão quis ajustar toda a comunidade a princípios racionais. Afirmava ele que, se os seres humanos devem viver uma vida ética, precisam fazê-lo como cidadãos de um Estado racional e justo. Num Estado injusto as pessoas não podem alcançar a sabedoria socrática, pois suas almas são o reflexo da maldade do Estado. Platão, em A República, desiludido com a corrupção da moral e da política atenienses, concluiu que, sob a Constituição de Atenas, nem a moral de cada indivíduo nem o bem do Estado podiam ser valorizados, e que a cidade precisava de uma reforma moral e política completa. Segundo ele, um Estado justo devia conformar-se segundo princípios universalmente válidos e visar ao aprimoramento moral de seus cidadãos e não ao aumento de seu poder e bens materiais[65].

Dessa forma, Platão considerava que tal Estado precisava de líderes que se distinguissem pela sabedoria e virtude. A essência da teoria política de Platão, tal como foi formulada em *A República*, era sua crítica à democracia ateniense. Aristocrata de nascimento, Platão acreditava que era insensato esperar que o homem comum pensasse de modo inteligente sobre política externa, economia ou outros assuntos vitais do Estado. Contudo era permitido ao homem comum falar na Assembleia, votar e ser escolhido, por sorteio, para cargos executivos. Uma segunda fraqueza da democracia estava no fato de os seus líderes serem escolhi-

[64] Ibidem, p. 158.
[65] Ibidem, p. 158.

dos e seguidos por razões descartáveis, tais como discurso persuasivo, boa aparência, riqueza e tradição familiar. Isso, em sua visão, fragilizava muito o conceito[66].

O pensador entendia que para conservar seu domínio sobre o Estado, o tirano "sempre tem o cuidado de manter algum simulacro de guerra, a fim de que o povo sinta a necessidade de um cabeça". Devido a essas fraquezas inerentes à democracia, Platão insistia em que Atenas só poderia ser governada corretamente quando os homens mais sábios, os filósofos, galgassem o poder. Sua argumentação baseava-se na seguinte lógica: ninguém confiaria um doente aos cuidados de qualquer um nem permitiria que um aprendiz conduzisse um navio durante uma tempestade[67].

Essa questão estava em discussão em Atenas e entendia-se que isso acontece nas democracias, contudo. Há uma permissão expressa para que meros amadores tomem as rédeas do governo e supervisionem a educação dos jovens. Platão acreditava que essas funções só deveriam ser desempenhadas pela aristocracia da cidade, os filósofos, que iriam tratar os problemas humanos com a razão e a sabedoria provenientes do conhecimento do mundo[68]. O Estado deve ser perfeito, pois apresenta sabedoria, coragem, temperança e justiça. Os governantes devem ter sabedoria

[66] Ibidem, p. 159.

[67] Ibidem, p. 159.

[68] "Platão e Aristóteles não acreditavam muito na democracia como uma forma para selecionar governos. Platão, que acreditava que a sociedade perfeita deveria ser governada por uma elite austera, daqueles que fossem os melhores em filosofia e na guerra, considerava que a democracia oligarquia tornou-se fraca e impotente, quando os 'seus jovens vivem na luxúria e no ócio, tanto físico quanto mental, tornando-se preguiçosos e perdendo a capacidade de resistir à dor e ao prazer'. Nesta altura, os medíocres tomariam conta do poder, matariam ou mandariam para o exílio seus adversários e estabeleceriam um 'tipo de sociedade anárquica e agradável, com diversas variações, que trata todos os homens de maneira igual, sejam eles ou não da mesma linhagem'. Segundo Platão, a democracia seria destruída pela sua própria lógica inata. Uma sociedade democrática levaria sua sede de indisciplina e igualdade ao extreme, tolerando a desordem e recompensando as inteligências comuns, reservando sua aprovação 'tanto na vida privada quanto na pública: aos chefes de governo que se comportam como súditos e aos súditos que se comportam como chefes de governo'. Finalmente, algum tribuno popular se aproveitaria das insatisfações geradas pelas desigualdades materiais para se estabelecer como um tirano". MOSS, Robert. *O colapso da democracia*. Lisboa: Edições FP, 1979, p. 42.

para tomar decisões benéficas ao Estado e, portanto, devem estar nas mãos dos filósofos.

Acusa a democracia de ser negligente com a governação, sendo a administração populista (declara ser "amiga do povo"), visto que alimenta os poderes e desejos que têm origem no mal, criando a desarmonia psíquica e sabotando a prevalência da razão sobre os interesses e desejos inadequados. Em decorrência, colabora com a injustiça.

A *República* de Platão é criticada porque apresenta características do totalitarismo. O Estado interfere nas vidas dos cidadãos, tolhendo as suas liberdades individuais. Na realidade, Platão sonha eliminar os conflitos que ocorrem na *polis*. Atribui à competição (Agôn) a causa das guerras pela expansão territorial e econômica. Na cidade, a competição pode levar à violência, injustiça e até a guerra civil. Em consequência, Platão foca na família para tentar minimizar os conflitos. Recomenda, por exemplo, que uma família não deve acumular riquezas, passando de geração em geração.

A política é uma ciência (e foi o caminho para a filosofia), já que propõe uma reforma do Estado, e a virtude social é a justiça, que impede a anarquia, a violência, a servidão, fazendo reinar a ordem e a harmonia. As leis podem assegurar o bem do Estado.

No Estado ideal – declara Platão – "as mulheres e os homens devem ser nivelados em todos os domínios, inclusive no da educação e no de toda a atividade em geral, tanto em época de guerra como em período de paz". Esse regime, para Platão, terminará para sempre com a existência de classes antagônicas. "Os homens viverão unidos pelos mesmos sentimentos de alegria ou de dor. Atualmente, vivem desunidos porque esses sentimentos foram individualizados". A maior parte dos homens está sujeita a trabalhos estafantes e grosseiros, nos quais não só se aniquila fisicamente, como se lhe rebaixa o nível moral. Por isso, onde os indivíduos possuírem uma vasta cultura política ao lado de grandes conhecimentos científicos e estéticos existem as condições que permitem a formação de homens destinados aos postos de comando dos Estados[69].

[69] Ibidem, p. 42.

Na época em que viveu o filósofo, a situação das pessoas humildes era muito difícil. "Os devedores que não podiam pagar as dívidas eram, com a família, transformados em escravos". E isso era visto como algo normal na sociedade ateniense[70].

Entretanto, "artesãos e comerciantes modestos, dia a dia, perdiam a antiga independência. Ao lado da nobreza rural, surgiu uma rica burguesia, que se aliou à classe dominante anterior, para com ela formar uma única e mesma classe possuidora. 'O nobre concerta-se com o salteador e o salteador com o nobre. A riqueza mistura as famílias – lamenta um poeta. – A riqueza proporciona honra e poderio'"[71].

No final do século VII a.C., a Hélade entra numa fase de modernização, motivada pelo seu crescimento econômico, ao mesmo tempo em que aumentava a desigualdade. Theógnis de Megara[72], um nobre pobre, que desprezava tanto a plutocracia como a plebe, e escreveu durante o terceiro quartel do século VI a.C., traçou o quadro da situação da época. Descreveu que em Megara, situada entre Corinto e Atenas, no ano 640 a.C., as massas, indignadas, atiraram-se aos rebanhos dos grandes proprietários rurais e os exterminaram. Era uma verdadeira revolução em curso[73].

A convulsão social, que já se fazia sentir no século VIII a.C., aumentou no século VII a.C. "As massas populares, o *Demos*, como diziam os gregos, ou seja, os camponeses, artesãos, pequenos negociantes e marinheiros, ainda se lembravam da antiga igualdade da Idade de Ouro. Por isso, nos períodos de miséria, essas massas se sublevavam contra a nobreza do dinheiro. As lutas de classes explodiam a todo momento. Manifestavam-

[70] Beer, Max. *História do socialismo e das lutas* sociais, cit., p. 51.

[71] Ibidem, p. 51.

[72] Poeta lírico grego do século VI a.C. cuja poesia se caracterizou como social, com fortes tons conservadores no sentido da crítica das transformações sociais de seu tempo, marcado por crescimento demográfico, por grandes movimentos migratórios e pelo surgimento de homens de grande prestígio político que, com o apoio do povo mais pobre, tornavam-se chefes da *polis* – os chamados "tiranos". Fonte: B.M Knox, Thegonis, The Cambridge History of Greek, Cambridge University Press, 1985, p. 138.

[73] Beer, Max. *História do socialismo e das lutas sociais*. São Paulo: Expressão Popular, 2006, p. 51.

-se como lutas de partidos, que empolgavam os homens de Estado e os pensadores"[74].

Mas enquanto em Atenas as multidões, a princípio, contentaram-se apenas com discussões abstratas e polêmicas filosóficas, ao lado de insignificantes reformas, os espartanos, seus mais belicosos vizinhos, foram mais práticos: em vez de discutir, agiram logo, realizando uma revolução comunista. Todavia, Platão não discorre sobre o Estado do futuro, nem sequer estabelece bases econômicas da sociedade socialista. Estuda apenas a justiça, os defeitos das Constituições existentes, e apresenta os principais meios de corrigi-los. O grego é sempre um estadista com uma clara noção da justa medida e da moderação. Mostra-se sempre um patriota esclarecido. O seu objetivo não é fazer justiça aos pobres e aos deserdados, nem elevar os humildes e rebaixar os ricos[75].

A sistematização da República em dois campos irredutíveis e hostis encontra explicação na teoria do filósofo acerca do surgimento do Estado, este como consequência prática das necessidades humanas. "O homem, isolado, sente-se fraco e, "como necessita de auxílio, junta-se a seu semelhante e funda um Estado. Os cidadãos dedicam-se às mais variadas atividades: uns são agricultores, outros artesãos, outros permutam produtos. E assim nascem o comércio e o dinheiro. Mas os homens, logo depois, não mais se contentam com a satisfação das próprias necessidades materiais. Tomam-se de ambição e desejam viver luxuosamente. É então que surge a riqueza, o que leva à cobiça e às guerras de conquista. Tal situação explica o aparecimento de um exército permanente e o surgimento do contraste entre a riqueza e a pobreza"[76].

Nesse momento, afirma Platão, a República sofre um golpe "quando a miséria surge ao lado da riqueza, porque nesta ocasião os ricos não cuidam mais das suas empresas e os pobres trabalham mal". Em consequência, os cidadãos repudiam as virtudes e atiram-se como loucos em busca da riqueza. "O rico pratica toda a sorte de excessos e desregramentos. O pobre torna-se mais servil e mais disposto à rebeldia. Tanto um como outro se esquecem dos interesses do Estado, que, daí por diante, marcha

[74] Ibidem, p. 52.
[75] Ibidem, p. 66.
[76] Ibidem, p. 67.

para a ruína". A tal ponto chega a situação que uma parte da população deseja com todas as forças o aniquilamento dos demais. "Esses males existem tanto na timocracia (Constituição censitária) como na oligarquia (domínio de um reduzido número de indivíduos sobre o povo), e tanto na democracia como na tirania. Isto acontece porque todos esses regimes estão baseados na propriedade privada"[77].

Assim, para Platão, quando a ambição cresce desmesuradamente, quando a riqueza se torna a única medida dos direitos dos cidadãos, é substituída pela timocracia. Numa República oligárquica, o amor e os bons sentimentos são desprezados. O espírito de lucro, a ambição das riquezas, relegam a virtude para um plano inferior. A insaciabilidade dos ricos determina a pobreza das massas. Afinal, a luta entre os partidos termina com a vitória dos pobres e a implantação da democracia, forma constitucional em que ambas as categorias de cidadãos, pobres e ricos, se mostram absolutamente desinteressadas pela sorte e pelos interesses do Estado. A democracia, por sua vez, cede lugar à tirania, isto é, ao domínio de indivíduos que enganam as massas para melhor oprimi-las[78].

Partindo da noção de "três corpos" ou "classes da cidade", em que (1) a classe governante (legisladores, magistrados) se encarrega da educação e da regulação da ação dos cidadãos, (2) a classe militar (guerreiros) incumbe-se da proteção da cidade e (3) a classe econômica (agricultores, comerciantes e artesãos) concentra esforços na sobrevivência da cidade, suprindo as necessidades básicas da vida, Platão afirma que cada uma dessas classes corresponde a um elemento da alma humana. A governante, caracterizada pelo uso da razão, equivale à função racional. A militar, caracterizada "pela cólera e pela temeridade, pelo gosto dos combates, pela correlata ao elemento irascível". A econômica, que se "caracteriza pela concupiscência (o desejo desenfreado pelos prazeres terrestres), pela sede de riqueza e de prazeres", equipara-se à parte concupiscível da alma[79]. A partir dessas distinções, Platão formula sua teoria

[77] Ibidem, p. 67-68.

[78] Ibidem, p. 68.

[79] Ramos, Marcelo Maciel. Os fundamentos éticos da cultura jurídica ocidental. Alameda Editorial, São Paulo, 2012, p. 147.

da justiça, ora tratando-a como ação virtuosa do indivíduo, ora como ação (ou ordenação) do governo da cidade.

A justiça descrita por Platão em *A República* circunscreve-se à harmonização dos elementos da alma, no âmbito do indivíduo, e das classes, no da cidade, cada qual exercendo plenamente suas funções, conforme suas naturezas, sem que uma usurpe o papel da outra. Desse modo, sendo a capacidade racional a única a participar (mesmo que precariamente) da verdade, só ela deve governar a ação do indivíduo, assim como na cidade apenas os mais aptos, aqueles que foram preparados para desenvolver essa capacidade suprema do homem, devem governar, estabelecendo para tanto as leis que regerão o todo.

Platão afirma que, "*na verdade, a justiça era qualquer coisa neste gênero, ao que parece, exceto que não diz respeito à atividade externa do homem, mas à interna, aquilo que é verdadeiramente ele e o que lhe pertence, sem consentir que qualquer das partes da alma se dedique a tarefas alheias nem que interfiram umas nas outras*"[80]. Só deveria se ocupar de buscar o que cabe a cada alma aqueles que obtivessem o autodomínio entre elas.

2.2.3 Conclusões

O foco de Platão na obra *A Política* transfere-se do estado perfeito para o governante perfeito, o qual deve ter a capacidade de conciliar as diferentes vocações e temperamentos dos cidadãos, distribuindo-lhes as funções de acordo com as aptidões. No *Eutidemo*, Platão sublinha que todos os homens aspiram à felicidade. Mas o grande problema é determinar em que consiste essa felicidade. Para uns, ela se encontra no prazer; para outros, na sabedoria[81].

Nas *Leis*, é fornecido um modelo de legislação, uma espécie de Constituição, para a cidade, na qual, não sendo possível efetivar aquela justiça promovida pelo Filósofo-Rei, a justiça deve ser estabelecida pela lei como a distribuição igualitária dos bens, na proporção dos méritos e necessidades de cada um.

Em *Filebo*, o pensador explica que nem o prazer nem a sabedoria são suficientes para configurarem isoladamente a felicidade humana. O bem

[80] Ibidem, p. 148.

[81] GIORDANI, Mário Curtis. *História da Grécia*, cit., p. 373.

do homem consistirá em uma mistura de ambos em uma vida mista. Os diferentes graus de bens estão distribuídos na seguinte escala:

1) medida, moderação e conveniência;
2) proporção, beleza e perfeição;
3) mente e inteligência;
4) ciências, artes e opiniões corretas;
5) prazeres puros, sem mistura de dor[82].

Nessa obra, Platão afirma que a felicidade suprema (Sumo Bem) só será conseguida na contemplação do mundo ideal a que se chega pela prática da virtude. Convém notar que a definição dada no *Mênon* à virtude assinala uma diferença fundamental das ideias de Sócrates: a virtude não é um dom natural nem se adquire mediante ensinamentos, mas é filha da graça divina. Platão encara a virtude sob variados aspectos: ora como purificação, ora como imitação de Deus, considerado medida de todas as coisas. A justiça é para Platão uma virtude geral que abrange todas as demais[83].

A ética de Platão divide-se em individual e social. Na segunda, o filósofo expõe suas teorias sobre a Cidade-Estado sob dois pontos de vista diversos, respectivamente, na *República* e nas *Leis*.

O pensamento platônico tem provocado muitas controvérsias entre os estudiosos de filosofia. Esses desacordos atestam o vigor do criador da teoria do mundo das ideias. Apesar do dualismo extremado (entre conhecimento científico e conhecimento sensível, entre Deus e o Bem, entre as ideias e a matéria, entre a alma e o corpo, entre o indivíduo e o Estado), que caracteriza seu pensamento, Platão continua sendo um dos maiores pensadores da História. Suas ideias, mais pela profundeza que pela coerência, podem ser consideradas entre as vigas mestras do pensamento ocidental. Finalmente, "Platão foi o primeiro filósofo que abordou todos os principais problemas da filosofia: o ser e o pensamento, a maté-

[82] Ibidem, p. 374.
[83] Ibidem, p. 374.

ria e o espírito. Deus e o mundo, a ordem física, moral, social, estética e religiosa"[84].

Platão é considerado autoritário e suas ideias são classificadas como de "tendência comunista". Opõe-se à democracia dos sofistas em *Protágoras* e *Górgias*, acusando o regime de incompetente, principalmente na aplicação da justiça. As assembleias submetiam-se a *lobbies* e adulação, daí os graves erros. Os pobres ficavam exigentes, e os ricos reclamavam de exploração, culminando no surgimento de tiranias. Platão opunha-se ao excesso de leis, a regulamentos e à tolerância excessiva, pois, segundo ele, gerava crises e injustiças. O filósofo achava a democracia direta extremamente nociva e estendeu à democracia em geral. Para ele, a democracia direta não teria estrutura para reveses, e o poder de decisão acabaria sendo entregue a medíocres, gerando instabilidade[85].

2.2.4 Principais obras

Conforme mencionado anteriormente, sua obra principal intitula-se *A República*, podendo-se destacar, também, *As leis, A política, Apologia de Sócrates, Eutidemo, Filebo, Górgias (a retórica), O banquete (o amor, o belo), O mito da caverna, O político, O sofista, Parmênides (o uno e o múltiplo, as formas inteligíveis), Protágoras, Teeteto (o conhecimento)*, entre outras.

2.3 Aristóteles (385 a.C. - 322 a.C.) - A sistematização do conhecimento

Aristóteles nasceu em Estagira, na Macedônia, em uma família rica. Era filho do médico do rei Amintas, Nicômaco. Formou-se em medicina e biologia. Foi estudar na academia de Atenas com 17 anos, como um discípulo dileto de Platão, de quem discordaria posteriormente. Deixou Atenas em 347, indo para Assos e Lesbos. Posteriormente (343), a convite de Filipe II de Macedônia, seguiu para Pela (capital do reino) para ser

[84] Ibidem, p. 375.

[85] Para Platão, a democracia era o regime dos miseráveis contra as classes afortunadas, sendo por isso incapaz de manter a paz e a justiça na cidade. NAY, Olivier. *História das ideias políticas*. Trad. Jaime A. Clasen. Petrópolis: Vozes, 2007, p. 45, apud TAVEIRA JUNIOR, Rubens Silveira. Participação democrática: mito ou realidade. In: *Anais do XXI Encontro Nacional do CONPEDI*. Florianópolis: Fundação Boiteux, 2012. p. 9.314-9.344.

preceptor do filho dele, Alexandre, que tinha 14 anos, e se tornaria Alexandre, o Grande, um dos maiores conquistadores do mundo.

Em 335 fundou o Liceu, em Atenas, cujos membros serão chamados de "peripatéticos", por lecionarem num pátio cercado de colunas em torno das quais o filósofo comandava as discussões se deslocando de um lado para outro. Dirigiu a escola durante 13 anos[86]. Era um adepto da democracia moderada. A *polis*, para Aristóteles, tem como fim "viver como convém que um homem viva". Nela o homem pode exercer a virtude. Posteriormente, após a morte de Alexandre, em 323, saiu de Atenas devido aos sentimentos antimacedônicos na população[87].

Posteriormente, Aristóteles foi acusado de ateísmo e perseguido. Ao fugir, deixou a seguinte mensagem: "para que os atenienses não pecassem de novo contra a filosofia" (lembrando a morte de Sócrates). Morreu em Eubeia em 322. Os escritos de Aristóteles apresentam-se da seguinte forma: I – lógicos; II – sobre a física; III – metafísica; IV – morais e políticos; V – retóricos e poéticos[88].

Fundamentou a pesquisa científica e desenvolveu a lógica dialética preconizada por Platão. Resumidamente[89], a sua obra apresenta três sessões principais:

- Trabalhos populares (publicação própria).
- Memorandos e coletâneas de material para trabalhos científicos.
- Trabalhos científicos próprios, formando o *Corpus aristotelicum*.

Com suas produções intelectuais, portanto, colaborou para a evolução da biologia, da lógica, da sociologia, do direito constitucional e da ciência política, além da filosofia como um todo. Era, ao contrário de Platão, um realista.

Para Aristóteles a virtude faz parte do caráter do indivíduo. Há dois tipos: moral e intelectual. A temperança, por exemplo, adquire-se com

[86] Ibidem, p. 376.

[87] Châtelet, François; Duhamel, Olivier; Pisier-Houchner, Évelyne. Trad. Coutinho, Carlos Nelson. *História das ideias políticas*. Rio de Janeiro: Jorge Zahar Editor, 1985, p. 14.

[88] Sandrini, Marcos. *As origens gregas da filosofia*, São Paulo: Vozes, 2011, p. 158.

[89] Ibidem, p. 159.

treino e deve se tornar hábito, não sendo uma decisão consciente. Já as virtudes intelectuais são ligadas a elementos racionais. A partir dessas reflexões, Aristóteles introduz a doutrina do meio termo, que se coloca entre dois extremos. No meio fica a virtude, estando em um extremo o vício por falta e no outro o vício por excesso. Considera que a política tem como objeto o bem da família e da cidade e, portanto, a felicidade, sendo a virtude fundamental nesse processo. A cidade é considerada uma sociedade natural por ser o homem um "animal político", pois o seu habitat é a *polis*. Na cidade, para se viver plenamente "bem", são necessários uma Constituição e um governo competente.

Acredita existirem três constituições boas: as da monarquia (um só governa), aristocracia (governo de elite) e *politeia* (boa forma de democracia – constituição intermediária). E três constituições degradadas ou pervertidas: as da tirania, oligarquia e democracia (que pode descambar para a demagogia). Nesse tema, mostra-se preocupado com as revoluções que levam a rupturas constitucionais e afirma:

> *"A causa que se encontra na raiz de cada revolução é a diferença de interpretação da justiça pelo povo. A justiça envolve sempre o conceito de igualdade e o homem tem a paixão da igualdade, mas o problema consiste em que os inferiores se tornam revolucionários com o objetivo de serem iguais, e iguais a fim de serem superiores. Os democratas insistem na superioridade numérica, mas os oligarcas optam pela igualdade ponderada por causa da riqueza que possuem, que é a origem de seu poder. Numa democracia, a revolução tende a ser deflagrada pelos demagogos em seus ataques aos ricos privilegiados; numa oligarquia as revoluções podem ocorrer por causa do tratamento injusto infligido às massas e dissenção originada no próprio círculo dominante; nas aristocracias as revoluções são devidas à política que reduz ao máximo o acesso ao círculo de governo que já é de uns poucos. Na linguagem política moderna, um tal governo, originalmente nas mãos de uma minoria criadora, transforma-se pela natureza de sua estrutura e pelo progresso, numa minoria dominante, que tem o firme intento de perseguir seus objetivos estreitos e exclusivos"*[90].

[90] FITZGERALD, Ross (Org.). *Pensadores políticos comparados*, Col. Pensamento Político, v. 52, Brasília: Editora UnB, 1980, p. 53-54.

Apoia a *politeia*, que se adequa a uma sociedade de cidadãos livres e iguais, sendo uma constituição "intermediária", em que a classe média[91] pode exercer o poder. Considera justo todos exercerem o poder, colocando-se a serviço dos outros quando governam e tendo benefícios de "outrem quando são governados".

A política passa a ser a ciência suprema na práxis, sendo estruturada pelas constituições. As leis são consequência das constituições. Aristóteles, que escreveu ou supervisionou a redação de tratados sobre 158 constituições das Cidades-Estado da Grécia, embora só um desses textos haja chegado aos nossos dias, a Constituição de Atenas, afirmava: "*O estado é uma composição de cidadãos, o que nos obriga a considerar quem deve propriamente ser chamado de cidadão e o que realmente significa o cidadão. Podemos deixar fora de consideração aqueles... que são cidadãos naturalizados. O cidadão propriamente dito não é o que adquire essa posição em virtude de residir num determinado lugar: estrangeiros residentes e escravos partilham de um lugar comum de residência [com cidadãos], mas não são cidadãos. Nem se pode atribuir o nome de cidadão aqueles que gozam dos direitos civis apenas para poderem demandar e serem demandados nos tribunais. O cidadão... é melhor definido pelo critério, 'aquele que participa da administração da justiça e exerce gastos públicos*'"[92].

Logo, a base da cidadania é a constituição de Estado, é a moldura política e o instrumento legal por meio do qual o Estado funciona. O tipo de Constituição até certo ponto determina o tipo de Estado.

2.3.1 Organização da Pólis – o animal político em Aristóteles

Segundo Aristóteles, o homem, animal político por natureza, tende à convivência e une-se a outros em busca da utilidade comum. Esses agrupamentos humanos revestem diferentes aspectos: a família é a unidade social básica; a aldeia, que resulta do agrupamento dos homens nessa sociedade, não visa somente à satisfação das necessidades primárias e materiais, pois a comunidade política não tem por fim somente viver, mas viver bem[93].

[91] Pradeau, Jean François (coord.). *História da filosofia*. São Paulo: Vozes, 2011, p. 65.
[92] Ibidem, p. 51.
[93] Giordani, *História da Grécia*, cit., p. 351.

Para ele, a felicidade e a virtude dos cidadãos devem ser alcançadas pelo domínio das leis. Tal domínio é favorecido por determinadas condições econômicas, como o desenvolvimento das classes médias. A ociosidade transforma a democracia em demagogia: os votos substituem as leis. Cidadão, para Aristóteles, é quem dispõe de liberdade e participa da administração da justiça e do governo. O mestre de Alexandre Magno, assim como Platão, não concede o direito de cidadania a todos os que compõem a cidade. Estão excluídos os escravos, os periecos[94], os metecos[95], as mulheres, os artesãos, os mercadores e agricultores. As funções superiores do Estado serão reservadas para a classe dos que deverão ser guerreiros em sua juventude, magistrados e governantes em sua idade madura e sacerdotes na velhice (*Política*, VII). Esse ideal político é, pois, aristocrático: "Do bem comum que Aristóteles assinala como fim próprio e específico que integram a cidade, pois, na realidade, só podem aspirar os cidadãos livres, quer dizer, os que possuem bens suficientes para não terem que se sujeitar a um trabalho necessário e que dispõem de meios, de tempo e de lazer para consagrarem-se às atividades superiores da virtude, que são as que correspondem ao exercício da contemplação intelectual". O bem comum da cidade se converte, então, no bem comum de uma classe privilegiada composta de uma minoria de cidadãos[96].

Aristóteles considerava a cidade a forma suprema das sociedades humanas naturais. A família, que é uma realidade mais de linhagem do que familiar no sentido moderno do termo – ela é dirigida por um chefe que é a um só tempo esposo, pai e senhor de escravos –, satisfaz as "necessidades de todos os dias", fundadas todas elas em duas fundamentais: a reprodução – necessidade descrita como "uma tendência natural a deixar depois de si alguém semelhante a si" – e a "salvaguarda"[97].

[94] Eram homens livres, mas sem direitos políticos, em geral estrangeiros. Fonte: PELLEGRIN, Pierre. Trad. BERLINER, Claudia. *Vocabulário de Aristóteles.* São Paulo: WMF Martins Fontes, 2010.

[95] Eram estrangeiros que tinham autorização para viver em Atenas mas, como os periecos, não gozavam de direitos políticos.

[96] GIORDANI, *História da Grécia,* cit., p. 351.

[97] PELLEGRIN, Pierre. Trad. BERLINER, Claudia. *Vocabulário de Aristóteles.* São Paulo: Martins Fontes, 2010, p. 19.

Atenas é, aos olhos do filósofo, a típica democracia radical em que a soberania está nas mãos dos pobres – que constituem a maioria dos presentes nas sessões da Assembleia. Sabe-se que esta se reunia quatro vezes por pritania[98], ou seja, 40 vezes por ano. A Assembleia de cada pritania, depois de ter confirmado os magistrados em seus cargos, através de votação com as mãos erguidas, deliberava sobre as questões fundamentais: abastecimento, política externa, acusações de alta traição. As três outras assembleias tinham um programa limitado aos assuntos de rotina. Também podiam ser convocadas assembleias extraordinárias[99].

Aristóteles concorda com seu mestre Platão na definição da democracia como o governo dos pobres, portanto como o governo de muitos, por serem estes mais numerosos do que os ricos. Mas pondera que tanto o governo dos ricos quanto o dos pobres é sempre um governo de uma única parte e, portanto, segundo os critérios do bom governo, ambos são governos corruptos. E conclui: governo bom precisa estar a serviço de um todo social, sem definição de classe[100].

Para Aristóteles, a melhor forma de governo é aquela em que governam os melhores e a que mais eficazmente contribui para o bem da cidade. Distinguiam-se três tipos fundamentais de forma de governo. O critério de distinção é o número de governantes, sua capacidade e o fim com que é exercido o governo. Na *Monarquia* (governo de um só) podemos distinguir cinco espécies: 1) a dos tempos heroicos, na qual o rei era, ao mesmo tempo, general, juiz e sacerdote; 2) a dos povos bárbaros, que se caracterizava pelo despotismo e hereditariedade; 3) a tirania eletiva dos antigos gregos; 4) a monarquia espartana, espécie de generalato vitalício vinculado a uma família; e 5) a monarquia absoluta, em que o rei desempenha na cidade funções semelhantes às do pai de família[101].

98 Refere-se a cada uma das dez seções do conselho ou Senado de Atenas. Equivale ao período de cinco semanas durante a qual a presidência era exercida por uma seção de prítanes.

99 Pellegrin, Pierre. Trad. Berliner, Claudia. *Vocabulário de Aristóteles*, cit., p. 20.

100 Silva Filho, João Antonio da. *A democracia e a democracia em Norberto Bobbio*, São Paulo: Verbatim, 2014, p. 103-104.

101 Giordani, *História da Grécia*, cit., p. 162.

Em conclusão, Aristóteles não condena nenhuma forma de governo, a *priori*. A monarquia, a aristocracia, a democracia são legítimas formas de organização política. O pensamento aristotélico pontifica que todas as formas de governo têm, aliás, os seus perigos próprios. A salvação para a democracia como para as outras pode unicamente consistir na moderação, que não leva ao extremo nenhum princípio e atende um pouco a todos os interesses. A prudência é a lei suprema tanto dos governos como dos indivíduos[102].

Para o pensador, a manifestação de um bom governo consistia na ausência de graves discórdias interiores e no fato de haver evitado a tirania[103]. Aristóteles faz o elogio, na sua *Política*, das democracias rurais em geral, e não há dúvida de que esse louvor, no seu juízo, não se aplicasse, em particular, à democracia mantineana[104] do século V a.C.. Ele dá as razões disso: numa democracia dessa espécie, os camponeses escolhem facilmente os melhores, e como eles se reservam o cuidado de fazer que esses deem conta dos seus atos aos magistrados. Os camponeses têm a certeza de não ser oprimidos. Por outro lado, não se veem as Assembleias invadidas pela multidão dos artífices grosseiros e dos preguiçosos, que, nas grandes cidades, estão sempre dispostos a assistir às reuniões. Não há, portanto, dúvida de que a democracia mantineana tenha tido o raro privilégio de ser louvada por Aristóteles, pelo menos sob a sua forma primitiva[105].

Como o pensamento grego preocupou-se mais com a natureza do exercício do poder do que propriamente com sua origem, empregando dois critérios básicos – *quem governa e como governa* –, na taxonomia tipológica das formas boas e más de governo, a democracia é apenas uma das seis formas reconhecidas. Para Aristóteles, o critério do número dos que possuem e manipulam o poder político – a *monarquia* (domínio de um), a *aristocracia* (domínio de poucos) e a *democracia* (domínio de mui-

102 Croiset, A. *As democracias antigas*. Rio de Janeiro: Garnier, 1923, p. 89.

103 Ibidem, p. 216.

104 Relativo à cidade grega de Mantineia, que se situava na prefeitura da Arcádia, no centro da periferia do Peloponeso. Hoje a referida cidade grega é capital da região do Peloponeso e da unidade regional da Arcádia, sob o nome de Trípoli.

105 Croiset, A. *As democracias antigas*, p. 216.

tos, embora nem todos) – não marca necessariamente a qualidade do governo. Mesmo porque, se cada uma dessas três formas pode ser boa, desde que voltada ao interesse comum, também podem ser pervertidas e convertidas em *tirania, oligarquia* e *demagogia*, quando os governantes têm em vista o interesse próprio. Portanto, não basta o viver em comum. É preciso, igualmente, *viver bem* – o que somente é possível quando os cidadãos almejam o mesmo interesse, seja agindo em conjunto, seja por intermédio dos seus governantes.

Para Aristóteles "*os governos que levam em consideração o interesse comum são constituídos na conformidade com os estritos princípios da justiça e, por essa razão, são formas verdadeiras; aqueles que levam em conta somente o interesse dos legisladores são todos imperfeitos e constituem formas pervertidas de governo, sendo despóticos. O critério decisivo para uma boa forma de governo, por conseguinte, é o respeito à lei e às suas exigências básicas: a) o exercício do governo no interesse público, em contraste com o governo tirânico de um indivíduo ou de um grupo; b) o exercício do governo segundo normas gerais, em contraste com o despotismo dos decretos arbitrários; c) o exercício de um governo capaz de ser aceito pelos cidadãos, em contraste com aqueles que se apoiam na intimidação e na força*"[106].

São exatamente esses pontos que Platão criticará na democracia. Segundo o filósofo, por serem as pessoas insensatas em sua grande maioria, o governo pelo povo será, por extensão, insensato e mau. Por sua vez, para Aristóteles, o povo possuiria um bom senso fundamental em matéria política: ele não teria competência para elaborar leis, é verdade, mas seria capaz de avaliar e julgar o êxito das leis que outros elaboraram; teria inteligência suficiente para fazer uma escolha acertada entre alternativas; e, ainda, seria numeroso demais para ser subornado[107].

O argumento desse postulado é a afirmação de que uma análise racional encontraria dificuldades para justificar a distribuição de benefícios que, comumente, costumam ocorrer nos sistemas sociais em que esse direito não tenha sido aceito. A racionalidade, por sua vez, está na essência da crítica platônica, que se preocupa menos em negar esse postulado

[106] Faria, José Eduardo. *Retórica política e ideologia democrática: a legitimação do discurso liberal.* Rio de Janeiro: Graal, 1984, p. 72.
[107] Ibidem, p. 72.

do que em afirmar que os fins a que se propõe não podem ser obtidos através do método democrático:

> *"Por trás dessa crítica, em suma, está a premissa de que os opositores da democracia teriam melhor conhecimento do que é benefício para o homem comum do que este próprio, bem como o pressuposto de que esses mesmos opositores poderiam outorgar ao homem comum aquilo que é bom para ele – e esse confronto chegará até a sociedade industrial sob a forma do conflito entre as decisões que buscam sua legitimação pela aprovação da maioria e o* the first best *dos tecnocratas, que contrapõem o potencial de eficiência decorrente de sua qualificação técnica à natureza pretensamente utópica e ineficaz das estratégias decisórias politicas que visam harmonizar interesses conflitantes"*[108].

2.3.2 A democracia direta como degradação e as revoltas

Para Aristóteles a democracia pode significar a degradação da República, pois permitiria que uma só classe social, os pobres, que ficaram ociosos, controlassem os Estados, e surgissem os demagogos e logo a tirania, visto que "de qualquer modo, o povo, tendo sacudido o jugo da lei, quer governar só e se torna déspota. Seu governo não difere em nada da tirania. Os bajuladores são honrados, os homens de bem sujeitados. O mesmo arbítrio reina nos decretos do povo e nas ordens dos tiranos. Trata-se dos mesmos costumes. O que fazem os bajuladores de corte junto a estes, fazem os demagogos junto ao povo. Gozam do mesmo crédito. Sugerem-lhe o desprezo pelas leis, reduzem tudo à sua vontade, só respeitam os seus decretos, e depois de tê-lo tornado senhor de tudo, tendo suas opiniões e suas vontades entre as mãos, tornam-se seus senhores, por sua vez, pelo hábito que se contraiu de obedecer-lhes. Não se limitam aos assuntos gerais, atacam os magistrados em pessoa, atribuem ao povo o direito de julgá-los e, como este se presta de bom grado a sua instigação, terminam por dissolver tudo e tudo subverter" [109].

Notamos que defendeu a sociedade pluralista contra o totalitarismo, defendeu a família e a propriedade privada e o pluralismo social, os valores fundamentais, a virtude da cidadania, o equilíbrio, a moderação, a

[108] Ibidem, p. 72-73.

[109] Aristóteles, *A política*. Lisboa: Publicação Europa-América, 1995, p. 79-85.

justiça, o primado da lei, a eficácia, as classes médias, as constituições (separação dos poderes) e a repartição da riqueza no funcionamento dos regimes políticos.

Propunha uma república moderada. Afirma que são as leis que, quando boas, desenvolvem a virtude no corpo dos cidadãos. De fato, as leis dependem da constituição, e não o contrário: determinada lei - que, por exemplo, instaura uma partilha equitativa dos bens - será boa em um regime popular e ruim em um regime aristocrático. Num povo em que somente uma minoria é virtuosa, é justo conceder-lhe o poder e seria injusto obrigá-la a compartilhá-lo com a massa dos cidadãos de virtude insuficientemente desenvolvida. Por esse motivo, todas as instituições, políticas e jurídicas, deverão se adaptar a esse regime. Logo, nessa situação, seria *injusto* confiar o poder político a uma assembleia de todos os cidadãos. Existem, portanto, constituições retas e constituições transviadas.

Nas primeiras, o grupo dirigente governa pelo benefício comum, ou seja, visando desenvolver a virtude nos cidadãos. Nas constituições transviadas, os dirigentes governam em proveito próprio. Existem três grandes gêneros de cada tipo, mas múltiplas espécies de cada gênero. Quando um único homem - ou uma única linhagem - é virtuoso, tem-se uma realeza, cuja forma transviada é a tirania; quando uma minoria é virtuosa, tem-se uma aristocracia, cuja forma transviada é a oligarquia, que, na verdade, é uma plutocracia; quando uma maioria dos cidadãos é virtuosa, tem-se um governo constitucional - tradução do termo politeia, que é também a palavra que significa "constituição"-, cujo desvio é a democracia, ou seja, uma demagogia[110].

Cabe, portanto, ao legislador adaptar a legislação às condições em que se encontra um povo num momento dado. Como teórico da ética e da sociedade humana, o papel do filósofo será formar o legislador. Ora, a política é, essencialmente, a ciência das constituições e, mais precisamente, da constituição reta em condições dadas. Esse aspecto aparece claramente na famosa tese aristotélica segundo a qual as leis dependem da constituição, e não o contrário. Logo, a própria virtude ética depende

[110] PELLEGRIN, Pierre. *Vocabulário de Aristóteles*. São Paulo: Martins Fontes, 2010, p. 20-21.

da constituição. De fato, as leis que fundamentam os bons hábitos, nos quais se enraízam as virtudes, dependem da constituição, o mesmo homem não será corajoso, justo em todas as cidades[111].

"Para ele, a democracia (*demokratia*) não era uma das boas formas de governo, já que equivalia não ao governo em interesse de toda a comunidade, mas tão somente dos pobres (*ton aporon*). No entanto, o governo dos muitos (*to plethos*) poderia provar-se uma boa forma de governo, desde que fosse exercida em nome do bem comum. No caso do bom governo, Aristóteles preferiu chamá-lo não de democracia, mas de *politeia* (política, ou, mais informativamente, governo constitucional). A *politeia* se distinguia da democracia não apenas por uma diferença de proposta e disposição (um comprometimento com o bem coletivo, não com a vantagem de um grupo), mas também por uma estrutura institucional diversa e mais elaborada. O objetivo dessa estrutura não era reforçar a vontade de alguns sobre outros às expensas dos últimos (como na oligarquia ou na extrema tirania), mas distribuir o poder[112] e as responsabilidades tanto quanto possível segundo as capacidades[113]" de cada um.

Aristóteles defende a monocracia como forma de governo para o bem de todos, sofrendo influência do rei-filósofo de Platão. Mas como acredita ser impossível a prática desse regime de governo, apoia a política ou República como forma mista para governar. Esse sistema teria como base as classes médias, mas haveria alguns benefícios para as oligarquias e as plebes, que representam o elemento democrático. A classe média, quando governa uma república, está mais ligada à maioria (plebe) e, portanto, à democracia. Defende o primado da lei em relação à subjetividade dos homens, ou seja, o Estado de Direito. Alerta que o governo de uma minoria aristocrata pode degenerar, pois governa em interesse próprio (oligarquia). A plutocracia, geralmente, leva a movimentos revolucionários. "A principal causa das revoluções é (...) o desejo da igualdade, quando os homens pensam que, devendo ser todos iguais, alguns têm muito mais do que eles próprios. (...) Os de baixo revoltam-se para se

[111] Ibidem, p. 20-21.

[112] DUNN, John. *A história da democracia – um ensaio sobre a libertação do povo*. São Paulo: Unifesp, 2016, p. 71.

[113] Ibidem, p. 21.

tornarem iguais; os de cima, quando são tratados como iguais, revoltam-se para se tornar superiores. (...) Para evitar revoluções nas democracias (governo dos pobres), os ricos devem ser poupados; (...) e nas oligarquias (governo dos ricos), deve tomar-se o maior cuidado com os pobres"[114].

O pensador manifesta sua preferência por uma forma intermédia de governo, em que dominem homens livres e iguais; esse regime estaria apoiado na classe média, na qual se equilibram os extremos entre os muito ricos e os muito pobres. A cidade ideal para Aristóteles deve possuir um território de extensão média, com recursos suficientes para assegurar a própria subsistência. A região deve ser saudável, provida de água pura e de fácil defesa. Muralhas e esquadra contribuirão para garantir os cidadãos contra ataques externos. A raça e o número de cidadãos devem ser objeto de cuidadosa escolha. O filósofo aconselha a escolha da raça helênica (os gregos), que é ao mesmo tempo enérgica e inteligente. "Continua assim a ser livre e a possuir boas Constituições políticas, ela estaria apta para o império universal se fosse unida sob um governo único"[115].

Em relação à propriedade privada, Aristóteles afirma:

> "*Alguns indivíduos acham que, de todas as questões, a mais importante é a regulamentação da propriedade, porque esta questão aparece como causa de todas as revoluções. É o que acontece com Calcida, que incorre nesse erro, quando afirma que todos os cidadãos de um Estado devem ter iguais direitos em face da propriedade*"[116]

Nesse sentido, declara:

> "*Não se deve igualar os possuidores. O que é necessário é igualar os desejos dos homens. E isso será impossível enquanto os homens não receberem uma educação apropriada, por conta do Estado. Faleas*[117] *provavelmente dirá que ele também deseja que os homens*

[114] Ibidem, p. 71.

[115] Ibidem, p. 71.

[116] Beer, Max. *História do socialismo e das lutas sociais*, cit., p. 74.

[117] Refere-se a Phaleas de Calcedonia, pensador grego do século IV a.C. que, junto com Hipodamus de Mileto, foi o primeiro a propor um modelo de comportamento harmônico dos gregos nas pólis, de forma a enfrentar a crise causada pela Guerra do Peloponeso, que acentuou as desigualdades sociais e econômicas. Pellegrin, Pierre. *Vocabulário de Aristóteles*, cit., p. 21.

recebam uma educação deste gênero e que, portanto, os homens devem ter os mesmos direitos, não só no que se refere á propriedade, como no que diz respeito à educação... Faleas afirma que a igualdade de bens teria como resultado o desaparecimento de todos os crimes, porque protegeria os homens da fome e do frio, eliminando, assim, as causas de sua transformação em bandidos. Mas nem todos os crimes são determinados pela miséria. Os homens querem, sem esforço, satisfazer as suas paixões. Nesse caso, como será possível remediar esses males?
O remédio contra a miséria está na posse de modestas propriedades. A educação dos cidadãos, tornando-os mais moderados, fará desaparecer as paixões. A sede de prazeres e os desregramentos deixarão de existir quando todos os homens se habituarem às meditações filosóficas. É evidente que, na imensa maioria dos casos, os crimes são produzidos pelo excesso e não pela miséria.
Não é a miséria que torna os homens tirânicos e cruéis. O homem que tira a vida a um tirano não é tratado da mesma maneira que o assassino de um ladrão. Em vez de pensar numa divisão igualitária das riquezas, os reformadores deveriam primeiro cuidar da educação dos homens, para ensinar-lhes a dominar suas paixões. Os ricos devem renunciar à posse de novas riquezas e os pobres não poderão mais formular exigências descabidas. É necessário conservar os homens na situação em que se encontram atualmente, para que seus sofrimentos não aumentem ainda mais. Faleas propõe uma igualdade completa, porque só pretende igualar os homens em face da propriedade da terra. Deste modo, eles não serão igualmente ricos em escravos, gado, dinheiro, numa palavra em tudo que se denomina bens móveis. Precisamos, portanto, escolher: ou a igualdade deve ser extensiva a todos os bens, ou deve ser limitada á propriedade em geral, ou, ser, por último, completamente livre"[118].

Conclui-se que os vários tipos de constituição podem ser classificados em três amplas categorias: governo de um, de poucos ou de muitos. Para Aristóteles, a estabilidade de uma constituição é assegurada pelo equilíbrio entre a "escassez" e o "excesso", de tal modo que o mínimo possível de pessoas sejam excluídas ou alienadas. Em geral, quanto mais moderada e tolerante for uma constituição, mais estável ela deverá ser. Como prova disso, formas "puras" de constituição sofrem de instabilidade gerada em seu próprio interior, pois grupos hostis sempre farão parte da pólis. As

[118] Beer, Max. *História do socialismo e das lutas sociais*, cit., p. 75.

oligarquias hostilizarão os pobres, sempre numerosos; as democracias hostilizarão os ricos, poucos, mas influentes. Assim, as oligarquias poderão proteger-se ao admitir que um máximo de pessoas divida um pouco do poder político; as democracias poderão tornar-se mais estáveis caso sejam moderadas no tocante à distribuição da riqueza e consigam aplacar os ricos com cargos honoríficos e dispendiosos. A constituição mais estável será aquela na qual o poder político esteja nas mãos de uma grande classe média, ou seja, aquela que não for nem um governo de poucos ricos nem dos muitos despossuídos, mas algo intermediário. Os membros da classe média não são ricos o bastante para serem melindrados, mas suficientemente prósperos para não sentirem vontade de despojar os ricos.

A função principal do "estadista", segundo Aristóteles, é equilibrar as forças em choque, no seio do Estado. Na sociedade não se devem contar cidadãos demasiadamente ricos e poderosos, nem cidadãos excessivamente pobres e fracos, porque a menor desproporção entre a riqueza e a miséria ou entre o poder e a debilidade cria sérios riscos para o Estado. Quando essa desproporção se acentua, os que se veem colocados em situação inferior começam a exigir reformas constitucionais. Os demagogos aproveitam-se, então, do descontentamento e procuram conduzir as massas para o caminho da insurreição. Os oligarcas querem aumentar as desigualdades sociais, e só se apossam do poder para modificar a Constituição social no sentido da ditadura. Os legisladores precisam, portanto, estar alertas para impedir que as riquezas e o poder se acumulem num reduzido número de mãos[119].

2.3.3 Platão e Aristóteles – diferenças

Há várias discrepâncias entre Aristóteles e seu mestre Platão, a saber:

> *"Platão e Aristóteles construíram o edifício do pensamento clássico que, com o cristianismo, é o elemento constitutivo da cultura ocidental. Ao método intuitivo de Platão, Aristóteles opõe seu método rigorosamente científico em que se dá lugar proeminente à observação, à investigação e à definição.*

[119] Ibidem, p. 72.

Platão é idealista, e Aristóteles realista; Platão chegou aos conceitos e ideias por obra da intuição; Aristóteles pela observação exata do mundo; Platão é um talento mais elevado, mais universal e mais sutil, porém menos exato e científico; Aristóteles não voa tão alto, porém seus conceitos e suas doutrinas são mais filosóficos e científicos, mais reais e objetivos. Platão cria, de certo modo, o objeto de sua filosofia, Aristóteles observa o objeto real, dispõe, ordena e argumenta. Assim é que Platão despreza e descuida o conhecimento sensível e a experiência, enquanto que Aristóteles o considera como fundamento necessário de todo conhecimento verdadeiramente científico e filosófico. Em uma palavra: a filosofia de Platão é, antes, uma arte, uma poesia, uma intuição criadora do Universo; a filosofia de Aristóteles, ao contrário, é antes, uma ciência; aquela procura o que é belo e sublime; esta, o que é verdadeiro e real"[120].

É fácil, também, compreender por que Aristóteles combate Platão. Na sua *Política*, Aristóteles critica as ideias comunistas do mestre e procura refutá-las, com bastante habilidade, embora se utilizando de um método que se poderia chamar escolástico, porque combate os fatos com frases ocas, sofismas e jogos de palavras[121].

Mas é importante notar que Aristóteles, naquela época, já formulava contra o comunismo as mesmas objeções que, séculos depois, nas mais diversas épocas, iriam sair da boca de todos os adversários desse sistema de governo[122]. Ele contrapõe-se a Platão e declara que o comunismo é contrário à natureza humana. O comunismo tornaria impossível a criação de riquezas, porque:

> *"Os homens nunca serão capazes de trabalhar senão para defender seus próprios interesses. Toda atividade criadora nasce do desejo que o homem tem de conquistar para si uma situação melhor, adquirindo propriedades. Sem este estímulo, que o comunismo destrói, a atividade humana desaparecerá. Não é, também, provável que o comunismo determine um aumento da população. O trabalho coletivo não faz surgir a harmonia entre os homens, mas a discórdia. A propriedade privada não é a verdadeira causa de*

[120] GIORDANI, *História da Grécia*, cit., p. 392.
[121] Ibidem, p. 392.
[122] Ibidem, p. 392.

todos os males que nos afligem. Essa causa é a própria natureza humana, essencialmente ruim"[123].

Na visão de Aristóteles, o estado tem como objetivo proporcionar aos cidadãos "uma vida boa ou feliz" (*Eudaimonia*), e cada um "deve possuir uma quantidade moderada de bens materiais e saúde e proporcionar estudos que levam à reflexão filosófica". Defende a superioridade do pluralismo social e político em relação à unicidade que possa ser imposta a uma cidade-estado ou um país. Ele considerava que a base destes princípios são os bens e a família, ou seja, propriedade e afeto. Portanto, critica as ideias comunistas de Platão[124].

O filósofo valoriza o surgimento de classes sociais intermediárias ("médias") porque considerava perigosa a divisão da *polis* entre ricos e pobres, que acabava em guerra sangrenta entre as elites e os pobres, que optavam pela democracia. Afirmava: "os cidadãos da classe intermédia são os que se mantêm e conservam melhor: pois não desejam os bens dos mais ricos, como fazem os pobres, nem são eles próprios objeto de grande inveja ou ciúme, como sucede aos ricos: (...) não são tentados a prejudicar ninguém, e ninguém procura prejudicá-los"[125].

2.3.4 Conclusões

Segundo Aristóteles, na *aristocracia* governam os melhores (*aristoi*) em pequeno número (*oligocracia*). Na *democracia* governam muitos (*policracia*). Note-se que Platão empregou a palavra democracia para designar tanto a boa como a má forma do governo. Aristóteles designa a boa forma de democracia com o termo *politeia*. Essas três formas de governo degeneram respectivamente em tirania, oligarquia e demagogia. Essa deformação sucede quando os governantes antepõem seus interesses particulares ao bem comum da coletividade[126], o que certamente traz muitos problemas.

[123] Ibidem, p. 392.
[124] Ibidem, p. 392.
[125] Ibidem, p. 392-393.
[126] Ibidem, p. 393.

É interessante observar que, dois mil anos antes de Montesquieu, o estagirita enunciava claramente a necessidade da divisão dos três poderes: "O primeiro é o corpo que delibera sobre os negócios públicos; o segundo é o conjunto dos magistrados; o terceiro é o corpo judiciário". Ao tratar da justiça legal, menciona o direito natural que tem valor universal em todos os lugares e todas as épocas, que é imutável e não depende das opiniões e das decisões dos homens[127].

Para o filósofo, "*o meio de que se serve a justiça para presidir as relações entre os cidadãos é o igual. É característico da justiça não buscar só o bem de um indivíduo, mas o bem dos demais indivíduos. Aristóteles distingue entre justiça distributiva que deve regular as relações do todo com as partes, e justiça corretiva, que deve regular as relações dos cidadãos entre si*"[128].

Apesar de a *Política* ser fruto de compilações de períodos diferentes da vida intelectual de Aristóteles, nela se percebe que a negação da igualdade seria a razão maior das revoluções. Como sua teoria política foi estabelecida a partir de considerações morais e legais, que foram resultantes de observações empíricas e trazem o livre jogo das forças sociais, nem sempre suas afirmações sobre democracia têm o mesmo significado. Por isso mesmo, em algumas passagens, o termo democracia é limitado à forma pela qual os economicamente menos favorecidos dirigem, exclusivamente no seu interesse, os destinos do sistema político[129].

No pensamento do filósofo, encontramos cinco espécies de democracia: a primeira tendo como fundamento a igualdade; a segunda, que as magistraturas sejam dadas segundo um censo determinado; a terceira que admite às magistraturas todos os cidadãos incorruptíveis; a quarta, que todo habitante, contanto que seja cidadão, seja declarado apto a gerir as magistraturas e a soberania firmada na lei. A quinta, desde que mantidas as condições, seja a soberania transportada da lei para a multidão[130].

Aristóteles, parece claro, não fazia distinção entre a democracia e a *politeia* a partir do senso comum. Tal diferença é por ele desenvolvida para trazer à tona um contraste decisivo. O objetivo desse contraste era

[127] Ibidem, p. 393.
[128] Ibidem, p. 393.
[129] Ibidem, p. 393.
[130] Ramos. Dirceo Torrecillas. *Autoritarismo e democracia*. São Paulo: Madras, 1988, p. 37.

responder a duas questões amplas e significativas – qual é o fundamento de seres humanos viverem juntos em grande número? E como exatamente eles devem organizar suas vidas em comum para melhor preservar esse fundamento? O fundamento, como ele o via, era explorar e definir em conjunto ideias fortes e definitivas sobre o bom e o mau sentido de viver, uma busca profundamente calcada na linguagem, na imaginação e no equilíbrio entre comunhão e repulsão entre seres humanos; e, então, levar a cabo, na vida real, a mais forte dessas concepções no mais elevado nível[131].

No vocabulário de Aristóteles, o termo "democracia" – significação esta que o filósofo posteriormente legaria à Europa medieval e, assim, ao pensamento moderno sobre a política – era uma forma de governo que simplesmente não visava ao bem comum. Era um regime de interesses sectários escancarados, abertamente dedicado a servir a maioria à custa dos mais ricos, dos melhores e mais elevados, dos mais virtuosos e escrupulosos. A democracia não era apenas violenta, instável e ameaçadora para aqueles que já tinham riqueza, poder ou mesmo a pretensão de obtê-los; como Aristóteles ensinou por séculos a oradores europeus, ela era mal-intencionada e imoral em si mesma. A partir da morte desse filósofo, torna-se difícil seguir o curso do pensamento político grego[132].

Aristóteles foi um pioneiro do constitucionalismo, do primado da lei, da separação dos poderes, dos fatores econômicos na política, das classes sociais, dos regimes políticos e da justiça; enfim, da República. Apoiou a Justiça Condecorativa ou Distributiva, que valoriza os virtuosos da *polis* e os premia; e a Justiça Comutativa, que aborda as relações jurídicas criadas, considerando a livre manifestação das partes envolvidas.

2.3.5 Principais obras

O estagirita deixou, como legado, com fortíssima repercussão em nossa sociedade ainda em tempos atuais, inúmeras obras. Normalmente são divididas em cinco grandes conjuntos, a seguir relacionados[133].

[131] Ibidem, p. 37.

[132] Dunn, John. *A história da democracia*, cit., p. 74-75.

[133] Giordani, Mário Curtis. *História da Grécia*, cit., p. 378-379.

1) Na seara da ética e política: *Ética a Eudemo* – oito livros. Seria a obra mais antiga de Aristóteles. *Ética a Nicômano*, dez livros, em que discute a virtude; *A grande moral*, em dois livros, seria o resumo de *Ética a Nicômano*, feito posteriormente a Aristóteles; *Política*[134], oito livros; *Constituição de Atenas*. Características da ética aristotélica: o valor da família, a importância da propriedade, o respeito pela opinião pública e, acima de tudo, a convicção de que a metade ao menos da política consiste em tirar o melhor partido possível daquilo que se possui.
2) Lógica: o conjunto delas foi chamado *Organon*. São: *Categorias; Da Interpretação; Primeiros analíticos; Segundos analíticos; Tópicos;* e *Dos argumentos sofísticos*.
3) Referentes ao mundo físico: *Física*, oito livros; *Sobre o céu*, quatro livros; *Sobre a geração e a corrupção*, dois livros; *Os meteorológicos*, quatro livros.
4) Referentes ao mundo vivo: *Tratado da alma*, três livros; *História dos animais*, dez livros.
5) Metafísica: são 14 livros.

Aristóteles assinala um novo marco no pensamento político helênico[135].

[134] "O título do livro de Aristóteles conhecido como *Política* é na verdade uma transliteração do grego politiká, porém ocorre que essa palavra em grego é um adjetivo substantivado no plural. Uma tradução literal seria As coisas que concernem à pólis, e como pólis significa aproximadamente cidade, se poderia falar de cidadania. (...) Aristóteles ocupa-se de tudo aquilo que (daí o plural) tem a ver com a condição do cidadão, e isso é assim porque, segundo ele, o único modo de alcançar a excelência (ou seja, a virtude, *areté*) consiste em desenvolver as capacidades próprias do ser humano no âmbito da cidade. (...) a cidade deve se basear sobre leis justas ou (...) sobre uma Constituição (que em grego se chama *politeia*, como no título original da *República* de Platão) que justamente promova (...) a excelência da condição humana. (...) toda *pólis* (cidade) se apoia sobre uma *politeia* ('Constituição'); porém, para que o cidadão alcance a felicidade, as leis que fazem parte da Constituição devem ser boas, quer dizer, justas. Elas não devem ter em conta interesses pessoais (como poderiam ser as dos Estados ditatoriais), senão os dos governados". SANDRINI, Marcos. *As origens gregas da filosofia*, cit., p. 98.

[135] GIORDANI, Mário Curtis. *História da Grécia*, cit., p. 160.

2.4 Cícero (106-43 a.C.) – o defensor da política e da liberdade

Marco Túlio Cícero nasceu em Arpínio (Arpinium)[136]. Sem origem aristocrática, teve como professor o acadêmico Filão[137], de grande conhecimento e eloquência. Sua predileção pelas leis deu-se, quando ainda jovem, por influência do senador Múcio Cévola[138].

Advogado, tornou-se estudioso da filosofia grega. Foi questor (administrador financeiro) da Sicília, onde conseguiu popularidade, principalmente quando criticou os desmandos de Verres, magistrado que administrava a justiça (pretor), gerando os discursos chamados Verrinas e o adjetivo "Verrenoso" (demolidor). Criticou, também, a degradação do regime democrático e exaltou o princípio da justiça. Afirmou: "não há tirania mais perigosa do que a de todo um povo"[139].

Cícero formou um partido republicano com base nas classes intermediárias e absorveu representantes das plebes e dos partidos, tendo uma posição de centro, mas a queda de seu prestígio coincide com a ascensão de Júlio César e Clódio. Exilado na Grécia, Cícero foi bem recebido. Depois, voltou para a Itália e acabou sendo advogado do assassino de Clódio. Teve atritos com Catão[140].

[136] "Arpinium" corresponde à grafia da época do Império Romano. Hoje, em português, escreve-se Arpino.

[137] Filão, "o judeu" (±30 a.C. - 45 d.C.) – Nasceu em família de elite de Alexandria. Conhecia profundamente a língua grega, sendo um polemista. Foi para Roma (39-40) para analisar a perseguição dos judeus que estava ocorrendo por Flaco, prefeito do Egito, devido a relutância dos mesmos cultuarem o imperador. Escreveu de forma prolífica sobre a filosofia judaica para o "Mundo Helênico" e sobre os cristãos, que estão em suas principais obras: "Contra Flaco" e "A missão junto a Calígula".

[138] Quinto Múcio Cévola (140 a.C. - 82 a.C.) – Foi jurista, grande orador, cônsul, governador provincial, e pontífice máximo, dedicado ao Direito Romano, sendo "Mestre de Cícero". Ajudou a aprovar a *Lex Licinia Mucia de Livibus Regundis*, pelo senado, negando a cidadania romana aos aliados italianos e que gerou confrontos sociais. Combateu a corrupção. Foi assassinado em 82 a.C. no Templo de Vesta e atirado no Tibre. Escreveu o "*Jus Civile Primus Constituit Generatim in Libros decem et octo redigindo*" em 18 livros que organizava o direito romano (sendo o primeiro tratado). Cícero o considerava "Superior a todos os nossos concidadãos em genialidade e justiça". *Cícero – da República*. Coleção Mestres pensadores. São Paulo: Editora Escala, p. 9.

[139] Ibidem, p. 10.

[140] Ibidem, p. 11.

Governou a Cilícia[141], quando conseguiu uma importante vitória militar contra os bandidos que anarquizavam a montanha de Amano na divisa com a Síria, recebendo o título de Imperador. De volta a Roma, acabou apoiando Pompeu contra César e, posteriormente, orientado por Catão, passou a fazer o jogo de César, defendendo a conciliação. Com a ditadura de César, Cícero afastou-se da vida pública e dedicou-se a ensinar filosofia em Túsculo, onde passou a habitar. Cícero defendeu a necessidade de sacrificar o próprio bem-estar para defender os interesses da pátria, por ser uma homenagem à língua, às tradições e às leis[142].

Tratou-se, portanto, de um homem de ação, engajado na luta política, que se transformou em grande orador. Analisou o pensamento antigo e contribuiu para a cultura e filosofia política, seguindo a tradição platônica. Foi um humanista e defensor da política como solução dos problemas enfrentados pelo Estado[143].

O governo de Roma, na sua visão, está estritamente ligado ao direito como estrutura; é a *res publica*, ou seja, tem a participação da comunidade, sendo, portanto, a *res populi* ou a propriedade do povo soberano. Ao considerar a área jurídica como base da sociedade política, Cicero tentou, portanto, defender para Roma a ideia do governo e da lei, que foi destruída pelo cesarismo, e foi vítima dessa transição política do Império Romano.

Em 44 a.C., quando ocorre a ascensão de Marco Antônio após o assassinato de César, Cícero denuncia as ambições do novo imperador nas "Filípicas" (série de seus discursos). Com o advento do segundo triunvi-

141 Era o nome de uma antiga região na costa sul da Ásia Menor, localizada imediatamente ao sul do platô central da Anatólia no território da moderna Turquia. *Grosso modo*, ocupava o que é hoje a região do Mediterrâneo da Turquia à oriente da província de Antália, situando-se a sua fronteira ocidental entre as modernas cidades turcas de Gazipaşa e Alanya. Foi organizada como uma entidade política desde a época dos hititas até ao período bizantino. A ilha de Chipre estava separada da Cilícia por uma estreita faixa do Mediterrâneo.

142 Conta Plutarco que, tendo Cícero se encarregado da defesa de Quinto Ligário, governador interino da província da África, acusado de ter pegado em armas contra César, disse este aos seus amigos: "Que impede que deixemos Cícero falar? Há muito tempo que o ouvimos. Quanto ao seu cliente, é um homem mau e meu inimigo: está julgado". No entanto, a defesa de Cícero foi tão brilhante que perturbou o próprio César, fazendo-o tremer de emoção, e Ligário foi absolvido. *Cícero – da República*, cit., p. 12.

143 Ibidem, p. 13.

rato (Otávio, Marco Antônio e Lépido), promovem-se execuções de oposicionistas, ocasião em que Cícero é um dos primeiros a sucumbir, em dezembro de 43. Sua cabeça e suas mãos decepadas são expostas ao povo nas tribunas dos oradores no fórum romano.

Para Cícero, "a verdadeira lei (*vera Lex*) é a razão correta (*recta ratio*) e sofreu, também, a influência dos estoicos, quando afirmava:

> "*A lei é a razão suprema, ínsita na natureza, que ordena aquilo que se deve fazer e proíbe o contrário*". E a "*razão é comum aos homens e a Deus*". Conclui-se que "*entre aqueles que têm a razão em comum é comum também a reta razão, que se identifica com a lei*". Portanto, "*entre aqueles que têm a lei em comum também há comunhão de direitos*".

O dever de participação política, para Cícero, era o primeiro dos deveres que a moral social impõe aos homens, a exemplo do que consignou em *Tratado da República*[144].

Cícero opõe-se frontalmente à ideia de que o cidadão devia abster-se da vida política e viver no ócio, segundo defendiam os epicuristas, pois, em primeiro lugar, defende que é natural que os homens participem na vida política, porque "há na natureza uma tal necessidade de agir" e "uma tão grande propensão para que cada um se exponha com vista à salvação comum", que esse princípio "triunfa normalmente sobre todas as delícias do prazer e sobre todas as seduções do repouso" (Rep.,1, 1)[145]. "Em segundo lugar, diz Cícero que o homem deve procurar a virtude, mas a virtude só se possui quando se aplica – "a virtude não é uma arte que se possa possuir sem a aplicar" –, e a mais alta das aplicações da virtude é o governo da cidade (idem, I, 2)"[146]. "Em terceiro lugar, Cícero acrescenta que os valores fundamentais apregoados por filósofos e moralistas são criados ou, pelo menos, confirmados pelos governantes. Donde vem, com efeito, o sentimento do dever? De onde nasceu a religião? Qual a origem do Direito? Donde vem o sentimento da justiça, da boa fé, da equidade?

[144] AMARAL, Diogo Freitas do. *História do pensamento político ocidental*. Coimbra: Almedina, 2012, p. 65.

[145] Ibidem, p. 65.

[146] Ibidem, p. 65-66.

E de onde decorre o respeito por si mesmo, a continência, a aversão pelo que degrada, o apetite da honra e de tudo aquilo que faz a beleza da vida? Enfim de onde provém a coragem nos trabalhos e nos perigos? Tudo isso, segundo Cícero, provém do exemplo dado pelos governantes, pelos homens de Estado"[147].

Em sua conclusão, portanto, o político é, pois, mais importante que o filósofo e que o moralista, porque enquanto o filósofo e o moralista apenas conseguem persuadir um pequeno número de pessoas a seguir os seus conselhos, o político, através das leis que faz aprovar, do poder de comando que exerce, e do bom ou mau exemplo que dá todos os dias ao povo, obriga todo um país a fazer aquilo que os filósofos apenas imporiam a um pequeno número de pessoas[148].

Além da participação política, ele preconizava também o estudo, a reflexão teórica, a filosofia. Seu ideal é "uma vida de ação iluminada pela filosofia", ou "uma união da experiência na condução dos grandes assuntos de Estado com o estudo e o domínio das outras artes, designadamente da filosofia"[149].

Em *De Legibus* (em cinco livros, dois quais se perderam dois) Cícero apresenta, no Livro I, uma defesa do direito natural, entendido como razão divina a reger o universo: toda lei positiva deve proceder dele. Nos livros II e III, encontra-se a exposição das leis religiosas e políticas de Roma. As leis religiosas seguem quase à risca as formulações das Leis de Platão, marcando, assim, a coincidência radical existente entre os pensamentos do filósofo ático e as realidades romanas. As leis políticas dão sistematicamente forma à maioria das instituições republicanas, segundo o mesmo espírito. Cícero, ao contrário da tradição aristocrática, aceita o que seria hoje chamado de "poderes paralelos", tribunos da plebe, desde que estes permitissem integrar a multidão à cidade e iniciar um diálogo[150].

Cícero pode ser considerado um autor eclético, no sentido de que evitava assumir a verdade absoluta de uma doutrina filosófica, condenando

[147] Ibidem, p. 66.

[148] Ibidem, p. 66.

[149] Ibidem, p. 66.

[150] Huisman, Denis. *Dicionário dos filósofos*. São Paulo: Martins Fontes, 2001, p. 212.

as outras que lhe eram opostas. Como um admirador dos neoacadêmicos, ele preferia considerar os vários pontos de vista sobre o mesmo assunto, para confrontá-los e corrigi-los de seus excessos, a fim de produzir uma síntese construída a partir de seu próprio julgamento. No campo político, combinou concepções de diferentes procedências, produzindo uma teoria política que, se não foi original, teve a força e o vigor necessários para influenciar o pensamento republicano até a modernidade[151].

2.4.1 Formas de governo, lideranças para o Estado e os limites dos governantes – "o magistrado é a Lei que fala, e a Lei é o magistrado mudo"[152]

Cícero pregava uma constituição mista tríplice (mix de oligarquia, monarquia e democracia), tendo desenvolvido ideias retiradas de Cipião Emiliano[153], destruidor de Cartago. Criticou os epicuristas que desprezavam a política e defendiam o ócio. Esboçou uma história de Roma e elaborou a teoria dos Príncipes, com o sentido de procurador do Estado e tutor[154].

Ainda que aceitasse a doutrina tripartida, defendida pelos principais pensadores gregos, monocracia, aristocracia e democracia, para ele, no entanto, nenhuma dessas formas era vantajosa, embora cada uma delas tivesse alguma coisa importante para oferecer: os reis, o amor que dedicavam aos seus súditos; a elite, uma sabedoria superior na condução dos negócios públicos; e o povo, a liberdade que reclama e sabe defender

[151] Ramos, Flamarion Caldeira; Melo, Rúrion e Frateschi, Yara. *Manual de filosofia política*. 2.ed. São Paulo: Saraiva, 2015, p. 76.

[152] Hoje no Brasil ocorre o contrário.

[153] Cipião Emiliano (235 a.C. – 183 a.C. – Públio Cornélio Cipião Emiliano Africano) – Gênio militar, dominou a Espanha, o Norte da África, áreas da Ásia Menor, contribuindo para a consolidação do imperialismo romano na antiguidade. Preparou o seu exército com tamanha capacidade que suplantou as tropas de Aníbal, conseguindo vencer os cartagineses em duas grandes vitórias: Bécula (208) e Ilipa (206). Atacou Cartago na África obrigando Aníbal a se retirar da Itália. Derrotou Aníbal de forma definitiva na batalha de "Zama" (202 a.C.). Foi acusado, todavia, de crime de peculato na Ásia, e se retirou da vida pública em 183 a.C., indo para o exílio. Em sua sepultura mandou colocar o seguinte pensamento: "Pátria ingrata não possuirá meus ossos".

[154] Huisman, Denis. *Dicionário dos filósofos*, cit., p. 212.

quando fosse preciso. Segundo Cícero, cada uma das formas de governo, tomada separadamente, tinha vários inconvenientes[155].

"A monocracia é inconveniente, porque se presta a toda a espécie de abusos; e basta o abuso de um só rei (ou chefe) para que o povo comece a detestar o próprio regime unipessoal; quanto à aristocracia, não é um governo conveniente, uma vez que tende a ser o governo dos ricos, o governo das pessoas que pelo seu nível de vida estão muito afastadas das necessidades do povo e procurarão, se o governo lhes pertencer, exercê-lo apenas no seu interesse; enfim, a democracia é, na tradição clássica, o pior de todos os regimes, pois, quando entregue a si própria, a multidão – com os seus apetites, a sua cegueira, os seus abusos de poder – é o pior de todos os tiranos, diz Cícero; e acrescenta judiciosamente que 'tal como o poder excessivo dos grandes acarreta a sua derrota, também o excesso de liberdade [e anarquia] prepara a servidão para um povo livre' [*República*, I, 44]. Critica igualmente a tiragem à sorte, considerando que não é um regime adequado, pois quando as pessoas se encontram no meio de uma tempestade no alto mar vão buscar o melhor timoneiro para livrá-las do perigo, não vão tirar à sorte qual de entre os passageiros é que deve ser posto na torre de comando"[156].

Para Cícero "'a melhor constituição é aquela que reúna, em justas proporções, os três modos de governo: o governo monárquico [ou monocrático, de um chefe], o governo da elite e o governo popular' [*República*, II, 23). É necessário o princípio monárquico para que haja uma clara afirmação de poder por parte de um líder; é necessário o princípio aristocrático para que haja lucidez e conhecimento no tratamento dos negócios públicos; e é necessário o princípio popular para que haja liberdade e justiça para o povo"[157].

O pensador propõe um regime misto. "Na tradição de Aristóteles, o regime misto era aquele que combinava em proporções sábias uma dose de oligarquia com uma dose de democracia". Cícero inova ao sugerir um poder executivo concentrado num homem que mande. "Daí que, em sua opinião, tenha de haver 'equilíbrio na cidade entre os direitos, as funções

155 AMARAL, Diogo Freitas do. *História do pensamento político ocidental*, cit., p. 67.

156 Ibidem, p. 67.

157 Ibidem, p. 67-68.

e os cargos, de tal maneira que os magistrados tenham suficiente poder, o conselho dos grandes suficiente autoridade, e o povo suficiente liberdade' [*República*, II, 33]). É, sem dúvida, uma nova maneira de apresentar a teoria do regime misto e também, uma forma que associa a repartição do poder governativo por órgãos diferentes do Estado à distribuição do poder político por diferentes estratos ou classes sociais"[158].

Em relação à teoria de Aristóteles sobre a melhor forma de governo, Cícero acrescenta a necessidade de um magistrado fundamental, de um líder, de um homem de Estado que governe o país. Além do Senado e do Povo, terá, pois, de existir um magistrado que possua e exerça o poder individualmente (na altura era, em Roma, o Cônsul), apto a representar o povo, sustentar a dignidade e a honra do país, executar as leis, respeitar os direitos de cada um, e cumprir as obrigações confiadas à sua lealdade[159].

Longe de defender a existência de um ditador, ele afirma expressamente que o magistrado deve também obediência às leis; em segundo lugar, respeitar os direitos do Senado e a liberdade do Povo; em terceiro lugar, proporcionar uma vida feliz para o seu povo, visto que por toda a sua vida opôs-se à tirania e ao poder pessoal[160].

"'Há uma frase célebre em que ele diz: '*o magistrado é a lei que fala; a lei é o magistrado mudo*' (Leis, III, 1 e 2). Daqui resulta que o magistrado está abaixo das leis, embora esteja, porque é governante, acima dos governados"[161]. Bem ao contrário do ocorre no Brasil do século XXI, em que membros do Poder Judiciário buscam protagonismo também na cena política, colocando-se alguns inclusive acima do próprio ordenamento jurídico.

2.4.2 Conclusões

Cícero foi muito influenciado pelas doutrinas de Platão e de Aristóteles, mas tinha espírito independente. Ele foi um dos principais representantes do estoicismo (com Marco Aurélio e Séneca), escola de pensamento que em larga medida prenunciava o Cristianismo: a crença num Deus

[158] Ibidem, p. 68.
[159] Ibidem, p. 68.
[160] Ibidem, p. 68.
[161] Ibidem, p. 68.

único, cuja relação com os homens era semelhante à de um pai para com os seus filhos; a noção daí derivada de um "Direito Natural" de origem divina e validade eterna; a ideia de "Humanidade", sendo todos os homens iguais como membros de uma só família; a defesa do controle de si mesmo e da devoção sistemática ao cumprimento do dever; e, enfim, o combate sem tréguas que deu à tirania, porque – dizia – era contrária "à liberdade do meu país"[162].

A parte da filosofia que mais interessa a Cícero é a ética (e não é, pois, sem razão que as suas obras mais vivas são *Sobre o fim dos bens e dos males* e, sobretudo, *Sobre os deveres*): mais do que nunca é verdade, para Cícero, que não a aristotélica atividade contemplativa pura, mas a atividade social prática é a rainha.

Concluindo, segundo Montesquieu, "Cícero, quanto a mim, foi um dos maiores espíritos que jamais existiram. Não foi, é claro, um homem isento de momentos de fraqueza e contradição: ninguém é perfeito. Mas foi, sem qualquer dúvida, um grande escritor, um grande advogado e um grande político. Mais do que um homem de Estado, foi, sobretudo, um lutador pela liberdade. E a sua influência, da Roma antiga até à Europa contemporânea e aos Estados Unidos da América, foi enorme; ainda hoje ele é o *patrono universal dos advogados*. Pode dizer-se que Cícero é um dos grandes pilares em que se assentam as nossas ideias básicas sobre a moral, o direito, a política: em suma, a civilização ocidental" (grifos do autor)[163].

2.4.3 Principais obras

Cícero escreveu diversos livros, com destaque para: *A república; As leis; Os deveres*.

Traduziu incontáveis tragédias e poemas épicos gregos. Além disso, há as cartas de Cícero: *Cartas a Ático* (a coleção atual em dezesseis volumes – não a primeira – foi provavelmente coligida durante o reinado de Nero); *Cartas a seus amigos*; cartas a seu irmão Quinto, em três livros; e dois livros da correspondência entre Cícero e Brutus (43 a.C., incluindo oito cartas de Brutus). Preservaram-se novecentas e trinta e uma cartas, na maior parte escritas pelo próprio Cícero. A maioria das cartas foi escrita

[162] Ibidem, p. 69-70.
[163] Ibidem, p. 70.

em estilo coloquial, repleto de citações em grego; elas nos apresentam um quadro preciso da história e da sociedade entre 61 a 43 a.C. (apenas umas poucas cartas são anteriores)[164].

Conservaram-se, ainda, cinquenta e oito discursos, alguns incompletos; o mais antigo é de 81 a.C. (*Em defesa de Quíncio*); o último (*Décima quarta filípica*) foi apresentado em 21 de abril de 43 a.C.[165].

O primeiro tratado de Cícero sobre retórica, *Rhetorica*, em dois livros, foi provavelmente escrito quando ele era muito jovem; o último, *Topica*, é de 44 a.C., como muitos de seus escritos sobre o assunto. Certos temas de importância permanente estão aí incluídos: 1) a história da oratória em Roma (principalmente em Bruto, na qual homenageia seus mestres e os grandes oradores de sua juventude); 2) as características e a educação do orador perfeito (de *ora/ore, Orator*), que devia também ser filósofo, historiador, jurista; 3) a controvérsia entre os asianistas rebuscados e os aticistas austeros, a respeito da qual Cícero sempre manteve intransigente neutralidade, insistindo no seu apego ao meio-termo; e 4) as classificações formais e as divisões da retórica clássica[166].

Escreveu, ainda, dois diálogos políticos, *Sobre o Estado* e *Sobre as leis*, dos anos 50 a.C. Consistem em objeções de um romano a Platão, influenciadas pela teoria helênica, a história romana e a reação contra os acontecimentos da época. O restante de sua imensa produção filosófica pertence a um período de intensa atividade, 46 a 44 a.C., durante o qual sintetizou ecleticamente vastas áreas do pensamento ético grego (por exemplo, em *Sobre os deveres, Sobre as finalidades* – isto é, a busca do bem e do mal –, *Sobre a velhice, Questões tusculanas*, em especial sobre o sofrimento e a morte) e do pensamento religioso (*Sobre as adivinhações, A natureza dos deuses, Sobre o destino*, em que discute o livre arbítrio), muitas vezes sob a forma de diálogos, tornando o pensamento grego acessível àqueles que não compreendiam a língua grega, ao mesmo tempo em que transmitia para épocas posteriores muito do que se sabia da ética grega[167].

164 BOWDER, Diana. *Dicionário biográfico – quem foi quem em Roma Antiga*. São Paulo: Art Editora, 1995, p. 69.
165 Ibidem, p. 69.
166 Ibidem, p. 69.
167 Ibidem, p. 70.

Capítulo 3
MEDIEVAIS

Com foco na relação que se estabelece entre a Igreja e o Estado, dois filósofos são abordados neste capítulo, Santo Agostinho e Tomás de Aquino, representantes respectivamente da patrística e da escolástica.

Tomás de Aquino diferencia-se de Santo Agostinho principalmente por ter dado mais crédito ao intelecto humano, visto que defendia a tese de que a humanidade não precisava da intervenção divina para alcançar pensamentos profundos, e sim bastava averiguar a forma, como a Verdade e a Beleza, por meio da observação da realidade[168].

Entre "agostinianos" e "tomistas" havia uma polêmica: aqueles eram pessimistas, pois viam o homem marcado desde o início pelo pecado original, ao passo que os segundos achavam que, apesar do pecado original, havia no homem muito de bom e positivo; e, se o Homem não era mau por natureza, mas potencialmente bom com a ajuda da graça divina, então o Estado tinha de ser completamente repensado[169].

3.1 Santo Agostinho (345-430 d.C) – As bases da Igreja

Estudou na Universidade de Cartago, e então abriu uma escola de gramática e retórica em Roma e depois Milão.

Destaca-se como um dos filósofos mais influentes da doutrina cristã e da filosofia. Inicialmente maniqueísta[170], depois adepto do neopla-

168 Amaral, Diogo Freitas do. *História do pensamento político ocidental*, cit., p. 93.

169 Ibidem, p. 94.

170 Aquele que pertence à seita do maniqueísmo, que se trata de dualismo religioso sincretista, originário da Pérsia e amplamente difundido no Império Romano (III d.C. e IV d.C.). A doutrina reconhecia o conflito cósmico entre o reino da luz (o Bem) e o das sombras (o

tonismo, doutrina esta que interpreta o platonismo de forma mística e espiritualista, converteu-se ao cristianismo quando conheceu o estilo de vida eremita e de desapego de Santo Antão. Tornou-se padre em 391 d.C. Depois, foi bispo de Hipona, uma cidade na província romana da África.

Acreditando que a graça de Cristo era indispensável para a liberdade humana, ajudou a formular a doutrina do pecado original e contribuiu de forma vital para o desenvolvimento da doutrina da guerra justa, esta uma extensão do ato de governar, observadas determinadas condições e limites.

Santo Agostinho elogiou Platão e estudou Cícero. Ligou Moisés a Platão. Defendia a filosofia como meio para fruição da fé. Distingue, no domínio da ética, "a virtude política, inferior, e a virtude superior, entre o prazer do corpo e a fruição de Deus, o bem supremo". Ao considerar duas cidades antagônicas, a de Deus e a terrestre, pregava a vitória da cidade celestial, que teria uma comunidade universal justa e fraterna sob os princípios da lei e do amor divino. A cidade terrena é dos que "se amam a si mesmos até ao desprezo por Deus". A cidade de Deus é dos que "amam a Deus até ao desprezo por si próprios".

Em relação ao Estado, interpretou o sentido da história universal pelo ângulo da teologia da história. Considerava a história como o contexto em que Deus se manifesta ao homem e onde ocorre todo o enredo que pode levar à salvação. Em decorrência, reflete sobre o Estado. Considera que este não tem possibilidade de realizar uma perfeita justiça sem os princípios do cristianismo.

Em consequência, há uma fundamentação teórica da primazia da igreja sobre o Estado, porque intermedia as verdades e os princípios do cristianismo. A igreja deve formatar o Estado. Esta posição irá caracterizar as relações entre igreja-Estado a partir da Idade Média. Agostinho procura minimizar o papel do Estado, considerando-o apenas organizador da sociedade, da paz e do bem-estar comunitário (temporal).

Mal), e afirmava que ao homem se impunha o dever de ajudar à vitória do Bem por meio de práticas ascéticas, em especial, evitando a procriação e os alimentos de origem animal. Houaiss, Antonio. *Dicionário Houaiss da língua Portuguesa*, cit.

3.1.1. Conclusões

Santo Agostinho foi o elo entre a antiguidade clássica (Grécia e Roma) e o pensamento cristão. Adaptou, também, a República de Cícero à sua obra. Passou a concepção jurídica de Cícero a uma concepção afetiva, de "societária" para uma noção comunitária.

Temos o teocraticismo instalado, ou seja, o "poder emana de Deus" e comanda o poder temporal (político), absorvendo e se impondo à autoridade laica. A dominação política é considerada "o resultado da queda do homem".

A política não é considerada natural para Agostinho, pois serve apenas para a manutenção da ordem social devido à mente confusa dos homens. É característica da cidade mundana (temporal). "A raça humana é, mais do que qualquer outra espécie, a um só tempo sociável por natureza e combativa por perversão"[171]. Apesar dessas considerações, preconiza a obediência às "autoridades civis", fruto da comunidade política. Defende, nesse contexto, a paz como a medida básica da "ordem social, da pólis, do império e de todo o mundo". É uma proposta para uma "comunidade cristã de nações" que depois iria se aproximar das ideias imperialistas dos Estados absolutistas.

3.1.2 Principais obras

Destacam-se as seguintes obras: *Confissões*; *Diálogo sobre a felicidade*; *Cidade de Deus*; *O mestre*; *Diálogo sobre o livre arbítrio.*

3.2 Tomás de Aquino (1225-1274) – A "cristianização" de Aristóteles

Tomás de Aquino nasceu em um vilarejo próximo de Nápoles, na Itália. Filho de nobres, o conde Landolfo de Aquino e a condessa Teodora de Theate, estudou, inicialmente, com os beneditinos (Monte Cassino), mas, à revelia e sem aprovação da família, entrou para a Ordem dos Dominicanos por volta de 1244. Foi aluno de Alberto Magno[172] em Paris, com quem, depois na Alemanha, fundou o Centro de Estudos Gerais,

[171] Agostinho, Santo. *A Cidade de Deus*: parte II, Petrópolis: Vozes, 2010, p.58.

[172] Alberto Magno (1207-1280) – foi o primeiro grande aristotélico medieval. Teve forte atividade científica, escrevendo trinta e oito volumes sobre diversos assuntos.

que divulgava Aristóteles e a filosofia árabe. Morreu no mosteiro de Fossa Nova em 1274[173].

O teólogo era metódico e se empenhou em ordenar o saber teológico e moral acumulado na Idade Média, sobretudo o que recebeu através de seu mestre Alberto Magno. Como resultado, produziu extensa obra, que apresenta mais de sessenta títulos. As mais importantes são os *Comentários sobre as sentenças*, provavelmente redigidos entre 1253 e 1256, em Paris; *Os princípios* e *O ente e a essência*, da mesma época; a *Súmula contra os gentios* e as *Questões sobre a alma*, compostas, ao que tudo indica, entre 1259 e 1264; as *Questões diversas*, que data de 1263; e, finalmente, a *Suma teológica*, sua obra mais célebre, apesar de não concluída[174].

Nelas se encontra vasta erudição, não haurida diretamente nas fontes, pois Tomás de Aquino não conhecia o hebraico nem o grego nem o árabe. Limitado ao latim, conheceu e utilizou, porém, inúmeros autores profanos (Eudóxio, Euclides, Hipócrates, Galeno, Ptolomeu), os filósofos gregos, sobretudo Platão e Aristóteles, os árabes e judeus (AI Farabi, Avempace, AI Ghazali, Avicebrom, Avicena, Averróis, Israeli), e escolásticos, como Anselmo de Aosta, Bernardo de Clairvaux, Pedro Lombardo. Mas foi principalmente influenciado por Santo Agostinho e, mais ainda, por Alberto Magno, seu mestre em Paris[175].

São Tomás de Aquino sofreu hostilidade e censura de determinadas correntes da Igreja que não admitiam o aristotelismo, mas o platonismo. Posteriormente, os seus ensinamentos tornaram-se a filosofia oficial da Igreja Católica Romana. Efetuou a interpretação cristã das ideias de Aristóteles, que afirmava a junção de corpo e alma na identidade do ser, enquanto Platão sustentava a dicotomia do corpo e da alma[176].

[173] Mannion, James, *O livro completo da filosofia*. São Paulo: Madras, 2004, p. 59.

[174] Aquino, Tomás de. *Suma Teológica I e II*. Coleção Os Pensadores. São Paulo: Nova Cultural, 2000, p. 5.

[175] Ibidem, p. 6.

[176] Papineau, David. *Filosofia – grandes pensadores, principais fundamentos e escolas filosóficas*, São Paulo: Publifolha, 2009, p. 112.

Canonizado em 1323, foi eleito Doutor da igreja em 1567 (Doctor Angelicus); e, em 1888, o Papa Leão XIII proclamou-o "patrono universal das Universidades e escolas católicas"[177].

A exemplo do que Aristóteles defendia, considera que a felicidade é o objetivo do homem. Aceita a existência de uma lei natural porque o homem é um ser racional e pode formular normas de conduta exigidas pela sua natureza. Ao citar Santo Agostinho, diz: "a lei que não é justa, não parece que seja lei". Logo, "a força da lei depende do seu grau de justiça e qualquer lei humana terá caráter de lei desde que derive da lei da natureza"[178].

Considera que a lei positiva é uma exigência da própria lei natural, constituindo um prolongamento desta, e as exigências da lei natural deverão ser representadas pela legislação positiva. O direito está inserido na moral, e o ponto de inserção é precisamente a ideia de justiça[179].

A política e outras ciências tornam-se dependentes da teologia, tendo em vista que Tomás de Aquino não nega a razão, mas a coloca a serviço da fé. Em Tomás de Aquino, a política começa a ter um sentido moderno, na medida em que esboça uma vontade de poder da civilização intelectual cristã de tendência imperialista, que será usada na organização dos estados nacionais, como foi o caso da Espanha e de outros países que defenderam a dominação cristã do Ocidente em relação a outros continentes.

Defende uma comunidade de cristãos livres, e aponta Deus ao Universo, o príncipe na *civitas* e a alma no corpo, apontando a presença de um poder espiritual e temporal ao se organizar um Estado. Aceita o poder personalizado, "pois a noção de Estado passa da coletividade popular ao governo, do governo à pessoa de quem governa, isto é, do Estado ao Reino, do Reino ao príncipe".

Para o pensador, o homem nunca pode ser visto, ou ser tratado, como peça do organismo estadual, como elemento do Todo, sem autonomia própria. Essa ideia fundamental está na base da doutrina dos direitos do homem em face do Estado e, portanto, serve de fundamento à rejei-

[177] Ibidem, p. 112.

[178] AQUINO, Tomás de. *Suma Teológica I e II*, cit., p. 14.

[179] CORDON, Juan Manoel e MARTÍNEZ, Tomás Calvo. *História da filosofia*. Coimbra: Edições 70, 1995, p. 168.

ção firme de qualquer tirania ou forma de governo totalitária[180]. Em *De regimine principium*, aborda a possibilidade de um governo constitucional para evitar a tirania. Propõe uma prevenção contra a tirania quando aceita a deposição do governante injusto pela *auctoritas* pública coletiva, além de delimitar o "poder régio"[181].

Aceita que para evitar a tirania em um sufrágio democrático, da "parte inferior da escala social será indicado regressar às formas aristocráticas de governo"[182]. A tirania, nesse caso, é caracterizada por compra de votos, eleição de figuras questionáveis[183] e espoliação dos ricos.

O direito em Aquino vem da orientação divina dada aos homens para alcançar a beatitude. O cidadão tem a *lex aeterna* como princípio geral, que é adaptada para a *lex* humana por necessidade existencial. Há, portanto, devido a esses princípios, as seguintes leis: eterna, natural, humana e divina na concepção desse direito. A Lei Divina se encontra nas escrituras, e a lei humana é promulgada de maneira política. E a defesa da lei natural é, também, o esboço do futuro direito positivo, é uma posição ambígua por ser o juiz o humano incerto. O direito é considerado como "ordenamento da razão para o bem comum", realizado e promulgado por aquele que lidera a comunidade. É "uma relação entre o conteúdo de uma ordem jurídica e o estágio civilizacional geral de um povo"[184] caracterizando uma filosofia da cultura.

Ao citar vários textos sagrados, Santo Tomás de Aquino conclui: "o soberano não está isento da lei diante de Deus; deve cumpri-la, não por coação, mas de sua livre vontade" (8. Th., I, 11, 96, 5). Essa doutrina teve grande influência no seu tempo e posteriormente, tendo sido repetida vezes sem conta nas leis e nos tratados políticos[185].

[180] Amaral, Diogo Freitas do. *História do pensamento político ocidental*, cit., p. 94.

[181] Fernandes, Antonio José. *Introdução à ciência política*. Porto: Porto editora, 2010, p. 234.

[182] Voegelin, Eric. *História das ideias políticas – Idade Média até Tomás de Aquino*. São Paulo: É Realizações, 2012, v. II, p. 257.

[183] É o caso das teses defendidas nas eleições de 2018 pelo então candidato a presidente Jair Bolsonaro (PSL), que ganhou as eleições.

[184] Voegelin, Eric. *História das ideias políticas – Idade Média até Tomás de Aquino*, cit., p. 266.

[185] Amaral, Diogo Freitas do. *História do pensamento político ocidental*, cit., p. 94.

3.2.1 O homem, a política, o Estado e a Igreja

O homem é um animal social e político, pois, dada a sua natureza, ele se agrupa em comunidades, nações ou Estados. E também a razão descobre nas leis da Natureza que o homem, não podendo ser "rei de si próprio", tem de construir ou aceitar "um princípio de governo" (*De Regimine Principum*, I, 1). Tomás de Aquino quer justificar a necessidade do governo e, como faziam os gregos, dá o exemplo do navio: "se não houver ninguém ao leme, o barco seguirá agora um curso e depois outro, de acordo com os ventos, sem nunca atingir o seu destino; para alcançar um porto seguro, o navio terá de ter alguém ao leme", que saiba pilotar e fazer-se obedecer. "O mesmo acontece com as comunidades políticas, nas quais o poder político é necessário para governar os povos"[186] (*De Regimine Principum*, I, 1).

O Estado é, pois, uma organização humana que visa à promoção do bem comum, mas este, para S. Tomás, não é apenas o interesse geral da coletividade; inclui também a ideia do bem-estar individual ("que os homens não apenas vivam, mas vivam bem"). E acrescenta, numa visão que não pode deixar de considerar-se moderna, que para viverem bem os homens precisam – além da fé em Deus e da orientação da Igreja – de habitação, de saúde, de um ofício para trabalhar, e ainda da "suficiência de bens materiais" (*De Regimine Principum*,1,15), ou seja, uma condição econômica suficiente e razoável, intermédia entre a pobreza e a riqueza[187].

O pensador católico não só distingue muito claramente a pessoa (as pessoas) do Estado, como nega firmemente que o indivíduo se dissolva no todo estatal, sendo categórico neste ponto: "'o homem não se integra na comunidade política com todos os aspectos do seu ser' (*homo non ordinatur ad coinunitatem politicam secundum omnia sua: S. Th., 1, II, 21*,4).

[186] Ibidem, p. 94.

[187] No pensamento político grego, o indivíduo era visto como elemento do Estado e ambos eram considerados como elementos do mundo (cosmos). Os romanos, mais individualistas, distinguiram claramente a república, a que hoje chamamos Estado, dos indivíduos que eram seus cidadãos (cives); e conceberam a distinção entre o "direito privado" – que regula as relações dos indivíduos e das suas organizações ou empresas, entre si como entidades particulares – e o "direito público" – que disciplina a organização do Estado e demais instituições públicas, bem como as relações entre aquelas e os particulares quando as primeiras atuam munidas do seu *jus imperii* ("poder de autoridade"). Ibidem, p. 92-100.

Portanto, o homem nunca pode ser visto, ou ser tratado, como peça do organismo estadual, como elemento do todo, sem autonomia própria. Essa ideia fundamental está na base da doutrina dos direitos do homem em face do Estado e, portanto, serve de fundamento à rejeição firme de qualquer tirania ou forma de governo totalitária"[188].

Em política, Santo Tomás distingue três tipos de lei, que dirigem a comunidade ao bem comum. O primeiro é constituído pela lei natural (conservação da vida, geração e educação dos filhos, desejo da verdade); o segundo inclui as leis humanas ou positivas, estabelecidas pelo homem com base na lei natural e dirigida à utilidade comum; finalmente, a lei divina guiaria o homem à consecução de seu fim sobrenatural, enquanto alma imortal[189].

Quanto ao problema das relações entre o poder temporal e o poder espiritual, as ideias de Santo Tomás revelam a procura de equilíbrio entre as tendências conflitantes da época. O Estado (poder temporal) é concebido como instituição natural, cuja finalidade consistiria em promover e assegurar o bem comum[190].

Por outro lado, a Igreja seria uma instituição dotada fundamentalmente de fins sobrenaturais. Assim, o Estado não precisaria se subordinar à Igreja, como se ela fosse um Estado superior. A subordinação do Estado à Igreja deveria limitar-se aos vínculos de subordinação existentes entre a ordem natural e a ordem sobrenatural, na medida em que esta aperfeiçoaria a primeira[191].

A harmonização, no plano social e político, entre poder temporal e poder espiritual seria, portanto, análoga à que Santo Tomás procura estabelecer entre filosofia e teologia, entre razão e fé[192].

3.2.2 A questão do Poder e a monocracia como forma de governo

Todos os autores cristãos proclamaram, na esteira de São Paulo, que *omnis potestas a Deo* ("todo o poder vem de Deus"). E os monarcas da Europa

[188] AMARAL, Diogo Freitas do. *História do pensamento político ocidental,* cit., p. 94-95.
[189] AQUINO, Tomás, *Suma teológica*, cit., p. 7.
[190] Ibidem, p. 9.
[191] Ibidem, p. 10.
[192] Ibidem, p. 12.

medieval sempre defenderam a ideia que mais reforçava, na época, a sua autoridade: que o Poder vinha diretamente de Deus para eles, pelo que se intitulavam "reis pela graça de Deus"; e que eram como "ministros de Deus" que tinham direito de governar os povos e que estes não podiam deixar de lhes obedecer, pois o contrário seria violar a vontade divina[193].

Nesse aspecto, Santo Tomás de Aquino inova, pois reconhece que todo o Poder vem de Deus, é certo, pois a existência de uma autoridade que governe os povos é uma exigência da lei natural, estabelecida por Deus. Mas acrescenta que o Poder não vem diretamente de Deus para os reis; o Poder vem de Deus para o povo – que é o conjunto dos seus filhos – e, destes, se eles assim o quiserem, é que pode ser transferido para os reis (ou para outros titulares, como as assembleias). "*Omnis potestas a Deo per populum*": "Todo o Poder vem de Deus através do povo"[194].

Para S. Tomás de Aquino, entre as três espécies herdadas do pensamento grego, a melhor forma de governo é a monocracia; e a pior de todas é a tirania, veementemente condenada. Mas a monocracia tomista não é o poder pessoal e absoluto de um só: por influência de Cícero, S. Tomás de Aquino louva o regime misto. O melhor regime é o que resulta de uma boa mistura dos três tipos conhecidos: "de monocracia, pois há alguém que dirige; de aristocracia, já que os melhores participam na governação segundo os seus méritos; e de democracia, na medida em que é ao povo que compete a eleição dos príncipes e a aprovação das leis"[195].

S. Tomás de Aquino, após *Regimine Principum*, inaugurou, na Idade Média, uma longa série de obras destinadas a aconselhar os príncipes cristãos sobre os seus deveres de governantes[196]. O pensador afirmou: "Governar é guiar aquilo que é governado para o seu fim". Logo, se o fim das sociedades humanas é proporcionar uma "vida virtuosa" a todos os

193 Amaral, Diogo Freitas do. *História do pensamento político ocidental*, cit., p. 95.

194 Ibidem, p. 96.

195 Ibidem, p. 96.

196 "Muitos, quando permanecem em posições humildes, têm toda a aparência da virtude, e, no entanto, afastam-se dela quando chegam às alturas do poder" (*Regimine Principum*, I, 9). Ibidem, p. 97.

indivíduos segundo a lei de Deus, este é, pois, o principal dever dos príncipes cristãos [*R.I.*, 1, 14][197].

Bem-estar da comunidade política não é apenas espiritual, mas também material. Nesse campo, os deveres do príncipe cristão são múltiplos [*R.I.*, I, 15]: garantir a paz e a unidade do país; prevenir os crimes, reprimir a violência e fazer justiça; defender o reino contra os seus inimigos; prover os lugares públicos; e proporcionar aos mais necessitados meios de subsistência, ou "suficiência de bens corporais". Já, então, os reis medievais, com o apoio da Igreja, assumiam funções típicas de um "Estado Social": hospitais, asilos, misericórdias etc.[198].

Outra questão discutida pelo filósofo, relativa ao príncipe, é se ele deve obediência às suas próprias leis. O problema é complexo e de difícil solução na Idade Média. Por um lado, a doutrina do direito romano afirmava a superioridade do príncipe em relação à lei (*princeps legibus solutus est* – o príncipe é solto, livre, em relação à lei); por outro, a justiça e a segurança exigiam o respeito da legalidade pelo soberano ("deve à lei, o que a faz, obediência")[199].

3.2.3 Conclusões

A obra doutrinal de Santo Agostinho reinou, indisputada, do séc. VI ao séc. XIII. Mas nessa época chegaram a Paris – conservados e traduzidos pelos teólogos de Bizâncio e pelos árabes – os principais livros de Aristóteles. Não era possível ignorá-los, pois representavam um enorme progresso intelectual e filosófico. S. Tomás de Aquino aproveitou tudo quanto pode, e adaptou o resto à doutrina cristã: "S. Tomás batizou Aristóteles"[200].

São Tomás de Aquino vê o mundo pelos olhos do Cristianismo e da Natureza. Deus criou o mundo e o homem; submeteu-os às leis eternas e às leis naturais; revelou aos homens alguns comandos específicos (leis divinas); e delegou aos povos da Terra, no povo de cada país, o poder de elaborar as leis humanas necessárias para se regular a vida em sociedade,

197 Ibidem, p. 97.
198 Ibidem, p. 97.
199 Ibidem, p. 97.
200 Ibidem, p. 99.

no respeito das leis eternas, naturais e divinas. Tomás de Aquino viveu intensamente os conflitos intelectuais, típicos de sua época, sobretudo em Paris, que opunham o conhecimento pela fé ao conhecimento pela razão, a teologia à filosofia, a crença na revelação bíblica às investigações dos filósofos gregos. Em Paris esses conflitos ganhavam dramaticidade mais intensa do que em qualquer outra parte da Europa, pois a cidade era a capital do mais poderoso reino da Europa e polo de atração de estrangeiros de todas as procedências. O papado não abria mão de seus direitos de organização da universidade e procurava fazê-lo no sentido de combater a predominância dos dialéticos (como eram então chamados os professores de filosofia) sobre os teólogos, isto é, os expositores e comentadores das Sagradas Escrituras. A dialética não deveria ser mais do que instrumento auxiliar, e os mestres de teologia não deveriam fazer "ostentação de filosofia", determinava uma disposição papal de 1231201.

Há em Aquino alguma ambivalência – entre autoritarismo e democracia –, o que explica, aliás, que o tomismo tenha, ao longo dos tempos, inspirado a generalidade dos partidos autenticamente democratas-cristãos (Europa do pós-guerra, América Latina), mas por vezes também alguns regimes autoritários (Portugal, Espanha, Áustria) [202].

Santo Tomás de Aquino foi, também, um grande inspirador nas democracias da Europa do Leste pós-perestroika – e até antes desta, no combate ilegal, mas pacífico, ao comunismo na Polônia, através do sindicato "Solidariedade", entre 1980 e 1989, o que fez dessa instituição, transformada em partido político, a grande vencedora com maioria absoluta das primeiras eleições livres realizadas num país comunista em transição para a democracia pluralista (junho de 1989)[203].

Para Tomás de Aquino, a humanidade não precisava da intervenção divina para alcançar pensamentos profundos, pois pode averiguar a forma por meio da observação da realidade[204].

Outra contribuição de Tomás de Aquino foi a sua abordagem holística do conjunto do corpo-mente-espírito que constituem o ser humano. Não

201 Aquino, Tomás, *Suma teológica*, cit., p. 12.

202 Ibidem, p. 12.

203 Ibidem, p. 13.

204 Mannion, James. *O livro completo da filosofia*, cit., p. 60.

havia o conceito que afirmava que "o espírito tem boa-vontade, mas a carne é fraca", pensamento que estava presente na filosofia de Platão e Agostinho[205].

3.2.4 Principais obras

Suas obras dividem-se em quatro grupos: 1º Comentários; 2º Sumas; 3º Questões; 4º Opúsculos. Nos domínios da política, destacam-se *De Regimine Principum* (*Sobre o regime dos príncipes*, 1266) e o vasto tratado *Summa Theologica* (*Suma Teológica*). Vale apontar também a obra *Comentário à política de Aristóteles,* tendo-se apercebido da grandeza genial de Aristóteles – sem cujas bases filosóficas não se podia, na Idade Média pujante e pré-moderna do séc. XIII (e do séc. XIV), fazer obra teológica que pudesse ser aceita. São Tomás de Aquino teve o grande mérito de ter conseguido fazer a "síntese do catolicismo com o aristotelismo, ou seja, reunir à sabedoria cristã os tesouros dos gregos e dos latinos, dos árabes e dos judeus".

Na Suma teológica, Tomás de Aquino aponta cinco vias que conduzem a Deus, com evidências sensíveis e racionais, e usa a lógica para demonstrá-las·

- Primeira Via, a de movimento, que só existe com um primeiro motor, que deve mover sem ser movido[206].

[205] Ibidem, p. 60.

[206] "O movimento é uma realidade, pelo menos para a percepção humana. Para cada movimento, há um impulso anterior que o colocou em movimento. Volte ao passado e encontrará o Impulso Original. Este impulso é Deus". MANNION, James, *O livro completo da filosofia*, cit., p. 60. Acrescente-se que "a primeira via se fundamenta na constatação de que no universo existe movimento. Baseado em Aristóteles, Santo Tomás considera que todo movimento tem uma causa, que deve ser exterior ao próprio ser que está em movimento, pois não se pode admitir que uma mesma coisa possa ser ela mesma a coisa movida e o princípio motor que a faz movimentar-se. Por outro lado, o próprio motor deve ser movido por outro, este por um terceiro, e assim por diante. Nessas condições, é necessário admitir ou que a série de motores é infinita e não existe um primeiro termo (não se conseguindo, assim, explicar o movimento), ou que a série é finita e seu primeiro termo é Deus". *Vide* AQUINO, Tomás, *Suma teológica*, cit., p. 5-14.

- Segunda Via, a da série das causas, em que as causas da existência devem ter uma causa primeira eficiente[207].
- Terceira Via, a da contingência, pois as coisas que se apresentam no mundo não possuem, em si mesmo, a próxima razão de ser[208].
- Quarta Via, a dos graus de perfeição, em que há alguns graus de perfeição nos seres conhecidos e que procuram um grau máximo de perfeição (Deus) que se encontra no mundo dos fatos e que só tem explicação em Deus (grau máximo)[209].

[207] Novas coisas nascem todo o tempo. Para cada um desses eventos, deve haver uma causa. Causa por causa, encontrar-se-á a primeira. Lá encontrará Deus. *Vide* Mannion, James, *O livro completo da filosofia*, cit., p. 60. A segunda via diz respeito à ideia de causa em geral. Todas as coisas ou são causas ou são efeitos, não se podendo conceber que alguma coisa seja causa de si mesma. Toda causa deve ter sido causada por outra e esta por uma terceira, e assim sucessivamente. Impõe-se, portanto, admitir uma primeira causa não causada, Deus, ou aceitar uma série infinita e não explicar a causalidade. Aquino, Tomás, *Suma teológica*, cit., cit., p. 11.

[208] Deus, portanto, é necessário, porque é a causa e a sua própria existência, enquanto o homem é apenas um ser contingente. "Todas as coisas mudam e todas as coisas dependem de outras para a sua existência. Eventualmente, haverá algo original que não depende de nada para que exista. Nisso estará Deus. *Vide* Mannion, James, *O livro completo da filosofia*, cit., p. 61. A terceira via refere-se aos conceitos de necessidade e possibilidade. Todos os seres estão em permanente transformação, alguns sendo gerados, outros se corrompendo e deixando de existir. Mas poder ou não existir não é possuir uma existência necessária e sim contingente, já que aquilo que é necessário não precisa de causa para existir. Assim, o possível não teria em si razão suficiente de existência e, se nas coisas houvesse apenas o possível, não haveria nada. Para que o possível exista é necessário, portanto, que algo o faça existir. Ou seja: se alguma coisa existe é porque participa do necessário. Este, por sua vez, exige uma cadeia de causas, que culmina no necessário absoluto, ou seja, Deus. *Tomás de Aquino*, Coleção Os Pensadores, cit., p. 11-12.

[209] Tomás de Aquino sugere que o indivíduo olhe em volta e perceba que existe uma perfeição inerente na natureza das coisas, em maior ou menor grau. Deve haver algo que é puramente perfeito, de onde todas as outras coisas descendem em uma ordem perfeita. A perfeição é Deus. *Vide* Mannion, James, *O livro completo da filosofia*, cit., p. 61. Postula-se que a quarta via tomista para provar a existência de Deus é de índole platônica e baseia-se nos graus hierárquicos de perfeição observados nas coisas. Há graus na bondade, na verdade, na nobreza e nas outras perfeições desse gênero. O mais e o menos, implicados na noção de grau, pressupõem um termo de comparação que seja absoluto. Deverá existir, portanto, uma verdade e um bem em si: Deus. Mannion, James, *O livro completo da filosofia*, cit., p. 61.

- Quinta Via, a da ordem do mundo, fundamenta-se na ordem das coisas. De acordo com o finalismo aristotélico, adotado por Tomás de Aquino, todas as operações dos corpos materiais tenderiam a um fim, mesmo quando desprovidos da consciência disso[210].

Em suma, a causa, a contingência, a perfeição e a ordem são as cinco provas de Tomás de Aquino para a existência de Deus[211].

[210] A ordem existente no mundo demonstra a existência de um ordenador externo, ou seja Deus. Aqui contraria Santo Agostinho e admite a evolução de ciência e da fé, pois a ordem existe em todos os lugares. Há uma ordem profunda no universo. Portanto, deve existir uma inteligência responsável por essa magnífica ordenação. Essa inteligência é Deus. *Tomás de Aquino,* Coleção Os Pensadores, cit., p. 14.

[211] MANNION, James. *O livro completo da filosofia,* cit., p. 60-61.

Capítulo 4
MODERNOS

4.1 Martinho Lutero e João Calvino – a reforma protestante, o Estado e o capitalismo

Lutero e Calvino criticam o livre-arbítrio do homem e negam a ideia de que o ser humano (ou a humanidade) é dotado de liberdades políticas.

Tecnicamente a reforma teve a ajuda da arte de impressão desenvolvida por Gutemberg. Foi um movimento político religioso propagado pela palavra impressa. Agiliza a divulgação das ideias de Lutero e Calvino com intensidade e discussão, como hoje ocorre com a internet, redes sociais etc. As editoras alemãs imprimiam sermões, tratados e traduções da bíblia com extrema rapidez para a época e as levava ao público leitor.

Lutero, defendeu a "melhoria de estado cristão" e cita o "estado leigo (nobreza)", o "Estado espiritual (clero)" e o "Estado Critão (povo)". Lutero se chocou com a filosofia aristotélica, tomou posição anti-intelectual e propôs uma reforma da sociedade nacional alemã. Criticou a autoridade da Igreja Católica sobre o imperador, como se o papa usurpasse o poder da nação alemã. Lutero derrubou as ordens tradicionais, tanto temporal como espiritual.

4.1.1 Martinho Lutero (1483-1546) – A teologia, o Direito e os limites da obediência civil

Martinho Lutero, nominalista[212], nasceu em Eisleben. Submetido a educação rígida e cristã, em 1501 ingressou na universidade de Erfurt, onde

[212] O nominalismo baseia-se numa concepção filosófica segundo a qual a realidade da ideia se reduz ao nome. O nominalismo científico considera a ciência apenas como linguagem e convenção. Critica, portanto, o realismo. O maior representante dessa corrente filosófica

estudou filosofia e graduou-se em bacharel (1502) e mestre (1505). Inscreveu-se, também, na Escola de Direto, na mesma universidade[213].

O início da sua divergência com Roma foi a questão das indulgências (perdão dos pecados obtidos pela confissão, pela comunhão e por esmola doada à Igreja). Lutero considerava o tráfico de indulgências um abuso contra os verdadeiros arrependimentos dos católicos e denunciou-o em três contundentes sermões (1516-1517)[214]. Nesse contexto, em 31 de outubro de 1517, fixou as 95 teses na porta da igreja do castelo de Wittenburg, com duras críticas à avareza, ao paganismo, ao abuso da igreja de Roma. Provocou um debate teológico sobre a autoridade do Papa e as indulgências. As teses foram impressas e propagadas por toda a Alemanha. Inicialmente, Roma procurou desqualificar o documento, dizendo ser originário da mente de um "alemão bêbado"; posteriormente, endureceu e acabou excomungando Lutero em 1521. Nesse mesmo ano, houve a Dieta de Worms, que o baniu[215].

Ao considerar o Papa anticristo, Lutero propôs as seguintes reformas: diminuição do número de cardeais; abolição das rendas do Papa; reco-

no século XIV foi Guilherme de Ockham (ou Occam – em alusão ao povoado homônimo, de Surrey, perto de East Horsley, Grã-Bretanha), frade franciscano e filósofo escolástico inglês. Os nominalistas consideravam que as posições que possam dar realidade às formas restringe a onipotência divina, já que Deus pode criar livremente e sem restrições. O frade, que teria nascido em 1280 (ou 1288) e falecido em 9 de abril de 1347 (ou 1349), acentua a separação entre a filosofia e a teologia, entre a razão e a fé, no momento em que se anunciam as primeiras descobertas da ciência moderna. Em sua opinião, o conhecimento abstrato refere-se às relações entre as ideias, sem nada garantir sobre sua conformidade com o real. Quanto ao conhecimento intuitivo, este dá a evidência imediata, assegurando a verdade e a realidade das proposições. Só a intuição prova a existência das coisas, ponto de partida do conhecimento experimental, que, generalizando o particular, chega ao universal, à lei. É a experiência que permite conhecer as causas das coisas (*Enciclopédia Mirador Internacional*, Revista Intelecto, apud http://educacao.uol.com.br/biografias/guilherme-de-ockham.htm).

213 Papineau, David. *Filosofia – grandes pensadores, principais fundamentos e escolas filosóficas*, cit., p. 113.

214 Lembre-se de que tanto Lutero quanto Calvino criticaram o livre-arbítrio do homem e negaram a ideia de que o ser humano (ou a humanidade) é dotado de liberdades políticas.

215 Papineau, David. *Filosofia – grandes pensadores, principais fundamentos e escolas filosóficas*, cit., p. 113.

nhecimento do governo secular; renúncia da exigência papal pelo poder temporal; abolição dos Interditos e abusos relacionados à excomunhão; abolição das peregrinações nocivas; eliminação dos excessivos dias santos; supressão dos conventos para monjas, da mendicidade e da suntuosidade; reforma das universidades; ab-rogação do celibato do clero; e, finalmente, reforma geral na moralidade pública[216].

Essas propostas, em sua maioria, refletiam os interesses da nobreza alemã, revoltada com sua submissão ao Papa e, principalmente, com o fato de terem que enviar riquezas a Roma. Em 1529, ocorreu a segunda Dieta de Espira, que condenou a obra de Lutero. Nessa reunião, diversas cidades livres e três príncipes convertidos protestaram, junto com o imperador germânico, em defesa das ideias luteranas (protestantes luteranos)[217].

Desde 1523, Lutero fizera conhecer sua posição num texto "teórico, o *Tratado da autoridade temporal*, que surgiu da época em que foi excomungado. Depois, recebera apoio, quase militar, dos príncipes e dos cavaleiros alemães. Lutero, sob influência de Santo Agostinho, postula a completa separação entre os dois reinos, o de Deus e o do mundo. O primeiro é o reino da graça e da misericórdia; o segundo, da cólera e do castigo[218].

A base da nova teologia de Lutero, e da crise espiritual que a precipitou, residia em sua concepção da natureza humana. Lutero vivia obcecado pela ideia da completa indignidade do homem, o que o levou a rejeitar a ideia otimista de um homem apto a intuir e seguir as leis de Deus – concepção essa essencial para os tomistas –, e a retomar a insistência

216 Ibidem, p. 114.

217 Ibidem, p. 114.

218 No reino de Deus, segundo Santo Tomás de Aquino, o cristão deve ser misericordioso e esperar a misericórdia de Deus; porém, no reino do mundo, não há lugar para a misericórdia divina – é um mundo "rigoroso, severo e colérico na sua função e nas suas obras". Conforme Santo Agostinho, o homem é um ser mau por natureza, pelo pecado. Por isso a autoridade civil é um instrumento criado por Deus para manter a paz social – para castigar os maus e proteger os bons. Não faz sentido que os maus, uma vez praticado o mal, venham apelar à misericórdia divina para que os poupe à punição terrena: isso seria confundir os dois reinos, seria trazer a misericórdia do reino de Deus para o reino do mundo. "Isso significaria pôr o diabo no céu e Deus no inferno. Amaral, Diogo Freitas do. *História do pensamento político ocidental*, cit., p. 151.

com que, séculos antes, santo Agostinho tratara, com não pouco pessimismo, da natureza decaída do homem[219].

Essa doutrina não representava apenas uma ruptura com o tomismo: ela rejeitava de forma ainda mais peremptória a elevada noção das virtudes e capacidades do homem que, conforme exposto, os humanistas haviam difundido poucos anos antes. Lutero assim se sentiu impelido a desferir um veemente ataque ao ideal humanístico de uma philosophia pia, e em especial ao mais perigoso expoente de seu arrogante credo, o "pagão e publicano" Erasmo de Rotterdã. A ocasião para essa ruptura definitiva com os humanistas foi proporcionada pela publicação do discurso de Erasmo, Da liberdade da vontade, em 1524. Erasmo, de início, parecera ser um cauteloso aliado da Reforma, aplaudindo as noventa e cinco teses e envidando esforços para impedir que Lutero fosse condenado sem que as autoridades imperiais sequer o escutassem. Mas aos poucos se foi mostrando mais e mais distante, especialmente depois da excomunhão de Lutero[220].

Após morrer, Lutero deixou, com a reforma protestante, a divisão da igreja ocidental entre os antigos católicos romanos e os reformados (protestantismo).

4.1.1.1 Questões políticas em Lutero – o nacionalismo

Duas das principais consequências políticas, em médio prazo, da Reforma Protestante foram a libertação individual em face da autoridade eclesiás-

[219] Weber, Max. *A ética protestante e o "espírito" do capitalismo*. São Paulo: Companhia das Letras, 2004, p. 146.

[220] O luteranismo rompia com o tomismo e rejeitava a elevada noção das virtudes e capacidades do homem que os humanistas haviam difundido poucos anos antes. Lutero desferiu um veemente ataque ao ideal humanístico de uma *philosophia pia* e, em especial ao "pagão e publicano" Erasmo de Rotterdam. A ocasião para essa ruptura definitiva com os humanistas foi proporcionada pela publicação do discurso de Erasmo, *Da liberdade da vontade*, em 1524. Erasmo, de início, parecera ser um cauteloso aliado da Reforma, aplaudindo as noventa e cinco teses e envidando esforços para impedir que Lutero fosse condenado sem que as autoridades imperiais sequer o escutassem. Mas aos poucos se foi mostrando mais e mais distante, especialmente depois da excomunhão de Lutero. Skinner, Kentin, *As fundações do pensamento político moderno*, São Paulo: Companhia das Letras, 1996, p. 285.

tica e a sujeição completa perante a autoridade civil dos poderes nacionais ou feudais[221].

A influência de Lutero contribuiu para tornar o *Manifesto*, durante toda a era da Reforma, o texto mais citado a respeito dos fundamentos da vida política; e no tratado da *Autoridade temporal*, já fornece a base para toda a sua argumentação. Ele começa afirmando que "devemos prover uma base sã para o direito civil", e seu argumento inicial reza que tal base deve procurar-se, antes de qualquer coisa, na injunção paulina: "toda alma se sujeita à autoridade governante, pois não há autoridade que não provenha de Deus"[222].

O engajamento político de Lutero conduz a análise sobre o poder dos príncipes em duas direções. Na primeira, o príncipe tem o dever de utilizar os poderes que Deus lhe concedeu segundo a fé religiosa, para "dar ordens no rumo de verdade". Na segunda, aliás, conclusiva do tratado da *Autoridade temporal*, postula-se que o príncipe "deve devotar-se realmente" a seus súditos. Ele não se obriga apenas a estimular e defender a verdadeira religião junto a eles, mas também "protegê-los e conservá-los em paz e abundância", e "tomar para si as necessidades dos súditos, lidando com elas como se fossem suas próprias necessidades". Jamais deve exceder sua autoridade, e em particular tem de evitar qualquer tentativa de "ordenar ou coagir alguém, pela força, a acreditar em tal ou qual coisa", já que a regulação de "assunto [tão] secreto, espiritual e oculto" jamais se pode dizer que dependa de sua competência. Suas principais obrigações consistem apenas "em induzir a paz externa", em "impedir as más ações" e, de modo geral, em assegurar que "as coisas externas" sejam "ordenadas e governadas na terra" de forma decente e temente a Deus[223].

Lutero trata o Novo Testamento, e em particular as injunções de São Paulo, como autoridade final em todas as questões fundamentais acerca da conduta adequada a seguir na vida social e política. E sustenta que a posição política prescrita no Novo Testamento consiste na plena submis-

221 Ibidem, p. 286.
222 Ibidem, p. 297-298.
223 Ibidem, p. 298.

são do cristão às autoridades seculares, fundando-os de modo tal que em nenhuma circunstância será legítimo opor-lhes qualquer resistência[224].

Lutero foi um revolucionário em matéria religiosa, por desencadear a divisão da Europa cristã em dois blocos, eximindo centenas de bispos, milhares de sacerdotes e milhões de fiéis da obediência a Roma. No plano político-social foi um conservador e, por vezes, mesmo um reacionário. Colocou-se sempre ao lado da autoridade contra os que reclamavam mais direitos; apoiou os príncipes no reforço do seu poder civil; e deu razão aos senhores da terra contra os camponeses em luta por melhores condições de vida.

Há quem afirme que, em relação ao capitalismo, não cabe atribuir a Lutero vínculo com o "espírito capitalista". Os próprios círculos eclesiásticos que hoje costumam com todo o zelo exaltar o "feito" da Reforma em geral não são amigos do capitalismo, seja lá em que sentido for[225].

Uma das principais ideias de Lutero, em oposição ao Papa, é que ele alega que a Igreja era desnecessária como intermediária entre Deus e os homens, o que implicava negar a autoridade eclesiástica: o cristão só deve obediência às Sagradas Escrituras, interpretadas subjetivamente e à maneira de cada um, de acordo com a respectiva fé, segundo o direito de livre exame. Em outras palavras, sugere-se que não havia nenhuma autoridade espiritual a que se tivesse de obedecer; por outro, a desobediência ao Papa e a separação de Roma, bem como a recusa de organizar uma Igreja Luterana universal segundo os princípios da unidade e da hierarquia, levaram a entregar ao poder civil de cada Estado, de cada senhor feudal, de cada cidade livre, a responsabilidade de regulamentar e dirigir os aspectos estruturais e organizativos das igrejas protestantes; multiplicaram-se as confissões e as seitas, sempre sob a égide de uma autoridade política laica[226].

Dessa forma, "surgiram na Alemanha, e depois no resto da Europa, as Igrejas nacionais; e em Inglaterra foi o próprio rei Henrique VIII, pelo *Act of Supremacy*, de 1534, que assumiu a chefia suprema da Igreja Anglicana,

[224] Ibidem, p. 301.

[225] Weber, Max. *A ética protestante e o "espírito" do capitalismo*. São Paulo: Companhia das Letras, 2004.

[226] Amaral, Diogo Freitas do. *História do pensamento político ocidental*, cit., p. 146.

acumulando nas suas mãos a plenitude do poder civil e eclesiástico. Cada rei ou príncipe impunha no seu reino a sua própria religião: *cujus régio, ejus religio*" (conforme o rei, assim a religião)[227].

4.1.1.2 A Questão Social

Durante o século XV, os motins de camponeses contra os senhores da terra, por melhores condições de vida, não passaram de episódios localizados e prontamente dominados. No entanto, a chamada "revolta dos camponeses"[228], que irrompeu na Suábia em 1524, tratou-se de um movimento popular de vastas proporções, que se dizia inspirado na pregação de Lutero e se colocava sob a proteção de Deus. As atrocidades cometidas foram muitas: mais de mil castelos incendiados, saques, violações, matanças... E os camponeses em fúria apresentaram doze reivindicações às classes nobres – os 12 artigos da Suábia –, exigindo a abolição da servidão da gleba, a eliminação de impostos e rendas, a liberdade de caçar, a eleição direta pelo povo dos priores de freguesia etc. Essa verdadeira revolução social demorou meses a debelar e foi afogada em sangue pela nobreza alemã, que saiu vitoriosa do conflito[229].

Numa primeira fase, Lutero apelou aos nobres para que estes dessem razão aos camponeses em várias questões; e, ao mesmo tempo, aos camponeses, para que eles não usassem da violência contra os senhores da terra. Foi este o objetivo de *Exortação à paz*, em resposta aos 12 artigos dos camponeses da Suábia, de abril de 1525[230].

[227] Ibidem, p. 146.

[228] A Revolta dos Camponeses (1524-1525) ocorreu em consequência dos discursos dos reformadores, como Lutero, pois em 1524 escreveu "Carta aos Príncipes da Saxônia sobre o Espírito Revoltoso", denunciando a violência da nobreza contra o povo alemão. Contudo, quando a Revolta Camponesa estourou, preocupado com os radicais, que poderiam usar indevidamente as suas pregações, acabou atacando-a com muita violência em seu contexto "Contra as hordas camponesas que pilham e assassinam". Afirmava em seu panfleto. "Todo homem deve submeter-se às autoridades constituídas" e os camponeses "agora violam de maneira deliberada e violenta o seu juramento de obediência" e "isto é um pecado terrível e horroroso", que acabam por merecer a morte. Ibidem, p. 146.

[229] Ibidem, p. 147.

[230] Ibidem, p. 147.

Os postulados contidos em *A Exortação à paz* não foram, porém, ouvidos, visto que a rebelião dos camponeses se agravou, e a repressão dos senhores da terra aumentou; os camponeses, pelo seu lado, intensificaram a sua fúria. Foi então que Lutero tomou claramente partido contra eles e publicou, em maio de 1525, um texto duríssimo de 8 páginas intitulado *Contra os bandos de pilhagem e assassinos dos camponeses*[231].

Lutero nega qualquer dever de obediência à autoridade eclesiástica em matéria religiosa, e ao mesmo tempo preconiza uma total sujeição à autoridade civil em matéria política e social. Essas duas posições, aparentemente contraditórias, encontram explicação na *Doutrina dos dois reinos*, que ele elaborou e defendeu em numerosos escritos[232]. Isso ocorreu por Lutero temer que os radicais viessem a distorcer suas lições políticas, a ponto de ele alcançar o nível da histeria, induzindo-o a reagir à revolta com chocante brutalidade[233].

4.1.1.3 Direito[234], leis e Estado

O Reformador afirma a necessidade do Estado e do Direito para que a humanidade encontre a paz civil. Mas não se pode renunciar ao emprego

[231] Lutero escreve que os camponeses estão a agir como "cães raivosos". O que eles fazem é pura «obra do Diabo». Já não há grande probabilidade de convencê-los a mudar de orientação: mas importa "instruir a consciência da autoridade temporal sobre a maneira como ela se deve comportar". Por isso, Lutero não hesita: "é preciso que o príncipe e o senhor saibam que são o ministro de Deus e o servidor da sua cólera" (São Paulo, Epístola aos Romanos, 13), e que a espada lhes foi confiada a fim de fazer justiça sobre os celerados deste gênero. Ibidem, p. 148.

[232] Ibidem, p. 148.

[233] Skinner, Quentin. *As fundações do pensamento político moderno*. São Paulo: Companhia das Letras, 1996, p. 300.

[234] "Sua filosofia do direito [de Lutero] se desenvolve a partir da concretização de sua ideia dos dois reinos e seus regimentos. (...) Para Lutero, o direito natural existe, mas sua função não emana do ordenamento e da orientação do Ser ou do *habitus* infundido por Deus no homem – *habitus* que o torna apto a reconhecer, por meio de sua razão, aqui e agora, o bom e o direito em si mesmos, tendo em vista a perfeição humana. (...) o direito natural é direito natural *mundano*, não pertence ao ordenamento espiritual e dele não participa. (...) o direito positivo, que encontra expressão no *ius civile* cotidianamente praticado nos regulamentos e ordenamentos dos ofícios e dos príncipes, guarda relação com a lei imposta por Deus. (...) não se postula uma relação de derivação entre direito natural e direito posi-

da força, pois muitos só entendem essa linguagem. "Adotar meios pacíficos de correção significaria tornar-se culpado, juntamente com eles, de todos os crimes que cometessem nesse entretempo. Com esses princípios, Lutero expressou sem a menor ambiguidade que Direito e Estado são formas de vida que se situam bem abaixo do Evangelho. É verdade que, contribuindo para a manutenção da paz e da prosperidade, o Estado é uma ordenação desejada por Deus. Mas não é a ordem do mais alto grau. O Estado é o reino de Deus 'da mão esquerda' (WA, 52, 26, 21 s.), ou seja (e aqui reencontramos o antissubstancialismo de nosso autor), o *opus alienum* (a obra estranha) de Deus por oposição a seu *opus proprium* (sua obra própria). O Estado está no grau mais baixo: ele é o instrumento da Cólera de Deus que toca a humanidade pecadora. Mas assim como a Cólera de Deus não é aniquiladora, também o Direito e o Estado apresentam um aspecto pelo qual se unem ao Evangelho e vêm ajudá-lo. A paz civil é uma condição *sine qua non* da crença e mesmo da simples subsistência do reino de Deus. Sem a intermediação do Estado, os cristãos que não podem opor nenhuma resistência à injustiça, estariam entregues à exploração dos poderosos"[235].

A ordem social e estatal criada pelo homem não deve permanecer, necessariamente, imutável, pois, se está a serviço do amor, significa que a autoridade civil deve melhorá-la sem cessar e eliminar o que sempre há, em maior ou menor grau, de desumanidade, insensatez e até de crueldade em todo Direito reinante[236].

tivo, como no sentido das *conclusiones* e *derivationes* escolásticas, mas, sim, uma espécie de relação de orientação, de alinhamento. É dever das autoridades mundanas estabelecer o direito positivo sobre as bases do direito natural mundano e em conformidade com ele, dele aproximar os estatutos e a prática do direito, evitar a 'barbarização da lei'. (...) Mais tarde, (...) ele passa claramente a apreciar o direito romano na forma como ele o conhecia. De fato, o que os romanos estabeleceram e organizaram não seria outra coisa senão decorrência de sabedoria pagã, mas neles se encontrava, indubitavelmente, 'elevada razão' e 'sabedoria'. (...) Lutero não questiona o caráter mundano do direito positivo, pois, para ele, este tem sólido embasamento teológico. 'O ordenamento jurídico deve funcionar como uma espécie de ordenamento divino sem a real e intencional contribuição de Deus'". *Vide* Böckenförde, Ernst-Wolfgang. *História da filosofia do direito e do estado – Antiguidade e Idade Média*. Porto Alegre: Sergio Antonio Fabris Editor, 2012, p. 473, 475, 476-478.

235 Huisman, Denis. *Dicionário dos filósofos*, São Paulo: Martins Fontes, 2001, p. 633.

236 Ibidem, p. 634.

Segundo Lutero, embora um magistrado cristão seja acima de tudo obrigado a levar em consideração os interesses da comunidade e não deva hesitar em infligir as penas apropriadas, deverá ter em mente os efeitos que a dureza das sentenças proferidas pode exercer sobre os condenados. Em suma, é preciso evitar que se realize o summum jus, summa injuria ("o máximo do direito, o máximo da injustiça"). Lutero não deixou de fazer numerosas propostas para emendar o Direito imperial, tão complicado de seu tempo, e assim ele, o "conservador", foi ao mesmo tempo o artífice do progresso237.

Lutero exige o todo do homem: a ação deve estar numa relação consciente e pessoal com Deus. "O Reformador sempre teve predileção especial pelo texto em que Paulo diz que 'tudo o que não vem pela fé é pecado (Rm 14, 23). Só presto serviço a Deus quando vejo sua vontade, e meu coração diz: estou fazendo isto porque é a vontade de Deus' (WA, 15,677, 8). Isso explica a existência de casos em que não cabe limitar-se estritamente no Bem nem às leis humanas aparentemente mais sábias. O crente pode ser levado a refletir sobre atos habituais, a enfrentar o direito e os costumes, pois Deus é um poder criador que abre novas possibilidades e mesmo novas necessidades. O cristão deve então fazer-se seu instrumento e considerar dever seu fazer coisas que, em relação à 'Lei', são transgressões. Mas Lutero esclarece: 'infeliz daquele que se permitisse tais infrações por orgulho, de modo ímpio e criminoso!'"[238].

4.1.1.4 Conclusões

A venda de indulgências, combatida por Lutero, era um escândalo que vinha de longe (já denunciado por Chaucer[239]), devendo sua base teológica à bula Unigenitas, de 1343. A Igreja tinha o poder de conceder esses méritos adicionais, vendendo indulgências (isto é, remissões de penitência) a quem confessasse haver pecado. Depois, Sisto IV[240] afirmou, em

237 Ibidem, p. 634.

238 Ibidem, p. 634.

239 Geoffrey Chaucer (1343 – 1400) foi um escritor, filósofo, cortesão e diplomata inglês.

240 Sisto IV, nascido Francesco della Rovere (Albisola, 21 de julho de 1414 – Roma, 12 de agosto de 1484), foi Papa de 9 de agosto de 1471 até à data da sua morte. Figura importante da Renascença, é principalmente lembrado por ter estabelecido a Inquisição Espanhola

1476, que as almas no purgatório também poderiam ser socorridas ao se adquirir uma indulgência em seu favor, segundo a qual, pagando-se em dinheiro a indulgência, alguém podia eventualmente abreviar seus próprios padecimentos após a morte[241].

As premissas teológicas de Lutero não somente o levaram a atacar os poderes jurisdicionais da Igreja, como também a preencher o vazio de poder assim criado, procedendo a uma defesa correspondente das autoridades seculares. Antes de tudo, ele deu seu aval a uma extensão, sem precedentes, da gama de seus poderes. Se a Igreja se reduz a uma *congregatio fidelium* (congregação de fiéis), segue-se que as autoridades seculares devem ter o direito exclusivo a exercer todos os poderes coercitivos, inclusive sobre a própria Igreja. Isso naturalmente não causa danos à Igreja genuína, porque ela consiste num puro reino espiritual, mas com toda a clareza coloca a Igreja visível sob o controle do príncipe devotado à religião. Isso tampouco significa que o *rex* se converta em *sacerdos*, nem que a ele se atribua qualquer autoridade a emitir juízos sobre o conteúdo da religião. Seu dever consiste simplesmente em favorecer a pregação do Evangelho e em defender a verdadeira fé. Mas isso significa, sem nenhuma dúvida, que Lutero está disposto a admitir um sistema de Igrejas nacionais independentes, nas quais o príncipe detém o direito de nomear e demitir sacerdotes e bispos, bem como de controlar e dispor da propriedade eclesial[242].

Para Lutero, portanto, a Igreja não deveria ter poder político nem pretensões de jurisdição; além disso, criticou a autoridade da Igreja Católica sobre o imperador, como se o papa usurpasse o poder da nação alemã. Lutero derrubou as ordens tradicionais, tanto temporal como espiritual[243].

"As teorias políticas dos primeiros luteranos desempenharam papel vital na legitimação das monarquias absolutistas que emergiam no Norte

e ordenado a construção da Capela Sistina na qual uma equipe de artistas se reuniu para produzir uma obra-prima (o teto pintado por Michelangelo Buonarroti foi adicionado posteriormente).

241 Skinner, Quentin. *As fundações do pensamento político moderno*, cit., p. 294.

242 Ibidem, p. 295-296.

243 Ibidem, p. 301.

da Europa. Ao sustentar que a Igreja não passava de uma *congregatio fidelium*, esses luteranos automaticamente atribuíram o exercício de toda autoridade coercitiva aos reis e magistrados, aumentando de maneira decisiva o alcance dos poderes desses últimos. Isso, por sua vez, levou-os a rejeitar uma das tradicionais limitações à autoridade dos governantes seculares: negaram explicitamente a alegação da ortodoxia católica de que os tiranos podiam ser julgados e depostos pela autoridade da Igreja. Em segundo lugar, introduziram um elemento de passividade na discussão sobre a obrigação política. Ao afirmar que todas as autoridades constituídas devem ser tratadas como uma dádiva direta da providência divina, viram-se obrigados a sustentar que até os próprios tiranos governam por direito divino e que, mesmo quando eles manifestamente incorrem em erro, será blasfêmia fazer-lhes oposição. Assim, aboliram a outra limitação tradicional à autoridade dos governantes seculares: rejeitaram a ideia de que a lei natural devesse ser usada como pedra de toque para condenar, ou mesmo questionar, o comportamento de nossos superiores"[244].

A partir de 1530, Lutero, Melanchthon[245], Osiander[246] e muitos de seus discípulos mudaram subitamente de postura, passando a sustentar que é legítimo opor-se, pela força, a todo governante que se torne tirano. Essa tendência mais subversiva do luteranismo – conquanto nunca dominante – inspiraria as teorias radicais dos calvinistas e, desse modo, contribuiria para a formação das ideologias políticas revolucionárias que emergiram na segunda metade do século XVI[247].

Os marxistas acusam Lutero de "traidor do povo" por apoiar o partido dos senhores da terra, exploradores, contra os camponeses, estes explorados. Por outro lado, os humanistas, os liberais e os democratas condenam a falta, em toda a obra de Lutero, de qualquer sensibilidade

[244] Ibidem, p. 355.

[245] Filipe Melanchthon (1497-1560), popular professor por reunir até 600 alunos em suas aulas, contra os cerca de 400 que vinham aprender com seu colega Lutero na Universidade de Wittenberg. *Vide* Rieth, Ricardo Willy, O pensamento teológico de Filipe Melanchthon (1497-1560). Portal de Periódicos das Faculdades.

[246] Andreas Osiander (19 de dezembro de 1498 – 17 de outubro de 1552) foi um teólogo luterano alemão. Em 1522, eleito para a Igreja de São Lourenço em Nuremberg, declarou-se publicamente um luterano.

[247] Skinner, Quentin. *As fundações do pensamento político moderno*, cit., p. 356.

aos direitos individuais perante o Estado. No confronto entre o poder político e o indivíduo, mais do que a relação Estado-cidadão, aparece, sobretudo, a relação Estado-criminoso. Esse caráter autoritário e repressivo da política de Lutero deixou traços indeléveis na cultura alemã, tanto que a referência a um pensamento autoritário na Alemanha era tratado como "culpa de Lutero". Foi assim com Hegel, Bismarck, Hitler[248]. É uma questão polêmica.

No século XVI, atribuiu-se a Lutero um elo muito forte na cadeia das causas que reforçaram o poder civil e a sua autoridade soberana, quer sobre os cidadãos, quer perante o poder espiritual do Papa e da Igreja. Por caminhos diferentes, Lutero, Calvino e Henrique VIII seguiram na senda de Maquiavel: assegurar a ditadura pessoal do príncipe sobre os seus súditos e fazer da religião um instrumento ao serviço do poder político – e não uma limitação deste. Da Reforma Protestante à Monarquia Absoluta foi apenas um passo[249].

4.1.1.5 Principais obras

Pode-se destacar como principais obras de Martinho Lutero *As 95 teses de Wittenberg*, de 1517; *Da autoridade temporal*, de 1523; *Exortação à paz*, de 1525; *Contra os bandos de pilhagem de camponeses*, de 1525 e; *Missiva sobre o duro opúsculo contra os camponeses*, também de 1525[250].

4.1.2 João Calvino (1509-1564) – o espírito capitalista

Calvino nasceu em Noyon (França). Recebeu uma formação escolástica e, em 1529, abandonou o estudo de teologia e optou pelo curso de direito em Orleans, formando-se em 1532, mesmo ano que é impresso, de sua autoria, *De Clementia*, que aborda o estoicismo de Sêneca[251].

Converteu-se ao protestantismo entre 1532 e 1533, quando se desenvolviam o luteranismo e o movimento anabatista, mas teve de fugir de

[248] Ibidem, p. 296.
[249] Ibidem, p. 295.
[250] Amaral, Diogo Freitas do. *História do pensamento político ocidental*, p. 148.
[251] Ibidem, p. 149.

Paris para Angoulema (hoje uma comuna francesa) devido a suas convicções protestantes[252].

Em fuga para a Basileia, a fim de garantir uma vida de estudos, dá sequência à atividade autoral. Depois, em Estrasburgo, trabalha em uma paróquia francesa de 1537 a 1541, e se casa em 1540. A essa altura, sua atividade é intensa, pois se dedica a quatro pregações semanais, aulas, participação nos colóquios teológicos organizados de 1539 a 1541 por Carlos V etc.

Calvino defendia a pena de morte àqueles que considerava inimigos dos seus princípios de fé, como ocorreu em relação a Miguel Servet, médico espanhol, descobridor da circulação pulmonar do sangue, cujas concepções trinatárias e panteístas confrontavam com as de católicos e protestantes. Perseguido pela inquisição, visto que defendia a religião natural e considerava Cristo um homem, após escapar da prisão em Viena, dirigiu-se a Genebra, onde supunha que teria a proteção de Calvino, uma vez que mantinham correspondências acerca da Santíssima Trindade. Ledo engano, a mando do teólogo protestante, acabou preso, torturado e queimado em Genebra (1553).

Os últimos anos de Calvino são mais calmos, devido, entre outras coisas, a uma nova política entre Genebra e Berna. Em 1559, recebe a dignidade de burguês da cidade. Nessa época, está trabalhando na fundação da Academia de Genebra – cujo reitor é Teodoro de Beza (1513-1605) –, que formou os futuros pastores, inclusive franceses. Ninguém conhece o local onde foi enterrado, em 1564[253].

4.1.2.1 A ética, o capital e o governo

Calvino considerava a natureza humana corrupta. A luta de Calvino por uma nova igreja universal é a luta por uma nova autoridade que vai caracterizar uma elite para a formação de uma cidade-estado capitalista (Genebra).

A ética defendida por Calvino representava os valores de classe média ascendente com a ordem capitalista. Considerava "o domínio de

[252] Ibidem, p. 149.
[253] Ibidem, p. 150.

Deus absoluto e acima da liberdade"; logo, "não somos senhores de nós mesmos".

Em Calvino, a afirmação da autoridade exclusiva das Escrituras tem um alcance polêmico evidente: em oposição aos católicos, o objetivo é denunciar qualquer pretensão do magistério romano a decidir em matéria de fé, a pretexto da intrínseca obscuridade do texto bíblico ou da banalidade de frases das Escrituras que sejam indignas de uma "Verdade" supostamente tão afastada do senso comum quanto seu autor estaria afastado da humanidade. Calvino, portanto, ataca uma concepção que, fazendo do texto bíblico algo mais e algo menos do que é, justifica que a autoridade da Igreja decida sobre o que é verdadeiro a partir da necessidade de gerar a diferença entre dois níveis de verdade: um esotérico e outro exotérico. Se, ao contrário – e essa é a posição de Calvino –, a revelação de Deus se refere à salvação dos homens, é preciso admitir que tudo o que nos é necessário conhecer a respeito está compreendido nos limites das Escrituras; do mesmo modo, qualquer ambição a conhecer por outros meios que não o das Escrituras ou a conhecer mais do que aquilo que ela nos dá a conhecer, será rejeitada como especulação. Para Calvino, a especulação não só é vã como também é causa e consequência do desprezo pelas Escrituras ou pela Palavra de graça que nela é enunciada, o que é a principal fonte do pecado[254].

Há duas formas de governo para Calvino:

- *espiritual* – no qual a consciência deve apresentar piedade e reverência a Deus e orar pelo bem-estar do Estado.
- *político* – a pessoa deve ter responsabilidade com a humanidade e exercer a sua cidadania.

"O *estado* deve promover *o bem público* acima do privado e regular a economia em termos de justiça *social e equidade*" (grifos do autor)[255]. Deve manter a paz, a ordem, a disciplina moral, a segurança da propriedade e reprimir qualquer abuso, fruto da condição de pecado do homem.

[254] Huisman, Denis. *Dicionário dos filósofos*, cit., p. 179.

[255] Calvin, John. "Commentaries on Daniel". In *On God and Political Duty*. Indianapolis: Bobbs-Merrill, 1956, p. 92.

O governo civil deve ser misto, aristocrático e democrático e nenhum homem deve ter poder absoluto. Os cargos devem ser preenchidos por eleição, inclusive na igreja. Calvino defendia três formas de poder em qualquer governo, a saber: a *magistratura* – é o mais alto cargo e deve organizar o bom governo com o intuito social, a Deus, as leis, ao povo, a justiça; o *legislativo* – faz as leis para regular o poder do magistrado. As leis estão ligadas ao direito natural, e a justiça e a equidade devem ser consideradas; o *povo* – deve "temer a deus e honrar o monarca". Os dirigentes devem ser obedecidos porque a autoridade deles está ligada ao cargo ocupado.

Os intitulados "calvinistas radicais" desenvolveram a teoria da "revolução popular", na década de 1550, que se tornaria a corrente dominante no pensamento constitucionalista moderno. Mais de um século depois, na obra *Dois tratados de governo*, de John Locke, este autor defende o mesmo conjunto de conclusões de seus predecessores e, em larga medida, apoia-se na mesma série de argumentos[256].

Os calvinistas radicais não incluem a resistência política como um direito, embora se disponham a defender a sugestão – revolucionária – de que pode ser lícito a todo o povo limitar e depor seus governantes; continuam a pressupor que a razão fundamental da existência da sociedade política é a defesa das leis de Deus e o exercício da verdadeira fé (isto é, da fé calvinista). Em consequência, continuam a ver a sociedade política como ordenada por Deus, a considerar a tirania uma forma de heresia e a interpretar a legitimidade da resistência um dever religioso – alicerçado na promessa de defender as leis de Deus – e não um direito moral[257].

A teoria moderna da ideologia revolucionária, que derivou da teoria protestante embasada no direito moral a resistir, foi articulada pela primeira vez, de forma consistente, pelos huguenotes, durante as guerras religiosas que assolaram a França na segunda metade do século XVI. Dali passou aos calvinistas dos Países Baixos, chegando depois à Inglaterra e adquirindo grande destaque no contexto ideológico da revolução inglesa durante a década de 1640. No caso dos calvinistas de origem luterana, estes enfrentaram a crise do protestantismo de meados do século XVI.

[256] SKINNER, Quentin. *As fundações do pensamento político moderno*, p. 513.
[257] Ibidem, p. 513.

Ao publicar a última edição latina das *Institutas* da religião cristã, em 1559, Calvino inseriu no capítulo final, pela primeira vez, uma só frase, muito eloquente, que alude à teoria da resistência, fundamentada no direito privado. Nessa parte, preconiza-se que o governante automaticamente deixa de ser um genuíno magistrado ao exceder os limites de seu cargo.

Em outras palavras, se o governante ultrapassa os limites de seu cargo, e foi perverso contra os homens, "ao erguer suas trombetas contra Deus, também ab-rogou seus próprios poderes". Calvino argumenta que todo governante tem uma função pia a exercer, acrescentando que, "se um rei, príncipe ou magistrado se conduz de modo a diminuir a honra e o direito de Deus, converte-se em nada mais do que um homem comum" (*non nisi homo est*). Quando Calvino se refere ao tema da obediência política, diz que "de fato é possível afirmar que não estamos violando a autoridade do rei" sempre que "nossa religião nos compele a resistir (*resistere*) a editos tirânicos que nos proíbem de prestar a Cristo e a Deus a honra e reverência que Lhes são devidas"[258].

Em as *Preleções sobre o profeta Daniel*, edição de 1561, como há dois anos, na obra *Institutas* da religião cristã, Calvino cita novamente a recusa de Daniel a obedecer ao comando de Dario, e argumenta que aquele "não cometeu pecado", pois, "em todos os casos em que nossos governantes se insurgem contra Deus", eles automaticamente "abdicam de seu poder terreno". Esse comentário já foi interpretado como "uma frase casual", mas na verdade Calvino discute a mesma passagem mais uma vez, disposto a aceitar suas implicações mais radicais, nos Sermões sobre os últimos oito capítulos do Livro de Daniel, obra póstuma publicada em francês em 1565. Aqui torna a ressaltar que Daniel "não cometeu pecado quando desobedeceu ao rei", e justifica novamente com a alegação de que, "quando os príncipes ordenam que Deus não seja servido e honrado", então "não são mais dignos de ser considerados príncipes". Isso, segundo Calvino, não significa apenas que "não mais precisamos atribuir-lhes autoridade alguma", mas, também, acrescenta agora com clareza, "quando eles se insurgem contra Deus", "é necessário que sejam derrubados" (*mis en bas*)[259].

[258] Skinner. *As fundações do pensamento moderno*, cit., p. 469.
[259] Ibidem, p. 470.

4.1.2.2 A questão social e a teocracia em Genebra

"A exemplo de Lutero, Calvino enfatizou a experiência espiritual individual e reiterou que nas Escrituras se encontra tudo o que se precisa saber, por tratar-se de conhecimento não filtrado pelos dogmas católicos. Calvino acreditava em uma interpretação literal da Bíblia. Ele considerava que tanto as instituições religiosas quanto a sociedade deveriam ser guiadas e estruturadas sob esse princípio. Essa ideia é chamada de teocracia, ou seja, um governo guiado por autoridades religiosas. Os líderes dessa teocracia, em vez de serem governadores, senadores e congressistas, seriam moldados na estrutura organizacional do início da Igreja Católica, conforme descrito nos Atos dos Apóstolos do Novo Testamento, sendo divididos em quatro categorias:

- *Pastores*: esses cinco homens estariam no comando de todas as questões religiosas;
- *Professores*: esse grupo ensinaria a doutrina da Igreja aos cidadãos;
- *Anciões*: doze homens (como os doze Apóstolos), escolhidos pela burocracia municipal, que supervisionariam tudo o que fosse feito na cidade;
- *Diáconos*: esse grupo seria responsável por prestar auxílio aos doentes, às viúvas, aos órfãos e aos pobres"[260].

Calvino instalou esse governo utópico, entre 1541 e 1564, de tendência teocrática, na cidade suíça de Genebra, mas os moradores logo o rejeitaram. Dessa forma, Calvino e seus seguidores deixaram a cidade[261]. Vale lembrar que Genebra se tornou o modelo de quase todas as comunidades fundamentalistas e puritanas da Holanda, da Inglaterra e da América[262].

[260] MANNION, James. *O livro completo da filosofia*, cit., p. 78.

[261] Ibidem, p. 76-78.

[262] SCHWANITZ, Dietrich. *Cultura geral – tudo o que se deve saber*. São Paulo: Martins Fontes, 2009, p. 83.

Contudo, o calvinismo[263] impulsionou o capitalismo, pois considerou de grande valor em seus princípios éticos a defesa do lucro. Na França os calvinistas (huguenotes) tinham a força de um partido político[264].

4.1.2.3 Direitos, leis e Estado Teocrático

O princípio supremo do Estado Teocrático era de que o direito e a lei da comunidade estão na Bíblia. Cabia a pastores e anciões (presbíteros) a interpretação dessa lei. O Consistório (assembleia de ministros e de fiéis protestantes), órgão supremo em Genebra, também era submetido à autoridade terrena, o que representava o estabelecimento de uma teocracia (governo de Deus), como no Israel antigo. Assistir à missa tornou-se uma obrigação, e a virtude passou a ser lei. O lazer, ou, segundo o ponto de vista, o vício, foi proibido[265].

A noção de eleitos, o caráter sagrado dos escritos, a orientação não pela consciência, mas pela lei, e a permissão dos empréstimos a juros aproximavam os calvinistas do povo de Israel. Isso separou a mentalidade calvinista da luterana e, sobretudo, secou a fonte do antissemitismo. Tanto que nos países impregnados pelo calvinismo, como nos casos de Holanda, Inglaterra e Estados Unidos, o antissemitismo nunca foi expressivo (diferentemente da Espanha, da França, da Alemanha, da Polônia e da Rússia)[266].

Segundo Calvino, o homem detém um mandato divino ao não lançar-se em futilidades, pois, caso contrário, este pertence ao grupo dos condenados. Se ele utiliza seu tempo para trabalhar, mostra que pertence ao

[263] O calvinismo foi a fé em torno da qual se moveram as grandes lutas políticas e culturais dos séculos XVI e XVII nos países capitalistas mais desenvolvidos – os Países Baixos, a Inglaterra, a França. Considerava-se na época e, ainda hoje, a doutrina da *predestinação* como o mais característico dos dogmas do calvinismo. Debate-se se esse dogma era o "mais essencial" da Igreja reformada ou se era uma "tendência". Ora, juízos sobre a essencialidade de um fenômeno histórico, ou são juízos de valor, ou são juízos de fé – notadamente quando se tem em mente aquilo que nele por si só "tem interesse" ou que por si só "tem valor" duradouro. Weber, Max. *A ética protestante e o "espírito" do capitalismo*, cit., p. 90.

[264] Niebuhr, H. Richard. *As origens sociais das denominações cristãs*. São Paulo: Aste, 1992.

[265] Weber, Max. *A ética protestante e o "espírito" do capitalismo*, cit., p. 90.

[266] Ibidem, p. 90.

grupo dos eleitos. Eleito é também aquele que multiplica seu dinheiro, tornando-se bem-sucedido[267].

O calvinismo conciliava os interesses comerciais de Genebra com o capitalismo em geral, impactando inclusive a mentalidade norte-americana, que valoriza muito o sucesso. Esses fatos são relatados depois no livro do patriarca alemão da sociologia, Max Weber, sobre a ética protestante e o espírito do capitalismo. Logo, enquanto o luteranismo possibilitou o casamento entre a religião e o Estado (veja-se o caso da Prússia), o calvinismo possibilitou o casamento entre a religião e o dinheiro[268].

O calvinismo de Genebra proporcionou um dos principais fundamentos para a moderna democracia, mas, nos primeiros séculos, desprezou o governo do povo, sentimento partilhado pelos discípulos na Inglaterra e na Escócia, o que serviu de forte obstáculo para o movimento popular. McGiffert[269] salientou que estava longe da intenção de Calvino promover a liberdade civil ou a democracia e que ele foi "na melhor das hipóteses, apenas indiretamente responsável por um desenvolvimento pelo qual ele não teria nenhuma simpatia se estivesse vivo para testemunhá-lo"[270].

De tendência aristocrática como ele era, serviu de exemplo para os ingleses e também para os presbiterianos escoceses, como Baillie[271], que afirma que o "governo popular traz confusão, pondo os pés acima da cabeça"[272].

Calvino, a partir de 1541, aplicou a sua visão de governo cristão em Genebra pela força e procurou expurgar as práticas católicas. Rigoroso, defendia que Deus salvaria a quem desejasse, e o cidadão deveria seguir os ensinamentos do Evangelho, com trabalho e esforço, para conseguir a

[267] Ibidem, p. 90.
[268] Ibidem, p. 90.
[269] Arthur Cushman McGiffert (1861-1933) – historiador e teólogo liberal americano.
[270] NIEBUHR, H. Richard, *As origens sociais das denominações cristãs*, cit., [s.p.].
[271] Baillie nasceu em Glasgow, onde se graduou em 1620 e se entregou ao estudo de Teologia. Em 1631, depois de ordenar-se na Igreja da Escócia e ter atuado por alguns anos como diretor na Universidade, foi designado para nova missão pastoral em Kilwinning, Ayrshire. Seus conhecimentos logo fizeram dele um líder.
[272] NIEBUHR, H. Richard, *As origens sociais das denominações cristãs*, cit. , [s.p.].

salvação. O trabalho constante e a economia eram um dom que vinha de Deus[273].

Enfim, para Calvino, o capital, o crédito, os bancos, o grande comércio, a finança são desejados por Deus e tão respeitáveis como o salário de um operário ou o aluguel de uma propriedade. O pagamento de juros pelo empréstimo de dinheiro é tão razoável como o pagamento de uma renda pelo aluguel de uma terra. O comerciante que procura o lucro por meio das qualidades exigidas pelo êxito econômico – trabalho, sobriedade, frugalidade e ordem – corresponde também ao apelo de Deus, santifica, no que lhe concerne, o mundo pelo seu esforço e, portanto, a sua ação é santa. "O trabalhador é o que mais se assemelha a Deus", "um homem que não quer trabalhar, também não deve comer" – afirma. O pobre é suspeito de preguiça, o que constitui uma injúria a Deus. As esmolas devem ser distribuídas com discernimento. Dessa forma, Calvino justificava plenamente a moral burguesa[274].

Diferentemente de Lutero, Calvino enfatizou o conceito de predestinação: antes de alguém nascer e sem que fosse culpado de qualquer coisa, Deus já havia decidido quem estava destinado para o Céu e quem estava destinado ao Inferno. A predestinação também era chamada de "doutrina dos eleitos" e "doutrina dos santos vivos"[275]. "A graça de Deus seria alcançada por meio do trabalho, da vida modesta e do sucesso econômico. O voto de pobreza, que é comum entre muitas ordens religiosas católicas, não seria encontrado no Calvinismo. (...) Essa filosofia espiritual estimulou a era do capitalismo e a economia de mercado livre na Europa"[276].

O êxito da doutrina calvinista foi, pois, grande entre os burgueses comerciantes e industriais de Antuérpia, Londres e Amsterdã que, certos de realizar o plano e seguir a linha de Deus, atuam com tenacidade em seus propósitos[277].

273 SKINNER. *As fundações do pensamento político moderno*, cit., p. 513.

274 CROUZET, Maurício (Coord). *História geral das civilizações (17 v.)*. Trad. Vítor Ramos e J. GUINSBURG. Rio de Janeiro: Bertrand, 1996, v. IX, p. 94.

275 MANNION, James. *O livro completo da filosofia*, cit., p. 78.

276 Ibidem, p. 78.

277 CROUZET, Maurício (Coord). *História geral das civilizações (17 v.)*, cit., p. 94.

Aos reformistas, o calvinismo pareceu uma doutrina arrojada, lógica, coerente, que devia satisfazer, em tantos corações ávidos de uma religião mais individual e mais viva, as necessidades do amor puro: Cristo-Deus absolutamente soberano, Cristo-Deus todo amor pelo homem, Cristo--Deus muito próximo, escutado, sentido, apreciado e participado[278].

4.1.2.4 Principais obras

Em 1534 Calvino escreveu o primeiro livro sobre religião, *Psychopannychia* (*A vigília da alma*), que seria lançado em 1542, em que ataca os anabaptistas e considera que as almas se mantêm vigilantes e vivas quando deixam os corpos. Na mesma época, critica a celebração das missas[279].

No ano de 1535 escreve a obra *Instituição da religião cristã*, que, em sua primeira edição, é um catecismo de fácil manuseio. O prefácio, em forma de epístola dirigida ao rei, é uma defesa da fé evangélica contra a acusação de favorecer sedições. Em *A Instituição*, em suas três edições latinas (1536, 1539 e 1559), passa de seis para dezessete e depois para oitenta capítulos; a edição de 1539 é traduzida pelo próprio Calvino, com publicação em 1546[280].

Em Estrasburgo, de 1537 a 1541, trabalha na segunda edição da *Instituição da Religião Cristã* e redige o *Comentário sobre a epístola aos romanos* e *Resposta ao cardeal Sadoleto*, que tentava fazer Genebra voltar para o seio da Igreja Católica[281].

Redige, depois: *Ordenações eclesiásticas*, trabalho este que compreende a definição de quatro ministérios, quais sejam, pastores, doutores, veteranos e diáconos; o *Catecismo;* e *Pequeno notado da Santa Ceia*, em que tenta superar o desacordo entre Lutero e Zwinglio em torno da natureza do sacramento[282].

278 Ibidem, p. 94.
279 Ibidem, p. 93.
280 Ibidem, p. 93.
281 Huisman, Denis. *Dicionário dos filósofos*, p. 177.
282 Ibidem, p. 178.

No decorrer de seu trabalho de pregação e ensino, Calvino confronta-se com S. Castellion[283], que se opôs à condenação à morte de Miguel Servet, "o herege", em Genebra, em 1553, e J. Bolscc, que criticou a doutrina da predestinação. Para sustentar suas posições estritas, Calvino escreve uma *Excuse à Messieurs les Nicomédites sur la complainte qu'ils font de as trop grande* da *rigueur (Desculpas aos caveleiros nicomeditas pelo processo de que estão fazendo muito rigor)*, além de vários textos contra os "anabatistas" e os "libertinos"[284].

Entre as principais obras de Calvino destacam-se: *De Clementia* – obra anotada de Sêneca (1532); *Psychopannychia* (1534); *Institutas da Religião Cristã*, publicado em latim no ano de 1536 e em francês nos idos de 1541; *Catéchisme de l'Église de Genève* (1542) e *Preleções sobre o profeta Daniel* (1561). Calvino também publicou vários volumes de comentários sobre a Bíblia.

4.1.3 Conclusões sobre calvinistas e luteranos

Muitas vezes se afirmou que, na reação à crise do protestantismo nos meados do século XVI, os calvinistas se encontravam muito mais bem equipados do que os luteranos para desenvolver uma teoria radical de resistência política. Há forte tendência a se sustentar que os calvinistas foram capazes de fazer uso da "firme base de aspirações e organizações radicais", nascida do "potencial revolucionário", existente no pensamento político de Calvino. Os luteranos, porém, viram-se incapazes de estabelecer uma "base de resistência" equivalente, pois Lutero pregava que nunca pode ser lícito rebelar-se contra uma autoridade legalmente constituída. Entretanto, demonstra-se que foi Lutero, e não Calvino, quem primeiro introduziu o conceito de resistência ativa na teoria política da Reforma "magisterial". É preciso observar que o grau de sucesso alcançado pelos calvinistas ao desenvolver uma teoria da revolução na década de 1550 não se deveu ao fato de apresentarem uma reação mais criativa à crise do que os luteranos, como tantas vezes se afirmou, mas de terem adotado e reiterado a argumentação em favor da resistência pela força que os luteranos

283 Almeida, Leandro Thomaz de. "Matar um homem não é defender uma doutrina, é matar um homem": notas sobre a estratégia argumentativa de Sébastien Castellion no caso Miguel Servet. *Revista USP de Letras Clássicas*, São Paulo, v. 17, n. 1, p. 97-108, 2013, p. 98

284 Huisman, Denis. *Dicionário dos filósofos*, p. 178.

já haviam desenvolvido na década de 1530 e que depois a retomaram com o fito de legitimar a guerra contra o imperador Carlos V, levada a cabo pela Liga de Esmalcada (Schmalkalden)[285].

Os calvinistas mais radicais da década de 1550 concebem a resistência à idolatria e tirania enquanto um dever imposto por Deus a todo cidadão. Esse postulado os credencia a reverter a mais fundamental de todas as teses do pensamento político reformador ortodoxo: não dizem mais aos fiéis que serão condenados à danação eterna se resistirem às autoridades constituídas, mas, pelo contrário, que serão condenados se não o fizerem[286].

Para essa linha de calvinistas, como Ponet, Goodman e Knox[287], se o povo continuar a submeter-se a "quem vive na idolatria e perversidade, como os papistas", a fim de puni-los por desobediência aos mandamentos, Deus lhes enviará "fome, peste, sedição, guerras". Conclama-se, pois, o povo a afastar "a grande ira da indignação de Deus", depondo todos os governantes idólatras e tirânicos, e assim cumprindo suas obrigações

[285] Liga de Esmalcada (Schmalkalden) – aliança composta por príncipes protestantes do Sacro Império Romano, criada em 27 de fevereiro de 1531. *Vide* SKINNER, Quentin. *As fundações do pensamento político moderno*. cit., p. 482.

[286] SKINNER, Quentin, *As fundações do pensamento político moderno*. cit., p. 499.

[287] John Ponet (1514-1556), protestante inglês, combateu o direito divino dos reis e dizia que Deus é "o mais alto poder (...), o poder dos poderes e dele é derivado todo poder", de forma que "todo poder político (...) e autoridade (...) vêm de Deus". Christopher Goodman (1520-1603), clérigo reformista e escritor inglês, defendia que a desobediência deve transformar-se em uma atitude ativa dos súditos, sob pena de também se tornarem cúmplices dos desmandos de seus superiores. John Knox (1514 – 1572) foi um religioso revolucionário escocês que liderou uma revolução religiosa na Escócia segundo a linha calvinista. Ele desenvolveu sua teoria sobre o direito de resistência com base nas Escrituras do Antigo Testamento, defendendo o dever de combater as tiranias com a ação dos magistrados civis apoiados pelo povo. *Vide* NUNES, Silvio Gabriel Serrano. *As origens do constitucionalismo calvinista e o direito de resistência: a legalidade bíblica do profeta em John Knox e o contratualismo secular do jurista em Théodore de Béze* (tese de doutorado). Universidade de São Paulo: São Paulo: 2017.

para com o Senhor[288]. Fundamentam, portanto, a doutrina da resistência e as bases do capitalismo com a sua ética protestante[289].

4.2 Nicolau Maquiavel (1469-1527) – os fins e os meios

Maquiavel nasceu e morreu em Florença. Foi educado em contato com as obras do historiador romano Tito Lívio[290]. Exerceu, de 1498 até 1512, a função de secretário da segunda chancelaria da república de Florença, na qual desempenhou missões diplomáticas nas cortes italianas e europeias. Era, portanto, um alto funcionário público e se identificava como "o secretário florentino"[291].

Trabalhou com o filho do Papa Alexandre VI, César Bórgia, tirando lições que irão influenciar suas teorias políticas. Transformou-se em 1501 num homem de confiança do magistrado municipal de Florença Pier Soderini[292] (Gonfaloneiro), que tinha grande influência política à época[293].

Propôs a criação de um sistema de defesa utilizando o recrutamento de soldados nos condados rurais de Florença para evitar a utilização de

288 SKINNER, Quentin, *As fundações do pensamento político moderno*, cit., p. 512.

289 Após um aumento no número de pessoas que professam as chamadas religiões protestantes, com destaque para os neopentecostais, é importante ressaltar que durante as duas primeiras décadas do século XXI, no Brasil, atingiram alto grau de participação na sociedade, com capacidade de influenciar parte do eleitorado, além de passar a ocupar postos no Legislativo, Executivo e no Ministério Público, principalmente. Ressalte-se a grande capacidade de comunicação alcançada, com participações em inúmeras emissoras de rádio e TV, em que pese não haver homogeneidade entre as inúmeras Igrejas e congregações. Mesmo assim, sua influência na sociedade brasileira tornou-se evidente.

290 Tito Lívio (59 a.C – 17 d.C.) – Historiador, de Pádua, sem contato nos grandes círculos literários de Roma, grande estilista, republicano e leitor de Cícero, procurou trabalhar sobre conceitos morais. Escreveu: "Ab Urbe condita libri" ("Desde a fundação da cidade") E "Décadas". A sua obra continha 142 livros analisando a história romana, as vezes, sem muita veracidade, mas com imaginação e dramaticidade.

291 HUISMAN, Denis. *Dicionário dos filósofos*, cit., p. 657.

292 Pier Soderini (1450 – 1522) – Antigo chefe do Executivo de Florença. Gonfaloneiro vitalício de justiça de Florença, foi afastado do seu cargo e expulso da cidade, tendo Maquiavel como braço direito (assessor) do mesmo. Fugiu com a queda da república, após a derrota para os soldados espanhóis. Tinha paciência, humanidade e não era ambicioso no trato das coisas públicas.

293 HUISMAN, Denis. *Dicionário dos filósofos*, cit., p. 657.

mercenários, que nem sempre eram leais à causa defendida. Contudo, esse exército de cidadãos não conseguiu evitar o ataque e vitória dos espanhóis contra os florentinos. Neste contexto, os Médici voltaram ao poder (Lourenço de Médici) e Maquiavel foi preso e torturado sob a acusação de conspiração contra os "novos governantes"[294].

Em 1513 foi anistiado e se retirou para uma pequena propriedade rural em San Casciano (sul de Florença), onde sobreviveu com dificuldades financeiras e redigiu a sua famosa obra, *O Príncipe*, dedicada a Lourenço de Médici numa tentativa de recuperar o prestígio e o emprego perdido na corte, sendo publicada em 1532, após a sua morte[295].

Acompanhou a derrubada dos Médici (1527) com a participação dos franceses e, antes, a atuação do fanático monge Savonarola[296], que inspirou a instauração de uma constituição republicana em Florença e, posteriormente, em 1498, foi condenado à morte na fogueira[297]. Maquiavel faleceu em 21 de junho de 1527, aos 58 anos.

O "príncipe novo" é o primeiro dos grandes temas abordados por Maquiavel, pondo-se a estudar qual deveria ser o comportamento de um príncipe que ocupa um novo território. Sua premissa é de que ganhar uma guerra não produz a estabilidade necessária para se gozar dos benefícios de uma conquista e, por isso, deve-se conhecer o funcionamento do poder em suas várias circunstâncias para se obter sucesso[298].

Maquiavel considera que as pessoas apresentam tendência para a maldade; logo, o Príncipe deve utilizar-se do medo para governar. A popularidade, e ser amado pelo povo, não é uma base sólida de poder em que se confie, pois as pessoas não são gratas eternamente, mas inconstan-

294 Ibidem, p. 657.

295 Bignotto, Newton. *Maquiavel – filosofia passo a passo*. Rio de Janeiro: Jorge Zahar, 2003, p. 17.

296 Girolamos Savonarola (1452 – 1498) – Padre Dominicano que atuava em Florença. Tentou impor um estado Teocrático, impôs perseguições aos adversários políticos e acabou sendo queimado por heresia. Criticou e combateu o papa Alexandre Borgia. Eloquente, legislador, ditador da moral e dos costumes, reformador religioso, era um teocrata republicano. Acreditava ser um emissário de Deus. Tentou ocupar o palácio do governo, junto com os Pazzi e foi preso e morto. Não obedeceu às leis que fizera.

297 Bignotto, Newton. *Maquiavel – filosofia passo a passo*, cit., p. 11.

298 Ibidem, p. 18.

tes, gananciosas e mentem. É necessário, portanto, ser amado e temido. O Príncipe deve seguir um código diferenciado da moral tradicional. Deve mostrar *qualidade*, logo "*virtù*". Virtude é a capacidade de atuar de forma eficaz no sentido de conseguir a prosperidade e segurança do Estado.

Admitem-se mentiras, ameaças e até assassinatos dos oponentes, sendo, também, necessária a boa fortuna para ajudar uma "boa governança". Essa figura do "príncipe novo" de Maquiavel foi exemplificada por intermédio da figura de César Bórgia, filho do papa Alexandre VI[299]. "O Príncipe" contesta o pensamento medieval do entendimento na relação entre moral e política, ou seja, o conceito de soberano perfeito, a questão de Estado e da lei e a diferença entre a cidade terrestre e celeste proposta em Santo Agostinho. A nova proposta é considerar a arte de governar[300].

Maquiavel relaciona o Renascimento com a criação de um estado moderno nacional, representado pela arte do governo, da política e da guerra. Defende a necessidade das "próprias armas" como se fosse uma "força jacobina precoce" para a fundação de Estado moderno, que facilitaria a unificação e independência da Itália. Pretendia uma ligação entre campo e cidade, ou seja, os camponeses com os produtores industriais. Encarava a adoção do absolutismo como uma forma de facilitar o desenvolvimento das forças produtivas com a burguesia, a abertura para uma República e a destruição do mundo feudal. Apresenta como paradigma a unificação da França e da Espanha, sendo, portanto, um homem do seu tempo.

Com "o Príncipe" fica criado o conceito de "razão de Estado", desligado de considerações morais e jurídicas que servem para o "poder do Estado" nas relações internas e internacionais.

[299] Cesare Borgia (1475-1507) foi um príncipe, cardeal e nobre italiano da Renascença europeia. Após o assassinato de seu irmão, Giovanni, Cesare abandona a carreira religiosa para tornar-se guerreiro, quando é nomeado Duque de Valentinois. Seu poder e influência enfraqueceram após a morte de seu pai, o papa Alexandre VI, e a respectiva sucessão pelo papa Júlio II, notável inimigo dos Bórgias. Morreu na cidade de Viana, na Espanha.

[300] Amaral, Diogo F. do, *História do pensamento político ocidental*, cit., p. 120.

O pensador separa a moral da política. Defende o controle do poder pelo homem de estado, independentemente de ser moralmente bom. Acredita que o moralismo exacerbado pode se transformar numa desgraça para o interesse público. A política não pode ser conduzida pela moral. Maquiavel era um realista no campo da política.

4.2.1 A república e os regimes políticos

Entre os autores clássicos e medievais havia uma classificação tripartida dos regimes políticos: *monocracia, aristocracia, democracia.* Maquiavel apresenta pela primeira vez uma classificação bipartida, a qual, com base no seu critério, nunca mais será abandonada. É a classificação em "Repúblicas" e "Principados" ou, como hoje diríamos, em "República" e "Monarquia". A monarquia é governada pela vontade de um só indivíduo (soberano singular); a república é dirigida por uma vontade coletiva – seja de poucos, seja de muitos (soberano coletivo). Exemplos de monarquias eram os reinos da França e da Inglaterra; exemplos de repúblicas eram as cidades de Florença, Gênova ou Veneza[301].

A correspondência entre a classificação tripartida dos clássicos e a classificação bipartida de Maquiavel se estabelece do modo seguinte: à monarquia dos primeiros corresponde o principado do segundo; quanto à república do secretário florentino, abrange tanto a aristocracia como a democracia dos clássicos. Por isso Maquiavel distingue, a seguir, entre as repúblicas aristocráticas e as repúblicas populares, ou democráticas[302].

Outro aspecto curioso é que ele não distingue entre formas de governo boas ou más, ou sãs e degeneradas, como faziam Aristóteles e S. Tomás de Aquino. O ponto é inteligentemente sublinhado por um comentador: para Maquiavel todos os regimes políticos são legítimos, nenhum é ilegítimo; o que há são uns mais convenientes do que outros, conforme as circunstâncias. A classificação aristotélico-tomista das formas de governo sãs e degeneradas tinha um fundo moral – as primeiras eram louváveis, as segundas eram criticáveis. Maquiavel corta também com esta tradição. Para ele, não há na política juízos éticos: o único critério é o do êxito político. Não importa se os príncipes usam ou não a crueldade: o que conta

301 AMARAL, Diogo Freitas do. *História do pensamento político ocidental*, cit., p. 123.
302 Ibidem, p. 123.

é se houve uma crueldade bem usada, que teve êxito, ou uma crueldade mal usada, que fracassou[303].

"A posição de Maquiavel a favor do elemento popular (republicanismo popular) não deve, entretanto, ser confundida com uma defesa irrestrita de seus valores e com a crença em uma pureza de sentimentos, que nunca abandonaria a causa da liberdade. Em vários momentos de sua obra ele mostra que o povo pode estar na origem da decadência das instituições republicanas e pode mesmo ser capaz de muitas crueldades. A ambição, traço normalmente associado aos detentores do poder e aos aristocratas, também atinge o povo e o leva a agir em contradição com o que havia sustentado em outras ocasiões. O argumento de Maquiavel é que, sendo a parte maior e com menor acesso à riqueza e à propriedade, e não desejando, segundo ele, ocupar o poder, mas sim se proteger dos abusos que podem ser cometidos pelos que o ocupam, o elemento popular tem mais interesses em defender um governo republicano e menos a ganhar com sua derrocada. Trata-se, na lógica de seu pensamento, de uma assimetria entre os elementos que compõem o corpo político. Ele acredita que os que normalmente possuem maior apego aos interesses comuns serão seus maiores defensores"[304].

Sem dúvida, na obra de Nicolau Maquiavel o republicanismo ganhou suas feições modernas. Alguns princípios foram conservados, outros reformulados e outros completamente abandonados, redefinindo o ideário republicano[305].

O primeiro fruto dessa reflexão, como ele mesmo relatou numa carta ao amigo Francesco Vettori, foi a composição de um opúsculo sobre os principados (*De principatibus*), no qual discutia o que era o principado, as suas diferentes espécies, como eram conquistados e mantidos, e por que se perdiam[306].

As virtudes principescas celebradas pela tradição – probidade, liberalidade, piedade, lealdade, entre outras – são assim rejeitadas. Na verdade,

[303] Ibidem, p. 123.

[304] BIGNOTTO, Newton. *Maquiavel – filosofia passo a passo*, cit.. p. 43-44.

[305] RAMOS, Flamarion Caldeira *et al. Manual de filosofia política*, cit., p. 87.

[306] Ibidem, p. 89.

elas tornam-se ineficazes no âmbito político, que é regulado por outros princípios e valores[307].

4.2.2 As leis da política

Maquiavel não se limita a observar e a classificar a realidade: vai mais longe e procura descobrir "as leis da política"[308].

A partir dessa base, surge toda uma teoria da "razão de Estado". Assim, o príncipe deve ser cruel quando necessário (XVII); mais lhe vale ser temido do que ser amado (idem); deve usar da boa-fé ou da má-fé conforme o que lhe for mais útil (XVIII); não é preciso ter todas as qualidades, o que é importante é parecer tê-las (idem); o príncipe deve delegar a outros as tarefas impopulares, mas conceder ele próprio os favores e benefícios (XIX) etc.[309]

Por conseguinte, diz Maquiavel em *O Príncipe*:

> *"é bom parecer misericordioso, fiel, humano, sincero, religioso, e também é bom, sê-lo; mas tu deves ter uma tal disposição de espírito que, quando for necessário ser de outra maneira, te sintas perfeitamente capaz de mudar para as qualidades opostas. É preciso que se entenda que um príncipe, e sobretudo um novo príncipe, não pode respeitar todas aquelas coisas que são consideradas boas nos homens [comuns], pois ele é muitas vezes obrigado, em ordem a manter o Estado, a agir contra a boa fé, contra a caridade, contra a humanidade, e contra a religião. Assim, o príncipe deve estar disposto a adaptar-se de acordo com o vento e, de harmonia com as variações da sorte, (...) não se desviar daquilo que é bom, se possível, mas ser capaz de fazer o mal, se necessário"*[310].

Observa-se, nesse ponto, a face do que ficou para sempre como "*maquiavelismo*": em política, deve praticar-se o bem quando possível, mas fazer o mal sempre que necessário[311]. Assim, identificam-se três principais dimensões da obra de Maquiavel:

[307] Ibidem, p. 90.
[308] Ibidem, p. 91.
[309] Ibidem, p. 91.
[310] Amaral, Diogo Freitas do. *História do pensamento político ocidental*, cit., p. 125.
[311] Ibidem, p. 125.

1) Maquiavel aparece-nos como um nacionalista italiano, muito antes da unificação da Itália[312].
2) Surge-nos o pensador como um politólogo, um cultor da ciência política, aspecto em que atinge a sua maior dimensão, pois: "delimita e purifica o objeto e o método da ciência política; baseia a análise no estudo da realidade; e não se limita a explicá-la e a classificá-la, vai mais longe, procurando formular as principais leis da política"[313].
3) O "maquiavelismo", ou seja, a "razão de Estado", a necessidade da adoção de uma moral diferente para julgar a ação política, a absolvição dos comportamentos eticamente reprováveis dos governantes, quer tenham em vista os interesses superiores da coletividade (*salus populis suprema lex*), quer visem apenas o êxito pessoal do governante"[314].

Maquiavel não quer dizer que todos os homens sejam ruins e ajam sempre com maldade. Se fosse dessa forma não seria possível conviver em sociedade e acabaríamos entrando numa guerra "de todos contra todos" como temia Hobbes, outro grande pensador político da modernidade. Ensina-nos, sim, que não podemos agir na suposição de que os homens corresponderão às nossas expectativas e, por isso, devemos sempre estar precavidos contra a manifestação de sua natureza má. No jogo das forças políticas, isso corresponde a tomar com sinal negativo uma de suas variáveis, em qualquer situação, e assim evitar o engano que pode surgir de um erro de avaliação. Essa maneira de considerar o problema, longe de torná-lo sem solução, ajuda-nos a simplificá-lo ao ensinar-nos a deixar de lado a busca por sentimentos, que nem sempre podem ser descobertos[315].

Para Maquiavel não existe poder que possa durar para sempre. As coisas humanas resistem apenas o tempo que lhes é possível, sendo em seguida corrompidas pelo efeito de sua própria natureza, pois como diz no primeiro capítulo da terceira parte de seus *Discursos*: "Nada é mais

[312] Ibidem, p. 125.
[313] Ibidem, p. 125.
[314] Ibidem, p. 126.
[315] Ibidem, p. 127.

constante do que essa verdade: tudo o que existe no mundo tem limites em sua duração". Os governantes que herdam o poder já legitimado por uma longa prática, e que têm a ilusão de que nunca serão destituídos, são muitas vezes derrotados exatamente porque não se prepararam para situações difíceis, confiando na estabilidade das coisas humanas. Em sua obra, Maquiavel prefere sempre os exemplos dos que enfrentam as dificuldades do mundo, mesmo que saiam derrotados no final[316].

4.2.3 O conceito de Estado, a moral e a política

Maquiavel é o primeiro autor a utilizar a palavra "Estado" com o sentido que ela assume atualmente. Isso coincide, aliás, com a época da história europeia em que não apenas o conceito, mas a própria realidade do Estado Moderno vem à luz do dia e dá os primeiros passos: é a época do Renascimento. Assim, tal como para nós hoje, para ele o Estado é a comunidade política soberana na ordem interna e independente na ordem internacional. Antes dele, os gregos falavam em *pólis* e os romanos em *respublica*; só ele começou a falar do Estado. Também é neste contexto que Maquiavel – com três séculos de antecipação – defende a unificação política da Itália. Aliás, ele sempre foi um defensor da unificação italiana, que via ameaçada por seus vizinhos[317].

A razão primeira e última da política do príncipe é o emprego da guerra. Graças a ela, não só os que nasceram príncipes podem manter-se, mas também os que nasceram simples particulares podem, muitas vezes, tornar-se príncipes. "Foi por haverem negligenciado as armas, preferindo-lhes as doçuras da indolência, que se tem visto soberanos perderem os seus Estados. Desprezar a arte da guerra é o primeiro passo para a ruína: possuí-la perfeitamente, eis o meio de elevar-se ao poder"[318].

Em Maquiavel, o direito, formulação abstrata, é afastado como um intruso, perfeitamente estranho aos problemas propostos. Apresentam-se, então, quatro maneiras de conquistar, às quais poderão corresponder diferentes maneiras de conservar... ou de perder. Conquista-se pela

316 Ibidem, p. 127.

317 Ibidem, p. 120.

318 Chevallier, Jean-Jacques. *As grandes obras políticas: de Maquiavel aos nossos dias*. Rio de Janeiro: Agir, 1973, p. 27.

própria *virtù* (isto é, energia, vigor, resolução, talento, valor bravio e, se necessário, feroz), portanto pelas próprias armas ou se conquista pela fortuna e pelas armas alheias. Além disso, para ser completo, Maquiavel considera também as conquistas por "perversidade", e até as que se devem ao favor e consentimento dos concidadãos[319].

Para o pensador, o sucesso de tão árdua empresa exige, pois, que o príncipe tenha os meios para constranger, que se ache em condições de empregar a força. Maquiavel, lembrando-se de Savonarola e de seu fim trágico, enuncia a máxima, tantas vezes reproduzida: "Todos os profetas armados venceram, desarmados arruinaram-se". Deve ainda acrescentar-se "que os povos são naturalmente inconstantes e que, se é fácil persuadi-los de alguma coisa, é difícil fortalecê-los em tal persuasão: portanto, é preciso dispor as coisas de tal maneira que, ao não crerem mais, seja possível obrigá-los a crer pela força", Moisés, Ciro, Rômulo, Teseu, profetas, legisladores, que conseguiram fundar instituições, só as puderam conservar porque estavam armados. Desarmados, teriam "a sorte que coube' em nossos dias ao frei Girolamo Savonarola, cujas instituições pereceram todas assim que a maioria começou a não mais crer nele, visto que ele não possuía o meio de fortalecer na crença os que criam ainda, nem de obrigar os descrentes a crerem"[320].

A partir do capítulo XV de *O Príncipe*, Maquiavel esmera-se em retomar cada um dos problemas de um ponto de vista inovador. Os termos nos quais as questões são enunciadas respeitam integralmente a tradição. Trata-se, por exemplo, de saber se é melhor ser amado do que temido, qual animal deveria ser imitado pelos príncipes e assim por diante. Para o leitor, que se vê diante de um mundo que lhe parece familiar, Maquiavel adverte, no entanto, que para uma boa compreensão dos problemas enunciados é preciso antes se fiar na "verdade efetiva" das coisas e não perder tempo "imaginando repúblicas e monarquias que nunca existiram"[321].

Com essas considerações, Maquiavel inicia uma maneira realista de pensar a política, que será sua marca registrada na história do pensamento político moderno e o diferenciará dos demais pensadores. É claro

[319] Ibidem, p. 27.

[320] Ibidem, p. 28-29.

[321] BIGNOTTO, Newton. *Maquiavel – filosofia passo a passo*, cit., p. 29.

que não podemos imaginar que ele foi o primeiro a pensar a política de maneira realista. A leitura do quinto livro da *Política* de Aristóteles nos mostra que o pensador grego sabia que algumas questões devem ser tratadas diretamente e não por meio de subterfúgios[322].

Maquiavel foi muitas vezes criticado por ter supostamente afirmado que o governante pode fazer tudo o que for necessário para atingir o poder e para conservá-lo. Segundo essa leitura corrente de sua obra, o poder seria um fim em si mesmo, que não dependeria de nada além do desejo de conquistá-lo e da habilidade em mantê-lo para se legitimar. Essa maneira de ler sua obra, que perdura até hoje, constituiu a pedra de toque de um antimaquiavelismo que nunca deixou de acompanhar a difusão de seus escritos. No entanto, pode estar profundamente equivocada[323].

Ora, a questão de Maquiavel é justamente a de saber se o governante pode agir sempre em conformidade com os princípios éticos cristãos aceitos em seu tempo e esperar atingir seus objetivos, ou se deve aprender a seguir outros caminhos, quando confrontado com situações difíceis. Ele não aconselha aos governantes a desrespeitar as regras aceitas pelo mero prazer de fazê-lo. Ao contrário, diz explicitamente que devem se comportar de acordo com elas sempre que possível. O que ele deseja saber é se isso de fato é possível[324].

A interrogação de Maquiavel não é, portanto, "sobre os valores principais a serem respeitados e sobre seus fundamentos. O que lhe interessa de fato é como eles são vividos na esfera da política. Dessa maneira, ao que ele visa é construir um campo de reflexão que seja autônomo em relação à ética, mas não que a desconheça ou a despreze. O governante que levar seus súditos a acreditar nisso será ele mesmo a vítima de sua posição. A política é, assim, guindada a uma posição de destaque em sua obra, e tratada como um campo independente, que não pode ser analisado recorrendo-se ao aparato conceitual que até então servira para guiar os estudiosos do comportamento humano. Ética e política dissolvem seu casamento eterno, mas continuam a conviver na arena dos negócios humanos. Cabe ao príncipe saber escolher o que o fará atingir os objeti-

322 Ibidem, p. 30.

323 Ibidem, p. 30.

324 Ibidem, p. 31.

vos a que se destinou, sabendo que caminhará para a ruína se continuar a agir apenas segundo os manuais de moral"[325].

"Se o governante não pode esperar dos homens um comportamento virtuoso constante, por que deveria exigir de si mesmo tal virtude? Maquiavel mostra então que o amor não é um sentimento que possa ser induzido pelo comportamento do outro. O temor, ao contrário, deriva no mais das vezes de condições bastante objetivas, que podem ser criadas pelo comportamento decidido do governante"[326]. Trata-se de uma leitura nua e crua, a partir da realidade fática.

"A análise do secretário florentino não se baseia, no entanto, apenas no natural desejo que experimentam os governantes de conservar seu poder. Embora não haja nada de errado nisso aos seus olhos, o fato é que a insistência em seguir preceitos e valores que condenam alguns vícios, como a crueldade, pode resultar no contrário. O governante que, como Cipião na Espanha, age mansamente com quem promove desordens e crimes poderá preservar a vida de bandidos, evitando a acusação de crueldade, e com isso levar à morte de cidadãos inocentes, o que poderia ser evitado caso a punição tivesse freado a continuação dos crimes. Da mesma maneira, o governante que for extremamente liberal com as finanças do Estado acabará por reduzir seus súditos à miséria, ou será obrigado a propor novos impostos, para cobrir gastos que não podem ser sustentados, quando a fonte dos recursos do Estado secar devido à grande liberalidade do governante para com os habitantes da cidade"[327].

No entanto, é preciso que o governante não caia na armadilha oposta. Se, como mostra Maquiavel, não existe um "ser" da política, que desvele sempre em toda sua extensão o significado das ações humanas, também não podemos dizer que ele seja puro "parecer". As ações humanas produzem resultados, conferem poder a alguns e o retiram de outros; interesses são satisfeitos e outros, contrariados. Querer enganar a todos o tempo todo é um jogo perigoso, que acaba descontentando a um número excessivo de pessoas, as quais não deixarão de aproveitar a primeira oportunidade para destruir o poder do governante que as oprime. Se não é

[325] Ibidem, p. 31-32.
[326] Ibidem, p. 32-33.
[327] Ibidem, p. 31-32.

necessário ser amado verdadeiramente para governar, é preciso, segundo Maquiavel, fugir do ódio e do desprezo dos súditos[328].

"De maneira geral, devemos considerar que o jogo político se faz com duas armas principais: as leis e a força. A primeira, diz Maquiavel no capítulo XVIII de *O Príncipe*, 'é própria do homem, a segunda, das bestas; mas como a primeira, com muita frequência, não é suficiente, convém recorrer à segunda'. Dessa forma, o campo no qual a política se desenrola não é nunca governado por apenas um gênero de ação, ou por um conjunto universal de valores. Quem quiser governar com sucesso terá de se equilibrar entre o 'ser' e o 'parecer'; terá de respeitar as leis e os contratos, mas terá de recorrer à força, quando os mecanismos de persuasão derivados da aplicação da lei não se mostrarem suficientes"[329].

"A principal crítica de Maquiavel à religião de seu tempo, e aos que pregavam a moral a cada ação do príncipe, não é a de que os valores são inúteis e que a religião nada significa para os homens. Ao contrário, ele não cessa de dizer que é importante para o príncipe encarnar algumas virtudes, ou parecer possuí-las. Mas os que se deixarem enganar por essa aparência serão tragados na disputa pela posse do poder. A ética tradicional possui um lugar importante na política, na medida em que ela conforma os julgamentos dos homens a respeito dos governantes; mas ela não serve, como queriam muitos, de guia universal para sua conduta. A política possui exigências que não podem ser satisfeitas por uma ética voltada à defesa de valores atemporais. Ela precisa, no entanto, de valores e pode encontrá-los em lugares diferentes daqueles ensinados pela religião"[330].

É a partir destes elementos que Maquiavel desenvolve, e defende vigorosamente, a chamada "razão de Estado", isto é, a doutrina segundo a qual o Estado deve obedecer a regras próprias de ação, diferentes das que tradicionalmente são ensinadas como regra moral aplicável aos indivíduos. Tudo o que for necessário para conquistar ou manter o poder é legítimo e deve ser feito, independentemente de ser ou não condenado

[328] Ibidem, p. 36.
[329] Ibidem, p. 37.
[330] Ibidem, p. 37.

pela moral, a qual, segundo Maquiavel, só pode aplicar-se aos indivíduos na sua vida privada[331].

O fundamento da doutrina amoral de Maquiavel, conjugada com o princípio da razão de Estado, vai gerar a célebre frase que simboliza o "maquiavelismo": "Nas ações dos homens, e sobretudo nas dos príncipes – das quais não há tribunal para reclamar –, apenas se olha ao fim. Faça então o príncipe por conquistar e manter o Estado, que os meios usados serão sempre julgados honrosos, e louvados por todos"[332].

Atenção para esta doutrina: nas ações dos príncipes, apenas se atende ao fim; o único fim que interessa é conquistar e manter o Poder; se esse fim for atingido pelo príncipe, este será um vencedor; e os meios que ele tiver usado – ainda que ilegítimos – serão por todos aceitos ou, até, elogiados. Quer dizer: os fins justificam os meios[333].

Portanto, "Maquiavel ressalta a necessidade de uma moral adequada à política, uma vez que os valores que regulam a ação política não coincidem muitas vezes com os que regem a ação humana em outros domínios. Não se trata de retirar a moralidade da política, mas de reconhecer que a política tem seu próprio sistema normativo fundado em valores próprios. A ação política não estaria, então, isenta de deveres, mas os critérios para estipulá-los não poderiam ser estranhos a sua finalidade, que é a preservação do bem comum e da ordem pública, representados em *O Príncipe* pela conquista e manutenção do poder"[334].

4.2.4 A virtude e a fortuna

Fortuna e *virtù*, esses foram os termos empregados por Maquiavel para interpretar os dois polos em torno dos quais giram o sucesso e o insucesso das ações humanas. Ao longo de toda sua obra eles se repetem, sugerindo que devemos sempre estar atentos a seu aparecimento e a seu significado para a compreensão do acontecimento em análise[335].

331 AMARAL, Diogo Freitas do. *História do pensamento político ocidental*, cit., p. 119.

332 Ibidem, p. 124.

333 Ibidem, p. 124.

334 RAMOS, Flamarion Caldeira *et al. Manual de filosofia política*, cit., p. 90.

335 BIGNOTTO, Newton. *Maquiavel – filosofia passo a passo*, cit., p. 24.

A *virtù*, que Maquiavel evita traduzir para o italiano, para não confundi-la com as virtudes cristãs e aquelas consagradas pela tradição filosófica, que permitem ao homem realizar seus objetivos a partir do que é dado pela fortuna, diz respeito à capacidade do ator político de agir de maneira adequada no momento adequado. O termo indica um conjunto de qualidades – sentido de realidade, compreensão das circunstâncias, habilidade de avaliação do momento, aptidão para se adaptar às diferentes situações, capacidade de adotar medidas extraordinárias[336].

Na verdade, o conceito de *virtù* em Maquiavel lembra mais as limitações dos homens em sua busca pelo poder do que seu inteiro domínio dos meios para alcançar fins determinados previamente[337].

O outro polo da concepção maquiaveliana da ação política é a ideia de fortuna. Herdada dos romanos, a deusa da roda se apresenta como aquela que retira dos homens tudo aquilo que conquistaram, quando decide mudar o curso das coisas sem aviso prévio. No penúltimo capítulo de *O Príncipe*, Maquiavel propõe uma imagem ousada e provocativa dessa força adversa: "Estou convencido de que é melhor ser impetuoso do que circunspecto, porque a fortuna é mulher e, para dominá-la, é preciso bater-lhe e contrariá-la. E é geralmente reconhecido que ela se deixa mais facilmente dominar por estes do que por aqueles que procedem friamente"[338].

Na obra, a fortuna, vista da forma maquiavélica, aparece sempre como uma força que não pode ser inteiramente dominada pelos homens. Num mundo sujeito a movimentos constantes, ela representa o elemento de imponderabilidade das coisas humanas. De acordo com Maquiavel, "os homens amam repetir seus comportamentos e se agarram à sua forma de agir, quando ela os conduz ao sucesso, mas têm muita dificuldade em reconhecer que nem toda a habilidade de um grande comandante militar ou de um príncipe é capaz de dominar todas as possibilidades contidas na história. O que Maquiavel afirma, portanto, é que, embora a natureza humana seja repetitiva e que valha a pena recorrer à história para aprender com seus exemplos, não sabemos nunca como uma determinada

[336] Ibidem, p. 24.
[337] Ibidem, p. 25.
[338] Ibidem, p. 26.

situação particular vai evoluir. No capítulo XXIX do segundo livro dos *Discursos*, nosso autor chega a dizer que a fortuna torna cegos os homens, para melhor executar seus desígnios"[339].

"Como devemos compreender essa força capaz de derrotar mesmo os melhores homens políticos? Maquiavel não sugere nem de longe que possamos conhecer seus desígnios. Da fortuna conhecemos apenas os efeitos e o fato de que pode sempre se manifestar, mas nunca suas vontades e o momento em que vai lançar seus fios. Por isso, afirma ele: podemos 'seguir seus fios, mas não destruí-los'. Disso não decorre que devemos nos abandonar ao desespero e abdicar de conferir racionalidade às nossas ações. Como não sabemos os caminhos da deusa, também não podemos afirmar que daqui a pouco ela não nos será favorável. Dizer que a fortuna será sempre destrutiva corresponderia a afirmar que conhecemos suas tramas, o que não podemos fazer"[340].

"A palavra esperança pode soar estranha no contexto de uma discussão sobre a contingência do mundo da política, mas ela é a ponte entre *virtù* e fortuna, fundamentais no pensamento de Maquiavel para se examinar a ação política. Prestando atenção aos muitos capítulos nos quais ele nos fala desses dois conceitos, acabamos convencidos de que a melhor maneira de compreendê-los é tomá-los sempre juntos, como um par inseparável. Olhar apenas para a *virtù* pode nos levar a acreditar que alguns atores políticos são tão poderosos que nunca serão derrotados. O exemplo de César Bórgia demonstra exatamente o contrário. Considerando apenas a força terrível da fortuna, seremos conduzidos à desesperança e ao fatalismo, que com muita frequência ameaçam desestimular aqueles que tentam entender as coisas da política. Por isso são tão preciosos os conselhos de Maquiavel no capítulo XXV de *O Príncipe*, quando exorta os homens a construir barragens contra a fúria da fortuna, pois, diz ele, 'penso poder ser verdade que a fortuna seja árbitra de metade de nossas ações, mas que, ainda assim, ela nos deixe governar quase a outra metade'"[341].

[339] Ibidem, p. 26-27.
[340] Ibidem, p. 26-27.
[341] Ibidem, p. 27-28.

"Para alcançar sua finalidade, o agente político não dispõe no pensamento maquiaveliano de um anteparo moral predeterminado e absoluto. Ao se defrontar com a incerteza, a instabilidade e a mutabilidade dos acontecimentos políticos, sujeitos à contínua ação da fortuna, ele não pode recorrer a um conjunto de regras fixas, *a priori* e atemporais"[342].

"Ao tratar da ação da fortuna, Maquiavel não nega a sua existência nem a sua influência nos negócios humanos, mas critica a imagem de uma divindade cuja arbitrariedade regularia inevitavelmente o destino dos homens. Admite que a ação humana é condicionada não somente pela estrutura social previamente existente, como também pelas características dos agentes envolvidos, mas rejeita que essa ação seja totalmente dirigida pela fortuna, restando apenas o conformismo e a resignação. Se os homens não têm como se opor às condições impostas pela fortuna, eles precisam, pelo menos, se adequar a elas, viabilizando a melhor opção de ação. A fortuna impõe, sem dúvida, uma espécie de estrutura a partir da qual a ação se realiza, mas deixa aos homens um espaço considerável de atuação"[343].

Lembra o autor que se "a fortuna é tratada a partir de características femininas, pelo fato de ser retratada como uma deusa, a *virtù* é associada às qualidades próprias do varão (vir), aquelas consideradas viris como razão, prudência, habilidade militar, coragem. A extensão da influência da fortuna é considerada diretamente proporcional à extensão da *virtù* do agente político, ou seja, de sua capacidade de análise, de avaliação e de ação em cada situação. Quanto maior for essa capacidade, tanto maior será a possibilidade de sucesso e tanto menor o domínio da fortuna. Enfim, o êxito do agente político, seja ele um príncipe ou o conjunto dos cidadãos, vai depender de sua *virtù*, ou seja, de sua disposição de adequar as suas estratégias de ação às particularidades do momento, alterando a sua conduta de acordo com as circunstâncias e adaptando o seu comportamento às exigências de cada situação"[344].

Exemplo disso é o fato de César Bórgia ter sido usado por Maquiavel como modelo de "príncipe novo", contribuindo em muito para criar a má

[342] Ramos, Flamarion Caldeira *et al. Manual de filosofia política*, cit., p. 90.
[343] Ibidem, p. 90.
[344] Ibidem, p. 90-91.

fama do escritor depois de sua morte. Afinal não era todo dia que um autor de teoria política recorria a um personagem ambíguo como exemplo a ser seguido por todos aqueles que desejavam o sucesso na vida política. O padrão vigente na época era o do príncipe bom e caridoso, capaz de agir eticamente e de, por isso, alcançar a conservação de seus domínios da forma mais suave possível[345].

Percorrendo os vários caminhos para a manutenção do poder, Maquiavel mostra, entretanto, que isso só é possível em ocasiões especiais e não como regra geral, como sugeriam os manuais de política. Ao contrário, os casos verdadeiramente difíceis, e que mais ensinam aos que querem compreender, como funciona a vida política, são aqueles nos quais o governante se vê envolto em uma situação complexa e na qual não pode lançar mão da tradição para resolver os problemas. Esse fora o caso do duque. Guindado ao poder pelas mãos da fortuna, teve de contar apenas com sua *virtù*, para se manter[346].

4.2.5 Conclusões

Os grandes representantes da Monarquia absoluta dos sécs. XVII e XVIII atacaram vigorosamente Maquiavel: o próprio Frederico, o Grande, da Prússia, escreveu um Anti-*Maquiavel*, publicado em 1740. Mas, como alguém disse, não há nada de mais conforme ao maquiavelismo do que refutar Maquiavel enquanto se é herdeiro da Coroa, e aplicar as suas máximas quando se chega a rei[347].

"Ainda hoje, as opiniões se dividem: '*O Príncipe* atormenta a humanidade há quatro séculos'. Em polos opostos, mantêm-se os dois juízos contraditórios: segundo Mussolini, *O príncipe* é 'um manual para estadistas'; de acordo com Bertrand Russel, *O príncipe* é 'um manual para *gangsters*'. Ernst Cassirer veio sustentar, em 1946, que '*O Príncipe* não é um livro moral nem imoral: é simplesmente um livro técnico. E num livro técnico não procuramos regras de conduta ética, do bem e do mal. É suficiente que nos digam o que é útil ou inútil, correto ou errado'"[348].

345 Bignotto, Newton. *Maquiavel – filosofia passo a passo*, cit., p. 20.

346 Ibidem, p. 21.

347 Amaral, Diogo Freitas do. *História do pensamento político ocidental*, cit., p. 126.

348 Ibidem, p. 126.

Maquiavel diz, claramente, que o "fim justifica os meios, que o êxito político desculpa os crimes cometidos para o alcançar, e que o príncipe deve praticar o bem quando possível e o mal sempre que necessário. Não há nestas máximas e na doutrina que elas condensam uma simples descrição, neutra e objetiva, dos atos ilegítimos praticados pelos governantes, ou dos motivos que os podem determinar: há sim toda uma filosofia amoral que preconiza, que recomenda, que aconselha"[349].

Para Cassirer[350], "nunca ninguém duvidou de que a vida política, na realidade, está cheia de crimes, trapaças e atos ilegítimos. Mas nenhum pensador antes de Maquiavel tinha empreendido a tarefa de instruir os príncipes sobre a arte desses crimes: essas coisas faziam-se, mas não eram ensinadas"[351].

"O grande problema filosófico que Maquiavel colocou, e a que ninguém pode esquivar-se de responder, é a questão de saber 'até que ponto o êxito político desculpa o comportamento imoral' – questão tão atual hoje como no tempo de Maquiavel. Estará a política isenta de um juízo ético?"[352].

"Será *O Príncipe* um livro técnico? Em parte é, noutra parte é visceralmente político. E tem por objeto um setor das atividades humanas que não pode ser imune aos ditames da ética. É, portanto, um livro técnico-politico amoral: porque, a pretexto de descrever objetivamente como os governantes atuam no poder, aproveita para os encorajar a fazer aquilo que eles não deviam fazer"[353].

Destaca-se na obra de Maquiavel a busca da autonomia do discurso político, cujo processo de secularização exige que o pensamento racional esteja desligado da religião e da moral, ou seja, em uma esfera independente, a da política. Tal busca se justifica pela aspiração de um Estado

349 Ibidem, p. 126-127.

350 Ernst Cassirer (1875-1975) – filósofo alemão de origem judaica (Escola de Marburg), foi Professor de Filosofia em Hamburgo e reitor desta universidade de 1930 até a subida de Adolf Hitler ao poder. Um dos mais importantes representantes da tradição neokantiana de Hamburgo, desenvolveu uma filosofia da Cultura como uma teoria dos símbolos, baseada na Fenomenologia do Conhecimento.

351 Amaral, Diogo Freitas do. *História do pensamento político ocidental*, cit., p. 127.

352 Ibidem, p. 127.

353 Ibidem, p. 128.

centralizado e soberano. Este é, na época, um pensamento sumamente revolucionário[354].

"O ponto essencial do método de Maquiavel é o da observação da realidade: 'pareceu-me mais conveniente ir direto à verdade efetiva das coisas (*la verità iffectuale della cosa*) do que à sua imaginação' (Princ., p. 70). E Maquiavel, repita-se, purifica o método da política. Assim, reivindica a autonomia do fenômeno político – bem como a autonomia do estudo da política – em relação a outros fenômenos sociais, e em relação a outras disciplinas do pensamento (...) Tal autonomia da política é afirmada e defendida pelo secretário florentino, sobretudo em relação à moral"[355].

De fato, "quando sustenta que não compete à política declarar que a tirania é vergonhosa, mas apenas analisar quais são os meios pelos quais a tirania pode ser adquirida ou perdida, Maquiavel está a libertar a ciência política das ciências morais. Quando chama a atenção para que é um erro propor como meios de conservação dos Estados métodos que serão instrumentos da sua destruição, ou quando considera ser falso dizer que um príncipe pode manter o poder pela justiça e pela boa fé, porque os fatos provam o contrário, Maquiavel está na realidade a situar-se como precursor da ciência política moderna – e não mais, como os seus antecessores, no campo da política concebida como um capítulo da Ética. E quando, enfim, Maquiavel entende que os políticos serão julgados, não pela bondade ou maldade das suas ações, mas pelo êxito ou pelo fracasso da sua luta pelo poder, mostrando que o resultado final – conquistar e manter o poder – é a única coisa que conta em política, o secretário florentino está efetivamente a colocar-se num campo totalmente novo da política como setor à parte, com exigências e regras próprias, e com específicos critérios de julgamento"[356].

[354] Aranha, Maria Lúcia de Arruda. *Maquiavel – a lógica da força*. 2. ed. São Paulo: Moderna, 2006, p. 47.

[355] Amaral, Diogo Freitas do. *História do pensamento político ocidental*, cit., p. 120-121.

[356] Ibidem, p. 121.

4.2.6 Principais obras

O Príncipe (1513); *Discursos sobre a Primeira Década de Tito Lívio* (1513-1521); *A Arte da Guerra* (1519-1520); *Discurso sobre a reforma do Estado em Florença* (1520); *Mandrágora* (1520).

O Príncipe tem 26 capítulos e recomenda a um príncipe como adquirir e conservar o Poder. A originalidade da obra está em que Maquiavel quebra completamente com a tradição do pensamento político que o precedeu, na medida em que opta pelo realismo político contra o idealismo ético; nunca fala em Deus; ignora e despreza as limitações morais dos governantes; aconselha muitas vezes a prática de atos imorais; e se, esporadicamente, fala na religião, não é para a ela subordinar a política, mas, bem ao contrário, para afirmar que a religião é útil ao Estado e aos governantes, pois ajuda a convencer os povos a obedecer às leis[357].

Após a morte de Maquiavel, *O Príncipe* foi duramente criticado e colocado no *Index* da Igreja Católica em 1559, por ser considerado subversivo e cínico[358].

Na obra *Discursos sobre a Primeira Década de Tito Lívio*, Maquiavel proclamou os seus ideais republicanos, mas preferia a monarquia. Aborda a "*virtù*" em seus *Discursos*, observando que "o sucesso ou o insucesso dos homens depende da maneira como acomodam suas condutas aos tempos". Essa máxima, que poderia nos sugerir uma definição geral da *virtù* como a capacidade de adequação aos tempos, esbarra, no entanto, em outra máxima relativa à condição humana, que afirma que raramente somos capazes de mudar um comportamento que foi bem sucedido em uma dada ocasião. Dessa forma, a *virtù* é uma capacidade que encontra seus limites tanto no ator, que insiste em repetir seus atos quando eles não são mais eficazes, quanto no mundo, que em sua eterna mutabilidade faz com que não possamos nos fixar em apenas uma maneira de agir[359].

Maquiavel adota o republicanismo popular no capítulo V do primeiro livro dos seus *Discursos*, ao discutir quem deve ser o responsável pela guarda da liberdade, ou pela conservação de suas instituições. Em momento algum ele diz que apenas o elemento popular pode ser respon-

[357] AMARAL, Diogo Freitas do. *História do pensamento político ocidental*, p. 119.
[358] Ibidem p. 126.
[359] BIGNOTTO, Newton. *Maquiavel – filosofia passo a passo*, cit., p. 43.

sável pelas garantias associadas à liberdade. Em muitas repúblicas são os membros da aristocracia os que estão encarregados da defesa do governo livre. O que argumenta Maquiavel, no entanto, é que os que são identificados com o elemento popular em uma república normalmente terão mais interesse em defender essa forma de governo, porque é nela que há mais garantias para seus direitos[360].

Nas repúblicas, o interesse comum é mais respeitado, segundo Maquiavel, porque a vontade de cada membro da comunidade está submetida à vontade de todos, expressa nas leis. Se o império da lei também é recomendado para os principados, pois ter uma autoridade regulada pela lei é a melhor garantia de um governo justo e moderado, só nas repúblicas, nas quais possíveis exceções ou privilégios são descartados, tem-se a garantia efetiva de que as leis vão contemplar o interesse da coletividade e não o de facções ou de indivíduos[361].

"A igualdade civil instaurada nas repúblicas, graças ao império da lei, é capaz de garantir também a igualdade de acesso aos cargos públicos, inclusive a mais alta magistratura, com base nas virtudes, incentivando os cidadãos a praticá-las. Isso não ocorre nos principados, em que os ofícios são destruídos de acordo com a vontade do príncipe. Para Maquiavel, o governo republicano favorece o surgimento das virtudes cívicas, uma vez que proporciona aos cidadãos, ao conferir-lhes liberdade, um campo de possibilidade para o desenvolvimento de suas potencialidades"[362].

A questão Políbio[363] – Ao longo das páginas de os *Discursos*, deparamo-nos em diversos momentos com algumas manifestações antipolíticas de

[360] Ibidem, p. 43.

[361] Ramos, Flamarion Caldeira *et al. Manual de filosofia política*, cit., p. 99.

[362] Ibidem, p. 99.

[363] Acredita-se que Políbio nasceu em 208 a.C em Megalópolis, no Peloponeso, região da Aqueia. Pertencia a uma família abastada e aristocrática da Arcádia. Desde cedo, por influência do pai, Licortas, e do comandante Filopôimen, fora atraído para a vida política e militar. Reconhecido como aristocrata, esteve próximo de famílias importantes durante seu exílio em Roma, onde escreveu *História*, uma obra pragmática que se notabilizou, principalmente, pelo exame aprofundado da constituição romana. Dedicou-se a entender "a escalada de Roma como a maior potência do Mediterrâneo, de 220 a 168 a.C." (Marques, Juliana Bastos. Políbio. In Joly, Fábio Duarte (org.) *História e retórica: ensaios sobre historiografia antiga*. São Paulo: Alameda Editorial, 2007, p. 48). Tornou-se o primeiro historiador

Maquiavel, não muitas, mas dignas de atenção. Quando começou a frequentar os Orti[364], ele pode ter selecionado e estudado algumas teorias discutidas por seus amigos mais jovens desse círculo, e pode ter começado a burilar e introduzir as teses que possuíam algum atrativo. Uma dessas teorias foi, possivelmente, a da origem dos Estados; outra pode ter sido a da periodicidade dos ciclos políticos. Ambas provêm da mesma fonte, as *Histórias*[365], de Políbio, que Maquiavel, sem o identificar pelo nome, coloca na categoria dos "que escreveram sobre as repúblicas"[366].

Em primeiro lugar, ele indica uma fonte externa: "Alguns outros [...]", diz ele. E o principal deve ser Políbio, a julgar pelo volume de empréstimos que Maquiavel toma de sua obra: "Alguns outros e [...] mais sábios", prossegue nosso autor, mas não sem antes ter qualificado tal juízo: "Alguns outros e, segundo a opinião de muitos, mais sábios". A seguir, ele apresenta a teoria: "esses outros ditos mais sábios são da opinião que existem seis [em vez de três] formas de governo: entre as quais três são péssimas; as outras três são boas em si mesmas, mas tão fáceis de se corromper que também vêm a se tornar perniciosas. As que são boas são as três supracitadas (principados, optimates e populares, às vezes ditos monarquias, aristocracias e democracias); as que são más são outras três que dependem destas três, e cada uma delas é de certo modo semelhante à que lhe é próxima, de modo que passam facilmente de uma para a outra: porque o principado facilmente se torna tirânico; os optimates se tor-

a dedicar-se a um método de fazer história por meio de uma metodologia analítica do crescimento e progresso das instituições políticas. "Políbio apresenta a natureza peculiar da Constituição de Roma como um dos fatores essenciais à explicação do crescimento extraordinário de seu poderio" (ROMILLY, Jacqueline de. *Fundamentos da literatura grega*. Rio de Janeiro: Zahar Editorial, 1984, p. 242). Estima-se que morreu aos 82 anos, devido a queda de cavalo.

364 Jardim monumental na rua perto de Santa Maria Novella, em Florença, que pertencia à família Rucellai, visto que "Oricellari" é uma variante do nome de família. Nos espaços do prédio, abrigava alguns dos homens mais importantes das letras e da cultura, como Maquiavel (aqui apresentou seus *Discursos*), Jacopo Nardi e o Papa Leão X.

365 Esta obra de Políbio é composta, originalmente, de 40 volumes, mas apenas cinco deles mantiveram-se intactos. Reúne a historiografia da época referente ao período de 220 a.C. até 167 a.C., época em que Roma subjuga a Cartago, iniciando, portanto, como uma potência marítima no mar Mediterrâneo.

366 RAMOS, Flamarion Caldeira *et al. Manual de filosofia política*, cit., p. 100.

nam com facilidade um Estado de poucos [oligarquia]; o popular sem dificuldade se converte em licencioso [anarquia]. De tal maneira que [...] nenhum remédio pode impedir que [cada forma] descaia em seu contrário. [...] E este é o círculo em que, girando, todas as repúblicas são governadas. Qualquer Estado, desde seu ponto de partida, segue em espiral pelas cinco transformações numa sequência em série"[367].

Tendo apresentado essa teoria (note-se que ele diz que é uma opinião) com muito mais pormenores do que o habitual, Maquiavel a desmonta com elegância: "Mas raras vezes retomam aos mesmos governos, porque quase nenhuma república pode ter uma vida tão longa que consiga passar muitas vezes por essas mutações e permanecer de pé". Além disso, ela pode ser conquistada por um outro Estado. "Digo, portanto, que todas as ditas formas são pestíferas, pela brevidade da vida que reside nas três boas e pela malignidade que reside nas três más." O fato de considerá-las pestíferas indica que ele julga possível e recomendável evitá-las, ou seja, que existe uma escolha: e de fato existe. Grandes legisladores como Licurgo reconheceram a malignidade das más formas e optaram por criar uma constituição mista, em que as três formas boas – a monárquica, a aristocrática e a democrática – se reuniam numa só, cada qual controlando a outra, "porque uma vigia a outra". Roma, "permanecendo mista, fez uma república perfeita"[368].

"Ao contrário do que escreve Políbio, a intervenção dos homens, segundo Maquiavel, rompe o ciclo, seja por incursões de estrangeiros no Estado, seja por decretarem uma constituição mista dentro dele"[369].

4.3 Jean Bodin (1530-1596) – a soberania, o absolutismo monárquico, o Estado moderno e a república

Foi jurista, historiador, filósofo, economista e interessado em ciências ocultas. Nasceu em Angres em uma data entre julho de 1529 e junho de 1530, falecendo em Lion (França) em 1596. Estudou Direito na universidade de Toulouse, tornando-se professor e depois advogado do Parla-

367 Ibidem, p. 101.

368 Ibidem, p. 101.

369 Grazia, Sebastian de. *Maquiavel no inferno*. Trad. Denise Bottmann. São Paulo: Companhia das Letras, 1993, p. 212.

mento de Paris. Em 1571, trabalhou com o Duque de Anjou (François de Valois) como secretário de ordens e viajou para a Inglaterra, onde conheceu a Rainha Elizabeth I. Posteriormente, foi para os Países-Baixos[370].

Era adepto da teoria do direito divino dos reis e desenvolveu a teoria da soberania. Defendeu a separação entre Estado e Governo, sendo precursor do Mercantilismo e defensor, portanto, do Absolutismo[371]. Um de seus objetivos foi lançar as bases para o estudo teórico da política, com influência nítida, principalmente em sua principal obra, *Os seis livros da República*, de Platão, Aristóteles e Maquiavel, embora sua menção aos respectivos pensadores esteja eivada de críticas. Sua obra traz profunda religiosidade, que não anula a "modernidade" de seu pensamento. Seu antimaquiavelismo, que se nota desde o início da obra citada não é propriamente um retorno à ideologia medieval. Ele, na verdade, enfrenta a ruptura entre moral e política trazida por Maquiavel e busca restaurar o equilíbrio entre ambas, que considera essencial para o funcionamento do Estado. A tolerância, enfocada por Bodin, significa compreender o cerne da "verdadeira religião", que deve ser uma preocupação pública, porque os homens formam um todo espiritual, e as religiões se envolvem em guerras (naquela época). Estas últimas considerações foram explicitadas no livro *Heptaplomeres*.

Foi perseguido pela Inquisição devido a sua simpatia pelas teorias calvinistas e teve os seus livros proibidos. Algumas de suas obras analisavam feiticeiras e hereges e tornou-se conhecido, também, como Procurador Geral do Diabo, já que recomendava às autoridades judiciárias o uso de tortura para obter confissões dos suspeitos de bruxaria[372].

Jean Bodin influenciou Grócio, Hobbes e Montesquieu. Trouxe a noção de soberania do Estado para a história do pensamento político do Ocidente como um poder absoluto, não estando submetido a condi-

370 Riscal, Sandra Aparecida. *O conceito de soberania em Jean Bodin: um estudo do desenvolvimento das ideias de administração pública, governo e Estado no século XVI.* Tese (doutorado) – Universidade Estadual de Campinas, Faculdade de Educação, Campinas, SP, 2001, p. 86.

371 Ferro, Marc. *História de França*. Lisboa: Edições 70, 2011, p. 230

372 Riscal, Sandra Aparecida. *O conceito de soberania em Jean Bodin: um estudo do desenvolvimento das ideias de administração publica, governo e Estado no seculo XVI.*, cit., p. 87.

ções, encargos ou ordens por ninguém[373], além de entender que o clima tem papel fundamental na evolução das civilizações. Como considera a terra o cenário da história, entende que os *habitats* influenciam a *physis* e a *psyche* do homem e, por consequência, ocorre a variação de costumes, religiões, ciências, artes e instituições políticas. Considera o Estado como produto de evolução secular que gerou equilíbrio de obrigações e direitos recíprocos nas sociedades. A divisão de trabalho é consequência das desigualdades que culminam numa sociedade orgânica. A soberania do Estado resulta de "um poder que não tem igual na ordem interna nem superior na ordem externa".

A República consiste no "governo de vários lares e do que lhes é comum através de uma autoridade soberana". Aliás, a soberania é indivisível, una, irrevogável, suprema, perpétua e sem delegação, portanto defende o absolutismo. Coloca a soberania acima do poder quando afirma: "A soberania não é limitada, nem quanto à autoridade, nem quanto à função, nem quanto ao tempo. Em contrapartida, o poder pode ser temporário e transmitido por delegação". O soberano só pode ser responsável diante de Deus.

Ao introduzir o método jurídico para caracterizar as formas governamentais, deu uma nova base à ciência política e projetou o sistema aristotélico sobre a pólis para um sistema mundial.

Defende a soberania como "o poder absoluto e perpétuo de uma república, ilimitada em poder, função e tempo". Já "a majestade é o poder supremo sobre os cidadãos e súditos livres da restrição legal"[374] e o poder absoluto não é nada senão o poder de derrogar a lei civil.

Bodin contesta o feudalismo político, pois considera o rei como superior hierárquico de todos os seus súditos, que devem jurar-lhe obediência[375], mas defende limites morais, religiosos, econômicos e sociais, a saber:

a) o monarca está sujeito aos seus deveres morais e religiosos;
b) o rei só pode tratar do bem comum, não de assuntos privados;

[373] AMARAL, Diogo Freitas do. *História do pensamento político ocidental*, cit., p. 162.
[374] BODIN, Jean. *Os seis livros da república* – livro primeiro. Trad. José Carlos Orsi Morel. São Paulo: Ícone, 2011, p. 125.
[375] Ibidem, p. 31.

c) o rei e o reino estão limitados pelos costumes internacionais;
d) há igualmente a limitação pelas chamadas "leis fundamentais do Reino" (regras de sucessão na coroa, por ex.); e) enfim, o rei tem de respeitar o pluralismo social – dioceses, municípios, universidades, corporações profissionais etc. Mas todos esses limites são limites de fato: a sua violação pelo rei não tem nenhuma consequência jurídica. Se o rei os violar, não responde perante os homens: "o soberano só está obrigado a prestar contas a Deus"[376].

Em *História magistra vitae,* Bodin conceitua o reconhecimento maior do que seja a excelência valiosa, benéfica, do saber histórico:

> *"(...) figura mestra de vida, fonte de virtudes mais ensinamentos a guiar as condutas e os atos dos homens por uma vida bela, regrada, consoante o cânone disposto por suas leis sagradas. História vale por conjunção de moral com arte, porque a virtude é bela e a beleza virtuosa. História compõe então campo de saber por afinidade e contiguidade com a filosofia, ela também definida por similar fórmula tradicional:* vitae dux, *diretriz de vida. Mas a filosofia assim o é ao ensejo do que a história provê: ao registrar os ditos, os fatos e os ensinamentos do passado, a história dispõe a memória exemplar dos atos humanos descortinados em seu horizonte de máxima amplitude moral, quer pelos extremos virtuosos de bens a serem buscados quer pelos viciosos de males a serem evitados"*[377].

Bodin, na esteira de Aristóteles, advoga a estabilidade das leis. Qualquer alteração destas, para não conduzir a uma mudança de Estado, deve partir de um conhecimento exato da "natureza de cada República" – conceito que anuncia o de "princípio do governo", de Montesquieu[378].

Sobre o papel da religião no Estado, nota-se clara evolução no pensamento de Bodin, até pelas guerras de religião, que puseram em perigo a unidade do país em períodos seguintes. O pensador, na República, defende como princípio a unidade religiosa, compatível com a tolerân-

[376] Amaral, Diogo Freitas do. *História do pensamento político* ocidental, cit., p. 163.
[377] Pires, Francisco Murari. O *methodus* e a *Clio* tucidideana: as figurações heroicizantes do historiador. Belo Horizonte: *Varia história,* v. 28, n. 47, jan./jun., 2012.
[378] Amaral, Diogo Freitas do. *História do pensamento político* ocidental, cit., p. 163.

cia civil, o que não impediu que os adversários de Maquiavel o incluíssem entre os "políticos", acusados de proximidade com o florentino[379]. Saliente-se o período histórico em que produziu suas obras, de grande luta entre forças católicas e reformistas. Vale indicar que a famosa noite de São Bartolomeu (23/24 de agosto de 1572) antecede em quatro anos sua principal obra, o que por si só faz compreender o motivo de Bodin não ter definido qual religião deveria ser prevalecente, mas apenas dizer que deveria haver unidade religiosa.

Propôs ampla tolerância religiosa no colóquio *Heptaplomeres*, em que sete representantes de diferentes religiões estariam em pé de igualdade. O que importa é viver em caridade, permitindo-se a cada qual sua própria religião. Todos os interlocutores estão de acordo em excluir da tolerância o ateísmo, atribuindo ao ateu uma insociabilidade inata, que ainda surgirá em Locke[380].

4.3.1 A soberania, o Estado e as formas de Governo

Jean Bodin foi o primeiro autor a dar ao tema da soberania um tratamento sistematizado, como aparece na sua obra *Les six livres de la republique*, publicada em 1576. Para ele, a soberania é um poder perpétuo e ilimitado, ou melhor, um poder que tem como únicas limitações a lei divina e a lei natural. A soberania é, para ele, absoluta, conforme os limites estabelecidos por essas leis[381].

"Numa França do século XVI, dividida pela guerra religiosa em razão da Reforma Protestante e pelo ressentimento de nobres quanto à centralização do poder na figura do monarca, Bodin procura um caminho para estabelecer a paz social ao justificar, portanto, a nova ordem gerada pela unificação estatal sob a figura do monarca, após a ruptura da antiga ordem feudal. O poder do monarca, para promover tal estabilidade, é supremo, constituindo a autoridade máxima no âmbito de seus domínios e o controlador da máquina de guerra. Enquanto representante último do Estado – a própria personificação do Estado –, a capacidade de fazer

[379] Ibidem, p. 163.

[380] Ibidem, p. 163.

[381] Oliveira, Liziane Paixão de. A soberania frente à globalização. *Revista do Programa de Mestrado em Direito do UniCEUB*, Brasília, v. 2, n. 1, p. 202-225, jan./jun. 2005, p. 208.

e anular as leis é sua prerrogativa exclusiva. Quando o filósofo faz referência à pessoa do soberano, utiliza, frequentemente, o termo "príncipe" (assim como as suas variações, monarca e rei); tal fato demonstra a preferência do escritor pela monarquia sem, no entanto, excluir as outras formas de governo de sua análise. Sua teoria da soberania também abarca a democracia e a aristocracia, que possuem, na totalidade, o atributo de poder soberano. O sujeito da soberania, então, pode ser um indivíduo, um grupo de poucos ou muitos"[382].

"O Estado teorizado por Bodin forma-se pela reunião das famílias e dos assuntos de interesse comum, submetidos a uma autoridade central. A estrutura social origina-se de uma situação anterior de predomínio da violência, consequência da ausência de lei. Essa situação de insegurança se modifica conforme o ajuste das forças em conflito, o que torna necessária a associação por meio da submissão ao mais forte para proteger a vida ou melhorar as condições de vida dos membros. A cidadania consiste, então, na obediência à autoridade que garante e concede os direitos e privilégios. Essa relação de dominação se encontra presente, na esfera pública, por meio da figura do Estado soberano e, na esfera privada, por meio da autoridade patriarcal:

> *'Eu entendo por governo doméstico a correta disposição dos assuntos familiares, somado à autoridade que o chefe da família tem sobre os seus dependentes e à obediência devida a ele, elementos que Aristóteles e Xenofonte negligenciam. Então a família bem-ordenada é a real imagem da República e comparável à autoridade soberana. Segue que a família é o correto modelo de organização na República'"*[383].

Bodin traça um paralelismo entre o ente soberano, personificado na figura do monarca, e o indivíduo; talvez, faça-o em razão da necessidade de justificar a existência do Estado e a distribuição da autoridade, considerando a facilidade de fazê-lo em comparação com uma estrutura já consagrada, como a da família e da autoridade patriarcal[384].

[382] SALOMÃO, Khalid Fernandes. *Reflexões sobre soberania, uma trajetória do pensamento clássico às questões contemporâneas.* Dissertação de mestrado. Rio de Janeiro: PUC, 2007, p. 28.
[383] Ibidem, p. 28.
[384] Ibidem, p. 29.

"O pensador identifica a soberania com a capacidade de fazer leis, afirmando que a primeira prerrogativa do poder soberano é legislar para os súditos, e caracteriza-a, sobretudo, com dois adjetivos: absoluta e perpétua. A perpetuidade assegura que o Estado seja perene, fundamental para assegurar o futuro dos contratos e os demais assuntos da comunidade política. O poder absoluto, por sua vez, demonstra a posição do soberano em relação aos membros do Estado; poder supremo dentro do território"[385].

A soberania, assim, não conhece limites de competência ou de extensão temporal, caso contrário não seria o verdadeiro poder, apenas o agente deste. Mas Bodin desenvolve algumas importantes limitações ao poder, quando afirma que o soberano, assim como todos os mortais, está sujeito às leis naturais e divinas, pois ambas dependem de Deus: "*Se o príncipe soberano não tem o poder de ultrapassar as leis naturais, decretadas por Deus... só poderá tomar os bens alheios se tiver motivo justo e razoável (...)*"[386].

No âmbito das relações privadas aparece outro limite: a propriedade e a vida. O príncipe, enquanto pessoa política, representa o Estado, trata de tudo o que é público, e, enquanto pessoa física, trata somente da sua propriedade privada. Mesmo o monarca soberano, caso obedeça às leis naturais e divinas, não pode interferir nas relações privadas sem ter como motivação a defesa do interesse comum[387].

O poder soberano é, então, absoluto, mas com restrições. Esses limites, na verdade, podem ser lidos como de natureza ética, regras de prudência que não precisam ser necessariamente seguidas. Seu conteúdo prático, no entanto, refere-se às consequências políticas, como talvez a perda de legitimidade. As leis positivas, todavia, são estabelecidas pelo

385 Ibidem, p. 30.

386 Ibidem, p. 31.

387 "Como o príncipe, então, não tem o poder de exceder os limites da lei natural, que foi estabelecida por Deus, do qual ele é imagem, ele não poderá apropriar-se da propriedade do outro sem causa justa e razoável, como por compra, troca, confisco legítimo ou para negociar termos de paz com o inimigo, caso isto não possa ser concluído de outro modo que pela apropriação da propriedade para a preservação do Estado. (...) Mas a razão natural prefere o interesse público ao privado, e os indivíduos não apenas superam os seus antagonismos e animosidades, mas também desistem das suas posses para o bem da República (...)". Ibidem, p. 32.

soberano, e por ele garantidas, na posição de árbitro, acima das leis[388]. Outra característica que vale ressaltar é a indivisibilidade do poder, que reflete a preocupação com a unidade do poder; e o medo que a divisão do poder possa resultar em guerra civil, preocupação também presente na obra de Hobbes[389].

"A autoridade pode ser delegada a uma pessoa ou a um grupo por prazos determinados, mas, após tais prazos, a configuração muda, retornando-os à posição de cidadão comum. Estes não são considerados regentes soberanos, somente agentes ou representantes da autoridade, deixando de o serem quando a vontade do povo ou do príncipe ditar o contrário (a concessão do poder é sempre revogável). Percebe-se, assim, a separação entre a posse e o exercício do poder"[390].

Ao abordar a monarquia, entende o autor que "a soberania fundamenta-se não apenas na pessoa física do monarca, mas também na pessoa pública do monarca, ou seja, no príncipe enquanto poder público que continua e permanece a despeito do indivíduo que é mortal (distinção entre dois corpos do monarca, um privado e outro público, que envolve, entre outros elementos, o processo sucessório). De outro modo, a soberania existiria somente nas aristocracias ou democracias, cuja soberania não está atrelada a um indivíduo, continuando ao longo do tempo. Bodin reconhece a soberania sem a figura do suserano, e, nesse caso, ela liga-se diretamente ao sujeito coletivo, um grupo ou uma totalidade. A soberania, portanto, precisa permanecer para evitar a constante criação e destruição do ente coletivo; instabilidade que compromete o funcionamento da sociedade ao longo do tempo"[391].

A distinção entre a origem e o exercício da soberania permite pensar a estrutura complexa do Estado dos dias atuais, sem atentar contra o terceiro atributo da soberania, seu caráter indivisível, já que o poder pode ser delegado sem prejuízo para a unidade do Estado. Nesse sentido, um Estado pode ser, por exemplo, monárquico (a soberania emana de um indivíduo) e ter um governo democrático (um Parlamento que adminis-

[388] Ibidem, p. 28.
[389] Ibidem, p. 29.
[390] Ibidem, p. 29.
[391] Ibidem, p. 29-30.

tra o Estado). Ou mesmo, no caso da democracia, a soberania pode residir no povo, mas ser exercido pelas instituições que compõem o governo. Segundo Bodin, a unidade estatal constitui base para sua estabilidade: ou o Estado é uno ou não é Estado. Não haveria, aqui, espaço para uma separação dos poderes no âmbito da soberania[392].

Conforme as ideias liberais tomam força nos séculos seguintes, com o despontar dos princípios democráticos, transforma-se essa identificação entre soberania e indivíduo. "O Estado ganha subjetividade própria, superando a figura do indivíduo soberano"[393].

Segundo Bodin, a supremacia do soberano deixaria pouco espaço para a liberdade individual, colocando todo o peso da dominação estatal sobre o cidadão. "Mesmo a figura do monarca soberano enfrenta tal distinção na sua pessoa, coexistindo a pessoa pública, que cuida do interesse do Estado, e a pessoa privada, que cuida dos interesses particulares do ser humano monarca. Com isso, o âmbito de atuação do Estado é a esfera pública, ou seja, tudo o que diz respeito ao Estado até o limite da entrada da casa de cada cidadão, de sua privacidade. Colocam-se como limites ao poder absoluto, à propriedade privada, à vida e às bases da legitimidade. Os dois primeiros representam a esfera privada. O último representa a legitimidade fundada no reconhecimento da autoridade, pois o soberano que desrespeita as leis naturais e divinas e as tradições solapa as bases de sua autoridade, transformando-se num tirano, cuja soberania é instável, podendo enfrentar contestações e dificilmente terá continuidade temporal extensa"[394].

"Poderíamos afirmar que Bodin procurou achar um equilíbrio entre a liberdade e a soberania. Ao limitar a soberania, surge, aparentemente, um espaço para a individualidade humana, mesmo que colocando a liberdade fora do espaço da política, pois, na política (nas questões públicas), o soberano é inconteste. A soberania sob o ponto de vista de Bodin procura trazer alguma previsibilidade aos negócios humanos e restringir a

392 Ibidem, p. 33.

393 Ibidem, p. 33.

394 Ibidem, p. 34.

atuação da vontade soberana. Por isso, o foco do poder soberano é a capacidade de fazer leis"[395].

A ideia de que a *soberania é indivisível por definição* se encontra na base da sua teoria das formas de Estado. As diferentes formas de Estado dependem de quem detenha a soberania. Há monarquia se a soberania reside num só príncipe; estado popular, se todo o povo participa dela; aristocracia, se cabe à menor parte deste. Em contrapartida, Bodin prescinde do bom ou mau uso que do governo se faça – como critério ulterior de classificação. Em qualquer República bem ordenada, existe, pois, um soberano, já que *"a República sem poder soberano que una todos os membros e todas as, partes dela e todas as famílias e colégios num só corpo, já não é República"*; de uma forma para outra, só varia o soberano[396].

Bem enraizada no seu tempo está a ideia de que, qualquer que seja a forma de governo, pertence à natureza da República a existência, entre a família e o poder soberano, de "colégios" ou "corpos" intermédios, que embora não constituam o controle jurídico do poder soberano nem sejam anteriores à República, como o é a família, são fator de equilíbrio indispensável[397].

Tal como Aristóteles, e forçado pela situação histórica, Bodin dá especial atenção às "mudanças de Estado" (*changements d'état*), ou seja, às revoluções. Estas se dão quando a soberania se desloca de um titular para outro. A mudança das leis não é revolucionária, desde que a soberania continue radicada no seu atual titular:

> *"Chamo mudança de República, mudança de Estado, ao que se dá quando a soberania de um povo cai sob o poder de um príncipe, ou o senhorio (seigneurie) dos maiores passa ao povo miúdo – ou ao invés. Porque, mudança de leis, de costumes, de religião, de lugar, não é mais que uma alteração desde que a soberania continue; pelo contrário, pode acontecer que a República sofra mudança de Estado continuando embora as leis e os costumes no que não pertence à soberania"*[398].

[395] Ibidem, p. 34.

[396] Serra, Antonio Truyol y. *História da filosofia, do direito e do Estado*. Lisboa: Instituto das novas profissões, 1993, p. 135.

[397] Ibidem, p. 136.

[398] Ibidem, p. 136.

Bodin favoreceu, objetivamente, a marcha do regime monárquico francês para o absolutismo. Se Bodin fez da soberania uma nota essencial do Estado, não atribuiu a soberania ao corpo político na sua totalidade, mas precisamente a uma parte dele, variável consoante os diferentes *regímens*, e que, em monarquia, é o príncipe. Por outro lado, o adjetivo "absoluto", aplicado ao poder soberano, e a fórmula *legibus solutuss* da época imperial romana tinham uma virtualidade que, com a evolução institucional posterior, se havia de manifestar, afastando as restrições do contexto inicial. Na verdade, o legislador só está acima das leis no sentido de que as pode modificar e derrogar para substituí-las por outras, não no sentido de que o não obriguem, enquanto, por sua própria vontade, elas se encontram em vigor[399].

O filósofo critica a classificação das formas de governo, que considerou como critério o número de pessoas que exercem o poder político. Classifica as formas de governo em 18 (dezoito) tipos diferentes. Critica a confusão que existe entre formas de Estado e as formas de governo. As formas de Estado foram legadas pelos gregos, quando caracterizam a monarquia, aristocracia e democracia. Por sua vez, quanto às formas de governo, Bodin adota critérios mais substantivos, ou seja: "o do 'grau de participação dos diferentes estratos sociais no exercício do poder', bem como o do 'maior ou menor respeito do órgão supremo pelos direitos dos seus súbditos' (II, 2)". E exemplifica com a sua forma de Estado preferida, a monarquia: "O Estado pode ser uma monarquia, (...) mas há três maneiras ou modos diferentes de ele ser governado: o modo senhorial, o modo real (ou legítimo) e o modo tirânico"[400].

Considera a monarquia senhorial como a primeira que foi adotada pelos homens, em que o rei é "senhor das pessoas e dos bens dos seus súditos". A monarquia real foi o aperfeiçoamento da primeira e "obedece as leis da natureza (...), deixando para cada um a propriedade dos seus bens e a sua liberdade natural". Porém, a Monarquia real (única legítima) tem de associar ao governo do reino um dos dois principais estados ou ordens sociais: o "estado aristocrático" ou o "estado popular". Assim, há uma Monarquia aristocrática "quando o rei só concede dignidades e

399 Ibidem, p. 139.
400 AMARAL, Diogo Freitas do. *História do pensamento político ocidental*, cit., p. 163.

benefícios aos nobres, ou aos mais virtuosos, ou aos mais ricos"; diferentemente, há uma Monarquia popular quando "o rei reparte as dignidades, as magistraturas, os ofícios e as recompensas igualmente entre todos os seus súditos, sem tomar em consideração a nobreza, a riqueza ou a virtude" dos mais importantes (II, 2)[401].

Como Bodin não opta por nenhuma delas, prefere acolher-se à sombra protetora de Cícero e de S. Tomás de Aquino, defendendo um regime misto:

> *"A Monarquia real é a mais excelente (...), mas deve ser temperada pelo governo aristocrático e popular. (...) a Monarquia deve ser simples, o governo deve ser composto e temperado (...).governo duradoiro e estável. (...) união entre os poderosos e os humildes e, portanto, a concórdia (...), o Rei sábio deve, por conseguinte, governar o seu reino harmonicamente, combinando nobres e plebeus, ricos e pobres, mas com o tacto devido: (...) deve preferir o rico ao pobre para tarefas que deem mais honra que proveito, e preferir o pobre ao rico nos cargos públicos, que dão mais proveito do que honra; desse modo, ambos ficam contentes, porque o rico só busca a honra e o pobre, o proveito"*[402].

A existência de uma pluralidade de sociedades políticas igualmente soberanas introduz nova limitação da soberania no plano das suas relações recíprocas, visto que o Direito natural impõe o respeito das promessas, sem excluir as que o soberano faz aos súditos e aos outros soberanos. Daí o princípio da obrigatoriedade dos tratados, exigência esta que contrasta com o utilitarismo de Maquiavel neste ponto. O Direito vigora também, portanto, no domínio das relações internacionais. Ao contrário de Maquiavel e de Botero, que tinham considerado a neutralidade na sua dimensão política, Bodin esforçou-se já por elevá-la ao plano de instituição jurídica que torne possível ao Estado neutral o exercício de uma função de medianeiro[403].

[401] Ibidem, p. 163.
[402] Ibidem, p. 163.
[403] Ibidem, p. 163.

4.3.2 Conclusões – uma teoria moderna de Estado

A obra *Os seis livros da República* começa por definir a República, detalhando os seus elementos e diferenciando-a da noção de entidade familiar. Segundo Bodin, "República é um correto governo de várias famílias, e do que lhes é comum, com poder soberano". Ela surge a partir da lenta multiplicação das famílias e estabelece-se mediante a violência dos mais fortes e o consentimento dos demais[404].

"O primeiro elemento da República a ser explicitado foi o justo governo, que serve para diferenciá-la de um bando de ladrões e piratas com os quais não se podem estabelecer relações de comércio nem fazer alianças, atividades respeitadas nas Repúblicas organizadas. No entendimento de Bodin, ela deve buscar território suficiente para abrigar os seus habitantes, uma terra fértil, animais para alimentar e vestir os súditos, céu e temperatura agradáveis, boa água e material para construção das casas. Posteriormente, seriam satisfeitas as comodidades menos urgentes" [405]. No entanto, isso já é o principal, necessário para a vida.

A família foi o segundo elemento a ser considerado para conceituar a República, pois ela é a sua fonte, seu principal elemento, sem o qual não existiria. Para Bodin, as sociedades políticas formam-se pela reunião natural de várias famílias, seja mediante o medo ou a violência. "Os antigos chamam República uma sociedade de homens reunidos para viver bem e felizmente. Dita definição, sem embargo, contém mais ou menos o necessário. Faltam, nela, três elementos principais, é dizer, a família, a soberania e o que é comum em uma República"[406].

"Em suma, a diferença entre a família e a República reside no fato de a primeira ser o reto governo de vários sujeitos sob a obediência de um chefe de família e do que lhe é próprio, enquanto a segunda é o reto governo de várias famílias e do que lhes é comum. É válido destacar que o autor tece críticas à ideia de Aristóteles separar a administração pública

[404] Oliveira, Liziane Paixão Silva. A soberania frente à globalização. Revista do Programa de Mestrado em Direito do UniCEUB, Brasília, v. 2, n. 1, p. 202-225, jan./jun. 2005, p. 207.
[405] Ibidem, p. 207.
[406] Ibidem, p. 207.

da doméstica, por entender que não é possível separar a parte principal (família) do todo (República)"[407].

Além disso, "a coisa pública será o terceiro elemento, pois, para a existência da República, é necessário que algo seja compartilhado por todas as famílias. Bodin expõe que: 'é preciso que haja alguma coisa em comum e de caráter público, como é o patrimônio público, o tesouro público (...). Não existe República se não há nada público'"[408].

O quarto elemento indispensável é a soberania. Em comparação ao navio, explicita-se a importância que a soberania tem na República:

> *"Do mesmo modo que o navio só é madeira, sem forma de embarcação, quando lhe é suprimida a quilha que sustenta os lados, a proa, a popa e o convés, assim também a República sem poder soberano, que une todos os membros e partes, e todas as famílias, corpos e colégios, não é República"*[409].

No capítulo VIII do Livro I, de forma inédita, Jean Bodin define soberania: "a soberania é um poder absoluto e perpétuo de uma República em relação aos que manipulam todos os negócios de estado de uma República". Observam-se dois aspectos destacados por Bodin para caracterizar o poder soberano; são eles: absoluto e perpétuo"[410].

"A soberania é absoluta porque o seu exercício é livre e não pode ser interrompido por nenhum obstáculo de natureza política. Absoluto significa incondicionado, mas não arbitrário. Pode-se dizer que ao governante confere-se poder absoluto e soberano, não estando subordinado a nenhuma lei ulterior ou posterior; está acima do direito interno. Ele teria o 'monopólio do direito, mediante o Poder Legislativo'"[411].

Em *Método para uma fácil compreensão da história*, Bodin explica que a história e a história do Direito servem como uma introdução à política. Em *Réponse aux paradoxes de M. de Malestroit*, dedica-se à economia e tenta explicar a inflação pela quantidade de ouro e dinheiro colocados

[407] Ibidem, p. 208.
[408] Ibidem, p. 208.
[409] Ibidem, p. 208.
[410] Ibidem, p. 208.
[411] Ibidem, p. 208-209.

em circulação após a exploração das minas na América e defende o livre comércio[412].

Os seis livros da república, obra enciclopédica, de erudição e de grande capacidade teórica, ajudou a criar o conceito do Estado Moderno em pleno século dezesseis[413].

Propõe que na organização do Estado não deve haver separação de poderes, porque o rei deve concentrar em suas mãos os poderes executivo, legislativo e judiciário. E, ainda, nega garantias judiciais para os súditos que sofrem atos ilegais do rei. Bodin, na realidade, deu a base teórica para o absolutismo. Em *Os seis livros da república*, temos uma amostra do saber enciclopédico de Bodin e de sua filosofia política, relacionando-a com os "antigos", como Aristóteles e Tomás de Aquino, e com os "modernos", como Maquiavel e Thomas Morus (ou More)[414]. Bodin defende a monarquia, que estaria destinada a proteger o reino da França contra as ameaças dos países vizinhos e, internamente, contra as pretensões dos Parlamentos. Mas ele também mostra ser um teórico político que, recusando a utopia – procedimento bastante fácil –, interroga-se cientificamente sobre a natureza do Estado, buscando traçar o perfil do melhor regime[415].

[412] Huisman, Denis. *Dicionário dos filósofos*, cit., p. 159.

[413] Ibidem, p. 159.

[414] Thomas More (ou Morus) (1478 – 1535) – Humanista, chanceler inglês durante o reinado de Henrique VII, católico, e autor do livro "Utopia". Não aceitou a cizânia do rei com a igreja católica, nem o divórcio, e como consequência foi preso e decapitado. Frequentou a Universidade de Oxford, estudou jurisprudência em Londres, formando-se em advocacia (Direito). Partidário do direito natural. Foi membro do parlamento e Conselheiro dos comerciantes londrinos. A partir de 1518 foi trabalhar para o Estado, sendo nomeado Lorde-Chanceler em 1529. A "utopia" aflora em 1518 e enfoca a organização da sociedade em geral e particularmente a inglesa. Apresenta duas partes, a saber: Crítica social e a questão da propriedade privada; a segunda parte relata a organização de uma sociedade de características socialistas. O personagem principal é Rafael Hytlodeus, filósofo humanista e viajante que tinha influências da cultura grega. O segundo personagem é o próprio autor que concorda com o filósofo. A terceira personagem é Pedro Egidius, comerciante, conservador que defende a ordem burguesa existente.

[415] Huisman, Denis. *Dicionário dos filósofos*, cit., p. 159.

Assim, sua obra propõe a primeira teoria da soberania que aparece de forma clara e sistemática: a soberania é o próprio fundamento da *res publica*. Segundo as diversas modalidades de seu exercício, ela determina as diversas formas da política, o que dá ensejo ao estudo tipológico dos regimes. O Estado popular, o Estado aristocrático e o Estado monárquico são estudados um a um não só em seus princípios institucionais, como também no que se refere às suas vantagens e inconvenientes em termos de modos de governo e administração. Bodin não esconde sua preferência pela monarquia, apesar de propor restrição a seus direitos. Aliás, o objetivo da obra não é fazer proselitismo, mas sim explicar a ordem política. Por isso, a análise dos diferentes momentos da vida da *Res publica*, o exame das condições de funcionamento dos diversos regimes na República, o estudo das relações que se instauram entre as diversas funções dos organismos contidos pela República, tudo isso faz de Bodin um pioneiro da moderna "sociologia"[416].

4.3.3 Principais obras

Como foi dito, em *Les six livres de la République* (*Os seis livros da República*), obra mais importante, Bodin defende o princípio da autoridade, descreve a comunidade ideal e define conceitos como "Estado" e "poder", este advindo pela lei natural que reflete no pátrio poder e na soberania do monarca o poder divino. O livro, publicado em francês em 1577 e em latim em 1586, teve grande repercussão e mereceu várias edições nos cinquenta anos seguintes.

Outros trabalhos: *Oppiani Cynegetica sive venatione libri IV latino carmine versi cum comentário*, editado em Paris, 1555; *Oratio de instituenda in República iuventute*, editado em Toulouse, 1559; *Methodus ad facilem históriarum cognitionem* (*Método para uma fácil compreensão da história*), Paris, 1566; *Responsio ad Paradoxa Malestretti*, Paris, 1568; *Recueil de tout ce qui s'est negotiee en la compagnie du tiers Estat de France, em l'assemblee Generale des trois Estats, assignez par le Roy en la volle de Bloys, au Novembre 1576*, Paris, 1577); *Iuris universi distributivo*, Paris, 1578; *Demonomania*, Paris, 1578; *Universae natu-*

[416] Ibidem, p. 159.

rae theatrum, Paris, 1596; *Heptaplomeres* (manuscrito), editado em 1841 após a morte de Bodin[417].

A sólida formação jurídica de Bodin não o impediu de tender ao ideal do *uomo universale* (homem universal) renascentista, ideal que se reflete na amplidão e diversidade da sua obra. O seu *Methodus ad facilem historiarum cognitionem* (*Método para facilitar o conhecimento da história*; Paris, 1566), que contém o gérmen de todo o seu pensamento posterior, faz dele um precursor da moderna teoria da História, além de que a *Réponse au paradoxe de Monsieur de Malestroit* (Paris, 1568; 2ª edição, ampliada, sob o título de *Discours sur le rehaussement et diminution des monnaies:* Paris, 1578) o coloca entre os fundadores da moderna ciência econômica. A *Iuris universi distributio* (Paris, 1578, mas escrita pela mesma época que o *Methodus*) é um estudo de Direito comparado que explica a assombrosa riqueza de dados jurídicos e institucionais da República. Encerra o ciclo dos seus trabalhos sobre as matérias que mais diretamente nos tocam no notável *Colloquium heptaplomeres de rerum sublimium arcanis abditis (Colóquio dos sete)*, redigido em data incerta (cerca de 1593) e que veio a público em 1857. Trata-se de uma discussão envolvendo sete sábios, cada um a defender uma posição religiosa ou filosófica: um filósofo, um calvinista, um muçulmano, um católico, um luterano, um judeu e um cético[418].

Démonomanie des sorciers (Paris, 1580), de teor medieval, destina-se aos magistrados encarregados de processos de feitiçaria; e o *Universae naturae theatrum* (Leyden, 1596), a obra menos estudada de todas, é considerada a exposição mais sistemática do filósofo a respeito do mundo ao adentrar na área da filosofia natural[419].

4.4 Thomas Hobbes (1588-1679) – a defesa do estado absoluto e o contrato social

Nascido em Westport Malemsbury (Inglaterra), Hobbes estudou em Oxford, onde se dedicou à filosofia. Polemizou com teólogos, políticos

[417] Os trabalhos do autor também estão disponíveis em língua portuguesa.

[418] Serra, Antonio Truyol y. *História da filosofia, do direito e do Estado*, cit., p. 135.

[419] Ibidem, p. 135.

e filósofos de sua época. Entrou em contato com o pensamento de Galileu[420], Descartes[421] e Euclides (na geometria).

Hobbes foi fortemente influenciado pela guerra civil e a execução de Carlos I em janeiro de 1649, acreditando que o absolutismo era a melhor forma de governo. Escreveu ampla bibliografia científica, histórica e filosófica, com destaque para *Leviatã*, obra que foi duramente criticada pela Universidade de Oxford[422]. Esteve exilado em Paris devido ao contexto político inglês. Voltou para a Inglaterra quando Carlos II assumiu o trono, restaurando a dinastia dos Stuart em 1660.

No contexto de crise que passava a Inglaterra, Hobbes foi acusado de apoiar Oliver Cromwell, que após a Revolução Puritana e a Guerra Civil, que transcorreu de 1640 a 1649, estabeleceu a chamada República de Cromwell, que durou de 1649 a 1658. Hobbes morreu em 4 de dezembro de 1679[423].

4.4.1 O "estado de natureza" e os homens

Para Hobbes, o estado de natureza do homem figura-se como um estado de luta de todos contra todos. Ao contrário do que ensinava a tradição aristotélica, na visão hobbesiana o homem não é um ser que tenda, por natureza, à sociedade; é, na forte expressão de Platão, um lobo para o seu semelhante. O estado de natureza aparece como estado de hostilidade latente. Cada qual tem, propriamente, direito a tudo. Ora, o direito de todos a tudo é, praticamente, um direito vazio de conteúdo, pois nada nos garante em face das pretensões dos outros. Os homens são, por natureza, iguais; todos podem, de algum modo, o mais e o pior, ou seja, matar outro homem, até o mais forte. Não há distinção alguma, em tal estado, entre o "justo" e o "injusto", que pressupõem um poder superior de mando. Não há que presumir a boa-fé dos outros quando nos prometem alguma coisa.

[420] Galileu Galilei (1564-1642), físico, matemático e astrônomo italiano, embasou a teoria heliocêntrica de Copérnico e inventou a luneta telescópica. Em 1633, foi condenado pela inquisição e forçado a renegar suas descobertas. A Igreja reconheceu o erro em 1922.

[421] René Descartes (1596-1650), físico, filósofo e matemático francês, a quem se atribui o pensamento cartesiano, é autor da célebre frase: "penso, logo existo".

[422] Baraquim, Noella e Laffitte, Jacqueline. *Dicionário Universitário dos Filósofos*. São Paulo: Martins Fontes, 2007, p. 144.

[423] Ibidem, p. 144.

Na guerra, prevalecem a força e a fraude, por isso a condição natural da humanidade é de radical insegurança, que arrasta a impossibilidade de qualquer cultura. A vida no estado de natureza, segundo a famosa frase em *Leviatã* (capítulo XIII), é "solitária, pobre, nua, animal e breve". O temor da morte, acrescido à preocupação de defender a própria existência, abafa qualquer outra consideração[424].

O estado de natureza é superado pelo poder representado pelo Leviatã. O poder é o fundamento do estado que pode usar o medo como ferramenta para se impor, e cada indivíduo abre mão de seu autogoverno e passa ao soberano Leviatã[425].

A finalidade do estado é a preservação da paz e da justiça e detém o poder de vida e morte sobre os seus súditos, mas significa um avanço dos homens para se livrarem do estado da natureza, no qual reina a insegurança. Logo, o soberano tem o poder sem limites e não deve prestar contas à população, por isso significaria debilidade e perda de poder. Para Hobbes:

> *"(...) dado que o direito de representar a pessoa de todos é conferido ao que é tornado soberano, por um acordo feito apenas entre cada um e cada um, e não entre o soberano e cada um dos outros, não pode haver quebra do acordo da parte do soberano, portanto nenhum dos súditos pode libertar-se da sujeição sob qualquer pretexto de transgressão"*[426].

Hobbes diferencia os homens dos animais no estado de natureza e, ao analisar o comportamento das abelhas e formigas, conclui:

- os homens provocam a guerra devido ao sentimento de inveja e ódio;
- os homens se comparam entre si, ocorrendo atritos entre o bem comum e o bem individual.

[424] Serra, Antonio Truyol y. *História da filosofia, do direito e do Estado*, cit., p. 205-206.
[425] Silva, Ivan de Oliveira. *Curso moderno de filosofia do direito*. São Paulo: Atlas, 2012, p. 84.
[426] Ibidem, p. 85.

Os seres humanos, portanto, utilizam a razão para "julgar a administração da coisa comum" e se imaginam mais capacitados para "gerenciar a coisa comum"[427]. Em primeiro lugar, o homem não é mau por natureza "porque as afeições da alma que provêm da natureza animal não são más em si mesmas". A maldade é apenas resultado da desconfiança mútua que nunca deixa de aparecer quando os homens, entregues a seus desejos e a suas argumentações vãs, opõem-se mutuamente para impor seus interesses sem levar em conta qualquer jurisdição instituída e qualquer poder capaz de fazer respeitar suas determinações. O que torna o homem mau são as condições de existência em estado de natureza, e não a natureza[428].

Segundo, no estado de natureza o medo é a paixão dominante, na dupla forma de medo da morte e de medo do outro. Mas esse mesmo medo está na origem da sociedade, não porque esta última lhe ofereça apaziguamento definitivo, mas porque essa paixão se torna unívoca; passa-se então a temer aquilo que deve realmente ser temido: o soberano. O medo, causa da desordem no estado de natureza, torna-se causa da ordem no estado civil[429].

Em terceiro lugar, o poder soberano absoluto não significa que ele seja isento de lei nem que o Estado seja totalitário. Para Hobbes, poder absoluto significa o maior poder que um ser mortal possa deter por direito. Disso resultam dois princípios: por um lado, o soberano não depende de uma instância humana qualquer, e por outro seu poder é ilimitado no tempo ou nos campos em que é exercido. Mas esse poder absoluto não é isento de condições, a começar por sua origem: o Estado tem uma causa jurídica, a cessão dos direitos dos indivíduos para o soberano, o que não implica em absoluto que os indivíduos estejam por isso desprovidos de direitos[430].

Na verdade existem direitos inalienáveis, como o de resistir à violência, mesmo a exercida legitimamente pelo Estado na forma de punição, ou o de recusar-se a obedecer em certas circunstâncias. Do ponto de vista da finalidade, o Estado deve garantir a segurança e a paz, e, não o fazendo,

[427] Ibidem, p. 85.

[428] HUISMAN, Denis. *Dicionário dos filósofos*, cit., p. 502.

[429] Ibidem, p. 502.

[430] Ibidem, p. 502-503.

os indivíduos recuperarão o direito natural de proteger-se e defender-se com suas próprias forças. Sob o prisma do exercício, o poder absoluto do soberano não se identifica com a vontade do príncipe, tanto de fato quanto de direito, isto porque, ao enfraquecer e oprimir os súditos, o príncipe se enfraqueceria também e se exporia ao risco de provocar desordens precursoras de revoltas e guerras civis; de direito, porque tudo o que o soberano faz não é *ipso fato* legítimo, e a própria justiça não teria mais sentido se ele não agisse em conformidade com a justa razão, ou seja, segundo as prescrições das leis naturais. Em síntese, o poder soberano em Hobbes é menos absoluto que a vontade geral em Rousseau.

"Nunca se verão brotar da pena de Hobbes certas teses do Contrato Social referentes à recusa de obedecer ou à pena de morte. Finalmente, a quem recusa a dedução do caráter absoluto do poder político argumentando que a história nunca o produziu, Hobbes responde opondo a realidade do poder às representações imaginárias que é possível ter dele. Todo Estado, seja ele democrático ou monárquico, por ser soberano, dispõe de um império absoluto, seja qual for a imagem que transmite de si mesmo"[431].

No que diz respeito ao surgimento do Estado, Hobbes oferece um argumento próprio que o diferencia da posição de Maquiavel, para o qual o indivíduo superior que sabe como acumular e manipular o poder constrói um Estado partindo do material recalcitrante que são os homens. Segundo Hobbes, todos aqueles homens infelizes que estão tremendo de medo porque podem perder suas vidas por morte violenta, resolvem juntar-se e firmar um contrato recíproco para escapar à condição miserável. E o que é que precisam fazer para isso? Precisam incluir no contrato: "Concordamos todos mutuamente em nos submeter a alguém que ficará tendo poder absoluto sobre nós"[432].

O estado de natureza é uma realidade entre as sociedades políticas, e segundo Hobbes nele impera o clima de desconfiança radical. Independentemente do grau ou do âmbito de realidade do estado de natureza entre os indivíduos, constata-se que "em todos os tempos os reis e as pessoas dotadas de autoridade soberana, devido à sua Independência, estão

[431] Ibidem, p. 503.

[432] FRIEDRICH, Carl J. *Uma introdução à teoria política*. Rio de Janeiro: Zahar, 1970, p. 156.

com constantes ciúmes e no estado e atitude de gladiadores, segurando as armas apontadas para os outros, e olhando-se uns aos outros. Ou seja: fortalezas, guarnições e canhões acima das fronteiras dos seus reinos, e espiões continuamente entre os vizinhos. O que é atitude de guerra"[433].

Nesse contexto, as relações entre as sociedades políticas são, assim, de caráter meramente moral, pois carecem de toda e qualquer garantia, visto não terem um superior comum, um super-Leviatã que se lhes possa impor[434].

A obra *Leviatã* não deve ser interpretada, como por vezes se faz, no sentido do totalitarismo moderno. Porque, apesar da sua apologia do Estado "divindade mortal", Hobbes professa um individualismo que mitiga as consequências práticas do seu absolutismo. O Estado de Hobbes não tem um fim em si mesmo, mas está a serviço dos indivíduos. Este individualismo se reflete claramente na teoria hobbesiana da pessoa coletiva como mera ficção. As sociedades são corpos "artificiais", redutíveis, de fato, aos seus respectivos superiores, que os representam e encarnam. O Estado não é, para Hobbes, uma exceção, embora se distinga das restantes sociedades apenas na medida em que é ele que as autoriza. Daqui se conclui a identificação entre sociedade e Estado e entre Estado e governo[435].

"Embora jusnaturalista, é considerado o precursor do positivismo jurídico, pois, como explica Bobbio, Hobbes adota a doutrina do direito natural não para limitar o poder civil, mas para reforçá-lo. Usa meios jusnaturalistas para alcançar objetivos positivistas. 'A mesma ideia pode ser expressa de outra forma, dizendo que Hobbes é um jusnaturalista ao partir e um positivista ao chegar'. Ocorre que Hobbes parte da assertiva de que antes da formação da sociedade política organizada, existia uma situação de caos e desordem entre os homens, inviabilizando a própria existência, o que o afasta dos teóricos que até então garantiam que o homem se distingue dos animais sociais, como as abelhas e as formigas, por exemplo, por não possuir instinto social. Ele não é sociável e somente o será

[433] Serra, Antonio Truyol y. *História da filosofia do direito e do Estado*, cit., p. 211.
[434] Ibidem p. 211.
[435] Ibidem p. 211.

por acidente. Então, no estado da natureza a situação era de absoluto caos e desordem entre os homens, o que inviabilizava a própria existência"[436].

Hobbes aponta, em síntese, os seguintes postulados:

- O homem estava lançado à sua própria sorte no estado da natureza.
- Nessa fase, os homens só defendiam os seus interesses e não havia paz e segurança, ocorrendo um forte individualismo.
- No estado da natureza, todos estão em risco.
- O Estado é apresentado em quatro capítulos do Leviatã:

    - No primeiro coloca o homem como imitador da natureza e discute a sensação, comunicação e linguagem, e as convenções que legitimam o poder.
    - No segundo, analisa o homem artificial, isto é, o Estado e apresenta os postulados teóricos da organização política e as convenções que legitimam o poder.
    - No terceiro capítulo, analisa o estado cristão, levando em consideração o sagrado e o poder eclesiástico.
    - Finalmente, no quarto capítulo, apresenta o chamado reino das trevas, após discorrer sobre os poderes soberano, divino e humano[437].

4.4.2 O contrato social – transição do "estado de natureza" para o "estado de sociedade"

"Perante os inconvenientes do *bellum omnium contra omnes* (da guerra de todos contra todos), a razão aconselha os homens a entregarem o seu direito a tudo, transferindo-o para um superior. Assim surge, mediante o contrato de cessão, a sociedade civil, a *Commonwealth*, que Hobbes equipara terminologicamente à *Civitas* latina, também chamada 'República' na acepção tradicional, comumente utilizada pelos autores nas línguas românicas da época (entre os quais, Bodin). Mas a originalidade de Hob-

[436] Gorczevski, Clóvis; Botelho, Edison; LEAL, Mônica Clarissa Hennig. *Introdução ao estudo da ciência política, teoria do Estado e da Constituição.* Porto Alegre: Verbo Jurídico, 2007, p. 34-35.

[437] Silva, Ivan de Oliveira. *Curso moderno de filosofia do direito*, cit., p. 81-82.

bes está em que este contrato, longe de significar um limite ao poder estabelecido, assegura-lhe, pelo contrário, um caráter absoluto e ilimitado. Porque não há, para Hobbes, dois contratos (de união e de submissão), mas um só, dos indivíduos entre si, que concordam em se submeter a um terceiro. O terceiro, o governante, não é parte no contrato, e não tem, por conseguinte, obrigação alguma para com os contraentes, fora a de protegê-los. A sua função consiste em assegurar a paz, e para isso pode impor a todos a sua vontade, sem nenhuma condição"[438].

"Para Hobbes assim surgiu o Estado, que agarra para si o poder e a violência que os indivíduos detinham quando na natureza e, coercitivamente, impõe regras que irão nortear o campo social. O soberano cria o direito positivo, e os indivíduos são obrigados a obedecê-lo. Isto significa que somente existe um direito: aquele imposto pelo soberano, o direito positivo. Assim, a segurança e as obrigações se tornaram eficazes: todos sabem que quem não cumprir a lei será punido. Bobbio resume assim o pensamento hobbesiano: 'de uma concepção totalmente pessimista do estado da natureza, como a de Hobbes, só podia derivar uma exaltação do *homo artificialis*, isto é, do poder político, na qual o indivíduo resumir-se-ia no súdito, quase sem deixar resíduo'"[439].

Segundo o pensador, o poder soberano pode ser alcançado de duas maneiras. A primeira delas é dada pela força natural, por exemplo, quando um homem obriga seus filhos e os filhos destes a se submeterem à sua autoridade, visto que é capaz de destruí-los caso se recusem a fazê-la; ou, por meio da guerra, submete os seus inimigos a sua vontade, e sob essa condição preserva-lhes a vida. A segunda é dada quando os homens concordam entre si em se submeter a um homem ou a uma assembleia de homens, voluntariamente, na esperança de estarem assim protegidos contra os demais. Este último pode ser chamado um Estado político ou Estado por instituição, e o anterior, Estado por aquisição[440].

438 SERRA, Antonio Truyol y. *História da filosofia do direito e do Estado*, cit., p. 206.

439 GORCZEVSKI, Clóvis; BOTELHO, Edison; LEAL, Mônica Clarissa Hennig. *Introdução ao estudo da ciência política, teoria do Estado e da Constituição*, cit., p. 35-36.

440 SERRA, Antonio Truyol y. *História da filosofia do direito e do Estado*, cit., p. 207.

Hobbes fundamenta o Estado no contrato realizado por ato de liberdade entre os seus signatários, ou no contrato imposto durante a conquista de território. Afirma:

"Isto (poder representativo) é mais do que o consentimento ou concórdia: é uma verdadeira unidade de todos eles, numa só e mesma pessoa, realizado num acordo de cada homem com todos os homens, de modo que é como se cada homem dissesse a cada homem: cedo e transfiro o meu direito de me governar a mim mesmo a este homem, ou a esta assembleia de homens, com a condição de transferirdes para ele o teu direito, autorizando de uma maneira semelhante todas as suas ações"[441].

O acordo coletivo, portanto, quando realizado, transforma alguém em soberano, o povo em súdito e elimina a liberdade individual, representada na liberdade de pensamento, que pode ser considerada nociva à "estabilidade estatal e à ordem"[442].

Em todos os lugares onde há igualdade de forças, a luta resolve os conflitos, mas dessa luta ninguém sairá vitorioso, e o mundo humano soçobrará inevitavelmente numa guerra universal em que a miséria se conjuga à morte. A transição da guerra para a paz só pode realizar-se por meio de uma transposição jurídica do princípio de igualdade de fato. A partir daí, o reconhecimento da igualdade torna-se uma lei natural produzida pela razão, que a requer como condição fundamental da paz. Assim, os desejos individuais não se harmonizam espontaneamente, nenhuma finalidade regula a convergência deles de dentro para fora. Se o Estado é necessário, é em virtude de uma necessidade ao mesmo tempo vital e racional que o pacto social exprime. O problema da legitimidade do poder político é assim formulado de maneira radical[443].

O fato de que os homens têm a mesma motivação e poder muito semelhante leva à inimizade entre eles e, assim, à guerra. Tal é o estado de natureza, concebido não como algo que realmente se aplica em toda parte ou que realmente se aplicou (a despeito de alguns acenos de Hobbes para o que pode ter sido isso entre "os povos selvagens em muitos lugares da

441 Ibidem, p. 207.

442 SILVA, Ivan de Oliveira. *Curso moderno de filosofia do direito*, cit., p. 85.

443 HUISMAN, Denis. *Dicionário dos filósofos*, cit., p. 502.

América"), mas como aquilo que seria se não houvesse meios para preservar a paz, simplesmente como resultado da natureza do homem. "As paixões que inclinam o homem para a paz", diz Hobbes (Leviatã, cap. 13), "*são o medo da morte, o desejo pelas coisas que são necessárias para a vida folgada, e a esperança de, por sua operosidade, obtê-las*". Por causa disso, a razão sugere o que Hobbes chama de "artigos convenientes de paz, sobre os quais homens podem chegar a um acordo". Esses artigos são o que, de outra forma, são denominados de "Leis da Natureza". E é isto o que leva à ideia de Contrato Social[444].

Enfim, assim ocorre a passagem do estado de natureza para o *estado civil: "a regressão do segundo para o primeiro, sempre possível de fato, é impossível de direito. Não se segue daí que o estado de natureza seja historicamente o primeiro, pois para Hobbes os homens desde sempre sentiram necessidade de escapar da miséria à qual ele conduz. Ainda que convencional, o Estado sempre existiu, e a regressão ao estado de guerra só tem realidade na forma de guerra civil. De direito, a instituição do Estado acarreta a criação de algo irreversível; somos ligados por uma convenção passada que funda definitivamente nossa obrigação civil. Para escapar à objeção cronológica, Hobbes põe em ação sua teoria das duas formas de obtenção da soberania: a submissão a um domínio de fato, ou a instituição voluntária; mas as duas formas do Estado assim engendradas chamam-se República, e os direitos dos soberanos são idênticos. Desse modo, toda dominação política de fato encontra legitimidade de direito. É preciso notar duas coisas na teoria do pacto social: por um lado, não há distinção entre sociedade civil e Estado; por outro, o soberano não toma parte no contrato por meio do qual os indivíduos se comprometem mutuamente a ceder a um terceiro seus direitos e seus poderes"*[445].

A discussão sobre a base da obrigação política continuou entre filósofos subsequentes, especialmente em conexão com a ideia de Contrato Social. Diferentes situações políticas tenderam a alterar o tom desse debate, e Hobbes foi profundamente afetado pelas circunstâncias políticas de sua época. Mas a tentativa de fundamentar a obrigação política em uma explicação da natureza humana, de acordo com uma visão geralmente materialista da natureza como um todo, não foi repetida com o mesmo sabor e fervor, mesmo no contexto materialista muito diferente

[444] Ibidem, p. 501-503.
[445] Ibidem, p. 501-503.

que Marx defendeu. Não é exagero dizer que Hobbes representou o fim de uma era[446].

Hobbes escreve na versão latina do Leviatã (Cap. XXXI):

"Temo que esta obra seja posta no mesmo plano da República de Platão, de Utopia, Atlântida, e de outros tantos exercícios do espírito. Entretanto, não perco a esperança de que, no dia que reis íntegros considerarem com mais atenção os seus direitos, em que os autores considerarem com mais atenção os seus deveres e os dos cidadãos esta doutrina, em virtude do costume, passe a ser menos rejeitada e um dia termine sendo acolhida em nome do bem público"[447].

4.4.3 Os poderes do soberano e os direitos dos súditos

O filósofo considerava que o poder de um soberano refrearia as paixões humanas que conduziam à ruptura da ordem social e à destruição da civilização e ofereceria "um ambiente seguro para que as pessoas defendessem seus interesses individuais"[448].

Segundo Hobbes, nenhum homem tem o direito de se rebelar contra o poder do soberano, a não ser que este, o Leviatã, deixe de realizar aquilo que lhe compete – preservar a paz e a segurança. Este é o caso da "comunidade por instituição". No caso da comunidade por aquisição, em que a soberania é adquirida pela força, o pacto ocorre entre os súditos e o soberano, sujeito à mesma condição[449].

A obrigação de obedecer ao governante baseia-se em um pacto, com fundamento em artigos de paz convenientes, que estão em conformidade com os fatos da motivação humana quando homens vivem em sociedade – ou assim Hobbes desejaria que acreditássemos. Isso significa que a obrigação política tem por alicerce uma obrigação moral, mas esta se apoia meramente em princípios de prudência (o que realmente são todos os artigos de paz convenientes), que tiram sua força de certos supostos fatos sobre a natureza humana. Saliente-se que, segundo Hobbes, as Leis da Natureza, as leis naturais a que recorreram tantos filósofos anteriores,

[446] Ibidem, p. 503.
[447] Ibidem, p. 503.
[448] Hamlyn, D.W. *Uma história da filosofia ocidental*, cit., p. 157.
[449] Ibidem, p. 158.

sejam simplesmente princípios de prudência. São leis naturais apenas no sentido em que são supostamente derivadas de leis da natureza, da natureza humana. Muitos filósofos alegariam que essa cadeia de derivação é inválida em mais do que um único ponto. Não podemos derivar um princípio moral de outro meramente inspirado pela prudência, nem aquele de fatos da natureza. Na argumentação final de Hobbes, ele afirma que a obrigação de obedecer ao soberano permanece meramente condicional e não é absoluta. Deve-se obedecer ao soberano enquanto ele preservar a paz e a segurança. Mas que tipo de "deve-se" é esse? A resposta a essa pergunta permanece obscura no sistema de Hobbes[450].

O caráter absoluto e indivisível da soberania faz com que o poder civil não possa admitir outro poder junto dele, não apenas no temporal, mas também no espiritual. Na linha de pensamento de Hobbes, o religioso subordina-se ao político, e o dualismo cristão da coordenação hierárquica dá lugar a um monismo com predomínio do temporal. Para Hobbes, a Igreja consiste em uma reunião de homens que professam a fé cristã, unidos na pessoa do soberano, por ordem do qual têm de se congregar e sem cuja ordem não se podem congregar. A Igreja é nacional: é simplesmente a sociedade civil enquanto composta de cristãos. Como Marsílio de Pádua[451], insiste Hobbes no papel meramente espiritual da Igreja. O sacerdote atua por autoridade do soberano, pois que, sem ela, o seu parecer seria o de um simples particular. Dada a influência prática dos dogmas, ao soberano cabe formulá-los. Por isso Hobbes pôde dizer, em carta a Carlos II, que a religião não é da incumbência da filosofia, mas da lei. Na verdade, Hobbes reduzia o conteúdo dogmático do Cristianismo a duas crenças essenciais e intangíveis: a missão messiânica de Jesus e a obediência às leis. Tudo o mais era secundário, e ficava ao arbítrio do monarca[452].

[450] Ibidem, p. 158.

[451] Marsílio de Pádua (1275-80 – 1342-43) foi um filósofo, pensador político, médico e teólogo italiano. Nasceu em Pádua de uma família de juízes e notários. Seu pai, Bonmatteo de Maianardini, foi notário da Universidade de Pádua. Completou seus estudos na Universidade de Paris na Faculdade de Artes, onde foi condecorado com a autoridade de reitor em 1313.

[452] SERRA, Antonio Truyol y. *História da filosofia do direito e do Estado*, cit., p. 209.

Trata-se, no fim de contas, de um césaro-papismo, hostil ao puritanismo e mais ainda ao catolicismo. Aliás, Hobbes foi inimigo encarniçado da Igreja de Roma, pois a criticou severamente na última parte de *Leviatan*, sob o título *O reino das trevas*. Em geral, opôs-se a toda a organização religiosa, o que explica a inclusão do *De cive* no índex em 1654 e as reservas de que foi objeto por parte da própria Igreja anglicana. A única limitação que põe à faculdade do soberano para decidir em questões religiosas, é que as suas definições obrigam apenas a um acatamento exterior, permanecendo o súdito livre da sua convicção no foro interno. Assim se explica, no entanto, que o gigante da porta do Leviatã (na 1ª edição) tivesse nas mãos, além da espada, o báculo (bastão alto, usado pelos bispos como símbolo de sua missão)[453].

"Hobbes procura impedir a sedição, que é o mesmo que a volta ao estado de natureza e a guerra de todos contra todos. Lembre-se de que, tal como na Sagrada Escritura, opõe-se a Leviatã, no pensamento hobbesiano, Behemot, o monstro terrestre que simboliza a guerra civil, pois serve de título (*Behemoth, or Dialogue on the Civil Wars*) à história da Revolução Inglesa que Hobbes, já octogenário, escreveu sem conseguir licença para a publicar (mas saiu, sem seu conhecimento, poucos meses antes de ele morrer, em 1679). Consequência lógica é a repulsa enérgica e reiterada do tiranicídio. Para Hobbes, este é, além do mais, manifestação de orgulho, pois pressupõe um juízo sobre o bem e o mal, que a nenhum particular compete. O rei só por Deus pode ser julgado. Só se o soberano falta à sua missão de garante da paz e da segurança, é que os súditos ficam livres para se submeterem a outro, até a um poder estrangeiro. Porque, ao lado da República por instituição, há a República por aquisição. Até o pacto imposto pela força obriga, se for em benefício da paz, e da segurança. A escravatura não teve outro fundamento senão um pacto pelo qual o vencedor perdoou a vida ao vencido em troca da sua submissão"[454].

"Podemos considerar como limite ao dever de obediência por parte dos súditos outro que deriva da finalidade do Contrato Social e consiste em oferecer segurança aos contraentes: ninguém pode, por nenhuma

[453] Ibidem, p. 209.
[454] Ibidem, p. 210.

espécie de pacto, ser obrigado a deixar de resistir a quem procure matá-lo, feri-lo ou causar-lhe outro dano físico. Desta reserva se tem deduzido a existência, no pensamento de Hobbes, de um verdadeiro direito de resistência do súdito em face da ação-limite do Estado que o ameace na sua vida e integridade, pois deste modo surge uma antinomia entre dois direitos opostos, que só a força pode resolver"[455].

4.4.4 O direito em Hobbes

"A teoria do Direito em Hobbes, exposta com relativa amplidão no capítulo 26 do *Leviatã*, foi mais tarde desenvolvida num tratado em forma dialogada entre um filósofo e um estudante acerca do *common law* inglês (*Dialogue between a philosopher and a student of lhe Common Laws of England*, escrito por volta de 1668), que faz lembrar o de Francis Bacon sobre o mesmo tema e como este se dirige contra a exegese a que poderíamos chamar 'expansiva' dos jurisconsultos da época, e antes de todos de Coke, cuja doutrina da 'razão artificial' da lei submete a severa crítica. Tal doutrina tende a dar ao juiz um papel de legislador, que de modo nenhum lhe compete. O juiz não pode criar Direito sem autorização do Rei, legislador único e juiz supremo, que os súditos não podem controlar. A sentença de um juiz, pela autoridade que lhe foi conferida, como juízo autêntico, é o juízo do soberano e vale como lei para as partes em litígio e para aquele caso. Deixa, porém, o que a pronunciou em liberdade para julgar com equidade os casos que de futuro se lhe apresentem, em face dos 'precedentes' e de uma doutrina que apenas reflete opiniões subjetivas de pessoas privadas"[456].

"O direito a tudo, que passou de cada um dos indivíduos para o Estado, pode residir num monarca ou numa assembleia maior ou menor, consoante a respectiva forma de governo"[457].

A expressão mais genuína do poder absoluto, ilimitado e indivisível do soberano é a faculdade de dar leis. Assim chegamos à teoria hobbesiana do Direito, que significa uma Revolução em face do jusnaturalismo

455 Ibidem, p. 210.
456 Ibidem, p. 209.
457 Ibidem, p. 206.

de inspiração aristotélico-tomista e um regresso à tradição occamista[458]. O Direito surge propriamente do Estado e depende deste. Não há injustiça onde não há lei, e não há lei onde não há uma vontade superior que se imponha. É a vontade do soberano que cria artificialmente o justo e o injusto. Também a propriedade privada (em rotundo contraste com Bodin) é obra da vontade do soberano, expressa na lei. O mesmo se diga da família e de qualquer regime sucessório. No estado de natureza, não há casamento, e o poder sobre os filhos pertence à mãe, pois não é possível estabelecer a paternidade fora de uma disciplina legal da união dos sexos[459].

Certo é que no estado de natureza vigoram princípios racionais de conduta, a que Hobbes chama «leis da natureza» (*laws of nature*); mas não são leis propriamente ditas, senão apenas meras conclusões intelectuais sobre o que se deve fazer ou não fazer a fim de conservar a própria integridade (entre elas, muito especialmente, a regra *pacta sunt servanda*), e não têm a segurança de uma reciprocidade, por faltar precisamente um poder superior que as sancione: em suma, são regras morais, imutáveis por se referirem à interioridade da alma, incapazes, porém, de por si mesmas garantirem a paz. O Direito propriamente dito tem origem no Estado. O costume apenas vigora se o legislador o admitir (ainda que seja só tacitamente), e em qualquer caso tem de ceder perante uma lei contrária. Mas a lei não obriga o soberano, que pode prescindir dela sem a derrogar previamente, desde que o julgue conveniente. No entanto, é postulado da segurança que as leis penais não sejam retroativas[460].

Hobbes é um dos máximos defensores do positivismo jurídico. A autoridade, e não a verdade, é que faz a lei: fórmula voluntarista, radicalmente oposta ao intelectualismo tomista ou grociano. Seu corolário é um relativismo de sabor sofístico e principalmente epicurista, de acordo com o qual nada é bom ou mau, justo ou injusto por natureza, mas apenas em relação a um sujeito e a certas circunstâncias. Deixar à discrição

[458] Trata-se de doutrina formulada pelo pensador escolástico inglês Guilherme de Ockham (1300-1349), que refuta a crença nominalista na existência autônoma dos universais, e defende a tese de que é impossível demonstrar racionalmente as verdades da fé.

[459] Serra, Antonio Truyol y. *História da filosofia do direito e do Estado*, cit., p. 207.

[460] Ibidem, p. 207.

individual o juízo acerca da bondade e da justiça é entregar a República, novamente, à discórdia. A bondade e a justiça são o que o soberano como tal entende[461].

No entanto, isto não implica, para Hobbes, um despotismo arbitrário. Uma das obrigações do bom rei consiste precisamente em fazer boas leis, o que seria uma contradição com o próprio pensamento do filósofo:

> *"É de observar, sem embargo, que lei boa não quer dizer lei justa, porque a justiça é criada pela lei; quer dizer lei que estabelece o necessário para o bem do povo; e, assim, o bem do soberano identifica-se com o dos súditos, cuja proteção é exatamente o que justifica o poder. Seja como for, o voluntarismo positivista hobbesiano torna para ele supérflua a questão do conteúdo material do ordenamento jurídico, e, portanto um sistema de Direito natural. Em Hobbes, o Direito natural limita-se essencialmente à fundamentação de um Direito positivo de real eficácia"*[462].

Essa complexa fundamentação de Hobbes está em função do caminho andado entre a "condição da mera natureza" da multidão, e a condição civil da *commonwealth*. As chamadas "leis da Natureza", de carácter moral, eram propriamente "qualidades que predispõem os homens para a paz e a obediência". Um vez, porém, instaurada a *commonwealth*, convertem-se em verdadeiras leis, enquanto mandatos desta (*commands of the commonwealth*), isto é, em "leis civis" (*civil laws*), sendo agora o poder soberano que obriga os homens a obedecer-lhes:

> *"Daí que, no fim de contas, a lei da natureza e a lei civil se contenham uma na outra. 'A lei da natureza é (...) parte da lei civil em todas as Repúblicas (commonwealths) do mundo. E a recíproca também é verdadeira: a lei civil é parte dos ditames da natureza. Isto porque a justiça, ou seja, a execução do contrato e a atribuição a cada homem do que lhe pertence (his own) é um ditame da lei da natureza. Mas cada sujeito, numa República, fez pacto de obediência à lei civil'. Donde deriva que 'a obediência à lei civil é também parte da lei da natureza'. Por outro lado, a distinção entre o Direito Civil e o Direito Natural (civil and natural law), acrescenta Hobbes, não é referente à espé-*

[461] Ibidem, p. 207.
[462] Ibidem, p. 207-208.

cie, pois ambos são partes diferentes do Direito, sendo escrita a lei civil e não escrita a natural"[463].

Segundo a "lógica do positivismo hobbesiano, a vontade do soberano transposta para a lei deve ser manifesta e também claramente apreensível. Embora todas as leis, escritas ou não escritas, necessitem de interpretação, é óbvio que o legislador deve procurar reduzir ao mínimo a margem da ação interpretativa. Na medida em que o legislador confere o sentido autêntico da lei, 'a interpretação de todas as leis depende da autoridade soberana'. E compete somente àqueles que por esta foram designados para essa finalidade, no caso, em primeiro lugar, aos Juízes ordinários. Frise-se que o juiz não pode mudar a lei, tampouco fica vinculado por uma qualquer decisão que tenha tomado em determinado caso, pois pode ter errado e, nessa hipótese, deve retificar. Menos ainda essa decisão vinculará outro juiz. Desse modo, opunha-se Hobbes ao papel geralmente atribuído à Doutrina e referia-se de forma expressa a Coke, jurista, escritor e parlamentar inglês que se destacou pela defesa do princípio da supremacia da lei comum diante das prerrogativas do rei, bem como aos precedentes judiciais, susceptíveis de limitar a vontade do legislador"[464].

Note-se que, nesse aspecto, Hobbes alude à "equidade", quer em referência ao Rei, quer ao Juiz, como categoria mais formal que material. Efetivamente, "supõe-se sempre que a intenção do legislador é a equidade, pois seria gravemente injurioso por parte de um juiz pensar outra coisa de um soberano". Quanto ao juiz, a equidade consiste em manter a igualdade de tratamento entre as partes; contrapõe-se à acepção de pessoas. Para Hobbes, é essa a mais alta qualidade que um juiz deve ter[465].

Ao contrário dos juristas, como Hugo Grócio, Hobbes funda toda a sua teoria do direito, da lei e da instituição do Estado numa antropologia muito elaborada e necessária porque a sociedade não é mais uma totalidade natural, porém uma realidade artificial e frágil que depende do consentimento dos homens. Quanto ao Estado, que Descartes excluía do âmbito propriamente dito da reflexão filosófica ("Esses grandes corpos

[463] Ibidem, p. 208.
[464] Ibidem, p. 208.
[465] Ibidem, p. 208.

são difíceis de soerguer, uma vez abatidos, ou mesmo de sustentar, uma vez abalados"), Hobbes quer determinar sua origem e examinar os princípios que, de fato e de direito, regem seu funcionamento[466].

Para Hobbes, "só a necessidade governa o mundo das coisas e dos seres, só as leis mecânicas devem explicar a instauração da ordem física ou social, sem recorrer a uma teoria teológica da Gênese. Portanto, a única realidade natural e tangível é o indivíduo, que deve ser estudado em sua natureza e na dinâmica de suas paixões. À homogeneidade física do espaço corresponde, no plano antropológico, o princípio de igualdade natural dos homens, versão política da fórmula cartesiana ("O bom senso é a coisa mais bem repartida do mundo"), embora o princípio hobbesiano se baseie em razões bem diferentes. Mas os homens não estão prontos para reconhecer de imediato essa igualdade de fato que fundamenta o direito que eles têm, por natureza, de autogovernar-se"[467].

Observam-se dois aspectos na teoria do pacto social de Hobbes: por um lado, não há distinção entre sociedade civil e Estado; por outro, o soberano não toma parte no contrato por meio do qual os indivíduos se comprometem mutuamente a ceder a um terceiro seus direitos e seus poderes.

Quando o príncipe enfraquece e oprime os súditos, ele também se enfraquece, visto que se expõe "ao risco de provocar desordens precursoras de revoltas e guerras civis". Tudo o que o soberano faz não é, por consequência, legítimo, "e a própria justiça não teria mais sentido se ele não agisse em conformidade com a justa razão, ou seja, segundo as prescrições das leis naturais. Enfim: "a quem recusa a dedução do caráter absoluto do poder político argumentando que a história nunca o produziu, Hobbes responde opondo a realidade do poder às representações imaginárias que é possível ter dele. Todo Estado, seja ele democrático ou monárquico, por ser soberano, dispõe de um império absoluto, seja qual for a imagem que transmite de si mesmo"[468].

[466] Huisman, Denis. *Dicionário dos filósofos*, cit., p. 501.
[467] Ibidem, p. 501-502.
[468] Ibidem, p. 502.

E no âmbito da filosofia jurídica de Hobbes, este filósofo também contrasta com a tradição escolástica e com Grócio a negação de um Direito das gentes como tal:

"Hobbes reserva a expressão 'Direito das gentes' (Law of nations) para as relações interestatais, Trata-se, porém, de mero Direito Natural, o Direito Natural enquanto se aplica às relações interestatais. Já nos Elements of Law *ele escrevera com inteira clareza que 'o que o Direito Natural é de homem para homem antes de se constituir a República é, depois, Direito das Gentes de soberano para soberano'. A mesma equiparação se encontra no Leviatã: acerca dos deveres (*offices*) de um soberano para com outro, 'compreendidos no Direito comumente chamado Direito das Gentes', não é preciso dizer nada, porque 'o Direito das Gentes e o Direito da Natureza (*law of nature*) são a mesma coisa'; e 'a mesma lei (*law*) que dita aos homens desprovidos de governo civil o que devem fazer e o que devem evitar uns a respeito dos outros, dita o mesmo às Repúblicas; ou seja, consciência dos príncipes soberanos e às assembleias soberanas. Pois não há outro Tribunal de Justiça natural senão na consciência, onde não reina o homem, mas Deus"*[469].

4.4.5 Conclusões – o Leviatã e a soberania nacional

Ao discorrer sobre poder, Hobbes emprega a palavra *power* quando escrevia em inglês, mas nos textos latinos diferencia o poder em *potentia* e *potestas*. *Potentia* designa a potência ou a força, ou seja, capacidade de produzir ou sofrer efeitos. Essa capacidade não encerra virtualidade alguma, e a potência é sempre em si mesma um ato, mas cujos efeitos dependem das condições exteriores; trata-se, pois, de um conceito antiaristotélico. *Potestas* designa a **potência investida do direito**, ou seja, a princípio o poder político; esse poder não é natural, mas artificial. O conceito de poder não é um conceito entre outros; é ao mesmo tempo origem, objeto e objetivo do saber. Origem, porque o saber se baseia no poder de conhecer do homem. Objeto, porque o saber é o conhecimento dos modos e das leis pelas quais as coisas e os seres agem uns sobre os outros ou se submetem à ação uns dos outros. Objetivo, porquanto a finalidade

[469] Ibidem, p. 503.

da ciência é o domínio pelo homem. Não só da natureza, mas principalmente de seu próprio destino[470].

A teoria de sociedade política de Hobbes baseia-se numa teoria do dever, e sua teoria do dever pertence essencialmente à tradição da lei natural. As leis da natureza são eternas e imutáveis e, como as ordens de Deus, elas se impõem a todos os homens que raciocinam adequadamente, e assim eles chegam a uma crença num ser onipotente a que estão sujeitos. Desse modo, os deveres dos homens no estado de natureza de Hobbes, e os deveres de ambos, soberano e súdito, na sociedade civil, são consequências de uma obrigação contínua de obedecer às leis da natureza, seja qual for a forma em que as leis se apliquem às circunstâncias em que estas pessoas estejam colocadas[471].

Sob o ponto de vista de Thomas Hobbes, nem o bem e o mal, nem o justo e o injusto são realidades naturais. Entregues a nós próprios, no estado de natureza e de independência da sociedade, nós somos criaturas totalmente desprovidas de consciência, que apenas se regem pelo prazer e pela dor; somos vorazes nos nossos desejos, implacáveis na busca da sua realização. E como se tal redefinição da natureza humana não fosse já suficientemente má, Hobbes ainda lhe acrescenta a insidiosa noção de que os direitos humanos são equivalentes aos desejos humanos (por muito sórdidos que estes sejam), de tal maneira que cada um de nós tem direito a tudo aquilo que deseja. Hobbes é, pois, o pai daquela convicção, hoje tão generalizada, de que temos direito a tudo aquilo que queremos – por muito moralmente degradantes, vis ou triviais que sejam os nossos quereres – e, mais do que isso, que os governos têm a obrigação de defender esses direitos[472].

"Na verdade, o Leviatã – quer seja monárquico, oligárquico ou democrático – exprime direitos, desde a sua instituição, não podendo ser contestado de nenhum modo pelos que o instituíram (a minoria tem de se submeter à maioria); ele é 'juiz do que é necessário para a paz e a defesa

[470] Ibidem, p. 504.

[471] Sadek, Maria Tereza e Quirino, Celia. *O pensamento político clássico,* São Paulo: T.A Queiroz Editor, 1992, p. 67.

[472] Wiker, Benjamin. *Dez livros que estragaram o mundo e outros cinco que não ajudaram em nada,* Lisboa: Alêntheia, 2011, p. 43.

dos súditos (...) e das doutrinas que convém lhes ensinar'; detém 'o direito de editar regras de tal natureza que cada súdito saiba o que lhe pertence, de modo que nenhum outro súdito possa lhe tirar o que é seu sem cometer injustiça'; o de 'ministrar a justiça em todas as suas formas'; 'o de decidir sobre a guerra e a paz (...) e de escolher todos os conselheiros e Ministros, tanto na paz quanto na, guerra'; o de 'retribuir e castigar, e isso (...) a seu arbítrio', bem como o de 'atribuir honras e hierarquias'"[473].

Hobbes considera o ser humano egoísta e sempre à procura da sua própria felicidade e para isso reivindica ter acesso ao poder e à riqueza[474].

Por considerar o "estado de natureza" como "uma guerra de todos contra todos" (*bellum omnium contra omnes*), afirma: "Numa tal condição, não há lugar para as atividades produtivas, porque os seus frutos são incertos; e consequentemente não existe agricultura, nem navegação, nem utilização das riquezas que podem ser importadas pelo mar, nem habitações cômodas, (...) nem conhecimento da face da terra, nem contagem do tempo, nem artes e letras, nem convivência. E, o que é pior de tudo, verifica-se um medo e um risco permanente de morte violenta. A vida do homem é, então, solitária, pobre, penosa, embrutecida e curta"[475].

O homem sai para o "estado de sociedade" devido em parte das suas paixões, "que inclinam os homens para paz são o medo da morte, o desejo das coisas necessárias para uma vida confortável, e a esperança de as obter pela sua própria atividade produtiva". A razão, pelo seu lado, sugere algumas convenientes "cláusulas de paz", sobre as quais os homens podem ser levados a fazer um acordo. Tais cláusulas são as chamadas "Leis da Natureza"[476].

Os homens devem consentir, "quando os outros o consentirem também, na medida em que o considerarem necessário para a paz e a sua própria defesa, em renunciar ao seu direito a todas as coisas, e fiquem satisfeitos com aquela porção de liberdade perante os outros homens

473 Châtelet, François; Duhamel, Olivier; e Pisier-Kouchner, Evelyne, *História das ideias políticas*, cit., p. 52.

474 Papineau, David. *Filosofia – grandes pensadores, principais fundamentos e escolas filosóficas*, cit., p. 185.

475 Amaral, Diogo Freitas do. *História do pensamento político ocidental*, cit., p. 170.

476 Ibidem, p. 171.

que eles mesmos concederem aos outros homens perante si próprios (I, 14)"477. Hobbes considera a criação do Estado pelos homens através de um contrato, que tem a sua validade junto com um poder comum que faça as partes o respeitarem, pois "a ambição, a avareza, a raiva e as outras paixões dos homens, sem o receio de algum poder coercivo"[478].

O Contrato Social deve ser apoiado por todos os cidadãos e "todos os súditos, tanto o que votou a favor como o que votou contra, autorizarão todos os atos e juízos desse Homem, ou Assembleia de homens, da mesma maneira que se fossem praticados por si próprios, a fim de viverem em paz entre eles e de serem protegidos contra os outros homens"[479].

"A soberania una e indivisível do Estado é *ilimitada*: o contrato que a estabelece não a sujeita a nenhuma obrigação, salvo a de assegurar a tranquilidade e o bem-estar dos contratantes. Temos aqui o deus mortal, o *Leviatã*, esse monstro da lenda fenícia que é evocado pela Bíblia para dar a imagem de uma força corporal à qual nada resiste. Dessa feita, a laicização completa da *plenitudo potestas* dos teólogos realiza-se na própria noção do Estado"[480].

"A ordem política põe fim à luta de vida ou morte: isso só ocorre na medida em que os membros da coletividade consentem em reconhecer a absoluta soberania de uma 'pessoa moral', que exerce seu poder por meio de decisões das quais só ela é responsável e de leis que ela impõe como princípios necessários da organização da República. Esse é o sentido do *fiat* que institui o Estado: pôr a morte do lado da mecânica natural e construir – em todas as suas peças – uma lógica da existência coletiva que preserve a vida. Tal como em Bodin, trata-se de uma lógica e não de uma teoria do bom governo: ainda que Hobbes manifeste uma preferência pessoal pela monarquia, ele não toma como problema decisivo o tipo de regime que encarne a soberania, contanto que esse a exerça com rigor. Pois, diferentemente de Bodin nesse ponto, ele não distingue entre a essência (ou a forma) da soberania – a potência ou majestade – e seu

[477] Ibidem, p. 171.
[478] Ibidem, p. 171.
[479] Ibidem, p. 172-173.
[480] Châtelet, François; Duhamel, Olivier; e Pisier-Kouchner, Evelyne, *História das ideias políticas*, cit., p. 51-52

exercício empírico – o poder ou governo. É certamente essa 'confusão' que lhe valeu a acusação de ser o arauto do absolutismo real, o que ele não é de modo algum: a análise dos direitos e dos deveres da instância suprema deixa isso bastante claro"[481].

Hobbes está tão consciente do caráter exorbitante dessas disposições que ele faz notar que, por mais repressivo que seja, "o poder soberano é menos prejudicial do que a ausência de um tal poder"[482].

Apesar do seu rigor e de sua extensão, o pacto que o institui não poderia fazer com que os indivíduos perdessem o que pertence à natureza deles. Se é verdade que esses só têm as liberdades de conduta autorizadas pelo Estado, também é verdade que – quaisquer que sejam as ordens do soberano – eles alienam sua liberdade de pensamento, renunciam à defesa do seu próprio corpo e aceitam "fazer mal a si mesmos" ou fazer mal a outros somente se julgarem que isso é útil, como na guerra (p. 230-231). Essas limitações não fazem parte da ordem do direito, mas dos dados de fato[483].

Ademais – e essa é uma evidência sobre a qual Hobbes não crê necessário insistir –, está implícito na lógica do conjunto que o Estado é senhor do espaço público, como o é para definir a extensão desse espaço, mas que subsiste um espaço privado importante, onde pode se exercer a liberdade dos súditos. Também nesse caso, estamos diante de um fato:

> *"Nos casos em que o soberano não prescreveu regra, o súdito tem liberdade para fazer ou se abster, conforme julgue ser bom. Também essa liberdade é em certos casos mais extensa, em outros mais restrita, maior em determinado momento e menor em outro, conforme os detentores da soberania julguem ser mais vantajoso"*[484].

A concepção política de Thomas Hobbes contém ao mesmo tempo uma resposta e um projeto: uma resposta – estritamente política – aos problemas que foram e continuam a ser postos pelas guerras nascidas dos conflitos religiosos nos reinos da Europa Ocidental; um projeto – que

481 Ibidem, p. 52.
482 Ibidem, p. 52.
483 Ibidem, p. 53.
484 Ibidem, p. 53.

leva em conta transformações que afetaram as condições da produção agrícola e manufatureira, o comércio e o mercado de trabalho –, o de uma sociedade que, tendo resolvido mediante uma lógica estrita a questão de sua *forma* política, deixaria aos indivíduos o cuidado de regular suas vidas privadas e de usar livremente as próprias capacidades[485].

O autor do *Leviatã* não é, como disseram, o defensor obstinado de um monarquismo absoluto enraizado exclusivamente no arbítrio do Príncipe. O poder soberano, explicava Hobbes no capítulo XVI, é um poder fraco se não for a representação do povo como "corpo político"; é nessa representação que encontra suas bases e é dela que retira sua força: "Cada um dá àquele que representa a todos a autoridade que depende dele próprio em particular".

Nos frontispícios de seus tratados políticos, Hobbes faz do *homo artificialis*, que é o Estado, o ser de razão a que o "povo em corpo" (distinto da multidão) concedeu "uma autoridade irrestrita" em nome da qual ele irá legislar e agir. O **estatismo hobbesiano**, assim baseado numa representação que se abebera e ganha sentido na unidade do corpo do povo – pode-se dizer, num mandato representativo –, enraíza-se, portanto, numa democracia originária. A unicidade do mandato representativo explica ao mesmo tempo a instituição e o exercício do poder. Por um lado, a criação do Estado-Leviatã, enquanto *persona civitatis*, exige da parte do povo uma transferência de autoridade (*auctoritas*) que exprime uma espécie de dialética entre "o autor" (*auctor*) do poder soberano e "o ator" (*actor*) desse poder – ou seja, entre o povo e o Leviatã, seja ele "príncipe ou assembleia"[486].

Por outro lado, o exercício do poder soberano da República ou do Estado só é possível porque a *persona civilis* (ou *civitatis*) do "grande Leviatã" repousa sobre o mandato coletivo que o povo lhe confiou. O corpo do povo delegou seu poder ao Leviatã, dando-lhe, assim, "permissão" para legislar, decidir e agir. A pessoa pública que é o Estado é, portanto, representativa de todos aqueles – "a multidão reunida pelo contrato", isto é, o povo – que lhe transferiram seus direitos. Se, nos terrenos militar, religioso ou judiciário, o lugar-tenente, o vigário, o substituto

[485] Ibidem, p. 54.

[486] AMARAL, Diogo Freitas do. *História do pensamento político ocidental*, cit., p. 173.

agem "em nome e lugar" daqueles que lhes confiaram o mandato, ou seja, por ordem ou por procuração (é um "mandato imperativo"), no terreno político, a representação, segundo Hobbes, tem uma envergadura totalmente diferente: o poder político representa o povo e, na qualidade de ator, vincula o autor que lhe transferiu sua autoridade (é um "mandato representativo"). É assim que se vê engajada – é o que importa politicamente – não a responsabilidade do mandatário (o Leviatã), mas a do mandante (o povo); é engajada nos próprios termos e na exata medida fixados pelo mandato que lhe confere o "direito" (ou seja, para Hobbes, o poder) de legislar e de agir[487].

A teoria de Hobbes, ao fazer da representação o corolário lógico do contrato, esclarece, por sua forma mediadora, a função instituinte do povo, e abre caminho para o que mais tarde será a doutrina da soberania nacional. Pela voz de seus representantes, o povo em corpo participa da legislação, coopera com a tomada de decisões políticas e Hobbes, que conhece a importância da economia, assinala o quanto é desejável que o povo vigie as finanças públicas[488].

Temos nesse raciocínio as características do Estado Moderno, ou seja, todos os homens nascem livres e iguais; o poder emana do povo; os gover-

[487] Ibidem, p. 173.

[488] Para ele, não é a forma do governo que importa; é o procedimento da representação, porque ela confere ao corpo político sua unidade e seu poder. Hobbes, sem dúvida, sentiu certo temor em relação a esse esquema político, pois se refugiou voluntariamente na França ao constatar o poder que a representação dava, na Inglaterra, ao Parlamento, representativo do povo. A filosofia política de Hobbes sublinhou de que maneira o povo inteiro é o suporte da autoridade soberana. Aliás, eliminava a ideia feudal da representação fundada no mandato imperativo e, dessa forma, lançava luz sobre a existência, em qualquer Estado, de uma democracia primordial. Nem por isso pretendia propor o princípio fundador dos regimes democráticos futuros (a palavra democracia conserva em seu tempo, e por muito tempo ainda, uma acepção pejorativa. Voltaire verá nesse regime o reino da "canalha"; D'Holbach, o do "populacho imbecil"). No entanto, ele preparava o postulado fundamental do direito público nos regimes democráticos modernos: a identidade jurídica entre o povo-nação e seus representantes; pressentira que só se poderia buscar a legitimidade dos governantes no acordo e assentimento do povo; compreendera o papel que viria a desempenhar a eleição na política futura dos Estados – parâmetros indispensáveis para a lógica da democracia. GOYARD-FABRE, Simone. *O que é democracia?*, cit., p. 130.

nantes devem representar o povo; o Estado deve requerer o proposto pela maioria do povo[489].

A constituição de Hobbes apresenta um princípio democrático, mas que leva a um poder autoritário. Notamos o princípio da soberania popular alienável. Contudo, no "estado de sociedade" um mau soberano é mais aceitável que a guerra civil e a anarquia (estado de natureza). Mas Hobbes, defendendo o Poder absoluto, coloca alguns limites para o soberano, a saber: "os direitos inalienáveis" do homem, como a vida, a propriedade e a iniciativa privada; a atividade econômica, como a indústria, pertence aos cidadãos na prática da sua liberdade[490].

Na realidade, cabe ao Estado a defesa nacional e a segurança interna[491].

O Leviatã descreve: "não há poder sobre a terra que se lhe possa comprar"[492]. A opinião mais respeitada de Hobbes, então, parece ser a de que a autopreservação é tanto o direito fundamental quanto o dever dos seres humanos, e que ela, a autopreservação, necessita de uma pessoa representativa, o soberano, para protegê-la, incluindo nessa proteção a não obediência à lei, é perfeitamente justificado. Qualquer indivíduo racional corretamente deseja preservar sua vida e, por conseguinte, deseja tudo o que for necessário a isso. Daí o atributo legal do soberano[493].

No contexto dessa polêmica, para Hobbes todos os partidos racionais deveriam concordar em que a segurança e a paz, inclusive a autopreservação, são um dever dos dirigentes. Porém a segurança é mais do que um dever, porquanto a segurança é aquela condição que toma todos os outros valores políticos possíveis. Sem a segurança, vida, liberdade, igualdade, justiça etc. não podem existir. A segurança é, assim, o que os juristas denominam uma condição *sine qua non*, sem a qual nenhuma outra pode existir. Esse ponto, e é um ponto poderoso, capacita o adepto moderno de Hobbes a argumentar no sentido de que não importa como os homens possam disputar os propósitos morais do estado e da lei; nenhuma pessoa razoável deveria negar que o dever supremo dos responsáveis pelos pode-

489 Amaral, Diogo Freitas do. *História do pensamento político ocidental*, cit., p. 171.
490 Ibidem, p. 171.
491 Exatamente o que falta no Brasil atual.
492 Amaral, Diogo Freitas do. *História do pensamento político ocidental*, cit., p. 174.
493 Fitzgerald, Ross (org.). *Pensadores políticos comparados*, cit., p. 143.

res políticos e jurídicos é a segurança do povo. As aspirações morais tanto dos socialistas quanto dos liberais pressupõem a segurança da vida dos cidadãos. Os outros filósofos políticos reclamam a superioridade moral de seus princípios[494].

Hobbes sintetiza sua posição da seguinte maneira: "Todos os deveres dos dirigentes estão contidos numa só frase, a segurança do povo é a lei suprema"[495].

4.4.6 Principais obras

Principais obras: *Os elementos da lei natural e política*; *Do cidadão*; *Da natureza humana* ou *Elementos fundamentais da política*; *Leviatã*; *Do corpo*; *Do homem*; *Tratado do homem*; *Sobre a liberdade e a necessidade*; *Questões referentes à liberdade, à necessidade e ao acaso*. Além disso, aos 80 anos, apresentou novas traduções de *Ilíada* e Odisseia.

Leviatã, considerada sua principal obra, é composta de quatro partes. Refere-se, metaforicamente, ao nome de um monstro marinho bíblico escolhido para representar o Estado forte, inspirado no livro de Jó e que seria o "rei de todos os animais ferozes", capaz de combater outros monstros "mais perigosos que ele". Segundo Hobbes, a pior tirania é sempre melhor do que a anarquia e a guerra civil.

Em linhas gerais, o livro aborda o consentimento dos cidadãos para serem governados por um soberano centralizador e poderoso, por intermédio de um "contrato social", abrindo mão do princípio da liberdade.

Assim dividiu a obra: Parte I – Do Homem (16 capítulos); Parte II – Do Estado (15 capítulos); Parte III – Do Estado Cristão (12 capítulos); Parte IV – Do Reino das Trevas (4 capítulos)[496].

Cumpre anotar os seguintes pontos da obra:

> *"a) No que se refere à antropologia, o Leviatã caracteriza-se por uma atitude dedutiva mais rigorosa. Hobbes quer decididamente fazer ciência. Por um lado, o medo, que figurava entre as paixões fundamentais em Elements of law [Elementos do direito], agora*

[494] Ibidem, p. 144-145

[495] Ibidem, p. 145.

[496] Durozoi, Gérard e Roussel, André. *Dicionário de filosofia*, São Paulo: Papirus, 1993, p. 231.

só aparece na forma de uma das paixões complexas. Por outro lado, no capítulo 12, só se fala em religião na perspectiva de uma antropologia da crença. Ela é estudada como paixão complexa que tem uma importância particularíssima no que diz respeito quanto ao comportamento pacífico ou belicoso dos homens, ao contrário do que ocorre em De Cive [O cidadão], em que ela podia aparecer, senão como fundamento da obrigação, pelo menos como uma justificação dos princípios morais expressos pelas leis naturais. Enfim, Hobbes separa a dedução do poder da dedução das paixões.

b) Uma teoria nova da pessoa e da representação, como relação jurídica entre o autor e o ator de uma ação, vem ligar a teoria do direito à teoria do pacto social, explicando como a cessão do direito pode dizer respeito não só às coisas, mas também às ações e às pessoas. A teoria do pacto social é o ponto-limite em que a teoria se inverte, ou seja, em que o representante, o ator, não está mais submetido à vontade do autor, mas torna-se a instância que fundamenta politicamente a obrigação civil.

c) A elaboração complexa e minuciosa de uma teoria institucional do Estado, a lógica da instituição, supre as deficiências do exercício da soberania ao mesmo tempo em que fundamenta os direitos e os deveres dos cidadãos. A questão política é colocada em termos de equilíbrio social, e a autorregulação das instituições substitui a teoria aristotélica da finalidade.

d) Uma crítica externa das Santas Escrituras a partir dos únicos meios de que a razão dispõe. Seu próprio conteúdo é examinado; é menos importante para Hobbes extrair dela justificações para a teoria política do que fazer a discriminação entre as leituras aceitáveis e as leituras obscurantistas que só têm objetivo subversivo. Os germes naturais da religião são inextirpáveis, e por isso a função política da religião deve ocupar lugar importante na filosofia civil. A religião é de algum modo o imaginário de político"[497].

[497] Huisman, Denis. *Dicionário de filósofos*, cit., p. 505.

Capítulo 5
ILUMINISTAS E O PENSAMENTO DE SUA ÉPOCA

O Iluminismo, como conceito, foi criado pelo filósofo alemão Immanuel Kant (1724-1804) em 1784, ao tentar definir a filosofia predominante durante o século XVIII, na Europa. Ele afirmava: "A luz da razão é o mais poderoso meio para fazer o homem feliz"[498].

A palavra "iluminismo" é oriunda de *Aufklärung* (alemão), que significa "esclarecimento", o que "designava a condição para que o homem e, portanto, a humanidade fossem autônomos". Esse objetivo ocorrera utilizando a razão. As raízes do Iluminismo compreendiam a filosofia, as ciências naturais e sociais, a educação e a tecnologia. Os iluministas criticavam as ideias do Antigo Regime e eram considerados os homens do "século das luzes" ou *philosophes.* Contudo, não tinham uma corrente única de pensamento, mas possuíam múltiplos discursos, e não tinham um programa de ideias nem coerência de pensamento, exceto a crítica ao autoritarismo, à autoridade religiosa, ao fanatismo e à defesa do pensamento racional. Sofreram a influência da revolução científica do século XVIII e das ideias de Descartes. Os filósofos queriam educar a burguesia, partindo do princípio de que a história estava sempre em mudança e "para melhor"[499].

O Iluminismo alavancou o cientificismo e o "desejo da ordem, como base para a civilização", que teria "a razão acima da fé, o governo representativo da vontade popular, as liberdades individuais e o culto à ciência". Os seus introdutores adotaram "o método cartesiano da dúvida sistemá-

[498] Padovani, Humberto e Castagnola, Luiz. *História da filosofia*, São Paulo: Melhoramentos, 1998, p. 283.
[499] Ibidem, p. 283.

tica, questionaram todas as opiniões e tradições herdadas". A razão faria que a humanidade se libertasse "dos grilhões da ignorância, da superstição e do despotismo realizados pelos tiranos e sacerdotes durante as gerações passadas"[500]. Aliás, Diderot considera a razão como suficiente em si e por si mesma. Propõe que os humanos não acreditem num ser sobrenatural para explicar os princípios da ordem natural, mas dentro de si mesmo devem retirar suas conclusões.

O movimento iluminista europeu desenvolveu-se entre a Revolução Inglesa (1688) e a Revolução Francesa (1789), e suas fontes principais estão no racionalismo e empirismo:

> "*O racionalismo forneceu ao Iluminismo o método crítico, a atitude demolidora da tradição, para instaurar a luz, a evidência, a clareza e a distinção da razão. E o empirismo contribui para tudo isto, proporcionando um procedimento simples, a fim de reconstruir toda a realidade por elementos primitivos mediante o mecanismo e o associacionismo*"[501].

Os filósofos iluministas sofreram influência de seus colegas do século XVII: Thomas Hobbes (1588-1769); John Locke (1623-1704); e, posteriormente, David Hume (1711 – 1776), que herdou esses princípios, tendo participado das discussões ocorridas na Inglaterra e França durante o século XVIII[502].

O enciclopedismo está fortemente vinculado aos iluministas, e Denis Diderot, um dos principais redatores da enciclopédia, afirmava: "Achamos que o maior serviço a prestar aos homens, é ensiná-los a usar a razão, a somente aceitar a verdade como aquilo que verificarem e comprovaram". Ele ainda dizia: "cada época tem a sua ideia dominante, a nossa época parece a liberdade". A seguir será analisado o pensamento dos principais filósofos iluministas.

[500] Ibidem, p. 283.

[501] Ibidem, p. 283.

[502] Belo, Filomena; e Oliveira, Ana. *A Revolução Francesa*. Lisboa: Quimera, 2001, p. 32.

5.1 John Locke (1632 - 1704) - o poder e o estado da natureza - os direitos individuais

John Locke, natural de Wrington, próximo a Bristol, na Inglaterra, filho de um advogado, pertencia à burguesia ascendente, pois seus ancestrais foram comerciantes de tecidos. Locke estudava na Westminster School, considerada uma instituição de orientação política realista e, de suas janelas, provavelmente, foi possível observar a execução do rei Carlos I, em 30 de janeiro de 1649, a mando de Oliver Cromwell[503].

Antes da filosofia, dedicou-se ao estudo de temas eclesiásticos, às ciências e à medicina. Foi um colaborador do médico inglês Thomas Sydenham[504], estudioso da fenomenologia médica. Estudou em Oxford onde, também, lecionou e realizou pesquisas (1652-1658). Foi médico e secretário de Lorde Ashley (conde de Shaftesbury). O pensador considerava que a filosofia tinha objetivos práticos.

Nos primeiros anos da década de 1660, Locke escreveu vários ensaios sobre filosofia política, que se apoiavam na teoria do Contrato Social de Thomas Hobbes. A tese, defendida por essa teoria, de que a legitimidade do poder político derivava da vontade dos homens e não da vontade divina, tornou-se uma das suas crenças fundamentais, em consonância com as mudanças pelas quais passava a humanidade[505].

A exemplo de Hobbes, Locke defendia um governo forte e também concordava com a tese de que o Estado natural era o estado da anarquia, do caos e da falta de direitos, que apenas poderia ser eliminado na medida em que os homens cedessem todos os direitos a um soberano, que estaria provido de poderes ilimitados. Portanto, Locke ainda se mostrava inteiramente a favor da monarquia absolutista[506].

Ocorre que, numa fase seguinte, Locke passa a criticar o despotismo e a não aceitar mais as teses de Hobbes. Defendia o liberalismo, admitindo

[503] Cromwell (1559-1658) foi um militar e líder político inglês, responsável pela introdução da República no país e líder da Revolução Puritana, que depôs Carlos I.

[504] Thomas Sydenham (1624-1689), médico influente na época, amigo de Robert Boyle e de Locke, foi um dos primeiros profissionais a tratar a varíola com láudano, uma substância originada do ópio. Entre suas principais obras, *Methodus curandis febres* (*Como curar febres*) e *On Epidemicus* (*Sobre epidemias*).

[505] ZIMMER, Robert. *O portal da filosofia*. São Paulo: Martins Fontes, 2010, p. 88.

[506] Ibidem, p. 88.

que o poder limitava-se aos bens civis da humanidade, não podendo criminalizar "suas almas e suas crenças". Defendia a tolerância entre as pessoas[507].

O pensador afirmava que a moral é oriunda da lei divina, "comunicada ao homem pela luz natural ou pela revelação da lei civil oriunda das leis do Estado, sem esquecer as normas variáveis segundo as quais se forjam os costumes sociais" [508]. O filósofo sofreu a influência das ciências naturais; por exemplo, do filósofo, químico e físico irlandês Robert Boyle[509].

Durante o seu refúgio na Holanda (1683), no reinado de Carlos II, escreveu a sua famosa obra política *Dois tratados sobre o governo civil*, posteriormente publicada em seu próprio nome. Depois, regressou à Inglaterra após a "Revolução Gloriosa" (1689), ocasião em que Jaime II foi deposto pelos "parlamentarians", quando acabou o absolutismo naquele país.

Com a saúde abalada, septuagénario, retirou-se para Oates, tendo falecido em 1704.

5.1.1 Do Estado de Natureza para o Estado Social

Combateu a ideia do Direito Divino, em que o poder da monarquia vinha de Deus, e não do povo. Locke abordou a "origem e os limites da autoridade política legítima", e "por que devem os cidadãos obedecer aos governantes". O Direito à propriedade é fundamental para cada indivíduo, desde que ninguém já possua essa prerrogativa, sendo consequência da sua força de trabalho. Vincula esse direito ao uso da propriedade.

[507] Ibidem, p. 89.

[508] HUISMAN, Denis. *Dicionário de Filósofos*, cit., p. 606.

[509] Robert Boyle (1627 – 1691) – Era o décimo quarto filho do riquíssimo duque de Cork. Aos oito anos entrou para o Eton College, a maior e mais famosa das escolas preparatórias da Inglaterra, ingressando posteriormente em Oxford. Em 1662 estabeleceu a Lei de Boyle, que estabelecia que a temperatura constante o volume de um gás é inversamente proporcional à pressão. Isto quer dizer que quando aumenta um, o outro diminui. Foi um dos membros fundadores da Sociedade Real de Londres. Boyle influenciou muitos outros cientistas que vieram depois, tais como Isaac Newton.

O Estado Natural, para Locke, apresenta todos os humanos em pé de igualdade e livres. Os homens abandonam o Estado Natural devido à necessidade de proteção da vida, da liberdade e da propriedade. Assim, passam para uma sociedade organizada, e abrem mão de alguns direitos naturais básicos, depositando as leis nas mãos de um representante ou de um grupo que será o responsável por defender o bem comum.

É um "pacto" estabelecido entre os indivíduos, que equivale a um "contrato social". É um acordo "tácito" ou "expresso" entre as pessoas. Após o pacto social ter sido efetivado, o cidadão concorda, implicitamente, em ser ligado à decisão da maioria, organizando, assim, a dita sociedade civil. Contudo, concorda que, em certas circunstâncias, (tirania), os cidadãos podem se rebelar e substituir os seus governantes. Afirma que a sociedade não pode submeter-se a governantes sem escrúpulos, ladrões e piratas. O poder para Locke não pode ser absoluto. Ressalte-se que defendia a divisão de poderes entre o legislativo e executivo, com base na manifestação popular.

Quanto aos escritos, destaca-se primeiro a obra *Ensaio sobre o entendimento humano*, em que o pensador, ao concordar com Hobbes, afirma não existirem ideias inatas, mas que todas as nossas representações mentais provêm de percepções sensoriais, e todos os homens são como folhas em branco, cuja tábula rasa é preenchida somente a partir das experiências. E ao acompanhar a posição de Descartes, diz que são reais somente as qualidades que podem ser medidas matematicamente: todas as demais, que ele denomina "qualidades secundárias", surgem a partir de combinações dessas qualidades primárias. Locke, em determinado momento em seu "ensaio" (*essay*), afirma:

"Roubos, assassinatos, estupros são esportes dos homens quando deixados em liberdade sem castigo nem censura". Considera, ainda, que o fato de os indivíduos manterem seus pactos é, sem dúvida, "uma importante e inegável regra de moralidade". Mas, no entanto, se um cristão, que tem a percepção da felicidade e da miséria numa outra vida, for perguntar por que o indivíduo deve manter sua palavra, dará como razão o seguinte: "- Porque Deus, que possui o poder da vida eterna e da morte, assim o exige de nós". Mas se perguntarmos a um hobbista, ao por quê ele responderá: "- Porque o público assim o exige, e o Leviatã o castigará se você não proceder assim". E se a um dos antigos filósofos se fizesse a mesma pergunta, ele responderia: – Porque agir de outra maneira seria desonesto, abaixo da dignidade do homem, e oposto à virtude, a mais alta perfeição da natureza humana"[510].

Mas acredita que: "O governo civil é o remédio adequado para as inconveniências do Estado Natural, o qual deve ser grande, onde os homens podem ser juízes em causa própria".

Outro importante trabalho se intitula *Dois tratados sobre o governo*, no qual Locke toma como base a hipótese de Hobbes, qual seja, um estado natural pré-social não é caracterizado pela guerra de todos contra todos, mas pela igualdade e liberdade de todos os indivíduos. Assim como em Hobbes, os indivíduos celebram um contrato, mas não delegam seus direitos a um monarca absoluto, e sim à própria comunidade. Esta é soberana e, por sua vez, delega seus direitos a um governo, que é organizado pelo princípio da divisão de poderes: o legislativo, situado no Parlamento, e o executivo, centrado no rei e em seus ministros. A função do governo é proteger a propriedade, e a propriedade é não somente um recurso econômico para a maximização de lucros, mas também a garantia de independência política do cidadão por parte do Estado e a base do seu engajamento cívico. Liberdade e propriedade são pensadas concomitantemente, e não, como mais tarde no socialismo, uma em oposição à outra. Por conseguinte, um governo pode ser derrubado caso disponha sobre a liberdade ou a propriedade dos cidadãos sem a aprovação dos interessados[511]. Foi o que ocorreu com as colônias americanas, quando foram tributadas sem o seu consentimento.

A obra do filósofo, que exerceu grande influência em sua época, transformou-se na Magna Carta da democracia burguesa (a Magna Carta de 1215 é tida como a primeira garantia dos direitos de liberdade). Ela justifica a Revolução Gloriosa de 1688, a Revolução Americana de 1776 e a Revolução Francesa de 1789. A declaração de independência americana adota quase literalmente as formulações de Locke e, por sua vez, inspira a Declaração dos Direitos do Homem e do Cidadão da Revolução Francesa. A teoria constitucional é importada para a França por Montesquieu e Voltaire, onde é armazenada e ampliada pelo poder judicial.

[510] FITZGERALD, Ross (org.). *Pensadores políticos comparados*, cit., p. 115.

[511] SERRA, Antonio Truyol y. *História da filosofia do direito e do estado*, cit., p. 232-233.

Depois, exportada para os Estados Unidos, tornou-se a grande obra de legitimação da doutrina de soberania dos povos e dos direitos humanos, bem como da divisão dos poderes em um governo controlado pelo Parlamento, e, com isso, a base da civilização política que conhecemos[512].

Empirista, para Locke qualquer verdade resulta direta ou indiretamente de experiência e leva em consideração os sentidos. Portanto, para ele, o problema da justificação do Estado reside em mostrar como a autoridade pode ser conciliada com a autonomia natural do indivíduo. A sua resposta consiste em recorrer à ideia do consentimento individual e ao instrumento do contrato social.

A ideia central do autor é que, ao usufruirmos silenciosamente da proteção do Estado, estamos a conceder-lhe nosso consentimento tático. E isso basta para que cada indivíduo fique obrigado perante o Estado. Embora Locke pensasse que apenas o consentimento expresso poderia tornar uma pessoa membro pleno da sociedade política, afirmou que, ainda assim, seria possível criar obrigações políticas através de um acordo tácito, pois:

> *"Todo o homem que detenha qualquer possessão ou usufruto, ou qualquer parte dos domínios de qualquer Governo, dá, desse modo, o seu consentimento tácito e encontra-se obrigado ao cumprimento das leis desse Governo, durante tal usufruto ou qualquer que dele dependa, quer essa possessão seja de Terra sua ou dos seus herdeiros para sempre, ou alojamento apenas por umas semanas; ou que ele se limite a viajar livremente pelos caminhos. (Segundo Tratado, s.119, p. 348)"*[513].

O filósofo, que tinha o empirismo como base, criticou "a teoria cartesiana das ideias inatas, defendendo que o espírito 'é uma tábula rasa', sendo a experiência (sensação e reflexão) que inscreve os conhecimentos em forma de 'ideias simples'. A sensação está ligada à ação física, 'exercida pelo objeto sobre nossos sentidos', sendo a reflexão 'a percepção das operações de nossa alma sobre as ideias que ela recebeu dos sentidos'. A partir das ideias simples se constituem ideias complexas, as denominadas de substância ('realidades que existem por si mesmas como os corpos', os

512 SCHWANITZ, Dietrich, *Cultura geral – tudo o que se deve saber*, cit., p. 298.
513 WOLFF, Jonathan. *Introdução à filosofia política*, cit., p. 56.

espíritos) e as de modos (correspondentes a paixão, beleza, nùmero), as de relações (causa-efeito de semelhança). Para Locke, o conhecimento só se conclui graças a uma atividade racional capaz de 'descobrir provas', tirar 'uma conclusão correta' – como se pode observar em qualquer demonstração matemática – e de colocar em evidência a existência dos seres que nos cercam sem por isso apreender sua natureza ou a essência"[514].

Para Locke ocorre a ideia de uma lei natural comum aos homens, levando-os à distinção entre o bem e o mal, justo e injusto "que deve ser conciliada com a teoria empirista de conhecimento"[515]. Nesse diapasão, procura estabelecer as provas da moralidade. Ao indagar "Pode a razão chegar ao conhecimento da lei natural pela experiência sensível?", Locke responde afirmativamente. Primeiro, por meio de nossos sentidos percebemos os objetos do mundo natural visível e somos capazes de reconhecer a regularidade e a arte maravilhosa que os presidem. Em segundo lugar, quando o homem se indaga sobre essa ordem e essa beleza do mundo, infere que há um ser infinito, onipotente e sábio, que é seu autor. A liberdade não reside, pois, de forma alguma, na indiferença, mas funda a possibilidade do exercício da faculdade de julgar. À lei nossa ação deve conformar-se? A reflexão lockiana sobre a lei natural será essencialmente de ordem moral e condicionará toda a sua teoria política. Em terceiro lugar, como ser racional e livre, o homem deve ter uma finalidade, que reconhece em si próprio por meio de uma reflexão que o torna apto a determinar a relação entre seus atos particulares e as normas do justo e injusto. Logo, enquanto reconheçamos a lei natural a partir da experiência sensível, há, entretanto, uma conformidade entre a lei natural e a razão humana, uma vez que essa lei é uma determinação essencial de nossa natureza[516].

A lei natural é, por conseguinte, uma lei moral que cada qual adquire pela experiência e que se impõe pela razão. No entanto, a sanção que

[514] DUROZOI, Gerárd e ROUSSEL, André. *Dicionário de Filosofia*. Lisboa: Instituto de Novas Profissões, 2005, p. 292.

[515] O empirismo é a escola do pensamento filosófico relacionada à teoria do conhecimento, que pensa estar na experiência a origem de todas as ideias. HUISMAN, Denis. *Dicionário dos Filósofos*, cit., p. 606.

[516] Ibidem, p. 606.

acompanha essa lei, no estado natural, é da alçada da iniciativa pessoal, tendo o homem, naturalmente, o direito de defender-se, de reaver seus bens ou de punir pelo emprego da força. O estado natural não apresenta, para Locke, a instabilidade constitutiva que o caracterizava em Hobbes e o conduzia à guerra generalizada em virtude de uma lógica interna. A lei natural lockiana possibilita a paz; a guerra procederia tão somente da intervenção de um elemento externo – o dinheiro –, que vem quebrar a harmonia da relação entre homem e natureza, levando-o a deixar de dar atenção a si mesmo de zelar pela conservação do restante da humanidade[517].

"Resulta daí, então, que "*a vontade de evitar esse estado de guerra é uma das razões principais pelas quais os homens* deixaram o estado natural *e passaram a viver em sociedade*". A origem da sociedade política reside numa convenção em que os homens decidem constituir uma comunidade única. O pacto social é, portanto, o atestado de nascimento do corpo político, porque o pacto inicial de associação implica – por uma necessidade interna e sob pena de nulidade – a abdicação da totalidade dos poderes necessários à realização dos fins civis em favor da maioria. Em outras palavras, do ato de associação sempre resulta o ato de sujeição"[518].

Mas a característica específica da teoria política lockiana é que o povo conserva o direito de destituir os magistrados que não cumpram os deveres impostos por seu cargo. Assim, a sociedade civil preserva autonomia em relação ao governo político: é na unidade prévia da comunidade que repousa a unidade do corpo social, e não mais, como em Hobbes, na unidade da pessoa do soberano. De sorte que a monarquia absoluta acha-se excluída das formas de governo civil, justamente por ser incompatível com a existência da sociedade civil, pois a condição de príncipe absoluto não se ajustaria a ela"[519].

Ao contrário de Hobbes, Locke vê as pessoas como boas e benevolentes em sua essência. Aliás, acredita que os homens nascem com direito natural à vida, liberdade e propriedade, e o Estado serve para proteger esses direitos. Dessa forma, conclui que nem o Executivo (Rei) nem o

[517] Skinner, Quentin. *As fundações do pensamento político moderno*, p. 599.

[518] Huisman, Denis. *Dicionário dos Filósofos*, cit., p. 611.

[519] Ibidem, p. 611.

Legislativo (Assembleia) podem acabar com os direitos naturais. É favorável ao governo constitucional, quando o poder de governar vem do consentimento dos governados e a autoridade do Estado é limitada. Os governantes devem estar subordinados às leis, pois, ao contrário, devem ser afastados do poder pelo povo (direito de rebelião). As teorias de Locke influenciaram tanto a independência dos EUA como o Iluminismo e as revoluções liberais do século XVIII[520].

Locke, ao enfrentar duas correntes, a de Hobbes, a qual defende ser o estado da natureza um estado de guerra, e a de Pufendorf[521], que preceitua um estado de paz, opta por uma solução intermediária, ao considerar o estado da natureza desligado de estado de guerra, mas quando opta pela violência (guerra) se torna difícil reconduzi-lo para a paz[522].

Para Hobbes, "a finalidade máxima e principal que buscam os homens ao reunir-se em Estados ou comunidades, submetendo-se a um governo, é a de salvaguardar seus bens; esta salvaguarda era muito incompleta no estado de natureza". O conceito de propriedade para Locke é amplo, englobando os bens materiais, o corpo, a vida, a liberdade e a consciência, enquanto para Hobbes, o estado é a única fonte de direito[523].

O estado civil, segundo o pensador, nasce do desejo que os homens têm de conservar os direitos naturais fundamentais, ou seja, a vida e a

[520] Gorczevski, Clóvis; Botelho, Edison; Leal, Mônica Clarissa Hennig. *Introdução ao estudo da ciência política, teoria do Estado e da Constituição.* Porto Alegre: Verbo Jurídico, 2007, p. 36.

[521] Samuel Pufendorf (1632-1694), jurista alemão, considerado um dos expoentes da corrente jusnaturalista.

[522] Gorczevski, Clóvis; Botelho, Edison; Leal, Mônica Clarissa Hennig. *Introdução ao estudo da ciência política, teoria do Estado e da Constituição.* Porto Alegre: Verbo Jurídico, 2007, p. 37.

[523] Em resumo, para Locke, "(a) os direitos do homem derivam da lei da natureza, que é a expressão da vontade de Deus e são universais, isto é, estendem-se a todos os homens, independentemente de sua condição social; (b) Deus ofertou o mundo a todos os homens, em iguais condições. Os homens trabalharam e o fruto de seu trabalho é sua propriedade; (c) para preservar e garantir esses direitos os homens se reuniram em sociedade e convencionaram a criação do Estado; (d) a função do Estado é proteger e garantir os direitos naturais dos homens, não o fazendo, perde sua legitimidade e a convenção pode ser rompida". Gorczevski, Clóvis; Botelho, Edison; Leal, Mônica Clarissa Hennig. *Introdução ao estudo da ciência política, teoria do Estado e da Constituição*, cit., p. 38.

propriedade. Assim, Locke opõe-se a Hobbes, apresentando uma teoria antagônica ao absolutismo do Leviatã. O homem livremente agregou-se em sociedade para garantir segurança pessoal e proteger seus bens (vida, liberdade, propriedade), e este é o limite e a função do Estado. O objetivo principal de Locke "era proteger o indivíduo contra o poder ilimitado do governo ou de outros indivíduos". Usando o direito natural, ele fixa os limites desse poder. Os homens devem ser livres para escolher sua forma de vida, seu governo e sua própria comunidade[524]. Locke fundamenta o liberalismo do estado moderno.

Visando desenvolver uma teoria capaz de explicar a legitimidade do poder político e de estabelecer as suas fronteiras, Locke enaltece o tema da liberdade no *Segundo tratado sobre o governo civil*, sob o prisma do res-

524 "Os conflitos mais notórios e mais prejudiciais têm como origem os atentados ao direito que cada um tem de dispor de sua vida, de se apropriar dos bens livres e de exigir o respeito aos compromissos assumidos. Decerto, aquele cujos direitos foram lesados pode legitimamente punir o culpado e obrigá-lo a reparar o prejuízo causado. Mas independentemente do fato de que esse procedimento apresenta o risco de engendrar uma sequência indefinida de violências, ele é empiricamente inaplicável: como Locke observa, os ladrões e os desonestos são, em geral, mais robustos e mais astuciosos do que o comum dos proprietários. Portanto, é conveniente que os que desejam a plena realização dos princípios do direito natural, ou seja, o livre desenvolvimento de cada um, entrem em sociedade e instituam uma instância que tem como fim organizar essa sociedade segundo regras comuns e usar os meios adequados para aplicá-las.
Desse modo, os proprietários – a propriedade das terras, dos instrumentos, do capital não é, segundo Locke, senão uma extensão natural da livre disposição que o homem tem sobre seu corpo e sua atividade, ou seja, sobre seu trabalho – reúnem-se e entram em acordo para definir o poder público encarregado de realizar o direito natural. Esse poder é soberano, no sentido de que os que o instituíram, e na medida em que ele atue segundo seu fim, são obrigados a obedecer-lhe e a lhe prestar apoio. Três são suas tarefas: legislador, ele fixa as regras de exercício da soberania – as leis orgânicas do Estado ou sua Constituição – e define as leis que formam o direito público e o direito privado, tendo como perspectiva aplicar os direitos de natureza às particularidades empíricas da sociedade; juiz, ele pune as faltas contra a lei e se empenha no sentido de fazer com que reine a ordem de justiça que decorre desses mesmos direitos naturais, requisitando a força pública a fim de que tenham efetividade as punições e sejam reparados Os prejuízos; governante, ele toma decisões sobre a guerra e a paz e as medidas administrativas exigidas pela salvaguarda da coletividade, a segurança dos cidadãos e a proteção de suas livres atividades". Chatelet, François. *História das ideias políticas*, p. 58-59.

peito pela lei. Nesse estudo, há reflexões também sobre liberdade, Estado de Direito, constitucionalismo, tolerância, respeito pelos outros, direitos do homem, responsabilidade e solidariedade social, governo representativo e governo responsivo, comunidade política e personalidade.

Sintetizando, "Locke é tido como teórico do individualismo moderno e da monarquia constitucional[525]. Contra Hobbes (no *Segundo tratado sobre o governo civil*), e a monarquia absoluta, ele funda o poder político numa concepção da lei da natureza e do estado de natureza que não justifica que o indivíduo entregue todos os seus direitos nas mãos de um soberano absoluto. A existência de um *estado de natureza* – condição de existência dos homens fora da sociedade civil, que é, para Locke, uma realidade e não uma ficção – está ligada a uma lei de natureza – para São Tomás, a expressão representa um "decreto da vontade divina" – ou lei divina – regra universal do dever e do pecado, critério das boas e más ações – que a razão e não apenas a Revelação, nos dá a conhecer como lei de natureza, ordem natural das coisas, graças à experiência sensível"[526].

A lei de natureza – proveniente da justa razão e medida de liberdade – é *moral*. Logo, ela prescreve a cada um não apenas conservar sua vida, mas também não lesar a dos outros. Assim, recebem uma legitimidade

[525] Segundo Locke, a liberdade apenas pode existir quando as relações entre cidadão e Estado não podem unilateralmente ser mudadas pelos que estão no poder. A melhor maneira de assegurar isso seria mediante a separação de poderes, cujo defensor teórico foi o próprio Montesquieu. Locke acreditava que mesmo após a transferência contratual de poder do povo para o monarca (a ideia da *lex regia romana*), as partes contratantes conservavam direitos e liberdades individuais. Daí a sua tese de que "a autoridade suprema ou legislativa não pode assumir um direito de governar através de decretos arbitrários extemporâneos, estando antes obrigada a fazer justiça e decidir acerca dos direitos dos súditos mediante leis previamente promulgadas e por meio de autoridades judiciais conhecidas". E, noutro passo, afirma: "Todo o poder que o governo possui, uma vez que esse visa apenas o bem da sociedade e já que não deve por isso ser arbitrário ou leviano, deverá ser exercido através das leis estabelecidas e promulgadas, para que as pessoas possam conhecer os seus deveres e estar seguras e protegidas dentro do perímetro da lei, e para que também os soberanos possam ser mantidos dentro dos seus limites". CAENEGEM, R.C., *Uma introdução histórica ao direito constitucional ocidental*, Lisboa: Fundação Calouste Guberkian, 1998, p. 39.

[526] BARAQUIM, Noella e LAFFITTE, Jacqueline. *Dicionário Universitário dos Filósofos*, cit., p. 186.

moral a *família* e *propriedade*, que para Locke caracterizam a existência no estado de natureza. A propriedade é justificada pelo trabalho – que retira os objetos do seu estado comum primitivo, para particularizá-los – e pela hipótese de uma prodigalidade ilimitada da natureza. A mesma lei de natureza que a funda estabelece seus limites[527].

"Locke e seus contemporâneos Whigs[528] parecem ter acreditado que o Contrato Social era um fato histórico e que todos os cidadãos haviam dado seu consentimento pessoal ao governo, por ocasião do contrato ou posteriormente, ainda que tacitamente. Reconheceu Locke que, dentro do Estado, a propriedade era mantida sob condições regulamentadas por uma lei explícita, mas, ainda apegado à noção de que o direito de propriedade era sagrado e que não poderia ser violado sem o consentimento do proprietário, insistiu em que sem este consentimento nenhum imposto poderia ser legítimo. (...) Ele equiparou isto ao que posteriormente se tornou o famoso *slogan* dos colonos norte-americanos: "nada de imposto sem representação" [*"no taxation without representation"*], mas apenas ao preço do enfraquecimento da efetividade do consentimento individual"[529].

Contrário à ideia de uma monarquia absoluta, Locke afirma que nos moldes das propostas de Hobbes, ela deixaria os homens no estado de natureza à mercê daquele a quem tivessem atribuído poder absoluto. O monarca seria certamente um juiz em causa própria, ficando todos os demais entregues a suas mãos sem defesa. Deve, portanto, o governo civil garantir uma separação ou divisão de poderes. Locke insiste na tese de que o poder concentrado é a morte da liberdade, e sua desconfiança diante de todos os detentores do poder é expressão de uma doutrina que tem suas raízes na tradição cristã[530].

Para contrapor ao mau uso do poder por parte daqueles que o detêm, Locke recorre à separação dos poderes, ao estabelecimento de um governo constitucional no qual o poder esteja cuidadosamente dividido.

527 Ibidem, p. 187.

528 Membros do Whig Party, partido que reunia as tendências liberais no Reino Unido e contrapunha-se ao Tory Party, de linha conservadora.

529 SADEK, Maria Tereza e QUIRINO, Célia Galvão. *Pensamento político clássico*, cit., p. 216.

530 FRIEDRICH, Carl J. *Uma introdução à teoria política*, cit., p. 30.

O pensador não adota o padrão contido nos postulados de Montesquieu e em nossa própria Constituição, isto é, a separação entre o Executivo, o Legislativo e o Judiciário. Na verdade, "o Judiciário nem mesmo aparece em Locke; a insistência se concentra antes na divisão do Poder Legislativo entre autoridades diversas. Mais particularmente, sugere, bem dentro da tradição do Governo inglês, dividi-lo entre o Rei, os Lordes e os Comuns. Somente se o poder, em geral, e o Legislativo, em particular, que é o poder crucial, estiverem assim divididos, poderão os homens aspirar a ser livres"[531]. Em síntese, o referido pensador notabilizou-se por teorizar a democracia, pregar a tolerância, prever uma nítida separação entre Estado e Igreja. Com a sua reflexão, diga-se de passagem, a tradição inglesa do Empirismo alcançou plenitude e consciência[532].

5.1.2 O primado da lei no Estado. Organização e limites do poder político

As leis positivas ou civis são as editadas pelos homens na sociedade para "ordenar" as ações dos seus membros. É a regra "da inocência ou do crime" cuja força coerciva é proporcional à potência de que a lei emana, "isto é, à própria força da sociedade que está empenhada a defender a vida, a liberdade e os bens dos que vivem de acordo com essas leis e tem o poder de tirar, daqueles que as violam, a vida, a liberdade e os bens".

A vontade de evitar o estado de guerra é uma das razões principais pelas quais os homens saíram do estado de natureza e puseram-se em sociedade", como a "fraqueza humana" leva a comportamentos contrários à natureza, como a lei não escrita está sujeita a contestação, os homens decidiram cindir sua comunidade em sociedades civis particulares, a fim de salvaguardar seus direitos naturais (à felicidade, à liberdade, à igualdade, à propriedade...). As condições da coexistência harmoniosa dos indivíduos iguais e livres são: uma lei positiva, clara para todos; um juiz conhecido de todos, imparcial e competente, um poder para fazer

531 Ibidem, p. 32.

532 Nicola, Ubaldo. *Antologia ilustrada de filosofia*. Rio de Janeiro: Globo, 2005, p. 268.

a lei ser respeitada. Os homens se unem para salvaguardar sua propriedade, isto é "suas vidas, liberdades e fortunas"[533].

A separação dos poderes legislativo e executivo é essencial para a Constituição de um povo livre. O legislativo, "poder supremo do Estado", é a emanação da vontade do povo. A finalidade da lei é moral, pois ela define as condições de felicidade dos cidadãos. Em oposição a Rousseau e Kant, Locke defende que a liberdade é a autodeterminação de quem delibera, tendo por princípio alcançar a felicidade. A relação entre os poderes é funcional, compreende uma hierarquia orgânica, por causa da relação entre lei positiva e lei natural. Há uma moralização da esfera política: a exigência de justiça individual está presente em todos os poderes; o *executivo* não deve infringir as leis; e o poder *judiciário*, compreendido como o próprio critério de uma sociedade política (o que não existe no estado da natureza), não constitui um poder separado, mas rege todos os poderes[534].

Antes de Rousseau, Locke sustentou que não há liberdade sem leis. A *lei* não tem por fim abolir a liberdade, mas sim torná-la razoável, dando-lhe possibilidades de se exercer ao organizar a coexistência das liberdades. O *direito* não tem por fim abolir a liberdade nem entravá-la, mas conservá-la e ampliá-la. "É por isso que Locke considera válido apenas o Contrato Social que garanta os direitos fundamentais à liberdade, à vida e à propriedade. Por meio desse contrato, os homens entrariam em acordo para ceder o poder às instituições estatais, de modo que estas lhe assegurassem o respeito àqueles direitos. Mas eles não cederiam este poder de forma incondicional ou para sempre, mas sim como uma espécie de empréstimo. A palavra inglesa que Locke utilizou foi *trust* [confiança], a pedra de toque da sua teoria política. Nessa 'confiança', está presente não só o *consent*, o assentimento de seus cidadãos, como também o fim do *public good*, o bem público, ao qual estão obrigadas as instituições estatais. Em outras palavras, caso o soberano aja em desacordo com a maioria dos seus cidadãos, ele terá rompido o Contrato Social, que prevê exatamente que ele respeite a vontade dos cidadãos. O cidadão permanece como

[533] BARAQUIM, Noella e LAFFITTE, Jacqueline, *Dicionário Universitário dos Filósofos*, cit., p. 187.
[534] Ibidem, p. 187.

soberano, do qual emana todo o poder. Por isso, Locke deve ser considerado como o criador da 'soberania popular'"[535].

"A instituição na qual essa soberania melhor se manifesta é o Legislativo, ou seja, o Parlamento eleito como assembleia que elabora as leis. Enquanto voz do povo, ele permanece como 'o poder mais alto'. Ele controla o executivo, que é o poder executor, e tem o direito de decidir sobre a utilização do orçamento público. Portanto, na disputa entre o Parlamento e o rei, disputa que polarizou a Inglaterra ao longo de todo o século XVII, Locke se posicionou claramente a favor do Parlamento. O rei, consequentemente, não teria a prerrogativa de dissolver arbitrariamente o Parlamento ou de gastar o dinheiro arrecadado com os impostos sem o seu consentimento. Também caberia ao Legislativo, e não ao Executivo, nomear juízes independentes. Embora não tenha encarado o poder judiciário como um terceiro poder, ao lado do Legislativo e do Executivo, Locke tornou-se o pai da moderna divisão de poderes ao postular uma justiça independente do Executivo e do Legislativo"[536].

Locke desenvolveu uma doutrina da legitimidade do poder político, segundo a qual uma monarquia só seria possível dentro de certos limites, ou seja, como "monarquia constitucional". A lei aprovada pelo Parlamento estaria sempre acima do governo ou do rei. Mas, sobretudo, para as ditaduras, a teoria de Locke consistia em material altamente explosivo, pois, se o poder político de que dispõem o Parlamento ou o governo lhes foi emprestado pelo povo, porque este neles confia, o povo poderia igualmente subtraí-lo, em caso de quebra de confiança[537].

[535] ZIMMER, Robert. *O portal da filosofia*, cit., p. 95-96.

[536] Ibidem, p. 96.

[537] Quando Locke argumenta em favor da legitimidade da resistência, defende-a sempre como "um direito de resistir", e especificamente como "um direito de defender-se" que assiste ao "corpo do povo" em virtude da natureza e dos fins da sociedade política. Toda vez que ocorre um "abuso de confiança" por parte de nossos governantes, estes "perdem" o poder que o povo lhes depusera nas mãos para fins em verdade opostos, revertendo esse poder ao povo, que tem o direito de readquirir sua liberdade original e, estabelecendo um novo legislativo (tal como julgar apropriado), tratar de sua própria segurança e tranquilidade, que é o motivo pelo qual (as pessoas) estão em sociedade". SKINNER, Quentin. *As fundações do pensamento político moderno*, cit., p. 513.

"Locke concebe o Contrato Social como uma espécie de contrato comercial, no qual os interesses das partes devem ser contemplados e que pode ser rescindido, caso esses mesmos interesses não estejam mais assegurados. Se o Estado tem sua origem em um acordo voluntário dos homens, então ele pode ser dissolvido por estes mesmos homens"[538]. Trata-se esta de uma teoria contrária à de Hobbes.

Dessa forma, a quebra de confiança nas instituições estatais, que significaria, portanto, uma violação do direito natural, justificaria para Locke a rebelião do cidadão contra o Estado. Não era algo novo na filosofia o direito de resistência contra a tirania: o mais famoso filósofo medieval, Tomás de Aquino, já havia reconhecido aos cidadãos um direito semelhante. Mas nunca antes se havia concebido os direitos do cidadão de forma tão ampla, e estabelecido limites tão rígidos ao abuso de poder quanto em Locke. Ele não concebia que a mera violação de alguma lei por parte dos políticos governantes fosse motivo suficiente para a rebelião. Ele supunha, antes de tudo, violações constitucionais permanentes e repetidas que levassem à quebra de confiança dos cidadãos[539].

5.1.3 Conclusão – Locke: o Iluminismo e a Democracia

Finalizando, foi o "iluminismo francês que tornou a filosofia de Locke popular no continente europeu, durante o século XVIII. Montesquieu baseou sua teoria da divisão dos poderes em Locke. Também Voltaire e Rousseau, filósofos iluministas, recorreram à teoria de Locke como arma contra o *Ancien Regime*, ajudando com isso a preparar a Revolução Francesa, enquanto concepção ideológica. Thomas Jefferson e Benjamin Franklin transportaram as ideias de Locke para o outro lado do Atlântico e cuidaram para que a *Bill of Rights*, de 1776 e, um pouco mais tarde, a Constituição norte-americana fossem escritas de acordo com a concepção do filósofo"[540].

"Os grandes representantes do liberalismo do século XIX, como Alexis de Tocqueville e John Stuart Mill, merecidamente reconheciam Locke como seu predecessor. Mas, também, Karl Marx, o grande adversário do

[538] Zimmer, Robert. *O portal da filosofia*, cit., p. 96-97.

[539] Ibidem, p. 97.

[540] Ibidem, p. 98.

liberalismo, prezava o filósofo por ter sido aquele que introduziu a questão da economia política na filosofia. No século XX, a crítica das ideologias totalitárias pode recorrer a Locke e sua doutrina de direito natural. E a busca de uma justificativa para os direitos dos homens e dos cidadãos a partir das ideias do Contrato Social realizada por Locke experimentará uma nova reedição no filósofo norte americano John Rawls"[541].

Dois Tratados sobre o Governo de Locke fortaleceu a consciência dos homens, na medida em que lhes mostrou aquilo que não deve ser perdido: os direitos de um cidadão livre. E, ainda, o filósofo John Locke, em sua *Epístola da tolerância* e, sobretudo, em seus *Two treatises on government* (*Dois tratados sobre o governo*) fornece a teoria adequada ao desenvolvimento do parlamentarismo. O segundo tratado é decisivo, pois contém a doutrina da separação dos poderes legislativo (parlamento) e executivo (governo e rei). (Mais tarde, isso é complementado por Montesquieu com a criação do poder judiciário). Raros foram os textos que tiveram influência maior do que *The second teatrise* (*O segundo tratado*), obra que justifica as revoluções americana e francesa. A Declaração de independência americana adota preceitos formulados por Locke. O mesmo vale para a Declaração dos Direitos Humanos da Revolução Francesa.

A teoria de Locke sobre a democracia representativa inspira os que lutam pela liberdade dos povos. Em seu *Leviatã*, ao enaltecer o Estado como a instância capaz de impedir a guerra civil, o filósofo Thomas Hobbes baseia a unidade da comunidade na permanente guerra civil das opiniões. Mas essa guerra civil é controlada, porque a oposição pode ser mantida em paz pela perspectiva de uma futura tomada do poder. Assim, Locke aponta à sociedade civil o caminho para o êxito[542].

Tanto na historiografia moderna como na retórica da corrente principal do Alto Iluminismo, há uma tradição sobre a impressionante influência de Locke sobre o Iluminismo europeu em um âmbito maior, que precisa, sem dúvida, de qualificação e de um lugar mais firme sob a perspectiva histórica. Tem-se que a influência de Locke, junto com a de Newton, espalhou-se pela Europa iluminista com tal força e com tanta

541 Ibidem, p. 98.

542 SCHWANITZ, Dietrich. *Cultura geral – tudo o que se deve saber*. São Paulo: Martins Fontes, 2009, p. 105.

capacidade de mudar ideias que os "homens podiam perceber que haviam cruzado o limiar de uma nova era". De fato, Locke tem sido chamado de o "mais influente filósofo dos tempos modernos". Certamente, Voltaire, no seu *Leares philosophiques*, glorifica Locke, como também, Newton, como as duas figuras titânicas que estabeleceram os fundamentos da nova era, mas, sobretudo, Locke, pois ele havia "ruiné les ideés innées", o equivalente a "ideias inatas em ruínas". Assim como Newton é o fundador da física moderna, afirma d'Alembert, no seu *Discours preliminaire*, que Locke é o criador da moderna filosofia "científica".

Locke alterou a teoria do contrato de Thomas Hobbes em vários aspectos decisivos. O estado natural não é para ele um estado de anarquia, mas um estado no qual reina o direito natural, que ele caracteriza como "lei da razão". No estado natural, todos têm direito a uma reparação adequada, caso alguém lhes cause dano. "O direito fundamental à propriedade, o que significa dizer à propriedade privada, adquire em Locke papel extremamente importante. Com ele, Locke tinha em conta o surgimento da nova sociedade burguesa, na qual se questionava cada vez mais a propriedade feudal, medieval e as restrições do comércio. Na Europa Ocidental, a Inglaterra era a precursora de um desenvolvimento em que o livre comércio, a propriedade privada dos meios de produção e a exploração de novos mercados de matérias-primas conduziriam àquilo que Karl Marx irá designar, 150 anos mais tarde, como 'capitalismo'"[543].

5.1.4 Principais obras

Entre as produções de Jonhn Locke destacam-se *Cartas sobre a tolerância* (1689), *Ensaio sobre o entendimento humano* (1690), *Dois tratados sobre o governo civil* (1690), *Pensamentos sobre a educação* (1693), *Anatomia* (1668), *Da arte médica* (1669), *Essays on the law of nature* (1664).

5.2 Denis Diderot (1713-1784) e o Iluminismo – as bases da democracia – liberdade, igualdade e fraternidade

Denis Diderot (1713-1784), o enciclopedista francês de Langres, estudou no Colégio dos Jesuítas, onde se dedicou aos clássicos, aprendeu grego

[543] ZIMMER, Robert. *O portal da filosofia*, cit., p. 94.

e latim[544]. Em 1728, foi estudar no Colégio Jansenista[545], em Paris, onde concluiu os estudos de humanidades. Aos 19 anos, tornou-se "maitre ès arts" da Universidade de Paris e passou a aprender processualística com o procurador Clemente de Pis. Posteriormente, na boemia, passou a viver de aulas e de traduções de obras inglesas. Nesse período conhece as obras de Montaigne, Bayle, Voltaire, Swift, D'Alambert e La Mettrie. Após traduzir a história da Grécia, de Temple Stanyan[546], conhecer Rousseau (1742) e Condillac (1744) e publicar uma tradução do ensaio sobre o Mérito e a virtude de Shaftesbury, opta pelo ativismo filosófico[547].

Na área política, sua posição é moderada, contrastando com o radicalismo filosófico e religioso, pois oscila entre a monarquia à inglesa e o despotismo esclarecido. O pensamento de Diderot – cuja posição é moderada se comparada ao radicalismo filosófico e religioso por oscilar entre a monarquia à inglesa e o despotismo esclarecido – abre-se a "numerosos germes de um pensamento dialético". Por exemplo, nos seus *Pensamentos filosóficos* (Haia, 1746), que foram queimados pelo carrasco por ordem do Parlamento, e em *Passeio do céptico* (1747), apreendido antes da impressão, entrega-se a ataques ousados contra a Igreja. Diderot passa, com razão, também como um precursor de Lamarck[548] e Darwin[549], por-

[544] Souza, Maria das Graças de. *Natureza e ilustração sobre o materialismo de Diderot*. São Paulo: Unesp, 2002, p. 132.

[545] O Jansenismo trata-se de uma doutrina religiosa, baseada nas ideias do bispo de Ypres, Cornelius Otto Jansenius (Cornélio Jansênio – 1585-1638), com caráter político, consideradas heréticas pela Igreja Católica, e que enfatizavam a predestinação, negavam o livre-arbítrio e sustentavam ser a natureza humana por si só incapaz do bem. In *Dicionário Houaiss da Língua Portuguesa*.

[546] Temple Stanyan (1675 – 1752) – Foi um funcionário público, político e autor inglês. Ficou mundialmente conhecido por sua obra denominada História grega, publicada pela primeira vez em 1707, que se tornou um trabalho padrão sobre a história da Grécia antiga no início do século XVIII.

[547] Souza, Maria das Graças de. *Natureza e ilustração sobre o materialismo de Diderot*, cit., p. 133.

[548] Jean-Baptiste Pierre Antoine de Monet, chevalier de Lamarck (1744 – 1829) – Naturalista francês, professor do "Museum". Originário da baixa nobreza (daí o título de "chevalier" = cavaleiro), Lamarck pertenceu ao exército, interessou-se por história natural e escreveu uma obra de vários volumes sobre a flora da França. Isto chamou a atenção do Conde de Buffon que o indicou para o Museu de História Natural, em Paris Escreveu a "Enciclopédia Botânica", "Ilustração dos gêneros, filosofia zoologia", "História dos animais

que sustenta já, de uma maneira clara e resoluta, a ideia de uma evolução dos organismos e da existência inicial de um "ser primitivo" do qual saiu por transformação progressiva a ulterior diversidade dos reinos animais e vegetal. Do mesmo modo que há uma evolução individual, há, também, segundo Diderot, uma outra das espécies[550].

5.2.1 A autoridade política

Segundo Diderot, "nenhum homem recebeu da natureza o direito de comandar os outros". A liberdade é um presente do céu, e cada indivíduo da mesma espécie tem o direito de usufruir dela tão logo tenha o uso da razão. Se a natureza estabeleceu alguma autoridade, é a do poder paterno; mas esse poder tem seus limites, e, no estado da natureza, ele terminaria logo que os filhos tivessem condições de se conduzir. Qualquer outra autoridade tem origem diferente da natureza. Se examinarmos bem, veremos que a autoridade política tem origem em uma dessas duas fontes: a força e a violência daquele que dela se apoderou ou o consentimento daqueles que a ela se submeteram através de um contrato, feito ou suposto, entre estes e aquele a quem concederam o poder[551].

O príncipe recebe dos próprios súditos a autoridade que tem sobre eles, e essa autoridade é limitada pelas leis da natureza e do Estado. O príncipe, não tendo poder sobre os súditos a não ser pela escolha e pelo consentimento destes últimos, nunca pode empregar sua autoridade para romper o contrato ou o ato pelo qual ela lhe foi conferida. Se o fizer, agirá contra si mesmo, pois sua autoridade só pode subsistir através do documento que a estabeleceu. Logo, o monarca não pode dispor de seu poder e de seus súditos sem o consentimento da nação e independentemente

sem vértebras". Desenvolveu as teorias "da geração espontânea" e do "transformismo". Precursor da teoria da evolução.

549 Charles Robert Darwin (1809 - 1882) - Naturalista e fisiologista inglês. Participou de uma expedição científica para a América do Sul (1831-1836), reunindo importantes materiais que sustentaram a sua famosa obra "A origem das espécies por via da seleção natural" (1859). Fundamentou a "Teoria da Evolução" abrindo espaço para a doutrina transformista que era execrada até a divulgação do seu trabalho.

550 Politzer, Georges. *Princípios elementares de filosofia*. São Paulo: Fulgor, 1967, p. 328.

551 Diderot e D'Alembert. Trad. Maria das Graças de Souza. *Verbetes políticos da enciclopédia*. São Paulo: Unesp, 2006, p. 37.

da resolução assinalada no contrato de submissão. Se ele se conduzisse de outra forma, tudo ficaria anulado, e as leis o desobrigariam das promessas e dos juramentos que tivesse feito[552].

O governo assim se constitui: "embora seja hereditário numa família, e colocado nas mãos de um só, não é um bem particular, mas um bem público, que, consequentemente, nunca pode ser tirado das mãos do povo, a quem pertence exclusiva e essencialmente e como plena propriedade. É por essa razão que é sempre o povo que autoriza seu uso? Ele intervém sempre no contrato que adjudica seu exercício. Não é o Estado que pertence ao príncipe, é o príncipe que pertence ao Estado. Mas cabe ao príncipe governar no Estado porque foi escolhido para isso e se comprometeu com os povos a administrar seus negócios, e estes, por seu lado, comprometeram-se a obedecer-lhe de acordo com as leis"[553].

No verbete "autoridade política" (1751), Diderot, materialista, ataca Bossuet[554] e a teoria do direito divino dos reis; denuncia o governo patriarcal e defende a ideia contratualista de que o contrato determina a forma do Estado. Ele é então incontestavelmente monarquista. As condições de uma boa monarquia são duas: o monarca deve respeitar o "espírito de sua nação" e governar voltado para o "bem público". O filósofo elimina a teocracia, detesta a arbitrariedade do poder e, apelando para o consentimento do povo, abre a monarquia para o liberalismo. Mas nada tem de democrata. Ele é fundamentalmente burguês e – pelo menos por um tempo – junta-se aos fisiocratas em defesa da propriedade privada que, segundo ele, por se basear no trabalho, não contradiz a exigência de justiça. Chega a declará-la inviolável[555].

552 Ibidem, p. 38.

553 Ibidem, p. 38.

554 Jaques Bénigue Bossuet (1627 – 1704) – Acadêmico, escritor, orador e padre francês, famoso por seus sermões, tais como: "Sobre a morte", "Sobre a eminente dignidade dos pobres". Foi bispo de Condom e preceptor do Delfim. Nomeado em 1681 como bispo de Meaux, criticou os protestantes e deu sustentação política religiosa a Luís XIV.

555 Diderot e D'Alembert. Trad. Maria das Graças de Souza. *Verbetes políticos da enciclopédia*, cit., p. 39.

Diderot desconfia das teses fisiocráticas. Em torno de 1765, depois de defender as vantagens do despotismo esclarecido[556], para agradar à czarina Catarina da Rússia, sua protetora, escandaliza-se com o comportamento tirânico de Frederico da Prússia. Então, Diderot apoia o partido do povo, da liberdade e do direito de resistência. Em 1774, em *Observações sobre o Nakaz*, endereça a Catarina da Rússia uma verdadeira reforma constitucional, priorizando o espírito de cidadania: "O único verdadeiro soberano é a nação"[557].

5.2.2 Direito Natural

No verbete "*Direito Natural*", Diderot escreve: "*Existimos de maneira pobre, contenciosa, inquieta. Temos paixões e necessidades. A todo momento o homem injusto e dominado por paixões sente-se levado a fazer a outro o que não gostaria que lhe fizessem. [...] É preciso que confesse sua própria maldade [...]*". Diderot, ao não concordar nesse ponto com Hobbes, diz que o homem é atormentado por paixões violentas, que ele não é apenas um animal, "*mas um*

[556] O nome "absolutismo iluminado" descreve exatamente esse regime, apesar de não ter sido usado pelos próprios: *depostimes eclairé* ou depotismo legal eram termos populares no século XVIII, usado pelos fisiocratas nos anos sessenta desse século. Na sua correspondência, o filósofo Diderot faz uso da expressão, que ocorre pela primeira vez numa obra publicada por G. Raynal em 1770; a forma mais feliz de governo, escreveu Raybnal, seria a de um "déspota esclarecido e justo" (foi sem dúvida influenciado pelo "rei-filósofo" de Platão). Na antiga Grécia, *despotes* não tinha sentido pejorativo e queria dizer simplesmente o senhor da casa, governador ou dirigente, o mesmo se passando ainda com a palavra francesa *despote* no século XVIII. Posteriormente, o sentido negativo de "tirano", "opressor", começou a ser determinante (e é hoje predominante) e, como consequência, o termo de absolutismo iluminado passou a prevalecer. W. Rocher introduziu a expressão *aufgeklarter Absolutismus* em 1847 num artigo sobre as várias formas de absolutismo (*aufgaeklarter Despostimus* continuou também a ser usado, à maneira de setecentos). Discussões terminológicas à parte, o absolutismo iluminado não era menos absolutista do que outros antecedentes mais antigos: o governo não necessitava do consentimento das pessoas ou das classes sociais (ou de seus representantes nos Estados provinciais ou nacionais) e, embora devesse em princípio respeitar a ordem jurídica, não existia nenhum corpo político ou judicial que se pudesse reunir para julgá-lo e forçar a obedecer à Constituição. Essa forma de governo era simplesmente a última fase do absolutismo europeu clássico, cujas origens remontam à Idade Média. Mendes Jr., Antonio; Roncari, Luiz; e Maranhão, Ricardo, *Brasil: história, texto e consulta*, v. 1, cit., p. 267-268.

[557] Huisman, Denis. *Dicionário de Filósofos*, cit., p. 283.

animal que raciocina e que pode descobrir a verdade das coisas. "[...] aquele que se recusa a procurá-la" (...). *"renuncia à sua qualidade de homem [...]"*. Para Hobbes, a razão sugere normas adequadas de paz, de modo que os homens possam chegar ao acordo. Mas os ditames da razão, como a justiça, a equidade, a modéstia, a piedade etc, "por si mesmos", diz Hobbes, "na ausência do temor de algum poder capaz de levá-los a ser respeitados, são contrários às nossas paixões naturais, as quais nos fazem tender para a parcialidade, o orgulho, a vingança ou coisas semelhantes". Em Hobbes, o único remédio para os males da condição humana é a submissão sem reservas a um poder soberano que, amedrontando os homens, consiga mantê-los em paz[558].

Ao comparar a filosofia de Hobbes com a de Rousseau, Diderot entende que ambos exageraram: para o primeiro, o homem é belicoso, e só a vida sob o poder do Estado pode pacificá-lo; para o outro, o homem é naturalmente bom, e é a vida civil que o deprava. Para Diderot, os males naturais são compensados por outros bens pela própria natureza. O homem "atormentado por paixões tão violentas" do verbete Direito Natural pode dar lugar ao homem sociável à medida que se instrui"[559].

A tese da sociabilidade natural, contudo, desenvolvida nos verbetes da Enciclopédia, não resulta numa naturalização do poder político. A natureza aproxima os homens, mas não os submete uns aos outros. Na perspectiva do autor do verbete, portanto, o fundamento de todo poder político legítimo é um contrato, tácito ou explícito, através do qual o povo decide atribuir a um ou a alguns homens autoridade suficiente para governá-lo, a fim de que sejam garantidas a paz, a segurança e a tranquilidade de todos. O verbete "Cidade", também de Diderot, retoma a mesma ideia: os homens, iguais e livres por natureza, ao estabelecer as sociedades, transferem suas forças e suas vontades a uma pessoa física ou moral, pela garantia de segurança e outras comodidades. A subordinação de uns homens a outros, ou do povo a seu governante é, portanto, um ato voluntário dos homens, que cria, por assim dizer, entre eles, uma ordenação

558 Diderot e D'Alembert. *Verbetes políticos da enciclopédia*, cit., p. 7.
559 Ibidem, p. 9.

hierárquica que não existia na natureza. Este ato voluntário é exatamente o contrato originário fundador do poder político[560].

Sabe-se que a instituição dos Estados Gerais da França foi, desde a primeira assembleia, no início do século XIV, até o período revolucionário, bastante frágil. Em primeiro lugar, essas assembleias, em sua maioria, não tinham autonomia para deliberar. Em muitos casos, acabaram servindo para fortalecer o apoio a empreendimentos do rei. Em segundo lugar, a Assembleia dos Estados Gerais da França era composta apenas de representantes do clero e da nobreza, e só muito tardiamente foram admitidos representantes do chamado Terceiro Estado, mesmo assim em condições de desigualdade.

5.2.3 Diderot, um "*philosophe*"

Diderot deleitava-se sempre que chamado de filósofo, ou, melhor ainda, "o filósofo". Em muitos aspectos, ele vinha se qualificando para a designação no sentido comum do termo. Em 1746 e 1747 ele já tinha proficiência, como mostram seus escritos, em história da filosofia; já estava envolvido com problemas de ética, a natureza de Deus e Sua relação com o homem, e com o problema do ser. Mais do que isso, porém, Diderot queria ser um *philosophe* naquele sentido especial da palavra francesa. O termo, no século XVIII, era dinâmico e veloz. No início do século, segundo Muralt, um suíço que escreveu copiosamente sobre os modos franceses, "o termo *philosophe* era uma reprimenda, e quase um insulto: significava uma pessoa que desejava viver em odiosa e melancólica solidão. Mas cinquenta anos mudaram tudo isso; os *philosophes* declaravam-se tão sociáveis quanto qualquer outro francês, e a palavra começou a adquirir conotações agradáveis"[561].

É fácil perceber, em parte, o que os *philosophes* entendiam por "filosofia" se nos voltarmos ao artigo "Filósofo" da Enciclopédia, há muito considerado um dos melhores de Diderot. Alguns destes excertos, edição de 1743, ilustram o que um *philosophe* do século XVIII pensava ser:

[560] Ibidem, p. 9.
[561] Ibidem, p. 10.

> "A razão está para o filósofo como a graça para o cristão.
> [...]
> O espírito filosófico é, pois, um espírito de observação e de rigor que tudo relaciona a seus princípios verdadeiros. Mas não é apenas o espírito que o filósofo cultiva.
> [...]
> O homem não é um monstro que vive apenas nos abismos do mar ou no fundo das florestas [...] suas carências e bem-estar o comprometem com a vida em sociedade. Assim, a razão lhe exige que conheça, estude e trabalhe para adquirir qualidades sociais.
> [...]
> Mas o filósofo que sabe se repartir entre o retiro de estudo e o comércio social com os homens é pleno de humanidade. É Terêncio que se percebe homem e que apenas a humanidade interessa à boa ou má fortuna de seu vizinho. *Homo sum, humani a me nihil alienum puto.*
> [...] a sociedade civil constitui, por assim dizer, uma divindade na Terra. Ele a incensa e enobrece pela honestidade, por uma atenção precisa de seus deveres e por um desejo sincero de não se tornar, em seu meio, um membro inútil ou um estorvo.
> [...].
> O filósofo é, pois, um homem honesto que age governado pela razão e que alia a um espírito de reflexão e de equilíbrio hábitos e qualidades sociáveis"[562].

Diderot também tinha inimigos. Entre eles "Frederico, O Grande, que não gostava do filósofo, observou a propósito da invocação 'Jovem, toma e lê': 'Eis um livro que não lerei. Ele não é feito para mim, que sou um barbado'. Pode-se detectar; sem dúvida, sua persistente má-vontade no fato de um jornal de Berlim, em resenha de 1773 sobre uma coleção das obras de Diderot, dizer que Interpretação da Natureza era '*um sublime implexo em que o autor, sempre nas nuvens, contempla fantasmas que ele entende por natureza*'. E La Harpe, ex-philosophe que voltou-se contra os colegas, escreveu por volta de 1799, após bons quarenta e nove anos para elaborá-

562 Ibidem, p. 10.

-lo, o epigrama: 'Jamais foi a natureza tão oculta, como, dela, ao Diderot fazer-se intérprete'"[563].

A crítica contemporânea revelou-se no artigo principal do primeiro número do periódico parisiense *Année Littéraire*, e representou o que seria a sua política editorial, comandada pelo ex-jesuíta Fréron (1719-1976), pelos próximos trinta anos, ou seja, críticar as ideias dos *philosophes*. Em resposta, estes o qualificavam como o mais vil dos homens. Voltaire assim o repeliu:

> *"Outro dia, uma serpente,*
> *Em Fréron cravou os dentes.*
> *Sabem o que aconteceu?*
> *A serpente é que morreu".*

Fréron conduzia um jornal extremamente bem sucedido. Quanto a suas observações sobre Diderot, além de criticar a "orgulhosa presunção" dos *philosophes* em geral, assim se referiu a ele: *"O autor talvez seja um grande gênio; mas esse astro está sempre encoberto por nuvens de uma metafísica impenetrável. [...] Ainda que eu não compreenda em absoluto o que ele quis dizer, sinto que havia uma maneira mais clara de expressá-lo, e que a confusão de suas palavras vem tão somente daquela de seu espírito"*[564].

5.2.4 Principais obras

Em 1745, inicia a tradução da *Cyclopaedia* do inglês Ephrïm Chambers e logo opta por fazer uma obra mais ampla que abrangeria todos os conhecimentos humanos, a *Enciclopédia*. Esta obra levaria 25 anos de sua vida e congregaria grandes autores, como Montesquieu, Rousseau, Condillac, Voltaire, Buffon, Jaucourt, Amade Horellet, Quesnay, Turgot, d'Holbach etc. O primeiro volume da *Enciclopédia* seria publicado em 1751 e os demais, em 1751, 1753, 1754, 1755. O volume VI saiu em 1756. O conjunto da obra apresenta 35 volumes, com 17 volumes de texto, 11 de ilustrações, 4 volumes suplementares de texto e um de ilustrações e 2 volumes de índice geral. A publicação estendeu-se de 1751 a 1780. Antes da

[563] Ibidem, p. 10.
[564] Ibidem, p. 11.

conclusão do primeiro volume, por optar pelo ateísmo materialista[565] na obra *Carta sobre os cegos para uso dos que enxergam* (1747) e criticar o Antigo Regime, foi preso em 1749 por subversão[566].

Em 1765, Catarina da Rússia compra a biblioteca de Diderot (que ficou com usufruto) após este aceitar o convite da rainha para visitar a sua corte, na qual ficou por aproximadamente cinco meses[567].

Diderot publicou também: *Da interpretação da natureza* (1753); *O sonho de D'Alembert* (1769); *Suplemento à viagem de Bougainville* (1772); *Paradoxo sobre o ator, Memórias sobre diferentes assuntos da matemática, O filho natural e o pai de família* (dramas 1757-1758); *A religiosa* (1760 – esboço de romance); *O sobrinho de Rameau* (1762 – Romance); *Ensaio sobre os reinados de Claudio e Nero* (1778).

565 "Diderot acreditava também em uma forma de materialismo e apresentou suas ideias no *La Rêve d'Alembert* (*O sonho de d'Alembert*). O mais extremado dos pensadores a esse respeito, contudo, foi com toda probalidade Julien Offroy de la Metrrie (1709-51), conforme indicado pelo título de uma de suas principais obras *L'Homme Machine* (*O homem máquina*). Tal como Helvétius, e antes dele, acreditava em um determinismo estrito e em uma ética que se assentava sobre um hedonismo moldado por influências sociais. Não cabe dizer que algum desses pensadores tenha alcançado um ponto alto na filosofia, mas, a despeito de diferenças de detalhes, eles, na verdade, propunham um arcabouço comum de ideias. Os homes são animais, cujo comportamento deve ser explicado em termos das novas ciências; o conhecimento baseia-se na sensação e é modificado depois segundo princípios mecânicos; a sociedade tornará possível a educação e a reeducação, se apenas as instituições permitirem. As influências dos empiristas britânicos são grandes em tudo isso, mas há um sentido em que são secundárias. Os *philosophes* são importantes para a história das ideias e da cultura, mas não assinalaram um estágio importante no desenvolvimento da filosofia como tal." HAMLYN, D.W. *Uma história da filosofia ocidental*, Rio de Janeiro: Jorge Zahar Editor, 2002, p. 251.

566 HUISMAN, Denis. *Dicionário de filósofos*, cit., p. 283.

567 "Ao convidá-lo a visitar a Rússia, Catarina, a Grande, imaginou que Diderot apoiaria a modernização compulsória do país. Em vez disso, ele defendeu uma evolução lenta, compassada à educação dos cidadãos. Entre as ideias incomôdas de Diderot estavam a de que talvez não haja propósito no universo ou na vida humana, que a vontade não é livre, que não há Deus e que tudo no universo – incluindo a mente humana – é material. Em nenhum desses casos Diderot expressou uma opinião dogmática definitiva; ele acreditava que devemos ver aonde a evidência disponível nos conduz, permitindo que a evidência futura mude nossas opiniões." PAPINEU, David, *Filosofia: grandes pensadores*, São Paulo: Publifolha, 2009, p. 97.

5.2.4.1 Conclusão – A Enciclopédia e Diderot

A enciclopédia equivalia a um verdadeiro recenseamento cultural. As ideias nela contidas influenciaram muitas das posições assumidas pelos revolucionários franceses de 1789, ainda que os procedimentos revolucionários se distanciassem dos ideais dos iluministas. Estes, ao desejar e aprovar transformações sociais, esperavam que as mudanças fossem realizadas sem violência. De qualquer modo, construindo uma "ordem da natureza" segundo princípios novos, o Iluminismo procurou remover os equívocos do pensamento humano. Originárias da Inglaterra e da Holanda, as "luzes" fizeram o seu centro de produção e irradiação na França – especialmente em Paris – e dali para o mundo. Exaltando uma moral inspirada na felicidade humana, os "filósofos" recomendavam a organização da sociedade em função do bem-estar de cada um[568].

Além de demonstrarem contrariedade com a religião, os *philosophes,* como eram conhecidos os líderes iluministas, atacavam outro mal da humanidade, os déspotas, em especial o secularismo radical, o ataque ao direito divino dos reis, aos privilégios da aristocracia e do clero, respeito ao constitucionalismo inglês, ao regime da lei e a "obrigação de salvaguardar os direitos naturais dos seus cidadãos"[569].

Resultado do "trabalho conjunto de um número considerável de homens de letras bem conhecidos, peritos e especialistas, o formato *in folio* da obra permitiria um alcance temático vastamente maior que o de qualquer obra de referência e da época. Tratava-se de uma coleção 'que se poderia consultar sobre todo tema'. 'O propósito da Enciclopédia francesa, como exposto em seu prospecto', escreveu Frank Moore Colby, o ensaísta e enciclopedista norte-americano, 'era servir como uma biblioteca de referência para todos os homens inteligentes sobre todos os

568 Azevedo, Antonio Carlos do Amaral. *Dicionário de nomes, termos e conceitos históricos.* São Paulo: Lexicon, 2012, p. 249.

569 Os expoentes na Alemanha e na Itália foram, respectivamente: Cristiano Wolff (1679-1754), Samuel Reimarus (1694-1758), Moises Mendelsohn (1726-1796), Pedro Giannoni (1712-1769), Pedro e Alexandre Verre e César Beccaria (1728-1794). E na França: Diderot, Montesquieu, Rousseu, Voltaire, D'Alembert, D'Holbach, Condillac, La Mettrie e Helvetius.

assuntos, exceto o dela própria. Esse permaneceu o objetivo de enciclopédias em geral desde então'"[570].

A Enciclopédia convinha perfeitamente às necessidades intelectuais e sociais do seu tempo, e Diderot fez o máximo possível para tornar a Enciclopédia um repositório de conhecimento referente às artes mecânicas:

> *"consequentemente, tudo nos impelia a recorrer aos artesões. Dirigimo-nos aos mais hábeis de Paris e do reino. Nos demos ao trabalho de ir às suas oficinas, de questioná-las, de escrever sob seu ditado, de desenvolver seus pensamentos, de arrancar-lhes os termos peculiares a suas profissões, de redigir tabelas de tais termos, de defini-las, de conversar com aqueles dos quais obtivéramos os memorandos e (precaução quase indispensável) de retificar, em longas e frequentes conversas com alguns, o que outros explicaram de modo imperfeito, obscuro ou infiel"*[571].

Ao fim de abril de 1751, havia 1002 assinantes, e quase no fim do ano, o número de assinantes havia subido para 2619, número que, ao fim, chegou perto de 4.000, sem contar os assinantes de várias edições pirateadas na Itália e na Suíça[572].

A perspectiva particular da Enciclopédia (e a de seu editor, autor do prospecto) era tão distinta que ela enfureceu muitas pessoas, à medida que preparava muitas outras para as reformas realizadas pela Revolução de 1789. Na França setecentista, havia muitas pessoas e muito capital investido que não desejavam hamiltonianismo e Declaração dos Direitos. Além disso:

> *"Sua ultra-ardorosa oposição tornou arriscada a expressão de tais ideias, especialmente porque a Enciclopédia dependia, para publicação, de licença oficial, licença essa que foi duas vezes retirada e, somente de má vontade, e com limitações, restituída. Por esse motivo, o tato, a coragem e a energia suficientes para manter a empresa em andamento, e sua combinação com a amplitude intelectual requerida de editor de tão vasta obra, pediam por qualidades incomuns em conjunção incomum. Estas, o autor do prospecto sempre teve ciência de possuir. 'Daqui a alguns séculos', disse Jean-Jacques Rousseau,*

[570] WILSON, Arthur M. *Diderot*. São Paulo: Perspectiva, 2012, p. 24.
[571] Ibidem, p. 27.
[572] Ibidem, p. 25.

[ele] parecerá um homem prodigioso. As pessoas olharão de longe para essa mente universal com um misto de admiração e espanto, como hoje olhamos para as mentes de Platão e de Aristóteles"[573].

Em 1747, Diderot e D'Alembert firmaram contrato com editores para darem sequência ao projeto. O principal coordenador do projeto contou com uma renda constante ao longo de quarenta e um meses, além de dois terços do salário de um ano pagos de uma vez quando o primeiro volume fosse publicado. Diderot encarregou-se de responsabilidades que duraram 25 anos, pois ele não publicou o último volume de ilustrações antes de 1772[574].

A Enciclopédia fora organizada alfabeticamente e pelo uso livre de "referências cruzadas a fim de indicar conexões próximas e orgânicas". Esse "aparato das referências cruzadas" servia a um propósito adicional: "sugeria de modo astucioso pontos de vista que, devido à censura, não podiam ser debatidos abertamente"[575].

A obra impressionava pela multiplicidade de suas entradas breves; havia, literalmente, "milhares", pois mesmo não contendo mapas, tentava ser um dicionário geográfico. Além disso, serviu como dicionário, definindo numerosas palavras, "algumas delas muito comuns, e amiúde fornecendo elaborados exemplos de sinônimos"[576].

Sabe-se, também, que a Enciclopédia também continha: "vasto número de estimados artigos sobre gramática, alguns deles muito extensos, e a maior parte deles composta por um amável velho livre-pensador chamado Dumarsais". Assim escrevera Diderot no *Prefácio*: "nenhuma obra conhecida será tão rica, nem tão instrutiva quanto a nossa sobre as regras e os usos da língua francesa, e mesmo sobre a natureza, a origem, e a filosofia das línguas em geral". Em suma, "a Enciclopédia era prática. Era útil. E visto que contivesse muita informação impossível de obter em outro lugar, era indispensável"[577].

573 Ibidem p. 28.
574 Ibidem, p. 106.
575 Ibidem, p. 164.
576 Ibidem p. 164.
577 Ibidem p. 164.

A Enciclopédia, obra mais importante do Iluminismo francês, notabilizou-se por:

- divulgar a cultura e os conhecimentos;
- criar uma opinião crítica e contra os dogmas;
- criticar duramente as crenças e os preconceitos.

5.3 Montesquieu (Charles-Louis de Secondat, barão de La Brède - 1689-1755) – a estrutura democrática e os três Poderes

Nasceu em Bordeaux, numa família aristocrática. Estudou direito na Universidade homônima, onde se bacharelou e licenciou. Em 1708 foi admitido na Ordem dos Advogados e foi aprimorar os seus conhecimentos em Paris (1709-1713)[578].

Com o falecimento do pai, volta a La Bréde e passa a denominar-se Montesquieu, casando-se em 1715 com Jane de Lartigue, quando consolida sua fortuna e entra na magistratura. Ingressa no Parlamento de Bordeaux aos vinte e cinco anos (1714), tornando-se presidente em 1716.

Em 1726 volta para Paris após vender o cargo de presidente do Parlamento em Bordeaux. Depois, aceito na Academia Francesa em 1728, dedica-se à vida intelectual, lança *O templo de Gnide* e escreve *Diálogo de Sila e Eucrate* e *Considerações sobre as riquezas da Espanha*[579].

Depois de eleito para a Royal Society de Londres, curto período em que permaneceu na Inglaterra, trouxe consigo anotações sobre o mundo político e intelectual dos países que conheceu[580].

Entre 1731 e 1733, redige textos preliminares que comporiam a obra-prima *O espírito das leis*, tais como "Reflexões sobre a Monarquia Universal na Europa" e uma análise sobre a Constituição inglesa. Eleito em 1747 para a Academia da Prússia, publicaria sua obra mais importante em 1748. Faleceu em 10 de fevereiro de 1755[581].

Saliente-se que Montesquieu foi um jurista, com conhecimentos de história, sociologia e política. Além de sua doutrina resultar na reforma

[578] Huisman, Denis. *Dicionário dos filósofos*, cit., p. 703.
[579] Ibidem, p. 709.
[580] Ibidem, p. 703.
[581] Ibidem, p. 703.

das instituições, foi aplicada na Revolução Americana e Francesa, contribuindo para o mundo democrático, pois defendia a participação do povo na vida política[582].

Ele sintetiza seu método científico:

"De começo, examinei os homens, e concluí que eles, naquela infinita diversidade de leis e costumes, não eram conduzidos unicamente pela fantasia... Os meus princípios, não os tirei de meus preconceitos, mas da natureza das coisas"[583].

5.3.1 A República e as formas de governo

Na República todos devem ser iguais perante a lei e todos devem "zelar pela coisa comum", direcionando a lei para que não haja uma distância radical entre as "fortunas individuais"[584]. Todos são iguais entre si, principalmente na democracia. Além disso:

"A cidade tem (...) o aspecto de um bloco, cujos elementos são da mesma natureza e justapostos uns aos outros, sem que nenhum deles possua a superioridade. Todos zelam igualmente pela coisa comum; os que detêm a magistratura não são superiores aos outros, pois ocupam seus cargos somente por algum tempo. (...) é o princípio da República, ou pelo menos a meta em direção à qual ela tende, que ninguém ultrapasse muito os outros em recursos; pois, se é verdade que uma igualdade absoluta não é fácil de realizar, pelo menos em todos os lugares onde existir a República, as leis criam obstáculos para que haja uma distância demasiado grande entre as fortunas individuais. (...) é necessário que os meios de todos sejam medíocres, a fim de permitir uma suficiente igualdade. 'Cada um (...) deve experimentar os mesmos prazeres e formar as mesmas esperanças, coisa que só pode ser atingida com uma frugalidade geral'[585].

O pensador remodela as classificações tradicionais dos regimes políticos e distingue três espécies de governo: republicano, monárquico e

582 Ibidem, p. 706-707.

583 Ibidem, p.707.

584 Tais princípios foram abordados pelos federalistas no Congresso de Filadélfia (1774), liderados por Jefferson na discussão sobre a Constituição dos EUA. SADEK, Maria Tereza e QUIRINO, Célia Galvão, *Pensamento politico clássico*, cit., p. 282.

585 Ibidem, p. 282.

despótico. Em cada tipo de regime o filósofo estuda sucessivamente a natureza, ou seja, as estruturas constitutivas que nele se podem notar, e o princípio, ou seja, o mecanismo do seu funcionamento. Assim, a natureza da República democrática como antigamente em Roma ou Atenas, ou aristocrática como em Veneza ou Gênova, reside na soberania do povo; não há República sem a representação eletiva do povo, a qual, aliás, corresponde perfeitamente à sua natureza psicológica: o povo que, por si mesmo, "sempre tem ação de mais ou menos" e não é apropriado para gerir-se, é, em compensação, "admirável para escolher aqueles a quem deve confiar alguma parte de sua autoridade"[586].

Ainda que a monarquia, na Europa moderna, fosse a referência ao detentor da soberania, isto é, o governo de um só, Montesquieu já criticava nas *Lettres persanes* o absolutismo régio encarnado pela monarquia da França[587], pois a natureza da monarquia não reside no poder da pessoa régia politicamente definida, mas no poder do Estado monárquico juridicamente estabelecido[588].

Cada regime político é caracterizado, ao mesmo tempo, por sua natureza e por seu princípio. Determinar *a natureza* de um governo ou regime

586 Huisman, Denis. *Dicionário de filósofos*, cit., p. 705.

587 Defensor da monarquia limitada por oposição à monarquia absoluta, o seu contributo pode, pois, ser sintetizado nas seguintes linhas gerais: "a) A limitação pelo Direito: o governo monárquico (...) deve estar subordinado à lei; b) A monarquia deve restar limitada pelas ordens ou estados (clero, nobreza e povo) (...); c) A arquicélebre separação de poderes (...), ancorando-se nos seguintes aspectos: repartição do poder político pelos diferentes órgãos do Estado, como condição necessária de liberdade política, com cada um dos poderes a estar adstrito a um órgão específico. Isto é, o poder legislativo ao Parlamento, o poder executivo ao rei e o poder judicial aos tribunais; d) *Faculté de Statuer et Faculté d'Emp'echer*: cada um dos poderes de Estado não só desempenha as próprias funções (faculdade de impedir), configurando-se, assim, a existência de controlos recíprocos. (...) A tese de separação de poderes de Montesquieu vai ter uma importância decisiva para a Constituição Norte-Americana. Em resumo, (...) Montesquieu foi um dos maiores nomes da Ciência Política, sendo, depois de Aristóteles e de Maquiavel, porventura o maior politólogo da história até a sua época". Carvalho, Manuel Proença de. *Manual de ciência política e sistemas políticos e constitucionais*. 3.ed. Lisboa: Quid Juris Sociedade Editora, 2010.

588 Huisman, Denis. *Dicionário de filósofos*, cit., p. 705.

político é responder à questão: quem detém o poder soberano e como o exerce?[589]

Na senda de Montesquieu, um governo é de natureza despótica quando um só homem possui a soberania e governa sem lei nem regras, segundo o capricho do momento. O *princípio* de um governo são as paixões humanas que o movem. O princípio do governo despótico é o *temor.* O déspota reina pelo terror, mas ele mesmo, temendo por seu poder e por sua vida, é condenado a não cessar nem por um instante de se fazer temer. Há uma lógica do governo caprichoso de um só: o despotismo envolve a impossibilidade de se abrandar, e não é verdade que existam déspotas liberais, esclarecidos ou humanistas[590].

As formas de governo têm como base um fundamento determinado: a virtude para a democracia; a honra para a monarquia; e o temor para o despotismo[591].

Ao indagar sobre a "natureza" e o "princípio" das três espécies de governos que distinguiu, Montesquieu faz da *virtude,* no governo republicano, o princípio da democracia, pois "*faz parte da natureza da democracia que o povo (...) tenha um poder soberano; dessa natureza, decorrem 'as primeiras leis fundamentais' desse regime, ou seja, aquelas 'que estabelecem o sufrágio'. Mas é importante que (...) um princípio a faça mover-se (...). Esse princípio é a virtude, ou seja, (...)o amor pela República ou pela coisa pública. Esse sentimento (...) implica que se dê mais importância ao interesse geral que aos desejos particulares. (...) esse princípio, que move a democracia, é próprio do homem de bem político*[592].

Mas os jansenistas, os jesuítas, a Faculdade de teologia, Voltaire, por exemplo, criticaram-no. Para contrapor, Montesquieu esclarece que a virtude não é nem a virtude moral nem a virtude cristã, mas a virtude cívica – aquela que, outrora, foi o paradigma do republicanismo clássico. Ela reside essencialmente no civismo, ou seja, nesse senso da cidadania que coincide com o senso da responsabilidade. Se o civismo se desagrega, a democracia entra em decadência. A virtude democrática consiste, portanto, "em resistir, nas repúblicas, às tentações da corrupção e aos assal-

589 *Os filósofos através dos textos – de Platão a Sartre.* 2.ed. São Paulo: Paulus, 1997, p. 130.

590 Ibidem, p. 130.

591 Sadek, Maria Tereza e Quirino, Celia Galvão, *O pensamento político clássico*, cit., p. 282.

592 Goyard-Fabre, Simone. *O que é democracia?* cit., p. 136-137.

tos das facções que, na história, são as forças destrutivas da política. Para que um Estado popular se mantenha, ele precisa, como Péricles, compreender 'a mola da virtude'"[593].

Para Montesquieu, o equilíbrio constitucional dos poderes não consiste em princípio decisivo da democracia, mas se apresenta como a condição *sine qua non* de uma política de liberdade. Contudo, um regime democrático que não respeitasse a divisão e o equilíbrio dos poderes cairia numa monocracia cheia de perigos não menos temíveis que os vícios da autocracia despótica. A distinção dos poderes legislativo, executivo e judiciário, necessária para sua colaboração equilibrada, cria um obstáculo, explica Montesquieu, para o autoritarismo que, seja a forma que adote – o da massa ou o de um chefe –, afeta a liberdade devido a sua inevitável arbitrariedade[594].

A teoria de Montesquieu da divisão do poder e da distinção de seus organismos institucionais (teoria da "separação dos poderes") pôde servir de esquema jurídico exemplar para os doutrinários da democracia representativa ou parlamentar. Acrescente-se que segundo a referida teoria:

> *"(...) democracia não é, por natureza, ou seja, em si e por si, um regime de liberdade. (...) até mesmo numa democracia, a liberdade do povo tem de ser construída juridicamente. Ela exige a fragmentação do poder público e, correlativamente, a distribuição das prerrogativas governamentais a órgãos distintos. Esse esquema constitucional, segundo o qual 'o poder para o poder' tem como consequência o controle mútuo e recíproco dos poderes legislativo, executivo e judiciário. Essa autolimitação é própria de um 'governo moderado', o único que pode aplicar uma política de liberdade"*[595].

O pluralismo partidário é também, segundo Montesquieu, o meio de limitar a autoridade do poder, isto porque as ideias plurais dos partidos fazem com que as leis se alinhem aos "hábitos e costumes", do povo, cujo conjunto forma "o espírito geral de uma nação". Segundo Montesquieu, para que um povo possa gozar da liberdade, "é preciso que cada um possa

[593] Ibidem, p. 137.
[594] Ibidem, p. 138.
[595] Ibidem, p. 138-139.

dizer o que pensa", sendo conveniente que os cidadãos possam se exprimir pela voz do partido que escolheram[596].

A teoria democrática ocidental de hoje funda-se em três pilares: a virtude cívica do republicanismo; a moderação do regime constitucional do equilíbrio dos poderes; e o pluralismo dos partidos. Assim se reflete sobre a referida temática:

> *"Essas linhas de força lembram muito as ideias mestras do liberalismo de Montesquieu. No entanto, há quem receie imputar ao autor de 'O espírito das leis' o esquema construtor do regime democrático. Assim como La Boétie*[597] *ou os Monarcômacos*[598]*, como Hobbes ou Locke, Montesquieu só fornece à teorização da democracia elementos ainda não sintetizados. (...) quando Montesquieu define metodicamente quais são, para a democracia, assim como para os outros tipos de governo, a 'natureza' e o 'princípio' essenciais a eles, não elabora uma doutrina acabada deles"*[599].

Montesquieu estuda, de um lado, as relações que as leis têm com a natureza e o princípio de cada governo. Do outro, censurando o despotismo e vendo na liberdade a dimensão de esperança dos homens, ele questiona as condições jurídicas que são imperativamente necessárias, num regime político, para a existência da liberdade dos cidadãos. Todas as outras questões abordadas por Montesquieu – como a educação dos cidadãos, o direito civil, o direito criminal, a riqueza e o luxo, a força ofensiva dos Estados etc. – são apenas, em conformidade com o princípio do determinismo impositivo decifrado em todas as leis humanas, consequências das causas que a análise encontrou ativas nos diversos regimes[600].

[596] Ibidem, p. 139.

[597] Étienne de La Boétie (1530-1563) – Humanista e filósofo francês, amigo de Montaigne e ligado à filosofia estoica. Traduziu do grego para o francês obras de Xenofonte e Plutarco. Autor de "Discurso da servidão voluntária", obra, que ataca a tirania e compreende um estudo sobre a liberdade, as causas da dominação e as formas de impedir o jugo por parte de minorias às maiorias..

[598] Expressão que designa aqueles que combatiam o absolutismo monárquico e a tirania dos soberanos, no contexto dos escritos e dos escritores.

[599] Goyard-Fabre, Simone. *O que é democracia?*, cit., p. 139.

[600] Huisman, Denis. *Dicionário de filósofos*, cit., p. 705.

A sistematização atribuída a Montesquieu ao classificar os governos e relacionar o conjunto das leis fundamentais remonta ao pensamento grego, pelo menos a Heródoto[601]:

"Montesquieu conhece perfeitamente seus autores: cita nove vezes 'As leis de Platão' e cinco vezes 'A República', onze vezes 'A Política', e de 'Oresme' e a de 'Regius'. 'Os Pensées' revelam que fez copiosos extratos das obras de Platão e Aristóteles. Ora, Platão no livro VIII de 'A República', começava por definir o melhor governo, aquele em que os filósofos governam, para esboçar a partir desta visão abstrata uma degradação pseudo-histórica: a timocracia, ou governo segundo a honra, próximo de Esparta; a 'oligarquia', em que a perda de emulação tende ao espírito de ganância; a 'democracia', que é a revolta do pobre que dispensa a igualdade anárquica; a tirania, enfim, em que o povo atormentado procura um protetor"[602].

5.3.2 A separação dos poderes e a questão constitucional

Montesquieu afirma que era mais importante a existência de uma constituição que evitasse o despotismo. Isso se daria, argumentava, pela separação dos poderes dentro do governo[603].

Assim se dá a tripartição de poderes em Montesquieu: "Existem em cada Estado três espécies de poderes, o poder legislativo; o poder executivo das coisas, que dependem do direito das gentes; e o poder judiciário, das que dependem do direito civil". Este último configura "o poder de julgar" e o segundo, além da política exterior, o poder interno de execução. Uma nova dialética se esboça: "Tudo estaria perdido se o mesmo homem ou mesmo corpo de principais ou de nobres, ou do povo exercessem estes três poderes, o de fazer as leis, o de executar as resoluções públicas e o

[601] Heródoto (480 a.C. – 425 a.C.) – Historiador grego, viajante, narrou as lendas dos povos visitados e os costumes, traçando um painel geral da antiguidade conhecida. É considerado o "Pai da história". Foi para Atenas, na gestão de Péricles. Foi o primeiro analista da antiguidade que procurava saber as razões dos fatos narrados e não apenas registrá-los, como era comum. Considera em sua obra os aspectos geográficos e antropológicos. Enfocou: O império Persa e as guerras Médicas, a tirania de Pisístrato, o Egito, os Bárbaros e os Gregos (que considerava um povo civilizado).

[602] Ibidem, p. 704-706.

[603] KELLY, Paul *et al.* Trad. Rafael Longo. *O livro da política*. São Paulo: Editora Globo, 2013, p. 111.

de julgar os crimes ou as contendas dos particulares"; uma nova tipologia dos governos não confirma exatamente a antiga, desvenda-se: quando os três poderes são confundidos, o governo é *despótico*. "Quando dois poderes são confundidos, na medida em que o poder judiciário está separado, o governo é *moderado*, à imagem das monarquias europeias; quando os três poderes são separados, o governo é *livre*, à imagem da Inglaterra"[604].

A teoria da separação dos poderes, disposta no Livro XI de *O Espírito das Leis* (concebido muito depois dos dez primeiros livros), foi inspirada pelo sistema político constitucional, conhecido durante a viagem de Montesquieu à Inglaterra, em 1729. Ali encontrou um regime cujo objetivo principal era a liberdade[605].

A tese de Montesquieu seria integrada na Constituição americana e expressa no artigo 16 da Declaração Universal dos Direitos do Homem e do Cidadão. Desde então, a teoria da separação dos poderes passou a ser princípio político de todos os governos que sofreram a influência da Revolução Francesa[606].

A anunciada separação não é, contudo, tão rígida, pois Montesquieu admite o poder de veto do monarca sobre as decisões do Legislativo; por outro lado, o Legislativo invade as atribuições do Judiciário, quando o autor estabelece que os nobres só poderão ser julgados pelos seus pares e nunca por magistrados populares[607]. Logo, a separação dos poderes é relativa, e o mais importante dos aspectos da teoria é a relação de forças entre os detentores do poder: o rei, os nobres e os burgueses. Aqui se atinge todo o significado do projeto político de Montesquieu e sua inserção dentro do quadro dos conflitos sociais por ele vividos. O filósofo opta claramente pelos interesses da nobreza, quando põe a aristocracia a salvo tanto do rei quanto da burguesia. A salvo do rei, quando a teoria da separação dos poderes impede o Executivo de penetrar nas funções judiciá-

604 SADEK, Maria Tereza e QUIRINO, Celia Galvão, *Pensamento politico clássico*, p. 385.
605 *Os pensadores – Montesquieu – Do espírito das leis* – Charles Louis de Secondat Montesquieu, p. XXIII.
606 Ibidem p. XXIII.
607 Ibidem p. XXIII.

rias; a salvo dos burgueses, quando estabelece que os nobres não podem ser julgados por magistrados populares[608].

Além disso, como autêntico aristocrata, desagradava-lhe a ideia de todo o povo possuir poder, por isso estabeleceu a necessidade de uma Câmara Alta no Legislativo, composta por nobres. A nobreza, além de contrabalançar o poder da burguesia, era vista por ele como capacitada, por sua superioridade natural, a ensinar ao povo que as grandezas são respeitáveis e que a monarquia moderada é o melhor regime político[609].

Outras considerações finais acerca do princípio da separação dos poderes:

> *"(...) é parte do estado de direito, enquanto for um princípio democrático de direito político recolhido na Constituição. Nesse sentido, é parte substancial do princípio de legalidade. Mais que para a separação de poderes, no sentido estrito, o direito e a prática político-constitucional orienta-se para o equilíbrio de poderes, que consiste no controle mútuo destes. Nessa ordem de ideias, explica-se a doutrina norte-americana dos 'checks and balances' e a doutrina francesa dos 'contrepouvioirs', contrapoderes ou sistemas de balanças e contrapesos. Além disso, convém assinalar que, na regulamentação constitucional e na prática, não existe uma separação absoluta, pois, sem prejuízo das atribuições que, por sua própria natureza, correspondem-lhes, cada um dos poderes exerce, em algum momento ou circunstância, funções que naturalmente concernem a outro ou outros poderes"*[610].

Conforma-se o Estado de Direito como a condição da verdadeira democracia e forma de organização jurídico-política, tendo por base o equilíbrio de poderes. Em termos gerais, o Estado de Direito preconiza a subordinação de poder à Constituição e às leis de um país. Substancia-se no princípio da hierarquia da norma jurídica, em que se estabelece uma ordem de prioridade normativa, esta intrínseca à sobrevivência do sistema jurídico. O núcleo essencial desse princípio é o da supremacia da

[608] Ibidem p. XXIII.
[609] Ibidem p. XXIII.
[610] Caldera, Alejandro Serrano. *Os dilemas da democracia*. São Leopoldo: Editora Unisinos, 1996, p. 86.

Constituição e que se sustenta ante o recurso de inconstitucionalidade da lei"[611].

Segundo Montesquieu, a Constituição é fundamental para evitar o abuso do poder, pois serve para "o poder travar o poder" (*il faut que le pouvoir arrête le pouvoir*)[612]. Trata-se de "uma experiência eterna que todo homem que tem poder é levado à busca dele; ele irá até onde encontrar limites", que será dado pela constituição. Ninguém poderá ser obrigado a fazer coisas que a lei não obrigue[613].

Em relação ao poder judiciário, defende que deve ser "passivo, obediente às leis e neutro". Afirma: "o juiz não é mais do que a boca que pronuncia as palavras da lei"[614].

O princípio de "juiz neutro" estava no contexto da época liberal, porque os juízes do Antigo Regime perseguiram os rebeldes revolucionários para defenderem os privilégios absolutistas, ou seja, o "ativismo judicial". Para Montesquieu, "produzir direito novo compete aos legisladores" eleitos pelo povo soberano, senão teríamos "o governo dos juízes"[615].

A doutrina jurídica de Montesquieu é a seguinte[616]:

- Direito
  - Direito Natural
  - Direito Positivo
    - Direito das Gentes
    - Direito Político
    - Direito Cívil

"O Direito Natural são as leis da natureza, 'assim denominadas por derivarem unicamente da constituição de nosso ser'. Não é elaborado pelo homem"[617].

"O Direito Positivo são normas jurídicas elaboradas pelo homem. É a razão humana aplicada ao Governo. (...) Compreende: a) as normas sobre

611 Ibidem, p. 87.

612 Sadek, Maria Tereza e Quirino, Celia Galvão, *Pensamento político clássico*, cit., p. 368.

613 Chatelet, François. *História das ideias políticas*, cit., p. 65.

614 Ibidem, p. 65.

615 Ibidem, p. 65.

616 Montesquieu, Charles Louis de Secondat. *O espírito das leis*. São Paulo: Saraiva, 1987, p. 11.

617 Ibidem, p. 11.

as relações entre os povos ('Direito das Gentes', hoje denominado Direito Internacional Público); b) as normas sobre as relações entre governantes e governados ('Direito Político'", hoje denominado Direito Público, que compreende o Direito Constitucional, Direito Administrativo etc.); e c) as normas sobre as relações entre os cidadãos em geral ('Direito Civil', hoje subdividido em Direito Civil e Direito Empresarial)"[618].

Na visão de Montesquieu, "Antes que houvesse leis feitas, havia relações de justiça possíveis. Dizer que não há nada justo nem injusto além do que ordenam ou proíbem as leis positivas é dizer que, antes de se traçar um círculo, os raios não são todos iguais". Logo, há uma justiça natural. Essa é, para o pensador, uma certeza espiritual; a ideia do justo preexiste ao exército da justiça. A dificuldade deve-se, depois, ao projeto epistemológico concebido por Montesquieu. De fato, ele não pretende estudar as leis humanas através da letra dos códigos; quer procurar seu "espírito" e percebe que, apesar dos erros a que os homens estão sujeitos – o mundo inteligente está longe de ser tão bem governando quanto o mundo físico –, as leis positivas não encerram mais arbitrariedade ou acaso do que as regras segundo as quais Deus estabeleceu a ordem do mundo. Em sua diversidade, por mais que as leis dos homens revelem seu relativismo, por mais que se enunciem em preceitos prescritivos, evidentemente normativos, ainda assim se inserem no determinismo universal[619].

Discurso salutar de Montesquieu é o que alude à pluralidade das leis:

> *"(...) encontra-se sempre a unidade estrutural delas, de sorte que a lei de todas as leis é a forma relacional delas. Esta ensina o que é 'o espírito das leis'. Logo, o espírito das leis é também uma lei que, exprimindo, por exemplo, a influência do clima, ou da natureza do terreno, ou do número dos habitantes de um país sobre as regras positivas que lhes regem os costumes, é essa relação de necessidade que liga os efeitos às suas causas. Desse modo, o espírito das leis 'anuncia as ordens da Razão àqueles que não podem recebê-las imediatamente dela'. Portanto, embora aqui e ali a condição seja desordenada a ponto de assumir o aspecto do absurdo, essa irracionalidade, avalia Montesquieu, não é definitiva; a complexidade das regulamentações humanas mascara uma racionalidade*

[618] Ibidem, p. 11-12.

[619] Huisman, Denis. *Dicionário de filósofos*, cit., p. 704.

profunda. É que a legalidade universal rege o grande. Todo o mundo, de tal maneira que 'a natureza das coisas' se impõe com a força de um paradigma"[620].

5.3.3 A proposta política e a liberdade

Ao analisar a tipologia governamental, Montesquieu procede a uma tríplice indução: "primeiro, a degeneração de todo regime político provém da degeneração de seu princípio; segundo, um regime só poderá manter-se em seu princípio, portanto em sua existência, se seu território se restringir a certos limites; uma República deve ser pequena e uma monarquia de extensão média, ao passo que o despotismo se instala num vastíssimo império; daí, terceiro, fica claro que a degeneração de todas as formas de governo é uma distorção da ordem das coisas, que é também uma distorção da ordem política"[621].

Conforme transcrito acima, Montesquieu propõe uma teoria da decadência. A degenerescência de todo regime tende para um reinado absurdo do despotismo em que o nada suplanta o ser e o valor. Em *L'Espirit des lois*, a trilogia dos governos dá lugar a uma visão dualística do político dominada pela preocupação com a liberdade. A liberdade é mesmo "o bem que faz desfrutar outros bens". A problemática de Montesquieu é esclarecida: já que as leis mantêm uma relação cerrada com os diversos tipos de governo, importa mostrar como, na perspectiva normativista de um "bom governo", compete às leis gerar liberdade[622].

Montesquieu esclarece que a liberdade em questão se refere à liberdade política, que só pode ser encontrada "nos governos moderados". Contrariamente ao que se poderia crer, ela não é monopólio da democracia, pois o "poder" do povo não é a "liberdade" do povo. De fato, o homem é livre não quando tem o direito de fazer o que quer, mas quanto tem "o direito de fazer tudo o que as leis permitem". Isto quer dizer que só é livre sob a proteção da lei, desde que esta atenda à exigência axiológica da moderação política. Essa condição essencial, que significa que o problema da liberdade se confunde com a limitação do poder, Montesquieu acreditou ser realizada pelo regime inglês. Dessa forma, o célebre

620 Ibidem, p. 704.
621 Ibidem, p. 706.
622 Ibidem, p. 706.

capítulo VI do Livro XI de *L'Espirit des lois* estabelece, a pretexto de uma descrição da Constituição da Inglaterra, o estatuto constitucional e jurídico da liberdade dos cidadãos[623].

Quando os três poderes que existem em todo Estado – "o de fazer as leis, o de executar as resoluções públicas e o de julgar os crimes ou as pendências particulares" – se confundem, o despotismo de um só suprime qualquer liberdade, trate-se ele de um homem, de um corpo ou do povo. Logo, a condição *sine qua non* da liberdade dos cidadãos é a não confusão desses poderes, a qual significa a distinção orgânica deles, em harmonia com sua interdependência funcional[624].

Para resolver o problema da cumulação de poderes, Montesquieu propõe, sob as premissas da Constituição inglesa, "que os três poderes sejam distribuídos entre três órgãos diferentes, distintos e independentes uns dos outros, mas interligados". Desse modo, cada um deles recebe e exerce sem reservas o monopólio de suas prerrogativas, mas os três poderes "são forçados a agir de comum acordo" a fim de cooperar para o andamento do Estado[625].

Dessa forma, haveria como impedir qualquer tentativa de despotismo. A teoria dos poderes está, portanto, em Montesquieu, a serviço da causa liberal. É por isso que a vida política, segundo Montesquieu, deve dar lugar a um diálogo em que se ouça a voz de todos: as duas Câmaras – uma representativa dos nobres, a outra do povo –, o monarca e os magistrados, e estes devem rivalizar em importância, mas trabalhar em conjunto a fim de levantar uma barreira contra qualquer veleidade tirânica[626].

Em suma, Montesquieu propunha:

- Uma evolução da monarquia absoluta para liberal, levando em consideração o princípio da legalidade, a separação dos poderes, ou seja, a democracia, tendo como base o parlamentarismo da Inglaterra.

[623] Ibidem, p. 706.
[624] Ibidem, p. 706.
[625] Ibidem, p. 706.
[626] Ibidem, p. 706.

- Que deveria haver um consentimento popular originário para a democracia, ou seja, um acordo de todos os indivíduos na origem do Estado, o que significa um contrato sob o ponto de vista jurídico.
- O princípio da legalidade, isto é submeter as decisões do Estado à lei, para limitar o Poder Absoluto em todas as esferas de Administração Pública, evitando a violência contra a vida, a liberdade a propriedade, ou seja, os direitos individuais.
- A separação dos poderes em Legislativo, Executivo e Judiciário, com o povo tendo representantes "numa das câmaras do legislativo", como na Inglaterra, que apresentava a câmara dos comuns (povo e burguesia) e dos lordes (nobreza)[627].

5.3.4 Montesquieu e a Revolução Francesa

Em relação à Revolução Francesa, Montesquieu foi, em grande parte, desqualificado desde o início do evento histórico porque surgiu como um autor que tudo justificou, que pensou mais no que é do que no que deve ser. Encontra-se essa acusação em Mirabeau[628], em Daunou[629] (no *Contrat social des Français*) e Mounier[630], que escreveu em setembro de 1789: "*O espírito das leis* de Montesquieu prejudica neste momento grandemente a causa da liberdade: não se levou suficientemente em consideração que esse escritor, buscando o espírito das instituições, tratou sempre de justificar tudo o que encontrou estabelecido: deu lições aos déspotas para que aumentassem seu poder, assim como deu lições aos povos livres para que se garantissem contra a servidão"[631].

627 Ibidem, p. 706.

628 Honoré Gabriel Riqueti, conde de Mirabeau, (Bignon-Mirabeau, Loiret, 9 de março de 1749 – Paris, 2 de abril de 1791) foi um jornalista, escritor, político e grande orador parlamentar francês. Ativista e teórico da Revolução Francesa.

629 Pierre Claude François Daunou (18 de augosto de 1761 – 20 de junho de 1840) foi um politico e historiador na época da Revolução Francesa.

630 Jean-Joseph Mounier (1758-1806) foi um jurista e politico francês que desempenhou importante papel nos primeiros meses da Revolução Francesa.

631 Furet, François e Ozouf, Mona. *Dicionário Crítico da Revolução Francesa*. Rio de Janeiro: Nova Fronteira, 1989, p. 789.

"Diferentemente de alguns de seus amigos monarquianos (Lally-Tollendal ou Clermont-Tonnerre), Mounier não se referiu a Montesquieu em seus discursos do outono de 1789. Todos sabiam, no entanto, na Assembleia, que Montesquieu era, como o disse Barnave[632], "a autoridade favorita" dos partidários do veto real e da segunda Câmara"[633].

"Essa crítica a Montesquieu provém, sobretudo, dizem os autores, de um racionalismo político que considera o bem como algo que pode ser conhecido facilmente e idêntico em toda parte. A tarefa do "legislador" consistiria, portanto, em descobrir esse bem e em realizá-lo, não em conceber instituições em função das circunstâncias em que se encontra. Comentando a passagem do *Espírito das leis* em que Montesquieu critica a ideia de uniformidade em matéria de legislação, Condorcet[634] escrevia, em 1780: 'Como a verdade, a razão, a justiça, os direitos dos homens, o interesse da propriedade, da liberdade, da segurança são os mesmos em toda parte, não se compreende por que todas as províncias de um Estado ou mesmo todos os Estados não teriam as mesmas leis penais, as mesmas leis civis, as mesmas leis de comércio etc. Uma boa lei deve ser boa para todos os homens, como uma proposição verdadeira o é para todo'"[635].

Montesquieu aconselhava a moderação ao legislador; Condorcet replicava: "Por espírito de moderação não entenderia Montesquieu esse espírito de incerteza que altera, por cem pequenos motivos, os princípios invariáveis da justiça?" A recusa da moderação é característica do espírito de 1789[636].

No entanto, a moderação de que fala Montesquieu não significa o puro relativismo e o esquecimento do universal. Em *O espírito das leis* há

[632] Antoine-Pierre-Joseph-Marie Barnave, nascido em Grenoble no dia 22 de outubro de 1761 e guilhotinado em Paris no dia 28 de novembro de 1793, era um político francês.
[633] Furet, François e Ozouf, Mona. *Dicionário Crítico Da Revolução Francesa*, cit., p. 789.
[634] Marie Jean Antoine Nicolas de Caritat, Marquês de Condorcet (1743-1794), também conhecido como Nicolas de Condorcet, matemático e filósofo que ocupava uma cadeira de deputado pela cidade de Paris, foi um dos líderes ideológicos da revolução. Seu projeto, apresentado na ocasião, era uma tradução para o campo educacional dos ideais iluministas que nortearam o processo de revolução.
[635] Furet, François e Ozouf, Mona. *Dicionário Crítico Da Revolução Francesa*, cit., 790.
[636] Ibidem, p. 790.

uma hostilidade pelo despotismo fundado na razão, apesar de o despotismo aparecer no livro como explicável. Em termos históricos, Montesquieu nunca deixa, aliás, durante todo o curso da Revolução, de ser visto também como adversário do despotismo. Marat escreve em 1789 que ele foi o primeiro a "desarmar a superstição", a "exigir os direitos do homem e a atacar a tirania". Por surpreendente que isso possa parecer, Marat e outros autores, a exemplo de Mercier[637], Brissot[638] ou Saint-Just[639], citam igualmente Montesquieu de maneira elogiosa. Essas referências demonstram que Montesquieu não aparece apenas, durante a Revolução, como um pensador que a tudo justificou, mas também como um adversário do despotismo[640].

Consideram os autores que os atores revolucionários não conseguem reunir numa percepção coerente os dois aspectos do projeto de Montesquieu: compreender, através da razão, todos os regimes, inclusive o despotismo, mas também fundamentar na razão a recusa de tal despotismo. Ora, eles percebem outro aspecto. Ainda com mais profundidade, eles não compreendem, ou recusam aceitar a ideia que domina em O *espírito das leis*, e que fundamenta, em última análise, a teoria da moderação do "legislador". Em Montesquieu, a razão mostra que existe um mal político (o despotismo), mas ela também estabelece que há vários bens (a monarquia moderada, a República, sobretudo se é comerciante, o regime inglês). O bem político não é nem totalmente indeterminado (já que existe um mal) nem totalmente determinado (pois vários regimes são bons). Ele é relativamente indeterminado. A partir dessa indeterminação relativa, Montesquieu pode aconselhar ao mesmo tempo ao "legislador" que adapte suas instituições às circunstâncias particulares (dispõe ele da escolha entre vários bens) e que "procure atingir um objetivo universal (fazer recuar o despotismo)"[641].

637 Louis Sebastián Mercier (1740-1814) foi um escritor francês.

638 Jacques Pierre Brissot (1714-1793), escritor e líder girondino.

639 Louis Antoine de Saint-Just (1767-1794), um dos principais líderes dos jacobinos e implantador do regime do Terror após a revolução. Foi guilhotinado junto com Robespierre.

640 FURET, François e OZOUF, Mona. *Dicionário Crítico Da Revolução Francesa*, cit., p. 790.

641 Ibidem, p. 790-791.

5.3.5 A sociologia política em Montesquieu – comparações com Hobbes e Espinosa[642]

O espírito das leis objetivou fundar uma real ciência política com base na história das nações e dos povos, com o propósito de estudar as leis, as instituições e os costumes e, além disso, defender o regime liberal inglês (Monarquia Parlamentar) contra o absolutismo reinante na França, propondo uma reforma sem violência[643].

Ao contribuir, portanto, para a sociologia política, destacou o papel do clima no comportamento dos homens. Por exemplo, referiu-se à Europa Nórdica fria como rica, ao contrário dos países do sul, mais pobres e subdesenvolvidos[644].

Para Montesquieu, "o correto conhecimento dos fatos humanos só pode ser realizado cientificamente na medida em que eles sejam visados como são e não como deveriam ser", pois, enquanto não forem abordados como independentes de fins religiosos e morais, jamais poderão ser compreendidos. As ciências humanas deveriam, segundo o pensador, libertar-se da visão finalista, como já haviam feito as ciências naturais, que, em sua visão, só progrediram realmente quando se desvencilharam do finalismo aristotélico-escolástico[645].

Hobbes e Espinosa apresentam pontos comuns com Montesquieu na medida em que, como ele, estabelecem como princípio preliminar à ciência política não julgar a história segundo critérios religiosos e morais. Ao contrário, ambos opinam que a religião e a moral devem ser inseridas no conjunto dos fatos humanos que podem ser tratados cientificamente[646].

"O projeto e a linguagem de Montesquieu, por um lado, e de Hobbes e Espinosa, por outro, são idênticos. Diferem, contudo, na maneira de abordar o objeto da ciência social. O autor das *Cartas Persas* parte dos

642 Baruch Espinosa ou Spínoza, holandês, de origem judaica, racionalista importante do século XVII, afirmava que o mundo pode ser conhecido através da razão. Ligava metafisica a ética. Destaque para a sua obra *Tratado teológico-político* (1670) e *Ética*.

643 Furet, François e Ozouf, Mona. *Dicionário Crítico Da Revolução Francesa*, cit., 791.

644 Sadek, Maria Tereza e Quirino, Célia Galvão. *Pensamento político clássico*, cit., p. 398-399.

645 Montesquieu, Charles Louis de Secondat. *Do espírito das leis*. Col. Os Pensadores. São Paulo: Abril Cultural, 1973, p. XVIII.

646 Ibidem p. XVIII.

fatos tais como se dão concreta e particularmente, e tenta extrair hipotéticas leis que os governam; Hobbes e Espinosa procedem de maneira abstrata e dedutiva. *O Espírito das Leis* almeja ser uma obra de ciência positiva; o *Leviatã* de Hobbes e o *Tratado teológico político* de Espinosa são construções teóricas sobre a essência da sociedade"[647].

"Recusando submeter-se aos princípios religiosos e morais, e distanciando-se do racionalismo abstrato do século XVII, Montesquieu propôs um estudo descritivo e comparativo dos fatos humanos, formulando um novo conceito de lei, que constituía, então, uma inovação teórica e representava sua principal contribuição para a formação da ciência social. Até então, o significado da noção de lei estava impregnado de finalismo. O pensamento antigo, tanto quanto o medieval, ao utilizar a noção de lei, supunha seres humanos, ou semelhantes a eles, aos quais a lei se aplicaria como mandamento. Supondo uma vontade legisladora e o respeito de súditos a ela, a lei se definiria em termos de alvos a serem atingidos de maneira obrigatória, possuindo, assim, estrutura de ação humana consciente"[648].

Assim, o pensador afasta-se radicalmente de tal concepção e aproxima-se deliberadamente dos criadores da metodologia das ciências físicas. Lei, para ele, é uma relação necessária que deriva da natureza das coisas, de tal forma que "cada diversidade é uniformidade, cada modificação é constância". Nesse sentido, "todos os seres têm suas leis: a divindade... o mundo material... as inteligências superiores ao homem... os animais... os homens"[649].

Para Montesquieu, os elementos que configuram as formas e os princípios componentes do Estado vinculam-se entre si não de maneira somatória, mas como totalidade viva, uma totalidade real, em que todos os pormenores da legislação, das instituições e dos costumes são feitos expressões de uma unidade interna. Isso significa dizer que o desenvolvimento histórico das sociedades não tem como motor este ou aquele fator particular, mas decorre da dinâmica própria ao conjunto do sistema[650].

[647] Ibidem p. XVIII.
[648] Ibidem p. XVIII.
[649] Ibidem p. XVIII.
[650] Ibidem p. XVIII-XIX.

"Analisando a dinâmica interna desses sistemas, Montesquieu chegou a algumas generalizações que, do ponto de vista da ciência social dos dias de hoje, parecem primárias. Alguns desses fatores (...) podem predominar sobre os demais. A dimensão geográfica, por exemplo, pois quanto maior o território dominado por um Estado, tanto maiores as possibilidades de vir a configurar um governo despótico. Quanto menor, tanto mais tenderá a ser uma República. A monarquia fica no meio termo. Outro fator físico é o clima: quanto mais violento e cruel, tanto mais condicionaria o surgimento de governos despóticos. Um terceiro fator é o tipo de solo (montanhoso ou plano, continental ou insular) e sua maior ou menor fertilidade"[651].

"Tais fatores físicos, embora predominantes, não seriam, entretanto, elementos que possam determinar completamente a natureza do Estado. Fatores puramente sociais, como a religião, as leis, as tradições, os costumes, teriam o poder de corrigi-los"[652].

Montesquieu nunca perde, assim, a visão da totalidade unitária de todos os fatores como princípio científico fundamental para o estudo das sociedades. O conceito de totalidade permite compreender um momento da existência de um Estado, mostrando a vinculação interna dentro da aparente diversidade de suas leis e instituições:

> *"As totalidades políticas, ou unidades forma-princípio, no surgimento e desenvolvimento dos Estados, são classificadas por Montesquieu em três tipos: república, monarquia e governo despótico. Abandona, assim, a tradicional divisão aristotélica em monarquia, aristocracia e democracia, muito embora restassem algumas semelhanças de forma. Não eram, contudo, as formas políticas o que mais interessava a Montesquieu, mas os espíritos correspondentes. Por outro lado, a classificação resultava de uma inspeção histórica muito mais ampla do que a realizada, na Antiguidade, por Aristóteles (384-322 a.C.)"*[653].

[651] Ibidem p. XIX.
[652] Ibidem p. XIX.
[653] Ibidem p. XIX-XX.

5.3.6 Conclusão – Montesquieu hoje

Atualmente, Montesquieu é criticado de um lado pela extrema direita e do outro lado pela extrema esquerda revolucionária, ambas defendendo um estado autoritário e até ditatorial. Considera a esquerda que a separação dos poderes é um "mito" que não consegue criar uma sociedade equilibrada e justa, mas favoreceu inicialmente a nobreza e, posteriormente, a burguesia em seus privilégios.

A "direita" acredita que o liberalismo democrático conduz o Estado ao desmando e à anarquia e, portanto, a saída é o autoritarismo e até o totalitarismo.

Ambas as tendências propõem a derrocada da Democracia. E quanto a Montesquieu, este continua atual em suas conclusões, quando considera no Livro VIII (*O espírito das leis*): "a corrupção de cada governo começa sempre pela corrupção dos princípios". Princípio, entenda-se, concebido não como um caminho rigoroso, mas como um equilíbrio instável; na linguagem aristotélica, um "meio-termo"[654].

O princípio da democracia se corrompe ao mesmo tempo pela perda do espírito de igualdade e pelo abuso da igualdade; o espírito de desigualdade leva a democracia à aristocracia e à monarquia; o espírito de igualdade extrema, ao despotismo concebido como um refúgio contra a anarquia. O espírito da aristocracia, mistura flexível de virtude e de moderação, evolui seja para a violência, seja para a apatia coletiva. O princípio da monarquia sofre também uma dupla degradação: a honra repousa sobre os privilégios e se nutre nos corpos intermediários; se suprirmos os corpos intermediários e o desejo de distinção, a nobre ambição desaparece. Mesma consequência pelo excesso, quando a honra é suplantada pelas honras, quando o nobre se torna o cortesão "coberto ao mesmo tempo de infâmia e de dignidades"[655].

Montesquieu atacou a corrupção afirmando que o "povo a julgará sempre intolerável" e pode optar por uma "tirania que não seja corrupta"[656].

Nos dois casos, a monarquia torna-se despotismo. Quanto ao puro governo despótico "corrompido por natureza" (VIII,10), miserável e

[654] Sadek, Maria Tereza e Quirino, Célia Galvão. *Pensamento político clássico*, cit., p. 377.
[655] Ibidem, p. 377.
[656] Ibidem, p. 377.

instável, tende a cair quando o temor se atenua. Montesquieu tira dessa construção intelectual uma dupla terapêutica: 1) toda corrupção de um regime vem da corrupção dos princípios; 2) cada governo manterá mais facilmente seus princípios caso se integre numa extensão territorial adequada: a República convém a um pequeno território e a uma cidade, a monarquia a um país de tamanho médio, o despotismo a um grande império; por consequência, toda política que tende a modificar a extensão de um território, ou em outras palavras, todo espírito de conquista, leva à corrupção do princípio e à ruína[657].

Considera, portanto, que "a corrupção de um governo é o processo pelo qual ele perde seu princípio e, por conseguinte, transforma sua 'natureza'. O risco de governos moderados se transformarem em governo despótico é, evidentemente, o mais grave"[658].

"Dizer que 'a corrupção de cada governo começa quase sempre por seus princípios' equivale a conceder primazia à disposição de espírito que anima as instituições e fundamenta a obediência às leis. As leis devem se consagrar prioritariamente a conservar o princípio, pois, 'uma vez corrompidos os princípios do governo, as melhores leis se tornam ruins e se voltam contra o Estado; quando os princípios são saudáveis, as leis ruins têm efeito de boas; a força do princípio arrasta tudo'. Cada forma de governo está constantemente ameaçada por uma forma particular de corrupção das paixões dominantes que a mantém: a virtude fica em perigo por tudo o que possa suscitar a impureza dos costumes, pelo espírito de desigualdade e, sobretudo, pelo espírito de igualdade extrema (quando o povo recusa o comando de seus magistrados); a honra, pela concentração abusiva dos poderes e o aviltamento das distinções, ao passo que o temor se corrompe o tempo todo por sua própria natureza. A menor mudança na constituição pode acarretar a ruína dos princípios. Entre os meios mais eficazes de conservar os princípios, Montesquieu coloca a conservação da morfologia do território: o engrandecimento por conquista induz uma perturbação no tocante a isso – esta é a lição das constituições republicanas"[659].

[657] Ibidem, p. 377.

[658] Spector, Céline. *Vocabulário de Montesquieu*. São Paulo: Martins Fontes, 2011, p. 16.

[659] Ibidem, p. 17.

Ainda sobre a temática da corrupção em Maquiavel, quando os homens são corrompidos, a reforma das leis se torna inútil, e toda violação dos costumes provoca ao final o declínio do amor pela pátria e, portanto, do amor pelas leis. Na definição de Montesquieu sobre virtude democrática, esse "amor pela República" é feito de frugalidade e de igualdade, e o princípio central da democracia só pode ser "o respeito às leis". "Uma democracia sadia é aquela em que os cidadãos respeitam não só a Constituição que fixa as modalidades da luta política, mas todas as leis que conformam o quadro dentro do qual a atividade dos indivíduos se desenvolve." O respeito à legalidade não é apenas o princípio filosoficamente constitutivo da liberdade; ele é, juridicamente, o princípio do pluralismo democrático e liberal[660].

E o combate à corrupção permanece como muleta de todos os movimentos autoritários e antidemocráticos da atualidade, inclusive no Brasil. Não seguindo o proposto por Montesquieu, a pretexto de combater a corrupção, os movimentos autoritários buscam na realidade subverter a ordem e deixam de cumprir as leis, já que muitas vezes estas impedem a implementação moralista de seus projetos políticos. Com isso, atacam frontalmente o princípio central da democracia e abrem espaço para a implantação de governos com viés ditatorial, muitas vezes mais corruptos que aqueles que diziam combater.

5.3.7 Principais obras

Montesquieu deixou para a posteridade: *Cartas persas (1721)*; *Tratado dos deveres (1725)*; *O templo de Gnido (1725)*; *Considerações sobre as riquezas da Espanha (1727)*; *Reflexões sobre a monarquia universal na Europa (1734)*; *Considerações sobre as causas da grandeza dos romanos e de sua decadência (1734)*; *O espírito das leis*[661] (1748), *Lisimaco (1754)*; *Ensaio sobre o gosto; e Memória sobre a constituição*. Essas duas últimas obras não foram finalizadas, sendo publicadas postumamente.

[660] GOYARD-FABRE, Simone, *O que é democracia?*, cit., p. 225.

[661] A obra tem 600 capítulos.

5.3.7.1 "O espírito das leis" – principal trabalho

Estabelecida pela Santa Sé como obra proibida em 1751, *L'espirit des lois* fundamenta-se em matéria política e jurídica de cunho histórico, geográfico, financeiro, climático e antropológico. Montesquieu baseou-se nos estudos de Aristóteles, Maquiavel, Bodin e nas ideias do iluminismo inglês (Locke) para desenvolver o seu método de observação, que culmina em três tipos de regime: *República, Monarquia* e *Despotismo* (Ásia).

A partir desse raciocínio, desenvolveu a proposta da divisão dos poderes em Legislativo (assembleias), Executivo (governos) e Judiciário (tribunais).

Essa divisão ocorre no sentido vertical, através de corpos intermediários (entre o poder e os súditos), que são responsáveis por uma parte do Poder, e horizontalmente, ao reconhecer um poder legislativo, executivo e judiciário. Quanto às formas políticas do Estado, considerou três critérios: número, valor e aspectos geográficos, a saber:

Número	Valor	Geografia
(vários) Repúblicas	Virtude	Pequenos espaços
(um só) Monarquias	Honra	Espaços médios
(um só) Despotismo	Terror	Grandes espaços[662]

A natureza do governo para Montesquieu origina as "leis políticas", que realiza a organização governamental, e "o princípio" equivale à ação do governo, dos cidadãos, propondo o espírito geral e gera as leis civis e sociais. Montesquieu acabou gerando duas formas constitucionais para a idade contemporânea:

- *Monarquia Aristocrática e Liberal*, que abre caminho para a monarquia parlamentar.
- *República Presidencial*, como foi o caso dos EUA, onde, após a Constituição de Filadélfia (1787), determinou a separação de poderes.

662 Fernandes, Antonio José. *Introdução à ciência política*, cit., p. 241.

Alertou que o poder judiciário era o que podia limitar a liberdade diretamente e, por isso, deve ser independente e precisa diminuir a sua possibilidade de agressão para que se tema a magistratura, e não os magistrados, numa posição de preocupação com o possível e futuro "ativismo judicial"[663].

Deu uma ideia racional de liberdade, em vez do modelo emocional de liberdade. Considera que a civilização ocidental não é o centro do mundo, daí as suas referências aos asiáticos (árabes, turcos e mongóis), devido às viagens e aos descobrimentos geográficos.

Em síntese, destacam-se os seguintes aspectos na obra:

- O regime político de um país condiciona-se ao seu espaço territorial.
- Um país territorialmente grande tende para o autoritarismo devido à dispersão da população. E um país pequeno ou médio para a democracia, em consequência da concentração e união do seu povo.
- Defesa da educação da juventude em qualquer regime político.
- Crítica ao supérfluo e ao luxo, que é consequência de desigualdade na distribuição das riquezas; defesa da equidade.
- Primeira formulação francesa de uma teoria da virtude republicana, cuja definição de Montesquieu é a seguinte: "o amor das leis e da pátria", como a qualidade que exige "uma preferência contínua do interesse público ao próprio"[664].

Para Montesquieu, as leis são "as relações necessárias que derivam da natureza das coisas, pois todos têm as suas leis que refletem a razão primitiva". Contudo, a dificuldade ocorre quando abordamos as leis dos

[663] "Ativismo judicial" é o nome atualmente utilizado que designa a postura proativa do Poder Judiciário na interferência de maneira regular e significativa nas opções políticas dos demais poderes, criando uma série de polêmicas.

[664] Robespierre, em seus discursos de 1793, recorreu a Montesquieu ("o amor pela pátria e por suas leis"). Num discurso anterior, de 1785, Robespierre discorre sobre a noção de virtude: "A fonte principal da energia numa República, como mostrou o autor de *O espírito das leis*, é a virtude, isto é, a virtude política, que consiste simplesmente no amor ao País e a suas leis". No entanto, Robespierre aplicou, na prática, as ideias de Rousseau, tendo implantando o terror na França. Furet, François e Ozouf, Mona. *Dicionário Critico da Revolução Francesa*, cit., p. 791-792.

homens, as positivas, elaboradas para reger as sociedades civis. A dificuldade "se deve primeiro à relação dessas leis com a ideia de justiça"[665].

5.4 Jean-Jacques Rousseau (1712-1778) – A defesa da "vontade geral" – o "revival" – e da democracia direta

Rousseau, de família calvinista, nasceu em Genebra. Sua vida tomou rumo a partir de 1728, quando, em Saboia, foi apresentado a Madame de Warens, de 30 anos, latifundiária e católica, que o abrigou, ajudou-o nos estudos, converteu-o ao catolicismo e transformou-se em sua amante[666]. Em 1740, com o fim desta relação, partiu para Lyon, onde tomou contato com os denominados "philosophes", que defendiam uma ordem racional, a cultura do progresso, a educação e a crítica ao antigo regime[667].

Em 1742, em Paris, conhece Denis Diderot, que estava organizando a *Enciclopédia*, para o qual escreve verbetes, principalmente sobre música, além de um artigo sobre "Economia política", em que ensaiava críticas à propriedade[668]. Nessa fase, tornou-se secretário temporário da embaixada francesa em Veneza por um ano[669].

Voltou para Paris e teve cinco filhos com uma faxineira analfabeta, sendo todos entregues a um orfanato local, sob o pretexto de que lá teriam possibilidades de receberem melhor formação[670].

[665] Huisman, Denis. *Dicionário de filósofos*, cit., p. 705.

[666] Baraquim, Noella e Laffitte, Jacqueline. *Dicionário Universitário dos Filósofos*, cit., p. 262.

[667] Ibidem, p. 262.

[668] Ibidem, p. 262.

[669] Ibidem, p. 262.

[670] "Tomei a decisão alegremente e sem quaisquer escrúpulos; os únicos escrúpulos que tive de ultrapassar foram os de Thérèse. Tive a maior dificuldade em conseguir persuadi-la a aceitar este meio de preservar a honra. A mãe dela, que receava os inconvenientes resultantes da presença de um garoto, veio em meu auxílio, e ela acabou por se deixar persuadir. Escolhemos uma parteira discreta e digna de confiança (...) e, quando chegou à altura de Thérèse dar a luz, a mãe levou-a à casa da mulher para se proceder ao parto (...). Em seguida, a parteira foi depositá-lo (o bebê) no Hospital dos Enfants-Trouvês, como era costume fazer àquelas circunstâncias. No ano seguinte, sofremos o mesmo inconveniente e recorremos à mesma solução (...). Não pensei mais no assunto, e a mãe gostou tanto da ideia como da primeira vez; resmungou mas obedeceu". *Vide* Wiker, Benjamin. *Dez livros que estragaram o mundo*, cit., p. 70.

Em 1749, venceu um concurso da Academia de Dijon, cujo tema era "O progresso das artes e das ciências fez mais para corromper ou apurar a moralidade"? Seu texto foi publicado sob o título *Discurso sobre as ciências e as artes* e, dado o sucesso, entrou para o seleto grupo dos iluministas parisienses, frequentando os "salões literários"[671].

Em 1753, concorreu em outro concurso da Academia de Dijon, com o ensaio *Discurso sobre a origem e os fundamentos da desigualdade entre os homens*, mas não ganhou o prêmio[672]. Em 1754, de volta a Genebra, após publicar o segundo discurso, apresentou-o a Voltaire, que assim se manifestou: "Monsieur, recebi seu novo livro contra a raça humana. (...) Nunca tanta inteligência foi utilizada num esforço de transformar-nos em bestas"[673].

Com a edição de *Contrato social*, em 1762, recebeu inúmeras críticas, sendo a obra proibida com ordem de prisão pelo governo francês. Fugiu, então, para a Suíça, de onde foi expulso e procurou refúgio em Londres com apoio de David Hume. Após romper com este, Rousseau escreve *Devaneios*, que seria publicado postumamente com a primeira parte de suas *Confissões*[674].

Morreu em 1778, aos 66 anos, de apoplexia, num refúgio ao norte de Paris, Ermenonville, oferecido por René Louis de Girardin (1735 - 1808), Marquês de Vauvray[675].

Entende-se que Rousseau foi a figura da época que expressou com maior clareza o compromisso dos revolucionários com os princípios da liberdade, igualdade e fraternidade, sobretudo na carreira política de Robespierre, que se opunha ao mundo sacerdotal e à teologia dos padres[676].

Em linhas gerais, Rousseau influenciou debates e reformas políticas e educacionais. Tornou-se responsável por ataques à desigualdade em três vertentes: primeiro, pregando a igualdade de direitos políticos e o res-

671 Ibidem, p. 262.

672 Ibidem, p. 262.

673 Ibidem, p. 262.

674 Na biografia *Confissões*, Rousseau afirmou que ninguém mais tentaria escrever uma autobiografia honesta. In Papineu, David. *Filosofia*. São Paulo: Publifolha, 2012, p. 189.

675 Wokler, Robert. *Rousseau*, São Paulo: L&PM Pocket Encyclopaedia, 2012, p. 33.

676 Ibidem, p. 34.

peito à "vontade geral"; a educação para todas as crianças, tendo como modelo a cidade-Estado grega de Esparta; e um sistema econômico e financeiro com taxas pagas sobre as heranças e as riquezas. Defendeu a liberdade como princípio ético fundamental no contexto iluminista. Influenciou o filósofo Immanuel Kant, que o classificou como um dos guias "que conduzem para o grande objetivo, derradeira perfeição: a sociedade das Nações".

Rousseu separou cultura e moralidade, e, por isso, segundo Kant, o leitor "acha-se diante de um espírito de rara penetração, de um nobre ímpeto de genialidade e de uma alma plena de sensibilidade, num grau tal, que talvez nunca algum escritor, em qualquer tempo, ou em qualquer país, tenha possuído seus semelhantes"[677]. Ele analisou as relações entre "natureza" e "sociedade" ou "civilização".

Nos últimos anos de vida, Rousseau escreveu *Confissões*, uma autobiografia que foi editada postumamente. Nela o autor previu que ninguém mais tentaria escrever uma autobiografia honesta[678].

Adversário da Igreja Católica, do absolutismo e da aristocracia, defendia a República e a democracia direta (liberdade, igualdade, bom governo); era romântico e teísta. Procura explicar como o homem chegou ao contexto de sua época, que considera arbitrário e injusto, e propõe uma nova sociedade com equidade[679].

As ideias iniciais de Rousseau diferenciavam-se, radicalmente, do que era praticado tanto pelo grupo dos enciclopedistas quanto da ortodoxia tradicional. Ele mudou o pensamento da Europa, com repercussões na teoria política, educação, literatura, ética, ideias sobre o eu e sua relação com a natureza, além de outras áreas do conhecimento[680]. A começar

677 Huisman, Denis. *Dicionário dos filósofos*, cit., p. 841.

678 Papineu, David. *Filosofia*. São Paulo: Publifolha, 2012, p. 189.

679 Wiker, Benjamin, *Dez livros que estragaram o mundo*, cit., p. 65.

680 Temas desenvolvidos por Rousseau: 1) Liberdade – representa o sentido da história, na medida em que "a cultura conduz à liberdade, quando é bem compreendida"; 2) Razão – é ambivalente devido à "dualidade essencial" do homem como "espécie física e moral". O direito supera essa dualidade. Em *Confissões*, Rousseau argumenta: "Quem sou eu? Sou meu coração". Ele se considera bom, naturalmente, apesar de ter conseguido condenar a criada Marion, quando jovem, ao acusá-la de furto, que ele próprio havia realizado, resultando na expulsão da empregada do serviço. O filósofo defende uma "inocência primitiva", que

pelo fato de ter posicionado a emoção e a vontade em plano superior ao da razão, o conjunto das influências exercidas por Rousseau fez dele o principal precursor do movimento romântico[681].

Enalteceu a busca humana pela felicidade e critica a sociedade porque "o olhar humano quase não recai sobre aquilo que é, mas sobre o que parece". A sociedade é mentirosa e hipócrita. Explicita o dualismo humano, em que "a consciência é a voz da alma, a paixão é a voz do corpo". Tenta averiguar "por que os homens bons podem fazer uma sociedade má" e acaba discutindo a perfectibilidade, por ser histórico, um ser em devir que pode tornar-se melhor ou pior. Considera que o "homem não é sociável por natureza, mas é feito para desenvolver a razão somente na sociedade, atingindo a perfeição dessa natureza", haja vista que: "A passagem do estado de natureza ao estado civil produz no homem uma mudança considerável, substituindo em sua conduta o instinto pela justiça e conferindo às suas ações a moralidade que antes lhes faltava. Só então, sucedendo a voz do exterior ao impulso físico, e o direito ao apetite, o homem, que até então só olhara para si mesmo, vê-se forçado a agir a partir de outros princípios e a consultar sua razão antes de ouvir seus pensadores"[682].

Embora bastante radical em seu igualitarismo, Rousseau não especifica com detalhes o seu pensamento a respeito da igualdade. Em seu *Discurso*, ele trata da desigualdade, e no *Contrato Social* só dedica parte de um capítulo à legislação. Nessa breve análise, trata de igualdade política, aliás, com bastante moderação. Observa que não deveríamos pretender com isso que "os graus de poder e de fortuna sejam absolutamente iguais para todos". O que ele considera essencial é que, antes de qualquer coisa, o poder nunca seja tão grande que o seu detentor possa estender-se a violências ilegais[683].

está fora do bem e do mal, da virtude e do vício. Em sua infância, o homem é inocente. Com o raciocínio, considera esse "erro o pior mal da sua vida". Acredita que "o mais belo no homem é a reciprocidade, ou seja, a transparência". Vide HUISMAN, Denis. *Dicionário de filósofos*, cit., p. 841

681 ADAMS, Ian e DYSON, R. W. *50 pensadores políticos essenciais*, Rio de Janeiro: Difel, 2006, p. 70.

682 HUISMAN, Denis. *Dicionário de filósofos*, cit., p. 841.

683 Ibidem, p. 841.

Consequentemente, ele declara que o padrão para a igualdade política deverá ser o poder exercido somente "em virtude de posição e da lei". E acrescenta que mesmo que a fortuna seja desigual, ela nunca deverá ser tão grande que uma pessoa muito rica possa comprar outro cidadão, nem deverá haver alguém tão pobre que se precise vender. Nesse último pensamento está implícito o conhecido anseio de Aristóteles por uma ampla classe média, e o próprio Rousseau confessa isso em nota de pé de página. Rousseau lembra ao leitor que, de acordo com muitos, "uma igualdade dessa espécie é um ideal impraticável". Ele confessa que "o abuso é inevitável", mas, precisamente por essa razão, a "legislação deveria sempre atender à conservação da igualdade". Mesmo assim, Rousseau acredita que as leis deveriam ser "de acordo com as relações naturais", e alerta contra uma tentativa de usá-las contra a natureza, pois, se isso acontecer, elas "perderão insensivelmente sua influência" até que o Estado acabe sendo destruído ou transformado, e a "natureza retome seu curso invencível". Na sua opinião, a igualdade é "natural", da mesma forma que a liberdade e a guerra, e que, portanto, as leis são feitas para manter tais igualdades contra a influência corruptora de indivíduos sedentos de poder[684].

Na visão de Rousseau, para ser verdadeiramente livre, a sociedade precisava ter um tamanho limitado, ser composta de pessoas que já tivessem uma ligação e sem graves disparidades de riqueza. Ao contrário de outros pensadores, Rousseau não afirma que tal Estado, uma vez alcançado, poderia sobreviver para sempre, mas reconhece que estaria inevitavelmente sujeito à decadência. Entretanto, para ele, essa continuava sendo nossa mais alta aspiração. Rousseau foi uma figura complexa, controversa e até mesmo contraditória, o que está evidente em seu pensamento sobre a educação dos filhos. Seu livro *Émile* (1762) é de certa forma um manual para pais de educação radical, no qual ele defende, por exemplo, que os pais devem educar seus filhos. No entanto, seus cinco filhos, nascidos de seu longo relacionamento com Thérêse le Vasseur, foram todos entregues a um orfanato[685].

684 Ibidem, p. 841.

685 Papineau, David. *Filosofia*. São Paulo: Publifolha, 2012, p. 189.

5.4.1 A justiça, a legislação e a liberdade – direitos humanos básicos

A justiça, para Rousseau, é a "entrega a cada pessoa do que lhe é devido como retribuição pelo que ela faz. A questão essencial a determinar é o que se deve a cada uma e por que, e como isso lhe pode ser entregue da melhor maneira"[686].

Não se encontra em Rousseau uma definição geral de justiça, tampouco o que cabe ou o que é devido às pessoas em diferentes contextos ou as razões de seu cabimento. O pensador expressa seu entendimento acerca dos requisitos básicos de justiça: "*Fundamentalmente, sustenta que as regras de justiça emanam de Deus e estão implantadas na consciência de cada pessoa, embora possa exigir a criação do direito positivo para garantir a obediência a esses requisitos*"[687].

"Obter justiça para todas e cada pessoa numa sociedade, em todos esses aspectos, é a finalidade primordial da associação civil, do estabelecimento do estado civil"[688]. Para Rousseau, a atuação da vontade geral "é o meio pelo qual a justiça é obtida do modo mais abrangente para todas as pessoas, não só por causa dos princípios que daí resultarão (as leis), mas também por causa da maneira de funcionamento da vontade geral, em que cada pessoa participa como membro competente do corpo soberano. A justiça é feita à personalidade moral de cada pessoa predominantemente através de sua posição de igualdade no conjunto com as demais pessoas, como membro legislativo do corpo soberano, no qual ninguém se submete ou está subordinado a outrem, e cada um funciona como indivíduo igualmente respeitado e investido de poder"[689].

Segundo o filósofo, "cometemos injustiça em relação aos outros, fazendo-os sofrer males fundamentais não só por atos ativamente noci-

686 Dent, N. J. H. *Dicionário – Rousseau*. Rio de Janeiro: Jorge Zahar, 1996, p. 148.

687 Ibidem, p. 149.

688 Ibidem, p. 149.

689 "Um dos interesses primordiais de Rousseau é mostrar que não existe conflito básico entre as exigências de justiça e o próprio bem de cada indivíduo. Argumenta ele que é somente respeitando o bem e a dignidade dos outros que um indivíduo pode receber aquele respeito e acatamento de que ele próprio necessita e quer como pessoa entre pessoas. Ao cometer injustiça aos outros, degrada-os e subjuga-os. E assim procedendo, a pessoa injusta será desrespeitada, deixando de beneficiar-se do almejado prestígio humano." Ibidem, p. 149.

vos, mas também por negligência ou indiferença". E aduz que "a preocupação pela sorte dos outros, que é o único sentimento capaz de motivar sistematicamente as pessoas a zelar pelo bem dos outros, não é indefinidamente extensível". Em sociedades relativamente pequenas, onde existe uma comunidade de interesses geralmente sentida, a lealdade e o compromisso mútuos, de que cada pessoa pode esperar beneficiar-se, recebem seu justo reconhecimento. Em grandes sociedades isso não existe, pois a injustiça tomar-se-á, em grande parte, uma palavra vazia:

> "*Muitas pessoas serão maltratadas ou ignoradas apenas porque, numa grande sociedade, é impossível para o indivíduo possuir um sentimento tão poderoso de comunidade que os sofrimentos de outrem sejam sentidos (quase) tão penetrantemente quanto os próprios. Pode ser verdade que existe uma regra universal, concedida por Deus, exigindo que dispensemos justiça a todos, sem qualquer espécie de distinção. Mas para que essa regra seja eficaz como instrumento para obter justiça concreta, ela deve funcionar através dos sentimentos e instituições de comunidade relativamente pequenas, independentes e compactas*"[690].

"Ao articular esses elementos fundamentais do que é devido em justiça a cada pessoa, Rousseau estava propondo a sua concepção de direitos humanos básicos, cuja negação significa a violação da dignidade humana"[691].

Quanto à legislação, Rousseau estabelece uma distinção entre atos de legislação e atos administrativos e executivos (ou decretos). Atos de legislação são aqueles que dizem respeito à formulação, autorização e promulgação da lei. Tais atos são a expressão da vontade geral e estabelecem os termos e condições básicos da associação civil que vai ser instituída. Rousseau acentua invariavelmente que os atos legislativos devem ser gerais, ou seja, não devem visar indivíduos ou grupos especificados, ou tratar de questões particulares, na medida em que não se poderia admitir que determinada vontade prevalecesse. Se assim o fosse, interesses

[690] Ibidem, p. 150.
[691] Ibidem, p. 150.

particulares ou setoriais fatalmente se imporiam, e certos indivíduos se beneficiariam ou seriam prejudicados injustamente[692].

Os atos administrativos e executivos constituem função do governo, podem aplicar-se a determinados indivíduos, mas só o fazem de acordo com os termos e regras estabelecidos pela legislação. Não pode haver, pensa Rousseau, uma garantia absoluta de que tais atos não sejam incorretamente desvantajosos para certas pessoas. Para um bom Estado, deve ser uma questão central, ao planejar-se uma adequada estrutura institucional, tentar coibir tal abuso potencial, ao mesmo tempo em que confere às funções do governo, e aos governantes, poderes suficientes para o desempenho eficiente de suas tarefas necessárias. Essas funções nem sempre estão, na prática, tão claramente diferenciadas quanto podem sê-lo conceitualmente. Isso pode originar confusões sobre as fontes de autoridade e poder na sociedade, o que, pensa Rousseau, deveria ser evitado[693].

"Na opinião de Rousseau, a questão mais urgente com que se defronta qualquer futuro estado civil que pretenda constituir-se é a da elaboração das leis fundamentais justas e benéficas que incluam os termos básicos de associação para cada membro dessa instituição: 'O povo, submetido às leis, deve ser o seu autor; só àqueles que se associam cabe regulamentar as condições da sociedade' (CS II, cap. 6, 193; OC III, 380). Se e quando 'o povo' instiga e autoriza a lei, todos os seus membros são indistintamente parte integrante do corpo soberano, e sua vontade legislativa é a vontade geral"[694].

Ocorre que ao estabelecer como as coisas devem ser, com essa postura Rousseau suscita algumas reflexões: "mas como as regulamentarão? Será por um comum acordo, por uma inspiração súbita? O corpo político dispõe de um órgão para enunciar suas vontades? Quem lhe dará a previsão necessária para constituir e publicar antecipadamente os atos relativos a tais vontades? Ou como se manifestaria em caso de urgência? Como uma multidão cega, que frequentemente não sabe o que deseja porque raramente sabe o que lhe convém, cumpriria por si mesma empresa tão

692 Ibidem, p. 151.
693 Ibidem, p. 151.
694 Ibidem, p. 152.

grande e tão difícil quanto um sistema de legislação? O povo por si quer sempre o bem, mas por si nem sempre o encontra. A vontade geral está sempre certa, mas o julgamento que a orienta nem sempre é esclarecido (*O contrato social*, II, cap. 6, 193; OC III, 380)"[695].

"É desses e de outros problemas afins que 'nasce a necessidade de um legislador'. O legislador é considerado uma pessoa semidivina ou divinamente inspirada, de 'uma inteligência superior que vê todas as paixões do homem sem participar de nenhuma delas', cuja 'felicidade teria que ser independente de nós e, contudo, quisesse dedicar-se a nós' (*O Contrato social*, II, cap. 7; OC III, 381: Do legislador)"[696].

Apesar da condição de propor leis, ao legislador não é concedido o poder de autorizá-las nem promulgá-las. Na verdade, concluída a sua tarefa, ele retorna à condição de cidadão comum. Mas ao atribuir-lhe uma "inteligência sobre-humana", uma "compreensiva imparcialidade", uma "extraordinária visão", segundo Rousseau, o legislador tanto pode "elaborar um corpo adequado de leis fundamentais, mas também persuadir a 'multidão cega' a exercer sua autoridade soberana mediante a promulgação desse mesmo código". O legislador é incapaz de recorrer à força, na medida em que não a detém, tampouco à razão, visto que "a multidão é cega". Em suma, ele "deve recorrer a uma autoridade de outra ordem, que possa conduzir sem violência e persuadir sem convencer" (ou seja, sem apresentar razões capazes de oferecer uma completa convicção racional)[697].

Rousseau suscita uma importante questão que, na prática, representa um problema de solução impossível. "Quando diz que 'o povo quer sempre o bem, mas nem sempre o encontra', a proposição mostra-se enganosa, parecendo sugerir que embora exista, neste caso, um conjunto bem-intencionado de pessoas ansiosas por fazer a coisa certa, por algum motivo são incapazes de realizar essa coisa certa. Cabe ao legislador ajudá-las nisso. Mas se indagarmos por que razão elas são incapazes de realizar

[695] Ibidem, p. 152.
[696] Ibidem, p. 152.
[697] Ibidem, p. 152.

a coisa certa, verificamos que essa formulação do problema deturpa a sua verdadeira natureza"[698].

Para Rousseau, a dificuldade para identificar a regra certa (lei) deriva do fato que "'as pessoas não veem nem sentem que o seu próprio bem individual está, e deve estar, vinculado ao bem de todos se se quiser que o resultado seja um Estado Social justo e benéfico para qualquer uma delas'. Uma multidão, em que cada um esteja apenas preocupado com os seus próprios e isolados problemas, não pode enxergar como o interesse comum é, e deve ser, do seu próprio e máximo interesse. Isso não é tanto porque pretendam distorcer ou subverter a vontade geral a fim de usá-la para sua própria vantagem (de modo que se torne, com efeito, apenas uma vontade setorial em lugar da vontade geral) – embora isso possa acontecer. É muito mais porque ninguém possui qualquer noção do modo como o bem de cada um e o bem de todos se sustentam juntos ou caem juntos. Cada um 'acha difícil perceber as vantagens que poderia esperar obter das privações que as leis justas impõem'"[699].

Cabe ao legislador, portanto, criar um sentimento de lealdade e destino comuns para unir as pessoas não relacionadas, de modo que o "jugo da felicidade pública" seja sentido individualmente. Em outras palavras:

> *"Pessoas isoladas perdem, ou superam, sua separação num certo grau e participam das necessidades e do bem coletivos como se fossem os seus próprios. A própria realização desse sentimento de vida comum dá às pessoas a 'visão' que requerem para enxergar o bem. Não se trata de um ato cognitivo separado do ato volitivo. A orientação correta da vontade no sentido do bem comum de todos é, ao mesmo tempo, a superação de obstáculos para se entender qual é a coisa certa a fazer. A opinião de Rousseau é a de que é necessária alguma inspiração ou motivação especial para levar pessoas habituadas a considerar sua vantagem somente do ponto de vista de seres solitários e independentes a ampliarem a sua percepção das exigências que a vida justamente lhes impõe de modo a admitir uma preocupação com o bem comum. É essa inspiração que o legislador tenta fornecer alegando falar em nome de Deus"*[700].

[698] Ibidem, p. 152-153.
[699] Ibidem, p. 153.
[700] Ibidem, p. 153.

Ao admitir que essa pretensão pode ser fraudulenta, Rousseau reconhece que nem todos esses recursos podem criar e sustentar um vínculo adequado de união comum. O legislador não pode, por si só, sem a ajuda de outras condições facilitadoras (as quais são examinadas em detalhe por Rousseau, todas elas relativas à "competência do povo" para receber leis), criar um duradouro espírito social. No máximo, ele pode abrir o caminho para essa possibilidade, levando as pessoas a pensar sobre si mesmas como "um só povo" com um destino comum. Muitos outros fatores contribuirão para a sobrevivência (ou desaparecimento) desse espírito[701].

O caráter protetivo das leis incorporou-se de tal forma ao cotidiano de cada cidadão, que muitos esquecem que foram precisos muitos séculos para que um sentimento de dependência comum, já para não falar de união comum, surgisse na Inglaterra ou na América (na medida em que surgiu, ou sobrevive, de qualquer modo). Guerras civis, por exemplo, ocorreram durante o processo. As preocupações de Rousseau parecerem mais problemáticas do que são ao falar como se o "nascimento de uma nação" pudesse ser realizado depois de uma breve gestação:

> *"Na verdade, as dores do parto podem levar centenas de anos, mas a maior parte do que acontece durante esse tempo é o que Rousseau está descrevendo – ou seja, a formulação e consolidação de um sentimento tal de vida e causa compartilhadas que torna possível que as leis que respeitam cada pessoa, sem distinção, sejam formuladas e aceitas por todos, em vez de serem vistas como uma imposição arbitrária, como materialização de exigências de um bem comum e, como tal, ressentidas ou detestadas porque não se acreditava em semelhante bem"*[702].

"A noção de liberdade é central para o pensamento social e político de Rousseau. Ao gozo da liberdade ele confere, provavelmente, mais importância do que a qualquer outro aspecto da vida humana. "Renunciar à liberdade é renunciar à qualidade de homem, aos direitos da humanidade" (*O contrato social*, I, cap. 4, 170; OC III, 356). Ele emprega a noção em muitos modos e contextos distintos, que devem ser diferenciados

[701] Ibidem, p. 153.
[702] Ibidem, p. 153-154.

para que o seu pensamento sobre essa complexa matéria seja plenamente entendido"[703].

Sob o enfoque das preocupações centrais de Rousseau acerca desse tema, "é lugar-comum dizer que a nossa capacidade e oportunidade para executar os atos pretendidos podem ser dificultadas ou reprimidas por obstáculos externos, falta de recursos ou qualificações inadequadas, por exemplo. Tudo isso limita a nossa liberdade, o nosso campo de ação para fazer "o que" queremos ou nos agrada, e "quando" queremos ou nos agrada fazê-lo. Aumentar a liberdade individual nesse sentido é simplesmente reduzir ou eliminar obstáculos, ou ampliar os recursos, conhecimentos e qualificações pertinentes. A essa espécie de liberdade é dado, por vezes, o nome de liberdade "negativa", quando envolve a eliminação de restrições ou limitações (negações da liberdade) e desse modo habilitando uma pessoa a expressar mais amplamente e com maior sucesso os seus desejos e as suas intenções em ações. Num nível superficial, é uma ideia familiar que empregamos frequentemente quando deploramos a perda de liberdade e exaltamos os benefícios de uma liberdade mais ampla"[704].

Considera-se mais famosa esta observação de Rousseu sobre liberdade: "O homem nasceu livre e por toda a parte encontra-se a ferros". Pergunta-se que liberdade e que escravização ele tem aqui em vista. Sobre essa questão, entende-se o seguinte:

> *"Ninguém, segundo Rousseau, nasce numa situação pela qual está obrigado (de jure ou de fato) a obedecer a vontade de outrem, pela qual é responsável perante outrem por suas ações. Não é intrínseco à condição humana estar em tal situação, seja moral, civil ou qualquer outra espécie de obediência ou controle o que esteja em questão. (Há uma exceção: o caso de Deus. Mas nenhum homem é Deus e nenhum homem pode reivindicar a autoridade de Deus em seu comando ou controle de outros homens.) Cada um de nós é, portanto, original e exclusivamente responsável por si e para si próprio, diretor soberano de suas próprias ações, sem ter que explicar-se ou responder perante ninguém mais"*[705].

[703] Ibidem, p. 156.
[704] Ibidem, p. 156-157.
[705] Ibidem, p. 157.

Para Rousseau, a liberdade natural dos homens baseia-se na "absoluta soberania da própria pessoa na condução de suas ações, sem ter que dar contas delas a quem quer que seja"[706]. Qualquer indivíduo "pode desfrutar de perfeita liberdade dessa espécie, mas sofrer restrições à sua liberdade de ação diante de reveses naturais ou da dificuldade (desde que não seja produzida por poder humano ou negligência) em ganhar a vida. São, de fato, as limitações à liberdade desta última espécie as que forçam as pessoas, segundo Rousseau (CS I, cap. 6; OC III, 360), a juntar-se em associações materiais e civis a fim de, reunindo suas forças e qualificações, superar esses obstáculos. Mas logo que se associam por essa razão, torna-se crucial a questão da retenção de sua própria soberania, de sua liberdade natural"[707].

"A questão de chegar a um procedimento decisório, de um modo que respeite a liberdade discricionária de todos os que estão sujeitos às regras resultantes da implementação desse procedimento, poderia ser mais bem resolvida, assegurando-se que nenhum procedimento decisório tem autoridade sem o consentimento discricionário individual de todos para a sua implementação. Assim, portanto, embora alguém possa ser subsequentemente solicitado por um outro a fazer algo que não queira fazer, a curto prazo ele próprio teria autorizado esse controle e direção de suas ações. Isso é parte do pensamento de Rousseau, mas não a sua totalidade, dado que, em primeiro lugar, ele insiste em que deve haver limites na 'produção' de qualquer procedimento decisório, mesmo que se trate de alguém cujo poder de controle foi autorizado. Nenhuma diretiva pode ser obrigatória se privar uma pessoa de seu direito moral ao respeito ou torná-la indigente"[708].

Outro ponto a ser analisado:

> *"Uma pessoa pode recusar-se a estabelecer certo procedimento decisório por motivos de interesse privado a cujo respeito é muito enfática. É concebível que ela possa, portanto, ser simplesmente excluída da associação. No entanto, se o problema se repete, não pode haver qualquer perspectiva concreta de estabelecimento de uma associação capaz*

[706] Ibidem, p. 157.
[707] Ibidem, p. 157-158.
[708] Ibidem, p. 158.

de ação combinada. Acabar aceitando condições que se aproximam do reconhecimento da pretensão dos interesses particulares de uma pessoa como dominante lhe imporia a submissão de todas as demais pessoas. É essencial, portanto, que cada pessoa traga à discussão para concordância ou discordância apenas preocupações de natureza geral que afetem os interesses humanos fundamentais e sejam comuns a todos, não de interesse exclusivo para ela própria. Somente assim o procedimento acabará finalmente por não conter qualquer predisposição favorável a um indivíduo ou grupo, em detrimento ou limitação de outros"[709].

Isso significa que as "razões para concordância ou discordância de qualquer procedimento não devem expressar a irrestrita soberania individual, o absoluto arbítrio de uma pessoa, mas derivar dos interesses comuns de todos, estes compartilhados com outros como seres humanos que se defrontam com necessidades comuns e provações idênticas. Concordar com ou discordar de termos e condições de associação não constitui, portanto, o exercício de completa liberdade discricionária, mas o exercício de uma liberdade que cada pessoa tem enquanto um ser humano entre outros, trabalhando todos para formar uma união comum"[710].

Uma vez que essa liberdade representa a base e o campo para a ação desimpedida própria de alguém que respeita e acata o valor e as qualificações de todas as outras pessoas, indistintamente, poder-se-ia dar-lhe o nome de liberdade "moral". De certo modo, liberdade "moral" é uma liberdade diminuída, quando comparada à liberdade "discricionária". No exercício de liberdade moral, uma pessoa está subordinada à exigência de acatar e respeitar outras (que, por seu turno, a acatam e respeitam). Tal "obrigação" em relação aos outros não é intrínseca à liberdade discricionária. Se esta última faz alguma exigência, resume-se apenas à de agir com prudente previsão do bem pessoal. Mas Rousseau argumentaria que essa obrigação moral não representa uma diminuição ou negação de alguma coisa valiosa. É, antes, um requisito que facilita e amplia: ao

[709] Ibidem, p. 158.
[710] Ibidem, p. 158-159.

respeitá-lo, uma pessoa assume o seu próprio caráter como o de alguém que dá e recebe respeito de outras pessoas suas iguais[711].

"Tal obrigação moral não autoriza a tirania nem o controle prepotente de outros – o que é mais provável que seja o desfecho se a soberania individual absoluta for considerada a única liberdade pela qual vale a pena lutar, e se qualquer restrição ou diminuição desta for sentida como uma permuta relutantemente feita. Somente se reconhecermos que a nossa aceitação da lei moral de reconhecimento da dignidade de outros é a condição pela qual realizamos qualquer liberdade segura ou proveitosa para nós próprios é que, na opinião de Rousseau, lograremos transcender uma estrutura social impregnada de competição pelo domínio sobre outros. Embora reconhecendo que a aceitação dessas condições de liberdade pode parecer um pesado fardo e que suas exigências são excessivamente austeras, Rousseau insiste que se não forem, de fato, aceitas e adotadas, a liberdade alternativa de desregrado arbítrio é ilusória, fazendo, de todos, outras tantas vítimas da competição pelo domínio e o controle sobre os demais"[712].

5.4.2 Desigualdade, povo e soberania para Rousseau

Rousseau percebe originariamente duas espécies de desigualdade:

- a primeira, *natural ou física*, devido à diferença de idade, de saúde, da força corporal ou das qualidades do espírito, em nada lhe interessa, já que não poderia fundar nenhuma organização social;
- a segunda, *moral ou política*, parece estabelecida com o consentimento dos homens, após uma espécie de convenção, e é a única que merece ter sua origem e seu processo descritos[713].

Na medida em que a "segunda não é 'natural', seu segredo pode residir nessa defasagem entre o estado de natureza e a civilização. Mas o estado de natureza não é mais do que uma hipótese teórica, uma opera-

[711] Ibidem, p. 159.
[712] Ibidem, p. 159.
[713] Châtelet, François; Duhamel, Olivier; Pisier-Houchner, Évelyne, *História das ideias políticas*, cit., p. 71.

ção do espírito, um postulado da razão. 'Comecemos por afastar todos os fatos', proclama Rousseau contra Grócio e contra todos os que, pretendendo sempre estabelecer o direito pelo faro, não poderiam empregar um método que fosse 'mais favorável aos tiranos', já que ele leva apenas a eternizar o que é equivalente à desigualdade. A natureza humana, a que interessa a Rousseau, exclui inclusive o instinto de sociabilidade: 'Tudo parece afastar o homem selvagem da tentação de deixar de sê-lo'"[714].

"A sociedade civil ou política também nada deverá à necessidade: ela nasce de uma sequência de acidentes. Entre esses, o agrupamento das famílias, que se expande na idade de ouro das comunidades patriarcais; mas, também, o aparecimento da divisão do trabalho e desta propriedade que nada deve à natureza"[715].

Em relação à soberania, é o "exercício da vontade geral"[716], é o poder coletivo dirigido pela vontade coletiva. É preciso, então, determinar, primeiro, no que consiste esta última:

> *"A vontade geral tem como elementos todas as vontades particulares. 'Ela deve partir de todos' (II, 4). Mas esta primeira condição não basta para constituí-la. A vontade de todos não é, ou pelo menos, necessariamente, a vontade geral. A primeira 'não passa de uma soma de vontades particulares' (II, 3). É preciso ainda que o objeto ao qual se aplicam todas as vontades particulares seja ele próprio geral. 'A vontade geral, para ser realmente geral, deve sê-la tanto no seu objeto quanto na sua essência; ela deve partir de todos para se aplicar a todos' (II, 4). Significa dizer que é o produto das vontades*

[714] Ibidem, p. 71-72.
[715] Ibidem, p. 72.
[716] "Em sentido inverso, já que obedecemos a nós próprios quando obedecemos à vontade geral e continuamos livres, desobedecer à vontage geral é o mesmo que negar nossa própria liberdade. Isto explica a deprimente e inaceitável observação de Rousseau sobre aqueles que, ao se recusarem a obedecer à lei, serão 'forçados a ser livres'. Rousseau não recorre aqui ao senso comum habitual ou à noção 'negativa' de liberdade como o simples fato de fazermos aquilo que queremos, mas a uma noção 'positiva' de liberdade mediante a qual, ele insiste, só seremos verdadeiramente livres quando obedecermos ao que há de 'mais alto' em nosso eu (no caso, nosso desejo de bem comum), em vez de seguirmos os nossos instintos egoístas (quando somos simples 'escravos de nossas paixões')". ADAMS, Ian e DYSON, R. W. *50 pensadores políticos essenciais*, cit., p. 72.

particulares deliberando sobre uma questão que diz respeito ao corpo da nação, sobre um interesse comum. Mas a própria expressão precisa ser compreendida"[717].

Em resumo:

"*(...) a vontade geral é a média aritmética entre todas as vontades individuais, na medida em que elas se propõem como fim uma espécie de egoísmo abstrato a ser realizado no estado civil*"[718].

A vontade geral é, portanto, uma orientação fixa e constante dos espíritos e das atividades num sentido determinado, no sentido do interesse geral. É uma disposição crônica dos sujeitos individuais. E como essa própria direção depende de condições objetivas (a saber, o interesse geral), segue que a própria vontade coletiva tem algo de objetivo. Eis por que Rousseau fala muito dela como de uma força que tem a mesma necessidade que as forças físicas. Ele chega a dizer que ela é "indestrutível" (IV, 1)[719].

"A soberania nada mais é do que a força coletiva tal como a constituiu o pacto fundamental, colocada ao dispor da vontade geral (II, 4, início)"[720]. Esta dá "a existência e a vida do corpo político: a soberania é seu exercício e a legislação, seu movimento". É a vontade geral que indica as características gerais da soberania: ela é inalienável, indivisível, infalível, absoluta[721].

A primeira característica é fundamental, e leva Rousseau a afastar o regime representativo: "Afirmo, pois, que a soberania, não sendo senão o exercício da vontade geral, jamais pode alienar-se; e que o soberano, que é apenas um ser coletivo, só pode ser representado por si mesmo. O poder pode ser transmitido; não, porém, a vontade"[722]. Quanto à segunda característica da soberania, que gerou controvérsias, Rousseau destaca sua indivisibilidade porque "a vontade ou é geral ou não é; ou é a vontade

717 SADEK, Maria Tereza e QUIRINO, Célia Galvão, *Pensamento político clássico*, cit., p. 421.

718 Ibidem, p. 422.

719 Ibidem, p. 424.

720 Ibidem, p. 424.

721 CHÂTELET, François; DUHAMEL, Olivier; PISIER-HOUCHNER, Évelyne, *História das ideias políticas*, cit., p. 74.

722 Ibidem, p. 75.

do corpo do povo ou é somente a de uma parte. No primeiro caso, essa vontade declarada é um ato de soberania e faz lei; no segundo, não passa de uma vontade particular ou de um ato de magistratura; é, no máximo, um decreto". E Rousseau ironiza os partidários de uma divisão dos poderes, comparando-os a "charlatães do Japão", que fingem esquartejar uma criança, jogando para o alto os seus membros para depois fazê-la cair viva e unida diante dos espectadores[723].

"A soberania é ainda infalível e absoluta; infalível, porque a "vontade geral é sempre justa e tende sempre à utilidade pública"; absoluta, porque, "assim como a natureza dá a todo homem um poder absoluto sobre todos os seus membros, o pacto social dá ao corpo político um poder absoluto sobre todos os seus". Mas se confunde vontade geral com vontade majoritária; Rousseau tem a preocupação de precisar que as "deliberações do povo" nem sempre têm a retidão da vontade geral, que "a generalização da vontade resulta menos do número de votos do que do interesse comum que os une"; e, sobretudo, que o absolutismo do poder soberano tem limites, os mesmos que o tornam absoluto por meio do Contrato Social e que dizem respeito à igualdade dos indivíduos: se o poder soberano tentar romper essa igualdade, se ele der mais encargos a um súdito do que a outro, a questão se torna particular; não mais estaremos diante do exercício de uma vontade geral; tal poder, portanto, não é mais nem soberano, nem absoluto"[724].

Quando Rousseau, em *Du contrat social,* aborda a soberania política, expõe-se à acusação de totalitarismo. A obra "postulava 'a alienação total de cada associado, com todos os seus direitos, em favor da comunidade'. Daqui em diante, a comunidade passa a ser soberana, tanto do ponto de vista moral como político. A tarefa de cada membro consiste em descobrir o interesse comum, aquilo que Rousseau chama 'a vontade geral'. Admitindo, como Rousseau o fez por vezes, que, num caso dado, a vontade geral é a manifestada pelos votos da maioria, a minoria deve reconhecer que cometeu um erro e adotar, de boa vontade, a política a que começara, indevidamente, por se opor. Desde que acima da vontade geral

[723] Ibidem, p. 75.
[724] Ibidem, p. 75-76.

não há coisa alguma, não existe qualquer lei moral que lhe seja superior, a vontade geral, uma vez conhecida, é automaticamente infalível"[725].

"'O soberano (a vontade geral), só pelo fato de existir, é sempre o que deve ser'. Podemos ilustrar o totalitarismo moral, implícito em *Du Contrat Social*, lembrando a maneira como Madame de Wolmar governava o seu condado: confiava-se que os criados se denunciariam uns aos outros à proprietária. Também se pode acrescentar o elogio, repetidas vezes feito por Rousseau, da cidade de Esparta, apresentada como um estado guerreiro, suspeitoso dos vizinhos. 'Todos os patriotas são severos para com os estrangeiros; os estrangeiros não passam de homens (isto é, nega-se que sejam cidadãos); coisa alguma representam aos olhos do patriota... Cuidado com esses cosmopolitas que vão procurar longe, nos livros, os deveres que se esquecem de cumprir ao seu redor'"[726].

5.4.3 O estado de natureza e o estado de sociedade

Em Rousseau, o "estado de natureza não tem a mesma função que seus predecessores. Para os iluministas, defensores do direito natural, os homens no estado de natureza são livres e iguais. Nenhum é dotado de poder de comandar os outros. Portanto, a autoridade política não tem origem natural e a deriva de uma convenção na qual os homens se despojam de uma parte de sua soberania em benefício de um terceiro. Assim, diz Rousseau: "Uma boa Constituição será aquela que garanta a liberdade e a desigualdade natural dos homens". Pufendorf afirmava que os homens na natureza eram dotados de razão e sociáveis, por isso uniram-se para sair daquela condição infeliz; para Locke os homens se uniram para garantir direitos que já possuíam; Hobbes afirmava que o homem na natureza não era sociável, era ávido e orgulhoso em constante guerra com os outros; assim, temendo seu semelhante, criou o Estado"[727].

[725] Hampson, Norman. *A primeira revolução europeia*. Lisboa: Editorial Verbo, 1996, p. 37-38.
[726] Ibidem, p. 38.
[727] Gorczevski, Clóvis; Botelho, Edison; Leal, Mônica Clarissa Hennig. *Introdução ao estudo da ciência política, teoria do Estado e da Constituição*, cit., p. 40.

Rousseau afirma que o homem no estado de natureza não é nem sociável, nem dotado de razão, nem egoísta ativo. E argumenta que os demais pensadores equivocaram-se ao atribuir ao homem natural características que só surgiram com a sociedade, como o egoísmo, a razão, a paixão, a sociabilidade. Assim, nem a linguagem, nem razão nem a família, nem o trabalho nem a propriedade, nem a moral são naturais ao homem; são criações posteriores. Paradoxalmente, o homem natural é superior aos animais apenas por sua nulidade, por sua ausência de determinações. Não possui nenhuma característica exclusiva, pode adquirir todas. Para construir a evolução do homem, Rousseau parte daqui acrescentando as duas características que julga distinguirem o homem dos outros animais: a liberdade da vontade e a perfectibilidade[728].

"A desigualdade entre os homens surge com os progressos no seio do próprio estado de natureza, afirma Rousseau. A descoberta da metalurgia, o desenvolvimento da agricultura e a divisão de trabalho estão na origem da propriedade e da desigualdade. Mas nesta fase o homem já está se desfigurando. O bom selvagem, o estado de natureza como um estado de bondade pura já não existe mais, visto que a civilização arruinou o homem. 'No estado de natureza o homem não conhece mais que os prazeres simples e inocentes. O homem é bom por natureza; a sociedade o corrompe'. Agora a ganância, o ciúme, a inveja e a violência imperam. A sociedade nascente deu lugar ao mais horrível estado de guerra. Ricos e pobres possuem interesses conflitantes entre si e esta nova situação força os ricos proprietários a conceberem 'um projeto de empregar a seu favor as próprias forças que os atacavam, de fazer seus adversários seus defensores, de lhes dar instituições que lhes fossem tão favoráveis quanto eram contrárias ao direito natural'[729].

Rousseau analisou a transição do "estado de natureza" para o "estado de sociedade", como fizeram Hobbes e Locke (consideravam 3 fases: estado de natureza - contrato social - estado de sociedade) através do contrato social, mas de forma diversa, pois considera 6 fases para a evolução das sociedades humanas, a saber:

[728] Ibidem, p. 40-41.
[729] Ibidem, p. 41.

1) *estado de natureza primitivo* – considerava os homens primitivos livres, inofensivos, iguais, felizes, bons e pacíficos, ou seja, um bom selvagem[730].
2) *estado de natureza em degradação espontânea* – as pessoas criaram famílias, constituíram habitações, saíram da caça para a agricultura e passaram a defender o seu espaço por intermédio de armas confeccionadas em ferro (metalurgia), dos seus "inimigos". Em decorrência, surgiu a desigualdade e a guerra, como afirmou Hobbes, mas os mais ricos, percebendo a situação desvantajosa de uma guerra infinita, engendraram um projeto de união que caracteriza o primeiro contrato social[731].
3) *Antigo contrato social desonesto* – o contrato, todavia, foi fraudulento porque não era igual para todos e beneficiava apenas os ricos. Os pobres foram enganados e passaram a ser explorados por esta elite que criou leis e armas para defenderem os seus interesses econômicos e políticos. Afirma: "Todos correram a deixar-se acorrentar, pensando que estavam a garantir a própria liberdade (...). E tal foi (...) a origem da sociedade e das leis, que impuseram novas correntes aos fracos e conferiam novas forças aos ricos, destruíram para sempre a liberdade natural, estabeleceram para sempre a lei de propriedade e da desigualdade, transformaram uma engenhosa usurpação num direito irrevogável, e subjugaram toda a raça humana ao trabalho, à servidão e à miséria, para benefício de uns quantos homens ambiciosos[732]".
4) *A corrupção do estado social* – com a sociedade organizada, são engendradas as leis para defender os interesses dos ricos, destruindo a liberdade natural e solidificando a lei da propriedade privada e da desigualdade[733].

[730] Vale ressaltar, contudo, que Voltaire combate, e outros também, essa posição de Rousseau.

[731] WIKER, BENJAMIN. *Dez livros que estragaram o mundo*, p. 66.

[732] Ibidem, p. 67.

[733] Ibidem, p. 67.

Em decorrência, surgem os magistrados para agregar na governabilidade dos povos junto com os chefes, e a escravatura se consolida. A população, além de pobre, fica humilhada[734].

5) *Transformação democrática* – propõe a revolução para garantir a liberdade e igualdade das massas populares. Condena a corrupção dos governantes, a ponto de justificar o regicídio porque o déspota é governante enquanto for o mais forte e, portanto, ao destroná-lo pela violência, o povo criará as mesmas ferramentas, não havendo por que aceitar reclamações do mandatário ou dos mandatários afastados. A violência fica legalizada, pois "a sublevação que termina por estrangular um sultão é um ato legítimo". É um "novo estado de natureza", porque todos voltam a ser iguais, porque eram escravos de um tirano. "A força pura o mantinha, a força pura o derrota"[735].
6) *O Segundo Contrato Social* (o legítimo e honesto) – garantirá a liberdade e a igualdade, a partir do modelo espartano, da república de Veneza e de Genebra. Propõe a mudança do regime político e do sistema de governo com a elaboração de uma nova Constituição, que deve ter como base os princípios de democracia direta, à luz do seguinte regime político:

   a) *República* – a Monarquia hereditária é uma violência contra a liberdade e acaba transformando-se em tirania.
   b) *Democracia* – o poder político reside na soberania popular, que deve realizar o contrato social, aprovar a Constituição e criar o Estado.

[734] Amaral, Diogo Freitas. *História do pensamento político ocidental,* cit., p. 222.

[735] Ibidem, p. 222. Segundo Rousseau, uma pessoa não pode representar a vontade de outra. Em uma democracia representativa, o homem pode viver de acordo com leis feitas por outros, e desse modo ainda é possível ser escravo. Na concepção de Rousseau, democracia é a democracia direta, na qual todo o corpo de cidadãos reúne-se em praça pública e faz as leis. Assim, ele nos põe diante do modelo que existiu nas pequenas cidades da Grécia antiga, onde seu funcionamento era possível. Rousseau não explicou claramente como tal modelo poderia ser aplicado em grandes Estados modernos, como a França. Dent, N.J.H. *Dicionário Rousseau,* Rio de Janeiro: Jorge Zahar, 1996, p. 138.

c) *Consolidar a liberdade individual* – todos devem participar da assembleia, para aprovar o contrato social, e da elaboração das leis[736].

Devido às amplas discussões filosóficas sobre Rousseau, seguem algumas comparações com importantes pensadores da Idade Moderna e Contemporânea.

5.4.4 Rousseau e a sociedade civil

Rousseau percebe o valor da sociedade civil e pensa que ela pode ser explicada: 1) quando suas atividades atenderem à vontade do povo; e 2) quando se destinarem ao bem público[737].

> *"A reação da aristocracia fechada e agonizante da corte francesa e uma admiração pela Roma republicana e pelos cantões livres da Suíça revelam-se claramente como os fatores predominantes que determinam a escolha de Rousseau da democracia entre as formas de Governo. Não a vontade de uma classe ou de um déspota, mas a vontade de toda a nação determinaria as leis; e esta vontade manifestar-se-ia simplesmente por meio de uma solicitação à nação para que se unisse e a proclamasse. Cada cidadão, assim, daria forma às leis de seu país. O governo representativo é uma forma ilusória de escravidão. Somente quando participa ativamente da elaboração das leis sou, realmente, um cidadão e autenticamente livre; e desde que, quanto menos numerosos forem os cidadãos, tanto mais minha opinião terá peso entre eles; então, Rousseau iria pesquisar seu ideal nos pequenos Estados da antiguidade"*[738].

"*Quanto maior o Estado, tanto menor a liberdade.*" Nesse ponto, "liberdade" a Rousseau quer, obviamente, significar não a isenção de controle político, mas liberdade para o controle político, liberdade para determinar o curso da legislação. Tal democracia direta é a única forma autêntica de Governo, porque somente em tal Constituição cada pessoa "*não obedece a ninguém mais do que a si mesmo e permanece tão livre como até então.*" Mas,

[736] Amaral, Diogo Freitas. *História do pensamento político ocidental*, cit., p. 222.
[737] Mabott, J. D. *O Estado e o cidadão: uma introdução à teoria política*. Rio de Janeiro: Zahar, 1968, p. 33.
[738] Ibidem, p. 33.

uma vez que cada homem se governa a si mesmo, o domínio do Estado é ilusório e, por conseguinte, pode ser absoluto[739].

Contra essa percepção ingenuamente democrática pode-se fazer restrições claras, e Rousseau as identificou perfeitamente. O que têm de especial aquelas reuniões, se simplesmente refletem o ponto de vista unânime dos cidadãos? Quando todos estão de acordo, a lei é desnecessária. Não há lei, na Inglaterra, contra o canibalismo. O resultado é óbvio. A soberania do povo significa a soberania da maioria. Mas essa vontade não justifica a obrigação política, pois, se estou na maioria, não há obrigação e, se estou na minoria, não há justificação. O esforço de Rousseau para enfrentar esse problema situa-se exatamente no terceiro estágio de seu desenvolvimento[740].

> *"Diz ele que se não tenho a maioria dos votos, devo reconhecer que eu estava errado. Mas, errado a respeito de quê? Pretendo expressar meus próprios desejos; parece improvável que eu não deva saber quais são eles, e ainda mais improvável que, se eu ignorá-los, a decisão de uma maioria, daqueles que estavam presentes e votem, deva, infalivelmente, esclarecer-me. Rousseau acaba aceitando esses dois paradoxos; no entanto, devemos segui-lo em sua caminhada. Seu primeiro passo é afirmar que os cidadãos são convocados para votar, não para aquilo que cada um deseja, mas cada um para aquilo que todos desejam. Isso nos leva um pouco mais adiante; pois 'todos' parece significar 'todos os outros', e tal cooperação é uma reminiscência da economia da Sicília. Mas, em seguida, revela que não devo votar nem para o que quero nem para o que penso que os outros querem, mas para o bem comum"*[741].

Então, "cada indivíduo pode, como homem, ter uma vontade particular, contrária ou diferente à vontade geral que tem como cidadão. Seu interesse particular pode falar-lhe de maneira muito diferente do interesse comum". Rousseau contrasta essa "vontade geral", que é a vontade de toda a comunidade dirigida no sentido de seus verdadeiros interesses, com a "vontade de todos", que é simplesmente a soma das vontades egoísticas e casualmente coincidentes. Nesse ponto, finalmente, temos uma

739 Ibidem, p. 34.
740 Ibidem, p. 34.
741 Ibidem, p. 34.

justificação plausível da obrigação política, de que sua força é exercida para o bem comum. Rousseau prossegue demonstrando alguns corolários. Por definição, a vontade geral é infalível, mas por esta razão não se segue, de modo algum, que toda votação da maioria a expresse[742].

Em alguns casos, a maioria é bem intencionada, mas está errada. Nesse ponto, o verdadeiro democrata que é Rousseau perde terreno. "Como uma cega multidão, que frequentemente ignora o que quer porque raramente sabe o que é bom, pode levar a bom termo, por si mesma, uma empresa tão grande e difícil como é um sistema legislativo? O povo, por si mesmo, quer sempre o bem, mas sempre o reconhece... Isso faz que o legislador seja necessário." Contudo, Rousseau conserva suficientemente sua condição de democrata para sentir que a função do legislador é uma anomalia – ele tenta limitar sua atividade a um sistema de leis, original e singular –, dessa maneira reincidindo no erro mitológico que evitara e se esquecendo de que, para um povo civilizado, a legislação é uma atividade contínua. Supõe, ainda, que é necessário para a multidão cega endossar, por meio de seus votos, as medidas que é demasiado grosseira para imaginar[743].

Rousseau entende que a democracia direta, de reuniões de massas, é o melhor instrumento. Gradualmente, ele percebe que o problema dos tipos de Constituição é secundário e derivativo em teoria política. A necessidade de reconsiderar essa questão torna-se mais patente quando Rousseau verifica que a maioria não é, muitas vezes, simplesmente cega, mas que, às vezes, nem mesmo é intencionada. Quando um Estado se enfraquece, "o interesse comum encontra adversários... a vontade geral deixa de ser a vontade de todos, e a melhor recomendação não é aceita sem problemas"... Finalmente, "os homens guiados por motivos ocultos não mais dão suas opiniões como cidadãos... e decretos iníquos, orientados unicamente no sentido do interesse particular, são aprovados sob a forma de leis". E isso não é um incidente do declínio político apenas, mas um perigo sempre presente. "Consequentemente, a lei de ordem pública nas assembleias não é tanto para manter nelas a vontade geral como para assegurar que as questões sejam sempre submetidas à sua consideração

[742] Ibidem, p. 35.
[743] Ibidem, p. 36.

e a solução sempre dada por ela." Mas confiar naqueles que "fabricam as questões" ao mesmo tempo em que são desobrigados de toda responsabilidade pelo voto público é, evidentemente, o caminho certo para a demagogia e Rousseau, pelo menos num ponto, desiste completamente das reuniões de massa e de sua atividade política. "Mas como, devo perguntar, pode a vontade geral ser conhecida em casos nos quais não se pronunciou? Deve a nação inteira estar reunida em assembleia para cada acontecimento imprevisto? Certamente, não"[744].

Devia ao menos estar reunida em assembleia porque, de maneira alguma, é certo que sua decisão seja a expressão da vontade geral; além disso, o método seria impraticável em um País muito povoado, e dificilmente, em qualquer caso, é necessário onde o Governo é bem intencionado, pois os governantes sabem perfeitamente que a vontade geral está sempre do lado que é mais favorável ao interesse público; em outras palavras, mais justo, de modo que, para isso, é imprescindível somente agir de maneira imparcial, para estar certo de que segue a vontade geral. Aqui o voto do povo deixou de ser a única fonte da verdadeira lei para se transformar simplesmente em uma posição negativa de uma salvaguarda a que se recorre quando o Governo "escarnece abertamente da equidade". Em outra parte encontramos, também, a significativa concessão de que "o que faz a vontade geral é menos o número de votantes do que o interesse comum que os une". Nesse ponto nos afastamos de "quanto maior o Estado, tanto menor a liberdade"[745].

Mas o aspecto do *Contrato Social* que despertou a maior fúria pública em vida do autor foi o penúltimo capítulo, dedicado à religião civil. Aqui Rousseau destaca a importância de uma base não só política, mas também religiosa para nossas responsabilidades cívicas, segundo a qual os cidadãos cumprem e amam seu dever como uma questão de fé patriótica, que os une na devoção a uma divindade onipotente, benévola e tolerante. Esse aspecto de seu pensamento, em parte inspirado em seu prezado Maquiavel colocou Rousseau em conflito tanto com o sistema religioso e político da época quanto com muitos dos principais críticos desse sistema. Para os *philosophes* empenhados em reformar o *ancien régime*: o fana-

[744] Ibidem, p. 36.
[745] Ibidem, p. 37.

tismo religioso de Rousseau parecia mais uma traição ao Iluminismo e uma pérfida retomada da fé-cega em pleno alvorecer da idade da razão. Por outro lado, sua explícita condenação da cristandade, que dizia ser mais própria para o governo tirânico, ofendia igualmente a Igreja e as autoridades políticas. Além disso, a "Profissão de fé do vigário saboiano" em Emílio, publicada quase em simultâneo com o Contrato Social trazia a exposição mais completa e veemente de sua filosofia da religião natural, contraposta à religião revelada que incomodou ainda mais as autoridades[746].

5.4.5 Rousseau, a Revolução Francesa e o pensamento político contemporâneo

Prevalece o entendimento de que Rousseau tenha sido "o apóstolo da Revolução Francesa". Pergunta-se se essa teria sido a sua intenção, uma vez que opiniões apontam para o lado conservador de Rousseau. Inegável que ele tinha ódio profundo pela Revolução, mas numa passagem de *Confissões,* obra autobiográfica, ele descreve sua atitude acerca da Revolução, relatando uma experiência que tivera em Genebra, na sua juventude, por ocasião de uma pequena rebelião que ali eclodira[747].

Rousseau revela que se horrorizara com a Revolução. Apesar de não defender a Revolução como Locke, Rousseau inspirou os revolucionários franceses porque estes sabiam da crença e confiança que Rousseau tinha na igualdade e da oposição do filósofo à desigualdade – os jacobinos, radicais da Revolução Francesa, ostentavam um retrato de Rousseau ao lado da estátua da deusa da razão[748].

Rousseau opunha-se aos que acreditavam que os filósofos deveriam reinar junto com os monarcas coroados (ideias de um despotismo esclarecido, proposto por Voltaire), com autocratas como Frederico II da Prússia, Catarina da Rússia e José da Áustria. Lamentava profundamente essa espécie de elitismo intelectual e estava disposto a acabar com ele, da mesma forma que os revolucionários que o seguiam[749].

[746] Wokler, Robert. *Rousseau,* p. 31-32.
[747] Friedrich, Carl J. *Uma introdução à teoria política,* cit., p. 176.
[748] Ibidem, p. 176.
[749] Ibidem, p. 177.

Indaga-se se Rousseau não teria semeado o totalitarismo por ter sido seu pensamento exposto em *Totalitarian democracy*, de autoria do professor Talmon[750] da Universidade Hebraica de Jerusalém. Para ele, o pensamento de Rousseau estimulou o Terror da Revolução, com toda a sua tirânica autocracia, na medida em que numa afirmativa feita no Contrato Social muita gente pode, na verdade, ser forçada "a ser livre"[751].

Acredita-se que no Contrato Social se encontra a origem intelectual do aspecto autoritário e ditatorial da política jacobina de junho de 1793 a julho de 1794. Para Benjamin Constant, os líderes jacobinos haviam retirado de Rousseau e Mably[752] a ideia de que os cidadãos devem ser "completamente subjugados para que a nação seja soberana". Taine sublinhava o parentesco entre o "convento democrático que Rousseau construiu de acordo com o modelo de Esparta e de Roma", em que o "indivíduo não é nada, o Estado é tudo" e a República autoritária, austera e virtuosa dos Jacobinos. Segundo J. L. Talmon[753], Rousseau seria a fonte da crença na onipotência da vontade que parece animar o absolutismo revolucionário, em particular entre 1792 e 1794[754].

O pensamento de Rousseau representou papel importante nas reivindicações e práticas da democracia direta que se manifestam entre 1792 e 1794. Robespierre cita várias vezes Rousseau em seus discursos, para mostrar aos representantes que não devem ter uma vontade diferente da do povo. Na realidade, tudo em Robespierre está ligado à oportunidade política. No debate do outono de 1789 sobre o veto real, ele combate, como Sieyés, a ideia de um apelo ao povo além da vontade de seus representantes. Tal instituição fortaleceria, naquele momento, o poder do rei. Em agosto de 1791, quando a Assembleia discute a revisão da Constituição, ele invoca Rousseau e o Contrato Social para combater Thouret[755],

[750] Professor Jacob L Talmon, professor de História Moderna da Universidade de Jerusalém, em Israel.

[751] Friedrich, Carl J. *Uma introdução à teoria política*, cit., p. 177.

[752] Gabriel Bonnot de Mably (1709-1785), mais conhecido como Abé Mably, filósofo.

[753] J. L.Talmon, professor da Universidade de Jerusalém e estudioso do totalitarismo.

[754] Ozouf, Mona e Furet, François. *Dicionário crítico da Revolução Francesa*, cit., p. 866-867.

[755] Jacques Guillaeme Thouret, advogado girondino, presidente da Assembleia Nacional Constituinte.

que insistia no fato de que o povo só podia exercer seus poderes por delegação. Trata-se, nesse momento, de lutar contra os Feuillants[756].

Na primavera de 1793, no auge do conflito entre girondinos e montanheses, Robespierre volta a referir-se à teoria rousseauniana da representação; Robespierre procura apoiar-se no governo popular para derrubar a Gironda. Por outro lado, algumas semanas mais tarde, depois de eliminados os girondinos, ele defende os direitos da representação. "O povo em massa não se pode governar (...). Tudo o que o povo podia exigir era que a Convenção caminhasse no sentido da Revolução: é o sentido em que marcha atualmente." Em fevereiro de 1794, depois de ter reprimido o movimento popular, Robespierre declara: "A democracia não é um estado em que o povo continuamente reunido regule, sozinho, todos os negócios públicos...". Assim, a desconfiança de Rousseau para com a representação era invocada por Robespierre todas as vezes que a Assembleia não lhe parece "caminhar no sentido da Revolução". Quando ela caminha na boa direção e os bons governantes estão nos postos de comando, o rousseaunismo desaparece e se acentua a necessidade da representação[757].

Em matéria econômica, o sistema produtivo limita-se a pequenos produtores autônomos, que viveriam tanto quanto possível do que produzissem. Ele julga que as propriedades devem ser tão iguais quanto possível, mas, uma vez constituída nessa base a sociedade, considera essencial o respeito ao direito de propriedade. "É certo", escreve ele, no *Discours sur l'économie politique*, "que o direito de propriedade é o mais sagrado de todos os direitos dos cidadãos, e mais importante, sob certos aspectos, do que a própria liberdade." *O Discours sur l'origene de l'inégalité* estabelece, é verdade, que a invenção da propriedade foi a fonte da infelicidade social, mas em nenhuma dessas obras prescritivas ele propõe a sua abolição ou que se regresse ao estado da natureza. O projeto, ao contrário, consiste em, igualando as propriedades, limitando o comércio, alcançar uma situação em que a propriedade, embora presente, não produza seus efeitos perversos[758].

[756] Refere-se aos membros do Clube dos Feuillant, grupo político que apoiava a monarquia, fundado em 1791, que emergiu durante a Revolução Francesa.

[757] Ozouf, Mona e Furet, François. *Dicionário crítico da Revolução Francesa*, cit., p. 872-873.

[758] Ibidem, p. 873.

Quando se deflagrou a Revolução, Rousseau passou por mentor de todos os partidos. Sua influência só era igualada pela de Voltaire e Montesquieu. Os próprios monarquistas se apropriavam de muitas de suas ideias. Eram-lhe também por vezes atribuídas ideias que nunca havia sido de sua lavra[759].

"Fora de França, a teoria racionalista do Contrato Social e da soberania popular se fizeram presentes na Revolução filosófica da Alemanha do século XVIII. A partir daí, o pensamento rousseauniano entra em declínio, dado que a burguesia, consolidada no poder, "esqueceu por prudência as ideias que a ajudaram a atingi-lo". No campo contrário, os socialistas, afora Pierre Leroux[760] e Louis Blanc[761], não as tomaram em grande conta. Os anarquistas não lhes pouparam críticas severas. Sua contribuição à causa da democracia foi no entanto, relevante. A parte negativa dessa doutrina prenhe de contradições ficou sepultada no tempo. A positiva ainda sobrevive, diluída na Declaração dos Direitos do Homem, tão esquecidos hoje dos herdeiros e beneficiários da Grande Revolução, bem como das pequenas"[762].

Em síntese, Rousseau defendeu a democracia direta e a república com base no governo de Péricles em Atenas. Ampliou a discussão sobre o contrato social, os direitos individuais, a liberdade, e a igualdade e a vontade geral; contudo, apresentou diversos pontos dicotômicos e desligados da realidade política, a saber:

1) Defendeu a democracia direta, mas a nega quando afirma: "nunca existiu uma verdadeira democracia, e nunca existirá nenhuma", porque "um grande governo não se adequa aos homens".
2) Era favorável à instalação da República, principalmente na França, mas afirmou no *Contrato social* que "o governo monárquico é o que convém dos grandes países" e a democracia para os pequenos, como era o caso de Genebra.

759 ROUSSEAU, Jean Jacques. *O contrato social e outros escritos*. São Paulo: Cultrix, 1990, p. 19.
760 Pierre Leroux (1797-1871) – filósofo e político francês, fundador do jornal Le Globe.
761 Louis Blanc (1811-1882) – filósofo.
762 ROUSSEAU, Jean Jacques. *O contrato social e outros escritos*, cit., p. 20.

3) Considerava a liberdade perfeita e total apenas no Estado Natural, mas podia ser mantida com o segundo contrato social; o "bom" contrato social é aquele em que ocorre "a alienação total de cada associado, com todos os seus direitos, a comunidade", visto que o indivíduo "continua tão livre como antes do contrato social" porque "não obedece a si próprio". Nessa linha, afirmava que se o cidadão não aceitasse o proposto, seria obrigado a aceitá-lo, pelo erro da repressão do Estado, ou seja, "forçado a ser livre". Concluiu, portanto, que se os indivíduos não concordassem com a lei, ao cumpri-la, estariam apenas obedecendo a si próprios, e não à maioria, pois, com a execução coercitiva de uma lei, o cidadão estaria apenas "forçado" a ser livre.
   Essas assertivas significam a negação da liberdade individual que desaparece com a atuação do Estado, pois "o cidadão é obrigado a renunciar a favor do Estado para defesa da sociedade". Pregava, portanto, uma ditadura, a ditadura da "vontade geral".
4) Em relação à igualdade social, quase nada propôs para equacioná-la, seja no crescimento econômico ou em políticas públicas.
5) Apresentou uma sociedade ideal em sua obra, particularmente no *Contrato social*, mas que considerava, antecipadamente, na prática, um fracasso[763].

Até hoje, seguidores de Rousseau tentam defender e explicar as suas ideias de democracia direta em diversos países, ainda que desvinculados da realidade econômica, social e política.

5.4.6 Principais obras

"Discours sur les schiences et les arts", 1750 (Discurso sobre as ciências e as artes); *Discour sur l'origine et les fondements de l'inégalié parmi les hommes*, 1754 (*Discurso sobre a origem e os fundamentos da desigualdade entre os homens*); *Lettre à M. d'Alambert*, 1758 (*Carta a d'Alambert*); *Julie ou la Nouvelle Héloise*, 1761 (*Julia ou a nova Heloísa*); *Du contrat social* ou *Principes du droit politique*, 1762 (*O contrato social* ou *Princípios do direito político*); *Émile*,

[763] HUISMAN, Denis. *Dicionário dos Filósofos*, cit., p. 999.

ou De l'education, 1762 (*Emilio, ou Da educação*); *Projet de consituition pous la Corse*, 1765, 1861 (*Projeto de constituição para a Córsega*); *Les confessions*, 1765-1770 (*As confissões*, s/d); *Considerátions sur le gouvernment de Pologne*, publicado em 1782 (*Considerações sobre o governo da Polônia*); *Rousseau, juge de Jean-Jacques. Dialoguers*, 1772-1776 (*Rousseau, juiz de Jean-Jacques. Diálogos*); *Essai sur l'origine des langues*, 1781 (*Ensaio sobre a origem das línguas*), em que fala da melodia e da imitação musical; *Les Rêveries du promeneur solitaire*, 1776-1778 (*Devaneios de um caminhante solitário*)[764].

5.4.6.1 Comentários sobre duas de suas principais obras

O Contrato Social[765] – nesta obra o filósofo procurou explicar as origens e os limites de um governo legítimo. Abriu caminho para uma possível opressão do Estado, quando coloca que os que não agem para o bem comum do Estado, devem ser "forçados a ser livres", porque há dificuldades em conceituar o que significa este "bem comum" do Estado. Propõe, com esse raciocínio, que os interesses pessoais e desejos devem submeter-se à "vontade geral", que pretende agir em nome do "bem comum" defendido pelo Estado. Essa posição limita a liberdade individual, partindo da premissa de que o Estado permite a liberdade e não a limita. Para Rousseau, não há contradição se essa liberdade pode ser conseguida pela força.

O termo "forçados a ser livres" é dubio e pode ser exatamente perigoso, assim como a afirmação "bem comum". E a vontade geral é, também, profundamente discutível, pois a soma dos desejos particulares dos cidadãos pode não coincidir com a realidade de toda a população, ou seja, com a "vontade de todos".

O bom funcionamento do Estado depende da sua Constituição, e o legislador tem um papel fundamental na sua confecção. O governo tem uma função executiva e realiza o projeto político do Estado, que é sobe-

[764] BARAQUIM, Noella e LAFFITTE, Jacqueline. *Dicionário universitário dos filósofos*, p. 262.

[765] *O contrato social* é composto por quatro livros. No primeiro e segundo, Rousseau comenta a estrutura do poder político, bem como as limitações do poder soberano frente a um sistema de leis. Nos livros posteriores, tem-se uma profunda discussão sobre o funcionamento e os delineamentos da atividade do Estado. SILVA, Ivan de Oliveira. *Curso moderno de filosofia do direito*, cit., p. 90.

rano. Para Rousseau o Estado é formado por todos os cidadãos, opondo-se terminantemente à figura do monarca.

Rousseau comenta três tipos de governo: *democracia*, *aristocracia* e *monarquia*. Defende a Democracia Direta, em que os cidadãos podem votar sobre qualquer assunto, contudo observa: "um governo tão perfeito se adequa mais aos deuses do que aos simples mortais". Contudo, essas posições, segundo críticos, abrem caminho para legitimar a opressão, já que pretende impor a moral por meio do Estado, transformando-se num censor e limitando a liberdade.

O conceito do estado natural de Rousseau é abstrato e pode ser aplicado apenas ao passado, antes de os homens gestarem as leis. O Estado, previsto pelo filósofo, é uma soberania de agentes morais, que elaboram as leis que cada um deve obedecer, pois são consideradas "boas". Os cidadãos, "naturalmente", devem querer obedecer a leis elaboradas para o bem de todos. As pessoas sujeitas à lei não desejam ser castigadas, mas os autores apoiam os castigos para os que a infringem, o que significa um forte idealismo de Rousseau. A Lei para Rousseau significa uma Educação Moral.

A influência do *Contrato social* foi muito grande até o final do século XVIII. Georges Beaulavon[766], certa vez, disse que "toda democracia moderna, por vezes sem o saber, ou malgrado seu, encontrou no *Contrato social*, se não um programa, ao menos um espírito, um método e uma atitude política". Em Genebra, após a condenação de Rousseau pelo Grande Conselho, formaram-se partidos que combatiam ou defendiam suas ideias. Segundo Mirabeau, tratava-se Rousseau do "escritor que mais havia esclarecido a França sobre as salutares noções da liberdade"[767].

Com a repercussão dessa obra, Rousseau redigiu uma Constituição para a Córsega em 1765 e um ensaio sobre *o governo da Polônia* por volta de 1771, tendo sido convidado, nos dois casos, a assumir o papel de legislador. Segundo Rousseau, sua intenção sempre fora unificar a teoria e a prática políticas, tal como posteriormente fariam seus admiradores da Revolução Francesa, ainda que de outra maneira. Contrapondo sua filo-

[766] Georges Beaulavon foi escritor e crítico literário.

[767] Rousseau, Jean Jacques, *O contrato social e outros escritos*, cit., p. 19.

sofia à de Piarão[768] e Thomas Morus (ou More), Rousseau dizia que a proposta não era a de um "ideal utópico transcendente", mas revelar em *O contrato social* os fundamentos teóricos de um objeto próximo e concreto, em particular a Constituição de Genebra[769].

A exposição de sua teoria de estado, a partir de *O contrato social*, "assim como os demais contratualistas, supõe um 'estado de natureza' em que os homens se encontram degenerados e somente poderão superar tais circunstâncias após a união de forças, nascendo daí o Contrato Social, capaz de preservar a igualdade e a liberdade dos indivíduos"[770].

"Contudo, para Rousseau, o homem no estágio pré-estatal, no mundo selvagem, está em condições de igualdade e liberdade, sendo a função do Estado recuperar tal privilégio abdicado pelo homem em decorrência da vida social. Aliás, era comum no Iluminismo a sustentação de que a sociedade havia corrompido a ingenuidade do homem"[771].

"O Estado, constituído pelo Contrato, é uma unidade representativa da vontade popular, mas, ao contrário do *Leviatã* de Hobbes, o ente criado pelo pacto está sujeito a leis. (...) Para Rousseau, a ordem social é um 'direito sagrado que serve de base para todos os outros. Tal direito, no entanto, não se origina da natureza: funda-se, portanto, em convenções'"[772].

Em Rousseau, a exposição sobre soberania guarda sentido de inalienabilidade e indivisibilidade, que emanam da vontade geral. Nesse aspecto, diferentemente de Hobbes, Rousseau sustenta que o poder soberano tem limites, haja vista ser a soberania uma convenção do corpo. Neste sentido, "[...] o poder soberano, por mais absoluto, sagrado e inviolável que seja, não passa nem pode passar dos limites das convenções gerais [...]"[773].

Quanto ao exercício do governo, Rousseau argumenta "que 'quanto mais numeroso for o povo, tanto mais a força repressora deverá aumentar.

[768] Piarão de Fedro, filósofo pré-socrático.

[769] WOKLER, Robert. *Rousseau*, cit., p. 31.

[770] SILVA, Ivan de Oliveira. *Curso moderno de filosofia do direito*, cit., p. 89.

[771] Ibidem, p. 89-90.

[772] Ibidem, p. 90.

[773] Ibidem, p. 90.

Segue-se que a relação entre magistrados e governo deve ser o inverso da relação entre os súditos e o soberano, ou seja, que quanto mais o Estado crescer, mais o Governo deve contrair-se, de modo que o número de chefes diminua em razão do aumento do povo'"[774].

"Em decorrência do pacto, Rousseau sustenta que a vontade geral é indestrutível, sendo ela exercida pelo sufrágio. O sufrágio é a manifestação da vontade humana, bem como de sua liberdade"[775].

"Podemos afirmar, segundo o pensamento de Rousseau, que pelo voto, mesmo diante da discordância de alguns, visto que quem vence é a maioria, não encontramos denegação da liberdade, visto que 'a vontade constante de todos os membros do Estado é a vontade geral: por ela é que são cidadãos livres. Quando se propõe uma assembleia do povo, o que se lhes pergunta não é precisamente se aprovam ou rejeitam a proposta, mas se estão ou não de acordo com a vontade geral que é a deles; cada um, dando o seu sufrágio dá com isso a sua opinião, e do cálculo dos votos se conclui a declaração da vontade geral. Quando, pois, domina a opinião contrária à minha, tal coisa não prova senão que eu me enganara e que aquilo que julgava ser a vontade geral, não o era. Se minha opinião particular tivesse predominado, eu teria feito uma coisa diferente daquela que quisera; então é que eu não seria livre'"[776].

Pelo exposto, o "Estado idealizado por Rousseau é, sobretudo, um mecanismo voltado à preservação da liberdade, que ocorre quando as leis decorrentes da vontade geral estabelecida no Contrato Social são observadas pela máquina estatal. Mas esse Estado, formulado pelo Contrato Social, estabelece um regime de desejos irrefreáveis à aquisição da propriedade, sendo certo que, para Rousseau, a propriedade é a raiz das desigualdades entre os homens"[777].

Sobre a igualdade, Rousseau afirma: "esta posse nada mais é que um efeito da força". O privilégio do primeiro ocupante, se bem que mais fundamentado moralmente que o do mais forte, também só se torna "um

[774] Ibidem, p. 91.
[775] Ibidem, p. 91.
[776] Ibidem, p. 91.
[777] Ibidem, p. 91.

verdadeiro direito após o estabelecimento do direito de propriedade", isto é, após a Constituição do estado civil[778].

Cada membro da comunidade se dá a ela com todos os bens dos quais ele tem posse de fato; todas essas terras reunidas tornam-se o território público. O que a sociedade desse modo recebeu, ela o restitui, ou, pelo menos, pode restituí-lo aos cidadãos; mas então estes detêm os bens que lhes retomam assim em novas condições. Não é mais a título privado, mas "como depositário do bem público", o que transforma "a usurpação em um verdadeiro direito e o gozo em propriedade" (I, 9). Pois então ela é fundada sobre a obrigação que tem cada cidadão de se contentar com o que lhe é atribuído[779].

Definida a respectiva parte do cidadão, deve ele se manter dentro dela para se conformar com a vontade geral, "Eis por que o direito do primeiro ocupante, tão fraco no estado natural, é respeitável para todo homem civil. Nesse direito respeitamos menos o que pertence a outrem do que o que não nos pertence." Sem dúvida, isso não é suficiente para instituir uma igualdade, qualquer que seja a sua natureza. Se a sociedade consagrasse o direito de primeiro ocupante sem subordiná-lo a nenhuma regra, ela estaria quase sempre consagrando a desigualdade. Essa autorização deve então ser subordinada a certas condições, conforme descritas a seguir[780].

É preciso: "1º) que o solo esteja livre no momento da ocupação; 2º) que seja ocupada só a parte do terreno necessária para a subsistência; 3º) que a posse do solo tenha sido feita pelo trabalho e não por uma vã formalidade. Essas três condições, sobretudo a segunda, preservam a igualdade. Mas se esta se tornar um direito, não é pela virtude desses três princípios; é essencialmente porque a comunidade lhe imprime esse caráter. Não é porque essas três regras são o que são, mas porque elas são desejadas pela vontade geral, porque a divisão igual dos bens, que delas resulta, é justa e porque o sistema assim estabelecido deve ser respeitado. É assim que 'o

778 Sadek, Maria Tereza e Quirino, Célia Galvão. *Pensamento político clássico*, cit., p. 421.

779 Ibidem, p. 421.

780 Ibidem, p. 421.

pacto fundamental substitui, por uma igualdade moral e legítima, o que a natureza pôde pôr de desigualdade física entre os homens'"[781].

Na obra, Rousseau evidencia a norma social, com ênfase na consciência cívica e política. Observa-se uma distinção entre vontade geral e vontade particular. A primeira é a vontade em sentido universal, "universalmente humano". E a vontade particular é o desejo de ser privilegiado, de fazer uma exceção em seu próprio favor. Enquanto a vontade geral é um verdadeiro amor a si e aos outros, a vontade particular é para o amor-próprio; "ela é para o corpo social o que a consciência é para o indivíduo (...). Há muita diferença entre a vontade de todos e a vontade geral; esta só se refere ao interesse comum, enquanto a outra diz respeito ao interesse privado, sendo apenas uma soma de vontades particulares" (*Contrato Social*, II, 3)[782].

A teoria de Rousseau é, sob vários aspectos, uma síntese de Hobbes e Locke. Nesse sentido, o *Contrato social* é "uma associação de seres humanos inteligentes, que deliberadamente resolvem formar um certo tipo de sociedade, à qual passam a prestar obediência mediante o respeito da vontade geral". O Contrato Social, ao considerar que todos os homens nascem livres e iguais, encara o Estado como objeto de um contrato no qual os indivíduos não renunciam a seus direitos naturais, mas, ao contrário, entram em acordo para a proteção desses direitos, que o Estado é criado para preservar. Então, o Estado é a unidade, e como tal expressa a "vontade geral", porém essa vontade é posta em contraste e se distingue da "vontade de todos", a qual é meramente o agregado de vontades, o desejo acidentalmente mútuo da maioria. Ocorre que a institucionalização do convívio social, na verdade, se consubstancia no processo de persuasão, desencadeado por aqueles que mais se beneficiam com esta associação: os ricos. Esta é a forma que Rousseau apresenta o surgimento do Estado[783].

Lembre-se de que Rousseau censurou a si mesmo por haver "fundado um sistema com base numa quimera, num tipo de Estado que jamais exis-

[781] Ibidem, p. 421.

[782] HUISMAN, Denis. *Dicionário de filósofos*, p. 845.

[783] GORCZEVSKI, Clóvis; BOTELHO, Edison; LEAL, Mônica Clarissa Hennig. *Introdução ao estudo da ciência política, teoria do Estado e da Constituição*, cit., p. 42.

tira. Ele, contudo, intentava discutir a possibilidade de um Estado ideal, que funcionasse consoante a razão e o direito natural, isto é, legitimamente. E acreditava poder aplicar suas teorias em determinados pequenos Estados, que lhe pareciam os mais convenientes à experiência, chegando mesmo, nesse sentido, conforme indicado anteriormente, a redigir projetos de Constituições para a Córsega e a Polônia"[784].

Dada a impossibilidade de se restabelecer o estado natural, devia-se impor o pacto social à sociedade existente; e se no primeiro imperara o sentimento, na segunda viria, forçosamente, a reinar a razão. Em semelhante sociedade, o povo, despojado de seus direitos naturais em favor da vontade geral, só deve obedecer à Lei. Por vontade geral entende Rousseau a vontade de todos, direta e igualmente consultados, de onde se infere que "todo governo legítimo é republicano"[785].

Rousseau teve consciência de que a liberdade política está estreitamente ligada às condições de existência. Percebeu com clareza que a desigualdade dos direitos entre os cidadãos tem origem na desigualdade das riquezas. Mas, moralista que era, considerava que a principal condição para a existência de um Estado legítimo não era de ordem econômica ou política, e sim psicológica ou moral. Com isso, retornava à tese do cidadão virtuoso, encontrada em obras anteriores. Tal concepção, se aplicada, conduziria a um inominável retrocesso histórico, pois a felicidade dos cidadãos, no seu entender, não reside no aumento da produção e na consequente extensão do tempo de lazer, mas na redução da riqueza pública e privada, na contenção do processo de desenvolvimento econômico, no nivelamento, por assim dizer, da miséria. A tese – reacionária em sua essência aliada à maneira de Rousseau compreender a liberdade no seio de um Estado organizado, em consonância com a intolerância religiosa – pregada nos últimos capítulos do Contrato Social levou alguns de seus opositores ideológicos a dizer que o Estado ideal por ele sonhado seria uma República de escravos; e Benjamin Constant viu nele "o mais terrível auxiliar de todos os gêneros de despotismo"[786].

[784] ROUSSEAU. *O contrato social e outros escritos*, p. 18.
[785] Ibidem, p. 18.
[786] Ibidem, p. 19.

2) *Discurso sobre a origem da desigualdade (Segundo Discurso – 1754)* – com esta obra Rousseau consolidou sua reputação como um dos mais originais pensadores políticos e críticos sociais, suscitando inúmeros debates e divergências por parte de outros pensadores.

No prefácio, ao apresentar sua tese, Rousseau anuncia que sua tarefa envolve separar todos os acréscimos e modificações que o homem adquiriu através da vida em sociedade, a fim de apurar o que é original em sua natureza. Como a estátua de Glauco[787], que o tempo, o mar e as intempéries tinham desfigurado tanto... a alma humana, modificada pelo convívio cultural em sociedade por inúmeros motivos e causas transformou-se, tornando-se praticamente irreconhecível. "Em lugar de um ser agindo sempre por princípios certos e invariáveis... não se encontra senão o contraste disforme entre a paixão que se crê racional e o entendimento delirante"[788].

Embora não subestime a dificuldade de revelar o homem natural na "tentativa de determinar a lei que ele recebeu ou aquela que melhor convém à sua Constituição", Rousseau acredita que encontramos nos homens "dois princípios anteriores à razão, um dos quais interessa profundamente ao nosso bem-estar e à nossa conservação, e o outro nos inspira uma repugnância natural por ver perecer ou sofrer qualquer ser sensível e principalmente os nossos semelhantes"[789].

"Esses 'princípios' são o amor de si mesmo e a compaixão (piedade), e são desses impulsos inatos – não de máximas baseadas na razão – que os deveres do homem para consigo e para com os outros derivam. Mas o que realmente encontramos na sociedade é 'a violência dos poderosos e a opressão dos fracos; o espírito se revolta contra a dureza de uns ou é levado a deplorar a cegueira dos outros'"[790].

No Prefácio já temos a tônica que será desenvolvida na obra, que é a diferenciação entre o homem natural, caracterizado pela bondade e com-

[787] A menção à Estátua de Glauco diz respeito a um mito explorado pelo autor como uma parábola. Ele quis dizer, segundo o especialista Jean Starobinsky, que a alma humana se degenera em contato com a sociedade, assim como a estátua, muito maltratada pelo tempo.
[788] Dent, N. J. H. *Dicionário Rousseau*, p. 106.
[789] Ibidem, p. 106-107.
[790] Ibidem, p. 107.

paixão, e o homem artificial ou social, que traz no seu bojo a crueldade e malevolência. "Como, pergunta Rousseau, o primeiro foi deslocado ou sufocado? Em particular, como se situa a desigualdade humana em relação àquela lei mais bem adaptada à Constituição original do homem? Rousseau distingue duas espécies de desigualdade: natural ou física, a qual consiste numa 'diferença de idade, saúde, vigor físico, e as qualidades do espírito ou da alma'; e moral ou política (também, artificial ou convencional), consistindo 'nos vários privilégios de que gozam alguns em prejuízo de outros, como o serem mais ricos, mais poderosos e homenageados do que estes, ou ainda por fazerem-se obedecer por eles'. A sua pergunta resume-se, pois, no seguinte: como tais desigualdades convencionais acabaram sendo estabelecidas e são agora legitimadas e justificadas?"[791]

Rousseau aponta uma artimanha utilizada pelos poderosos e ricos para controlar com efetividade os fracos e pobres. Apresentaram a necessidade de estabelecer um governo, cujo objetivo é combater o horror e restabelecer a ordem, o que se dá por intermédio da lei e sua respectiva sanção, com o fim de estabilizar a situação e garantir a todos alguma proteção. O objetivo, evidentemente, "foi conceder novos poderes aos ricos e impor novos entraves aos pobres. 'Tal foi, ou pode ter sido, a origem da sociedade e das leis (...) que destruíram irremediavelmente a liberdade natural, fixaram para sempre a lei da propriedade e da desigualdade, fizeram de uma usurpação sagaz um direito irrevogável e, para lucro de alguns ambiciosos, daí por diante sujeitaram todo o gênero humano ao trabalho, à servidão e à miséria'. Partindo dessa base, Rousseau passa então a criticar virtualmente todas as formas de governo institucionalizadas como não sendo outra coisa senão a codificação de poder, riqueza e dominação. Longe de terem qualquer pretensão legítima à obediência, não passam de tiranias em que uns poucos lucram com a abjeção e a opressão de muitos"[792].

Na obra aqui em comento o eixo é o contraste estabelecido entre "o homem natural – isolado, tranquilo, inocente – por um lado, e o homem civilizado – social, alienado, entregue ao controle dos outros, perver-

[791] Ibidem, p. 107.
[792] Ibidem, p. 109.

tido, maligno – por outro. Impressionados, talvez, pela força e amplitude do argumento, os leitores são propensos a ver todas as suas obras afins como se funcionassem na mesma base. Isso é, por vezes, objeto de admiração"[793].

5.4.7 Conclusão – os pensadores e Rousseau

Devido às repercussões do pensamento de Rousseau, do século XVIII até hoje (séc. XXI), são necessárias algumas comparações com outros pensadores, a saber.

5.4.7.1 Rousseau e Platão

"A imputação de uma vontade geral a um povo soberano implica a personificação do soberano e do estado, ideia esta que seria levada mais adiante por Hegel. Há certos paralelos a esse respeito entre os pensamentos de Rousseau e Platão. Este último colocou a unidade do estado acima de tudo, mas, adotando a ideia de que apenas nos casos em que a cidade é uma unidade formada por diferentes classes, trabalhando juntas sob a orientação dos guardiões, pode o bem dessa cidade, como estado justo, ser alcançado. E ele desceu a grandes detalhes sobre as instituições sociais necessárias para a consecução dessa meta. Rousseau pensa em termos de instituições políticas e não de instituições sociais, mas o objetivo é algo parecido. O das instituições políticas é o de alcançar o bem comum e, pela participação nelas através do contrato, as pessoas compartilharão desse bem comum, tornando-se mais livres do que antes. Não obstante, ao assim procederem, submergem suas vontades individuais em alguma coisa maior, que necessariamente expressa o que eles, por assim dizer, realmente querem"[794].

Esta é uma "doutrina romântica, mas também perigosa. Isto porque, para ter aplicação, a vontade geral deve ser determinável. Em Platão, a unidade do estado é feita sob a sábia orientação dos guardiões, e a questão crucial passa a ser em que consiste essa sabedoria. Analogamente, em Rousseau, é aquilo em que consiste o bem comum e que, por conseguinte, é a vontade geral. Presumir que há tal vontade, algo que as pessoas real-

[793] Ibidem, p. 109.

[794] Hamly, D.W. *Uma história da filosofia ocidental*, cit., p. 253.

mente querem, em contraste com o que querem individualmente, não é apenas uma doutrina mística: ela convida à identificação da vontade geral com alguma concepção individual própria e desponta à frente o pesadelo do estado totalitário"[795].

Ainda que Rousseau tenha sugerido em *O contrato social* que há certas crenças que formam parte da "religião civil", e que as pessoas devem manter ou serem punidas com a morte, o filósofo foi um democrata extremado, que acreditava que o governo deve ser escolhido por uma assembleia do povo e rejeitava toda e qualquer sugestão de governo representativo. Sua concepção de estudo resulta de um cruzamento entre a cidade-estado grega e o que achava válido na Genebra de seu tempo. Apesar disso, permanece impenetravelmente obscura a maneira como uma instituição política determinaria o bem comum[796].

5.4.7.2 Rousseau e Hobbes

Apesar das divergências entre Rousseau e Hobbes, havia muitas semelhanças entre eles. De acordo com Rousseau, no seu "estado primitivo", o homem natural "não tinha casas, nem cabanas, nem qualquer tipo de propriedade". Esses homens pouco mais eram do que animais, pois, desprovidos de linguagem, não eram criaturas de razão, mas dos sentidos. Tal como acontecia na visão de Hobbes, os seres humanos originais eram naturalmente solitários; com efeito, nem o amor nem a família são realidades naturais: "Os homens e as mulheres uniam-se de maneira fortuita, dependendo da ocasião, dos encontros e dos desejos", e "abandonavam-se uns aos outros com a mesma facilidade[797].

Rousseau vai tão longe na destruição imaginativa do amor e da família, que chega a ponto de negar o amor de mãe e filho. "A mãe começava por cuidar dos filhos em função das suas próprias necessidades; em seguida, depois de o hábito lhos ter tornado queridos, cuidava deles em função das necessidades dos filhos. Mas assim que adquiriam forças suficientes para irem à procura do alimento de que necessitavam, eram eles que não

[795] Ibidem, p. 253-254.

[796] Ibidem, p. 254.

[797] WIKER, Benjamin. *Dez livros que estragaram o mundo e mais cinco que também não ajudaram nada*, cit., p. 69.

tardavam a abandonar a mãe; e, como a única maneira prática que tinham de voltar a ver-se era não se perderem de vista [na selva ou na floresta], em breve se encontravam em situação de nem sequer se reconhecerem uns aos outros"[798].

Certa tradição liberal sempre viu em Rousseau os germes do populismo ou, então, da ditadura da maioria ou, então, da ilusão do assembleísmo, da participação política impossível, ou da democracia direta. Pergunta-se qual teria sido o motivo[799].

Podemos situar o início dessa querela fazendo aparecer em cena a intervenção de alguns leitores das obras políticas de Rousseau por ocasião da Revolução Francesa. Dentre eles, podemos destacar Louis Sebastien Mercier[800], o Abade Fauchet[801], em vários discursos de comentários sobre o Contrato Social no *Cirque Du Palais Royal*, o autor do *Anticontrat Social*, o Sr. Bauclair[802], e o abade Sieyès, dentre outros[803].

5.4.7.3 Rousseau e o crítico Benjamin Constant

Benjamin Constant de Rebeque, ao tratar de soberania do povo em *Princípios de Política*, destoa das ideias de Rousseau. Segundo ele, "numa sociedade fundada sobre a soberania do povo, é certo que não cabe a nenhum indivíduo, a nenhuma classe, submeter os demais à sua vontade particular; mas é falso que a sociedade inteira possua sobre seus membros uma soberania ilimitada". Abade Sieyès, num de seus Discursos, publicado no *Moniteur*, como parte da "discussão sobre a Constituição do Ano III", afirmava que "os poderes ilimitados são uma monstruosidade em política e um erro do povo francês. Ele não o cometerá mais no futuro... Quando uma assembleia política se forma não se colocam em comum de forma alguma todos os direitos que cada indivíduo possui na sociedade, todo o poder da massa dos indivíduos. Coloca-se em comum tão somente, sob o

[798] Ibidem, p. 70.

[799] Espíndola, Alberi. *Rousseau – pontos e contrapontos*. São Paulo: Barcarolla, 2012, p. 100.

[800] Louis Sebastien Mercier (1740-1814), jornalista, poeta e escritor francês.

[801] Abade Fauchet é o outro nome pelo qual foi conhecido Claude Fauchet, religioso revolucionário francês que participou da Tomada da Bastilha.

[802] A referência a Sr. Bauclair trata-se do escritor Paul-Louis Bauclair (1735-1804), que escreveu a obra *Anticontrato Social*, em que contraria as teses de Rousseau.

[803] Espinola, Arei. *Rousseau – pontos e contrapontos*, p. 100.

nome de poder público ou político, o mínimo possível, e somente o que é necessário para manter cada um nos seus direitos e deveres. Esta noção se assemelha muito às ideias exageradas que se atribui ao que se chama de soberania. Notem bem, que é da soberania do povo que falo, pois, se houver uma, será realmente isso. Esta expressão se apresentou de maneira tão colossal na imaginação porque o espírito do francês, ainda repleto de superstições da realeza, concedeu a si mesmo a herança dos atributos pomposos e dos poderes absolutos que fizeram o brilho das soberanias usurpadas... dizia-se, como uma espécie de orgulho patriótico, que, se a soberania dos grandes reis era tão poderosa e tão terrível, a soberania do povo deveria sê-lo ainda muito mais... é preciso dizer, uma vez mais, que a soberania do povo não é, de forma alguma, ilimitada"[804].

Ora, o que está na ordem do dia, no debate sobre os poderes constitucionais do povo francês, é a possibilidade da afirmação de um poder absoluto que, desta feita, residiria no povo, o que, então, pelas leituras de Rousseau, passava a se afirmar como a soberania do povo. Ao definir a soberania como expressão da vontade geral, indivisível, sem representação, como condição para a manutenção da liberdade, Rousseau a apresentava como um poder sem limites, podendo até mesmo revogar o Contrato Social fundador da comunidade política. O que aparece como monstruosidade para Sieyès e, até mesmo como uma herança do absolutismo monárquico, Benjamin Constant também, fazendo coro a Sieyès, não só não aceita tal poder absoluto, mas continua sua análise: "Rousseau desconheceu essa verdade, e seu erro fez do Contrato Social, tão frequentemente invocado em favor da liberdade, o mais terrível auxiliar de todos os gêneros de despotismo"[805].

"Como leitor cuidadoso de *O contrato social,* Constant chega a uma conclusão surpreendente, após contrapor-se à ideia de uma soberania sem limites. Diz ele: 'O próprio Rousseau, assustado com tais consequências, tomado de horror pelo aspecto imenso do poder social que havia criado, não soube em quais mãos depositar esse poder monstruoso, e encontrou o remédio contra o perigo inseparável de uma tal soberania num expediente que tornou impossível o seu exercício. Declarou que a

[804] Ibidem, p. 101.
[805] Ibidem, p. 101-102.

soberania não podia ser nem alienada, nem delegada, nem representada. O que significava declarar, em outros termos, que ela não podia ser exercida, era negar de fato o princípio que havia proclamado'"[806].

"Mas Constant não para por aí e, na sequência, irá aproximar Rousseau de Hobbes e negar qualquer forma de poder soberano absoluto, mantendo-se, portanto, coerente com sua linha de argumentação, que implica na necessidade de um abandono da ideia de uma soberania ilimitada e da afirmação de que 'nenhuma autoridade na terra é ilimitada'"[807].

5.4.7.4 Rousseau, Locke e Pufendorf[808]

No Segundo Discurso, Rousseau apresenta as origens da desigualdade, com a intenção de refutar os respectivos conceitos. O pensador afirma que Locke, a exemplo de Hobbes e Pufendorf, em vez de "superar as diferenças", acabou por "reforçar os antagonismos que dividiam as pessoas"[809].

> *"Segundo ele, era impossível, a partir das obras destes ou de outros pensadores políticos, descobrir por que os homens no estado de natureza deveriam tentar se proteger contra seus semelhantes, mas julgava que tais teorias, tomadas em conjunto, ao menos explicavam como os indivíduos teriam estabelecido como legítimas apenas aquelas relações fixas e determinadas que formam as distinções entre eles na sociedade corrompida. Segundo Rousseau, contrapondo-se a Hobbes, em especial, era verdade que os homens deviam ter desenvolvido todas as obrigações sociais para proteger suas vidas e bens. Mas como no estado de natureza não teriam entrado em guerra, não teriam possuído nenhum bem, não teriam alimentado nenhuma ambição de dominar, nem teriam tido nenhuma razão de temer uns aos outros; era inconcebível que tivessem sentido, originalmente, a necessidade dessa segurança. O estado de natureza não poderia conter nenhum fator endógeno que levasse a humanidade a sair dele, e a inveja ou a desconfiança, que provocam nos indivíduos apreensão ou medo de perder seus bens, simplesmente não cabiam a homens que viviam contentes no isolamento"*[810].

[806] Ibidem, p. 102.
[807] Ibidem, p. 102.
[808] Samuel Pufendorf (1632-1694), jurista alemão de formação luterana, enfatizou a questão da sociabilidade humana como fundamento do direito natural.
[809] Wokler, Robert. *Rousseau*, cit., p. 61.
[810] Ibidem, p. 61.

5.4.7.5 Rousseau e Kant

O iluminismo francês, embora basicamente inclinado para o elitismo, havia preparado o caminho com a animosidade que demonstrava contra os privilégios aristocráticos, mas foi Rousseau quem, de fato, manteve sua atenção às massas. Immanuel Kant, filósofo e amigo de Rousseau, reconheceu, certa vez, que "ele próprio se achava 'por natureza um pesquisador da verdade', e lembrando-se que houvera um tempo em que acreditara que somente o pensamento e o saber 'constituíam a honra da humanidade', confessa que 'desprezava o homem comum que nada sabia'"[811].

Até aqui Kant fala como o representante típico do Iluminismo e logo depois acrescenta: "Rousseau fez-me ver a verdade. Esse preconceito tolo desapareceu. Aprendi a respeitar a natureza humana." Essas declarações mostram claramente o impacto do igualitarismo de Rousseau, que se revela de forma implícita em sua obra, *O contrato social*: "O homem nasce livre e nós o vemos acorrentado em toda parte." Por quê? Ele não se sente capaz de explicar como chegou até aí, mas acredita que pode aconselhar alguma coisa que venha a legitimar tal situação. Em outras palavras, o que ele quer significar com sua exclamação é: como podemos explicar que haja tanta desigualdade no tratamento dos homens quando, por natureza, eles nascem iguais? Esse tema, por sinal central, se encontra no livro *Ensaio sobre a origem da desigualdade*[812].

5.4.7.6 Rousseau e Montesquieu

Entre os contemporâneos de Rousseau, Montesquieu elaborou uma doutrina do governo de direito, que iria exercer enorme influência no pensamento liberal ocidental, distinguindo entre a autoridade dos monarcas e o capricho dos déspotas em termos desse direito, e também defendeu seu conceito, em relação à Inglaterra, de um judiciário independente. Mas Rousseau, cuja breve estada na Inglaterra poucos anos depois da publicação do *Contrato social* se mostraria tão penosa para sua independência

[811] FRIEDRICH, Carl J. *Uma introdução à teoria política*, cit., p. 173-174.
[812] Ibidem, p. 174.

quanto declarou ser o Parlamento para os ingleses, também considerou o conceito de lei de Montesquieu pouco convincente[813].

Contrário aos críticos que mais tarde receariam o abuso dos poderes de soberania que havia proposto, ele acreditava que o exercício vigilante desses poderes pelo próprio povo era a única salvaguarda contra o despotismo. Segundo os princípios de sua filosofia política, em nenhum país o soberano poderia exercer força contra pessoas particulares, estando impedido por sua natureza de implementar sua vontade própria. Essa responsabilidade cabia exclusivamente ao governo. Assim, a liberdade seria protegida não pela virtude de um direito natural superior ou de um judiciário independente dentro do governo, e sim por uma separação infraestrutural dos poderes entre o governo e a soberania, separação esta concebida de uma perspectiva diferente da de Montesquieu em sua obra mais conhecida, *O espírito das leis*[814].

No Livro V de *Emílio,* Rousseau afirma que Montesquieu também deixara de apresentar os princípios de direito político, tendo se limitado "*a discutir o direito positivo dos governos estabelecidos*". No mundo da política, não poderia existir nada mais diferente do que o fato em relação ao direito, insiste ele, assim inaugurando uma controvérsia entre filósofos e cientistas que criou uma divisão entre seus admiradores (e outros) e os discípulos de Grotius e Montesquieu, a qual perdura até hoje. Mas em *O contrato social,* Rousseau também desejava tratar dos fatos da vida política, e tem uma grande dívida para com o próprio Montesquieu, na maneira de expor esses fatos[815].

Como Montesquieu, Rousseau estava interessado na história natural e na patologia dos governos, e na maneira como os Estados nascem, crescem e desaparecem, pois "o corpo político, tal como o corpo do homem, começa a morrer no momento em que nasce, e traz dentro de si as causas de sua própria destruição". Também seguindo Montesquieu, ele reconhece a influência dos fatores físicos sobre a natureza do governo e as Constituições dos Estados, observando, em relação ao livro 14 de *O espírito das leis*, que "a liberdade não é fruto de todos os climas" e, portanto,

[813] Wokler, Robert. *Rousseau*, cit., p. 106.
[814] Ibidem, p. 106.
[815] Ibidem, p. 106-107.

não está ao alcance de todos os povos. Mesmo frisando que a moral das pessoas na sociedade civil pode ser largamente explicada pelas leis e por fatores políticos, ao mesmo tempo ele ressalta com ênfase quase equivalente que a moral determina as leis positivas, definindo as forças do hábito, dos costumes e das crenças – que estão gravadas não no mármore ou no bronze, e sim no coração dos cidadãos – como uma quarta espécie de direito além do direito político, civil e penal, e "o mais importante de todos"[816].

Em *Emílio,* Rousseau elogia *O espírito das leis* justamente pelo tratamento que dá à relação entre os usos e o governo. Apesar das diferenças entre ambos, Rousseau teve grande influência de Montesquieu e sua tese sobre as coerções éticas sobre a legislação, que determinavam seus rumos e lhe incutiam seu espírito. Embora refletindo sobre como as leis poderiam ser, em *O contrato social* ele pretendia, como deixou claro já na primeira frase, tornar os homens como eles são. Os fatos e os critérios da política, embora distintos, também devem caminhar juntos, dizia ele, passando a avariar o que era possível e o que era certo nos assuntos humanos. Como Montesquieu, ele examina as Constituições tanto do alto, em seus primeiros princípios, quanto de baixo, à luz das tradições populares e das convenções sociais subjacentes a elas[817].

"Existe uma antiga tradição que vem ressaltando, acima de tudo, aquilo que haveria de oposto entre Montesquieu e Rousseau. Ao colocar os nomes desses dois autores lado a lado, ela consolidou a ideia de que enquanto o primeiro procurou compreender as leis tais como existiam para explicá-las segundo as situações reais que as geraram, o segundo buscou o que as leis poderiam e deveriam ser para corresponder às vicissitudes individuais e coletivas dos homens. E foi o próprio Rousseau, no *Emílio,* um dos iniciadores dessa tradição, pois sua leitura da obra de Montesquieu levou-o a lastimar que este houvesse se contentado em falar do direito positivo dos governos estabelecidos, sem dedicar-se ao verdadeiro estudo do direito político, o que o teria impedido de avaliar

[816] Ibidem, p. 107.
[817] Ibidem, p. 107-108.

corretamente tais governos, uma vez que 'é preciso conhecer o que deve ser para bem julgar o que existe'"[818].

Os pensadores em destaque "não pretendiam compreender a totalidade dos fatos, mas propor e justificar uma nova ordem social e política diversa daquela existente no Antigo Regime: 'Não iam aos fatos. Rousseau dirá prontamente que é preciso começar por afastar os fatos. Iam ao direito, isto é, ao que deve ser. Para eles os fatos não eram mais que matéria para o exercício desse direito, como que a ocasião simples e o reflexo da sua existência'. Montesquieu, por sua vez, envolvido em uma ordem feudal em decadência, teria rejeitado o jusnaturalismo e suas consequências filosóficas, assumindo a proeminência dos fatos contra um idealismo, fonte de preconceitos tais como a 'ideia de que a religião e a moral podem julgar a história' ou ainda 'a ideia de que a abstração de um ideal político, mesmo revestido pelos princípios da ciência, possa ser tomado por história'"[819].

Cada um desses autores conta com "domínios de reflexão contrários", que correspondem às duas grandes escolas do pensamento político do século XVIII. O primeiro recorre aos registros históricos para elaborar uma teoria sobre os fundamentos do direito, e tem como objeto as origens e as manifestações empíricas das diferentes formas de governo. O outro, desprezando a história, busca na natureza a fonte do direito e apresenta uma concepção puramente jurídica da Constituição política dos Estados[820].

Ao se referir à "República", para Montesquieu o termo caracteriza-se pela soberania investida em uma coletividade, o que a opõe aos governos de um só, e na democracia o povo é, sob alguns aspectos, o monarca, e sob outros, o súdito, isto porque nela a vontade popular, expressa por meio de seus sufrágios, é o próprio soberano. Para Rousseau, tal duplicidade nos papéis desempenhados pelo povo deveria estar presente em qualquer Estado. De acordo com ele, a República não é uma espécie de governo, mas "todo Estado regido por leis, sob qualquer forma de administração

[818] Espíndola, Alberi. *Rousseau: pontos e contrapontos*. cit., p. 131.
[819] Ibidem, p. 132-133.
[820] Ibidem, p. 133.

que possa estar: pois somente então o interesse público governa, e a coisa pública é alguma coisa"[821].

Montesquieu considera que todo governo legítimo existe em uma República, podendo-se falar, a partir desse quadro conceitual, tanto de Repúblicas democráticas e aristocráticas quanto de Repúblicas monárquicas, desde que o poder soberano seja um atributo do povo e não do governante. Em oposição, Rousseau, na obra *O contrato social*, acusa Montesquieu de falta de justeza e de clareza por não ter percebido que, sendo a autoridade soberana a mesma em todos os lugares, o princípio da virtude deve vigorar em todos os Estados bem constituídos, e não somente nas Repúblicas[822].

Enquanto Montesquieu distingue monarquia de despotismo, visto que destaca o caráter determinante de existirem na monarquia "leis fixas e estabelecidas" em um Estado a fim de que a liberdade possa ser garantida a seus cidadãos, pois, caso contrário, a vontade arbitrária e momentânea do governante no despotismo submeteria todos a uma vida de escravidão e temor, Rousseau, por sua vez, não envereda pela referida distinção, ainda que admita que, em teoria, o governo de um só possa servir à soberania popular, e que esse tipo de administração é, na verdade, exigido pelas características de certos Estados. Em *O contrato social*, Rousseau refere-se ao fato de que "os reis querem ter poderes absolutos, e os melhores entre eles desejam ser maus, caso lhes agrade, sem deixar de ser senhores, de modo que o seu interesse principal será tornar o povo fraco e miserável para que nunca lhes oponha resistência"[823].

5.4.7.7 Rousseau e Marx

Sem dúvida, há diferenças entre Marx e Rousseau. A este, a infelicidade se devia ao progresso da civilização (nomeadamente ao progresso da tecnologia, ou seja, das "artes"), pelo que a única maneira de progredir era redigir, isto é, recriar o melhor possível a situação do animal humano subdesenvolvido, eliminando as cadeias artificiais impostas pela sociedade e regressando ao estado de pureza da natureza. Em contrapartida, para

821 Ibidem, p. 149-150.
822 Ibidem, p. 150.
823 Ibidem, p. 150.

Marx e Engels, a progressiva conquista da natureza e os estádios sociais que daí resultam conduzem a uma utopia comunista inteiramente pacífica, na qual a tecnologia proporcionará uma existência paradisíaca em que ninguém terá de trabalhar[824].

Há um ponto de confluência entre o pensamento de Rousseau e o ideário marxista. Para Rousseau, no começo, o homem-animal não tinha nem sabia da noção de propriedade porque era um ser irracional, cuja alma "se não deixava agitar por coisa alguma"», mas "se entregava em exclusivo ao sentimento da sua existência presente, sem qualquer ideia de futuro". Em *Discurso sobre a origem e os fundamentos da desigualdade entre os homens*, o filósofo descreve que havia comida para toda a gente e nada pertencia a ninguém; ninguém pertencia a ninguém[825].

Mas com a "primeira Revolução", em que o homem-animal constrói uma cabana e "deu origem à criação e à diferenciação das famílias" e a "uma espécie de propriedade", a uma distinção entre meu e teu que nunca tinha existido, as coisas começaram a degradar-se. O homem natural, originalmente livre, prendeu-se a um local e a uma família; depois, com a reunião de outras famílias, surgiu a divisão do trabalho, que conduziu à criação de coisas necessárias e objetos de luxo, instalando assim uma situação de interdependência social[826].

A primeira Revolução introduz a virtude e o vício. Como no estado de natureza, a fidelidade sexual não existia, a partir do momento em que uma mulher passa a pertencer a único homem, o adultério vem substituir a liberdade sexual. Antes de haver excesso de alimentos, não havia gula. Em consequência da posse, surgem os crimes; antes de haver a noção de posse, não havia roubos. Nascem as desigualdades; antes de surgirem as distinções baseadas no trabalho, na posse e nas inevitáveis comparações entre ambos, todos eram iguais[827].

Para Marx e Engels, a propriedade privada não é uma realidade natural, e todos os conflitos humanos resultam de se considerar alguma coisa como própria (de mulher a filhos – recorde-se a quantidade de comunis-

[824] WICKER, Benjamim. *Dez livros que estragaram o mundo*, cit., p. 55-70.
[825] Ibidem, p. 64.
[826] Ibidem, p. 64.
[827] Ibidem, p. 67.

tas que abraçaram o amor livre e denegriram a família). A propriedade privada dá origem à divisão do trabalho, que resulta nas desigualdades sociais, crescentes com os progressos tecnológicos. Assim, a liberdade relativamente a "crimes, guerras, assassínios, [...] misérias e horrores" só voltará quando alguém desenterrar as estacas da propriedade privada e as enterrar no coração dos proprietários. É o comunismo!"[828].

Enquanto Marx considera que a tecnologia pode proporcionar o ócio e a abundância, Rousseau identificava essa condição com o estado original do gênero humano. Marx acreditava que o progresso humano podia conduzir-nos (após uma "Revolução final e cataclísmica") a uma situação de igualdade e de comunismo, sem propriedade privada[829].

Rousseau considera no *Segundo discurso* que as desigualdades da propriedade privada (e a consequente distinção entre ricos e pobres) antecederam o surgimento da sociedade civil, cuja população aumenta; a sociedade cresce; os que têm, vão tendo mais; os que não têm, vão tendo menos; e o fosso entre ricos e pobres vai-se acentuando[830].

"No estágio em que os poucos ricos convivem com inúmeros pobres, aqueles calculam que os segundos podem juntar-se em bandos e destruí-los. Então, 'Vamos unir-nos', dizem os ricos charlatães aos pobres palermas, 'para proteger os fracos da opressão, conter os ambiciosos, e garantir a todos a posse daquilo que lhes pertence. Vamos instituir regras de justiça e de paz com que todos estejamos obrigados a conformar-nos'. Aquilo que os ricos querem realmente dizer é: 'Vamos criar leis e armas que as apliquem, que nos permitam manter a nossa riqueza'. E foi assim que os pobres foram enganados, lamenta Rousseau"[831].

Também Marx não poupou Rousseau, ao considerá-lo como o mentor máximo do estado burguês, da cidadania de ficção e da emancipação política como uma falsa emancipação, tal como podemos ler na *Questão judaica*. O viés da leitura de Marx é marcado profundamente pela leitura liberal dos textos políticos de Rousseau[832].

[828] Ibidem, p. 67.
[829] Ibidem, p. 67.
[830] Ibidem, p. 67.
[831] Ibidem, p. 68.
[832] ESPÍNDOLA, Arlei de. *Rousseau: pontos e contrapontos*, cit., p. 105.

5.4.7.8 Rousseau e Althusser

"Na tradição marxista, não podemos nos esquecer do texto de Althusser[833], intitulado *Sobre o contrato social*, no qual o autor procura investigar a causa de tantas leituras possíveis do texto de Rousseau e encontra uma 'solução' no próprio texto de Rousseau, marcado por 'décalages', isto é, pontos de ruptura, lacunas, que precisarão de artifícios para serem superadas. A primeira delas está na própria noção de Contrato Social, que, segundo Althusser, em Rousseau, possui apenas uma parte contratante, destoando completamente da ideia comum de contrato que exige sempre pelo menos duas partes contratantes. Outra lacuna podemos perceber na noção de alienação, que, em Rousseau, precisa ser total, ao passo que toda alienação é sempre parcial. A alienação total elimina qualquer possibilidade de algum resíduo de quem aliena e do que aliena de si mesmo"[834].

5.4.7.9 Rousseau e Hannah Arendt

A escritora, em *Sobre a revolução*, refuta certos conceitos de Rousseau e incomoda-se com as consequências de sua aplicação pelos revolucionários: "Essa unidade permanente de um povo, inspirada por uma vontade una, não deve ser confundida com estabilidade. Rousseau tomou tão a sério e tão literalmente a sua metáfora de uma vontade geral, que chegou a conceber a nação como um corpo animado por uma só vontade, à feição de um indivíduo, que também pode mudar de direção a qualquer momento, sem perder sua identidade. Foi precisamente nesse sentido que Robespierre exigia: *Il faut une volonté UNE... Il faut qu'elle soit républicaine ou royaliste*"[835].

Rousseau insistia, portanto, que "seria absurdo que a vontade se obrigasse para o futuro, antecipando assim a fatídica instabilidade e inconfiabilidade dos governos revolucionários, bem como justificando a antiga e funesta convicção do estado-nação de que os tratados só devem ser cumpridos enquanto servirem ao assim chamado interesse nacional". E

[833] Louis Althusser (1918 – 1990), filósofo francês de origem argelina.

[834] Ibidem, p. 105.

[835] Arendt, Hannah. *Sobre a revolução*. São Paulo: Ática, 1988, p. 61, apud Espíndola, Arlei de. *Rousseau: pontos e contrapontos*, cit., p. 106.

a pensadora continua: "portanto, a forte atração da teoria de Rousseau para os homens da Revolução Francesa era que ele tinha aparentemente encontrado uma maneira engenhosa de colocar uma multidão no lugar de uma única pessoa; pois a vontade geral não era outra coisa senão o elo que aglutinava todos num só corpo"[836].

5.5 Voltaire - Marie Francois Arouet (1694-1778) - um iconoclasta - a crítica, a liberdade e o progresso

Nascido em Paris e filho de uma família que integrava a chamada "burguesia togada", após a conclusão do colégio, o futuro filósofo iniciou o curso de Direito (1711), mas interrompeu-o após dois anos[837].

Com a morte do Rei Luis XIV, em 1715, assume a regência Felipe de Orleans, que foi ridicularizado por Voltaire no poema "Uma criança reinando" (*Puero regnante*). Em consequência, o filósofo foi aprisionado na Bastilha por 11 meses[838].

Em 1718, encena sua primeira tragédia, *Édipo*, no teatro da Comedie Française. Em 1719, acusado novamente de versos infames contra o regente, foge para o Castelo de Sully, onde se esconde. Famoso a esta altura por suas ironias, adota o nome Voltaire[839]. Depois de outras confusões, exila-se na Inglaterra em 1726. Escreve as *Cartas filosóficas* ou *Cartas inglesas*, obra lançada clandestinamente em Paris, elogiando a ilha como foco da liberdade e da razão e criticando a França como um país atrasado e autoritário[840].

Publica um ensaio sobre as guerras civis na França, um discurso sobre a poesia da época e prepara a tragédia *Brutus*[841]. Depois de publicar *Zadig* em Amsterdam, refugia-se no castelo de Sceaux sob a proteção da Duquesa de Maine devido a novos escândalos na corte. Participa da elaboração da Enciclopédia[842].

[836] Ibidem, p. 106.
[837] Huisman, Denis. *Dicionário dos filósofos*, p. 997.
[838] Ibidem, p. 997.
[839] Ibidem, p. 997.
[840] Ibidem, p. 997.
[841] Ibidem, p. 997.
[842] Ibidem, p. 997.

De volta à França em 1753, intensifica sua atividade intelectual, defendendo princípios de liberdade e justiça, como foi o caso de Calas[843], que havia sido injustamente condenado.

Em 1778 é indicado a membro da Academia de Letras, ano em que falece. Não era liberal nem republicano nem democrata. Era adepto do rei ilustrado que apoiasse o benefício das "luzes", ou seja, o despotismo esclarecido. Desejava uma governança firme, forte, agindo no interesse dos súditos.

O ensinamento de Voltaire expressa a crença na liberdade, no progresso científico e na felicidade terrena, daí as suas críticas às ideias celestiais e sua defesa intransigente da razão e da ciência. Defendia a compaixão e humanidade e, portanto, a tolerância pelas criaturas sofredoras. Devido a essas posições, Voltaire afirmava "Écrasez l'infâme" ("Esmagar a infame" – a Igreja ou a infâmia do excesso religioso), no sentido de liberdade ampla de espírito e de críticas às religiões. Tais ideias humanistas se ampliaram e chegaram fortes até o século XX e os dias atuais.

Voltaire defendia o conceito de racionalidade "fundamentada em si mesma e na sua aplicação pragmática exigida pelos problemas cotidianos da vida". O "pensamento se submete de novo, a ação, infinita em seu poder de esclarecer as consciências e os costumes, graças à autocapacidade intelectual de regeneração incorruptível"[844].

O seu racionalismo opõe-se à metafísica. Com sarcasmo, ridiculariza Leibniz[845] (*Cândido*) e os dogmas religiosos, refletindo sobre um Deísmo

[843] Jean Calas (Lacabarède, 19 de março de 1698 – Toulouse, 10 de março de 1762) exercia a profissão de negociante em Toulouse, França. Famoso por ter sido vítima de um julgamento preconceituoso devido a sua fé protestante, ele é um símbolo da intolerância religiosa cristã em uma França predominantemente católica. Um dos filhos de Calas converteu-se ao catolicismo em 1756. Entre 13 e 14 de outubro de 1761, outro dos filhos de Calas, Marc-Antoine, foi encontrado morto no andar térreo da residência da família. Jean, acusado de assassinar o próprio filho, foi preso sob a suposta alegação de que pretendia convertê-lo ao catolicismo. Voltaire iniciou uma campanha para tirar Calas da prisão, mas a iniciativa foi infrutífera, uma vez que em 9 de março de 1762 foi condenado à morte pela corte de apelação francesa. Em 9 de março de 1765, descobriu-se que Jean Calas não era culpado e foi declarado inocente, de forma póstuma. E Voltaire escreveu seu famoso *Tratado sobre a tolerância.*

[844] Huisman, Denis. *Dicionário dos filósofos*, p. 998.

[845] Gottfried Leibniz (1646-1716) – matemático e físico alemão.

que explica a ordem do mundo e a lei moral. Transita pelo epicurismo (mundano), o relativismo liberal e defende a tolerância[846].

Sua concepção histórica é de que a humanidade evolui em direção ao progresso: "*A natureza representa um sistema universal*", obedecendo a "*uma ordem matemática*", e "*por analogia, facilita a dedução de uma ética comum a todos os povos*"[847].

Em suas ideias, Voltaire aproxima-se de Newton e Rousseau no enfoque da "causalidade cosmológica única, que se manifesta justamente no plano moral", por intermédio do "sentimento natural". Na visão do filósofo, há um "sentimento de impotência de estarmos entregues a uma natureza arbitrária e sem nenhuma intenção particular a nosso respeito", que "provoca a necessidade de uma razão ativa para que o homem possa legitimar e garantir a sua existência num mundo assim"[848].

Como todos os *philosophes*, Voltaire trabalhou pela emancipação da espécie; nunca supôs, entretanto, que isso significasse o estabelecimento universal de um único regime político. Ao longo de sua vida ativa, defendeu os mesmos valores políticos liberais, sem jamais imaginar que eles pudessem, ou devessem, ser codificados numa só forma de governo. Em alguns momentos, optava pelo despotismo esclarecido, flertando com Catarina, a Grande[849], e Frederico da Prússia[850]. Em outras, apoiava a monarquia constitucional. Nos escritos de Voltaire descobrem-se algumas referências favoráveis à democracia, mas nunca, porém, partilhou as crenças republicanas sobre a virtude intrínseca do autogoverno popular[851].

O duradouro interesse do pensamento político de Voltaire deriva da fusão de relativismo político e moralidade liberal. Voltaire não apenas compreendeu que os valores liberais justificam estratégias diferentes, conforme as circunstâncias, como percebeu que as histórias e os

[846] Huisman, Denis. *Dicionário dos filósofos*, p. 999.

[847] Ibidem, p. 999.

[848] Ibidem, p. 999.

[849] Catarina, a Grande (1729-1796) imperatriz russa, de origem alemã, se correspondia com filósofos como Voltaire e Diderot.

[850] Frederico da Prússia (1712-1786) rei da Prússia, filho do monarca Frederico Guilherme e tido como um déspota esclarecido.

[851] Gray, John. *Voltaire – coleção grandes filósofos*. São Paulo: Unesp, 2012, p. 40.

ambientes de povos diversos podem sustentar indefinidamente regimes desencontrados[852].

O filósofo admirava as instituições inglesas, mas não pensava em transpô-las para a França. Achava que as tradições, costumes e climas dos países engendravam as formas de governo mais aceitáveis para cada um. Nisso estava com Montesquieu, de quem divergia em muitos pontos menos cruciais[853].

5.5.1 Política e economia

Voltaire era um relativista político. E, ao mesmo tempo, um liberal. Tentava limitar a arbitrariedade do poder político, sujeitando-o à lei. Acima de tudo, queria que o poder do Estado não ficasse a serviço de doutrinas ambiciosas, como o cristianismo. A exemplo de gerações de pensadores liberais depois dele, Voltaire tinha por ideais políticos a liberdade e a tolerância. Diferia dos liberais do século XX em sua aceitação incondicional das desigualdades naturais e das desigualdades sociais que daí advêm[854].

Crítico severo das teorias econômicas mercantilistas de seu tempo, que equacionavam a riqueza de um Estado com seu lastro de metais preciosos, sustentava que a riqueza consistia não em estoques de ouro e prata, mas em uma força de trabalho dedicada e habilidosa, e num elevado padrão de vida[855].

Voltaire ridicularizava as ortodoxias econômicas de sua época, chamando-as de "racionalizações da exploração". No entanto, opunha-se a todo projeto de nivelamento econômico. Além disso, "contra o *ancien régime* (regime monárquico francês), acreditava que as carreiras deviam estar abertas a todos os talentos. Quer dizer, indivíduos capacitados tinham de ser livres para merecer – e receber – grandes recompensas. Suspeitava de todo projeto de reforma econômica cuja exequibilidade dependesse do altruísmo. No verbete "Igualdade" do *Dicionário filosófico*, declarou que parte dos seres humanos nasce para obedecer e parte para oprimir. Considerando-se esses aspectos da natureza humana, a desigual-

852 Ibidem, p. 41.
853 Ibidem, p. 41.
854 Ibidem, p. 45.
855 Ibidem, p. 49.

dade econômica – desde que não seja extrema e haja perspectivas razoáveis de enriquecimento para os talentosos – é um motor do progresso. Defendeu a utilidade do luxo como fonte de empregos para os pobres e estímulo para a evolução do gosto[856].

Para Voltaire "não havia coisa alguma autoevidentemente legítima na democracia. Via-a, como a qualquer outra espécie de regime, em termos instrumentais. Julgava as instituições democráticas por sua contribuição ao bem-estar humano. Teorias de um direito natural ao governo popular não o comoviam. Nisso concorda com boa parte dos primeiros pensadores do Iluminismo e com muitos filósofos políticos liberais até John Stuart Mill[857], inclusive"[858].

As teses de economia de Voltaire são muitas vezes comparadas às de Adam Smith[859], pois ambos denunciaram os mesmos entraves ao empreendimento, advogaram a liberdade econômica e condenaram o dirigismo. Mas, Voltaire não era um liberal econômico smithiano[860].

As orientações econômicas de Voltaire serão encontradas em utilitaristas britânicos, como Jeremy Bentham[861] e John Stuart Mill, para quem a não interferência do governo na vida econômica era apenas uma regra prática. Sua visão dos sistemas políticos e econômicos era puramente instrumental (como Bentham e Mill, Voltaire não se preocupava unicamente com a desgraça humana: foi um dos primeiros defensores do bem-estar das outras espécies animais)[862].

Voltaire faz muitos elogios ao sistema político inglês na *Oitava Carta Filosófica*. Acreditava que a nação inglesa era a única que conseguia regular e opor resistência ao poder dos reis, e que, de esforço em esforço, esta-

856 Ibidem, p. 48.

857 John Stuart Mill (1806-1873) filósofo inglês,um dos mais influentes pensadores do século XIX, tido como propagador do empirismo.

858 Ibidem, p. 49.

859 Adam Smith (1723-1790) economista e filósofo escocês, considerado o pai da economia moderna.

860 Ibidem, p. 49..

861 Jeremy Bentham (1748-1832), filósofo e jurista inglês, grande defensor do utilitarismo.

862 Ibidem, p. 50.

beleceu enfim um governo sábio. Nesse sentido, em sua visão, o modelo inglês superava até mesmo o romano, ao menos na visão do filósofo[863].

Nessa obra, Voltaire revela que recusa, de um lado, o despotismo absoluto; de outro, o governo popular. O ideal, segundo Voltaire, é um regime misto, no qual o poder seja partilhado entre o rei e os outros setores da sociedade, tal como aquele que os ingleses instituíram após a Revolução no século XVII. Há também seu interesse pela questão do despotismo esclarecido, o que justifica sua longa correspondência com Frederico II da Prússia[864], que poderia encarnar a figura do rei filósofo[865].

5.5.2 Influências na Revolução Francesa – liberdade e tolerância

Em relação à Revolução Francesa, alguns atribuem a Rousseau e Voltaire, devido a suas ideias e ideais, a culpa pelo período do Terror, que ocasionou inúmeras mortes. Ao primeiro (segundo Michelet) cabe o labor da "ardente humanidade"; ao segundo, o da fraternidade. Ao primeiro (segundo Hugo) cabe fazer vibrar a fibra universal, e ao segundo a fibra cívica. O primeiro (segundo Lanfrey[866]) é a sabedoria da Revolução, o segundo é o seu impulso. Um (Voltaire) zela pelos direitos formais e o outro (Rousseau) pelos direitos reais. Encontra-se, ainda, em Jaurês[867] eco dessa "divisão de trabalho"[868].

Para Quinet[869], o tempo de Voltaire é o da pré-Revolução. A Constituinte assiste ao triunfo de Montesquieu. Com a Assembleia Legislativa e a Convenção advém, sem partilha, o tempo de Rousseau. Blanc faz uma partilha análoga, com a diferença de que, para ele, é sob a Constituinte que Voltaire exerce uma realeza que perde, mas reencontra depois do 9 Termidor. Entre os dois reinados voltairianos, abre-se, com Rousseau, um curto interregno anti-individualista. Partilha diferente, em compen-

[863] Nascimento, Maria das Graças. *Voltaire, a razão militante.* São Paulo: Moderna, 2004, p. 35.

[864] Frederico II da Prússia, também conhecido como Frederico, o grande, foi rei da Prússia de 1740 até sua morte e conhecido como um dos déspotas esclarecidos.

[865] Nascimento, Maria das Graças. *Voltaire, a razão militante,* cit., p. 35.

[866] Pierre Lanfrey (1828-1877) – historiador e político francês.

[867] Jean Jaurês (1859-1914) – orador parlamentar socialista, famoso por seu pacifismo.

[868] Furet, François e Ozouf, Mona. *Dicionário Crítico da Revolução Francesa,* p. 906.

[869] Edgar Quinet (1803-1875), escritor e historiador francês.

sação, para Auguste Comte: a autoridade de Voltaire só se estende sobre a Revolução durante os dois meses do domínio girondino; segue-se o tempo de Diderot, tempo abençoado pelos positivistas; por fim, chega o momento de Rousseau[870].

Menciona-se que teria havido, no século XVIII, uma espécie de conspiração dos filósofos - tendo à frente deles Voltaire - para derrubar a monarquia francesa, algo, na verdade, bem mais antigo do que a própria Revolução de 1789. Essa ideia foi sustentada por adversários da filosofia, principalmente pelos defensores do cristianismo. Ao criticar a filosofia produzida por Voltaire e outros filósofos, procuravam mostrar que mais cedo ou mais tarde esse pensamento, considerado por eles como ímpio, acabaria por provocar uma grande desordem na sociedade. Na visão dessa corrente, intitulada "antifilosofia", o problema é que do deísmo se passa facilmente para o ateísmo, e desse se chega fatalmente ao caos social[871].

Onze anos após a morte de Voltaire, ocorre a tomada da Bastilha, marco inicial do período revolucionário. Nessa época, dá-se na França uma espécie de explosão da atividade jornalística e panfletária, e as referências a Voltaire nesses textos são inúmeras. A figura do filósofo aparece aí como a de um precursor da Revolução em trâmite. Seus livros são considerados como arsenais em que se encontravam sem cessar armas para lutar contra o Antigo Regime. A recuperação das ideias de Voltaire na perspectiva da luta política transforma-o num herói revolucionário por antecipação[872].

Sem dúvida, os revolucionários aderiram aos argumentos de Voltaire contra o fanatismo e a intolerância, a suas críticas ao poder do clero, a seus apelos em favor da liberdade de expressão, sob o mantra de que "uma grande Revolução se preparava nos espíritos". Nessa Revolução, os filósofos teriam um papel importante, que consistiria, sobretudo, em esclarecer e guiar os povos a respeito de seus direitos. Na perspectiva voltairiana, o desenvolvimento progressivo da razão acabará por aperfeiçoar os homens, e ao discorrer sobre "transformações políticas ou econômicas", em vez de acolher qualquer iniciativa nesse "plano de caráter

[870] Furet, François e Ozouf, Mona. *Dicionário Crítico da Revolução Francesa*, cit., p. 907.

[871] Nascimento, Maria das Graças S. *Voltaire, a razão militante*, cit., p. 63.

[872] Ibidem, p. 64.

radical", entenda-se um aperfeiçoamento espiritual e moral, que deverá realizar-se de modo lento, a longo prazo. Logo, verifica-se que os revolucionários deturparam a lição inaugural de Voltaire[873].

Segundo Isaiah Berlin[874], "Voltaire é a figura principal do Iluminismo", sendo investigador, sarcástico, pessimista, defensor do humanismo e crítico do cristianismo, e usava a filosofia como um "instrumento da emancipação humana"[875]. Defendia a liberdade de expressão e a tolerância religiosa[876].

Ainda que reconhecesse o valor social das religiões, Voltaire mantinha um forte espírito crítico, em particular quanto ao cristianismo. As religiões positivas, por ele equiparadas a superstições, devem ceder o passo à religião natural, que é propriamente o Deísmo (Voltaire chama-lhe *théisme*). Admite a desigualdade dos homens e das condições e desconfia da multidão. Louva a Constituição inglesa, pela liberdade que garantia ao cidadão, mas concebe a liberdade como liberdade civil, só acessível a uma minoria e que não implica liberdade política[877].

Ele censura a política de poder. Contrário aos abusos, propunha reformas que acenassem a favor da tolerância, da abolição da tortura e da pena de morte, e pela humanização da justiça penal[878].

A visão da história em Voltaire é realista e acreditava que o conhecimento levaria o homem à liberdade. Defendeu os princípios liberais na política, e, às vezes, envolvia-se com o despotismo esclarecido em seus contatos com Catarina, a Grande e Frederico da Prússia, mas, também, defendia a monarquia constitucional inglesa, mostrando que era um relativista em política, daí o seu conflito com Rousseau. Discordava do uso do Estado de Natureza pela filosofia política, e acreditava que os homens são educados pelas instituições sociais, daí outra divergência com Rousseau, considerado um romântico. Voltaire afirmava: "Boas casas, boas roupas,

[873] Ibidem, p. 65.

[874] Berlin, Isaiah. "The divorce between the sciences and the humanities". In: *Against the Current: Essays in the History of Ideas.* Oxford: Claredon Press, 1991, p. 88, apud Gray, John. *Voltaire. Coleção grandes pensadores*, cit., p. 7.

[875] Gray, John. *Voltaire. Coleção grandes pensadores*, cit., p. 7.

[876] Ibidem, p. 9.

[877] Serra, Antonio Truyol y. *História da filosofia, do direito e do Estado*, cit., p. 283.

[878] Ibidem, p. 283.

bom padrão de vida, boas leis e liberdade são melhores que penúria, anarquia e escravidão. Os que estão infelizes em Londres podem ir para as Órcadas[879]; lá viverão como se vivia em Londres no tempo de César. Comerão pão de cevada, cortarão a garganta um ao outro por um pedaço de peixe seco e uma cabana de palha. E quem dá esse conselho deveria dar também o exemplo"[880].

Ao criticar, nesse ponto, os princípios de Rousseau, argumentava que os valores de um humanismo não se baseiam na imposição universal de um regime político único. Defendia a civilização e o progresso, sob a crença de que a arbitrariedade do poder político seria contida pela lei. Não aceitava a utilização do Estado por doutrinas capciosas, daí o seu conflito com o cristianismo[881].

Desejava a liberdade e tolerância e não acreditava na tese absoluta da igualdade pregada em sua época. Criticou o mercantilismo, que defendia a ligação do Estado com os metais preciosos para conseguir riquezas e progresso. Defendeu que a base da economia e do desenvolvimento estava na força do trabalho competente, o que conduziria a sociedade a uma boa qualidade de vida, daí as sátiras às doutrinas econômicas dos fisiocratas e ao tributarismo francês. Criticava, também, a redistribuição de renda desligada do trabalho produtivo, e a miséria, que devia ser combatida com o progresso, assim como os ataques à propriedade privada. A posse de bens para ele era fundamental para se desenvolver o processo civilizatório. Defendia que os benefícios advindos com a propriedade privada impulsionavam as pessoas a crescer economicamente, transformando-as em instituição social e, portanto, em beneficio público. Defendia os indivíduos capacitados e a iniciativa de recompensá-los[882].

Voltaire reconhecia que muitos do povo viviam em grande pobreza material, de modo que qualquer mudança em sua situação moral só lhes

[879] Refere-se às Ilhas Órcadas, arquipélago a 16 quilômetros ao norte da Escócia, colonizado por pictos e vikings e tido como um dos últimos lugares selvagens da Inglaterra em sua época.

[880] Gray, John. *Voltaire. Coleção grandes pensadores*, cit., p. 44.

[881] Lepape, Pierre. *Voltaire: nascimento dos intelectuais no século das luzes.* Rio de Janeiro: Jorge Zahar, 1995, p. 2.

[882] Ibidem, p. 2.

poderia trazer revolta, frustração e infelicidade. Se o progresso agrícola, industrial e administrativo fizesse recuar a pobreza, aí, sim, a educação se tornaria necessária[883].

Em relação à guerra, Voltaire, no *Dicionário Filosófico*, compara-a à peste e à fome, que, respectivamente, se espalha e abrevia a vida humana. Em edição inicial do *Dicionário*, atribui alguma legitimidade à guerra por motivos nacionais, e numa edição mais tardia, de 1771, acrescenta uma crítica a Montesquieu, que, em *O espírito das leis*, havia justificado a guerra preventiva. Para Voltaire, não há como justificar o ataque em tempo de paz. Só se pode justificar a guerra defensiva em caso de ataque direto[884].

5.5.3 Principais obras

Henríada (1728), *Poema da liga* (1728), *Templo do gosto* (1732), *Epístola a Urânia* (1722), *Cartas filosóficas* (1734), *Observações sobre o pensamento de Pascal* (1733), *Discursos sobre o homem* (1739), *Elementos da filosofia de Newton* (1738), *Século de Luis XIV* (1751), *Poema sobre a lei natural* (1756), *Micrômegas* (1752), *Enciclopédia* (1755), *Poema sobre o desastre de Lisboa* (1755), *Donzela de Orleans* (1755), *O ingênuo* (1757), *Ensaio sobre os costumes e o espírito das Nações* (1760), *Introdução à filosofia da história* (1765), *Cândido* ou *O otimismo* (1759), *Zadig* (1747), *Mundano* (1736), *Tratado da tolerância* (1763), *A história de Carlos XII* (1731). Escreveu diversas peças de tese, como: *Édipo* (1718), *Erifile* (1732), *Brutus* (1730), *Maomé ou o fanatismo* (1741), *Os guebros* (1769), *Irene* (1779) e, ainda, *Comentário sobre Corneille* (1764), além de milhares de cartas e panfletos denunciando abusos políticos, clericais e jurídicos.

5.5.4 Conclusão – comparações com outros pensadores

5.5.4.1 Voltaire e Rousseau – a discordância

Os homens da Revolução recorrem amplamente a textos voltairianos e selecionam determinadas máximas do filósofo sem ater-se ao contexto de cada uma delas na obra ou ao que o filósofo pretendia exatamente dizer. "Assim, para justificar a execução do monarca, recorriam à máxima

[883] Ibidem, p. 2.

[884] Souza, Maria das Graças de. *Ilustração e história*, São Paulo: Fapesp, 2001, p. 106.

'se o homem tem tiranos, ele deve destroná-los'; para fustigar o papa que condenou a execução, 'no fundo do Vaticano, reinava a sua política'; para sustentar, e é quase o cúmulo para um autor tão pouco patriota, o impulso da guerra revolucionária, 'a pátria é querida por todos os corações bem nascidos'; para celebrar a liberdade, 'eu levo em meu coração a liberdade gravada e tenho horror aos reis'; e para aludir à igualdade, versos de Maomé[885], como 'Os mortais são iguais', 'não é o nascimento, é apenas a virtude que constitui a diferença'"[886].

O escritor Cloots dissera que Voltaire fazia filósofos, enquanto Rousseau produzia sectários. Entre o que destrói e o que reconstrói, o que se serve da riqueza e o que se serve da pobreza, entre o homem da cidade e o homem do campo, entre a obra que impressiona por sua extensão e a obra que impressiona por sua profundidade, a Revolução escolheu sem ambiguidade. Depois que ela terminou, continuou-se, aliás, a associá-la a Rousseau e a desvinculá-la de Voltaire"[887].

Há um viés de Voltaire que incide em objeção. Trata-se da imagem do pensador hedonista, "daquele que gostaria de definir o prazer como o outro nome, mais alegre, da virtude" ("Mortais, reconhecei um Deus em vossos prazeres"). Contra ele também depunha a convicção (ele a tinha oposto a Montesquieu, "o autor virtuoso de um livro célebre") de que a virtude "não é princípio de qualquer negócio, de qualquer engajamento político". A ideia, tão profundamente voltairiana, de que as existências humanas recebem seus impulsos das paixões, verdadeiras "engrenagens que fazem funcionar toda a máquina" era, aliás, ao mesmo tempo antipá-

[885] Maomé (Meca, 25 de Abril de 571 d.C. – Medina, 8 de Junho de 632 d.C.) foi um líder religioso e político árabe. Segundo a religião islâmica, Maomé é o mais recente e último profeta do Deus de Abraão. Para os muçulmanos, Maomé foi precedido em seu papel de profeta por Jesus, Moisés, Davi, Jacó, Isaac, Ismael e Abraão. Como figura política, ele unificou várias tribos árabes, o que permitiu as conquistas árabes daquilo que viria a ser um império islâmico que se estendeu da Pérsia até à Península Ibérica. Não é considerado pelos muçulmanos como um ser divino, mas sim, um ser humano; contudo, entre os fiéis, ele é visto como um dos mais perfeitos seres humanos.

[886] Furet, François e Ozouf, Mona. *Dicionário Crítico da Revolução Francesa*, cit., p. 912.

[887] Ibidem, p. 913.

tica aos reacionários e aos jacobinos: para uns e para outros, Voltaire era bem o homem das "pessoas sem moral"[888].

A relação entre Voltaire e Rousseau era bem pouco amigável. Em Voltaire não se observa uma teoria política sistemática do tipo que encontramos em Hobbes ou Rousseau. Mas isso não significa que seu pensamento não fosse sistemático. Muito desse pensamento é uma crítica às pretensiosas teorias políticas que negligenciam a importância da história e da circunstância. Voltaire mostrava-se particularmente avesso às doutrinas que legitimavam os regimes pelas exigências do estado de natureza. Como relativista político, era hostil a semelhantes argumentos. De fato, em seus aspectos mais teóricos, em oposição a Rousseau, o pensamento político de Voltaire é uma negação constante do uso do estado de natureza em filosofia política[889].

Voltaire manifestava seu desprezo por Rousseau por razões pessoais e acidentais. "O caráter mundano de Voltaire, sua imbatível praticidade, sua dedicação pragmática às melhorias possíveis, sua antipatia pela nobreza de sentimentos divorciada da ação real, tudo isso eram marcas de uma disposição inteiramente contrária à de Rousseau"[890].

Para Voltaire, o estado natural é terrível, o homem não passa de um "animal de presa". Nossa civilização representa um imenso triunfo sobre essa condição. Mas na visão de Rousseau: a norma baseada no sentimento; a natureza como fonte de justiça; o homem se aperfeiçoa à medida que se aproxima da natureza (segundo Voltaire, à medida que dela se distancia). A mesma época é, para um, uma era de progresso humano; para o outro, tempos de agravamento da injustiça e da desigualdade. Voltaire advoga a causa do gosto, da ciência, das artes, do progresso e da civilização[891].

"Nos termos de Hume e Nietzsche, Voltaire encarnava o espírito clássico e Rousseau, o romântico"[892].

Enquanto Rousseau defendia o princípio de que a cultura e a civilização corrompem o ser humano, tirando-o do seu estado natural e da sua

[888] Ibidem, p. 914.
[889] Gray, John. *Voltaire*, cit., p. 41.
[890] Ibidem, p. 42.
[891] Ibidem, p. 42.
[892] Ibidem, p. 43.

bondade, Voltaire, ao contrário, defendia o progresso da humanidade por intermédio da cultura. Para Voltaire, o mal do mundo não vinha das artes e das letras, mas da ignorância e da superstição e, portanto, da ausência de cultura e da civilização.

O "bom selvagem", criado por Rousseau, era uma fraude, pois o primitivismo e a barbárie só poderia significar atraso para a humanidade. Voltaire, ao ler o "Discurso Sobre as Origens e os Fundamentos da Desigualdade", enviado por Rousseau, enviou-lhe uma carta resposta (30/08/1755) com o seguinte teor:

> *"30 de Agosto de 1755*
> *Recebi, senhor, vosso novo livro contra o gênero humano, e vos agradeço por isso. Vós agradareis aos homens, sobre quem fala vossas verdades, e não os emendará. Ninguém poderia pintar um quadro com cores mais fortes dos horrores da sociedade humana, para os quais nossa ignorância e debilidade tem tanta esperança de consolo. Ninguém jamais empregou tanta vivacidade em nos tornar novamente animais: pode-se querer andar com quatro patas, quando lemos vossa obra. Entretanto, como já faz mais de sessenta anos que perdi este costume, percebo, infelizmente, que é impossível recomeçar, e deixo essa maneira natural àqueles que são mais dignos que vós e eu. Já não posso mais embarcar para encontrar os selvagens do Canadá, em primeiro lugar, porque as doenças de que sofro me prendem ao redor do maior médico da Europa, e não encontraria a mesma assistência junto aos Missouris. Em segundo, porque a guerra está sendo travada lá naquele País, e o exemplo de nossas nações tornou os selvagens quase tão perigosos quanto nós. Devo me limitar a ser um selvagem pacífico, na solidão que escolhi, perto de vossa pátria, onde vós devíeis estar.*
> *Concordo convosco que a literatura e as ciências causaram ocasionalmente muitos danos. Os inimigos de Tasso fizeram de sua vida uma longa série de infortúnios. Os de Galileu fizeram-no gemer dentro da prisão, aos setenta anos de idade, por haver entendido como a Terra se movimenta; e o que é ainda mais desonroso, obrigaram-no a desdizer-se. Desde que vossos amigos começaram a publicar o Dicionário Enciclopédico, os rivais os desafiam com o tratamento de deístas, ateus e mesmo de jansenistas.*
> *Se porventura eu puder me incluir entre aqueles cujos trabalhos não trouxeram mais do que a perseguição como única recompensa, poderei mostrar-vos o tipo de gente perseguidora que me prejudica desde que produzi minha tragédia Édipo; uma biblioteca de calúnias ridículas impressas contra mim. Um ex-padre jesuíta, que salvei da desgraça total, me pagou o serviço que lhe prestei com um libelo difamatório; um homem, ainda*

mais culpado, imprimiu minha própria obra sobre o século de Luís XIV com notas nas quais a mais crassa ignorância vomitou as mais baixas imposturas; um outro, que vendeu a um editor, usando meu nome, alguns capítulos de uma pretensa História Universal; o editor, ávido o suficiente para imprimir esse amontoado de erros crassos, datas erradas, fatos e nomes mutilados; e, finalmente, os homens covardes e vis o suficiente para me responsabilizar pela publicação desta rapsódia. Eu mostrar-vos-ei a sociedade contaminada por este tipo de homens – desconhecido em toda a antiguidade – que, não podendo abraçar uma profissão honesta, seja de trabalho manual ou de serviço, e desafortunadamente sabendo ler e escrever, se tornam agentes literários, vivem de nossas obras, roubam os manuscritos, alteram-nos, vendem-nos. Eu poderia lamentar-me porque fragmentos de uma zombaria, feitos há pelo menos trinta anos, sobre o mesmo sujeito que Chapelain[893] *foi burro o bastante para tratar seriamente, circulam hoje pelo mundo, graças à traição e avareza desses infelizes, que misturaram suas grosserias às minhas pilhérias, e preencheram as lacunas com uma estupidez equiparada somente à sua malícia e que, ao cabo de 30 anos, vendem por toda parte um manuscrito que é apenas deles, e digno tão somente deles.*

Eu poderia acrescentar, em último lugar, que roubaram uma parte do material que eu juntei nos arquivos públicos para usar na História da Guerra de 1741, quando era historiador da França; que venderam a uma livraria de Paris esse fruto de meu trabalho; que nessa época invejaram minhas posses, como se eu estivesse morto e pudessem colocá-las à venda. Eu poderia mostrar a ingratidão, a impostura e o roubo me perseguindo por quarenta anos, do pé dos Alpes ao pé do meu túmulo. Mas o que eu concluiria de todos esses tormentos? Que não tenho o direito de reclamar; que o Papa, Descartes, Bayle, Camões[894] *e centenas de outros sofreram injustiças iguais, ou ainda maiores; que este destino é o de quase todos daqueles que foram inteiramente seduzidos pelo amor às letras.*

Admita, senhor, que estas coisas são pequenas desgraças particulares de que a sociedade pouco se apercebe. Que importa para a humanidade que alguns zangões roubem o mel de poucas abelhas? Os homens das letras fazem grande estardalhaço de todas estas pequenas querelas, enquanto o resto do mundo ou os ignora ou disso gargalha.

De todos os desgostos afetando a vida humana, esses são os menos graves. Os espinhos ligados à literatura, ou um pouco menos de reputação, são flores quando comparados

[893] Jean Chapelain (1595-1674), crítico, poeta e literato francês.
[894] Luís de Camões (1524-1580), o maior escritor português, autor de Os Lusíadas.

aos outros males que a todo momento inundam a terra. Admita que Cícero, Varrão[895]*, Lucrécio*[896] *ou Virgílio*[897] *não tiveram a menor culpa nas proscrições. Mário era um ignorante, Sila*[898]*, um bárbaro, Antônio, um crápula, o imbecil Lépido*[899] *leu um pouco de Platão e Sófocles*[900]*; enquanto Otávio César*[901]*, covardemente apelidado de Augusto*[902]*, esse tirano sem coragem, agiu apenas como um assassino detestável no momento em que privou a sociedade dos homens de letras.*

Admita que Petrarca[903] *e Boccaccio*[904] *não fizeram nascer os problemas da Itália; que as brincadeiras de Marot*[905] *não produziram São Bartolomeu, e que a tragédia de Cid não produziu a guerra da Fronde*[906]*. Os grandes crimes são cometidos apenas pelos grandes ignorantes. O que faz e fará sempre deste mundo um vale de lágrimas é a avidez e o indomável orgulho dos homens, desde Thamas-Kouli-Kan, que não sabia nem ler, até um oficial de alfândega, que não sabe nem contar. As letras alimentam, endireitam e consolam a alma; elas vos servem, senhor, durante o tempo que escreveis contra elas. Vós sois como Aquiles, que se encolerizava contra a glória, e como o padre Malebranche*[907]*, que, com sua imaginação brilhante, escrevia contra a imaginação.*

Se alguém tem o direito de queixar-se da literatura, sou eu, porque em todos os momentos e em todos os lugares ela serviu à minha perseguição; mas deve-se amá-la, não obstante o mau uso que dela fazem; como deve-se amar a sociedade na qual tantos homens maldosos corrompem os suscetíveis; como deve-se amar a sua pátria, mesmo que ela nos trate com alguma injustiça; como se deve amar o Ser Supremo, apesar das superstições e do fanatismo que desonram tão frequentemente o seu culto.

[895] Marco Terêncio Varrão (116 a.C-27 a.C) poeta e antiquário romano.
[896] Tito Lucrécio Caro (99 a.C- 55 a.C), poeta romano.
[897] Publius Virgílio (70 a.C – 19 a.C), um dos mais famosos poetas romanos, autor de Eneida.
[898] Lúcio Cornélio Sila (138 a.C – 78 a.C) político e general romano.
[899] Marco Emilio Lépido (89 a.C – 12 A.c) político e estadista romano, um dos mais leais aliados de Júlio César.
[900] Sófocles (496 a.C – 406 a.C) um dos maiores dramaturgos gregos.
[901] Otávio César Augusto (63 a.C – 14 d.C) sobrinho-neto de Júlio César e general romano.
[902] Caio Júlio César Augusto (93 a.C -14 d.C) – sobrinho de Júlio César e considerado um dos fundadores do Império Romano
[903] Francesco Petrarca (1304-1374) poeta e humanista italiano.
[904] Giovanni Boccaccio (1313-1375) poeta italiano, autor de Decameron.
[905] Clemente Marot (1496-1544) poeta francês.
[906] Fronde foi uma sequência de motins contra o absolutismo real.
[907] Padre Nícolas Malebranche, filósofo e teólogo francês.

M. Chappuis disse-me que vossa saúde anda muito mal, deveis restabelecê-la na terra natal, aproveitando junto à sua liberdade, beber comigo o leite de nossas vacas, e passear em seus campos.
Muito filosoficamente e com a mais alta estima etc."

5.5.4.2 Voltaire e Montesquieu

Durante a edição da Enciclopédia, Voltaire escreve nove volumes, entre 1770 e 1772, em que ataca o poder real, a justiça, as leis, as finanças, os impostos, os costumes, os detratores dos filósofos; ou seja, é a sociedade no seu conjunto que é posta a nu através de uma arma particularmente eficaz: a sátira[908].

O seu modelo político difere, portanto, dos de Montesquieu ou de Rousseau. "A sua imagem do povo é muito pouco otimista, classifica-o de 'estúpido e bárbaro', precisando, pois, de 'força, aguilhão e feno'. Partindo desse pressuposto, conclui que as grandes reformas não podem ser entregues ao povo, que não têm preparação. Essa responsabilidade deve recair nos monarcas orientados pelos filósofos. As monarquias modernas serão tão mais eficazes e prósperas quanto mais centralizado for o poder. Em oposição a Montesquieu, vê nos corpos intermédios não os meios de controlar os soberanos, mas de os limitar na sua atividade reformadora"[909].

É o grande ideólogo do despotismo esclarecido que repousa numa tese simples: "'é mais fácil converter às vantagens da razão um único indivíduo do que todo um povo. O seu conceito de igualdade também não coincide com os dos outros pensadores, pois, para ele, 'todos somos igualmente homens, mas não somos todos membros iguais da sociedade'"[910].

Em síntese, a sua atividade inspira uma ofensiva contra a autoridade e contra as tradições religiosas em geral, contribuindo para uma nova visão do mundo em que pontifica a luta contra a obediência cega à tradição[911]. Escreveu o próprio filósofo sobre Montesquieu:

"Montesquieu está entre os homens mais ilustres do século XVIII, e no entanto não foi perseguido: foi apenas um pouco molestado por suas

908 Belo, Filomena e Oliveira, Ana. *Revolução Francesa (o que foi)*, cit., p. 46.
909 Ibidem, p. 46.
910 Ibidem, p. 46.
911 Ibidem, p. 46.

Cartas Persas, obra imitada de *O siamês de Dufresny* e de *O espião turco*, imitação muito superior aos originais, mas abaixo do seu gênio. Sua glória foi *O espírito das leis*; as obras dos Grotius e dos Puffendorf não passavam de compilações; a de Montesquieu pareceu ser a de um homem de Estado. Quase todos os que eram os juízes naturais de tal livro, literatos, juristas de todos os países, viram-no e o veem ainda como um código de razão e da liberdade. Mas nas duas seitas dos jansenistas e dos jesuítas, que ainda existiam, houve escritores que pretenderam assinalar-se investindo contra esse livro, na esperança de tirar partido de seu nome, como os insetos se dedicam à perseguição"[912].

Voltaire inaugurou a consciência histórica, uma vez que critica a intolerância religiosa e política e contribuiu para a renovação e modernização desses temas, na medida em que enfatiza ser "a discórdia a grande peste do gênero humano", ao contrário, "da tolerância, o único remédio possível"[913].

5.6 Abade Sieyès (Emmanuel Joseph Sieyès – 1748 – 1836) – a revolução, o espírito do constituinte e a representação

Emanuel Joseph Sieyès, o Abade Sieyès, nasceu em Fréjus (Provence), em 1749. Frequentou o colégio dos jesuítas da cidade e, posteriormente, o seminário de Saint-Suplice, em Paris. Foi ordenado padre em 1773. Iniciou sua vida política em 1787, participando da Assembleia Provincial de Orleans. Já na condição de jurista, foi eleito deputado para os Estados-Gerais de 1789, tendo defendido a transformação da representação do Terceiro Estado em Assembleia Nacional e, posteriormente, em Assembleia Constituinte[914].

Em 1790, foi eleito presidente da Assembleia e do Clube dos Jacobinos[915].

Participou da redação da Declaração dos Direitos do Homem e do Cidadão de 1789 e da Constituição francesa de 1791. Como membro da

912 Voltaire. *Comentários políticos.* São Paulo: Martins Fontes, 2001, p. 3.

913 Nicola, Ubaldo. *Antologia ilustrada de filosofia.* Rio de Janeiro: Globo, 2012, p. 296.

914 Sieyès, Abade. *Exposição refletida dos direitos do homem e do cidadão.* Rio de Janeiro: Lumen Juris, 2008, p. 47.

915 Ibidem, p. 48.

Convenção, eleito pelo Departamento de Sarthe, participou de todas as seções e votou favoravelmente, em 1792, à execução do Rei Luís XVI, sob acusação de traição ao povo[916]. Sieyés permaneceu afastado da vida pública durante o "Reino de Terror", promovido pelos revolucionários, somente retomando após a execução de Maximillien Robespierre em 1794, no dia 9 Thermidor (27 de julho)[917].

No ano de 1795, foi eleito membro do Comitê de Salvação Pública e do Conselho dos Quinhentos, recusando-se a integrar o Diretório, em razão de sua oposição ao regime constitucional. Em 1798, foi embaixador francês em Berlim. Em 1799, assumiu o Diretório em 21 Prairial (9 de Junho) e, logo depois, participou, com Napoleão Bonaparte, do Golpe de 18 *Brumaire* (18 Brumário ou 9 de novembro). Foi, com Bonaparte e Roger Ducos, um dos três cônsules provinciais, até ser substituído, juntamente com Ducos, em dezembro de 1799[918]. Somente o futuro imperador permaneceu como cônsul, o que acabou se constituindo em uma fonte do seu poder.

Influiu na elaboração da Constituição francesa do ano VII (1799). Ocupou o cargo de presidente do Senado (1800) e foi conde do Império (1809), participando da vida pública até a restauração da dinastia Bourbon, quando foi considerado regicida, ou seja, assassino de reis, o que era uma acusação muito pesada naquela época. Viveu exilado em Bruxelas, na Bélgica, entre 1816 e 1830. Retomou a Paris após a Revolução de 1830, morrendo em 20 de junho de 1836[919].

5.6.1 Revolução Francesa – justiça, razão e vontade política

Sieyès foi um dos homens mais atuantes da Revolução Francesa, colaborando para derrubar a monarquia absoluta e o feudalismo, defender o liberalismo, o constitucionalismo, a Declaração dos Direitos do Homem, criticar o período do terror e discorrer sobre a criação de um forte nacio-

[916] Ibidem, p. 48.
[917] Ibidem, p. 48.
[918] Ibidem, p. 48.
[919] Ibidem, p. 48.

nalismo durante a fase napoleônica. A Revolução Francesa foi orientada pela sua cabeça e seus escritos[920].

Nos últimos meses de 1788 e no começo de 1789, por motivos mais políticos do que sociais, o problema dos privilégios surgiu como o eixo de toda a ordem política e social. Com mais força e insistência do que qualquer de seus contemporâneos, o abade Sieyès pôs em evidência a necessidade inelutável de resolver essa questão mediante um ato de vontade política que só podia ser a da nação. Foi essa definição do momento revolucionário que tornou possível tudo o que se seguiria. Foi um ato retórico que transformou o ambicioso abade, ainda simples cônego de Chartres, no primeiro e no mais profundo teórico da Revolução Francesa[921].

Os acontecimentos ulteriores revelariam sua fraqueza nas discussões orais, mas no fim de 1788 Sieyès surgiu como um mestre da arte de escrever. Vide, por exemplo, o trabalho desenvolvido em *Qu'est-ce que le Tiers Etat?* (O que é o Terceiro Estado?), em que promove a articulação de uma nova linguagem política, fundada filosoficamente na natureza das coisas[922].

Ler *Essai sur les privileges*[923], *Vues sur les moyens d' exécution dont les représentants de la France pourront disposer en 1789 e, sobretudo, Qu' est-ce que le Tiers Etat?*[924] equivale verdadeiramente a assistir à elaboração do discurso

920 Amaral, Diogo Freitas do. *História do pensamento político ocidental*, cit., p. 267.

921 Furet, François e Ozouf, Mona. *Dicionário crítico da Revolução Francesa*, p. 328.

922 Ibidem, p. 328-329.

923 Em *Ensaio sobre os privilégios*, de novembro de 1788, Sieyes rompe abertamente com a nobreza francesa. "Da perspectiva da própria natureza das coisas, todos os privilégios [...] são injustos, odiosos e contrários ao supremo fim de toda sociedade política: O privilégio não era apenas errado em si; ele também corrompia profundamente todos que dele se beneficiavam. O privilégio não era a busca honrada de conquista da admiração dos demais membros da sociedade; era, pelo contrário, um constante estímulo à insolência e à vaidade. Dunn, John. *História da democracia*, cit., p. 154-155.

924 Esta obra edificou um inequívoco programa revolucionário, que ofereceria ao jovem Marx, meio século depois, a fórmula clássica da consciência revolucionária. Quando começou a dar expressão pública a tal ódio, no início de 1789, o texto que dele resultou acendeu um pavio que percorreu a França. Um ano antes, é possível que ninguém tivesse considerado "O que é o Terceiro Estado?" um título evocativo ou mesmo particularmente estimulante como questão. Em janeiro de 1789, a reunião dos Estados-Gerais a transformou na questão política do momento. Foi a resposta de Sieyès a essa pergunta que converteu

revolucionário. Esse discurso não nasceu de uma vez só, à parte e por fora do público culto: apareceu no contexto de uma tomada de consciência generalizada da crise política, e assumiu sentido com relação aos problemas e às possibilidades de uma situação política particular. A linguagem

a crise política em revolução. No despontar de 1789, os dois primeiros Estados ainda se portavam como as belas irmãs, vaidade e glória de uma longa e singularmente confiante história. O Terceiro Estado era, na melhor das hipóteses, seu mais nebuloso e opaco adjunto, a Cinderela da França, com sua alegação de pertencer à mesma família posta em dúvida. Em *O Que é o Terceiro Estado?*, ele coloca uma nova forma de autoridade política no que já era um velho Estado. O Terceiro Estado, proclama escandalosamente, é "Tudo". Até então, na ordem política existente na França, ele fora "nada" – não tinha nenhum peso político, nem recebia reconhecimento formal. Os ministros do rei e as Ordens Privilegiadas tinham agido em seu nome e causa, para não dizer presumidamente em seu benefício. Tinham tão somente usurpado poderes que legitimamente lhe pertenciam, destituindo-o de seu lugar por direito. Para sobreviver e prosperar, uma nação precisa de empregos privados e serviços públicos. É preciso cultivar a terra, manufaturar tudo que seja necessário a seus habitantes e distribuir tais produtos a seus potenciais consumidores. Também requer uma grande variedade de serviços pessoais, dos mais elevados aos mais baixos. Nesse momento, os mais recompensadores e honoríficos desses serviços são todos monopolizados pelos dois primeiros Estados; no entanto, não há um único entre eles que não possa ser perfeitamente realizado pelo Terceiro Estado. Este já executa todo o trabalho de fato pesado, recebendo por ele quase nenhuma honra. O Terceiro Estado contém "todo o necessário para formar uma nação completa". Ele é "Tudo – mas um tudo que é oprimido e restringido. A exclusão do Terceiro Estado de todos os postos de distinção é "um crime social" contra ele. Reflete "uma condição servil", que, por mais que tenha durado, só se justificava pela conquista e, portanto, não podia mais se impor contra um povo "forte o bastante hoje para não se deixar dominar". Eles podem tentar em vão fechar os olhos para a revolução trazida pelo tempo e pela força das coisas – ela é real por tudo isso. Houve um tempo em que o Terceiro Estado era feito de servos, e a nobreza era tudo. Agora, o Terceiro Estado é tudo, e nobreza, apenas uma palavra. Porém, sob essa palavra, uma nova e intolerável aristocracia tem se esgueirado, e o Povo tem todas as razões para não querer aristocratas de nenhum tipo. As consequências políticas são claras. A nobreza separou a si mesma do resto da nação e fez de si um povo à parte. Sua insistência em exercer seus direitos políticos a seu bel-prazer a tornou "estrangeira à nação em virtude de seu princípio – pois seu mandato não advém do povo – e, depois, em virtude de seu objeto – já que ele consiste em defender não o interesse geral, mas o particular". A aristocracia monopoliza o alto oficialato no Exército, na Igreja e na Justiça. Seus integrantes formam uma casta que domina cada ramo do poder executivo. Eles colocam-se instintivamente juntos contra todo o resto da nação. A usurpação é total. Na verdade, eles reinam. *Vide* DUNN, John. *A história da democracia*, cit., p. 158-160.

que conferiu uma força explosiva aos acontecimentos que destruíram a ordem antiga era uma invenção política radical, mas seus componentes decorriam de várias fontes. O processo de montagem que presidiu à elaboração do discurso revolucionário teve como resultado inevitável introduzir nele tensões, incoerências e ambiguidades intrínsecas. Só se compreende uma boa parte da história ulterior da Revolução Francesa levando-se em conta esse fator[925].

No entanto, para entender o papel desempenhado por Sieyès na criação do discurso revolucionário, faz-se necessário relacionar tal discurso com os principais discursos políticos que o Antigo Regime forneceu aos atores empenhados em sua última crise política. Tomados em conjunto, representam a desagregação dos atributos tradicionalmente ligados ao conceito de autoridade monárquica: sua nova conceitualização tende a fundar as definições concorrentes da natureza do corpo político. Como o sabemos, segundo a linguagem tradicional do absolutismo, a autoridade monárquica se caracterizava pelo exercício de uma justiça que distribuía a cada um o que lhe era devido, numa sociedade hierárquica constituída por Estados e Ordens; a justiça era feita pela vontade real, que, por sua vez, era resguardada do arbítrio pela razão e pelos conselhos de que se cercava. Ora, no curso dos debates das últimas décadas do Antigo Regime, tal conjunto de atributos tendeu a desagregar-se em três extratos de discurso, cada um dos quais caracterizado pela preferência que concedia a um ou outro dos termos transportados pela tradição[926].

Não se encontra qualquer traço do discurso tradicional da justiça no panfleto *Qu'est-ce que le Tias Etat?* Um dos aspectos do pequeno livro que mais chama a atenção reside justamente no fato de se recusar a recorrer à tradição. Sieyès repudiou esse tipo de discurso, no qual divisava uma linguagem já desprovida de valor, ressuscitada pelas ordens privilegiadas em defesa dos seus interesses. Para Sieyès, a história da França era uma história política da opressão, da usurpação e da expropriação, e não uma história jurídica da evolução e da continuidade de formas legais e constitucionais[927].

925 FURET, François e OZOUF, Mona. *Dicionário crítico da Revolução Francesa*, cit., p. 329.
926 Ibidem, p. 329.
927 Ibidem, p. 331.

Para Sieyès, "*a nação existe antes de tudo. Sua vontade é sempre legal, ela é a própria lei*". As reivindicações que ele propunha em favor do Terceiro-Estado misturavam discursos sociais e políticos concorrentes, e essa amálgama explica as ambiguidades da linguagem revolucionária que começava a tomar forma em seus escritos[928].

O Abade considerou que a sociedade é uma combinação permanente entre uma construção de que o direito é "um utensílio conceitual, e um dado, o organismo social, do qual a sociologia é a ciência".

Deve-se notar um uso significativo dessa fórmula quando Sieyés procura demarcar-se de Montesquieu – para ele é a ocasião de lhe mostrar que a ciência da sociedade não deve ser confundida nem com o conhecimento da história, nem com a arte das montagens constitucionais. A ação política por intermédio da legislação é sempre *a posteriori* quando a arte social permitiu isolar os princípios de organização da população que se trata de governar. A "arte social" é assim uma ciência crítica: a das condições de possibilidade *a priori* da ação político-jurídica. E essa mesma arte social que opera para Sieyès, quando na obra *Opiniões sobre os Meios de Execução, dos quais poderão dispor, em 1789, os representantes da França,* ele descreve a organização jurídica do Antigo Regime como uma "desordem inveterada". Enquanto não houver apreensão possível pela razão de uma totalidade organizada, os indivíduos que povoam a nação estão simplesmente justapostos, aglomerados. A nação exige ser "reconhecida", mais do que "constituída", rompendo com as falsas "classificações" e as más "ordens" (privilegiadas).

No livro *O que é o Terceiro Estado*, Sieyès descreve a nação como "entravada", "limitada" pela política de distinção das ordens. Para Sieyès, a arte social deve permitir identificar com precisão as necessidades de uma população, bem como os modos de otimização da sua riqueza total – e para atingir isso, é preciso reconhecer e proclamar os direitos fundamentais dos indivíduos, a fim de erguer uma verdadeira "comunidade" nacional unificada. O termo "comum" está de resto no centro da reflexão sociológica de Sieyès, que lhe atribui o sentido de um "como um", ou seja, de uma totalidade em movimento e direção à unidade. Fala assim de

928 Ibidem, p. 331.

"adunação", de encaminhamento para o uno e, portanto, uma nova organização e administração da França[929].

A sua concepção de "ciência política" se baseia na "dedução", ou seja, nos seus ideais e lógica pessoal. Parte do conceito de "nação", uma organização social não constituída politicamente, mas organizada em relação ao estado de natureza. Ao contrário de Rousseau (que defende o instinto), ele se mostra favorável à racionalidade e, por consequência, o aperfeiçoamento e a construção do Estado Social.

A nação é resultado de uma combinação, pois absorve os cidadãos que a compõem, formam um coletivo indivisível ou uma coletividade, que será representada pelo Estado, ou seja, o Terceiro Estado (povo). Ele defende a ideia de Constituição para solidificar esses procedimentos, e a saída é o poder representativo. Afirmava:

"O povo não deve manifestar a sua vontade nem agir se não por meio de representantes. A eleição não deve ser uma delegação, mas sim uma seleção". A soberania é da nação, que engendra os poderes, representados pela vontade constituinte (acima de todas e de tudo), governante (propõe as leis, estabelece os regulamentos e nomeia o executivo) e legislativa (cria as leis).

O pensamento de Sieyès formou-se na encruzilhada de duas influências: uma confrontação longa e antiga com as ideias de Quesnay[930] e dos fisiocratas, e mais tarde uma reflexão sobre as ideias de Adam Smith e da escola escocesa. Assim, quando trata de questões políticas, recorre com frequência a um discurso do social cujos temas principais são a natureza da produção e da riqueza, as consequências da divisão do trabalho e a reorganização da sociedade, segundo os princípios da arte social racional. É o idioma do *Essai sur les privilêges* (publicado em novembro de 1788), em que os argumentos dos privilegiados em favor da hierarquia social são

[929] PRADEAU, Jean François (coord.). *História da filosofia*, cit., p. 492.

[930] François Quesnay (Méré, 4 de Junho de 1694 – Paris, 16 de dezembro de 1774) foi um médico e economista francês que se destacou como principal figura da escola dos fisiocratas. Os fisiocratas criaram o lema que resumia seu pensamento: "laissez-faire, laissez-passer, le monde va de lui-même" ("deixai fazer, deixai passar, que o mundo caminha por si mesmo").

afastados como argumentos incompatíveis com as relações de livre troca na sociedade civilizada[931].

Ele defendeu o "mandato representativo". Segundo esse novo modelo, a representação deixará de ser no Estado um mandato individual, confiado por um eleitor a um ou a vários eleitos. Tratar-se-á de um mandato coletivo outorgado pelo corpo do povo ao conjunto dos eleitos que o representarão. Nessas condições, a democracia representativa implicará a subordinação dos governantes à "vontade geral" do povo em corpo, como se cada um deles representasse não seus eleitores em particular, mas a "nação inteira"[932].

Sieyès visava "a igualdade de civismo", ou seja, *a igualdade jurídica no trato de todos os cidadãos.* Embora não fosse, propriamente, um "democrata", pelo menos contribuiu, com sua defesa do "terceiro estado", para situar a liberdade e a igualdade, em plena luz, no frontão do regime democrático[933].

Em seus papéis, certo dia encontraram as seguintes anotações, em alusão à "ordem representativa": "Fazer-se/ deixar representar é a única fonte da prosperidade civil (...) Multiplicar os meios/ os poderes de satisfazer nossas necessidades; gozar mais, trabalhar menos, eis o natural crescimento da liberdade no Estado Social. Ora, esse progresso da liberdade segue-se naturalmente ao estabelecimento do trabalho representativo"[934].

O jurista justificou o governo representativo com o argumento de que a divisão do trabalho "pertence aos trabalhos políticos assim como a todos os gêneros de trabalho produtivo". Com esse discurso, o pensador deu um passo decisivo: libertou totalmente a ideia da representação das peias que a constrangiam na teoria social e política anterior à Revolução: "Tudo é representação no Estado Social. Encontra-se em toda parte, na ordem privada e na ordem pública (...). Digo mais, confunde-se com a própria essência da vida social"[935].

931 DUNN, John. *A história da democracia*, cit., p. 151.

932 GOYARD-FABRE, Simone. *O que é democracia?*, cit., p. 129.

933 Ibidem, p. 145.

934 FURET, François e OZOUF, Mona. *Dicionário crítico da Revolução Francesa*, cit., p. 333.

935 Ibidem, p. 333.

Segundo a sua teoria geral da divisão do trabalho, a representação se justificava porque permitia à maioria dos homens (que nada mais eram que "máquinas de trabalho", absorvidos por sua labuta cotidiana) delegar sua participação ativa à elaboração de leis a uma minoria, cujo lazer, educação e inteligência esclarecida tornavam "muito mais capazes do que eles próprios de conhecer o interesse geral, e de interpretar a esse respeito sua vontade", mas representantes eleitos por sua inteligência esclarecida não poderiam tomar decisões conformes com essas luzes, a menos que fossem livres para deliberar sem serem forçados e limitados pelas vontades anteriores dos eleitores[936].

Ao passar do discurso da vontade para o discurso da razão, Sieyès encontrou nesse último um argumento suplementar contra o mandato obrigatório. "Quando os representantes se reúnem é para deliberar, para conhecer as opiniões uns dos outros, para aproveitar das luzes recíprocas, para confrontar as vontades particulares, para modificá-las, para conciliá-las, enfim para obter um resultado comum à pluralidade... É assim incontestável que os deputados estão na Assembleia Nacional não para anunciar ali o desejo já formado de seus constituintes diretos, mas para ali deliberar e votar livremente segundo o que lhes parece na atualidade, esclarecidos por todas as luzes que a Assembleia pode fornecer a cada um"[937].

Dessa maneira, ele dividiu a ideia de uma vontade unitária geral do sonho comunitário de uma democracia direta[938] e ligou-a à prática da representação como expressão da divisão do trabalho numa sociedade moderna fortemente povoada. Com isso, libertou o conceito de representação das restrições que lhe havia imposto o pensamento pré-revolucionário (no discurso do social e no discurso da vontade); ao fazê-lo,

[936] Ibidem, p. 336.

[937] Ibidem, p. 336.

[938] Para Sieyés, a democracia como tal não poderia configurar ameaça real à França, por mais profunda que fosse a crise, uma vez que seria simplesmente impraticável. Num país tão grande quanto a França, o *demos* jamais se uniria para dar forma a um agente político eficaz. Para agir da maneira que fosse, seria necessária a representação. Um grupo seleto e específico, pequeno o bastante para cooperar com eficiência e preservar a capacidade de agir, deveria trabalhar em seu nome. No entanto, para agir com autoridade, tal grupo deveria ser, em primeiro lugar, escolhido. DUNN, John. *A história da democracia*, p. 161.

colocava o exercício da vontade soberana geral não nas assembleias primárias da nação, que eram dispersas, mas no corpo representativo, que constituía, ele somente, a nação como um todo. A concepção da "soberania representativa" que decorria de tais ideias era uma invenção engenhosa, mas muito pouco estável; e as tensões que introduziu no discurso revolucionário em muito contribuíram para estruturar o sentido dos acontecimentos ulteriores. No curso da Revolução, o discurso da vontade geral subverteu constantemente o da representação. O fracasso da Constituição de 1791, que conferiu uma forma institucional à síntese ambígua entre representação e soberania nacional, foi um sintoma evidente da instabilidade de tal síntese, e o Terror foi a devastadora expressão de seu desmoronamento[939].

Ao próprio Sieyès cabe uma parte de responsabilidade por tal desmoronamento: tanto quanto os outros, estabelecera os fundamentos do sistema que permitiu ao Terror subverter os princípios da constitucionalidade, invocando a vontade geral. Com efeito, uma das consequências fundamentais que acarretou a definição política da nação proposta em *Qu' est-ce que le Tiers Etat?* foi que a soberania existia independentemente de todas as formas constitucionais. "Qualquer que seja a maneira pela qual uma nação manifeste a sua vontade, basta que a manifeste; todas as formas são boas, e sua vontade é sempre a lei suprema (...) uma nação é independente de toda forma." Para rebater os argumentos apresentados pelos privilegiados em favor de uma lei fundamental e de uma Constituição antiga, Sieyès viu-se obrigado a sustentar que nenhuma disposição constitucional era possível a não ser que fosse direta ou imediatamente dependente da vontade geral, inalienável, da nação. "A vontade nacional, pelo contrário, só necessita de sua realidade para ser legal, é a origem de toda legalidade. Não apenas a nação não está submetida a uma Constituição, mas não pode estar, não deve estar, o que equivale ainda a dizer que não está." As consequências dessa tese foram muito longe: rejeitando os argumentos daqueles que reclamavam o retorno a uma Constituição tradicional, Sieyès abalara ao mesmo tempo a capacidade que assistiria a

[939] FURET, François e OZOUF, Mona. *Dicionário crítico da Revolução Francesa*, cit., p. 336.

qualquer disposição constitucional de se defender contra os efeitos subversivos do princípio de soberania nacional[940].

Isso aceito, como defender o constitucionalismo e o governo representativo contra a subversão exercida em nome da vontade geral? Foi esse, de fato, o problema com que se defrontaram os termidorianos ao elaborar a Constituição do ano III. E embora por motivos pessoais se tenha mantido afastado da comissão encarregada dessa redação, foi esse também o problema que Sieyès procurou resolver em 2 Termidor do ano III, depois de ter sobrevivido ao Terror (voltara à Convenção após a queda de Robespierre) no discurso mais importante de todos os que pronunciara. A título de solução, o filósofo tentou outorgar uma prioridade muito nítida ao discurso racional do social sobre o discurso da vontade política. "Desgraçados os homens, desgraçados os povos que acreditam saber o que querem, quando se limitam a querer! Querer é o que há de mais fácil...". Sempre convencido de que "tudo é representação no Estado Social", frisava que assim como numa sociedade civil um indivíduo gozava de tão mais liberdade quantos mais homens trabalhassem para ele, da mesma forma, em política "era um erro muito prejudicial" sustentar que o "povo só deve delegar os poderes que não possa exercer ele próprio"[941].

Não consistiria assim o perigo na delegação dos poderes, mas em sua concentração num só corpo, fosse um corpo representativo único, fosse a nação em seu conjunto. Para evitar o perigo, era necessário dividir as funções políticas entre uma pluralidade de corpos, assegurando a "unidade da ação" sem correr o risco da "ação única". A dispersão dos poderes que Sieyès passava a preconizar não levava apenas a separar o Legislativo do Executivo; acarretava, ainda, a consequência de se confiarem a corpos diferentes a responsabilidade de propor leis e a responsabilidade de votá-las, impedindo, assim, qualquer exercício "das vontades espontâneas" por uma assembleia representativa. Além disso, para precaver-se contra qualquer infração a tal divisão de poderes, o pensador preconizava a criação de um júri especial, encarregado de fazê-la respeitar, e tendo autoridade de julgar as acusações de violação da Constituição. Mas essas precauções não bastavam para impedir a concentração do poder num corpo

940 Ibidem, p. 336-337.
941 Ibidem, p. 337.

representativo que atuasse em nome da soberania nacional. Cumpria ainda rejeitar qualquer noção excessiva da soberania nacional, noção que fora corrompida pela superstição monárquica do poder absoluto e ilimitado, reforçada por concepções errôneas (evidentemente provenientes de Rousseau) do Contrato Social. Criando uma sociedade política, os indivíduos não teriam delegado todos os direitos que lhes assistiam à comunidade, não lhe teriam transferido tampouco a totalidade de seus poderes individuais[942].

Pelo contrário, teriam conservado os seus direitos, e só teriam posto em comum o mínimo de poder necessário para mantê-las. "A soberania do povo não é ilimitada, e muitos sistemas pregados, honrados, inclusive aquele a que nos persuadimos dever as maiores obrigações, não parecerão mais do que concepções monásticas, planos defeituosos de *res* total e não de República, igualmente funestos à liberdade e prejudiciais à coisa pública como à coisa privada"[943].

Se a Constituição do ano III não seguiu em todos os seus pormenores as propostas de Sieyès, pelo menos partilhou de sua vontade de salvaguardar o governo representativo, protegendo-se ao mesmo tempo das consequências da teoria da soberania nacional. O que se seguiu é coisa bem conhecida. Durante o Diretório, como parecia cada vez mais difícil manter a unidade de ação sem a "ação única", o homem que acabara de propor a criação de um júri encarregado de proteger a Constituição participou dos Golpes de Estado de 18 Frutidor, de 22 Floreal e de 30 Prairial[944].

5.6.2 A Constituinte, a Constituição e os Poderes

Na Constituinte Sieyès "abordou a necessária distinção entre poderes constituídos e poder constituinte, este sim ilimitado e legitimamente atribuído ao povo." Essa construção em muito contribuiu para sacramentar a tese de que a soberania deveria ser transferida do monarca para o povo. Com isto, a soberania do Estado encontraria ressonância no exercício do poder constituinte, que delimitaria o exercício do poder e somente

[942] Ibidem, p. 337.
[943] Ibidem, p. 338.
[944] Ibidem, p. 338.

deveria ajustar-se às circunstâncias fáticas e políticas contemporâneas ao seu exercício[945].

Incursionando na origem do poder estatal, a Declaração dos Direitos do Homem e do Cidadão (DDHC), em seu artigo 3º, consagra "*o princípio de que toda soberania reside essencialmente na Nação. Nenhum órgão e nenhum indivíduo podem exercer uma autoridade que dela não emane expressamente*". Esse preceito, como se percebe, retirou a soberania do rei e a concentrou na nação. Se somente a nação é soberana, os indivíduos apenas podem exercer uma autoridade, não a soberania[946].

Sieyès posicionou-se sobre as funções do Poder Constituinte, trabalhando com os seguintes princípios:

> *"Os Representantes da Nação Francesa, reunidos em Assembleia Nacional, reconhecem que têm, por seus mandatos, o especial encargo de regenerar a Constituição do Estado. Em consequência, irão, a esse título, exercer o poder constituinte. Portanto, como a representação atual não é rigorosamente conforme a exigida por um poder dessa natureza, declaram que a Constituição a ser dada à Nação, provisoriamente obrigatória para todos, somente será definitiva quando novo poder constituinte, extraordinariamente convocado para esse único objetivo, tiver-lhes dado o consentimento reclamado pelo rigor dos princípios.*
> *Os Representantes da Nação Francesa, exercendo a partir desse momento as funções de Poder constituinte;*
> *Considerando que toda união social e, por consequência, toda a Constituição política, não podem ter por objetivo senão manifestar, estender e assegurar os direitos do homem e do cidadão;*
> *Julgam que devem se apegar-se ao reconhecimento desses direitos e que sua exposição refletida deve preceder o plano da Constituição como uma preliminar indispensável, o que representa, em todas as Constituições políticas, o objeto ou a finalidade que todos, sem distinção, devem se esforçar em atender;*
> *Em consequência, os Representantes reconhecem e consagram com uma promulgação positiva e solene a seguinte Declaração dos Direitos do Homem e do Cidadão.*
> *(...)*

[945] SIEYÈS, Abade. *Exposição refletida dos direitos do homem e do cidadão*. 2. ed., São Paulo: Atlas, 2015, p. 11-12.
[946] Ibidem, p. 12.

As relações dos homens entre si são de dois tipos: aquelas que nascem de um estado de guerra que a força sozinha estabelece; e aquelas que nascem livremente de uma utilidade recíproca. As relações que não tenham origem senão na força são erradas e ilegítimas. Dois homens, sendo igualmente homens, têm, num mesmo grau, todos os direitos que decorrem da natureza humana. Assim, todo o homem é proprietário de sua pessoa, ou ninguém o é. Todo homem tem o direito de dispor de seus meios, ou ninguém o terá. Os meios individuais são vinculados, por sua natureza, às necessidades individuais; logo, aquele que é encarregado das necessidades deve, então, dispor livremente dos meios. Isto não é somente um direito, mas um dever.

(...).

Todos terão um direito igual decorrente da mesma origem, de modo que aquele que avança sobre o direito do outro transpõe os limites do seu próprio direito. O direito de cada um deve ser respeitado pelos outros, e esse direito e esse dever não podem deixar de ser recíprocos. Daí que o direito do fraco sobre o forte é o mesmo que aquele do forte sobre o fraco. Quando o forte consegue oprimir o fraco, ele produz efeito sem produzir obrigação. Longe de impor um novo dever ao fraco, ele reanima neste último o dever natural e imperecível de repelir a agressão (...)"[947].

5.6.3 O projeto de Declaração dos Direitos do Homem e do Cidadão

Conforme indicado anteriormente acerca de sua biografia, o jurista também redigiu o projeto inicial da "Declaração dos Direitos do Homem e do Cidadão – DDHC" (26-8-1789), com destaque aos seguintes pressupostos: "os homens nascem livres e iguais em direitos"; "o fim de todas as comunidades políticas é a conservação dos direitos naturais e imprescritíveis do homem"; "o princípio de toda a soberania reside essencialmente na Nação"; a lei é a expressão da vontade geral. (...) Todos os cidadãos são iguais aos olhos da lei"; "todos os homens se presumem inocentes até que sejam declarados culpados"[948].

Os princípios defendidos por Sieyès colaboraram para fundamentar o Direito Público moderno, com a defesa da nobreza nacional, da unidade de Estado, da Democracia representativa, da separação de poderes, do princípio da legalidade[949].

[947] Ibidem, p. 55-58.

[948] Amaral, Diogo Freitas do. *História do pensamento político ocidental*, cit., p. 268.

[949] Furet, François e Ozouf, Mona. *Dicionário crítico da Revolução Francesa*, cit., p. 337.

"A DDHC, harmônica com as concepções políticas e filosóficas da época, delineia uma concepção extremamente individualista da sociedade, assegurando a coexistência dos homens com o máximo de independência possível e impondo limites ao exercício do poder estatal. O seu grande reconhecimento, tanto na França, como no exterior, pode ser atribuído às suas características de abstração, universalidade e intemporariedade, isto sem olvidar a plasticidade do texto e a concisão de ideias, permitindo a fácil transposição e consequente adaptação a realidades distintas"[950].

"Conduzida pela burguesia, a DDHC assegurou a liberdade e a propriedade, pondo fim às desigualdades que caracterizavam a ordem jurídica do Antigo Regime. Apesar de sua plasticidade formal, não afastou as mazelas do voto censitário ou a posição de cidadã passiva ostentada pela mulher, que não possuía os mesmos direitos assegurados ao homem"[951].

Aliás, o direito de propriedade, como dito, redigido por burgueses e proprietários, aponta para uma concepção filosófica nitidamente anticomunista. Quaisquer restrições à propriedade em prol do interesse coletivo devem ser promovidas de modo a diluir o ônus delas decorrentes, não sobrecarregando o indivíduo. Daí se prever que ninguém pode ser privado da propriedade "a não ser quando a necessidade pública legalmente comprovada o exigir e sob condição de justa e prévia indenização" (art. 17 da DDHC). São esses os princípios básicos do instituto da desapropriação[952].

"O direito à segurança está nitidamente imbricado com a propriedade e a liberdade, podendo ser visto como o embrião da moderna segurança pública. Na observação de Duguit[953], não seria propriamente um direito específico, mas, sim, a liberdade e a propriedade socialmente reconhecidas e garantidas. Essa instrumentalidade do direito à segurança é bem percebida a partir do conceito estabelecido pela Declaração de Direitos anexa à Constituição francesa de 1793 (art. 8º): 'a segurança consiste na

[950] Sieyès, Abade. *Exposição refletida dos direitos do homem e do cidadão*, cit., p. 4-5.

[951] Ibidem, p. 6.

[952] Ibidem, p. 22.

[953] León Duguit (1859-1928) jurista francês, especializado em direito público.

proteção concedida pela sociedade a cada um de seus membros para a conservação da sua pessoa, dos seus direitos e de sua propriedade'"[954].

"A liberdade, em seus termos gerais, consiste no poder de fazer tudo aquilo que não prejudique a outrem (art. 4º da DDHC), competindo à lei precisar os atos lesivos à comunidade (art. 5º da DDHC). Ao aplicar o princípio geral, a DDHC proclama a liberdade física, proibindo as prisões e detenções arbitrárias, e as liberdades de pensamento e de expressão"[955] que apresentam entre si uma relação de antecedente e consequente. "A liberdade de expressão consiste na faculdade reconhecida a qualquer pessoa de expressar, por qualquer forma ou meio, sem censura prévia, os universos cognitivo, valorativo, simbólico e moral formados no interior do seu ser"[956].

"O pensamento, que reflete crenças, conhecimentos ou sentimentos, rompe a esfera psíquica da pessoa e, a partir de uma via instrumental (palavras, escritos), alcança a realidade. A liberdade de expressão pode ser considerada ínsita à ordem objetiva democrática, assegurando o direito de participação na vida da coletividade. Com isto, estabelece um comando de competência negativa para os poderes constituídos, interditando um *facere* estatal. Como consectário da liberdade de expressão ou de opinião, ao Estado também é vedado estabelecer posições jurídicas favoráveis ou desfavoráveis ao indivíduo unicamente em virtude de suas opiniões"[957].

"A DDHC é expressa ao dispor que 'ninguém pode ser molestado por suas opiniões, incluindo opiniões religiosas, desde que sua manifestação não perturbe a ordem pública estabelecida pela lei' (art. 10). A possibilidade de restrição, por sua vez, é absolutamente pertinente, já que um direito não pode ser exercido de modo a comprometer a coesão social. Além de assegurar a liberdade de opinião, a DDHC garantiu a sua livre circulação: 'A livre comunicação das ideias e das opiniões é um dos mais preciosos direitos do homem; todo cidadão pode, portanto, falar, escre-

[954] Ibidem, p. 22-23.
[955] Ibidem, p. 20.
[956] Ibidem, p. 20-21.
[957] Ibidem, p. 21.

ver e imprimir livremente, respondendo, todavia, pelos abusos dessa liberdade nos termos previstos na lei'" (art. 11)[958].

O "jusnaturalismo racionalista e o contratualismo refletem os dois pilares básicos sobre os quais se assenta, no Século XVIII, a sedimentação dos direitos humanos. Sob a égide do pensamento revolucionário francês, manifestam-se no ideário *liberté, égalité et fraternité*"[959].

5.6.4 O Terceiro Estado e os direitos do povo

Sieyès defendeu os direitos do povo quando afirmou "O que é o Terceiro Estado? Tudo. O que foi ele até hoje na ordem política? Nada. Que reclama ele? Ser alguma coisa"[960]. Defendeu as reivindicações do Terceiro Estado que foram rejeitadas pelo Antigo Regime e levou à Revolução, a saber:

a – Os representantes do Terceiro Estado nos "Estados Gerais" deveriam ser oriundos do próprio povo e não da elite feudal (nobreza e clero);
b– o número de representantes do Terceiro Estado deveria ser equivalente ao da nobreza e do clero;
c– as votações nos "Estados Gerais" deveriam ser feitas de forma individual e não por ordens, como ocorria, pois sempre a elite dominante vencia de dois a um[961].

Além disso, propôs a transformação da reunião do Terceiro Estado em Assembleia Nacional, deixando a nobreza e o clero como convidados (coadjuvantes) do processo. Em decorrência, Luís XVI rejeitou as decisões da Assembleia, mantendo as três ordens e a ameaçou com intervenção militar, obrigando o Conde Mirabeau, que aceitara a proposta e o pensamento de Sieyès, a afirmar diante da ameaça régia: "*de dizer ao rei que*

[958] Ibidem, p. 22.
[959] Ibidem, p. 10.
[960] AMARAL, Diogo Freitas do. *História do pensamento político ocidental*, cit., p. 268.
[961] Ibidem, p. 268.

nós estamos aqui pelo poder do povo e que ninguém nos expulsará desta sala senão pela força das baionetas!"[962].

Sieyès sempre tinha como ponto essencial a ideia da Nação como medida histórica, oriunda do passado, estando no presente e continuando no futuro, mas considerava que na França não abrangia toda a população, excluindo o povo de participação política. A nação deve se organizar em Estado, tendo uma constituição, surgindo, então, o conceito "poder-constituinte e poder constituído"[963].

Em *Qu' est-ce que le Tiers Etat?* Sieyès enumerou as categorias de atividades úteis e produtivas em que se apoia a vida social. Fundando a existência humana na interação da indústria dos homens com a natureza física, o pensador não se limitou a excluir por definição os privilegiados da ordem social. Destruiu, além disso, o fundamento cultural do Antigo Regime, aquela ordem social integral estruturada segundo uma lógica da diferença e da hierarquia espiritual[964].

É sempre com a mesma linguagem que descreve o longo processo de evolução social – "a Revolução que o tempo e a força das coisas praticaram" – que destruiu a sociedade feudal, encorajando o desenvolvimento do comércio e da indústria: com esse efeito que o Terceiro-Estado se tornara "a realidade nacional", enquanto a nobreza não passava da sombra de sua antiga monstruosidade. E foi igualmente com a mesma linguagem que exprimiu a exigência de que o Terceiro-Estado escolhesse, a partir de então, os seus próprios representantes no seio das "classes disponíveis" que comportava, entre aqueles que gozassem de uma "certa prosperidade", condição necessária a uma educação e a uma inteligência esclarecidas, e que se interessassem pelos negócios públicos[965].

Cumpre lembrar que os deputados do Terceiro Estado, agindo como cidadãos ativos, não apenas como súditos, insurgem-se contra o Antigo Regime, defendendo a reorganização da sociedade. Em 9 de julho de 1789 a Assembleia Nacional proclama-se "Assembleia Constituinte", sendo decisiva a influência da construção teórica do Abade Sieyês, que

962 Ibidem, p. 268.

963 Ibidem, p. 268.

964 Furet, Franpois e Ozouf, Mona. *Dicionário crítico da Revolução Francesa*, cit., p. 332.

965 Ibidem, p. 332.

reconhecia a importância do Terceiro Estado e estabelecia a distinção entre Poder Constituinte e Poder Constituído: o primeiro atribuído à Nação, o segundo aos governantes[966].

Sieyès elaborou o seu escrito num contexto em que o Estado francês era organizado em três ordens, a nobreza, o clero e o povo, sendo comandado pelas duas primeiras: ao povo não eram reconhecidos direitos – a não ser o de trabalhar, obviamente –, a liberdade era algo almejado, mas longe de ser concretizado, e a propriedade não era acessível à maior parte da população. Não bastasse isso, ainda no auge do Estado Absoluto, punições corporais eram comuns e o devido processo legal ainda carecia de concretização[967].

"Encampando as concepções filosóficas do liberalismo clássico, ele reconheceu a existência dos direitos inatos do homem, estando o Estado funcionalmente vocacionado à sua proteção. Rompendo com os dogmas vigentes à época, preconizou a igualdade entre todos os homens, com a consequente proscrição dos privilégios. Essa igualdade, no entanto, bem ao gosto do liberalismo clássico, não conferia direitos às mulheres e apregoava o voto censitário, que somente seria acessível àqueles que, recolhendo tributos, contribuíssem para a manutenção do Estado. Essa última circunstância, aliás, é plenamente justificável quando lembramos que tanto a Revolução Francesa como a elaboração da Declaração dos Direitos do Homem e do Cidadão foram dirigidas pela burguesia"[968].

Vale lembrar que os "direitos básicos (inatos) de todo homem seriam a liberdade, a propriedade, a segurança e a resistência à opressão, que coexistiriam com o direito de participação política, este último próprio do cidadão. Daí se falar em direitos do homem e do cidadão. O poder público, em qualquer caso, sempre emanaria do povo, com o que se rompeu com dogmas assentados em bases teológicas e se contribuiu para a distinção entre Poder Constituinte e Poder Constituído"[969].

"As reflexões e o projeto ofertado por Sieyès, no entanto, não se limitam aos denominados direitos fundamentais de primeira geração ou

966 Sieyès, Abade. *Exposição refletida dos direitos do homem e do cidadão*, cit., p. 4.
967 Ibidem, p. VIII-IX.
968 Ibidem, p. IX.
969 Ibidem, p. IX.

dimensão, caracterizados, essencialmente, por uma postura abstencionista do Estado, que não deve avançar numa esfera jurídica reservada ao indivíduo. Além de realçar a existência do "Estado Social", formado a partir da união dos indivíduos em sociedade, ele preconizava a relevância de uma solidariedade social, isto, obviamente, sem prejuízo do dever de o Estado concorrer para a satisfação das necessidades individuais. Em suas palavras: "é fato que aquele cidadão de má sorte que condene a incapacidade do poder público para atender às suas necessidades tem justo direito ao socorro de seus concidadãos. É fato que nada é mais próprio ao aperfeiçoamento da espécie humana, à moral e ao físico que um bom sistema de educação e de instrução pública. É fato que uma Nação forma com os outros povos relações de interesse que merecem de sua parte uma supervisão ativa. Mas não é na declaração de direitos que devemos encontrar a lista de todos os bens que uma boa Constituição pode fornecer às pessoas. Basta dizer, assim, que os cidadãos têm, em comum, direito a tudo que o Estado possa fazer em seu favor". Construções dessa natureza, recorrentes no arvorecer do *Welfare State* (*Estado de bem-estar social*) eram verdadeiramente inovadoras à época do liberalismo clássico"[970].

5.6.5 Conclusões – Um pensador republicano e defensor da igualdade política

Sieyès, ao publicar em 1788 seu *Ensaio sobre os privilégios*, logo seguido de seu panfleto *O que é o Terceiro Estado?*, ocuparia um lugar na história das ideias políticas e venceria "a etapa preliminar da Revolução". Esses textos, além de exprimir uma época, não se limitam a "clamar a efervescência das paixões e das ideias que agitavam confusamente numerosos espíritos do momento"; tampouco têm por objetivo "vaticinar os acontecimentos que iriam dar à história uma nova inflexão". Embora traduzam em primeiro lugar a indignação e o engajamento de um homem revoltado com as desigualdades sociais e políticas, são também peças de uma teoria política habitada por uma concepção constitucional da democracia[971].

Os textos do jurista, que se destacam tanto por sua concisão quanto por seu caráter incisivo, mantêm-se fieis à conjuntura política da época.

[970] Ibidem, p. IX-X.

[971] Goyard-Fabre, Simone. *O que é democracia?*, cit., p. 178.

A monarquia francesa, depois de ter sido tentada pelo despotismo sob Luís XIV, atolava-se, então, na paralisia e, pouco depois, iria morrer por sua fraqueza. Poucos autores o tinham compreendido. Montesquieu, Voltaire, os Enciclopedistas, Mably, Rousseau ... ou ousado denunciar os abusos do absolutismo e seus desvios de poder. Em contrapartida, a fraqueza da monarquia pré-revolucionária não era objeto de análises teóricas. É certo que a burguesia não escondia mais sua indignação diante do regime vigente que cheirava a feudalismo. Coube a Sieyès, porém, problematizar e explicar esse estado de coisas[972].

Por mais que, por um breve momento, a burguesia tenha-se sentido de acordo com a revolta dos parlamentos contra o governo, não procurou razões teóricas para essa convergência de objetivos. Aliás, ela rapidamente se afastou dessas ordens abastadas que, nem mais nem menos que a nobreza e o clero, gozavam de "privilégios" que, na realidade social do momento, considerava indevidos. O clima intelectual modificou-se quando o rei decidiu convocar os Estados Gerais para o mês de maio de 1789. Não só os antagonismos entre privilegiados e não privilegiados estouraram à luz do dia, mas passou-se a indagar as incidências teóricas e práticas dessa discriminação. Uma questão em particular colocava-se com acuidade: iriam se conformar com o precedente dos Estados Gerais de 1614 e votar "por ordens" – caso este em que, mais uma vez, os privilégios triunfariam; ou bem se adotaria um procedimento inédito que consistiria em votar "por cabeça"-, caso em que, enfim, a igualdade de tratamento de todos os membros se realizaria, e a vitória, em razão do número dos representantes pertencentes ao terceiro estado, deixaria de ser dos privilegiados?[973]

Embora, assim colocada, a questão parecesse de uma banal evidência, Sieyès viu nela o revelador da febre que minava então a realidade social. Portanto, a questão era de grande importância. E por isso merecia, a seus olhos, um exame analítico minucioso, exame ainda mais aprofundado, pois, pensava ele, a sequência dos acontecimentos dependeria da escolha

[972] Ibidem, p. 179.
[973] Ibidem, p. 179.

entre essas duas alternativas. Por conseguinte, era preciso pôr em evidência as razões dessa escolha[974].

Portanto, Sieyès via longe. Para além dos dilaceramentos da conjuntura sociopolítica, o que engatava era um debate de fundo, sociológica e politicamente profundo. Exprimindo suas convicções e provavelmente também o rancor de um pobre abade no fim do século XVIII, desenhou a nova postura que o terceiro estado viria a adotar na França vindoura. Seu verbo ganhou tamanha potência e seu libelo teve uma repercussão tão extraordinária que, de imediato, assumiu um lugar entre os teóricos do pensamento político: Tornou-se, nas palavras de Sainte Beuve,[975] "o Descartes da política"[976].

Tendo denunciado "a triste invenção" que é a dos privilégios, cuja "essência" é estar "fora do direito comum" – são derrogações cujo objetivo é, diz ele, "ou dispensar da lei ou dar um direito exclusivo a algo que não é protegido pela lei"-, Sieyès de certa forma elabora o manifesto do Terceiro Estado[977]. Depois, ele evoca, como Montesquieu o fez meio século antes, os méritos da Constituição inglesa, mas os julga insuficientes. Esclarece então, por meio de um esquema constitucional, "o que se deveria ter feito" e o que resta para o Terceiro Estado fazer para "ocupar o lugar que lhe é devido". Num texto escrito alguns meses depois, enunciará os *Preliminares da Constituição Francesa*, que compõem um breviário do regime animado pelo espírito de liberdade e de igualdade. Acreditando situar-se na esteira do pensamento de Rousseau – de um Rousseau, no entanto, revisto, corrigido e arrancado de sua ordem filosófica própria-, propõe *um outro discurso fundador* da democracia[978].

Inaugurando o caminho que, sem dúvida nenhuma, conduzirá para o jacobinismo, Sieyès, que se diz filiado a Rousseau, na verdade deixa muito para trás a intuição criticista da ideia transcendental de uma democracia pura. Ele, de fato, não pretende ser filósofo; só utiliza os conceitos cen-

[974] Ibidem, p. 179.

[975] Charles Saint-Bouve (1804-1869), nascido em Paris, foi um crítico literário, um dos grandes nomes da literatura francesa.

[976] Ibidem, p. 179.

[977] Ibidem, p. 179.

[978] Ibidem, p. 179.

trais instituidores da democracia para integrá-los em seu devido lugar na arquitetura constitucional que procura edificar[979]. O pensador vai usar, aí, o chamado "espírito do constituinte" para especificar os diversos princípios de interpretação da Constituição[980].

É assim que Sieyès propõe o valor de princípio da soberania nacional (não emprega a expressão "soberania do povo" elaborada, como vimos, pelas teorias anteriores). "A Nação", escreve ele, "existe acima de tudo; ela é a origem de tudo; sua vontade é sempre legal; ela é a própria lei. Antes dela e acima dela, há apenas o direito natural." Aqui, a sua originalidade consiste efetivamente em pensar em termos constitucionais os poderes da vontade nacional, que ele identifica com a do terceiro estado: como as ordens privilegiadas são repudiadas como "estranhas à nação" em razão das desigualdades jurídicas que elas oficializaram, o Terceiro Estado, que é "o grande corpo dos cidadãos" e forma "a Nação completa". É o único substrato legítimo da Constituição[981].

5.6.6. Principais obras

Pode indicar como suas obras mais relevantes *Ensaio sobre os privilégios* (1788); *O que é o terceiro Estado* (1789); *Preliminares da Constituição: reconhecimento e exposição da razão dos direitos do homem e do cidadão* (1789). Ainda escreveu as obras *Observation sommaire sur les biens ecclésiastiques – Observação sumária sobre os bens eclesiásticos* (1789) e *Aperçu d'une nouvelle organization de la justice et de la Police en France – Visão geral de uma nova organização da justiça e da polícia na França* (1790)[982].

Com a convocação dos Estados-Gerais em 1788, o Abade Sieyès escreveu *Vues sur les Moyens d'Exécution, dont les Représentants de la France pourront disposer en 1789* (*Visões sobre os modos de execução de que os representantes*

979 Ibidem, p. 181-182.

980 Essa fórmula de "interpretação" do texto constitucional a partir do que se convencionou chamar de "o espírito do constituinte" tem feito escola no Brasil. Ficou corriqueiro, nos últimos anos, uma interpretação quase pessoal da letra da lei, de forma que esta se adequa a todo tipo de interesse. Em tese, seria uma tentativa de interpretar os "desejos" e "anseios" do constituinte quando redigiu a Constitução. Na prática, muitas vezes, se turna uma subversão do texto constitucional para acolher propostas de grupos organizados de pressão.

981 Ibidem, p. 182.

982 Ibidem, p. 182.

da França poderão dispor em 1789[983]), o opúsculo *Essi sur les priviléges* (*Esses são os privilégios*), em novembro de 1788, e, em continuação, o festejado *Ou'est-ce que le Tiers-état?* (*O que é o Terceiro Estado?*), panfleto publicado em janeiro de 1789 e que lhe conferiu notoriedade, vendendo em poucas semanas mais de 30 mil exemplares[984].

5.7 Immanuel Kant (1724-1804) – A igualdade jurídica, o estado de direito e a República

Immanuel Kant, de uma família humilde, nasceu em Königsberg (Prússia), em 1724. A partir de 1740 passa a estudar filosofia, matemática, física de Newton e teologia na Universidade de Königsberg, e forma-se aos 22 anos[985]. Nesse período, ministra aulas de geografia, com grande sucesso. Em 1755, publica duas teses e, em seguida, abre um curso na Universidade como professor remunerado pelos alunos (*privatdozent*). Aos 46 anos, obtém a cátedra de metafisica e lógica na Universidade de Königsberg e transforma-se em celebridade por seus escritos, sendo, também, nomeado para a Academia de Ciências de São Petersburgo[986].

Seus trabalhos traziam à baila as seguintes questões: "O que posso saber?", "O que devo fazer?", "O que me é permitido esperar?", "O que é o homem?"[987]. A primeira questão leva-o à metafisica, em que adotará um método crítico, ou seja, uma reflexão que remonta do conhecimento às suas condições. Sofreu a influência de Rousseau, Hume e Locke. Hipo-

[983] Nesta obra, há um detalhado estudo do que chamava de "mecânica social" – a contribuição de alguns dos mais poderosos pensadores econômicos, sociais e políticos da Europa do século XVIII, dentre eles, Adam Smith. A principal ideia de Sieyès foi a influência socialmente onipresente e estruturante de uma divisão radical do trabalho, pautada, acima de tudo, pelo singular critério de sua eficiência. Para Sieyès, uma ordem política poderia ser seguramente justa ou eficaz se – e apenas se – visse e tratasse os seres humanos que a produziram como iguais portadores de direitos e se organizasse para proteger ou beneficiar a todos. Como Adam Smith, Sieyès acreditava que um Estado era capaz de sustentar sua autoridade legitimamente apenas à força. *Vide* DUNN, John. *A história da democracia*, cit., p. 151-152.

[984] Ibidem, p. 152.

[985] DUROZOI, Gérard e ROUSSEL, Andre. *Dicionário de filosofia*, p. 269.

[986] Ibidem, p. 269.

[987] Ibidem, p. 269.

condríaco a ponto de pesquisar remédios e inovações na área médica, seu falecimento se deu em 1804, com 79 anos.

5.7.1 Liberdade e arbítrio

À interrogação de como tornar compatível a coercibilidade do Direito com a liberdade, responde Kant com a distinção entre liberdade e arbítrio. A liberdade não é a possibilidade de agir caprichosamente de qualquer maneira, mas sim a determinação do agir segundo a lei moral. Portanto, dizia: "quem me impeça de fazer algo que se oporia à minha própria vontade livre como legislador universal impedirá a atuação do meu arbítrio, não da minha liberdade. A coação jurídica será compatível com a liberdade se o Direito não me constranger senão àquilo que a minha própria vontade racional e livre exigiria de mim: o que então sofre limite não é a liberdade, mas o arbítrio"[988].

A coercibilidade do Direito não é apenas lícita, é moralmente necessária, visto que, sem ela, a força arbitrária de uns poderia impedir a liberdade de outros[989].

Dessa forma, a liberdade, em Kant, é a liberdade de agir segundo leis, ou seja:

> *"As leis descrevem relações de causa e efeito. Portanto os homens são livres quando causados a agir. (...) a liberdade é a ausência de determinações externas do comportamento. Esse é o conceito negativo de liberdade. Daí decorre uma definição 'mais rica e mais fértil'. Se as ações são causadas, obedecem a leis (que são 'as condições limitantes da liberdade de ação')"*[990].

5.7.2 Ciência, republicanismo e liberdade

Kant pressupõe que o poder, a riqueza e a honra podem ser considerados bons, mas é necessária a boa vontade, pois sem este princípio, que em sua visão é fundamental ao mundo, podem ocorrer fins malévolos para os homens e a sociedade.

988 Serra, Antonio Truyol y. *História da filosofia do direito e do Estado*, p. 365-366.

989 Ibidem, p. 366.

990 Weffort, Francisco Corrêa. *Os clássicos da política*, 11. ed. São Paulo: Ática, 2006, p. 53-54, v. 2.

Defende, também, o dever moral entre os cidadãos que deriva da Lei moral, consequência de um imperativo categórico básico[991].

Idealizou um "Reino de fins", um Estado imaginário em que as leis protegem a independência individual, para que todos sejam tratados como fins e não como meios para atingirem determinados fins. Pretendia criar um Estado Ideal com base em princípios morais. Afinal, o homem, enquanto ser racional é "fim em si mesmo", e nunca deve ser utilizado como um meio.

No que se refere à liberdade, à imortalidade da alma e à existência de Deus, para o pensador, estes são postulados da razão prática.

Acerca dos elementos que determinam a natureza humana, Kant delimita-os em três classes:

1) Como ser vivo, o homem tem disposição para a animalidade.
2) Como ser vivo racional, o homem tem disposição para a humanidade.
3) Como ser racional suscetível de ser responsabilizado, o homem tem disposição para possuir uma personalidade[992].

Segundo esse raciocínio, afirma que a História é consequência necessária da natureza do Homem, já que uma "única criatura racional da terra" não consegue desenvolver de forma completa todas as disposições originárias da natureza humana[993].

Kant, munido de uma argumentação contratualista, propõe, enfim, que a constituição de uma comunidade ética implica necessariamente que todos os indivíduos se submetam a uma legislação pública e que todas as leis que os unem sejam encaradas como mandamentos provenientes de um legislador comum. A legislação deve partir do seguinte princípio: de acordo com uma lei universal, a liberdade individual deve

[991] É o dever moral básico dos cidadãos de caráter absoluto.

[992] KANT, Immanuel. *A religião nos limites da simples razão*. Covilhã: LusoSofiaEdições, 2008, p. 31.

[993] CORDON, Juan Manuel; e MARTINEZ, Tomas Calvo. *História da filosofia*. Coimbra: Edições 70, 2018, p. 420.

submeter-se às condições de coexistência com a liberdade dos outros; neste caso, a vontade geral origina, assim, uma coação exterior legal[994].

Para Kant, a "razão pura" apresenta conceitos *a priori* (forma, matéria, espaço, tempo) desvinculados dos sentidos e das experiências, sendo por intermédio desses conceitos que entende e consegue explicações para os fenômenos da natureza[995]. Já a "razão prática" não objetiva as "coisas em si", mas ocupa-se dos deveres do homem, ou seja, a razão pura ocupa-se sobre o mundo do ser (*sein*) e a "razão prática", sobre o mundo de dever ser (*sollen*)[996].

Temos dois tipos de deveres ou imperativos: os "hipotéticos" e os "categóricos". Aqueles são imperativos derivados de fins, ou seja, seus ordenamentos são meios para alcançar qualquer coisa que se queira. Eles buscam algum fim possível ou real. Os "categóricos" são particulares e têm como objetivo chegar a um determinado fim.

A República, segundo Kant, enraizada na soberania original do povo, encontra sua autêntica figura quando os "poderes" do Estado não estão concentrados e confundidos nas mesmas mãos. Por isso, há despotismo sempre que a potência de legislar se arroga o poder de executar a lei e de decidir os litígios. Isso é o que acontece não só quando o monarca decide e age a seu bel-prazer, mas também, na democracia, quando o povo legislador se ampara do executivo e, *a fortiori*, se atribui o poder judiciário. Tal é o malefício potencial de toda democracia: se o povo legislador erige a si mesmo em executor de sua própria vontade, à autonomia do soberano soma-se a heteronomia dos cidadãos-súditos. Portanto, a democracia porta em si a contradição mortal que separa a vontade geral e a liberdade dos cidadãos. Numa palavra, a democracia está, diz o pensador, ameaçada pelo despotismo[997].

Por mais dolorosos e conflituosos que tenham sido os primeiros passos dados pela democracia em marcha, o "fato democrático" acabou por se impor durante o século XIX como uma realidade histórico-política inegável. O "fato democrático" foi o que Rousseau considerava impossí-

994 Kant, Immanuel. *A religião nos limites da simples razão*, cit., p. 114.
995 Ibidem, p. 104.
996 Ibidem, p. 105.
997 Goyard-Fabre, Simone. *O que é democracia?*, cit., p. 188.

vel e o que Kant pensava ser contraditoriamente mortal: a exteriorização fenomenal da liberdade do querer dos povos. A genealogia da fenomenalidade democrática marcou, na história do mundo ocidental, um ponto sem retorno: o "Antigo Regime" foi definitivamente enterrado. Mas a democracia, uma vez instalada na factualidade política e devido ao seu progresso inflacionista, adotou uma forma imprevista cujo sentido imanente condena a uma crise endêmica[998].

5.7.3 A concepção de Estado, os poderes e a Constituição

"O Estado é, para Kant, 'a união de uma multidão de homens debaixo de leis jurídicas'. A necessidade do Estado e de uma lei exterior dotada de poder de coação não é uma simples necessidade empírica, suscitada pela experiência de que, quando não estão sujeitos a um freio exterior, os homens agem violentamente e contra a lei, mas uma necessidade racional, que também se daria no caso de todos os homens serem bons"[999].

No estado de natureza tal como ele o concebe, existe sociedade e existem direitos, como o direito de propriedade e os que nascem de convênios entre os indivíduos; não há, porém, "sociedade civil" (*búrgerliche Gesellschaft*) e falta a sanção de uma autoridade pública com força suficiente para impor o seu respeito: daí que tais direitos sejam só "provisórios" e não "peremptórios". Sair do estado de natureza para constituir o estado civil é, pois, um imperativo da razão, um dever. E o ato pelo qual isto se passa e o povo se constitui em Estado é o contrato originário: *tursprúnglicher Kontrakt*, ou *Vertrag*. Em virtude do contrato originário, todos, no povo, renunciam à sua liberdade externa, para a recuperarem imediatamente depois, como membros de um ente comum, isto é, do povo considerado como Estado (*universi*)[1000].

Kant relaciona a seguinte contraposição de estado de natureza e estado civil e a contraposição de Direito natural e Direito positivo:

> *"O Direito natural ou racional é (...) o conjunto de leis jurídicas cuja obrigatoriedade pode ser estabelecida a priori; o Direito positivo ou estatuído, pelo contrário, é o que*

[998] Ibidem, p. 189.
[999] Serra, Antonio Truyol y. *História da filosofia do direito e do estado*, cit., p. 366-367.
[1000] Ibidem, p. 367.

dimana da vontade de um legislador. (...) as leis do Direito natural (...) são próprias do estado de natureza. Conservam a validade no estado civil, e a elas se acrescentam então outras de caráter jurídico-político, que tornam possível a sua realização e atualização. Não se deve, por outro lado, imaginar a passagem do Direito natural ao positivo apenas como a passagem do Direito privado ao Direito público: (...) o Direito positivo só pode existir no estado civil, ao passo que o Direito natural é válido tanto no estado civil como no pré-civil, tornando possível uma Constituição estatal e, por conseguinte, um Direito positivo"[1001].

Kant, como Rousseau, recusa o dilema hobbesiano: liberdade sem paz ou paz mediante submissão ao Estado. Ambos compatibilizam teoricamente os dois termos (liberdade e Estado) mediante o conceito de autonomia: as leis do soberano são as leis que nos demos a nós próprios. Mas há entre os dois autores uma diferença fundamental: Rousseau idealiza um Estado democrático; Kant é um teórico do liberalismo e concebe o Estado como um instrumento (necessário) da liberdade de sujeitos individuais. Para Rousseau liberdade se identifica com autonomia, ao passo que para o pensador alemão, a autonomia deduz-se da liberdade negativa, e a preserva e garante[1002].

No sistema kantiano, nega-se às autoridades públicas o dever e o direito de promover a felicidade, o bem-estar ou, de modo geral, os objetivos materiais da vida individual ou social pelos seguintes motivos: a legislação deve assentar sobre princípios universais e estáveis, ao passo que as preferências subjetivas são variáveis de indivíduo a indivíduo e cambiantes no tempo. E ao Estado cabe promover o bem público; o bem público é a manutenção da juridicidade das relações interpessoais[1003].

Quando unidos para legislar, os membros da sociedade civil são denominados cidadãos, e contam com autonomia (capacidade de conduzir-se segundo seu próprio arbítrio), igualdade perante a lei (não se diferenciam entre si quanto ao nascimento ou fortuna) e independência (capacidade de sustentar-se a si próprios). Nesse sentido, o dispositivo consti-

[1001] Ibidem, p. 367.
[1002] Ibidem, p. 368.
[1003] Ibidem, p. 370.

tucional de reconhecimento da cidadania parece ser autoaplicável. Mas ele o é apenas em parte[1004].

Para Kant, nem todos os membros da sociedade se qualificam para a atuação política através do voto, ou seja, para a cidadania ativa, isto porque há aqueles que vivem sob a proteção ou sob as ordens de outrem, como os empregados, os menores e as mulheres, que são cidadãos passivos. Diante desse antagonismo, Kant, em nova formulação, reafirma o sentido da igualdade como "oportunidades", em que as leis vigentes não podem ser incompatíveis com as leis naturais da liberdade e da igualdade[1005].

Em sua visão, a melhor forma de Estado – o Estado ideal – é a República:

> *"A República é o 'espírito do contrato originário', pelo qual os governantes se obrigam a aproximar-se, praticamente, da ideia de uma Constituição política legítima. (...) Na Constituição legítima ou republicana (a) a lei é autônoma, isto é, manifesta a vontade do povo, e não a vontade de indivíduos ou grupos particulares; e (b) cada pessoa tem a posse do que é seu peremptoriamente, visto que pode valer-se da coação pública para garantir seus direitos. O princípio da Constituição republicana é a liberdade; nela se conjugam a soberania popular (a vontade legislativa autônoma) e a soberania do indivíduo na esfera juridicamente limitada dos seus interesses e valores particulares"*[1006].

O interesse pela obra de Kant está, entre outras coisas, "na fundamentação que dá à República, na polêmica implícita com Rousseau e na afirmação da primazia do indivíduo (em contraposição a Hobbes e, depois, a Hegel e a Marx). A propósito, recorde-se o princípio orientador basilar do pensador alemão, na medida em que a forma republicana realiza o imperativo categórico da vida social: 'A combinação [das relações de coordenação e subordinação entre os poderes] assegura a cada um o que é justo e de direito'"[1007].

Como Kant nega terminantemente ao povo o direito à Revolução, pergunta-se como conciliar, portanto, a constatação de imperfeições

[1004] Ibidem, p. 370.

[1005] WEFFORT, Francisco C. *Os clássicos da política*, v. 2, cit., p. 62.

[1006] Ibidem, p. 62-63.

[1007] Ibidem, p. 64.

constitucionais e o dever de aperfeiçoar as Constituições no sentido republicano. A resposta:

"As reformas necessárias devem ser efetuadas pelo soberano, através do Poder Legislativo, e só por ele. Os dois processos são qualitativamente distintos: a Revolução altera, ou substitui, a Constituição pela via direta da insurreição popular; as reformas são introduzidas pelos poderes estabelecidos, por via institucional, mesmo que envolvam a deposição do chefe do executivo. Com base na sua concepção de reforma, Kant opõe-se ao 'direito de oposição popular' através de deputado... Uma coisa é o soberano, a vontade unida do povo; outra coisa é o povo, que se compõe de opiniões e interesses particulares diversos ('a unanimidade só se alcança na guerra'). Cada Deputado encarna aquela vontade; e por isso não lhes é permitido, segundo um princípio de justiça, agir por instigação direta de seus eleitores"[1008].

Ao receber de Locke e de Montesquieu a teoria da divisão de poderes, Kant caracteriza os poderes como mais coordenados e complementares do que o faziam Locke e Montesquieu, talvez pela preocupação, que tinha em comum com Rousseau, de salvaguardar a unidade do Estado de forma mais enfática[1009].

Distinguindo na Constituição dos Estados a forma de domínio (*Form der Beherrschung, forma imperiiv*) e a forma de governo (*Form der Regierung, forma regiminisy*), Kant considera que, em atenção à pessoa que detém o poder, o Estado pode ser autocrático, aristocrático ou democrático, consoante mande um só sobre todos, alguns, iguais entre si, sobre os outros, ou todos juntos sobre cada um[1010].

Quanto ao regime, o Estado pode ser "republicano", quando os três poderes estão em diferentes mãos, ou "despótico", quando estão confundidos, especialmente o legislativo e o executivo. Nessa classificação, a "República pura" ou "verdadeira" é a única Constituição legítima, pauta da legitimidade dos estados empíricos, quer estes sejam autocracias, aristocracias ou democracias. Nela, "a lei é soberana e não depende de nenhuma pessoa particular". Em vez da democracia de Rousseau, que

[1008] Ibidem, p. 64-65.
[1009] SERRA, Antonio Truyol y, *História da filosofia do direito e do estado*, p. 369.
[1010] Ibidem, p. 369.

era direta, o Estado republicano ideal de Kant é representativo, dentro da linha de Locke. Mas, ao contrário deste, Kant não admite que o povo possa revogar a delegação do poder soberano, uma vez que a pôs em prática. Isto porque, uma vez instaurado o órgão do executivo, isto é, o regente – rei ou príncipe, ou então diretório (conforme seja individual ou coletivo) –, o povo converte-se em súdito[1011].

5.7.4 O Estado de direito, a doutrina do direito, as leis e os costumes

Como já foi dito, Kant opõe-se a todas as formas de alteração da vida constitucional e jurídica com base em procedimentos violentos ou revolucionários, sendo adepto incondicional do "estado de Direito"[1012]. A Doutrina do Direito apregoada por ele é avessa aos regimes autoritários de direita e de esquerda, ainda que não resista aos apelos do populismo e da demagogia.

Curioso e importante apontar a posição, digamos, contraditória de Kant no tocante à imputabilidade penal[1013], quando comparada ao seu imperativo categórico em defesa da dignidade humana. Para ele a pena impõe-se em virtude da prática de um delito, e o respectivo grau é medido em razão do prejuízo causado e do prejuízo a sofrer, ou seja, à pena de talião (*Wiedervergeltungsrecht, jus talionis*). "Em polêmica expressa com Beccaria e o seu sentimentalismo de uma humanidade afetada (*compass-tbtlttass*), Kant defende a pena de morte como exigência da justiça"[1014].

Toda e qualquer lei impõe deveres, mas o cumprimento desses deveres pode ou não ser coativamente exigido. Veja-se:

[1011] Ibidem, p. 369-370.

[1012] Kant, Immanuel. *Doutrina do direito*, São Paulo: Ícone, 2013, p. 6.

[1013] "(...) o juiz não tem que ser bom, tem somente que ser justo (...). A punição é infligida pela única razão de que a lei foi violada. (...) O respeito ao homem não está na bondade do filantropo (...), mas na justiça. (...). A justiça deve, pois, primeiro se achar em toda punição. (...) A punição seria (...) a razão de chamar uma coisa de criminosa e a injustiça deveria consistir mais em deixar de lado toda punição e mesmo em prevenir a punição natural (...)." Kant, *Critique de la raison pratique (Crítica da razão prática)*, PUF, p. 38-39. In *Os filósofos através dos textos – de Platão a Sartre* (por um grupo de professores). São Paulo: Paulus, 1997, p. 186.

[1014] Serra, Antonio Truyol y, *História da filosofia do direito e do estado*. p. 371.

"No primeiro caso, trata-se de leis morais; no segundo, de normas jurídicas. Nesse argumento, a moral abrange o direito. O fundamento de ambos os tipos de leis é a autonomia da vontade, e a referência a esse fundamento moral é constitutiva do direito. (...). Kant não está interessado no direito positivo, mas na ideia, ou no conceito universal 'a priori' do direito. O objeto da reflexão são as relações interpessoais, ou a sociabilidade. A questão é esta: qual é o princípio da legislação que ordena as relações interpessoais segundo a justiça? Se a justiça é o 'conjunto das condições sob as quais o arbítrio de um pode ser unido ao arbítrio de outro segundo uma lei universal de liberdade', o princípio, ou a 'lei universal do direito', é o seguinte: 'Age externamente de tal maneira que o livre uso de teu arbítrio possa coexistir com a liberdade de cada um segundo uma lei universal'"[1015].

"As normas jurídicas são universais; elas obrigam a todos, independentemente de condições de nascimento, riqueza etc. Quem viola a liberdade de outrem ofende a todos os demais, e por todos será coagido a conformar-se à lei e compensar os danos causados. A coerção é parte integrante do direito; a liberdade, paradoxalmente, requer a coerção. Duas são as condições para o uso justo da coerção. A primeira é a seguinte: 'Se um certo exercício da liberdade é um obstáculo à liberdade [de outrem] segundo as leis universais [isto é, se é injusto], então o uso da coerção para opor-se a ele [...] é justo'. A segunda decorre da universalidade das leis violadas: a coerção só é justa quando exercida pela vontade geral do povo unido numa sociedade civil"[1016].

Kant entende por metafísica dos costumes o conjunto de leis, *a priori*, segundo as quais se determina a vontade. Só esta metafisica dos costumes é propriamente moral, ao passo que o estudo empírico dos costumes é objeto da antropologia pragmática, a que ele consagrou uma obra especial, e que (paralelamente ao que acontece no campo da natureza empírica em face da metafisica da natureza) é matéria da sua aplicação. Uma metafisica dos costumes não pode fundamentar-se numa antropologia; o que pode é ser-lhe aplicada[1017].

1015 WEFFORT, Francisco C. *Os clássicos da política*, cit., p. 54-55, v. 2

1016 Ibidem, p. 56.

1017 SERRA, Antonio Truyol e. *História da filosofia, do Direito e do Estado*. Lisboa: Instituto de novas profissões 1990, p. 363.

5.7.5 Kant, o filósofo do Direito e o Iluminismo

Conforme atestam alguns tradutores, o termo alemão *Aufklang* não apresenta significância correspondente exata na língua portuguesa, devido a sua multiplicidade de sentidos. Alguns tradutores, porém, optaram por traduzir referido termo como "Iluminismo", "Ilustração", "Esclarecimento", ou, ainda, por "Época das Luzes"[1018].

"O Iluminismo teve grande impacto na sociedade da época, seus postulados repercutiram nos séculos seguintes, principalmente quanto à forma de tratamento com a cultura de massas. Nesse sentido, 'o Iluminismo expressou a ascensão da burguesia e de sua ideologia. Foi a culminância de um processo que começou com o Renascimento, quando se usou a razão para descobrir o mundo, que ganhou aspecto essencialmente crítico no século XVIII, quando os homens passaram a usar a razão para entenderem a si mesmos no contexto da sociedade. Tal espírito generalizou-se nos clubes, cafés e salões'"[1019].

Kant foi considerado por seus contemporâneos, tanto a leste quanto a oeste do Reno, um partidário e defensor ardente da Revolução. Teve mesmo a reputação de jacobino, e Charles Theremin[1020], então chefe da administração do Comitê de Salvação Pública, e homem de confiança de Sieyès, tentou, a pedido deste último, estabelecer um contato direto com Kant, que, já muito idoso e preocupado em não intervir nos negócios de um país estrangeiro, devia, ao que parece, recusar. Sieyès foi, não obstante, informado por W. von Humboldt[1021] do conteúdo da filosofia kantiana e pôde ler a tradução francesa do projeto de *Paix perpétuelle* (1795) publicada pelos editores parisienses Jansen e Perronneau desde 1796[1022].

[1018] Silva, Ivan de Oliveira da. *Curso moderno de filosofia do direito*, p. 176.

[1019] Ibidem, p. 177.

[1020] Charles Theremin nasceu na Prússia, tendo atuado como membro do corpo diplomático prussiano em Madrid e Londres. Morou na França a partir de 1795 e, graças ao Edito de Nantes, adquiriu a cidadania francesa. Atuou no importante jornal *La Décade philosophique*, tendo assinado alguns artigos, bem como editado alguns livros. Seus escritos cobriam ampla gama de temas, desde relações exteriores a fundações comerciais da república moderna, até a condição social da mulher na república (*De la condition des femmes dans les Republiques*).

[1021] Wilheim von Humboldt (1767-1835) filósofo e linguista alemão.

[1022] Furet, François; e Ozouf, Mona. *Dicionário crítico da Revolução Francesa*, cit., p. 1000.

Para Kant, o soberano na Inglaterra gozaria de um poder absoluto, enquanto na França esse poder seria limitado, e o povo na Inglaterra, por conseguinte, não era livre. Texto, como se vê, que adapta o famoso julgamento de Rousseau aos dados da República francesa, que comportava a necessidade do sistema representativo que Rousseau rejeitava[1023].

Em 1793, com *Théorie et práxis*, e em 1795, com o *Projet de paix perpétuelle*, Kant escreveu contra os críticos reacionários da Revolução, principalmente Burke e Rehberg, que visavam principalmente à ideia de uma política fundada na razão e não nos fatos. Kant respondeu em dois níveis. No nível jurídico mostrou, em *Théorie et práxis*, como a liberdade concedida ao povo podia conjugar-se com a autoridade estatal graças ao conceito sintético de cidadania (elegendo essa autoridade, o cidadão se mostra livre e ativo). E em *Projet de paix perpétuelle*, a tese segundo a qual a Constituição republicana só seria viável para "um povo de anjos" e fundando, ao contrário, a ideia do progresso político apenas no jogo, resolutamente amoral, dos interesses particulares. Na representação de uma história que caminha para o melhor, sob o impulso de homens, no entanto, maus (egoístas), que se enraíza no mais fundo a atitude de Kant com relação à Revolução Francesa, denunciou o pensador alemão o ativismo revolucionário[1024].

Kant é considerado um grande filósofo do Direito e um liberal reformista que apresentou um pensamento político avançado para a sua época. Segundo ele, "uma Constituição perfeita depende da criação de relações internacionais reguladas pelo direito". Acrescenta que se houvesse uma lei de liberdade irrestrita, inevitavelmente haveria guerra entre os homens.[1025].

Kant provocou e provoca polêmicas, tanto é que Bertrand Russell[1026] o considerou "um desastre", mas C. D. Broad[1027], filósofo inglês contemporâneo de Russell, contrapôs: "Quando todas as críticas tiverem sido

1023 Ibidem, p. 1003.

1024 Ibidem, p. 1003.

1025 Amaral, Diogo Freitas do. *História do pensamento político ocidental*, cit., p. 309.

1026 Bertrand Russell (1872-1970) matemático, filósofo e lógico inglês.

1027 C. D. Broad (1887-1971) filósofo e historiador inglês.

feitas [...] os fracassos de Kant serão mais importantes que a maioria dos êxitos dos homens"[1028].

Em *Fundamentação da metafísica dos costumes*, Kant escreveu: "*Só é moralmente válida a lei que suprir uma absoluta necessidade [...] o fundamento da obrigação deve ser procurado, não na natureza do homem, nem nas circunstâncias do mundo em que ele está situado, mas unicamente 'a priori' nos conceitos da razão pura*". Seu ponto de partida para essa afirmação é a observação de que o valor das virtudes tradicionais pode ser influenciado pelo contexto e pelas consequências. Não é um exemplo de Kant, naturalmente, mas ele bem que poderia tê-lo usado: a coragem é em geral considerada uma virtude, mas não quando serve a um sequestro suicida[1029].

A *Ideia de uma história universal do ponto de vista cosmopolita* (1784) concretiza essa perspectiva. No seio da história universal, Kant acredita que possa definir o alcance da sua teoria moral: ela atua como uma *Ideia*, ou seja, como uma *tarefa infinita*, jamais inteiramente realizada, porém sempre existente e insistente. Para além das diferenças de raças e de nações, dos conflitos naturais que opõem os grupos entre si, impõe-se progressivamente a necessidade racional de uma *paz universal* e de uma *sociedade de nações* que permitam aos indivíduos "serem legisladores e sujeitos num reino de fins".

5.7.6 Principais obras

Destacam-se as seguintes obras do autor: *Crítica da razão pura* (1781); *Para uma paz perpétua* (1785); *Crítica da razão prática* (1788); *Metafísica dos costumes – doutrina do direito* (1797)[1030]. Seguem comentários sobre três delas.

5.7.6.1 Crítica da razão pura

Nessa obra Kant afirma que duas coisas têm o poder de comover o seu espírito: o céu estrelado e a constelação da força da lei moral interior. Entre as duas existe oposição e complementariedade: não somente porque uma é externa e a outra interna à pessoa, mas também porque o sen-

1028 Papineau, David. *Filosofia Grandes Pensadores, Principais Fundamentos e Escolas Filosóficas*, cit., p. 141.

1029 Ibidem, p. 141-142.

1030 Amaral, Diogo Freitas do. *História do pensamento político ocidental*, cit., p. 304.

tido de pequenez sugerido pelo confronto com o espetáculo do universo enfatiza, por contraste, a consciência da absoluta potência, da autossuficiência e da universalidade comumente denominada voz da consciência[1031]. Nela distingue:

- a matéria do conhecimento está ligada à experiência sensível (*a posteriori*);
- as formas de conhecimento independem da experiência (*a priori*).

Na obra há uma teoria do conhecimento, substancialmente dividida – após uma introdução – em três partes:

> *"Estética Transcendental (teoria do conhecimento sensível), em que são analisadas as formas, as intuições puras do conhecimento sensível (tempo e espaço), e é operada a justificação da matemática; Analítica Transcendental (teoria do conhecimento intelectivo, as categorias (substancia, causa, etc.), e é exposta a justificação da física pura; Dialética Trancendental (teoria do conhecimento racional), em que são examinadas as formas do conhecimento racional, as ideias da razão pura (Deus, alma, mundo) e é demolida a metafísica, pois lhe falta o conteúdo sensível, a matéria, que (...) é indispensável a fim de que as formas não sejam vazias"*[1032].

5.7.6.2 Crítica da razão prática

Nessa obra Kant separa os domínios da ciência e da ação. O conhecimento se constrói a partir do fenômeno que alia intuição sensível ao conhecimento do intelecto. Dessa forma, são, de acordo com o pensador, as categorias lógicas que constituem objetos, para que possam ser conhecidos de forma universal. O filósofo faz questão, no entanto, de distinguir conceitos de ideias. Para ele, estas são objetos da Razão Pura, já que não podem ser conhecidas, já que não há fenômenos das ideias. A Razão pensa objetos, ainda que não possam ser conhecidos. As principais ideias que define são as de Deus, da alma e de mundo, como uma totalidade filosófica[1033].

1031 NICOLA, Ubaldo. *Antologia ilustrada de filosofia – das origens à Idade Moderna*, cit., p. 322.
1032 PADOVANI, Umberto e CASTAGNOLA, Luís. *História da filosofia*, cit., p. 322.
1033 KANT, Immanuel, *Crítica da razão prática*, São Paulo: Martins Fontes, 1998, p. 12.

5.7.7 Conclusão – doutrina do Direito

Nesta obra Kant afirma que:

> *"Este trabalho situa-se logo após os eventos da Revolução Francesa que ganharam projeção de fatos universais: a Declaração dos Direitos do Homem e do Cidadão (1789), a Proclamação da República (1792), a condenação do rei Luís XVI (1793), o Terror de Robespierre (1794), o regime do Diretório (1795-97), sem falar nas primeiras vitórias de Napoleão sobre os austríacos (1796-97), tudo representando o avanço das ideias iluministas e rousseaunianas sobre o velho regime da monarquia absoluta"*[1034].

Ao mesmo tempo em que Kant analisa o Direito sob a perspectiva da filosofia crítica, a partir desses acontecimentos históricos, ele opina ora a favor, ora contra o que se fazia na França em nome dos "imortais princípios de 1789". Kant filia-se à defesa do "Estado de Direito", sendo "contrário a todas as formas de alteração da vida constitucional e jurídica com base em procedimentos violentos ou revolucionários"[1035].

Reformista aberto a todas as conquistas da dignidade humana, o pensador, no entanto, desconfiava de todos os regimes de exceção, ainda que se apresentassem como "democráticos", "bem-intencionados", "populares" etc.[1036].

O filósofo mantinha-se confiante no regime do império da lei e não em caprichos de governantes, pois "no governo das leis e não no governo dos homens", como frisaria Norberto Bobbio, um dos melhores intérpretes de Kant, há "ótima diretriz para juristas e filósofos do Direito a braços com propostas de solução nem sempre prudentes, chamados a dizer sua opinião em assembleias em que são debatidos magnos problemas"[1037].

As soluções "fáceis" por vezes se apresentam desejando passar por cima do texto legal, supervalorizando a tarefa do juiz, segundo velha tese do "Direito livre" de Kantorovicz[1038] do início do século XX que ora vol-

[1034] KANT, Immanuel, *Doutrina do direito*, cit., p. 5.

[1035] Ibidem, p. 6.

[1036] Ibidem, p. 6.

[1037] Ibidem, p. 6.

[1038] Hermann Ulrich Kantorowicz (Poznań, 18 de novembro de 1877 – Cambridge, 12 de fevereiro de 1940) foi um jurista polonês. Fundador da *Escola do direito livre*, uma corrente de pensamento juspositivista.

tam com novos nomes e roupagens. Outras vezes, dá-se o excesso contrário de reduzir o magistrado a mero e mecânico aplicador da lei, sem se atentar para seus critérios de adequação da norma à realidade social concreta e atual. No primeiro caso o Juiz passa a criar o Direto usurpando tarefa do Legislativo; no segundo caso, pretende-se anular a função judiciária, o que atenta ao princípio da divisão dos poderes de Montesquieu no qual se espelha[1039].

"Kant vê em cada um dos poderes uma função que vai possibilitar o silogismo jurídico: o Legislativo produz a lei, premissa maior de todo raciocínio jurídico; o Executivo é quem comanda na ordem concreta dos fatos, premissa menor do raciocínio, e finalmente a conclusão é a sentença, prolatada pelo Judiciário. São, pois, os poderes unidos organicamente e não há como se sobrepor um ao outro sem implicação direta na função dos outros dois"[1040].

Nessa trindade dos poderes ele vê a realizabilidade de um governo democrático e ao mesmo tempo ponderado, com liberdade e segurança[1041].

Para Kant, o *Contrato Social* revela-se como ato originário constitutivo da sociedade civil; assim, ele se opõe tanto ao empirismo de Locke como ao racionalismo ético de Rousseau. Distingue-se dos empiristas não só porque concebe o contrato como uma ideia da razão prática, mas porque sujeito do contrato não é para ele o homem empírico que renuncia ao seu direito de liberdade nos limites impostos pela necessidade da defesa e da segurança comuns, mas é o homem noumênico (essencial) que realiza em união com seus semelhantes, mediante o Estado, a condição de vida correspondente à sua natureza de ser racional. A obediência à lei consagrada no pacto, mais do que a consequência de uma renúncia, é o reconhecimento de um dever a condição de liberdade, a homenagem prestada à nossa humanidade mais verdadeira e profunda"[1042].

Aliás, se o princípio da "liberdade não poderia valer só para alguns – pois, então, não seria um 'princípio' (...) a igualdade preconizada por Kant, garantida pelo Estado e pelo Direito, tanto quanto a liberdade, é

1039 Kant, Immanuel. *Doutrina do direito*, cit., p. 5-11.

1040 Ibidem, p. 7.

1041 Ibidem, p. 7.

1042 Ibidem, p. 7.

a igualdade de oportunidade, a igualdade no sentido primário de todos terem direito ao básico (hoje sob o prisma de habitação, saúde, educação, trabalho, alimentação), mas fica o progresso de cada um dependendo do seu esforço e dinamismo, o que distancia Kant de todos os que pretendem uma igualdade permanente, refreando a capacidade individual, criando instrumentos "Moloch[1043]" de controle para impedir que alguns sobressaiam legitimamente por sua própria habilidade, dedicação; enfim, fatores diferenciadores na sociedade"[1044].

Kant repudiava o privilégio no início de jornada, e ponderava que o Estado devia eliminá-lo dos mais favorecidos para dar aos menos aquinhoadas em matéria de saúde, inteligência, força de vontade (o que notoriamente nunca será igualmente possuído por todos e cada um), a fim de que, no começo da carreira, o básico todos possam ter, mas:

> *"(...) 'a carreira fica aberta aos talentos' e ninguém será tolhido no seu livre desenvolvimento, exceto no tributo que para viver em sociedade e que lhe é cobrado pelo Estado. Assim, o Estado de Direito de Kant constrói uma sociedade cada vez mais igualitária, sem o sacrifício da liberdade individual. Sua ideia é de uma sociedade dinâmica não estática"*[1045].

Para se alcançar tal modelo, o filósofo revela um otimismo fundamental, acreditando piamente na progressiva igualitarização da sociedade, por via de reformas de um governante contido nas leis emanadas de um Legislativo escolhido entre os melhores da população, o que o leva a condenar o sufrágio universal de Rousseau[1046].

Kant, pelo contrário, desconfia das decisões de assembleia (de populares discutindo algo) "como muito perigosas para o povo porque a assembleia se torna despótica". Há exemplo do que certas assembleias fizeram com os direitos de minorias indefesas. Todos os governos ditatoriais do

[1043] Trata-se do deus a que os amonitas, ocupantes de uma área ao leste do Rio Jordão, de Gileade e do Mar Morto, na atual Jordânia, cultuavam. Havia rituais de adoração em que crianças eram jogadas vivas em uma cavidade da estátua de Moloch.

[1044] In Kant, Immanuel, *Doutrina do direito*, cit., p. 9.

[1045] Ibidem, p. 9-10.

[1046] Ibidem, p. 10.

século XX buscaram no apoio da massa, obtido por intermédio dos meios de comunicação, a pseudolegitimação para perpetrar crimes contra frações minoritárias da população, bodes expiatórios de seus fracassos políticos e econômicos[1047].

Por todas essas posições, o filósofo é apresentado como um dos mais importantes doutrinadores do modelo liberal de Estado que serviu e serve de inspiração para a sociedade política-ocidental[1048].

5.8 David Hume (1711-1776) – a natureza humana e a política

Nasceu em Edimburgo (Escócia), onde cursou direito, filosofia e letras. Criticou Descartes e os que consideravam o espírito humano sob o ponto de vista teológico-metafísico. Sua obra enfoca o ceticismo e o naturalismo. Adepto do empirismo e do ceticismo filosófico, passou vários anos na França e tornou-se íntimo dos principais enciclopedistas, tais como Diderot, D'Alambert, D'Holbach e Rousseau[1049].

Combateu o dogmatismo e aprofundou o empirismo lockiano, colaborando para a crítica da razão, que irá influenciar profundamente Kant. Considerado ateu, foi excomungado em 1756 por negar sua fé cristã[1050]. Defensor do livre comércio como Adam Smith, desenvolveu "uma teoria da alma humana e do seu funcionamento, em que se fundamenta uma determinada ideia sobre o que vem a ser o conhecimento humano"[1051]. Voltou para a Escócia em 1768 quando, por motivos de saúde, abandonou as suas atividades sociais e profissionais, falecendo em 25 de agosto de 1776.

5.8.1 Espírito, liberdade, autoridade e governo

Ligado aos empiristas, Hume defende que os conteúdos da mente são derivados da experiência, e confia na observação. Reconhece a consistência da ligação pré-política, colaborando para a base antropológica de uma

[1047] Ibidem, p. 10.

[1048] Ibidem, p. 10.

[1049] HUISMAN, Denis. *Dicionário dos filósofos*, cit., p. 517.

[1050] Ibidem, p. 517.

[1051] FORTES, Luiz R. Salinas. *O iluminismo e os reis filósofos*. Col. Tudo é História. São Paulo: Brasiliense, 1993, p. 62.

ciência da sociedade. Ao enfocar a história sob a perspectiva empírica, considera que a sociedade civil não necessita do Estado para existir e que a filosofia jurídica e política não bastam para explicar a questão social.

Na obra *História da Inglaterra*, o filósofo utiliza-se do princípio da "lógica do entendimento" e enfoca a Constituição daquele país como um processo histórico que tem início com a invasão dos romanos à Britânia sob o comando de Júlio César, sob a égide do embate entre a liberdade e a autoridade. Trata-se do choque entre as regras gerais da justiça, a qual pretende garantir a ordem para a vida política e as emoções naturais dos cidadãos que defendem a liberdade e os seus interesses básicos.

Hume explica a formação das instituições políticas sob o prisma filosófico, e destaca o processo civilizatório inglês, como o fanatismo religioso, o comércio, os costumes e a organização do direito inglês. Considera todos os acontecimentos condicionados pela "constituição inglesa". Afirma que a luta do povo pela liberdade e democracia se contrapôs ao poder absoluto do Estado. Procurou desfazer os equívocos sobre a história da Inglaterra, consequência dos extremismos, para realizar uma análise estrutural dos fatos que levaram a ilha a uma monarquia parlamentarista e, portanto, democrática, haja vista que em nenhum momento de sua história a vontade do monarca foi inteiramente absoluta e irrestrita. Contudo, em outros aspectos, a balança de poder oscilou ao extremo entre as muitas ordens do Estado, e essa estrutura experimentou a mesma mutabilidade que incide em todas as instituições humanas[1052].

Para Hume, "quase todos os governos que existem atualmente, ou dos quais restam quaisquer vestígios de registro na história, foram estabelecidos originalmente, ou por corrupção ou conquista, ou por ambas, sem qualquer simulacro de consentimento justo ou submissão voluntária do

[1052] HUME, David. *História da Inglaterra – da invasão de Júlio Cesar à revolução de 1688.* 2.ed. São Paulo: Unesp, 2017, p. 129. Na verdade, o conhecimento histórico sobre períodos anteriores do governo inglês pode ser útil, principalmente por ensiná-lo a ser vigilante em relação à constituição atual, pela comparação ou contraste com a daqueles tempos primordiais; e também curiosa, por mostrar-lhe o remoto e no mais das vezes pálido e desfigurado original de suas bem-acabadas e nobres instituições, instruindo-o assim a respeito da considerável parcela de acidentes que se combinaram com uma pequena dose de sabedoria e antevisão para erigir a complexa estrutura do mais perfeito dos governos (HUME, DAVID. *História da Inglaterra*, cit., p. 131).

seu povo". Se nos primórdios houve 'aquiescência voluntária', a 'força, que é o que predomina na atualidade, e que é baseada em armadas e exércitos, é nitidamente política, e deriva da autoridade, ou seja, o efeito do governo estabelecido'"[1053].

Segundo o filósofo, o advento da Revolução não deve nos iludir, ou nos fazer acreditar cegamente na origem filosófica de governo de modo a imaginarmos todas as outras formas como monstruosas e irregulares. "Deu-se apenas a sucessão, e mesmo assim só na dinastia real que foi mudada. E foi apenas uma maioria de setecentos que determinou uma mudança que afeta dez milhões. (...) o grosso desses dez milhões aquiesceriam de boa vontade nessa determinação: mas a questão foi, ao menos, deixada à escolha deles?"[1054].

No campo político, o filósofo era liberal e não acreditava no Direito Divino ou em leis naturais absolutas e eternas. Em relação ao governo, afirmava: "Um governo estabelecido tem uma vantagem infinita pela própria razão de que está estabelecido". Não se preocupa com o problema da origem das instituições, ao contrário de Rousseau, e acreditava que "o princípio supremo da política e da arte de governar os homens será a de utilidade"[1055].

Em todos os governos existe uma permanente luta intestina, aberta ou silenciosa, entre a Autoridade e a Liberdade, e neste conflito nem uma nem outra pode jamais prevalecer de maneira absoluta. Aliás, conforme Hume destaca, em todos os governos se tem necessariamente que fazer um grande sacrifício da liberdade, e, contudo, também a autoridade, que limita a liberdade, jamais deve, em qualquer Constituição, tornar-se completa e incontrolável[1056].

O governo que, na linguagem vulgar, recebe a designação de livre, é aquele que permite uma divisão do poder entre vários membros, cuja autoridade conjunta não é superior à de qualquer monarca; mas esses membros, no curso normal da administração, devem agir de acordo com

1053 Fitzgerald, Ross (Org.). *Pensadores políticos comparados*, cit., p. 157.

1054 Ibidem, p. 157.

1055 Fortes, Luiz R. Salinas. *O iluminismo e os reis filósofos*, cit., p. 63.

1056 Hume, David. Col. *Os pensadores*. 3.ed. São Paulo: Abril, 1984, p. 199.

leis gerais e sempre idênticas, que são previamente conhecidas por todos os membros do governo e todos os súditos[1057].

Nesse sentido, é forçoso reconhecer que a liberdade é a perfeição da sociedade civil, sem que isso permita, contudo, negar que a autoridade é essencial para sua própria existência; e por isso esta última pode merecer a preferência, nessas disputas em que tantas vezes uma é oposta à outra. A não ser, talvez, que possa dizer-se (e dizê-lo com uma certa razão) que uma circunstância essencial para a existência da sociedade civil deve sempre sustentar-se a si mesma, não precisando ser salvaguardada tão ciosamente como uma que apenas contribui para sua perfeição, a qual tão facilmente a indolência dos homens tende a esquecer, e sua ignorância a desprezar[1058].

Na visão de Hume, se, na maioria dos países, proclamássemos que as relações políticas assentam inteiramente no consentimento voluntário ou numa promessa recíproca, depressa o magistrado nos mandaria prender como sediciosos, por enfraquecer os laços da obediência. E acrescenta o pensador: "*É estranho que um ato do espírito, que se supõe todo indivíduo tenha realizado, e isso já depois de poder fazer uso da razão, pois caso contrário não poderia ter autoridade alguma, que esse ato, dizia eu, seja a tal ponto desconhecido por todos que em toda a superfície da Terra mal restem dele quaisquer vestígios ou lembrança*"[1059].

Esse contrato em que o governo assenta, em sua visão, "*é o contrato original, e portanto deve ser considerado demasiado antigo para poder ser conhecido pela geração atual. Se com isto se quer referir o acordo mediante o qual selvagens pela primeira vez se associaram e conjugaram suas forças, ele deve ser reconhecido como real; mas, sendo tão antigo, e estando já obliterado por mil mudanças de governo e de príncipe, não é lícito supor-se que conserve ainda alguma autoridade. (...) qualquer governo, que seja legítimo e ao qual os súditos tenham o dever de prestar fidelidade, assentava inicialmente no consentimento e em um pacto voluntário. Mas isto, além de implicar o consentimento, por parte dos pais, em vincular seus filhos, mesmo até as gerações mais remotas (coisa que os autores republicanos*

[1057] Ibidem, p. 199.
[1058] Ibidem, p. 200.
[1059] Ibidem, p. 200.

jamais admitirão), além disso, tal fato não é justificado pela história ou pela experiência, em nenhuma época ou país do mundo"[1060].

5.8.2 A República, a democracia e os poderes

Embora Hume reconheça que em todas as instituições humanas é necessário introduzir algumas inovações e são casos felizes aqueles em que o gênio esclarecido da época orienta estas no sentido da razão, da liberdade e da justiça, no entanto o pensador entende que a nenhum indivíduo é lícito realizar inovações violentas:

> *"Estas são perigosas mesmo quando feitas pelo legislativo; delas é sempre de esperar maior mal do que bem (...). As violentas inovações do reinado de Henrique VIII foram introduzidas por um monarca despótico, sustentado por uma aparência de autoridade legislativa; as do reinado de Carlos I foram causadas pelo partidarismo e pelo fanatismo, e tanto umas como outras deram bons resultados em cada caso. Mas mesmo as primeiras foram durante muito tempo fonte de inúmeras desordens, e de ainda mais perigos; e, se as regras da fidelidade forem extraídas das segundas, a sociedade humana se tornará teatro da mais completa anarquia, e todo governo chegará imediatamente a seu fim"*[1061].

Ao recorrer ao período de dominação romana, Hume lembra que a respectiva Constituição da República atribuía ao povo todo o Poder Legislativo, sem conceder o direito de veto nem à nobreza nem aos cônsules:

> *"O povo detinha este poder ilimitado através de um corpo coletivo, e não representativo. Daí resultaram as seguintes consequências: quando, devido à prosperidade e às conquistas, o povo se tornou muito numeroso e se espalhou até grande distância da capital, as tribos da cidade passaram a fornecer a quase totalidade dos votos, embora fossem as menos numerosas; seus membros passaram, portanto, a ser adulados por todos aqueles que almejavam a popularidade; viviam ociosamente, sustentados pela distribuição geral de trigo, e por subornos particulares que recebiam de quase todos os candidatos; e assim se foram tornando cada vez mais devassos, e o Campo de Marte era cenário constante de tumultos e revoltas. Entre esses cidadãos aviltados foram introduzidos escravos*

[1060] Ibidem, p. 200-201.
[1061] Ibidem, p. 205-206.

armados, e assim o governo caiu na anarquia, e o poder despótico dos Césares se tornou a maior felicidade a que os romanos podiam aspirar. Tais são os resultados da democracia sem um órgão representativo"[1062].

Para Hume, é possível constituir um governo livre no qual uma única pessoa, quer se chame doge, príncipe ou rei, possua ampla parcela do poder, estabelecendo correto equilíbrio com as outras partes do governo:

"O príncipe eleito pode ser estrangeiro ou natural do País; o primeiro não conhecerá bem o povo que vai governar, não terá confiança em seus súditos, nem estes nele, dará toda a sua confiança a estrangeiros, que terão a única preocupação de enriquecer o mais depressa possível, enquanto o favor e a autoridade de seu senhor puderem sustentá-los. Um natural do País levará para o trono todas suas animosidades e amizades pessoais, e sua ascensão não poderá deixar de despertar sentimentos de inveja naqueles que anteriormente o consideravam seu igual. Para não referir o fato de que uma coroa é recompensa demasiado grande para ser concedida apenas ao mérito, e levará sempre os candidatos a usar da força, do dinheiro ou da intriga para conquistar os votos dos eleitores; de modo que uma tal eleição não tornará mais provável que o príncipe possua méritos excepcionais do que quando a nação deixa que seja apenas o nascimento a determinar quem será o soberano.

Pode portanto afirmar-se, como axioma universal em política, que um príncipe hereditário, uma nobreza sem vassalos e um povo que escolhe seus representantes formam a melhor monarquia, aristocracia e democracia. (...).

(...) os governos livres, embora geralmente sempre tenham sido os mais felizes para aqueles que gozam sua liberdade, são contudo os mais ruinosos e tirânicos para suas províncias. Quando um monarca amplia seus domínios por meio da conquista, depressa aprende a considerar em pé de igualdade seus antigos e seus novos súditos, pois na realidade todos são para ele o mesmo, com exceção dos poucos amigos e favoritos que conhece pessoalmente. Não faz, portanto, distinção alguma entre eles em suas leis gerais, ao mesmo tempo que toma o cuidado de evitar quaisquer atos particulares de opressão, contra uns como contra os outros. Mas um Estado livre faz necessariamente uma grande distinção, e assim deverá acontecer até que os homens aprendam a amar o próximo como a si mesmos. Num tal governo todos os conquistadores são legislado-

[1062] Ibidem, p. 230.

res, e nunca deixarão, mediante impostos e restrições ao comércio, de tudo planejar de maneira a tirar de suas conquistas certas vantagens particulares, além das públicas. Em uma República os Governadores das províncias têm também maior oportunidade para se apropriar dos despojos, por meio da intriga e do suborno; e seus concidadãos, vendo seu Estado enriquecido com os despojos das províncias submetidas, terão maior tendência para tolerar tais abusos. (...) num Estado livre, ser necessário tomar a precaução de mudar frequentemente os Governadores, o que obriga esses tiranos temporários a tornar-se mais diligentes e vorazes, para conseguir acumular suficientes riquezas antes de ceder o lugar a seus sucessores[1063].

O pensador afirma que "os legisladores não devem confiar inteiramente ao acaso o futuro governo de um Estado, e sim elaborar um sistema de leis para regular a administração das questões públicas até a mais remota posteridade". E acrescenta que em qualquer nação uma sábia legislação é a herança mais valiosa que pode ser deixada às épocas futuras. No mais ínfimo tribunal ou repartição pública se verifica que as normas e os métodos estabelecidos para regulamentar as diversas atividades constituem importante barreira contra a natural depravação da humanidade[1064].

Para Hume, era falsa a opinião de que os grandes Estados, como a França ou a Grã-Bretanha, jamais poderiam ser transformados em Repúblicas, pois tal forma de governo só podia ser aplicada a cidades ou pequenos territórios. Assim argumentava:

"Parece provável dar-se o contrário. Embora a instituição de um governo republicano seja mais difícil num país muito extenso do que numa cidade, depois de consumada essa instituição se torna mais fácil, no primeiro caso, conservá-la firme e uniforme, sem tumultos nem facções. Para as regiões distantes de um grande Estado não é fácil participar em qualquer sistema de governo livre, pois facilmente adquirem estima e reverência por uma única pessoa que, graças a esta popularidade, pode tomar o poder e, obrigando os mais obstinados a submeter-se, instituir um governo monárquico. Por outro lado, uma cidade facilmente aceita o mesmo conceito de governo, a natural igualdade da propriedade favorece a liberdade e a proximidade das habitações permite aos cidadãos

[1063] Ibidem, p. 232.
[1064] Ibidem, p. 270.

ajudarem-se mutuamente. (...)por mais que o povo seja separado ou dividido em pequenas partes para as eleições, o fato de nas cidades habitarem próximos uns dos outros sempre fará que seja considerável a força das correntes populares. Num grande país que seja governado com magistral perícia, há oportunidade suficiente para aperfeiçoar a democracia, desde as camadas mais baixas do povo, que podem ser autorizadas a votar nas primeiras eleições, no plano mais baixo da República, até aos mais altos magistrados, que dirigem toda a vida política"[1065].

Em Hume, as obrigações do governo e da política devem ser vistas como originárias não de alguma abstração, como um contrato social ou uma lei da natureza, mas das repostas práticas dos seres humanos às suas necessidades e desejos. No seu entender, os homens são naturalmente sociáveis. Foram constituídos para viver com os de sua própria espécie. No entanto, sua boa vontade para com os outros – sua "benevolência" – é limitada. Limitada no sentido resultante do fato de que eles pensam primeiro em si próprios e suas famílias, e só depois nos outros. Sendo assim e considerando-se que as fontes mundiais de recursos são escassas, é inevitável a ocorrência de disputas onde quer que haja um ajuntamento humano. Foi com o objetivo de reduzir ao mínimo essas disputas que os homens, ao longo do tempo, criaram aquilo que Hume chamou de "regras de justiça"; regras cuja finalidade é garantir a segurança da propriedade e levar ao cumprimento dos contratos. Não temos como saber quem foi o primeiro legislador a formular essas regras, e de resto não é necessário sabê-lo. Os legisladores surgiram mais ou menos espontaneamente à medida que se desenvolviam as transações entre os homens.

5.8.3 "Constituição inglesa"

Assim o filósofo se expressou acerca da Constituição do seu país[1066]:

"Se nossa Constituição fosse efetivamente essa nobre invenção, orgulho da Grã-Bretanha, inveja de nossos vizinhos, erguida pelo labor de tantos séculos, (...) ela jamais teria

[1065] Ibidem, p. 271.

[1066] O comentário de Hume sobre a Constituição inglesa pode ser transposto para alguns governos brasileiros, que mesmo sob a égide da CF/1988, resultaram em governos descompromissados com o Estado democrático de direito.

permitido que um ministro fraco e perverso governasse triunfalmente durante uma vintena de anos, quando lhe fizeram oposição os maiores gênios da nação, os quais gozaram da mais ampla liberdade de palavra e de imprensa, no Parlamento e em seus frequentes apelos ao povo. (...) então a Constituição deve estar errada em seus princípios originais (...). Uma Constituição só pode ser considerada boa na medida em que fornece um remédio contra a má administração; (...) nesse caso devemos de certo modo ficar gratos ao ministro que a solapa, pois assim nos fornece uma oportunidade para erigir outra melhor no lugar dela"[1067].

Ao comparar liberdade civil e governo absoluto, Hume mostra as grandes vantagens que a primeira oferece em relação ao segundo, por isso entende que nenhum homem de sua época se achava suficientemente habilitado para tal empreendimento, e que era altamente provável que tudo aquilo que qualquer um podia adiantar sobre o assunto fosse refutado pela experiência subsequente e rejeitado pela posteridade. As coisas humanas, segundo o pensador, tinham sofrido revoluções tão importantes, e tantos acontecimentos se sucederam que contradiziam as predições dos antigos, que bastava isto para permitir esperar que se dessem mais mudanças ainda[1068].

Hume defendia que com as formas de governo não se passava o mesmo que com as outras invenções, pois nestas era possível pôr de lado uma máquina velha, se encontrássemos outra que oferecesse maior precisão e comodidade, ou sem perigo proceder a experiências, mesmo que o êxito fosse duvidoso. Sua tese era de que um governo estabelecido apresentava uma infinita vantagem, devido precisamente ao fato de estar estabelecido; os homens, em sua maioria, eram governados pela autoridade e não pela razão, e nunca reconheciam autoridade ao que não apresentasse a recomendação da antiguidade.

Ele argumentava que as principais alterações que poderiam ser feitas ao governo britânico, a fim de levá-lo a coincidir com o mais perfeito modelo de monarquia limitada, parecem ser as seguintes:

1067 HUME, David. Col. *Os pensadores*, cit., 238.
1068 Ibidem, p. 242.

"primeiro, deve ser restabelecido o plano do Parlamento de Cromwell, tornando equitativa a representação e concedendo o direito de votar nas eleições dos condados apenas aos possuidores de propriedades no valor de duzentas libras. Segundo, que, sendo uma tal Câmara dos Comuns demasiado poderosa em comparação com uma fraca Câmara dos Lordes como a atual, devem ser afastados os nobres escoceses e os bispos; o número dos membros da Câmara Alta deve ser elevado para trezentos ou quatrocentos; seus lugares devem ser apenas vitalícios e não hereditários; deve ter o direito de eleger seus próprios membros; e nenhum dos membros da Câmara dos Comuns deve ter o direito de recusar um lugar que lhe seja oferecido. Por este meio, a Câmara dos Lordes seria formada inteiramente pelos homens de maior reputação, capacidade e interesse da nação, e todo e qualquer líder turbulento da Câmara dos Comuns poderia ser afastado desta e ligado pelo interesse à Câmara dos Nobres. Uma tal aristocracia constituiria uma excelente barreira tanto a favor da monarquia como contra ela. Atualmente, o equilíbrio de nosso governo depende em certa medida da capacidade e do comportamento do soberano, os quais são circunstâncias variáveis e incertas"[1069].

5.8.4 Conclusões

Para Hume, é possível tentar aclamar por via teórica os conceitos de bem e de mal. Ele não nega que o uso da razão possa dar uma contribuição positiva à ética; afirma, porém, que se analisarmos os comportamentos reais dos homens, mesmo aqueles considerados virtuosos, a racionalidade conta menos do que parece. Na realidade, seguimos as regras de moralidade e de justiça não com base em deduções abstratas, mas segundo um sentimento específico da sua utilidade coletiva[1070].

David Hume foi responsável por integrar novamente a filosofia do Direito e do Estado na filosofia geral. Parte da "teoria empirista do conhecimento, de John Locke, mas, em vez do seu precursor, Hume leva as suas implicações até as esferas da moral, do Direito e da religião. Até se pode afirmar que a formulação das suas consequências nesses campos é o seu propósito fundamental. Deste modo mostraria Hume a falta de coerência entre o ponto de partida empirista, explícito (em Locke) ou implícito, e o

[1069] Ibidem, p. 271.

[1070] Nicola, Ubaldo. *Antologia ilustrada de filosofia*, cit., p. 292.

jusnaturalismo racionalista justaposto ao mesmo ou, sem conexão lógica, exposto em relação com ele"[1071].

Numa acepção diversa da dos jusnaturalistas, há quem entenda que Hume distingue "as virtudes *naturais*, causadas por paixões e sentimentos, das *artificiais*, produzidas pelas convenções. Uma dessas virtudes artificiais é a justiça. A justiça, numa situação em que os bens disponíveis se tornam escassos em relação com os desejos que deles têm os homens, nasceu da necessidade de estabelecer regras propícias à paz social, que estabilizem as propriedades e assegurem a eficácia dos contratos e convênios acerca destas. A sociabilidade do homem, que se exprime na simpatia, não impede que a sua generosidade seja limitada e que comece por pensar em si próprio, nos seus e nos amigos, donde resultam virtualmente conflitos que, sem essas regras, só na força achariam solução. A justiça seria supérflua se houvesse tal abundância de bens que todos os homens estivessem certos de dispor de tudo quanto quisessem a cada momento, (...) e reinasse entre todos a máxima generosidade. (...) Mas, nas condições normais da humanidade, a justiça é condição necessária da ordem social"[1072].

"Hume critica a doutrina jusnaturalista do 'estado de natureza' e do Contrato Social. (...) O 'estado de natureza' é uma 'ficção filosófica', como fora 'ficção poética' a 'idade de oiro' dos antigos. Os homens nascem necessariamente numa sociedade familiar e são educados pelos pais segundo alguma regra de conduta e de comportamento. Não nega Hume que, historicamente, pudesse ter havido entre homens primitivos um contrato originário, se por este se entender a primeira decisão de viver juntos debaixo de uma autoridade, impelidos pela necessidade de defesa comum"[1073].

"Mas a hipotética historicidade de tal contrato não podia ter validade para mais tarde, pois a vontade de uns homens não obriga os seus descendentes"[1074] que, portanto, não precisariam segui-lo. "O consentimento inicial, por outro lado, ficou limitado a pequenas sociedades,

[1071] Serra, Antonio Truyol y. *História da filosofia do direito e do estado*, cit., p. 307.
[1072] Ibidem, p. 308.
[1073] Ibidem, p. 309.
[1074] Ibidem, p. 309.

nas quais o governo, mais ou menos esporádico, era geralmente imposto pelo aparecimento de litígios com outras sociedades. Nas sociedades, porém, a que Hume chama reiteradamente 'grandes' ou 'numerosas' e 'civilizadas' (*polished, civilized*), em que o poder está baseado 'em esquadras e exércitos', o consentimento não é o fundamento da legitimidade do governo. O que, nas sociedades atuais, é decisivo a tal respeito é a lealdade (*allegiance*), que leva os homens à obediência pelo fato de terem nascido sob um governo estabelecido ou terem passado a depender dele pelas vicissitudes da História, e, no fim de contas, pela convicção da sua utilidade para a paz e a segurança"[1075].

Na realidade, pode haver sociedade sem governo – a exemplo do que houve no estado primitivo da humanidade – e neste ponto o pensador concorda com Rousseau, tendo em vista que o acúmulo de riquezas foi um dos componentes para a superação do estado natural. "Nesse caso, porém, a favor do interesse geral e uma vez que os homens, por frequentemente anteporem a utilidade imediata à utilidade maior mas remota, tendem a não respeitar as regras da justiça, pois estabeleceram um governo firme, fazendo com que a observância da justiça e sua imposição na sociedade inteira se transformasse em interesse imediato de algumas pessoas particulares. Para além dessa proteção dispensada aos membros da sociedade, protegendo-os nas suas convenções mútuas, os governos obrigam-nos também, com sua influência benéfica, a concorrer para fins comuns. Seja como for, os homens suportam os inconvenientes inerentes a isto como contrapartida inevitável"[1076].

O filósofo "dissocia as questões do fundamento do governo e da obrigatoriedade das promessas. Os pactos obrigam as pessoas, em sua visão, porque, sem essa obrigatoriedade, não seria possível na sociedade a ordem nem a propriedade, nem o comércio; mas nenhum pacto pode fundamentar a sociedade"[1077]. Não desconhece que os teóricos do contrato social e do consentimento como base da legitimidade do governo recorriam à noção de um consentimento tácito que supre a falta de consentimento expresso, desde que determinado grupo humano aceite viver

[1075] Ibidem, p. 309-310.
[1076] Ibidem, p. 310.
[1077] Ibidem, p. 310.

de forma duradoura sob determinado governo. Mas denuncia vigorosamente (no ensaio "Sobre o Contrato Originário") (...) o que naquela há de frágil, para não dizer de ligeiro e irresponsável. Um consentimento implícito só pode ter lugar onde um homem imagina que a matéria depende da sua escolha. (...) Certamente que alguns privilegiados podem evitar, emigrando, um governo em que não consentem. "Poderemos dizer com seriedade que um camponês ou um artesão pobre tem livre opção para deixar o seu país, quando não conhece outra língua nem as maneiras de ser estrangeiras, e vive dia a dia dos reduzidos salários que recebe? Seria o mesmo que afirmar que um homem, deixando-se ficar num barco, consente livremente no domínio do patrão, embora houvesse sido levado para bordo enquanto dormia e não tivesse outra alternativa senão afogar-se no oceano e morrer"[1078].

Ao analisar o jusnaturalismo contratualista, concorda com a tese que admite um "direito de resistência e de deposição do governo pela violência, embora por diferente razão: não porque o governo haja faltado a alguma promessa e o povo fique liberto da sua, mas sim em virtude do mesmo princípio de utilidade, se o governo impõe mais encargos do que os aceitáveis como necessários e incorre em tirania intolerável. Também aqui a observação histórica vem confirmar o que a filosofia estabelece. Ora, estamos perante uma exceção que deve reduzir-se aos casos extremos, por causa dos perigos que a substituição do governo representa para a sociedade"[1079].

Dessa maneira se manifesta no filósofo, perante o jusnaturalismo abstrato, um sentido histórico que, no último terço do século e sobre outros pressupostos, será desenvolvido pelo pensador Edmund Burke, seu contemporâneo, "principalmente no que diz respeito à valoração do hábito e do costume – do que poderíamos chamar o tempo social – na gênese das constituições"[1080]. Para Hume o consentimento popular funciona como justo fundamento do governo. Ele "prefere o governo livre, em que o poder está dividido sem ser menor do que o de qualquer monarca e que atua mediante leis gerais e iguais. A liberdade é a perfeição da socie-

[1078] [1061] Ibidem, p. 310.
[1079] Ibidem, p. 311.
[1080] Ibidem, p. 311.

dade civil, em concorrência sempre com a autoridade; embora, em caso de conflito, se deva dar a esta última a preferência, por ser essencial à própria existência da liberdade"[1081].

Na sociedade a ordem é muito mais eficazmente preservada por meio do governo; e nosso dever para com o magistrado é mais solidamente garantido pelos princípios da natureza humana que nosso dever para com os outros cidadãos. Tão forte é a paixão do poder no coração do homem, que muitos não só aceitam mas até procuram todos os perigos, canseiras e cuidados do governo; e, uma vez chegados a essa situação, embora muitas vezes sejam desviados por paixões pessoais, em muitos casos os homens encontram um evidente interesse na administração imparcial da justiça. As pessoas a quem é conferida esta distinção, pelo consentimento tácito ou expresso do povo, devem ser dotadas de superiores qualidades pessoais, de valor, força, integridade ou prudência, as quais impõem respeito e confiança; e, depois de estabelecido o governo, a consideração pelo nascimento, pela categoria e situação social tem sobre os homens uma poderosa influência, conferindo maior autoridade aos decretos do magistrado. O príncipe ou líder combate toda desordem que possa perturbar sua sociedade[1082].

Exorta todos os seus partidários e todos os homens probos a ajudarem-no a corrigi-la e regenerá-la, e é prontamente apoiado, no desempenho de suas funções, por todos os homens imparciais. Depressa adquire o poder de recompensar esses serviços; e, com o progresso da sociedade, designa ministros a ele subordinados, e muitas vezes uma força militar, que encontram um imediato e evidente interesse em apoiar sua autoridade. O hábito depressa vem reforçar o que outros princípios da natureza humana deficientemente consolidaram; e, uma vez habituados à obediência, os homens jamais pensam em afastar-se desse caminho que ele e seus antepassados constantemente trilharam, e ao qual são levados por tantos e tão imperiosos e evidentes motivos[1083].

1081 Ibidem, p. 311.
1082 Ibidem, p. 311.
1083 Ibidem, p. 312.

5.8.5 Principais obras

Destacam-se *Tratado da natureza humana* (1739-1740); *Ensaios morais e políticos* (1741-1742); *Investigação sobre o entendimento humano* (1739-1740); *Investigação sobre os princípios da moral* (1751); *Discursos políticos* (1749); *Diálogos sobre a religião natural* (1750-1779); *História da Inglaterra* (1754-1762).

5.9 Edmund Burke (1729-1797) – o conservadorismo esclarecido

Burke nasceu em Dublin, na Irlanda, em família de classe média. Em 1756, com a publicação de "*Avindication of Natural Society*" (Reivindicação da Sociedade Natural) e "*On the sublime and the Beautiful*" (Investigação filosófica sobre a origem das nossas ideias do Sublime e do Belo), conquistou a atenção dos filósofos Diderot e Kant, que se interessaram pelas obras[1084].

Liberal e politicamente conservador, opôs-se à administração de Frederico North, segundo conde de Guilford, mais conhecido como Lord North, primeiro-ministro inglês entre 1770 e 1782, e atacou as medidas tomadas pelo governo em relação às colônias americanas, posicionando-se contra as perseguições aos católicos[1085]. Lutava pela liberdade religiosa para a Irlanda e para a América a liberdade comercial. Condenou os abusos da Revolução Francesa de 1789 na obra *Reflexões sobre a Revolução na França*, em 1790, publicação esta que foi sucesso em tiragens[1086].

Conhecedor da filosofia Iluminista, criticava Rousseau e Voltaire, considerando-os "audaciosos experimentadores da nova moral" e "confusos decadentes". Questionava também as ideias de John Locke e o pensamento individualista e absoluto dos Iluministas. Elogiava a legislação britânica, calcada na Magna Carta de 1215, por não residir num certo universo de regras e princípios gerais, "mas em uma vasta e sutil harmonia de costumes, de preconceitos, de instituições concretas" e organizada na evolução dos séculos[1087].

[1084] Serra, Antonio Truyol y. *História da filosofia do direito e do estado*, cit., p. 345.
[1085] Ibidem, p. 346.
[1086] Ibidem, p. 346.
[1087] Ibidem, p. 347.

5.9.1 O Iluminismo, a Revolução Francesa e os Jacobinos

Burke sempre se declarou um aficionado pelo movimento iluminista, o que o fez considerar os jacobinos "fanáticos da doutrina armada", capazes de ruir o amor cristão, o Estado de Direito e impelir a nação contra a propriedade e as tradições da civilidade.

Apesar de sua análise predominantemente negativa acerca da Revolução Francesa, Burke reconheceu tratar-se de um momento único e sem antecedentes na história. Se para boa parte dos liberais ingleses a França, ao tomar o poder da monarquia, estava seguindo o caminho aberto pela Revolução Gloriosa de 1688, o pensador, desde o começo, apontava para as diferenças em princípio entre uma Revolução e outra. Pela primeira vez na história, segundo argumenta o orador, um governo era destituído pelo esforço conjugado das Forças Armadas com teorias políticas e especulações filosóficas à revelia do passado e da tradição. Se, nas revoluções inglesas do século anterior, os revolucionários tinham os olhos voltados para o passado, pois o que reivindicavam era o restabelecimento da autoridade da Magna Carta - documento constitucional do século XIII que garantia os limites do poder real e assegurava o caráter misto do governo inglês -, os dirigentes do "novo sistema", a Assembleia Nacional, precisavam dissolver as formas existentes, fundamentalmente ligadas ao passado, para daí então instaurar o novo[1088].

Em contraste com a França ilustrada, diz Burke sobre a nação inglesa: "não fomos convertidos ao rousseaunismo; também não somos discípulos de Voltaire (...). Os ateus não são nossos pregadores e nem os loucos os legisladores". Contudo, na carta de janeiro de 1790, o ataque aos filósofos iluministas aparece bem mais atenuado, ao mesmo tempo em que o autor questiona a validade da vinculação entre alguns dos principais nomes do pensamento ilustrado com os "horrendos feitos" de uma multidão enraivecida. Nesse momento final da carta, encontramos Burke empenhado na atividade da qual, desde muito jovem, lançara mão, isto é, o exame crítico do estilo e do pensamento de um autor:

[1088] Ibidem, p. 348.

"Dissestes, meu caro senhor, que eles leram Montesquieu – não creio que isso seja possível; ou, se o leram, não o compreenderam. Por vezes, Montesquieu é um autor obscuro; outras, enganado pelo espírito sistemático; mas, no todo, ele é um escritor muito culto e engenhoso e, em alguns momentos, um pensador bastante profundo. Certo é que nada do que fizeram fora resultado de sua leitura. Estivesse Montesquieu vivo nos tempos de hoje, ele certamente estaria entre os fugitivos da França. (...) Mas, quem jamais sonhou em ver Voltaire e Rousseau como legisladores? O primeiro possui o mérito de escrever agradavelmente bem, e ninguém antes dele uniu com tanta proeza a blasfêmia à obscenidade. Quanto ao outro, estou quase certo de sua perturbação mental. Entretanto, ele viu as coisas sob uma luz forte e incomum, além de ter sido um homem bastante eloquente. – Mas isso é tudo! – Há muito li o Contrato Social. Poucos foram os traços que tal obra deixou em minha mente. Considerei-a uma realização de pouco ou quase nenhum mérito; menos ainda pude imaginar que ela viesse a produzir revoluções e promulgar leis a nações. Mas, ao que parece, é isso que recentemente ela vem fazendo"[1089].

5.9.2 Crítica ao Estado-absoluto, à Revolução Francesa e ao Iluminismo

As críticas de Burke já existem em relação aos intelectuais e políticos franceses, pois alega que durante a Revolução de 1789, para entender a história, atuaram de forma utópica, fora da realidade do país. Em sua obra mais famosa, *Reflexões sobre a Revolução em França*, Burke condena o empreendimento revolucionário por ser o "fruto da Razão abstrata dos filósofos", que só pode ocasionar desordem e violência. No caso dos franceses, visando a liberdade e a igualdade universais, eles voltaram as costas para a natureza. Além disso, afirmou: "*(...) A Revolução Francesa é a mais surpreendente que até hoje aconteceu no mundo. (...) É um conjunto de todos os tipos de crimes e de todas as espécies de loucuras. (...) É uma tragicomédia monstruosa*"[1090].

Além disso, tomados por uma vertigem voluntarista, os revolucionários franceses foram responsáveis por dilacerar o tecido social, "substituindo à gestão sábia do progresso natural a ditadura de princípios abstratos, apartados de todo o concreto histórico". Na França, em vez de

[1089] Monteiro, Daniel Lago. *Anarquia e conformação das coisas: algumas observações sobre revolução, história e linguagem em Edmund Burke, Revista dos Departamentos de Filosofia da Universidade Federal do Paraná e da Universidade Federal de São Carlos*, v. 8, n. 1, 2011, p. 19.

[1090] Furet, François; e Ozouf, Mona. *Dicionário Crítico Da Revolução Francesa*, cit., p. 938.

levar em conta os direitos das pessoas, foram proclamados os Direitos do homem, o "dogma absurdo da igualdade", redução dos indivíduos à simples equivalência aritmética e à condição de poderem ser trocados uns pelos outros. Isso acabou por romper todos os laços ancestrais e dissolveu os diversos modos de integração do homem na sociedade. Enfim, "se os homens são moralmente iguais, eles são, na realidade, desiguais, desigualdade produzida pelo funcionamento da sociedade civil. Os niveladores (*levellers*), contestando esse estado de fato, esse mal necessário, só fazem destruir, sem realizar uma igualdade impossível"[1091].

Burke classificou a França em Revolução uma "anarquia civil e militar como constituição. Uma assembleia usurpadora, composta por tagarelas e por 'obscuros advogados de província', por 'simples curas dos campos' sem experiência e por homens de qualidade, 'turbulentos e insatisfeitos'. O filósofo considera a paixão pela igualdade uma quimera antinatural. Segundo ele, a transgressão generalizada produziu o caos. Ao final, a Revolução culminou com uma sequência impressionante de crimes ou de acontecimentos grotescos"[1092].

Em carta a um amigo, datada de 9 de agosto de 1789, referindo-se à situação francesa, Burke escreveu: "(...) a velha ferocidade parisiense explodiu de uma forma assustadora. (...) esse povo não está preparado para a liberdade, devendo, assim, ser governado por uma mão forte como aquelas de seus antigos senhores. O homem deve ter uma certa dose de moderação para poder ter liberdade, para que ela não se torne nociva e prejudicial ao corpo social. O prodigioso Estado francês (...) foi substituído por um mundo de monstros – no qual Mirabeau preside como o Grande Anárquico (...)"[1093].

Burke apoia-se na ideia de natureza sob o viés teológico – depende da incompreensível Providência Divina – e empírico – o conhecimento da natureza que provém das experiências dos homens[1094].

Para o pensador, se o povo inglês da sua época era livre, é porque aprendeu no curso dos séculos a implantar instituições diversificadas,

[1091] Ibidem, p. 938.
[1092] Ibidem, p. 939.
[1093] Burke, Edmund. Reflexões sobre a Revolução em França, cit. , 5.
[1094] Ibidem, 5.

que garantem as liberdades compatíveis com a ordem e a obediência, em vez de reivindicar a liberdade em geral; e porque se ligou a pessoas e não a princípios[1095].

Ele opõe-se às pretensões centralizadoras da Constituinte e do ímpeto legiferante, pois, em sua opinião, as regras às quais devemos nos dobrar são as da moral legada pela tradição; o governo não deve ser assumido por qualquer um; o tempo e a experiência segregam em cada época uma aristocracia que sabe calcular a política conveniente ao bem-estar da coletividade[1096].

O pensador defendeu a separação dos poderes e os seguintes valores[1097]:

1) Aceita o mundo filosoficamente "como Deus o fez" e rejeita "construir um mundo melhor" de forma radical, exceto de forma gradual quando possível e necessário.
2) Politicamente, defende a tradição, os costumes sociais e jurídicos e os valores herdados dos antepassados e critica as ideias radicais, advindas da razão, que pretendem criar uma nova humanidade.
3) Acredita que o velho é melhor que o novo e a revolução porque já foi testado e funciona, e, portanto, é preciso manter tudo que não houver necessidade de substituição.
4) Adota no campo econômico os princípios de Adam Smith, que acredita na mão invisível do mercado, para alavancar a prosperidade das pessoas e a riqueza das nações. Afirma que "as leis do comércio são leis da natureza e, consequentemente, as leis de Deus".
5) Acredita que o Estado atrapalha a sociedade quando interfere nos salários, nos empregos, nos contratos de trabalho, pois "quando acontecer que um homem não possa obter nada de acordo com as leis do comércio e com os princípios da justiça, então ele fica fora da esfera de responsabilidades do Estado e passa para as da misericórdia divina. Nesta outra área, o governo não deve fazer rigoro-

[1095] Ibidem, 5.

[1096] Chatelêt, François, Duhamel, Olivier e Pisier-Kouchner, Evelyne. *História das ideias políticas*, cit., p. 94-95.

[1097] Amaral, Diogo Freitas do. *História do pensamento político ocidental*, cit., p. 295-296.

samente nada: se interferisse, estaria a violar as regras da propriedade privada, que tem o "dever oficial de proteger".

6) Em relação ao povo escreveu: "O povo, sem ser servil, deve ser educado e obediente. (...) O conjunto do povo não deve ser levado pela propaganda a odiar os princípios da subordinação natural. Deve respeitar a propriedade privada dos que a têm; deve trabalhar para obter o que pelo trabalho pode ser obtido; e se as classes populares acharem, como tantas vezes acham, que o fruto do seu trabalho é pouco proporcionado ao esforço por elas empreendido, deverão ser ensinadas a acreditar na consolação plena que encontrarão nas proporções finais da justiça eterna"[1098].

Em nome de uma filosofia da natureza, Burke rejeitou o Contrato Social de Rousseau, e fundou a legitimidade estabelecida sobre a prescrição, e não sobre a convenção. A história, essa lenta evolução natural das sociedades, viu em seu curso tornarem-se complexas as formas sociais, sem por causa disso tornar melhor o homem marcado pelo pecado original. O estado natural não é outra coisa que a vida em sociedade, chegando gradualmente à civilização[1099].

Segundo Burke, boa mudança é aquela que equivale a correção. Mas a promoção de rupturas, ou seja, "tentar quebrar a continuidade da história" é uma aventura perigosa. Nessa linha, "não se pode pulverizar as instituições, negar os costumes, tomar os homens como moléculas e produzir novas combinações, a partir das ideias de um filósofo". A experiência acumulada ao longo do tempo não pode ser substituída por nenhuma "sabedoria"[1100].

O preconceito – noção fundamental ao pensamento conservador – entendido como "sabedoria acumulada", permite aos homens tomar decisões, na maior parte da vida, sem ter de parar para refletir. "Por meio do preconceito, afirmava Burke, 'o dever de cada um se torna parte de sua

[1098] Ibidem, p. 296.

[1099] Furet, François e Ozouf, Mona. *Dicionário Crítico da Revolução Francesa*, p. 937.

[1100] Kritsch, Raquel. Política, religião, revolução e soberania em "Reflexões sobre a revolução em França" do conservador E. Burke. *Revista Espaço Acadêmico*, n. 123, ago 2011, p. 72.

natureza'. Fundamental, para ele, é a ideia de não serem os homens passíveis de serem esvaziados, de um momento para outro, e recheados com valores novos criados na escrivaninha de um autor político: '*Não fomos preparados e fixados de modo que sejamos recheados, como pássaros embalsamados de museus, com farelos e trapos e pedaços miseráveis de papel sujo sobre os direitos do homem*'"[1101].

5.9.3 A denúncia do Estado absoluto

Burke não assume a preferência por uma ou outra forma de governo, mas aponta os perigos da democracia pura (cujo principal risco é o da tirania exercida pelo grupo majoritário). "A ideia de conveniência acaba sendo também um critério pragmático de avaliação dos governos e regimes: 'As velhas instituições são julgadas por seus efeitos. Se o povo é feliz, unido, rico e poderoso, isso é o que conta. (...) as instituições são boas quando produzem o bem. Se elas se distanciam da teoria, isso é compensado pelas vantagens que trazem'"[1102].

A opção de Burke o coloca no espectro dos pensadores cujo pensamento apresenta um viés contrário à democracia direta dos jacobinos franceses: "a governabilidade e a segurança do Estado (...) estão acima dos interesses e das preferências do povo. A instituição mais adequada para decidir sobre o que e quando mudar é, na sua visão, o órgão legislativo: o poder supremo por ele imaginado é a soberania parlamentar, e não o povo reunido em praça pública. O equívoco dos revolucionários, afirma Burke, é que eles se apoiam nos direitos do homem, que seriam, para eles, *anteriores ao Estado*"[1103].

Burke temia a destruição dos direitos consagrados pela tradição e acreditava que os direitos inalienáveis inscritos na Declaração levariam ao despotismo. O desapego à realidade e a abstração desses direitos os transformam em princípios absolutos, impedindo que "governo algum invoque contra eles a duração do seu império, ou a justiça e a indulgência de sua administração". O fato de sempre questionar os governos, através dos direitos humanos, resultaria em tirania: "os reis serão tiranos

[1101] Ibidem, p. 73
[1102] Ibidem, p. 77.
[1103] Ibidem, p. 78.

pela política quando os súditos se tornarem rebeldes por princípio". Sua grande preocupação, na verdade, era defender a Inglaterra dos princípios revolucionários. Seu desejo em impedir a propagação do espírito revolucionário estava intimamente ligado com sua desconfiança pelos direitos da Declaração.

O pensador defende, sim, mudanças, desde que estas se baseiem na ordem social vigente, e não recomeçando do zero. Aristocrático e conservador, defendia um poder em que o "rei reina, mas não governa", sendo limitado pelo Parlamento (em uma clara alusão à ideia de Montesquieu de que um poder freia o outro). Idealizava o modelo político inglês, e temia que este pudesse ser deturpado por britânicos simpatizantes da Revolução do país vizinho. Se colocava favorável, portanto, aos princípios da democracia representativa.

5.9.4 Direitos humanos e Constituição

Para o pensador, os direitos dos homens são tanto as liberdades quanto as restrições impostas a eles na vida em coletividade. Os direitos e as liberdades mudam segundo os tempos e as circunstâncias, admitindo por isso inúmeras transformações. É isso que explica o fato de que tais direitos e liberdades não possam ser fixados por meio do estabelecimento de um princípio abstrato e imutável, universalmente válido para todos os seres humanos. Por isso, não se pode falar de um projeto de razão nem de um projeto filosófico saído das mentes dos revolucionários para se estabelecer direitos abstratos e imutáveis. Quando os homens saem daquela situação natural e passam àquela limitação artificial e positiva encarnada no Estado, a organização do governo – e tudo o que acompanha: direitos, liberdades etc. – torna-se uma questão de conveniência, isto é, uma questão do que convém a um povo.

Em relação aos direitos humanos, Burke, em sua obra *Reflexões sobre a revolução em França,* já previa a afirmativa que muitos teóricos, ironicamente, viriam a concordar anos mais tarde: os direitos humanos eram uma abstração. A principal objeção é de que o discurso dos direitos humanos segue uma orientação metafísica, de forma que não adianta discuti-los. Ao entrarem na vida prática esses direitos, compreendidos de forma abstrata, não se adequam às complexidades das experiências humanas. Em suas palavras, "de que adianta discutir o direito abstrato do homem à alimentação ou aos medicamentos? A questão coloca-se em encontrar o método pelo qual deve fornecê-la ou ministrá-los. Nessa deliberação, aconselharei sempre que busquem a ajuda de um agricultor ou um médico, e não a de um professor de metafísica"[1104].

Segundo Burke, as realidades concretas são fundamentais para a prática política e, consequentemente, para a eficácia dos direitos. A especulação teórica é responsável por idealizar Constituições e declarações de direitos, ao contrário da prática política, que se preocupa com o particular e com o mutável.

Aqueles que apoiavam os direitos humanos, na visão do filósofo, haviam negado a importância da tradição e da história. Para funcionarem, os direitos deveriam ser resultados de tradições e práticas duradouras; portanto, as "abstrações metafísicas" não garantem a estabilidade das instituições, pois sem o vínculo emocional e efetivo com a realidade concreta não há força suficiente para impor a obediência. Por isso, a Declaração Francesa correspondia, nas palavras de Burke, a "pedaços miseráveis de papéis borrados sobre os direitos do homem".

Burke questiona o confisco dos bens da igreja, após a Revolução, pelo Estado, não obstante a Declaração consagrar o devido processo legal e o direito à propriedade. A causa do ataque à propriedade eclesiástica, segundo ele, se deu por causa de uma aliança entre os banqueiros e os literatos dos direitos humanos com o interesse de satisfazer os interesses econômicos dos primeiros. E, por isso, ironiza: "(...) que instrumento tão eficaz do despotismo se poderia encontrar nesse grande arsenal de armas ofensivas que se chama os Direitos do Homem"?

O sentido real da Revolução, segundo Burke, está ligado aos interesses da burguesia capitalista-financeira em ascensão na França. Mas não se pode deixar de mencionar a sua preocupação conservadora pela igreja, pela nobreza, pela família, pelos costumes, pela nação e pelo respeito ao rei. Afinal, não se pode obscurecer a sua luta contra a influência revolucionária francesa na Inglaterra. Ele tinha medo da Revolução justamente por colocar em risco os costumes tradicionais ingleses.

[1104] BURKE, Edmund. *Reflexões sobre a Revolução em França*. Brasília: Editora UnB, 1982, p. 90.

Para realmente operarem os direitos, é imprescindível que estejam arraigados a uma tradição e cultura particulares, entrelaçados às circunstâncias concretas de um lugar. Por tal motivo, Burke anuncia que seus direitos são os direitos de um inglês e não do homem geral e indeterminado da Declaração. Além da abstração regular na inoperância dos direitos, ela traria essa segunda consequência: a indeterminação dos direitos do homem. A humanidade comum anunciada na Declaração é imaginária, não podendo haver proteção possível.

A principal crítica dos comunitaristas contra o universalismo aproxima-se dessa perspectiva. A irrealidade ontológica do homem abstrato dos direitos conduz inexoravelmente à sua utilidade limitada. Direitos abstratos são, assim, retirados do seu lugar de aplicação e das circunstâncias concretas das pessoas que sofrem e se ressentem de que eles não conseguem corresponder a suas reais necessidades. Os direitos existem e são violados em comunidades, pessoas concretas e definidas sofrem tais violações e, se a lei interna não estiver disposta a protegê-las, muito pouco se pode fazer. Mesmo com a evolução do Direito Internacional dos Direitos Humanos, depende-se da investidura e disposição dos governos locais em proteger e implementar os direitos humanos[1105].

5.9.5 Burke e Jean-Jacques Rousseau

No *Annual Register* para 1759 e 1762 "aparecem recensões críticas elogiosas das obras de Rousseau, embora com observações cautelosas em relação aos problemas morais que poderiam ter origem nas suas doutrinas.[1106] É a partir de 1790 que aparecem as mais duras críticas a esse filósofo, que Burke considerava ser o pai intelectual da Revolução Francesa. As críticas começam nas *Reflections on the Revolution in France*, mas são sobretudo desenvolvidas na *Letter to a Member of the National Assembly*, publicada em

[1105] Kritsch, Raquel. Política, religião, revolução e soberania em "Reflexões sobre a revolução em França" do conservador E. Burke. *Revista Espaço Acadêmico*, n. 123, ago 2011, p. 78.

[1106] O Annual Registrer (ou Registro Anual), é um trabalho de referência de longa data, que enfocava os principais avanços científicos e lançamentos literários em todo o mundo. Foi editado pela primeira vez em 1758, por Edmund Burke. Tem sido lançado todos os anos desde aquela data.

1791, e também nas *Observations on the Conduct of the Minority*, publicadas em 1793"[1107].

Na década de 1760 os ideais do filósofo francês, autor do Contrato Social, eram excêntricos, assim como ele próprio também, mas a sociedade em geral mantinha inalterada a sua estrutura moral e os seus escritos geravam certa curiosidade apenas. Em que pese terem sido censurados em Genebra e em Paris, ainda não eram modelos para serem seguidos[1108].

Burke revela que identifica nas doutrinas de Rousseau ameaças à piedade e aos costumes, mas não as julga suficientemente fortes para fazer perigar a sociedade. Mas quando, mais tarde, ele pressente no pensador uma ameaça à ordem social, e, quando, de extravagâncias que antes eram, as suas propostas passam a descobertas geniais e iluminadas, que devem modernizar a sociedade e que são prática comum na França, a atitude do pensador inglês "ganha novos contornos e ele ataca agora as ideias de Rousseau com uma violência que não aparece antes. De curiosidade inofensiva, este tinha passado a ser reconhecido como o ideólogo que fazia perigar toda a estrutura social e política em que o pensador acreditava"[1109].

"A aproximação entre ambos começa num autor anônimo que publica um panfleto em 1791. Foi o primeiro esforço nesse sentido de que há notícia. É uma obra do conhecimento de Burke, embora não tivesse recebido dele uma resposta que refutasse verdadeiramente o texto. O panfleto que tem por título: *A Comparison of the Opinions of Mr. Burke e Monsr Rousseau*, publicado em Londres em 1791, faz uma análise comparativa das *Reflections* e das *Considérations sur le Gouvernement de Pologne* e pretende demonstrar à Assembleia Nacional francesa que há muitos pontos em comum na visão de ambos os autores sobre o governo e que era surpreendente que a Assembleia aplaudisse um e condenasse o outro com tanto vigor"[1110].

Para Burke, "a verdadeira natureza racional do homem realiza-se apenas socialmente e o capital de razão em cada homem é modesto e por isso

1107 Moreira, Ivone. Análise do conceito de natureza humana em Burke e Rousseau, *Gaudium Sciendi*, n. 5, p. 149-166, dez. 2013, p. 149.

1108 Ibidem, p. 150.

1109 Ibidem, p. 150-151.

1110 Ibidem, p. 151.

os indivíduos fazem melhor abastecer-se no capital de toda a sociedade e dos séculos. A adoção de regras de convivência aperfeiçoa o homem mas não o faz mudar de condição; os costumes ou maneiras adotados em sociedade são criações mais perfeitas quando testadas no tempo e obra de várias gerações"[1111].

A "noção de natureza 'humana' que Rousseau apresenta é simultaneamente infra-humana e destinada a ultrapassar-se a si própria: 'O homem selvagem, entregue apenas ao instinto pela natureza, ou antes compensado do instinto que talvez lhe falte por faculdades capazes de o suprirem primeiro e depois de o elevarem muito acima da natureza, terá todavia começado pelas funções puramente animais'. Ela é essencialmente potência, destinada a atualizar-se na história indefinidamente, neste aspecto Rousseau não estaria muito afastado de Burke que também admite que o homem é um ser que evolui e, por isso, destinado a criar-se a si mesmo. Há um testemunho da aprovação de Burke a Rousseau: no *Annual Register*" quando o primeiro faz a apreciação crítica da versão inglesa da *Lettre a M. D'Alembert*. Neste texto Rousseau faz algumas afirmações sobre a natureza humana com as quais ele concorda[1112].

"No *Contrato Social* Rousseau refere-se à passagem da condição solitária para a condição social, admitindo, não a transição progressiva a que alude no *Discours*, mas uma mutação operada pela instituição da sociedade política e que resulta da intervenção do legislador". (...) Há argumentos nos dois autores que levaram a considerações diversas sobre a ideia de realização humana. Para Burke, no entanto, a natureza humana é originariamente social, estruturalmente racional, por isso moral, tem o estigma do pecado original, é boa, com limitações intrínsecas que a impedem de, por si só, chegar à perfeição, mas deve buscar o aperfeiçoamento e precisa por isso mesmo dos meios que Deus colocou ao seu alcance para concretizar essa realização, e Deus não faltou com nenhum meio para que o homem se realize, desses meios faz parte a sociedade política. Para Burke, a racionalidade humana encontra o seu modo de realização nas suas criações, cristalizadas ao longo do tempo em diversos modos de vida social, nas 'maneiras' e nos 'preconceitos', que são formas éticas, de

[1111] Ibidem, p. 155.
[1112] Ibidem, p. 157.

uma ética menor, é verdade, mas éticas e, sobretudo, estéticas que, como uma roupagem, vestem a indigência humana original e ajudam a consolidar as conquistas do espírito". Embora fale da importância das maneiras e dos costumes, o filósofo francês considera que a natureza do homem integrado em sociedade tanto encontra a sua autenticidade através das formas convencionais como fora delas[1113].

5.9.6 Conclusões

É habitual descrever-se Burke como o fundador do moderno conservadorismo. Ele atacou em seus textos os revolucionários franceses. Embora fosse favorável à tolerância religiosa, também defendia a existência de uma igreja oficializada[1114].

Para se entender esse pensador, entretanto, é preciso situá-lo no contexto do seu tempo, em que "se acirrou o conflito do império britânico com as colônias americanas, culminando na guerra da Independência. O desenvolvimento das colônias da América no século XVIII havia gerado tensões no sistema de regulação política e econômica imperial, e a determinação da Coroa de manter o controle absoluto sobre os povos colonizados resultou em repressão e guerra. Defensor de uma política mais conciliatória, Burke se envolveria de forma combativa na questão colonial, tentando evitar a secessão das treze colônias americanas. Seus pronunciamentos mais conhecidos sobre esta questão são os discursos parlamentares *On american taxation* (1774) e *On moving his resolution for conciliation with America* (1775), e a carta enviada à sua base eleitoral justificando sua posição em defesa dos americanos, *Letter to the sheriffs of Bristol* (1777)"[1115].

Se foi em nome da liberdade que o pensador inglês se "insurgiu contra as investidas da Coroa em tentar aumentar seu poderio interna e externamente, foi em nome da ordem e das tradições inglesas que iniciaria uma cruzada contra o acontecimento histórico mais surpreendente de sua época, a Revolução Francesa de 1789. Sua hostilidade a este movimento revolucionário sem precedentes, que causara entusiasmo entre os ingle-

[1113] Ibidem, p. 160.

[1114] ADAMS, Ian e DYSON, R.W. *50 pensadores políticos essenciais da Grécia Antiga aos dias atuais.* São Paulo: Difel, 2006, p. 79.

[1115] WEFFORT, Francisco C. *Os clássicos da política*, cit., p. 18, v. 2.

ses, inspirou-lhe a produção de sua mais importante obra: *Reflexões sobre a Revolução em França*. Esta obra foi motivada por um pronunciamento do dissidente protestante Richard Price[1116], que, elogiando a Revolução Francesa, elegia-a como modelo aos britânicos. Assim é que grande parte desta obra tem por fim dinamitar os argumentos dos defensores na Inglaterra daquelas ideias radicais que impulsionaram a Revolução. Desta maneira, o pensador discute as ideias fundamentais que animaram o movimento, tais como a questão da igualdade, dos direitos do homem e da soberania popular; alerta contra os perigos da democracia em abstrato e da mera regra do número; e questiona o caráter racionalista e idealista do movimento, salientando não se tratar simplesmente do fato de estar a Revolução provocando o desmoronamento da velha ordem, mas de estar causando a deslegitimação dos valores tradicionais, destruindo assim toda uma herança em recursos materiais e espirituais arduamente conquistada pela sociedade[1117].

"Uma constante no pensamento político de Burke, aparente tanto quando ele criticava o governo autocrático e a política colonial da Coroa como quando vilipendiava a Revolução Francesa, é a defesa da Constituição inglesa. Muito do seu sentido de conservação está referido ao que esta Constituição, a seu ver, representava ou personificava. Em primeiro lugar, ela representava o pacto voluntário pelo qual uma sociedade é criada; e por se basear em um contrato voluntário inicial, ela é um imperativo para todos os indivíduos de uma sociedade. Em segundo lugar, a Constituição inglesa personificava a tradição, e por isso deveria ser respeitada, porque esta representa a 'progressiva experiência' do homem"[1118].

5.9.7 Principais obras

Destacam-se as seguintes produções: *Reflexões sobre a Revolução em França* (1790); *Cartas sobre a paz de um regicida* (1796); *Uma investigação filosófica sobre a origem de nossas ideias do sublime e do belo* (1795) e; *Defesa da Sociedade Natural* (1791).

1116 Richard Price (1723-1791) foi um filósofo, ministro da igreja, dissidente, e finalmente político.

1117 WEFFORT, Francisco C. *Os clássicos da política*, cit., p. 19, v. 2.

1118 Ibidem, p. 21.

Capítulo 6
CONTEMPORÂNEOS – DO SÉCULO XIX ATÉ A ATUALIDADE

6.1 Benjamin Constant de Rebeque (1767-1830) – liberdade, democracia representativa e o quarto poder

Henri-Benjamin Constant de Rebecque nasceu em Lausane (Suíça), de família protestante. Expulso da Universidade de Erlangen, completou os estudos em Edimburgo, onde tomou contato com as ideias de Adam Smith, passando a defender a liberdade individual tanto na Monarquia como na República. Iniciou a carreira política no Diretório, sendo membro do Tribunado (1799-1802). Participou do Clube Constitucional e criticou os monarquistas absolutistas. Sua oposição ao Terror e, posteriormente, a Napoleão I, imperador da França, custou-lhe o exílio, a partir de 1803.

Com a volta de Luís XVIII e a restauração da monarquia, foi decretado novo exílio para Constant, que se fixou em Bruxelas. Defendeu um império constitucional, foi chefe do Partido Liberal e tornou-se deputado na França em 1819. Defendeu sempre a liberdade de imprensa, condenou a escravidão negra e criticou a demagogia[1119]. Em 1822 foi preso durante quase dois meses, sob acusação de participar do complô republicano carbonário. Tentou, em 1828 e 1830, ingressar na Academia Francesa e fra-

[1119] "Nada é mais curioso de observar do que os discursos dos demagogos franceses. O mais espirituoso deles, Saint-Just, compunha todos os seus discursos em frases curtas, apropriadas para despertar almas simples. E, ao mesmo tempo que parecia supor a nação capaz dos mais dolorosos sacrifícios, reconhecia-a por seu próprio estilo, incapaz até mesmo de atenção". CONSTANT, Benjamin. *Principes de politique,* Hofmann/Droz, 1980, t. II, p. 432.

cassou. Em 1830, foi nomeado membro do Conselho de Estado. Morreu em 8 de dezembro de 1830.

Sobre o próprio projeto revolucionário de 1789, o seu desencadeamento e o curso, Constant foi muito breve. Em bom raciocínio sobre a história, o que é importante a seus olhos reside menos no fato do que no que nele estava em jogo e o que o torna interpretável:

> "*Quando o acordo entre as instituições e as ideias se vê destruído, as revoluções se tornam inevitáveis. Elas tendem a restabelecer esse acordo. Não é sempre o objetivo dos revolucionários, mas é sempre a tendência das Revoluções.* E quanto ao que teria tornado inelutável a ruptura de 89, ele não tem dúvidas... *seja qual for a denominação variável que se tenha dado e que tenha sustentado a luta de que fomos testemunhas e muitas vezes vítimas, ela sempre foi no fundo a luta do sistema eletivo contra o sistema hereditário*'"[1120].

A Revolução de 1789 foi a Revolução da igualdade. "Sobre a dinâmica irresistível dessa ideia matriz, como ele diz, teve, desde a sua primeira brochura de 1796, um impulso que não se pode deixar de aproximar das considerações mais famosas de Tocqueville. O núcleo da filosofia de Constant ali se desvenda de um golpe só. 'A origem do Estado Social é um grande enigma, mas sua marcha é simples e uniforme'". Entende-se a frase como uma "capital mudança de eixo para a reflexão: o segredo da boa forma de sociedade não se deve mais procurar no tempo primordial de sua instituição. Ele se revela no trabalho que precipitou suas transformações sucessivas"[1121].

"Mas que dizer do encadeamento de ideias que levou dos princípios republicanos à ditadura jacobina? Nesse ponto, a capacidade explicativa do esquema global proposto por Constant permanece franca, como o evidencia um litígio que ele buscou com alguém que lhe era próximo em política, Lesay-Mamesia. No mês que se seguiu à publicação das *Réactions politiques*, em abril de 1797, Lezay-Mamesia, termidoriano como Constant, publicou uma análise em estilo real *politik* das *Causes de la Révolution et de ses résultats*, que justifica o Terror como uma passagem obrigatória

[1120] Furet, François e Ozouf, Mona. *Dicionário Crítico da Revolução Francesa*, cit., p. 946.
[1121] Ibidem, p. 946.

para vencer. Isso irrita Constant, que lhe responde energicamente, acrescentando uma série de considerações específicas sobre os *Efeitos do Terror* na reedição das *Réactions*, em maio"[1122].

Constant opina acerca das impropriedades de Rousseau:

"O erro de Rousseau e dos escritores mais amigos da liberdade, quando conferem à sociedade um poder sem limites, proveio da maneira pela qual se formaram suas ideias em política. Eles viram na história um pequeno número de homens, ou mesmo um só homem, de posse de um poder imenso que fazia muito mal. Mas a raiva deles dirigiu-se contra os possessores do poder e não contra o próprio poder. Em lugar de destruí-lo, só pensaram em deslocá-lo. Era um flagelo e eles o consideraram uma conquista, e o conferiram a toda a sociedade"[1123].

"Constant não desenvolveu uma análise da Revolução Francesa. O que diz dela fica perpetuamente subordinado à perspectiva prática e positiva do homem político que foi, antes de mais nada, a sua. Quer se trate do mecanismo constitucional ou dos princípios gerais da ação pública, sua primeira e permanente preocupação permaneceria, em todo o curso de sua carreira, em definir as condições de um funcionamento da forma social que devia, de qualquer maneira, advir e prevalecer. O drama da falsa consciência que fecha os atores históricos à verdade do seu empreendimento: eis correlativamente o vetor original sobre o qual se desenvolveria a marcha de sua crítica. Desde a sua primeira brochura de 1796, ele observava de maneira típica: 'Os que querem derrubar a República são estranhamente enganados pelas palavras'"[1124].

Na teoria, o pensador anuncia sua crítica ao problema da antecipação ou anacronismo, ou seja, a crítica à manutenção de critérios antigos para reivindicar a liberdade presente. Na prática, poderia atingir as reações jacobinas à Revolução, justificadas na Antiguidade clássica. Ou, também, aos anos do império napoleônico, tempos de guerra e prejuízo das liberdades. É a partir desse contexto que Benjamin Constant forma o seu conceito de liberdade para os tempos modernos. Por que não podemos nos valer mais da liberdade tal como foi apreciada pelos antigos? Trata-se de

[1122] Ibidem, p. 947.
[1123] Ibidem, p. 948.
[1124] Ibidem, p. 949.

um ímpeto moderno, mais "revolucionário" que os jacobinos, um anticonservadorismo? Ou o problema da antecipação é uma arma de estratégia política contra a circunstância dos anos do Terror? Estaria Constant apenas denunciando a retórica jacobina, fundada no fanatismo da liberdade política? A liberdade política justificava-se na participação e na desejada soberania do povo de Robespierre[1125].

Para ele, devemos ser bem mais apegados que os antigos à nossa independência individual. Pois os antigos, quando sacrificavam essa independência aos direitos políticos, sacrificavam menos para obter mais; enquanto que, fazendo o mesmo sacrifício, nós daríamos mais para obter menos[1126]. Esse é o caso de alguns homens da Revolução Francesa que, inspirados por Rousseau e sobretudo pelo abade de Mably, no início do processo revolucionário, erraram, num primeiro momento, vítimas da nostalgia e da ingenuidade. Constant entende o que move o erro e os desculpa, ironicamente, já que, hoje em dia, "não se consegue ler as belas páginas da Antiguidade, não se revivem as ações desses grandes homens sem experimentar uma emoção muito especial que nada do que é moderno nos faz sentir", de modo que "é impossível não desejarmos imitar o que invejamos". A ironia é a sua arma, mais moderada contra Rousseau e mais severa contra Mably[1127].

Esse é o erro de alguns revolucionários, pois o homem moderno de Benjamin Constant não sustenta mais essa ingenuidade, o entusiasmo pelo que ele sabe que não pode mais viver. Não temos mais esse entusiasmo pelas grandes convicções dos antigos, ao contrário, somos *frouxos* e *oscilantes* politicamente. Se Constant desculpa esses *primeiros guias* da Revolução, não é com a mesma piedade crítica que trata daqueles que serviram de influência aos revolucionários (e também a ele mesmo), Jean-Jacques Rousseau, Abade de Mably e Montesquieu. As críticas e aceita-

1125 Ibidem, p. 949.

1126 Ibidem, p. 949.

1127 Ibidem, p. 949. Gabriel Bonnot de Mably (Abbé de Mably), filósofo francês, nasceu em 14 de março de 1709 em Grenoble, e morreu em de 2 de abril de 1758, em Paris. Um dos mais importantes inspiradores da legislação revolucionária de 1789, opunha-se à propriedade privada dos meios de produção sendo, por isso, considerado um dos precursores do socialismo.

ções de Constant às teorias dos filósofos vêm desde 1806, na redação dos *Princípios de Política*. Na conferência sobre os antigos e os modernos apenas atira algumas flechas irônicas. Chama Rousseau de "gênio sublime" e sua obra de "metafísica". Aponta o problema de transportar valores – poder social e soberania coletiva – de outros séculos, e termina com uma acusação que já desenvolvera nos *Princípios*: Rousseau, "animado pelo amor puro à liberdade, forneceu, todavia, desastrosos pretextos a mais de um tipo de tirania". Ao abade de Mably, "austero e intolerante", cabe a responsabilidade por fazer exatamente o oposto de seu projeto nesta conferência, ou seja, reivindicar a liberdade antiga em tempos modernos, ao querer que o indivíduo seja *escravo* para que o povo seja *livre* e, assim, a nação soberana. Tanto Rousseau quanto Mably são acusados de usar meios quaisquer para justificar um fim justo, qual seja, tomar a autoridade do corpo social para justificar a liberdade. Para Montesquieu é reservada uma crítica mais leve, pois é um "espírito observador", com a "cabeça menos ardente"[1128].

Na verdade, Benjamin Constant faz duras críticas a respeito da propriedade privada; e ao Estado, que tributa abusivamente os contribuintes; e às propostas de socialização ou abolição da propriedade privada[1129]. Para o filósofo, um dos problemas da Revolução foi exaltar a vontade coletiva em prejuízo da liberdade individual, "sem, contudo, destruir-lhe a necessidade" Colocada em termos de necessidade moderna, a liberdade individual não está exatamente sobreposta à liberdade política, pública. Constant, ao analisar o ostracismo de Atenas ("Todo exílio político é um atentado político"), mostra-se mais preocupado com a autoridade arbitrária do governo, daí a sua conclusão:

"A liberdade individual, repito, é a verdadeira liberdade moderna. A liberdade política é a sua garantia e é, portanto, indispensável. Mas pedir aos povos de hoje para sacrificar, como os de antigamente, a totalidade de sua liberdade individual à liberdade política é o meio mais seguro de

[1128] Ibidem, p. 946-951.

[1129] CONSTANT, Benjamin. Trad. Loura Silveira. Da liberdade dos antigos comparada à dos modernos. *Revista Filosofia Política*, n. 2, 1985, p. 7-25. Disponível em: http://caosmose.net/candido/unisinos/fa/benjamin.doc. Acesso em: 17 jul. 2018.

afastá-los da primeira, com a consequência de que, feito isso, a segunda não tardará a lhes ser arrebatada"[1130].

Portanto, a liberdade política torna-se a garantia da *fruição pacífica da Independência privada* porque é a via de controle que o indivíduo tem sobre a instância política, o meio disponível para observar o governo e não permitir que este seja uma ameaça à sua liberdade individual. Daí a necessidade do sistema representativo. É também o que permite preservar a política[1131].

Independentemente da forma de governo que se estabeleça – eis um dos princípios do liberalismo de Benjamin Constant –, é preciso pensar o que é a soberania do povo e até onde pode ela ir, a fim de que mantenha a legitimidade na vontade geral, livre da sua determinação pela forma de representação política, ou seja, a fim de que a teoria não se torne "calamidade na aplicação". O risco que corremos com a abstração da teoria da soberania do povo – de Rousseau, segundo a leitura de Benjamin Constant – é perdermos o grande direito, fundador do próprio conceito: "O reconhecimento abstrato da soberania do povo não aumenta em nada a soma da liberdade dos indivíduos; e se se atribuir a essa soberania uma latitude que ela não deve ter, a liberdade pode ser perdida apesar desse princípio, ou até por causa desse princípio" . Desse modo, segundo ele, se não observarmos a *natureza* da soberania do povo, podemos não gozar da liberdade individual, e, se não observarmos sua *latitude* ou *extensão,* se ultrapassarmos os limites, a liberdade pode ser perdida justamente em nome da própria soberania do povo[1132].

Constant condena Rousseau pela abstração: não percebeu que, na prática, a vontade geral será depositada nas mãos de alguns e que, mesmo legítima (isto é, não se devendo à força, mas ao consentimento), ela torna possíveis todos os abusos contra a liberdade individual. "A universalidade dos cidadãos é o soberano (...) mas daí não decorre que a universalidade dos cidadãos ou os que por ela são investidos da soberania", isto é, os representantes, "possam dispor soberanamente da existência dos indivíduos", porque há uma "parte da existência humana que, necessaria-

[1130] Ghelere. Gabriela Doll. *A liberdade individual para Benjamin Constant,* cit., p. 62.
[1131] Ibidem, p. 63.
[1132] Ibidem, p. 63.

mente, permanece individual e independente, e que está de direito fora de qualquer competência social". Essa instância é justamente a liberdade individual[1133].

6.1.1 O pensamento – aspectos gerais

Segundo o pensador, o indivíduo representa o princípio primeiro, por isso seria preciso defendê-lo duplamente:

> *"Defendi durante 40 anos o mesmo princípio: liberdade em tudo, na religião, na literatura, na filosofia, na indústria, na política; e, por liberdade, entendo o triunfo da individualidade, tanto sobre a autoridade que pretendesse governar pelo despotismo, quanto sobre as massas, que reclamam o direito de subjugar a minoria" (Mélanges, 1829)*[1134].

Postulados de Constant:

- "A sociedade política não tem como fim a igualdade; essa se combina com uma concepção arcaica da liberdade, legítima para os antigos, mas inútil e perigosa para os modernos, iludidos pela 'eterna metafísica do Contrato social', pois a liberdade para um antigo consistia em "exercer coletivamente, mas de modo direto, várias partes da soberania inteira; em deliberar na praça pública sobre a guerra e a paz; em firmar tratados de aliança com os estrangeiros, em votar leis, em pronunciar sentenças, em examinar as contas, os atos, a gestão dos magistrados (...). Mas ao mesmo tempo que era isso que os antigos chamavam de liberdade, admitiam como compatível com essa liberdade coletiva a completa sujeição do indivíduo à autoridade do conjunto [de modo que] entre os antigos, o indivíduo – quase sempre soberano nas questões públicas – é escravo em todas as suas relações privadas [...]"[1135].

[1133] Ibidem, p. 64.

[1134] Texto retirado do *Ato Adicional às Constituições do Império*, de 22 de abril de 1815, que teve como principal redator B. Constant.

[1135] CONSTANT, Benjamin. Da liberdade dos antigos comparada à dos modernos, cit., p.17.

– Os modernos só podem sentir aversão por essa concepção, já que para um moderno ser livre "é, para cada um, o direito de ser submetido apenas às leis, de não poder ser nem preso, nem morto, nem maltratado de nenhum modo em decorrência da vontade arbitrária de um ou mais indivíduos. É o direito que tem cada um de emitir sua opinião, de escolher sua indústria e de exercê-la; de dispor da propriedade, inclusive de abusar da mesma; de ir e vir sem para isso obter permissão e sem prestar contas de seus motivos ou movimentos. É o direito que tem cada um de se reunir a outros indivíduos, seja para discutir seus interesses, seja para professorar o culto que ele e seus associados preferirem, seja simplesmente para passar seus dias e horas do modo mais conforme a suas inclinações e fantasias. Finalmente, é o direito que cada um tem de influir na administração do governo, seja pela nomeação de todos ou de alguns funcionários, seja mediante representações, demandas, que a autoridade é mais ou menos obrigada a levar em consideração"[1136].

Constant defende que, para ser preservada a liberdade individual, a soberania popular deve ser exercida com determinados limites: "os cidadãos possuem direitos individuais independentes de toda autoridade social ou política, de modo que toda autoridade que viole esses direitos se torna ilegítima. Os direitos dos cidadãos são a liberdade individual, a liberdade religiosa, a liberdade de opinião, incluindo sua divulgação, o gozo da propriedade e a garantia contra qualquer arbitrariedade. Nenhuma autoridade pode atentar contra esses direitos sem destruir seu próprio título"[1137].

Essas considerações têm como base a Inglaterra e a instauração do governo representativo e refutavam a crença da incompatibilidade entre os interesses gerais e particulares. A doutrina vitoriosa incorporou esta determinação: a representação política é de interesses, cabendo aos partidos afunilá-los a fim de dar efetividade à negociação a ser encetada no Parlamento.

1136 Ibidem, p. 7-25.

1137 Chatelêt, François; Duhamel, Olivier; e Pisier-Kouchner, Evelyne. *História das ideias políticas*, cit., p. 105.

6.1.2 Eleições, igualdade e liberdade – a construção da soberania

Um traço marcante do liberalismo de Constant é sua luta pelo sistema eletivo, em oposição ao sistema hereditário. O eletivo é compatível com a igualdade, derruba o esquema dos privilégios do Antigo Regime. A igualdade é autorizada pela história, movida pela perfectibilidade. Ao mesmo tempo, a liberdade não é submetida à autoridade da história, mas antes é um princípio garantido por um direito independente do movimento político que os homens podem construir[1138].

Se, num primeiro momento, os homens são todos cidadãos e iguais, a liberdade individual – do ponto de vista liberal – já está comprometida. Vemos uma massa uniforme que se sente obrigada a comportar-se segundo um padrão único estabelecido, e essa situação é propícia para desenvolver a tirania. Entretanto, vimos que Benjamin Constant não condena a igualdade nem a opõe à liberdade, também, não estão para ele a liberdade e a igualdade unidas pela condição natural, como quiseram alguns iluministas, mas separadas por autoridades diferentes, de modo que a liberdade é uma exigência presente e incondicional e a igualdade está no campo do vir-a-ser. Será uma conquista da história feita pela ação dos homens livres. A igualdade pode ser conquistada no futuro, lentamente. É a propriedade que determina, então, a cidadania. Por isso, é preciso que a riqueza dos indivíduos aumente para que a faixa da "igualdade" possa também aumentar[1139].

O triunfo da individualidade marcha paralelamente ao enfraquecimento da autoridade estatal, exercida em todos os domínios com reserva: "os progressos da civilização, as mudanças operadas pelos séculos, impõem à autoridade um respeito cada vez maior pelos hábitos, pelas afeições, pela independência dos indivíduos. Ela deve por sobre todos esses objetos uma mão mais prudente e mais leve". No domínio econômico e social, assim como nos demais, Benjamin Constant se bate pela liberdade de imprensa com ardor ("os censores estão para o pensamento como os espiões para a inocência") e reclama a tolerância em matéria de religião. Será preciso encontrar ainda um sistema que permita combinar essas características da liberdade com os da soberania popular? O melhor

[1138] Ibidem, p. 105.
[1139] Ibidem, p. 105.

sistema, aquele em que repousa a confiança de Constant, é o sistema representativo[1140].

Resta assegurar a distribuição de poderes no vértice. Benjamin Constant segue Montesquieu, mas acrescenta uma contribuição original: o poder do rei não tem por que governar; os ministros, poder ativo, encarregam-se disso. O monarca constitucional é um "poder neutro", garantia dos limites da soberania. Com efeito, o príncipe é:

> "*Um ser à parte, superior às diversidades de opinião, que só tem como interesse a manutenção da ordem e a manutenção da liberdade, e que não pode jamais entrar na condição comum, inacessível, por conseguinte, a todas as paixões que essa condição faz nascer e a todas aquelas que a perspectiva de nela se encontrar alimenta incessantemente no caso dos agentes investidos de um poder momentâneo*"[1141].

A delimitação da soberania, pensava Constant, não podia ficar nas mãos dos que exercem o poder, pois a tendência de todo governo constituído é a sua autopreservação. A soberania, portanto, deve ser limitada desde fora do poder pela própria sociedade. Ora, a soberania jamais pode ser entendida como ilimitada. Esse era, para o nosso pensador, o grande defeito dos que a criticavam no *Ancien Régime*, identificando-a com o absolutismo monárquico. Foram **atacados os reis**, mas não a fonte do despotismo, que radicava na concepção inadequada de soberania, como algo sem limites. Assim, o absolutismo de um ou de poucos foi substituído pelo de muitos, sem que mudasse a forma de se entender a soberania. O nosso autor deixou clara a forma limitada em que entendia a soberania, com as seguintes palavras: "Numa sociedade fundada na soberania do povo, é evidente que nenhum indivíduo, classe nenhuma, tem o direito a submeter o resto à sua vontade particular; mas é falso que a sociedade, no seu conjunto, possua sobre os membros uma soberania sem limites"[1142].

[1140] Ibidem, p. 105.

[1141] Ibidem, p. 107-108.

[1142] Rodríguez, Ricardo Vélez. *O liberalismo francês – a tradição doutrinária e a sua influência no Brasil.* Disponível em: https://www.academia.edu/11727947/O_LIBERALISMO_FRANC%C3%8AS_-_A_TRADI%C3%87%C3%83O_DOUTRIN%C3%81RIA_E_A_SUA_INFLU%C3%8ANCIA_NO_BRASIL. Acesso 20 jan. 2020, p. 63.

Nesse sentido, "A soberania deve ser limitada em si mesma. Ela abarca parcialmente o ser dos cidadãos, ficando do lado de fora da mesma o que diga relação à Independência e à existência do indivíduo. Ultrapassar esse limite torna a soberania ilegítima. Nem interessa se esse abuso é cometido por uma pessoa, um grupo, ou a maioria dos homens na sociedade. Será sempre algo ilegítimo. A respeito, frisava Constant: 'O assentimento da maioria não basta em todos os casos para legitimar os seus atos; há atos que é impossível sancionar. Quando uma autoridade pratica atos semelhantes, não importa a fonte da que pretenda provir, não importa que se chame indivíduo ou nação. Faltar-lhe-ia legitimidade, mesmo se tratando de toda a nação e havendo um único cidadão oprimido'"[1143].

"No que tange à natureza do poder numa monarquia constitucional, Constant destacava que até sua época reconheciam-se três poderes nas organizações políticas. Mas ele considerava que estes deveriam ser cinco, a saber: o poder real, o executivo, o poder representativo da continuidade, o poder representativo da opinião e o judiciário"[1144].

"Onde residiriam esses poderes? Constant explicava esse ponto da seguinte forma: 'O poder representativo da continuidade reside numa assembleia hereditária; o poder representativo da opinião, numa assembleia eletiva; o poder executivo é confiado aos ministros; o poder judiciário, aos Tribunais. Os dois primeiros poderes fazem a lei; o terceiro providencia a sua execução legal; o quarto, aplica-a aos casos particulares. O poder real está no meio, mas acima dos outros quatro, sendo, ao mesmo tempo, autoridade superior e intermediária, sem interesse em desfazer o equilíbrio, mas, pelo contrário, com o máximo interesse em conservá-lo'"[1145].

Para impedir que o soberano se transforme em tirano ou em déspota, Constant formulou limitações para a soberania, inserindo a ideia do poder neutro ou moderado. Em primeiro lugar, do ponto de vista formal institucional era preciso criar um quarto poder – ou como quer Constant, quinto, uma vez que o legislativo é dividido em duas câmaras –, denomi-

1143 Ibidem, p. 64.
1144 Rodríguez, Ricardo Vélez. *Benjamin Constant de Rebecque e as origens do liberalismo doutrinário*, Juiz de Fora: UFJF, 2011, p. 19.
1145 Ibidem, p. 19-20.

nado por ele de poder neutro ou poder real, com todas as características que lhe são próprias. Para ele, só esse poder poderia impedir uma junção dos três poderes clássicos. Apesar de republicano, Constant foi capaz de pensar em uma solução adequada para monarquias constitucionais; afinal esse era o sistema vigente, transformando seu poder neutro em poder real. Essa era uma primeira condição necessária, mas não suficiente. Em segundo lugar, nada seria mais eficaz do que a efetiva demarcação do espaço da liberdade dos indivíduos-cidadãos, o que deveria ser feito juntamente com a criação das garantias de que esse espaço seria preservado. Essas garantias, por sua vez, não poderiam ser apenas institucionais, formais; elas precisariam ser efetivas, reais.

A novidade, sem dúvida, é o poder neutro/real. Este, por sua natureza, pode ser um rei, um imperador, um presidente, desde que não participe de nenhum dos outros poderes e não seja ou esteja em nenhum deles. Mas pode e deve agir em qualquer parte em que for necessário e deve ser "preservador e reparador sem ser hostil". Esse poder é para ser "defensivo e imparcial", o que o distingue e o coloca acima dos outros poderes, mesmo do judiciário. Para Constant, "o poder neutro é o próprio poder judiciário dos outros poderes". A função desse poder é manter o "equilíbrio e a concórdia" entre os poderes, ele é um "poder moderador e pacificador" e deveria, sobretudo, ser imparcial diante dos conflitos políticos. Sua capacidade de ser um garantidor das liberdades e dos direitos dos indivíduos advém do fato de que esse poder não age "jamais como uma autoridade soberana sobre os homens, mas somente sobre os poderes". Da mesma forma e com a mesma finalidade é necessário que essa autoridade discricionária não seja jamais confiada ao poder revestido de força material: pois sem essa precaução cria-se um poder ilimitado.

6.1.3 A liberdade individual para Constant

Na Grécia, no período clássico, principalmente em Atenas, a ideia de liberdade estava diretamente vinculada à virtude, e acontecia no âmbito público. É neste espaço que as decisões políticas eram tomadas, já que no âmbito privado, como as pessoas estavam premidas pela necessidade de sobrevivência, não havia liberdade. Mesmo com essa visão antiga de liberdade, ela trouxe avanços no processo revolucionário, porque ao fazer que cada indivíduo seja agente de uma ação política, ocasionava rompimento com o sistema hereditário e estamental do Antigo Regime. "Fundamentada, assim, na virtude do cidadão, a liberdade antiga estava plenamente justificada nos primeiros anos da Revolução. Mas na noite em que Constant exibe sua Conferência, o Terror já há muito deixara de ser uma ameaça presente. São os tempos posteriores a Napoleão, já sob a Restauração, e os inimigos do nosso autor nesse momento estão à direita, são os ultramonarquistas e os monarquistas moderados. É a ameaça de outra ditadura, do cerceamento da liberdade individual e da apatia da liberdade política, enfim, o risco da passividade cívica. É também o medo de os ultramonarquistas abolirem as eleições, daí também a defesa da representação política"[1146].

A liberdade dos antigos dava-se apenas no âmbito público, no campo da ação política, relacionada à percepção de ser um cidadão que atua no espaço público em condições de igualdade. Deliberam mas, ao mesmo tempo, o indivíduo é submetido à autoridade do coletivo. "Constant estabelece essa aparente contradição interna da liberdade dos antigos, mostrando que o homem é, por um lado, como cidadão, livre nas questões públicas, e por outro, como indivíduo, 'escravo em todos os assuntos privados'. A contradição inversa também se coloca nos tempos modernos: o indivíduo é livre na sua vida privada, mas 'só é soberano em aparência'. O que sustenta essas contradições? Parece que a inversão se dá na relação entre indivíduo e sociedade política, privado e público, ou, de outro modo, entre costumes e leis. Se, no caso dos antigos, 'as leis regulamentavam os costumes e, como tudo dependia dos costumes, não havia nada que as leis não regulamentassem', então, podemos afirmar que no caso dos modernos os costumes regulamentam as leis?"[1147].

Pergunta-se se o fato de o indivíduo desejar independência, isso justificaria a instituição do *direito* à liberdade individual. Em decorrência, a época moderna anuncia não só a valorização do privado, mas também um campo jurídico dependente e determinado pelo indivíduo. Por outro lado, para os antigos, a relação é inversa, pois a liberdade é política justa-

1146 Ghelere, Gabriela Doll. *A liberdade individual para Benjamin Constant.* Dissertação de mestrado. Universidade de São Paulo – Departamento de Filosofia: São Paulo, 2008, p. 13-14.
1147 Ibidem, p. 15.

mente porque a supremacia do público determina a esfera privada. Uma questão que surge é por que teria havido essa inversão:

"*Quatro grandes razões explicam a diferença entre os antigos e os modernos na Conferência de 1819, a saber: a relação entre a extensão territorial e a dimensão política; a escravidão e o tempo livre; os encargos comerciais e a ociosidade; o comércio independente e a intervenção do governo. São aspectos econômicos, históricos, geográficos e culturais que determinam a distância entre as formas de liberdade dos dois povos, de modo que se torna impossível retroceder, ou, ainda, 'desfrutar' daquela liberdade política*"[1148].

Constant lembra que "os antigos se reuniam em cidades pequenas e próximas umas das outras, por isso, 'o espírito dessas Repúblicas era belicoso; cada povo incomodava continuamente seus vizinhos ou era incomodado por eles' (CONSTANT, *antigos e modernos*, p. 12). Ou seja, justamente por serem povos pequenos e próximos, faziam do combate seu ofício: 'Todos compravam a segurança, a Independência, a existência inteira ao preço da guerra' (CONSTANT, *ibidem*). Outra consequência que Benjamin Constant extrai daí é a escravidão, a mão de obra mecânica era confiada a 'mãos acorrentadas' para produzir os artefatos bélicos"[1149].

Desse modo, Benjamin Constant faz duas considerações a respeito da propriedade privada, ou seja, ao Estado que tributa abusivamente os contribuintes e às propostas de socialização ou abolição da propriedade privada. Outra espécie de liberdade a se destacar em Constant: a liberdade religiosa. Ao referir-se à Constituição do Império, Carta elogiada pelo pensador, Constant destaca que "a liberdade de culto se dá sem restrições, sem privilégios e sem obrigar o cidadão a declarar publicamente sua escolha religiosa. Critica Rousseau, à luz do princípio da liberdade individual, sobre a ideia de o Estado impor uma profissão de fé civil aos cidadãos: 'O que é o Estado, para decidir dos sentimentos que se têm de adotar? Que me importa que o soberano não me obrigue a crer, se me pune por eu não crer?'"[1150]. Nessa passagem, Constant distingue a intolerância civil da religiosa, considerando-as ambas perigosas, mas alerta para o fato de que a intolerância "civil é ainda mais absurda, mais injusta,

[1148] Ibidem, p. 16.
[1149] Ibidem, p. 16
[1150] Ibidem, p. 23.

porque pune os indivíduos sem convicção alguma, apenas por um exercício de cálculo do poder, não por um dever moral. A religião é, desse modo, para o nosso autor, algo que vem da natureza, não da sociedade, e é individual"[1151].

Constant é enfático ao afirmar que "'*A liberdade individual (...) é a verdadeira liberdade moderna. A liberdade política é a sua garantia e é, portanto, indispensável. Mas pedir aos povos de hoje para sacrificar, como os de antigamente, a totalidade de sua liberdade individual à liberdade política é o meio mais seguro de afastá-los da primeira, com a consequência de que, feito isso, a segunda não tardará a lhes ser arrebatada*'"[1152].

Portanto, para Constant, "*a liberdade política torna-se a garantia da fruição pacífica da independência privada porque é a via de controle que o indivíduo tem sobre a instância política, o meio disponível para observar o governo e não permitir que este seja uma ameaça à sua liberdade individual. Daí a necessidade do sistema representativo. É também o que permite preservar a política*"[1153].

6.1.4 Sistema representativo

Na linha de Constant, "representação política é uma *procuração* que a nação precisa dar a alguém porque não tem *tempo*, ela mesma, de ocupar-se com os negócios públicos, mas precisa vigiar, controlar, avaliar se os representantes estão trabalhando sem abusar dos poderes conferidos. Passar uma procuração não é o mesmo que assinar um cheque em branco, isto é, não significa conferir todo poder, cegamente, ao representante"[1154]. Este, como estamos discutindo, é o princípio da democracia representativa.

Em outras palavras:

> "*(...) representação, num sentido, separa sociedade e poder político, quando este é delegado, mas ao mesmo tempo os vincula, quando exige o controle, ou melhor, a vigilância. Atribui liberdade ao indivíduo que quer usar seu tempo para seus prazeres pessoais. Mas o que exatamente a sociedade está entregando nas mãos dos seus representantes? Que poder é esse, já que a liberdade do indivíduo está dissociada do político? Ao repre-*

[1151] Ibidem, p. 23.
[1152] Ibidem, p. 24-25.
[1153] Ibidem, p. 25.
[1154] Ibidem, p. 35.

sentante não é mais atribuído o direito absoluto da preservação da vida dos associados; direito esse que Constant rejeita nas suas leituras de Rousseau, pela refutação da ideia de soberania absoluta, pela prática que observou na Revolução. No limite, a questão é: qual o contorno e a tonalidade que a instância política pode configurar na vida do indivíduo? A resposta nos revela o grau do liberalismo de Constant"[1155].

A participação política torna-se parte integrante e essencial do sistema da liberdade individual. Em suma: "Sistema de liberdade que inclui uma mistura precisamente dosada de participação política e independência privada, responsabilidade pública e desfrute privado dos prazeres"[1156].

"Isso significa, importante ressaltar, que a liberdade não está excluída da esfera política. A vida política não precisa ser obrigatória para o indivíduo, mas é preciso que ele encontre as formas possíveis de se relacionar politicamente. É preciso encontrar outra forma de democracia, na qual o indivíduo possa contribuir e participar de acordo com seu desejo sincero, não fervorosamente como os antigos, pois isso não é mais da paixão moderna. Desse modo, é a representação que permite que o indivíduo seja um cidadão, atuando no domínio político e, ao mesmo tempo, é a própria representação que, ao liberar o cidadão da vida política intensa e direta, proporciona a vida individual e privada"[1157].

6.1.5 Constant entre os reformadores políticos – Montesquieu e Rousseau

Para Benjamin Constant, Rousseau cometeu erro grosseiro ao ter imaginado uma "*Vontade Geral* como poder ilimitado", pois acabava sacrificando, em nome da democracia, a liberdade que pretendera defender. Além disso, segundo Constant, Rousseau ignorou esta simples verdade: "o assentimento da maioria não basta (...) para legitimar os seus atos". Mencione-se, aliás, que a completa crítica de Constant ao democratismo rousseauniano embasará as que serão levantadas no seio do liberalismo

[1155] Ibidem, p. 36.
[1156] Ibidem, p. 37.
[1157] Ibidem, p. 37.

francês, no decorrer do século XIX (com Guizot, Tocqueville e outros) e ainda no século XX (com Aron, Peyreffitte, Revel etc.)[1158].

"Eis o teor da crítica de Rousseau: 'Rousseau ignorou esta verdade, e o seu erro fez do seu Contrato Social, tão frequentemente invocado em prol da liberdade, o instrumento mais terrível de todos os gêneros de despotismo. Definiu o contrato celebrado entre a sociedade e os seus membros como a alienação completa e sem reservas de cada indivíduo com todos os seus direitos em mãos da comunidade. Para nos tranquilizar acerca das consequências do abandono tão absoluto de todas as partes da nossa existência em benefício de um ser abstrato, diz-nos que o soberano, ou seja, o corpo social, não pode prejudicar nem ao conjunto dos seus membros, nem a cada um deles em particular; que ao se entregar cada um por completo, a condição é igual para todos, e que ninguém tem interesse em torná-la onerosa aos demais; que ao se dar cada um a todos, não se dá a ninguém; que cada um adquire sobre todos os associados os mesmos direitos que ele lhes entrega, e ganha o equivalente de tudo quanto perde, com mais poder para conservar o que tem. Mas esquece que todos esses atributos preservadores que confere ao ser abstrato que chama de soberano, resultam de que esse ser se compõe de todos os indivíduos sem exceção. Ora, tão logo que o soberano tem de fazer uso do poder que possui, ou seja, tão logo que deve proceder a uma organização prática da autoridade, não podendo o soberano exercê-la por si próprio, delega-a, e todos esses atributos desaparecem. Ao estar, necessariamente, pela sua própria vontade ou à força, a ação que se executa em nome de todos à disposição de um só ou de alguns, resulta que ao se dar um a todos, não é verdade que não se dê a ninguém; pelo contrário, dá-se aos que agem em nome de todos. Daí que, ao se dar por completo, não se coloca numa condição igual para todos, já que alguns se aproveitam exclusivamente do sacrifício do resto. Não é verdade que ninguém tenha interesse em tornar onerosa a condição aos demais, posto que há associados que estão por fora da condição comum. Não é verdade que todos os associados adquirem os mesmos direitos que cedem; não todos ganham o equivalente do

[1158] Rodríguez, Ricardo Vélez. *O liberalismo francês – a tradição doutrinária e a sua influência no Brasil*, cit., p. 17.

que perdem e o resultado daquilo que sacrificam é, ou pode ser, o estabelecimento de uma força que lhes tira o que têm'"[1159].

Constant discorre sobre as propostas reformadoras de Montesquieu e Rousseau:

> *"O objetivo de nossos reformadores foi nobre e generoso.* (...) *ai daqueles que ainda hoje não sentem a necessidade de declarar que reconhecer alguns erros cometidos por nossos primeiros guias não significa denegrir sua memória, nem negar opiniões que os amigos da humanidade professaram de geração em geração!*
> *Mas esses homens tinham ido buscar várias de suas teorias nas obras de dois filósofos, que eles próprios não tinham se dado conta das modificações transmitidas por dois mil anos às tendências do gênero humano.* (...) *J. J. Rousseau* (...), *este gênio sublime, que era animado pelo amor mais puro à liberdade, forneceu, todavia, desastrosos pretextos a mais de um tipo de tirania.*
> (...) *Esparta, que reunia formas republicanas à submissão dos indivíduos, despertava no espírito desse filósofo um entusiasmo mais forte ainda. Esse grande convento parecia o ideal da perfeita República. Tinha por Atenas um profundo desprezo e teria dito com prazer sobre essa nação, a primeira da Grécia, o que um fidalgo acadêmico dizia sobre a Academia francesa: 'Que despotismo espantoso! Todo mundo faz aí o que quer'. Montesquieu, dotado de espírito observador, porque tinha a cabeça menos ardente, não caiu inteiramente nos mesmos erros. Impressionou-se com as diferenças que referi, mas não distinguiu a verdadeira causa delas.*
> *Os homens que foram levados pela onda dos acontecimentos a liderar nossa Revolução estavam, em consequência da educação que haviam recebido, imbuídos das opiniões antiquadas e absurdas que os filósofos de que falei haviam posto em realce. A metafísica de Rousseau, no interior da qual apareciam de repente, como relâmpagos, verdades sublimes e passagens de uma eloquência arrebatadora; a austeridade de Mably, sua intolerância, seu ódio a todas as paixões humanas, sua ânsia de escravizá-las todas, seus princípios exagerados sobre a competência da lei, a diferença entre o que ele recomendava e o que existia, a verve com que atacava as riquezas e até a propriedade – todas essas coisas deviam encantar homens exaltados por uma vitória recente e que, conquistadores do poder legal, estavam desejosos de estender esse poder em todas as direções. Para eles era uma autoridade preciosa a desses dois escritores que, desinteressadamente*

[1159] Rodríguez, Ricardo Vélez. *O liberalismo francês – a tradição doutrinária e a sua influência no Brasil*, cit. p. 64.

e lançando anátema contra o despotismo dos homens, haviam posto em axiomas o texto da lei. Quiseram, pois, exercer a força pública, segundo tinham aprendido com seus guias, tal como fora exercida antigamente nos Estados livres. Acreditaram que tudo ainda devia ceder frente à vontade coletiva e que todas as restrições aos direitos individuais seriam largamente compensadas pela participação no poder social"[1160]

Segundo Constant, em comentários críticos sobre o democratismo rousseauniano, havia apenas dois poderes, a força (ilegítimo) e a vontade geral (legítimo), com a observação de que era fundamental conceber de forma correta a natureza da última, para determinar de forma clara a sua abrangência, caso contrário, a tentativa de defesa da liberdade poderia simplesmente suprimi-la. E o próprio pensador escrevia: "*O reconhecimento abstrato da soberania do povo não aumenta em nada a soma de liberdade dos indivíduos, e se lhe for atribuída uma abrangência indevida, pode-se perder a liberdade apesar e contra esse mesmo princípio*"[1161].

Para Constant, na busca de equilíbrio entre os poderes, compete ao Chefe de Estado o direito de dissolver as assembleias representativas. Aliás, toda organização política que não consagra essa faculdade às mãos do Chefe do Estado converter-se-á numa demagogia desenfreada e turbulenta. Embora não possa existir nenhuma liberdade em um grande país sem assembleias fortes, numerosas e independentes, estas não deixam de ser perigosas e, por isso, faz-se necessário que, por interesse dessa mesma liberdade, se organizem meios infalíveis de prevenir seus desvios. Um dos vícios dos legisladores, em sua visão, é uma tendência a multiplicar até o infinito as leis, gerando nos membros das assembleias duas inclinações: a) a necessidade de atuar; e b) o prazer de crer-se imprescindível. Assim, Constant impõe a necessidade de que se detenha essa marcha impetuosa. O veto é, para ele, o meio direto de reprimir a atividade indiscreta das assembleias por intermédio do veto; e este, embora geralmente incomode as assembleias, é um meio de estabelecer limites para a atuação dos deputados, para que não se transformem em tiranos. A força repressiva deve situar-se fora das assembleias. Para Constant, "a

[1160] CONSTANT, Benjamin. *Da liberdade dos antigos comparada à dos modernos*, Disponível em: http://www.fafich.ufmg.br/~luarnaut/Constant_liberdade.pdf. Acesso 18 set 2019, p. 6-7.
[1161] Ibidem, p. 112.

dissolução das assembleias não é, como se disse, um ultraje aos direitos do povo; ao contrário, quando as eleições são livres, é uma chamada a seus direitos, em favor de seus interesses"[1162].

Se, em algum momento, houvesse distanciamento entre as expectativas de sua base, na prática parlamentar, caberia ao povo destituir seu representante, substituindo-o por outro.

Constant defende a renovação das assembleias, na medida em que impede a elitização e o distanciamento dos parlamentares de suas bases, bem como permite a eleição de intérpretes fiéis às melhorias pelas quais o povo anseia. Nesse sentido, entende que o povo elegeria para representantes aqueles que melhor entendessem seus anseios e interesses. Desse modo, os interesses poderiam ganhar voz na assembleia, assim como lhe emprestariam legitimidade. Quanto à estabilidade das assembleias, Constant a considera desejável, uma vez que com esta se garante a voz dos órgãos de opinião, com experiência e formação para atuar de forma justa aos interesses legítimos das bases às quais representam. A renovação, por sua vez, deve ser feita de forma paulatina, já que também é absurdo fazer eleições tão frequentes que a opinião não tenha tempo de "ilustrar-se" durante o intervalo que as separa. A renovação da assembleia provoca sempre alteração nas esperanças do povo e movimenta as expectativas de mudanças[1163].

O pensador também é favorável que:

> "*as assembleias sejam espaços de discussões públicas, e defende, mesmo, a proibição dos discursos escritos, pois entende que só quando os oradores se veem obrigados a improvisar, se instala uma verdadeira discussão. Quando os oradores se limitam a ler o que escrevem no silêncio de seus gabinetes, já não discutem, limitando-se a estender-se sobre seus argumentos*"[1164].

Em síntese, diz: "as assembleias, sem oradores, se converterão em academias, com a diferença de que em tal caso as 'arengas' [entraves, con-

[1162] ROCHA, Cleidson de Jesus. *Princípios de política – o Estado segundo Benjamin Constant.* Acre: UFAC. S. D.

[1163] Ibidem.

[1164] Ibidem.

trovérsias, debates] decidirão a sorte, das propriedades e até da vida dos cidadãos"[1165].

Para ele, o juiz deve gozar da prerrogativa da estabilidade a fim de garantir-lhe a independência necessária para julgar com imparcialidade e moderação os crimes comuns e políticos. A organização de instituições livres é o caminho para a construção da tranquilidade e da prudência, características dos povos livres. Nesse sentido, percebe-se uma vantagem que a Constituição de seu tempo tem sobre todas as que a antecederam[1166].

6.1.6 Conclusões

Na teoria, Constant anuncia sua crítica ao problema da antecipação ou anacronismo, ou seja, a crítica à manutenção de critérios antigos para reivindicar a liberdade presente. Na prática, poderia atingir as reações jacobinas à Revolução, justificadas na Antiguidade clássica. Ou, também, aos anos do império napoleônico, tempos de guerra e prejuízo das liberdades. É a partir desse contexto que Benjamin Constant forma o seu conceito de liberdade para os tempos modernos. Por que não podemos nos valer mais da liberdade tal como foi apreciada pelos antigos? Trata-se de um ímpeto moderno, mais "revolucionário" que os jacobinos, um anticonservadorismo? Ou o problema da antecipação é uma arma de estratégia política contra a circunstância dos anos do Terror? Pergunta-se se Constant estaria apenas denunciando a retórica jacobina, fundada no fanatismo da liberdade política. A liberdade política justificava-se na participação e na desejada soberania do povo de Robespierre.

Portanto, as características marcantes de Constant segundo o enciclopedista e editor Pierre Larousse (1817-1875) eram:

> *"Um pouco whig, um pouco idealista, mas sobretudo filósofo da escola francesa, conservou ao longo da sua vida a marca de uma educação fecundada por várias fontes e influenciada pelas suas primeiras experiências. Dotado de um espírito engenhoso e vivo, ágil, cético, volúvel, incerto, com uma singular mistura de egoísmo e sensibilidade, de menosprezo pelos homens, de ternura e ironia, de melancolia precoce e de amor ao prazer: aparece desse jeito já a partir dos seus primeiros passos na cena do mundo; assim*

[1165] Ibidem.
[1166] Ibidem.

se retratará a si mesmo no seu romance 'Adolphe' e melhor ainda na sua correspondência. A sua superioridade, aliás, era evidente. Sentia-se de entrada que essa personalidade indefinível era alguém, que nela havia futuro e encerrava a semente de um grande renome"[1167].

6.1.7 Principais obras

Entre os inúmeros textos produzidos por Constant destacam-se *Histoire du Polythéisme* (1785), *Essai sur les Mœurs des Temps Héroïques de la Grèce*, (1787), *Sur la Révolution du Brabant*, *De la Force du Gouvernement Actuel et de la Ncessit de se Rallier* e *Des Reactions Politiques* (1796), *Des Effets de la Terreur* e a segunda edição do *De la Force du Gouvernement Actuel et de la Nécessité de s'y Rallier* (1797), *Fragments d'une Ouvrage Abandonné sur la Possibilité d'une Constitution Républicaine Dans un Grand Pays* (1803-1810), *Principes de Politique Applicables à Tout les Gouvernements* e também o romance *Adolphe* (1806), *De l'Allemagne* (1808), *De L'esprit de Conquête et de l'usurpation* (1813), *De Lesprit de Con Qute et de Lusurpation Dans Leurs Rapports Avec la Civilisation Curopenne* e *De la Responsabilité des Ministres* (1814), *Acte Additionnel Aux Constitutions de l'Empire* e *Principes de Politiques* (1815), *Cours de Politique Constitutionnelle* (1818), *De l'état Constitutionnel de la France* (1819) *De la Liberté des Anciens Comparée à Celle des Modernes* (1819), *De la Religion* (1824), *Encyclopédie Progressive* (1825), *Mélanges de Littérature et de Politique* (1829) e o último volume de *De la Religion* (1830).

6.1.7.1 Considerações sobre algumas obras

a) A origem da diferença entre os antigos e os modernos – a defesa de democracia representativa

Constant defende o "Estado minimalitário", ou seja, limitado apenas para algumas funções, em que prevaleça a liberdade de participação e o respeito à constituição. Acredita que ninguém pode ser "soberano", pois tudo deve ser regulado pela Carta Magna. Defensor da monarquia constitucional, admitia, no entanto, a República, desde que fosse constitucional.

[1167] RODRÍGUEZ, Ricardo Vélez. *Benjamin Constant de Rebecque e as origens do liberalismo doutrinário*, cit., p. 7.

Na perspectiva liberal, no texto sobre "A liberdade dos antigos comparada à dos modernos", a democracia penaliza a liberdade individual ao subordinar a vida privada à vida pública ou, no limite, ao fundir uma na outra. Da perspectiva republicana, que nisso coincide com a democrática e se afasta da liberal, a primazia cabe à vida pública, que diz respeito a tudo aquilo que concerne a todos e dispõe de critério próprio de participação e exercício. A liberdade moderna (como Benjamin Constant afirmou a sua audiência no Athénée Royale em 1817, na esteira da queda de Napoleão e da Restauração dos Bourbons), a liberdade de fazer aquilo que se quiser por pelo menos parte substancial da vida, fazia, naquele momento, a praticamente todos uma oferta de recusa quase impossível. A liberdade dos antigos, a oportunidade de fazer o melhor para submeter o julgamento soberano de seus concidadãos a sua própria vontade, impondo as próprias perspectivas às dos demais em público, não prometia quase nada na prática[1168].

Tal como expõe na esteira do Terror Jacobino, Constant sugere uma demonstração de superioridade da democracia representativa da atualidade sobre a democracia participativa, chamada, nos dias de hoje, de democracia direta. Constant comparou a liberdade dos antigos com a dos modernos. A liberdade dos antigos era participatória, uma liberdade republicana, a qual dava aos cidadãos o direito de influenciar diretamente as políticas por debates e votos em assembleia pública. Para poder suportar esse nível de participação, cidadania era uma obrigação moral pesada que requeria considerável investimento temporal e energético. Geralmente, isso requeria uma sub-sociedade de escravos para fazer muito do trabalho produtivo, deixando os cidadãos livres para deliberar em questões públicas. A liberdade dos antigos também era limitada para sociedades relativamente pequenas e homogêneas, nas quais o povo podia se reunir convenientemente em um local para tratar de questões públicas. Há, nesse ponto, uma crítica sutil à ideia de democracia direta que, como vimos no capítulo inicial dessa obra, os jovens nas passeatas tendiam a enxergar como algo "moderno" e "avançado" mas, claramente, não o é.

1168 GHELERE. Gabriela Doll. *A liberdade individual para Benjamin Constant*, cit., p. 57.

Constant distingue de diversas formas a liberdade dos antigos da liberdade dos modernos. Primeiro, a França tentou replicar a liberdade dos antigos durante a Revolução, baseando suas instituições (tanto o Consulado quanto o Tribuno da Plebe) no modelo da República Romana. Com isso a França regrediu, resultando na ditadura pessoal de Napoleão. Constant acreditava que se a liberdade estava fadada a findar-se no final da Revolução, então a Liberdade dos Antigos deveria ser abandonada em favor da prática e alcançável seria a Liberdade dos Modernos. A Inglaterra, uma monarquia constitucional, demonstrou a praticidade da liberdade moderna desde a Revolução Gloriosa. Constant concluiu com seus estudos que a monarquia constitucional era mais bem adaptada que o republicanismo para manter a liberdade dos modernos. Ele foi instrumental em decretar "L'Acte Additionnel" de 1815, o qual transformou o restaurado império de Napoleão em uma moderna monarquia constitucional. Isso durou somente "cem dias" antes de Napoleão ser derrotado, mas o trabalho de Constant providenciou meios de se reconciliar a monarquia com a liberdade[1169].

b) *Reflexões sobre as constituições (1814)*[1170] e *um esboço de constituição e princípios de política (1815)*

O pensador procura mostrar quais seriam esses princípios que, universais, poderiam e deveriam ser mantidos. Para ele existem valores que

[1169] Ibidem, p. 58.

[1170] "A Constituição de 1814 foi influenciada pelas ideias de Benjamin Constant, expressas nas suas *Rèflexions sur les constituitions*, de 1841, em que o rei era representado como um *pouvoir neutre*, face aos três poderes tradicionais. (...) Uma primeira seção, intitulada *Droit publics des Français*, continha uma declaração dos direitos e liberdades dos cidadãos, tais como igualdade perante a lei (o que excluía um regresso aos velhos privilégios dos estados), a regra n*ullum crimen sine lege* (que excluía leis penais com efeito retroativo), garantias de um julgamento justo, liberdade de religião (de certa forma limitada pela declaração de que 'a igreja católica romana é a igreja do Estado'), a inviolabilidade dos direitos de propriedade (com uma cláusula que excluía também qualquer devolução dos *biens nationaux* aos seus detentores no Antigo Regime), e ainda uma fórmula de anistia para atividades revolucionárias (embora, de fato, numerosos 'regicidas' tenham fugido do país com medo do 'terror branco'). O poder executivo estará nas mãos do rei e dos seus ministros, cuja responsabilidade (...) só em 1816 seria convertida de criminal (perante os tribunais) para política (perante o parlamento). Tal ocorreu depois de as eleições terem

orientam esses princípios. Estes existem porque, embora sempre haja uma crítica à sociedade e constante mudança de valores, essa crítica e essa mudança se fundamentam em ideias e filosofias não adequadas ao seu tempo. É esta adequação que Constant procurava. Para ele, é nessa possibilidade de realizar transformações sem dar as costas para o que existe que se encontram seus princípios políticos, os quais, enquanto leis, trazem em si a garantia de que serão cumpridos[1171].

Apontado, até recentemente, como apenas um liberal antiestatista, cada vez mais, ultimamente, vem sendo considerado um liberal democrata que queria estabelecer uma igualdade, no mínimo, jurídico-constitucional. É verdade que em seus embates políticos Constant procurava estar sempre em oposição a qualquer ato ou regime. Despótico, da mesma forma, opunha-se aos liberais conservadores de seu tempo, que desejavam manter o *statu quo* anti-igualitário. Para Constant, as afirmações contidas nos princípios sempre eram oriundas de discussões sobre verdades filosóficas aceitas, que fundamentavam a prática política dos vários momentos[1172].

Constant procurava um meio de estabelecer como em uma Constituição, com princípios políticos bem explicitados, poderiam estar contidas as garantias de que as leis seriam cumpridas tanto no que diz respeito aos direitos civis quanto aos deveres do Estado, do governo e do cidadão. Nem sempre acreditando que boas leis, baseadas em bons princípios,

produzido uma maioria ultrarrealista que queria assegurar-se de que o governo iria seguir um curso ultraconservador e, por isso, exigia, conforme o modelo inglês, que 'os ministros e até o rei obedecessem à vontade da maioria parlamentar'. Este pedido formal foi aceito por interpretação do artigo 18 da Constituição, que afirmava a necessidade de um debate livre acerca de toda e qualquer lei e de um voto livre pela maioria de cada Câmara. Estas duas câmaras, que partilhavam com o rei o poder legislativo, era a Câmara dos Pares, uma imitação da House of Lords, pela qual La Fayette clamara em vão vinte e cinco anos antes, e cujos membros eram nomeados majoritariamente a partir das fileiras da nobreza do Antigo Regime ou do período napoleônico, e a Câmara dos Deputados, eleitos por um sufrágio censitário de tal modo restrito que apenas os grandes proprietários podiam votar. As iniciativas de lei (proposta de lei) eram da competência exclusiva do governo". Carnegem, R.W. *Uma introdução ao direito constitucional ocidental*. Lisboa: Fundação Calouste Gulbenkian, 2009, p. 248-249.

[1171] Constant, Benjamin. *Principes de politique*, cit., p. XV.

[1172] Ibidem, p. XVI.

pudessem fazer a felicidade de um povo, preocupava-se em criar garantias de que as boas leis se concretizassem[1173].

As várias Constituições, aparentemente, procuravam manter os direitos civis e os princípios básicos de uma organização política liberal. A Constituição que criou o Diretório era quase a mesma que foi adotada pela Convenção e que jamais havia sido aplicada. Estabelecia um regime republicano e reinstaurava a separação dos poderes, já instituída pela Constituição de 1791. O Império manteve o Código Civil adotado no final do Consulado, em 21 de março de 1804, que confirmava a liberdade individual, mas sem garantias precisas. A Constituição do Império realizou apenas alguns retoques na do Consulado, mesmo porque o texto definitivo desta havia sido na sua essência obra de Bonaparte. À medida que o Império estende seu poder, toda a Europa é dominada por essas transformações e pela manutenção de princípios que pareciam fundamentais para se constituir uma sociedade e um Estado mais liberais. Apesar da aparência das leis, os regimes não eram liberais e nada garantia realmente que as liberdades civis fossem respeitadas[1174].

c) Princípios de política aplicáveis a todos os governos – Capítulo 1 ("Dos propósitos desta obra")

Constant faz dura crítica ao fato de que desde as formulações teóricas contidas no *Contrato social* e no *Espírito das leis*, o foco de análise política estava centralizado na organização constitucional de um governo teórico, em virtude de uma multiplicidade constitucional que tomava corpo à época, na Europa[1175].

Pode-se notar "rigorosa desconfiança no tocante à associação, no campo político, entre 'Ideias', 'Palavras' e 'Ações'. Tais associações poderiam embutir falsidades danosas ao governo de uma nação e à sociedade constituinte de tal Estado"[1176], ou seja, poderiam introduzir conceitos estranhos à proposta do autor, de defesa da democracia.

[1173] Ibidem, p. XX.
[1174] Ibidem, p. XX.
[1175] BORGES, Alexandre Walmott. *Clássicos de direito constitucional*. Curitiba: Clássica Editora, 2013, p. 123.
[1176] Ibidem, p. 124.

O autor é contrário aos extremos políticos, de qualquer ordem ou tendência. "Faz-se, então, uma crítica àqueles que se pretendem líderes por acompanharem as massas populares ou as tendências políticas e, concomitantemente, se colocam como líderes destes"[1177].

Constant detém-se na comparação entre os dois princípios de Rousseau, propondo a aceitação de um e a rejeição do outro. Assim, conforme o pensador, o 1º princípio de Rousseau ("Toda autoridade que não derivar da vontade geral é, sem sombra de dúvida, ilegítima) tem de ser aceito; porém, o 2º princípio deste ("A vontade geral tem poder político ilimitado, todo poder emana do povo") deve ser rejeitado. Nesse sentido, para o autor, a concordância de uma maioria social e política é insuficiente em todas as circunstâncias com que as ações sejam legais[1178].

"Há, então, no raciocínio exposto, um realce da necessidade de limitação tanto do exercício da soberania, 'a soberania só existe de forma limitada e relativa', quanto do Estado em si, frente a um mínimo intangível ou intocável de liberdades e garantias individuais, ainda que tais indivíduos sejam minoritários no grupo social e político constituinte de tal Estado e soberania"[1179].

O autor reconhece a necessidade de submissão de todos à maioria, mas afasta qualquer acepção de infalibilidade e ilimitação das decisões coletivas majoritárias. "Qualquer que seja a decisão majoritária, ela estará sujeita a 2 (duas) possibilidades de deficiências: a) podem ser decisões coletivas passionais; e b) podem advir de negociações de opiniões divergentes. Na primeira situação, a decisão coletiva majoritária seria ditada pelos sentimentos passionais, sempre altamente conducentes ao erro. Na segunda, tal tipo de transação pode corrigir deturpações da opinião errada, tanto quanto pode deturpar acertos da opinião correta"[1180].

"Constant analisa a relação entre o Estado e a sociedade e expõe a necessidade de permanente vigilância por parte desta frente à condução estatal pelos governantes. Ele reconhece que inexistiu sociedade ou organização político-social em que tenha havido pleno respeito das liber-

1177 Ibidem, p. 124.
1178 Ibidem, p. 130.
1179 Ibidem, p. 130.
1180 Ibidem, p. 131.

dades individuais e Estado que tenha se mantido nos seus limites institucionais mínimos. Em todas as eras históricas os governantes sempre ultrapassaram os limites do aceitável em suas ações políticas, usurpando, em menor ou maior grau, o campo de poder pertencente à sociedade"[1181].

Nessa ordem, o filósofo refuta *a priori* qualquer justificativa a favor da ilimitação do poder político, ainda que para um propósito definido, por prejudicar o sistema político como um todo, resultando em insegurança e instabilidade política a todos[1182].

Governos tentarão justificar a referida extensão dos poderes da autoridade política, argumentando, basicamente, que o fazem por serem mais capacitados que a sociedade que lhes delegou poderes e, também, por serem infalíveis ou, quase isso, como detêm poderes supremos, podem propiciar mais benefícios que malefícios à sociedade governada[1183].

6.2 Georg Whilhem Friedrich Hegel (1770-1831) – O "jovem" e o "velho" Hegel – o revolucionário e o conservador

Hegel nasceu numa família da pequena burguesia, cujo pai, Georg Ludwig Hegel, era funcionário do Reino da Prússia. O filósofo iniciou estudo dos clássicos no Liceu de Stuttgart. Aprofundou os estudos filosóficos e teológicos no "seminário" de Tübingen, entre 1788 e 1793. Foi colega de Schelling e Hölderlin, adeptos da Revolução Francesa e que os influenciou inicialmente. Aprendeu o grego e o latim. Leitor, entre outros filósofos, de Platão, Kant e Fichte. Inicialmente lecionou na Universidade de Jena a partir de 1801, assumindo posteriormente a função de diretor do Jornal *A Gazeta Barmberg*. Também foi diretor de Liceu em Nuremberg e professor na Universidade de Heidelberg (entre 1816-1818). Sucedeu Johann Fichte[1184] como professor de filosofia na Universidade de Berlim em 1818, cargo que ocupou até sua morte, ocorrida em 14 de novembro de 1831.

[1181] Ibidem, p. 134.

[1182] Ibidem, p. 135.

[1183] Ibidem, p. 135.

[1184] Fitche (1762-1814), filósofo alemão, foi um dos criadores do movimento filosófico conhecido como idealismo alemão.

Ressalte-se que iniciou a sua jornada como luterano e aceitou o "teísmo" com o iluminismo francês. Procurou organizar os governos. As suas reflexões apresentam as seguintes etapas ou períodos para chegar a um sistema:

1788-1793 - enfoca a religião viva, nacional e republicana - aborda a positivação da religião e da política;
1797-1800 - estuda e escreve sobre a "alienação";
1801-1807 - reflete sobre os "conceitos inconcebíveis";
1807-1808 - o contexto o leva a estar ligado como um "jornalista no conflito";
1808-1816 - desenvolve uma "lógica nova";
1816-1818 - aplica a lógica nova a um "terreno variado";
1818-1831 - conclui as suas reflexões - finaliza o chamado "sistema".

6.2.1 Pensamento - Aspectos gerais

De maneira original, Hegel concebe sua própria evolução filosófica e a dos outros filósofos. Consequentemente, adota a tese - algumas vezes pressentida antes dele - da unidade e da continuidade do desenvolvimento filosófico milenar: os filósofos, em sua sequência, são como um homem que jamais tivesse morrido e continuasse filosofando. Os sucessivos sistemas apresentam-se então como momentos - geralmente contraditórios entre si - de um processo único e orientado. Cada problemática que exprime adequadamente o que Hegel denomina "espírito do tempo", ao eclodir e resolver as contradições que implica, gera uma nova problemática, correspondente a uma nova época. Os "espíritos temporais" diferenciam-se no "espírito do mundo", manifestação do Absoluto no tempo e no espaço. Como, em última instância, Hegel considera unilateralmente o Absoluto puramente espiritual, e como, para ele, a filosofia se confunde com essa espiritualidade, é o princípio filosófico que sempre fornece a razão última e a coloração específica de cada época histórica[1185].

Apresentadas esquematicamente, a articulação das diversas instâncias do real e a anexação delas à filosofia fundante poderiam parecer extremamente artificiais. Mas a arte do filósofo em geral logra torná-las plau-

1185 Huisman, Denis. *Dicionário dos filósofos*. São Paulo: Martins Fontes, 2001, p. 466.

síveis e até conciliá-las aparentemente com os resultados de um exame muito plácido dos acontecimentos e das doutrinas. O imenso sistema hegeliano parece surgir da própria realidade, sem escolhas arbitrárias. As coisas fariam um discurso especulativo, sem ingerência do filósofo. Mas alguns de seus leitores, é verdade, não se deixam enganar sem levantar objeções[1186].

O pensador apresentava uma faceta conservadora e revolucionária, que assim se expressava: "o que é racional é real, o que é real é racional". Desejava realizar a síntese entre o ideal e a realidade. Tentou expressar a unicidade do todo numa síntese geral. Realizou reflexões sobre o Direito e a Constituição. Procurou o universal ao abordar religião, estética, história, direito, política, ciências naturais (de forma enciclopédica) e com o intuito de unificar e sistematizar. Para essas reflexões usou "uma lei do dever universal, a dialética".

Contribuiu para a filosofia moderna com a sua noção de dialética, que se apresentava como:

- *Dialética do espírito* (o mundo das ideias para chegar ao saber absoluto).
- *Dialética da natureza* (mundo das coisas – tentar alcançar a essência da vida).
- *Dialética da história* (mundo das sociedades humanas). Consequência da "razão racionante", movimento que impulsiona a evolução humana com rupturas, revoluções e as guerras. A revolução é libertadora e "a guerra impede os povos de adormecerem, colaborando para a abolição de um mundo social, político, cultural" que faz (ou fará) surgir um "mundo novo".

A história é "eternamente criadora". Essa tríade da dialética hegeliana apresenta um esquema trifásico: tese – antítese – síntese (que acaba assumindo o papel de tese). É a luta dos opostos, em que temos afirmação, negação e negação da negação. Suas ideias serão retomadas, futuramente, entre outros, por Karl Marx.

[1186] Ibidem, p. 466.

6.2.1.1 O cidadão e a propriedade privada

Com a necessidade de proteger a liberdade pessoal do homem, surge o reconhecimento da propriedade, do contrato, de sanções para a punição da injustiça e o crime e, portanto, o Direito. A propriedade passa a ser uma necessidade da liberdade individual. Não liga a liberdade com a igualdade, pois considera uma concepção errada, já que não significa "injustiça da natureza, pois a natureza não é justa nem injusta. A concepção de igualdade não possui objetividade; é fruto de uma moralidade subjetiva". Todavia, aborda a questão do "bem-estar universal", que é mimético com a ideia de solidariedade cristã e prega o papel importante do Estado para a proteção dos mais carentes por intermédio de "instituições públicas de assistência, hospitais etc.". Conclama um dever público de justiça para os mais carentes. A família tem grande importância para Hegel, e tem como base o casamento, o patrimônio e a educação dos filhos, que deve ser regulada pelas leis civis do Estado.

6.2.1.2 A sociedade civil

Hegel conceituava essa expressão da seguinte maneira: "Conjunto de pessoas e instituições de caráter privado que não pertencem ao aparelho de Estado". Acreditava, contudo, que a "sociedade civil" tinha que ter algum controle, pois poderia desenvolver atividades nocivas e desumanas, como a corrupção, o luxo, a arbitrariedade e não poderia ser completamente independente. Interpretou essa questão com base nas leis naturais da "economia política", desenvolvidas por Adam Smith, David Ricardo e Jean Baptiste Say[1187]. Ao analisar esse sistema, que defende o sucesso de cada um, concluiu que pode levar a todos para um conflito mortal, porque predominam apenas os interesses, daí o papel do Estado para equilibrar e resolver os problemas que surgirem desses impasses.

6.2.1.3 O Estado

O Estado passa a ser para Hegel a comunidade suprema, por ser a união política e ética de um grupo de pessoas que se desenvolve na história

[1187] Jean Baptiste Say (1767-1832) foi um economista francês. Após a Revolução Francesa, ocupou a função de jornalista em periódicos liberais franceses, onde se aproximou das ideias de Adam Smith e do estudo da ciência econômica.

junto com o "espírito do povo". Define: "O Estado é a realidade em ato de ideia moral objetiva" ou "é o racional em si e para si, um fim próprio, absoluto". "O Estado é a vontade divina como espírito presente ou atual que se desenvolve na formação e organização de um mundo"[1188].

Ele, portanto, diviniza o Estado, e admite que a verdade, o saber e a religião devem ser assuntos de sua alçada. A concepção de Estado Moderno hegeliano pretende que os governantes tenham competência e não seguindo a fortuna, a classe, o sorteio e a eleição, retomando algumas ideias platônicas, como a da "seleção de guardiões". Abre caminho para o que denominamos hoje de "tecnocracia", porque o "funcionário especializado" deve ser "qualificado" e que realiza as decisões tomadas pelo monarca em relação à "sociedade civil".

Acrescente-se que: "*Os interesses particulares das coletividades são administrados pelas corporações nas comunas e nos outros sindicatos e classes pelas suas autoridades: presidentes, administradores etc. As coisas de que têm necessidade... a propriedade e o interesse privados dessas esferas particulares e, por esse lado, sua autoridade, repousam na confiança de seus companheiros e concidadãos...*"[1189].

Hegel é favorável a uma Monarquia Constitucional e acredita que o povo deve organizar-se e ordenar-se em "Estados", segundo as classes profissionais, e deve indicar representantes que irão administrar as demandas particulares por intermédio dos funcionários, de acordo com os objetivos gerais. O papel das corporações e comunas pode evitar qualquer arbitrariedade de governança.

Quanto aos órgãos de mediação (assembleias de ordem), assim discorre: "*As assembleias de ordem terão por missão fazer chegar à existência o interesse geral não apenas em si, mas também para si, isto é, fazer existir o elemento de liberdade subjetiva formal, a consciência pública como universalidade empírica das opiniões e dos pensamentos da massa*"[1190]. Farão mediação entre o governo e o povo.

[1188] Hegel, G. W. F. *Princípios da filosofia do direito.* 2 ed. São Paulo: Martins Fontes, 2000, p. 265.

[1189] Châtelet, François. *Hegel.* Rio de Janeiro: Jorge Zahar, 1995, p. 136.

[1190] Ibidem, p. 136.

6.2.1.4 O Estado e o cidadão

No que tange a essa temática, Hegel é influenciado por Rousseau. Para ele o Estado segue uma concepção dialética que tem origem nas ideias e, portanto, na história. Logo, os fundadores do Estado são considerados heróis, por serem "o instrumento de Espírito Universal, pois o que julgam ser o seu interesse pessoal é aspiração inconsciente de todos os homens" e "os povos se unem em volta de seu estandarte, e ele mostra-lhes e executa aquilo que é a sua tendência imanente". Esse processo marca a história mundial no pensamento hegeliano.

Defende que "é no Estado que o indivíduo obtém a sua liberdade, o seu valor supremo". O Estado, portanto, "possui um Direito soberano sobre os indivíduos, os quais têm, em seus membros do Estado, o seu mais alto dever. (...) O indivíduo, como membro do Estado, tem objetividade, verdade e moralidade, pois o destino dos indivíduos está em participarem numa vida coletiva".

A referida concepção hegeliana deu abertura para fundamentar a criação do "Estado Totalitário" a partir do século XIX até os nossos dias, pois o cidadão só pode se realizar integrado e incorporado ao Estado, que tem os poderes de autoridade, para criar e garantir a liberdade individual. Ao contrário desses princípios, segundo Hegel só pode haver a anarquia e o caos, pois "destroem aquele elemento divino que, em si e para si, existe na autoridade e majestade absoluta do Estado".

Apesar dos comentários de Hegel sobre Robespierre durante a Revolução Francesa, quando afirma que "Robespierre colocou o princípio da virtude como objeto supremo e pode-se dizer que este homem tomou a virtude a sério", mas, "a virtude subjetiva que só reina segundo o sentimento traz com ela a mais terrível tirania"[1191], acabou influenciando os regimes fascistas, nazistas e soviéticos do século XX, que vão adotar essas posições totalitárias.

São três os poderes do Estado, para Hegel:

- o *poder absoluto do príncipe*, que é discricionário e livre;

[1191] Borges, Maria de Lourdes Alves. *História e metafísica em Hegel*: sobre a noção do espírito no mundo. Porto Alegre: EdiPUCRS, 1998, p. 177.

- o *poder do governo*, complementar do primeiro, que traduz a execução das decisões do príncipe e sua aplicação das leis;
- o *poder legislativo* com duas câmaras, semelhante à Inglaterra, ou seja, com a nobreza e a burguesia.

Em relação ao povo, afirmava Hegel: "o povo, como fração particular dos membros de estado, representa a parte que não sabe o que quer, uma massa uniforme com movimentos e ações apenas elementares, irracionais e selvagens". Apoia, como já observado, o funcionalismo público, "que faz parte da classe média, e onde residem a inteligência culta e a consciência jurídica do conjunto de um povo", que deve ser uma "classe universal", identificada com os interesses do Estado.

Portanto, ele passa a defender a "monarquia constitucional prussiana" como o aperfeiçoamento do Estado, uma obra do mundo moderno; afinal, segundo a sua visão, "era um Estado forte e justo". Considera, ainda, que a "ordem formal que rege as relações entre Estados é o conflito", e não existe a "paz perpétua" defendida por Kant. Hegel destrói a proposta de "paz perpétua" quando afirma:

"Kant tinha a ideia de garantir uma paz perpétua por uma liga das nações que regraria toda disputa, a qual deveria ser um poder reconhecido por cada Estado individual e deveria arbitrar todos os casos de discórdia, a fim de tornar impossível a saída através da guerra. Esta ideia pressupõe um acordo entre os Estados que se fundamente em razões morais ou religiosas, mas que sempre dependeria, em última instância, de uma vontade particular e, por esta razão, sempre estaria eivada de contingência"[1192].

Defende que "não há juiz acima dos Estados nacionais, só um mediador, com uma vontade particular afetada pela contingência". Entre os estados, "a única corte suprema é a guerra" e, portanto, a história. Para o filósofo, a nação que apresenta instituições com último grau de liberdade tem o direito de ser o "juiz último do mundo"[1193].

1192 Borges, Maria de Lourdes. *A atualidade de Hegel*. Florianópolis: Universidade Federal de Santa Catarina, 2009, p. 148-149.

1193 Contemporaneamente George W. Bush, ex-presidente dos Estados Unidos, em vários discursos, defendeu e praticou a ideia, quando da invasão do Iraque, à revelia da posição

6.2.2 Conclusões

Hegel – e seu pensamento, por extensão – enfrentou problemas de cunho religioso, filosófico e político, em um contexto de revolução e de transformações sociais. A sua dialética propõe a unificação dos momentos e das instâncias da vida do espírito. É uma obra ambígua porque consolida e mantém a religião, a teologia e paralelamente justifica uma ideologia do poder autoritário e Estado absoluto, de tendência ditatorial; mas usando o processo dialético da realidade, abre espaço para uma transformação de ordem social e política. Portanto, o método dialético defende a transformação, já o sistema pode servir a posições reacionárias. Dada essa posição, surgiram a "direita" e a "esquerda" hegelianas.

A esquerda fará críticas radicais em relação aos regimes conservadores. Em especial, à religião, à teologia e à política. A direita propõe a manutenção dos regimes e o apoio a um estado absoluto e até totalitário. O direito tem o seu domínio no "espírito em geral" – é como uma forma de liberdade. Todavia, Hegel é considerado antiliberal e reconhece que a tirania e a violência podem fazer parte do direito positivo. O direito hegeliano opera em três níveis: direito abstrato (relação com os outros), moralidade (subjetividade) e eticidade (experiência subjetiva do indivíduo).

Ocorre que a identificação entre real e racional conduz, ao mesmo tempo, ao fim da metafísica, também a uma nova imantação do mundo. Se o que é deve ser, então há uma lógica intrínseca no mundo e na existência, e tal lógica se deve a uma cadência universal da razão, que no limite se liga a Deus. Para Hegel, a realidade fica legitimada a partir de uma espécie de caminho necessário da razão. As críticas filosóficas a essa forma de ver o mundo de Hegel são várias. No geral, elas destacam tanto o avanço quanto o retrocesso da identificação entre razão e realidade procedida por Hegel. Se a razão é a realidade, não se duplica o mundo, e, portanto, pensa-se a própria razão a partir de referenciais concretos e históricos. Trata-se de uma visão progressista. Mas, por outro lado, se o que é, é também o que deve ser, então o mundo está legitimado, mesmo nas suas ignomínias e nas suas injustiças. Trata-se de um edulcoramento

da ONU, colocando o seu país, uma superpotência nuclear, como uma espécie de "polícia do mundo".

do mundo, implicando, pois, na face conservadora do pensamento hegeliano.

Hegel sistematiza seu pensamento jurídico na obra *Princípios da filosofia do direito* em três partes fundamentais: *direito abstrato, moralidade* e *eticidade*. Em outras palavras, trata-se do direito da individualidade (primeira parte), do direito como moralidade subjetiva (segunda parte) e do direito como moralidade objetiva (terceira parte). No que tange ao ponto específico da eticidade, o pensador percebe nela um transcurso de vários graus: seus níveis primeiros se encontram na família, depois passando pela sociedade civil, para, enfim, ter por ápice o Estado.

Assim sendo, ele ultrapassa tanto o momento do direito abstrato individual quanto o da moralidade subjetiva kantiana. A eticidade é o momento superior de sua filosofia política e jurídica. Em Hegel, cessa o esquema moderno de elaboração conceitual do Estado como uma decorrência da sociedade civil. Por isso, não chegando à conclusão da existência de um contrato social, ele não partilhará a hipótese de que tenha havido um estado de natureza, como pensavam os modernos. Não há, para Hegel, uma etapa pré-social e outra social em que, então, passasse a se desenvolver a história da sociedade. Toda a evolução social é histórica. Em *Princípios da filosofia do direito*, diz ainda que, a respeito da confusão que os modernos empreendiam entre sociedade civil e Estado, a constituição é entendida como organização do Estado, referindo-se, em última instância, ao povo racionalmente constituído não como simples associação de indivíduos.

Ao contrário dos juristas do século XIX, em sua visão, a constituição é a realidade anterior a toda teoria. A pergunta sobre quem deve fazer a constituição não faz sentido, pois parte de pressupostos atomísticos da sociedade. A questão do poder constituinte, assim, é deixada de lado pelo filósofo, cujo conceito de constituição diz respeito à organização do Estado, não à carta que garante direitos individuais.

Nesse sentido do progresso, o pensador enxerga uma sucessão de quatro impérios da história universal: o império do oriente, o império grego, o império romano e, por fim, o império germânico. O Estado prussiano apresentava-se como o que é e deve ser no pensamento jurídico-político hegeliano.

Há aparente correspondência entre Hegel e o movimento que, na Alemanha do século XIX, levou o nome de Escola Histórica. As duas perspectivas estão praticamente no mesmo tempo histórico, tendo, também, um opositor comum, o jusnaturalismo universalista e individualista, que poderia bem se resumir exemplarmente na filosofia de Kant. No entanto, há, ao lado de alguma igualdade no que diz respeito aos grandes opositores, diferenças substanciais entre Hegel e a Escola Histórica.

O modelo jurídico hegeliano, criticando o individualismo iluminista, ainda ao seu modo é moderno, na medida em que o Estado, como espaço público, é o espaço da razão. De alguma medida, como Rousseau também o fora, Hegel é iluminista e um pouco mais além. Mas a Escola Histórica, que não é iluminista, assentando-se sobre a noção de povo, revela seu caráter regressivo, pré-moderno, sendo, pois, um pouco mais aquém do Iluminismo. Hegel afasta-se da universalidade individualista dos modernos, mas é portador de uma hiperuniversalidade[1194].

Hegel rejeitou a ideia de "Contrato Social" como base para explicar a natureza de obrigação política, ao contrário de Hobbes, Locke e Rousseau. Ele interpreta a história universal entre o choque da subjetividade individual e a totalidade ideológica. Em síntese, propõe um sonho filosófico em que o objetivo da liberdade moderna está em alcançar um estado de total conhecimento e reconciliação das tensões humanas. O direito ajuda na construção social (solução de conflitos), sendo o meio em que a humanidade de racionalidade moderna se expressa.

Temos que "*a Constituição moderna é ao mesmo tempo jurídica e não jurídica. A constituição da entidade social moderna repousa sobre a estrutura do direito, mas o direito é a mediação, o ato de pôr em relação as subjetividades dos seres humanos concretos. E, à medida que a modernidade se desenvolve, perde qualquer abonador transcendental – Deus desaparece e passa a ser substituído pelo desejo humano. A não ser a racionalidade humana, não pode haver absolutamente nada a fundamentar o 'direito natural'. Os efeitos são dramáticos – o que, por exemplo, assegura que o Estado justo pode ser alcançado? Como poderíamos estar certos de conseguir reconhecê-lo como tal? O homem moderno perde a capacidade de transcender o imanente na busca da pureza do puro ou naturalmente 'justo', em referência ao*

1194 Mascaro, Alysson Leandro. *Filosofia do direito*, 6. ed. São Paulo: Atlas, 2018, p. 242.

qual deseja livrar o direito daquilo que considera injusto. Pouco surpreende que o positivismo jurídico passasse a dominar o pensamento da teoria jurídica a partir de meados do século XIX, uma vez que, com a modernidade todo direito que se postula como direito torna-se real, torna-se direito propriamente dito. Quando a consciência jurídica – em sua crítica do direito natural – torna-se uma forma incipiente de positivismo jurídico a capacidade de distinguir o direito justo do injusto não é inerente à capacidade de reconhecer o direito, mas passa para a esfera da capacidade de dizer o que o direito deve (vir a) ser. Isso, porém, pode significar que com a modernidade o direito é apenas um instrumento do poder; ou, em termos nietzschianos, quando Deus desaparece quando perdemos toda ideia teleológica, a questão da justiça transforma-se numa batalha entre diferentes vontades de poder: A vontade de inscrever na positividade do direito as obrigações morais que nos são apresentadas pelos intelectuais – aqueles que criam e controlam as ideias da filosofia do direito. O direito torna-se, então, o instrumento dos sonhos? Nos sonhos do profeta filosófico seremos nós – os sujeitos dos intelectuais da modernidade – instados a criar a partir de imagens de potencialidade?

Quando o direito natural desaparece, a lei não pode mais ser interpretada como uma declaração da natureza sobre o que deveria ser, pode apenas estipular o que a natureza deveria ser. O direito pode moldar nossa natureza, nosso mundo social e nosso ser socialmente construído, mas o moderno torna-se uma contingência"[1195].

6.2.3 Principais obras

Destacam-se as seguintes obras: *A vida de Jesus* (1795); *A positividade da religião cristã* (1795-96); *O espinho do cristianismo* (1798-99); *O estado de Wurtemberg* (1798); *A constituição da Alemanha* (1799-1802); *Diferença entre os sistemas filosóficos de Fichte e Schelling; Dissertação sobre as órbitas dos planetas* (1801); alguns ensaios no *Jornal Crítico de Filosofia, como o famoso* "A relação de Ceticismo com a filosofia, fé e saber e maneiras de tratar cientificamente o direito natural" (1802); *Fenomenologia do espírito* (1807); *Ciência da lógica* (em três livros - 1812-1813-1816); *Enciclopédia das ciências filosóficas* (1817); *Princípios de filosofia do direito* (1821); *Propedêutica filosófica* (1809-1816); *Lições sobre a história da filosofia* (1833-1836).

[1195] MORRISON, Wayne. *Filosofia do direito – dos gregos ao pós-modernismo.* 2.ed. São Paulo: Martins Fontes, 2012, p. 211.

6.3 Alexis Charles Henri de Tocqueville (1805-1859) - O liberalismo e a democracia americana

Tocqueville nasceu em Paris, originário da pequena nobreza. Após o curso de Direito na capital francesa tornou-se, em 1827, magistrado da monarquia Bourbon. Após uma temporada de estudos nos Estado Unidos (1831), concentrou-se na redação de livros.

Participou da Revolução de 1848, sendo deputado na Assembleia Francesa; ajudou na redação da Constituição da Segunda República, e tornou-se ministro das relações exteriores de Luis Napoleão (1849). Após o golpe de Estado liderado por este, abandonou a política. Ao lado de seu companheiro de viagem, Gustave de Beaumont, escreveu *Do sistema penitenciário nos Estados Unidos e em França.*

Depois, iniciou a produção de *O antigo regime e a revolução*, obra sobre a Revolução Francesa, mas morreu antes de terminá-la. Publicista e político, refletiu sobre as contradições e problemas das sociedades democráticas. Analisou a dialética da igualdade e da liberdade no mundo ocidental, base para o entendimento da democracia moderna.

6.3.1 As Revoluções e o Antigo Regime

Tocqueville acusa o individualismo, que triunfa na democracia dos tempos modernos, de engendrar os males que o minam: *"À medida que as condições se igualam, encontramos um número cada vez maior de indivíduos que, não sendo suficientemente ricos nem suficientemente poderosos para exercer uma grande influência sobre o destino de seus semelhantes, adquiriram ou conservaram luzes ou bens suficientes para poder bastar-se a si mesmos. Não devem nada a ninguém; habituam-se a sempre se considerarem isoladamente, imaginam que todo seu destino está em suas mãos. Assim, a democracia faz cada homem esquecer seus ancestrais, mas esconde dele seus descendentes e o separa de seus contemporâneos".* A democracia, pensava ele, decompõe a sociedade e, rompendo todos os laços que, no espaço e no tempo, unem os homens aos homens, espalha-se num mundo atomizado: o interesse e o egoísmo que se instalam fazem as sociedades democráticas correrem um risco mortal. Na democracia há uma tirania da individualidade, de modo tal que, em vez de ser um progresso político como acreditavam os homens do século XVIII, está carregada de riscos de uma regressão social - não porque se opunha à aristocracia do Antigo Regime, mas porque desestrutura até a desagregação a comunidade dos homens na qual se decompõem, sob seu efeito, as tradições e as normas que constituem suas referências e são a base de seu valor.

Em relação à Revolução Francesa afirmou:

"Não resta dúvida que jamais houve Revolução mais profunda, mais rápida, mais destruidora e criadora ao mesmo tempo. Entretanto, seria completamente equivocado crer que dela surgiu um povo francês completamente novo ou que ergueu um edifício no vazio. A Revolução Francesa criou uma imensa quantidade de coisas acessórias e secundárias, mas no fundo não fez mais que desenvolver o germe de uma série de instituições que existiam antes de sua eclosão. Organizou, coordenou e legalizou os efeitos de uma grande causa, mas não foi a própria causa.

Na França, as condições eram mais iguais que em nenhum outro lugar; a Revolução as igualou muito mais e introduziu a igualdade nas leis. A nação francesa havia abandonado, antes de qualquer outra e mais completamente, o sistema de fracionamento e de individualismo feudal da Idade Média; a Revolução acabou de unir as diferentes partes do país para formar um só corpo.

Na França, o poder central já. se apoderara, em maior medida que em qualquer outro País, da administração local; a Revolução fez esse poder mais hábil, mais forte e mais empreendedor.

Os franceses conceberam antes e mais claramente que outros povos a ideia democrática da liberdade; a Revolução deu à nação, senão toda a realidade, pelo menos toda a aparência do poder soberano.

Se estas coisas são novas, o são pela forma, pelo desenvolvimento, não em princípio nem em fundamento. Tudo o que fez a Revolução se teria feito sem ela; não foi, no fundo, mais que um procedimento violento e rápido mediante o qual se adaptou o estado político à situação social, os fatos às ideias e as leis aos costumes.

Ao Antigo Regime havia sucedido a Monarquia Constitucional; à Monarquia, a República; à República, o Império; ao Império, a Restauração; depois viera a Monarquia de Julho. Após cada uma dessas mutações sucessivas, foi dito que a Revolução Francesa, tendo acabado o que presunçosamente chamava-se 'sua obra', havia terminado: era o que se dizia e no que se acreditava. Ah! eu mesmo tive esperanças de que isso ocorresse sob a Restauração e até depois de ela ter sido derrubada; e eis a Revolução Francesa que recomeça, pois é sempre a mesma. À medida que avançamos, seu final se afasta e torna-se obscuro. Chegaremos – como asseguram determinados profetas (talvez tão enganados quanto seus predecessores) – a uma transformação social mais completa e profunda do que previram e quiseram nossos pais e do que nós mesmos podemos conceber; ou iremos simplesmente acabar na anarquia intermitente, doença crônica e incurável, bem conhecida dos velhos povos? Quanto a mim, não posso dizê-lo, ignoro quando acabará essa longa viagem; estou cansado de tomar sucessivamente névoas enganosas por continente e pergunto-me com frequência se a terra firme que procuramos há tanto tempo de fato existe, ou se nosso destino não é o de correr o mar eternamente!"[1196].

Ao analisar a Revolução Americana, o pensador compara a democracia americana com a nobreza europeia, ao afirmar: *"se naquela se encontra menos brilho que no seio de uma aristocracia, vê-se lá menos miséria; os prazeres são menos extremos, mas o bem-estar é mais generalizado; as ciências menos avançadas, mas a ignorância mais rara; os sentimentos menos enérgicos, mas os costumes mais suaves; aí se observarão mais vícios, mas muito menos crimes (...) A nação tomada no seu conjunto será menos brilhante, menos gloriosa, talvez menos forte; mas a maioria dos cidadãos gozará aí de um destino mais próspero, e o povo mostrar-se-á pacífico, não porque não queria estar melhor, mas porque sabe que está bem".* E continua: *"de todas as realidades novas que, durante a minha estadia nos Estados Unidos, chamaram a minha atenção, nenhuma me impressionou tanto como a da igualdade de condições, que exerce 'sobre a marcha da sociedade e dos negócios públicos uma influência prodigiosa'"*[1197].

Em relação à igualdade de condições, considera que ocorreu desde "o nascimento das colônias", já que "*uma grande igualdade reinava entre os emigrantes que começaram por se estabelecer nas margens da Nova Inglaterra*". "*Quase todos os americanos dispõem do mínimo para viver*"; (...) há poucos que sejam ricos; quase todos têm necessidade de exercer uma profissão; (...) na América, a maioria dos ricos começaram por ser pobres; (...) há, pois, uma multidão de indivíduos que tem mais ou menos as mesmas noções sobre religião, história, ciências, economia política, legislação, governança (...). O tempo, os acontecimentos e as leis transformaram o elemento democrático em fator não apenas preponderante, mas assim dizer único. *"A América apresenta, em suma, na sua situação atual, o mais estranho*

[1196] TOCQUEVILLE, Alexis de. *Lembranças de 1848, as jornadas revolucionárias de Paris.* São Paulo: Companhia das Letras, 1991, p. 86.

[1197] AMARAL, Diogo Freitas do. *História do pensamento político ocidental.* São Paulo: Edições 70, 2011, p. 334-335.

fenômeno: os homens surgem nela mais iguais, pela sua fortuna e pela sua inteligência (...), do que em qualquer outro país do mundo, ou em qualquer século da história que nos seja conhecida"[1198].

Tocqueville sabe perfeitamente que a **democracia direta**, exceto nas pequenas comunas, é praticamente impossível e que, em consequência, as futuras grandes democracias serão representativas. Contudo, ele não acha nem que "*o povo é admirável para escolher seus representantes*", nem que os representantes, ainda que bem escolhidos, sejam perfeitos; acha apenas que "o grande privilégio dos americanos é poder cometer erros remediáveis", pois a opinião pública está sempre presente no governo[1199].

Defendia o liberalismo inglês e desconfiava da democracia direta de Rousseau e, portanto, optou por propostas no regime americano como uma maneira de resolver os problemas da França. O discurso político-filosófico de Tocqueville foi muitas vezes esmagado sob qualificativos contraditórios: disseram que ele era conservador e que era liberal, a menos que não tivesse sido "liberal-conservador", "conservador liberal", "liberal apesar dele mesmo" e até "liberal bizarro". Também se disse que Tocqueville era ao mesmo tempo um pensador destruidor e construtivo, pois, fazendo-se de coveiro da aristocracia, teria se apresentado como o anunciador e o teórico da democracia contemporânea. Tais juízos, repetidos com emulação, exigem ser retificados, ou, pelo menos, fortemente matizados pela leitura atenta de sua obra, que tem de ser situada no contexto histórico, político e social de sua época para que se possa apreender e validar o seu alcance[1200].

Pensou, inicialmente, como Bodin e Montesquieu, que o determinismo geográfico explicava em grande parte as características da sociedade americana. Mas, rapidamente, suas observações começaram a ser organizadas segundo outro esquema que estabelece, segundo expressão de Raymond Aron, "o tipo ideal da sociedade democrática". Na verdade, o tipo ideal que ele esculpe como que no intemporal é mais que uma épura sociológica. Desde o primeiro tomo de sua obra sobre *A democracia*

[1198] Ibidem, p. 335.
[1199] Ibidem, p. 335.
[1200] TOCQUEVILLE, Alexis de. *Igualdade social e liberdade política*. São Paulo: Editora Nerman, 1988, p. 11.

na América (1835), adivinha-se o pensamento interpretativo e reflexivo que se verá confirmado pelo tom filosófico presente no segundo volume e em *O Antigo Regime e a Revolução* (1856)[1201].

O ponto de partida da tese de Tocqueville é a constatação que ele já fizera em sua juventude: a democracia, que tende a igualar as condições em todo lugar "corre como uma torrente" num crescente "irresistível". Mas a progressão inexorável da democracia é o "espelho" que mostra para quem souber olhar as imagens, o sentido da marcha do mundo. Basta elevar-se da imagem à ideia que ela veicula ao fazer triunfar essa experiência sócio-política para compreender, através dela, a marcha dos assuntos humanos. Metodologicamente, o filósofo inverte o movimento por meio do qual o pensamento até então tratara o problema da democracia. A tradição filosófica partia da ideia que dela se tinha, examinava suas exigências essenciais e procurava, por meio do pensar, os parâmetros e os princípios de que necessitava; a realização dessa ideia - que se tornava um "modelo" - era de certa forma acessória. Tocqueville, por sua vez, olha e observa como vive e se exprime à sua volta a sociedade democrática americana. A partir disso decifra, "no fundo das mentes", os três vetores que formam a arquitetura que sustente o fato democrático: a igualização das condições, a afirmação da soberania do povo e o poder da opinião pública[1202].

Na América, esse fenômeno que ele exprime em termos tão fortes apresenta-se em estado puro. Então Tocqueville disseca os fatos, analisa as situações e os comportamentos. Busca compreender e se pergunta se o homem contemporâneo, no fluxo democrático que o arrasta, não está perdendo sua alma. Esta questão é para ele lancinante e dolorosa: não porque cede à tentação romântica de lamuriar-se ou caia, num irracionalismo niilista, mas, perante as figuras políticas e, sobretudo, sociais, que manifestam o fato bruto da igualização democrática, sente-se trespassado por uma angústia quase metafísica; o que o homem tem de mais profundo e de mais precioso, sua liberdade, está em perigo. E este não é o menor dos paradoxos do fato democrático: no extremo oposto da ideia democrática que fazia brilhar a esperança da liberdade, o fato democrá-

[1201] Ibidem, p. 12.
[1202] Ibidem, p. 13.

tico constitui, mediante a igualização das condições que por toda parte se estende abolindo as hierarquias e as complementaridades, uma das mais graves ameaças à liberdade[1203].

Em termos esquemáticos, pode-se dizer que para Tocqueville a democracia consiste, primeiro, "no desenvolvimento gradual e progressivo de igualdade", permitindo a todos e a cada um, acima das diferenças hereditárias e das desigualdades de fortuna, alcançar um bem-estar comum, graças, sobretudo, à aquisição de riquezas materiais[1204].

Para o autor, nos tempos aristocráticos, a autoridade estrutura a sociedade, garantindo a sua existência. Esse tipo de autoridade não é apenas política, representada por uma monarquia ou uma oligarquia; é também moral, intelectual e espiritual, ou seja, é integral. Dessa forma, "a verdade, no que pode ter de mais absoluto, é em primeiro lugar verdade da autoridade e, portanto, garantida por ela. Daí desprende-se uma série de comportamentos e de rituais, tanto sociais quanto políticos, morais quanto religiosos, que definem o homem dos tempos aristocráticos, seja rei, plebeu, senhor ou clérigo. Este homem se expressa através de uma estética: na política, mediante a representação "régia" do poder, e na religião, mediante uma liturgia minuciosa, ou nas manifestações artísticas do espírito humano"[1205].

6.3.2 A Constituição dos EUA, a democracia e seus perigos

Além da exposição sobre a organização civil, jurídica e política do Estado, Tocqueville discorre sobre a Constituição Federal da União americana. O autor achava interessante se aprofundar no espírito que animava essa Carta, bem como nas relações das instituições políticas federais. A unidade política reside nas atribuições soberanas assinaladas à União. A unidade judiciária é constituída por uma corte suprema que interpreta

1203 Ibidem, p. 13.

1204 Ibidem, p. 12. A partir da segunda década do século XXI fica evidente uma inversão entre a situação europeia e norte-americana. Na Europa há mais igualdade entre as pessoas, enquanto nos EUA cada vez mais há concentração de renda, fato que contribuiu que chegasse ao poder um presidente como Donald Trump, que despreza os ideais democráticos. Vale ressaltar que, devido a outros fatores, também a Europa, mesmo em seus países mais desenvolvidos está a flertar com governos autoritários.

1205 Ibidem, p. 13.

as leis e que regulamenta as diferenças entre os Estados; o princípio da independência dos Estados é representado pelo Senado; a Assembleia dos representantes encarna o dogma da soberania nacional. Ao Poder Legislativo o Senado junta o Poder Judiciário e político. Já o Executivo é vigiado, mas não dirigido, pelo Senado e personifica-se no presidente, a fim de que sua responsabilidade seja mais completa. O primeiro mandatário está munido com o poder do veto suspensivo[1206].

Apesar disso, o autor faz críticas: a prática, aceita pela Constituição[1207] americana, da reeleição do presidente, por exemplo, coloca-o, no sentir de Toqueville, a serviço do despotismo da maioria. O único motor de todo esse mecanismo é o povo. Sob o império da organização comunal, do sufrágio universal e do tribunal do júri, o povo administra-se a si mesmo na América, faz e aplica as leis. Os partidos que, nos sufrágios, fossem relegados à categoria de minoria política renunciam à prática da violência e assumem o compromisso de tentar vencer seus adversários mediante a persuasão e a prática parlamentar. O pensador assinalava dois caminhos que permitiam ao povo americano se movimentar: a liberdade de imprensa e o espírito de associação. Mas é a liberdade de associação que parece ser o princípio vital: ela se aplica a tudo, desde as decisões mais comezinhas da vida civil até aos atos mais importantes da soberania nacional. Ele chamava a atenção para o fato de que a mutabilidade da administração e da legislação era consequência do governo eletivo[1208].

1206 Rodríguez, Ricardo Vélez. *A democracia liberal segundo Alexis de Tocqueville*. São Paulo: Mandarim, 1998, p. 100-101.

1207 No Novo Mundo, uma vez consolidada a Constituição, a democracia não demorou a se tornar a estrutura política inquestionável e expressão da ordem do egoísmo. Ela também desenvolveu, em retrospecto com bastante rapidez, um rico entendimento de seu próprio caráter, centrado, como Tocqueville a seu tempo o demonstrou, na ideia da igualdade, esta interpretada em termos fundamentalmente diversos dos de Babeuf ou Buonarotti. A igualdade norte-americana estava, acima de tudo, em uma igualdade de posição e ampla rejeição de todas as formas sutis de condescendência política. Ela emanava de uma sociedade cujo movimento era a um só tempo pensado e concretizado, endossando-a em sua expansão territorial e crescente riqueza e olhando adiante para um futuro de permanente e ilimitada transformação. Dunn, John. *A história da democracia – um ensaio sobre a libertação do povo*, cit., p. 182.

1208 Ibidem, p. 182.

Apesar do apreço à democracia americana, Tocqueville considerava a democracia, em alguns princípios, uma potencial ameaça à liberdade. Sentia-se, pois, apreensivo em relação às tendências democráticas da Europa em sua época: onde elas poderiam levar? Tocqueville sabia que a era da dominação aristocrática pertencia ao passado e que, de algum modo, a democracia era inevitável. E acreditava que esse processo de declínio e transformação havia progredido lentamente desde a Idade Média. Mas quais seriam, na prática, as consequências do estabelecimento da democracia como forma padrão de governo nos países europeus?

Em suma, o grande perigo que a democracia trazia para a liberdade está no fato de que a compreensão de igualdade nela implícita tende a favorecer a instituição de um governo distante e centralizado, que alienaria o indivíduo da política. Se a democracia fosse o inevitável modelo político da futura Europa, seria necessária a existência, em seu interior, de mecanismos que pudessem opor-se à tendência centralizadora. Em conformidade com o tradicional sistema de limitação e equilíbrio de poderes, estabelecido pelos liberais, o pensador favorecia a proposta de descentralização do poder mediante o fortalecimento dos governos locais. Os riscos da democracia para Tocqueville são: "o excesso de individualismo", o "abuso das liberdades" e a "onipotência ou tirania da maioria", defende: "Considero como ímpia e detestável a máxima segundo a qual, em matéria política, a maioria de um povo tem o direito de fazer tudo" o que quiser. Ter o direito de legislar é uma coisa, ter razão no que se legisla é outra. As leis devem ser conformes à justiça: "por isso, quando eu recuso obedecer a uma lei injusta, não estou de todo a negar o direito de governar, estou apenas a apelar à soberania do povo, para a soberania do gênero humano". Porque, "*se todos admitem que um homem revestido de onipotência pode abusar dela contra os seus adversários, porque não aceitam a mesma coisa em relação a uma maioria de homens? Os homens, ao reunirem [num parlamento ou assembleia], mudam de natureza? Tornam-se mais pacientes diante dos obstáculos só porque se tornaram mais fortes? Por mim, não acredito nisso (...). A onipotência parece-me em si uma coisa má e perigosa*"[1209].

[1209] Amaral, Diogo Freitas do. *História do pensamento político ocidental*, cit., p. 336-337.

A "sociedade democrática"[1210], organizada por "um regime e um poder democráticos", será então, nas palavras de Tocqueville, "*uma multidão inumerável de homens semelhantes e iguais, que giram sem parar em torno de si próprios para alcançarem pequenos prazeres vulgares com os quais enchem a alma. Numa república assim, o despotismo [da maioria] tornar-se-ia mais intolerável do que em qualquer das monarquias absolutas da Europa*". Contradição? Tocqueville acha que não: "*tenho pelas instituições democráticas um gosto racional, mas sou aristocrata por instinto, quer dizer, desprezo e receio a multidão. Amo apaixonadamente a liberdade, a igualdade e o respeito dos direitos individuais, mas não a democracia [massificada]*". Para combater a tirania da maioria, ele propõe: "*instruir a democracia, reanimar se possível as suas crenças, purificar os seus costumes, regular os seus movimentos, substituir pouco a pouco a sua inexperiência pelo conhecimento dos assuntos públicos [ciência política] e os seus instintos cegos pela sabedoria dos seus verdadeiros interesses; adaptar a governação aos tempos e aos lugares e modificá-la de acordo com a circunstância e com os homens: é este o primeiro dos deveres que recaem hoje em dia, sobre aqueles que dirigem a sociedade*"[1211].

E conclui: "*é necessária uma nova ciência política para um mundo completamente novo*", seguindo os passos de Maquiavel, Bodin, Hobbes, Montesquieu e Rousseau. Critica, ainda, a centralização administrativa francesa, efetuada pela monarquia e pelos jacobinos. Ele assinala, no início, que as grandes revoluções sempre estiveram ligadas à problemática da desigualdade. "*Quase todas as revoluções que mudaram a face dos povos foram feitas*

1210 Tocqueville afirmou que a democracia "não apenas faz com que todos os homens esqueçam seus antepassados, mas também esconde deles seus descendentes e os separa de seus contemporâneos; ela incessantemente os deixa sozinhos e por fim ameaça encerrá-los completamente na solidão do seu coração." Trata-se de uma forma incisiva de colocar as coisas e que reflete a amargura disseminada pela Revolução Francesa no sentimento de todos os seus descendentes. Essa afirmação contém uma verdade, porém. A grande dificuldade está em encontrar uma linguagem com a qual seja possível persuadir as pessoas a aceitarem o pensamento de Tocqueville. A fragmentação social pressagiada por Tocqueville é tão elusiva quanto virulenta, ao passo que a suposta legitimidade do processo democrático é uma ideia que atrai as pessoas de forma vívida e permanente. Se os políticos desejam criticar o processo democrático, devem representar-se como opostos não à democracia, mas a alguma forma local ou especializada dela – digamos à representação proporcional, ou o parlamento de câmara única, ou ainda o plebiscito. SCRUTON, Roger. *O que é conservadorismo*. São Paulo: É Realizações, 2015, p. 106.

1211 AMARAL, Diogo Freitas do. *História do pensamento político ocidental*, cit., p. 337.

para consagrar ou para destruir a liberdade. Afastem-se as causas secundárias que produziram as grandes agitações dos homens e chegar-se-á quase sempre à desigualdade. Foram os pobres que desejaram tomar os bens dos ricos, ou os ricos que tentaram prender os pobres. Se, pois, pode-se fundar um estado de sociedade na qual cada um tenha alguma coisa a guardar e pouco a tomar, muito se haverá feito pela paz do mundo"[1212].

De qualquer modo, a dita superioridade de Tocqueville sobre Benjamim Constant e sobre o conjunto dos liberais de seu tempo baseia-se no próprio fato democrático. "*Uma grande revolução democrática se opera entre nós: todos a veem, mas nem todos a julgam do mesmo modo. Uns a consideram como coisa nova e a toma por um acidente; têm esperança de ainda poder detê-la. Já outros a consideram irresistível, porque ela lhes parece ser o fato mais contínuo, mais antigo e mais permanente que se conhece na história*" (*Da democracia na América*)[1213].

Mas é preciso especificar imediatamente que, para Tocqueville (e nisso reside sua plena originalidade), esse fato democrático é definido a partir da noção de igualdade: "*O desenvolvimento gradual da igualdade das condições, portanto, é um fato providencial, cujas principais características são: é universal, duradouro, escapa a cada dia do poder humano. Todos os eventos, assim como todos os homens, servem a seu progresso*"[1214].

Às instituições concretas da soberania popular, os americanos acrescentam outra vantagem: a de uma Constituição Federal, que permite combinar os méritos das grandes e das pequenas nações: "A União é livre e feliz como uma pequena nação, gloriosa e forte como uma grande". Tocqueville insiste também nas consequências positivas de uma liberdade de associação limitada, tanto política como civil: "Ora, nos países democráticos, as associações particularmente capazes de frear os efeitos funestos da igualdade de condições, sem tentar contrariar o desenvolvimento dessa igualdade"[1215].

Entende o filósofo que "'São as associações que, entre os povos democráticos, devem assumir o lugar dos particulares poderosos que a igual-

[1212] Rodríguez, Ricardo Vélez. *A democracia liberal segundo Alexis de Tocqueville*, cit., p. 146.
[1213] Tocqueville, Alexis de. *Igualdade social e liberdade política*, cit., p. 34.
[1214] Ibidem, p. 37.
[1215] Ibidem, p. 37.

dade de condições fez desaparecer'. E Tocqueville enumera e analisa vários traços próprios às instituições e aos costumes americanos, que lhe parecem se orientar todos nesse mesmo sentido: associar, combinar igualdade de condições com liberdade"[1216].

Adicione-se o fato de que a aristocracia europeia foi incapaz de compreender a impossibilidade de vencer o fato democrático e tentou opor-se a ele, "constituindo-se em 'casta' zelosa dos seus privilégios e capaz somente de aumentar a irritação das outras classes, compostas, por sua vez, de grupos corporativos separados e fechados em si mesmo. Assistia, observa Tocqueville, a uma 'espécie de individualismo coletivo que preparava as almas para o verdadeiro individualismo que conhecemos', e, finalmente, 'a divisão das classes foi o crime do antigo reinado e tornou-se mais tarde a sua desculpa (...)'"[1217].

A Revolução não fez mais do que acentuar essa combinação importada do Antigo Regime entre a democracia e a ausência de liberdade política, generalizando-a para o conjunto dos costumes, de modo que a democracia – se é nos Estados Unidos um regime de liberdade – é na Europa sinônimo de servidão. Para além dessa constatação, Tocqueville evita combater o fato democrático europeu. Aqui, como em outros lugares, "querer parar a democracia é algo semelhante a atuar contra o próprio Deus". Na realidade, e independentemente do que se possa dizer, o otimismo do pensador é muito moderado. Os remédios que propõe a seus contemporâneos para que se orientem no sentido de uma democracia "liberal" são extraídos da experiência americana. Assim, ele insiste particularmente na necessidade de desenvolver um poder judiciário forte e independente, de suscitar a constituição de associações diversas, ou, ainda e sobretudo, de buscar todos os meios para obter uma centralização eficaz.

Afirma o autor que "para combater os males que a igualdade pode produzir, há apenas um remédio eficaz: é a liberdade política. Todavia – e nisso reside, ao mesmo tempo, a ambiguidade e a riqueza de toda a análise de Tocqueville –, parece que são as próprias condições de desen-

[1216] Amaral, Diogo Freitas do, *História do pensamento político ocidental*, cit., p. 337.
[1217] Ibidem, p. 337.

volvimento da igualdade que contribuem para destruir as condições da liberdade política"[1218].

E a democracia pode evitar o despotismo em medida ainda menor porque o fato igualitário é também o resultado de uma paixão: ardente, insaciável. Doravante, os povos democráticos "querem a igualdade na liberdade e, se não podem obtê-la, querem-na até mesmo na escravidão. Padecerão a pobreza, a servidão, a barbárie, mas não padecerá a aristocracia". Tocqueville expõe, com a maior sutileza, os dados de uma aliança conflitual entre liberdade e igualdade. "O texto a seguir explica este conflito: 'eles haviam querido ser livres para poderem se fazer iguais, e à medida em que a igualdade se estabelecia melhor com a ajuda da liberdade, tornava-lhes a liberdade mais difícil'"[1219].

6.3.3 Conclusões

Observamos que, às vezes mesmo não apresentando uma escrita sistematicamente rigorosa, Tocqueville é responsável por algumas das principais obras políticas publicadas no século XIX. Não estava preocupado em construir grandes teorias explicativas sobre o desenvolvimento da humanidade. Tampouco em detalhar as formas de como se deve agir para alcançar o poder nem em esmiuçar uma possível sociedade futura. Apesar disso, fez algumas previsões que se mostraram corretas. Antecipou a hegemonia mundial dos Estados Unidos e da Rússia, em função do tamanho e dos recursos disponíveis. Apontou a questão dos negros como fator responsável pelo surgimento de uma grande tragédia nos Estado Unidos. Embora na época em que visitou o país a escravidão não aparecesse como o grande problema que décadas depois cindiu a nação entre nortistas e sulistas. Adotando posições antiescravistas, advertia que mesmo após a libertação e vivendo numa sociedade democrática, os descendentes dos escravos continuariam a ser discriminados[1220].

"Tocqueville absorveu todos os grandes debates políticos presentes na primeira metade do século XIX, procurando equacionar alguns dos

[1218] Ibidem, p. 338.

[1219] Ibidem, p. 338.

[1220] TOCQUEVILLE, Alexis de. *Viagens à Inglaterra e à Irlanda*. São Paulo: Imaginário, 2000, p. 8.

temas fundamentais da Ciência Política desde a Antiguidade: a questão crucial da liberdade e da igualdade. Essas concepções são evidentemente dotadas de historicidade, assumindo significações distintas em diferentes momentos sociais. No século XIX, o que encontramos são homens desiguais na propriedade e na liberdade. Os homens pensadores que se debruçaram sobre essas questões fizeram amálgamas distintos. Em sua obra, a opção é bastante clara. Sem nenhuma dúvida, o apelo à liberdade é maior do que sua preocupação com a igualdade. Afinal, o avanço do processo igualitário, que é inevitável, coloca em risco constante a liberdade, que é frágil. A igualdade também não conduz necessariamente à soberania do povo. Pelo contrário, ela pode vir a ser um empecilho. Por isso, considerava a liberdade como a condição mais cara e necessária para a existência humana. Em suma, ao abordar temas políticos, procurava encontrar meios nos quais liberdade e igualdade pudessem se harmonizar, porém tinha sempre em mente a necessidade de se preservar fundamentalmente a primeira"[1221].

Podemos observar, fundamentalmente, que para Tocqueville a democracia consiste, primeiro, "no desenvolvimento gradual e progressivo de igualdade", permitindo a todos e a cada um, acima das diferenças hereditárias e das desigualdades de fortuna, alcançar um bem-estar comum. Para ele, há fortes tensões nas sociedades modernas em busca de uma igualdade[1222] a mais perfeita possível. Agora, quaisquer que sejam as

[1221] Ibidem, p. 8-9.

[1222] "(...) Tocqueville apontou corretamente o problema, na expressão 'ditadura da maioria'. Desenvolvendo esta ideia, John Stuart Mill notou que, antes da criação em larga escala dos regimes democráticos, pensava-se geralmente que, se as pessoas governassem seus próprios interesses, a opressão política não poderia existir. Se as pessoas se governassem a si mesmas, por que razão aprovariam leis repressivas? Mas, como indica Mill, a falácia consiste aqui em pensar nas pessoas como uma massa homogênea com um interesse único, sendo cada pessoa afetada da mesma forma por cada política. Como nós não somos assim – temos objetivos, interesses e planos diferentes, vivemos em locais diferentes e temos esperanças de vida diferentes – torna-se bastante fácil perceber como uma maioria poderia aprovar uma lei cujas consequências seriam bastante nefastas para a minoria. Isto é ou não antidemocrático? Sim, se pensarmos que um estado democrático tem de proteger todos os seus cidadãos; não se pensarmos que democracia significa simplesmente governo da maioria. Mill pensava que era necessário tomar medidas para que a ditadura da maioria não se instalasse. Analisaremos a sua posição em pormenor, no capítulo seguinte. De momento,

convicções de que se alimentem, quaisquer que sejam os métodos que utilizem para lograr este ideal, uma pedra de toque permitirá sempre comprovar a autenticidade do esforço, isto é, sua adequação ao homem: a liberdade, que é, de fato, o supremo valor moral dos tempos democráticos. Em suma, o grande perigo que a democracia traz para a liberdade está no fato de que a compreensão de igualdade nela implícita tende a favorecer a instituição de um governo distante e centralizado, que alienaria o indivíduo da política[1223].

A tentativa de equacionar o problema da pobreza pelo caminho da caridade pública ligada ao Estado produziu um efeito paradoxal num país de tradição protestante como a Inglaterra: passou a valorizar uma ética do não trabalho e da irresponsabilidade. O pensador escreve a respeito: "*Tendo o pobre um direito absoluto ao auxílio da sociedade, e encontrando em todas as partes uma administração pública organizada para lhe fornecer esse auxílio, vê-se logo renascer e se generalizar, num país protestante, os abusos que a Reforma tinha reprochado com razão a alguns países católicos. O homem, como todos os seres organizados, sente uma paixão natural pela ociosidade. Ele tem, contudo, dois motivos que o induzem ao trabalho: a necessidade de viver e o desejo de melho-*

interessa-nos perceber que o estudioso da democracia tem de decidir se a democracia é basicamente um princípio bastante rude de governo da maioria ou se devemos adotar a perspectiva 'madisoniana' (de James Madinson, 1751-1804, muitas vezes referido como o pai da Constituição Americana) de que a democracia implica a proteção das minorias. Um segundo debate diz respeito aos modelos 'representativo' e 'direto' da democracia. Numa democracia direta, o eleitorado pronuncia-se a favor ou contra leis ou políticas, e não candidatos. Idealmente, todas as questões importantes são colocadas à apreciação do eleitorado, através de referendo. Por outro lado, a democracia representativa é o sistema mais conhecido, no qual os cidadãos votam para determinar quem os representará ao nível governamental. São estes representantes que depois redigem as leis. O primeiro sistema é, aparentemente, mais fiel ao espírito genuíno da democracia, mas é praticamente desconhecido no mundo moderno. As democracias modernas aderiram ao modelo representativo, no qual se fazem eleições para determinar quem formará governo, e não para decidir as questões particulares do momento. Mas se este sistema representativo for considerado antidemocrático, então não existiram quase nenhumas democracias em grande escala. Muitos críticos da democracia liberal contemporânea chegaram a esta conclusão. A democracia seria excelente, dizem, se a tivéssemos". WOLFF, Jonhathan, *Introdução à filosofia política*. Lisboa: Gradiva, 1996, p. 98-99.

[1223] Tocqueville, Alexis de. *Igualdade social e liberdade política*, cit., p. 38.

rar as condições de existência. A experiência tem provado que a maior parte dos homens não pode ser suficientemente estimulada ao trabalho senão pelo primeiro desses motivos e que o segundo somente motiva uma minoria. Ora, uma instituição caritativa, aberta indiscriminadamente a todos aqueles que sentem necessidade, ou uma lei que dê a todos os pobres, qualquer que seja a origem de sua pobreza, um direito ao auxílio público, arrefece ou destrói o primeiro estímulo e somente deixa intacto o segundo (...)"[1224].

O autor foi, de fato, um conservador liberal. Esta é a melhor maneira de qualificar politicamente Alexis de Tocqueville. Foi, sem dúvida, um apaixonado defensor da liberdade, que considerava essencial à plena realização das potencialidades humanas, mas (à semelhança de muitos liberais do século XIX) não via necessidade de estabelecer-se uma conexão entre a liberdade e a democracia. Ao contrário, considerava a democracia uma potencial ameaça à liberdade. Sentia-se, pois, apreensivo em relação às tendências democráticas da Europa em sua época: aonde elas poderiam levar? Tocqueville sabia que a era da dominação aristocrática pertencia ao passado e que, de algum modo, a democracia era inevitável.

[1224] Rodríguez, Ricardo Vélez. *A democracia liberal segundo Alexis de Tocqueville*, cit., p. 51-52. Uma das consequências resultantes do previsto no art. 3º da CF/1988 está na obrigação do Estado em erradicar a pobreza e reduzir as desigualdades regionais. Com o objetivo de atender a essas normas programáticas várias políticas foram elaboradas, pois durante as primeiras décadas do século XXI o programa bolsa-família, por exemplo, incorporou tais políticas, trazendo resultados efetivos na redução da miséria extrema. Mesmo assim, essas ações governamentais são objeto de críticas de determinado segmento da sociedade, principalmente a classe média, que vincula esses programas sociais ao aumento da indolência dos mais pobres. Em que pese a efetiva melhoria das condições de vida dos beneficiários do bolsa-família, parte dos ensinamentos de Tocqueville ganharam força com a chegada de Bolsonaro à Presidência (2019), trazendo no seu bornal defensores desses ensinamentos do século XIX, como o seu incendiário e breve Ministro da Educação, Vélez Rodríguez, assim como o Ministro da Economia, Paulo Guedes. Com isso, as políticas implementadas por eles acabam por ser vetores de concentração de renda, já que imbuídas de um espírito cruelmente liberal, e com apoio de boa parte da população que, como ensinou Benjamin Constant, preocupadas com sua própria sobrevivência, descuida-se sempre das políticas de longo prazo. Não basta ter a democracia representativa; é fundamental acompanhar os atos praticados pelos mandatários. Como isso não acontece, Tocqueville acaba sendo contrariado, tendo em vista que a apatia política abre espaço para um governo que amplia as desigualdades ao mesmo tempo que reduz a liberdade.

E acreditava que esse processo de declínio e transformação havia progredido lentamente desde a Idade Média. Mas quais seriam, na prática, as consequências do estabelecimento da democracia como forma padrão de governo nos países europeus?

6.3.4 Principais obras

Sua principal obra é *Da Democracia na América,* em 2 volumes, lançado entre 1835-1840. Ainda escreveu *Do sistema penitenciário nos Estados Unidos e em França; O antigo regime e a revolução,* 1856; *Lembranças de 1848* (edição póstuma).

Da Democracia na América foi publicada em duas partes: a primeira em 1835; e a segunda, em 1840, ambas traduzidas para o inglês e alemão com muito sucesso, levando Tocqueville à Academia Francesa. O filósofo procura mostrar na obra que numa sociedade bem organizada pode se consolidar a democracia e a liberdade.

Em linhas gerais, no livro analisa-se a importância da democracia nas instituições políticas norte-americanas e reflete sobre as ideias e os sentimentos sobre a sociedade política local. Usa a observação dos fatos e entrevistas para concluir a sua obra, usando uma técnica científica. Defende a descentralização para melhor participação dos cidadãos, e afirma: "A democracia é a liberdade combinada com a igualdade".

Tocqueville é muitas vezes citado por outro antídoto ao individualismo radical – a aptidão dos norte-americanos a se associarem uns aos outros voluntariamente segundo a própria vontade e a própria razão em vez de confiar naquilo que Harvey C. Mansfield chama de "um governo centralizado", "mestre-escola" para tomar conta ou no que Margareth Thatcher (1925-2013), ex-primeira ministra da Inglaterra, chamou de "Estado-babá". Ele afirmou em sua obra:

> **"C-1 – O que pretende a democracia** – *O objetivo da Democracia na América foi 'mostrar o que é, em nossos dias, um povo democrático e, mediante um panorama rigorosamente exato, produzir um duplo efeito sobre o espírito dos homens de minha época. Aos que imaginam uma democracia ideal, sonho brilhante que creem poder realizar facilmente, tratei de mostrar-lhes que o haviam revestido de falsas cores. Para quem o nome democracia é sinônimo de Revolução, de anarquia, de expoliação, de crimes, intentei assinalar-lhes que a democracia pode chegar a governar a sociedade respei-*

tando seus bens, reconhecendo seus direitos, colocando a salvo a liberdade e honrando as crenças...

C-2 – Ciência política – *Um mundo novo necessita uma ciência política completamente nova.*

Não há povo da Europa em que a grande Revolução social haja feito mais progressos que na França; mas a Revolução, neste País, caminhou sempre ao acaso. Os chefes de Estado nunca pensaram em preparar o futuro; foi feita apesar deles ou à sua revelia. As classes mais poderosas, as mais inteligentes e honestas da nação, não trataram de tomar suas rédeas para dirigi-la. A democracia, pois, ficou abandonada a seus instintos selvagens; desenvolveu-se como esses meninos que, privados dos cuidados paternos, crescem por si mesmos nas ruas e não conhecem da sociedade mais que seus vícios e misérias. Ainda fingia ignorar sua existência quando, de improviso, se fez poder. Todos se submeteram servilmente a seus caprichos; adoraram-na como a imagem da força, porém logo que se mostrou fraca por seus próprios excessos, os legisladores conceberam o projeto insensato de destruí-la ao invés de buscar educá-la e corrigi-la. Impotentes para ensiná-la a governar, sonharam com sua expulsão do governo.

A Revolução democrática operou-se no plano material da sociedade, sem que se tenha feito nas leis, ideias, hábitos e costumes, as mudanças que seriam necessárias para torná-la útil. Desta forma, temos a democracia, mas não o que deve atenuar seus vícios e estimular suas vantagens naturais e; vendo já os males que arrasta, desconhecemos ainda os bens que pode reportar.

Porque não é o uso do poder ou o hábito da obediência que degrada o homem; é o uso de um poder que considera ilegítimo ou a obediência a um poder que considera usurpador e opressor.

De um lado estavam os bens de fortuna, a força, os prazeres e, com estes, o luxo, os refinamentos da mesa, os gozos do espírito, o culto das artes; de outro, o trabalho, a grosseria e a ignorância. Porém, no seio desta massa ignorante e grosseira, encontravam-se também paixões fortes, sentimentos generosos, profundas crenças e selvagens virtudes.

O corpo social assim organizado tinha estabilidade, potência e, sobretudo, glória.

Mas eis que os níveis se confundem; as barreiras levantadas pelos homens caem; dividem-se as terras, o poder se divide, os conhecimentos se estendem, as inteligências se igualam; a situação social vai se democratizando e o império da democracia se estabelece finalmente de modo pacífico nas instituições e nos costumes.

C-3 – Igualdade – nos *Estados Unidos, como em todos os países em que o povo reina, é a maioria que governa em nome do povo. Essa maioria se compõe principalmente de* *cidadãos pacíficos que, seja por inclinação ou por interesse, desejam sinceramente o bem do país. Ao seu redor se agitam os partidos, que tratam de atraí-los e de apoiar-se neles. Não há porque ocultar que as instituições democráticas desenvolvem em alto grau o sentimento da inveja no coração humano. Não é tanto porque oferecem a todos os meios de igualarem-se aos demais; é mais porque esses meios decepcionam invariavelmente a quem os emprega. As instituições democráticas despertam e estimulam a paixão da igualdade sem nunca poder satisfazê-la por completo. Esta igualdade absoluta escapa diariamente das mãos do povo no mesmo momento em que crê agarrá-la, e foge, como disse Pascal, para uma fuga eterna; o povo se anima com a busca desse bem, tanto mais precioso quanto mais próximo, para ser conhecido, mas longe o bastante para não ser degustado. A oportunidade de lográ-la o emociona e a incerteza do êxito o irrita; agita--se, cansa-se, irrita-se. Tudo o que o supera por alguma parte se lhe antepõe um obstáculo a seus desejos e não há superioridade, por legítima que seja, cuja vista não canse seus olhos*"[1225].

6.4 John Stuart Mill (1806-1873) – liberdade absoluta, democracia representativa e utilitarismo

O filósofo inglês John Stuart Mill nasceu em Pentonville, Londres, em 20 de maio de 1806. Era o filho mais velho do pensador escocês James Mill, seguidor de Jeremy Benthan, propagador do utilitarismo, forma de pensamento filosófico que tinha muito prestígio no mundo anglo-saxão. Posteriormente, o próprio John Stuart Mill se tornaria um defensor do utilitarismo e do empirismo. Considerado uma criança-prodígio, aos 14 anos, ele já tinha lido todos os principais autores clássicos gregos e latinos e tinha grande conhecimento de matemática, filosofia e lógica.

Quando publicou a autobiografia, em 1873, mesmo ano em que morreu, Mill escreveu que "*era o melhor exemplo que uma criança pode aprender coisas difíceis numa idade que, em geral, nada se ensina a elas*". No texto, ele relata que, em 1826, teve uma crise mental, e explica no livro a importância dos sentimentos: "foi um dos elementos morais menos favoráveis, entre os que influenciaram minha infância, o fato de eu não ter recebido uma educação marcada pelo amor, mas pelo medo"[1226]. Extremamente

[1225] TOCQUEVILLE, Alexis de. *Igualdade social e liberdade política*, cit., p. 47.

[1226] ADAMS, Ian e DYSON, R. W. *50 pensadores políticos essenciais da Grécia antiga aos dias atuais*, cit., p. 116.

rígido e disciplinador, o pai o deixava com quase nenhum contato com outras crianças.

Em 1830, conheceu uma jovem, Harriet Taylor, que era mulher de um amigo seu, e se apaixonou por ela. O caso repercutiu nos círculos da elite, já que ele era um intelectual renomado, e o seu comportamento foi reprovado pela sociedade inglesa vitoriana. Ele se manteve apaixonado por Harriet por mais 20 anos, de forma platônica. Somente depois da morte do marido dela, eles se casaram em Paris. Esse episódio fez com que o filósofo se tornasse um grande precursor dos direitos das mulheres.

Na área intelectual, manteve contato constante com Tocqueville e Comte, seus contemporâneos. A influência da defesa da democracia do primeiro e do positivismo do segundo perpassam sua obra. Seu ponto de vista é reconhecido entre os maiores defensores do empirismo, doutrina filosófica segundo a qual o conhecimento é adquirido por meio de experiências vividas e a aprendizagem se concretiza por meio de tentativas e erros. Além disso, era um defensor do utilitatirismo, doutrina ética que afirma que as ações são boas quando tendem a promover o bem-estar da sociedade.

Em 1865, elegeu-se deputado liberal pela Câmara dos Comuns no parlamento de Westminster, onde defendeu várias causas então pouco populares, como o direito de as mulheres votarem. Frise-se que antes de 1832, Mill havia se engajado pela Reform Bill, fundando o partido dos Philosophic Radicals, que se estabelecem como Utilitarian Society, com seu próprio periódico, chamado *London and Westminster Review*. Na verdade, a maioria de suas propostas se realizou, como o sufrágio universal, cooperativas, reformulação da legislação do divórcio e controle dos nascimentos. Essas atividades e seu livro *The subjections of women* (1869) denotam a importância de sua ligação, durante vinte anos, com Harriet, com quem se casou em 1851[1227]. Stuart Mill morreu em Avignon, na França, em 1873.

Em sua obra, *Considerações sobre o governo representativo* (1860-1861) e em *Sobre a liberdade* (1859), Mill indica as disposições que devem ser adotadas a fim de que seja conjurado o perigo de uma sociedade subjugada

[1227] HUISMAN, Denis. *Dicionário de Filósofos*, cit., p. 690.

à sua própria norma; uma disseminação das instâncias de governo que seja compatível com a eficiência do poder; e a distinção entre controle das decisões, garantida pelo Parlamento, que representa a sociedade, e a função legislativa, que, por sua vez, deve ser função de uma instância especializada.

6.4.1 A liberdade, o individualismo e a felicidade humana – o utilitarismo de Mill

O filósofo critica a "tirania da maioria". Defende a liberdade em toda a sua essência, principalmente a de expressão, pois o pensamento, o discurso e a escrita não deveriam ser censurados, exceto se propagarem a violência.

Considera duas liberdades:

a) *Negativa* – liberdade relativamente a quaisquer constrangimentos.
b) *Positiva* – a efetiva para fazer o que se quer. Contudo, a debilidade da vontade pode impedir alguém de ser livre nesse sentido.

Defende a criação de regras de justiça que reforcem a segurança e a liberdade dos cidadãos para criar a felicidade geral. Para Stuart Mill, o princípio da liberdade baseia-se na "utilidade em sentido lato", já que o cidadão é um ser em progresso[1228]. Acreditava ser fundamental a distinção entre a esfera pública e a vida privada. Usa o princípio utilitarista de "felicidade ampla" com o intuito de defender o princípio de liberdade, pois sofreu a influência da Revolução Francesa e do romantismo, principalmente o alemão. Acreditava que o altruísmo não era a base para a felicidade geral, que pode ser consequência das regras de justiça garantidoras da segurança e da liberdade dos cidadãos. A democracia, para Mill, podia realizar a defesa da liberdade individual.

O pensador fez a apologia do individualismo liberal em *Sobre a liberdade*. Defendeu a chamada "liberdade negativa", já que a dignidade estava em "buscar o nosso próprio bem" desde que não "impeçamos os outros de esforçarem-se tendo em vista o mesmo objetivo". Afirma que ninguém pode dificultar o uso da palavra, "a publicação de ideias ou a conduta de

[1228] PRADEAU, Jean François. *História da filosofia*. São Paulo: Vozes, 2011, p. 462.

alguém", exceto se for causar dano a alguém. "Que esse princípio do dano vem a ser algo mais fácil de afirmar do que aplicar, eis um problema do qual parece ter esquecido. Não temos direito de impedir que alguém cause dano a si mesmo. Ao contrário das ações voltadas para o 'social', as ações puramente 'egoístas' só dizem respeito àqueles que a praticam" (mais uma vez, Mill parece não ter consciência das dificuldades que essa distinção traz para quem se propuser a aplicá-la). Mesmo que um único homem resolvesse divergir de certa opinião aceita por todos os outros, ainda assim não haveria razão para silenciá-lo. Ninguém poderá saber o que é verdadeiro ou falso, a menos que todas as ideias possam ser livremente discutidas. O censor que proíbe esta ou aquela discussão atribui a si mesmo uma infalibilidade que ninguém possui[1229].

Ao defender, portanto, as "experiências de vida" na sociedade, Mill procura a verdade e a transparência intelectual. Desconfiava das maiorias, como dito anteriormente, em considerações sobre o governo representativo. Afirma que esse tipo de governo serve apenas para sociedades "civilizadas, refinadas e responsáveis pelos seus próprios problemas". Defendia o voto para todos os adultos (homens e mulheres) com algumas exceções, tais como criminosos, analfabetos e incapazes[1230].

Mesmo ao considerar que o governo representativo encoraja a reflexão crítica, a responsabilidade e, portanto, o engajamento dos cidadãos, e que a representação cria autoconfiança na comunidade, essa iniciativa leva ao progresso, à estabilidade e à ordem, Mill alerta, contudo, para a tirania da maioria, que pode ocorrer quando um governo depende da "vontade numérica desta" e acaba facilitando o "triunfo da mediocridade e da ignorância sobre a educação e o esclarecimento"[1231]. Defendia, por isso, um sistema de votação plural com base na educação e na representação proporcional para as minorias[1232].

Entretanto, o utilitarismo individual não se converteria necessariamente só em utilitarismo social. Segundo Stuart Mill, o egoísmo utilitário

[1229] Adams, Ian e Dyson, R. W. *50 pensadores políticos essenciais – da Grécia antiga aos dias atuais*, cit., p. 117.
[1230] Ibidem, p. 118.
[1231] Ibidem, p. 119.
[1232] Ramos, Flamarion Caldeira *et al. Manual de filosofia política*, cit., p. 97.

dever-se-ia converter também em altruísmo, sobre a base do princípio geral de associação:

> *"Segundo o critério utilitário, o homem, primeiro, considera os seus semelhantes como instrumentos do seu interesse; e só por isso respeita e promove os interesses deles. Sendo, entretanto, o seu bem estritamente associado ao bem dos outros, pouco a pouco, o homem esquece-se dessa ordem, confunde os meios com os fins, e se comporta como se o único e último fim do operar fosse não o seu bem, mas o bem de todos. Destarte, Stuart Mill procura explicar empirísticamente as ações morais, desinteressadas, que a experiência apresenta"*[1233].

Contudo, Mill foi alvo de severas críticas a seu trabalho, como as de Wiker[1234]:

> *"Reduzir a raça humana a uma pilha de cadáveres não é a única maneira de a destruir; John Stuart Mill foi o campeão de uma das mais notáveis alternativas de destruição do ser humano: o utilitarismo. Nem Max Lerner, um autor que tem grande simpatia por Mill, conseguiu deixar de reconhecer que 'Utilitarismo' é um 'livrinho [...] que deixa um rasto de pó na boca do leitor'. Para um leitor que não tenha simpatia por Mill, 'Utilitarismo' deixa bastante mais do que um rasto de pó – deixa que chegue para encher os sapatos e as meias. E, contudo, é impossível desmentir a enorme influência que o 'livrinho' de Mill teve"*[1235].

O utilitarismo não foi inventado por Mill, pertence a Jeremy Bentham, amigo de James Mill, seu pai (e que, dado que John foi proibido de ter amigos da sua idade, foi também companheiro do filho)[1236].

O ateu Bentham legou ao mundo a seguinte noção:

> *"(...) de que a vida moral não precisava de Deus para nada; bastava-lhe um registro que permitisse equilibrar adequadamente os prazeres e as dores. A moralidade consistia,*

[1233] Padovani, H. e Castagnola, L. *História da filosofia*, cit., p. 382.

[1234] Benjamin Wiker, em sua obra *Dez livros que estragaram o mundo.*

[1235] Wiker, Benjamin. *Dez livros que estragaram o mundo e mais cinco que também não ajudaram nada*, cit., p. 91.

[1236] Ibidem, p. 92.

muito simplesmente, num cálculo da maior felicidade possível para o maior número possível. Bentham tinha aquele gênero de autoconfiança que só se encontra num homem que não se deixa incomodar, por pouco que seja, com as complexidades da vida intelectual, espiritual e emocional, e a quem falta a mais reduzida dose de humildade"[1237].

Até John Stuart Mill se impressionava com a opacidade de alma e a incapacidade filosófica de Bentham:

"Assim, o desprezo que Bentham tinha por todas as outras escolas de pensamento; a sua determinação em criar uma filosofia que resultasse apenas dos materiais que provinham da sua mente e de mentes como a sua, era a primeira razão pela qual não se lhe pode chamar um filósofo de qualidade. A segunda razão era a incompletude da inteligência deste homem, enquanto representante da natureza humana. Não tinha qualquer simpatia por muitos dos sentimentos mais naturais e mais intensos da natureza humana; desconhecia por completo algumas das experiências mais profundas dos seres humanos; e aquela faculdade por meio da qual um espírito conhece outro espírito diferente do seu, e se lança ao encontro dos sentimentos desse outro espírito, era-lhe negada pela sua deficiência de Imaginação"[1238].

A pergunta a fazer refere-se, exatamente, à concepção do utilitarismo, tal como Mill o concebeu. Ora, a maneira de perceber a filosofia de Mill é, paradoxalmente, tentar compreender muito bem aquilo que o utilitarismo não é.

O próprio Mill admite que o utilitarismo não é uma teoria original, mas uma simples recuperação da filosofia de Epicuro. Epicuro era um ateu que estava convencido de que os males do mundo resultavam da religião, e que, portanto, era necessário eliminar a religião duma vez para sempre do palco da história. Para isso, inventou um cosmo puramente materialista, completamente à prova do espírito, argumentando que o universo existiu desde toda a eternidade (e que, por consequência, não são necessários deuses criadores), que todas as coisas resultam de choques casuais entre matéria bruta (Epicuro foi o primeiro evolucionista) e que, consequentemente, também os seres humanos são pilhas de átomos

[1237] Ibidem, p. 92.
[1238] Ibidem, p. 93.

organizados de forma meramente casual, que acabarão por se desfazer e desaparecer (de maneira que, não possuindo uma alma imortal e imaterial, não têm de se preocupar com a vida no outro mundo nem com qualquer espécie de castigo divino)[1239].

Ao analisarmos essa passagem em que Mill discorre sobre o utilitarismo, percebemos que ele está a dizer exatamente o mesmo que Epicuro[1240], ou seja, que o fundamento da moralidade não é Deus, mas o prazer e a dor. Mas ressalte-se que Mill junta a Epicuro duas coisas absolutamente necessárias e totalmente contraditórias[1241]:

> *"A primeira coisa que Mill acrescenta é o 'teste da qualidade'. E basta pensarmos um momento para compreendermos a necessidade do referido teste. Com efeito, o óbvio argumento contra o epicurismo (um argumento frequentemente apresentado, quer a Epicuro, quer a Mill) é que se trata de uma filosofia para porcos. Os porcos também sentem prazer e dor; gostam de paparoca saborosa, de se sentar ao sol numa covinha de lama, de poderem coçar-se de encontro a uma vedação quando têm comichão, e até de um romancezinho porcino quando a lua os convida a isso. Se a felicidade fosse, muito simplesmente, equivalente ao prazer, o Princípio da Maior Felicidade levar-nos-ia a concluir que a sociedade perfeita seria semelhante a uma sociedade de suínos bem alimentados, grunhindo satisfeitos numa pocilga. Não será propriamente uma visão muito elevada da moralidade humana, mas é uma visão inteiramente concordante com a noção de que a moralidade deve ter como base o prazer e a dor"*[1242].

6.4.2 A questão da democracia direta e representativa

Em *Considerações sobre o governo representativo* (1861), Mill endossou a participação ativa de todos os cidadãos, até das classes mais baixas, na vida política do Estado. Propôs também, no entanto, um sistema de votação múltipla, em que a educação e o caráter determinariam o número de votos a que cada pessoa estaria autorizada. Democrata cauteloso, Mill

[1239] Ibidem, p. 95.

[1240] Epicuro (341 a.C – 271 a.C.) foi um filósofo da Grécia Antiga, o fundador do "epicurismo" – sistema filosófico que proclama o prazer obtido mediante a prática da virtude como o único bem superior do homem.

[1241] Ibidem, p. 97.

[1242] Ibidem, p. 97.

procurou assim proteger o indivíduo da tirania de uma maioria politicamente despreparada[1243]. Para ele, a democracia representativa é o único modo de conseguir que a democracia sobreviva no mundo moderno.

Segundo o pensador, o objetivo dos governos é duplo: contribuir para o "progresso" dos cidadãos e gerir os seus assuntos públicos. Assim, os governos serão julgados pelos efeitos que exercem sobre os indivíduos, se contribuem para o seu progresso moral e intelectual, e pela eficiência evidenciada no tratamento das questões de interesse público. O filósofo acrescenta que o despotismo conduz à passividade e à inação, pois cria um povo que não sente necessidade de se informar ou cultivar relativamente aos assuntos do Estado. Isso afeta não só os próprios indivíduos, mas também a provável prosperidade do Estado: "deixemos que uma pessoa nada tenha a ver com o seu país, e este deixará de lhe interessar". Ou então, se os súditos se informam e cultivam, e se interessam ativamente pelos assuntos do Estado, não permanecerão muito tempo satisfeitos com a sua sujeição.

A serem necessárias mais provas das vantagens da democracia, Mill propõe o seguinte: "*Comparem-se os Estados livres do mundo, enquanto a liberdade durou, com os súditos contemporâneos do despotismo monárquico ou oligárquico: as cidades gregas com as satrapias persas; as repúblicas italianas e as cidades da Flandres e da Alemanha com as monarquias feudais da Europa, a Suíça, a Holanda e a Inglaterra com a Áustria e a França anterior à revolução*"[1244]. O pressuposto essencial dele era de que os seres humanos prosperam apenas em condições de independência. Precisam de se bastar em termos de proteção e de ser independentes, para evitarem a opressão e fazerem as suas vidas valerem a pena. Assim, ele está convicto de que todos os cidadãos têm de desempenhar o seu papel no exercício da soberania.

Para Mill, o exercício da soberania não se trata de democracia direta. Se pressionado, poderia admitir que a democracia direta seria a melhor forma de contribuir para o progresso dos cidadãos, tanto moral como intelectual, mas em termos de sua eficiência como forma de governo é

1243 Perry, Marvin. *Civilização ocidental*, cit., p. 436.

1244 Mill, Stuart. *Considerações sobre o governo representativo*, Brasília: Editora UnB, 1981, p. 45.

um desastre. Ele argumenta que as sociedades modernas são simplesmente demasiado grandes para que a democracia direta seja viável. Mas, e mais importante, com um pensamento semelhante ao de Platão, ele afirma que as coisas correriam muito mal se deixássemos o povo exercer grande influência sobre os administradores especializados nomeados.

Mill admite que a democracia representativa poderia não alcançar os seus objetivos. Mas faz questão de apresentar um sistema que terá melhores resultados. Em especial, sublinha a importância de educar os cidadãos para a cidadania. O meio mais significativo de fazer isso é através da participação nas questões públicas. Embora, claro está, isso não possa implicar a participação de todos no governo nacional, há outras possibilidades. Assim, por exemplo, ele aponta para a importância dos jurados e da participação no governo local, pois isso obriga os cidadãos a adquirirem uma gama de competências que não estarão provavelmente ao alcance daqueles "que nada fizeram nas suas vidas a não ser manejar uma pena e vender mercadoria num balcão"[1245]. Contudo, essa participação, por si, não garante as vantagens da democracia representativa. Mill identifica várias ameaças à democracia. Uma delas é a possibilidade de que o sistema encoraje pessoas sem valor ou inaptas a apresentarem-se a eleições. Mill concorda com Platão quanto às pessoas mais bem dotadas para governar serem aquelas que menos o quererão fazer. Ou, inversamente, as características que mais provavelmente conduzem ao sucesso na política – bajulação.

A preocupação do filósofo é que o eleitor contribua com um "voto vil e malicioso (...) baseado no seu interesse pessoal, ou na sua classe, ou em qualquer sentimento mesquinho, presente no seu próprio espírito"[1246]. E há o caso de os eleitores serem demasiado ignorantes para apreender corretamente o bem público.

A maior preocupação de Mill é que os pobres não politizados – a maioria numérica – cometam um erro terrível, devido a uma combinação de ignorância e interesse classista. Poderão eleger um governo que tentará melhorar a posição dos trabalhadores por intermédio, por exemplo, do aumento dos impostos aplicados aos ricos, da proteção das indús-

[1245] Ibidem, p. 217.
[1246] Ibidem, p. 302.

trias nacionais perante a concorrência, da diminuição da insegurança no emprego etc. Contra esse estado de coisa, ele argumenta que isso será pior para todos – trabalhadores incluídos –, pois conduzirá ao abrandamento da indústria e da atividade econômica e desencorajará a poupança e o investimento. Assim, afirma Mill, os trabalhadores estão enganados quanto àquilo que consideram os seus interesses e, portanto, sendo a maioria, poderão fazer pender o país em direção ao desastre.

Para o filósofo, a maioria ignorante acaba por se prejudicar ao procurar alcançar aquilo que pensa ser o seu próprio interesse; esse tipo de exemplo coloca talvez o principal problema que inquietava Mill em relação à democracia: o lugar da minoria derrotada. Conforme exposto, ele se preocupava, em particular, em impedir "a ditadura da maioria". A maior parte de nós, claro está, aceita estar do lado de quem perde, de tempos a tempos. Mas, por vezes, há uma maioria entrincheirada que ganha eleições atrás de eleições, deixando o grupo minoritário permanentemente derrotado e ignorado. Assim, em *Considerações sobre o governo representativo*, Mill faz um esforço considerável no sentido de assegurar a representação das minorias no Parlamento. E aceita um sistema muito complicado, elaborado (e possivelmente incrementado) de representação proporcional, envolvendo a possibilidade de transferir o nosso voto a um candidato de outro círculo eleitoral, se o candidato escolhido em primeiro lugar não for eleito. Por meio desse sistema, ou de outro semelhante, deveríamos conseguir assegurar a representação de muitas minorias no Parlamento.

Finalmente, pode-se afirmar que as ideias econômicas e sociais de Mill eram radicais. Ele não tinha fé alguma nos homens comuns que o rodeavam – eram por demais incultos e míopes para a democracia. Numa reunião política, quando se candidatava ao Parlamento, um sujeito inoportuno perguntou: "Você não disse uma vez que as classes trabalhadoras eram em geral mentirosas?" Sua resposta, sincera, foi: "disse!". Ele temia pelas minorias e pelos não conformistas na democracia, e para dar-lhes voz apoiou o sistema de votação preferencial para legisladores. Não tinha nenhum respeito pela ideia de que a instituição da propriedade privada era sagrada, e tinha esperança numa economia socialista que satisfizesse as necessidades humanas, de maneira imparcial e sem privilégio.

6.4.3 Conclusões – A formação de um cidadão civilizado, racional e moral

O filósofo considerava a liberdade de pensamento e expressão, bem como a tolerância a pontos de vista antagônicos e impopulares, como precondições necessárias para a formação de um cidadão civilizado, racional e moral. Quando silenciamos uma opinião, dizia Mill, ofendemos as gerações presentes e futuras. Se a opinião é correta, "somos privados da oportunidade de trocar o erro pela verdade". Se a opinião é errada – e disso nunca podemos estar completamente certos –, "perdemos a percepção mais clara e a impressão mais vívida da verdade, resultantes de seu confronto com o erro"! Portanto, o governo não tem direito de obrigar o indivíduo a sustentar um certo ponto de vista "porque assim será melhor para ele, ou porque o fará mais feliz, ou porque, na opinião dos outros, isso seria mais sábio ou mesmo correto. Esses são bons argumentos para adverti-lo, provar-lhe, persuadi-lo, suplicar-lhe, mas não para forçá-lo nem puni-lo com algum dano, caso ele faça o contrário".

A tese principal da obra *Sobre a liberdade*, de Mill, é a seguinte:

"a liberdade do indivíduo é absoluta em todos os setores nos quais seu pensamento, sua fala e sua ação não prejudicam o outro. Nem as leis do Estado nem o julgamento moral da maioria podem limitar a liberdade do indivíduo. Numa tradução um pouco mais moderna, isso significa que ninguém pode impedir o outro de ser homossexual, se embebedar, adormecer na frente da TV, jogar o dinheiro pela janela, só comer batatinhas fritas etc. Nada permite que alguém possa obrigar uma pessoa adulta a modificar seu modo de vida, apenas se esse modo de vida pareça errado. Nem a convicção de que o outro está arruinando a própria vida é motivo para obrigá-lo à sua suposta felicidade. Podemos tranquilamente dizer a alguém que é mais saudável comer granola do que batatinhas fritas, mas a decisão está com a pessoa envolvida. E só porque achamos repugnante embebedar-se, não podemos impedir que alguém fique bêbado, se quiser"[1247]. Dessa maneira, para o pensador, "não existe um vínculo entre a opinião e a ação corretas. Ninguém deve ser obrigado a seguir o ditado da maioria, diz Mill em uníssono com Tocqueville, que encontrou em Londres"[1248].

[1247] ZSCHIRNT, Christiane. *Livros, tudo o que você não pode deixar de ler*. São Paulo: Globo, 2000, p. 122.
[1248] Ibidem, p. 123.

"O conceito 'liberalismo' tem uma fama previsivelmente ruim na Alemanha, pois ele nos remete, em primeira instância, ao liberalismo econômico, isto é, na mentalidade da defesa intransigente dos próprios interesses econômicos à custa de outros. Mas, mesmo assim, os alemães agradecem a Mill pelo direito da liberdade ao indivíduo: ele está colocado no artigo 2 da Constituição"[1249].

Por outro lado, Mill resolve a questão da constância das leis da natureza (causalidade) mediante a indução no sentido de enumeração simples de Aristóteles:

> "(...) *partindo dos inumeráveis casos em que constatamos sem exceção que um fato tem uma causa, atribuímos o mesmo comportamento a qualquer outro fato novo. Isto não implica nenhum valor absoluto de uma proposição universal; no entanto, o caráter invariável de tal constância física como exterioridade generalizada do mundo leva Mill a exigir a aplicação desse modelo às ciências morais e sociais. O homem, com suas ações e motivações, vai, pois, ser reduzido a uma coisa que se comporta como um objeto da natureza. Se conhecêssemos todas as influências que atuam sobre uma pessoa, poderíamos então predizer seu comportamento como qualquer outro acontecimento físico. A passagem da ciência política clássica como arte prática para a* "Social Science" *possui, portanto, sua lógica ideológica imanente*"[1250].

Tudo quanto não é quantificável na área política será dela excluído como não científico, e a nova razão política torna-se um saber instrumental para dominar os homens mediante o condicionamento de seu meio. Recorrer à função estética para escapar a um utilitarismo puramente vital revela-se então um subterfúgio sutil: retira-se o exame teleológico dos fundamentos espirituais do político e do sociológico para confiá-los às fontes exteriores à ciência. Com esse modo de proceder, Mill fortalece sua tendência a conceber a realidade abstratamente fora de um sentido comunicativo da ordem social, o que favorecerá a concepção de uma ciência social comparável a uma simples sociotécnica. A prova não consiste na simples incorporação, já pouco crítica, do liberalismo econômico

[1249] Ibidem, p. 124.

[1250] HUISMAN, Denis. *Dicionário de filósofos*, cit., p. 692.

como sistema autorregulador a seu universo político, mas sobretudo na redução do homem a um *animal laborans*[1251].

Para Mill não existe verdadeira comunidade homogênea entre os homens. O que falta explicitar para a sociedade política é a organização de suas instituições com vistas a uma *ideally best polity*, o que implica a passagem da felicidade pessoal para a felicidade da humanidade inteira[1252]. Para proteger o indivíduo contra a força social de uma vontade democrática majoritária e contra os órgãos de um governo representativo, temos a seguinte reflexão:

> *"Mill proclama o princípio da soberania absoluta do indivíduo. Mas essa ausência de um poder qualquer no foro interior de um homem, único juiz das consequências de suas ações orientadas para o exterior, ainda não institui contexto político para as liberdades do cidadão. Mill supera esse negativismo limitando a 'doutrina' de liberdade interior absoluta aos homens que possuem 'maturidade de suas faculdades'. E essa maturidade se consuma pela capacidade de discutir em termos igualitários, bem como pela virtude de deixar-se orientar pela persuasão. Portanto, há identidade entre as condições da ordem democrática livre e sua substância intelectual: a liberdade e a democracia supõem um mínimo de racionalidade que caracteriza cada participante do discurso social. Por outro lado, a definição positiva das liberdades democráticas obriga cada qual a conformar sua existência segundo a iniciação numa razão responsável"*[1253].

Isso se parece com o positivismo intelectual da primeira fase de Comte, mas deve-se acrescentar a ideia evolutiva de Humboldt, que supõe um grau suficiente no plano educacional e cultural (Bildung) para se poder exigir liberdade no plano político. Nesse sentido, cumpre concluir, segundo Mill, que "a liberdade de automelhoramento legitima qualquer política (representativa ou monárquica), e que essa mesma liberdade deve garantir a perfectibilidade ilimitada do indivíduo". Pois a realização da individualidade que se atualiza sem meios institucionais precisos é situada por Mill numa área espiritual localizada além da política. A razão comum que tinha o objetivo de coordenar teleologicamente os dados

1251 Ibidem, p. 692.
1252 Ibidem, p. 692.
1253 Ibidem, p. 693.

instrumentais da *best polity* torna-se hipótese de uma razão imanente. E compete a cada homem transcender uma razão assim mediante a formação de seu ser particular. O liberalismo é o reflexo de tal situação não resolvida, porquanto a razão potencial de todos não é idêntica à humanidade concretamente realizada, que requer uma antropologia mais diferenciada do que a pregada por um progresso industrioso sublimado[1254].

6.4.4 Principais obras

Destacam-se *Comentários sobre a filosofia de Bentham* (1833); *Bentham e Colerdige* (1838 – 1840); *Sistema de lógica* (1843); *Ensaios sobre algumas questões não resolvidas da economia política* (1844); *Princípios de economia política* (1848); *Sobre a liberdade* (1859); *Utilitarismo e considerações sobre o governo representativo* (1861); *A sujeição das mulheres* (1869); *Autobiografia* (1873).

6.5 Karl Marx (1818-1883) - Do socialismo utópico ao socialismo científico - da democracia à ditadura do proletariado

6.5.1 Antecedentes do marxismo

O socialismo utópico, anterior e contemporâneo a Marx e Engels, preconizava uma reflexão sobre os efeitos nocivos do capitalismo, com esteio nas ideias do pensamento iluminista e no racionalismo, sem, no entanto, criticar de forma radical esse sistema econômico, uma vez que os socialistas utópicos eram favoráveis à manutenção dos fundamentos capitalistas. Destacam-se como seus principais pensadores:

6.5.1.1 Thomas Morus (ou More) (1478-1535)

Escreveu, em 1516, *Utopia*, que se passa numa ilha imaginária. Criou um ideal de comunidade unida, fraterna e amiga, que dividia o trabalho entre todos os componentes. Regulamentou as relações sociais e projetou um "regime político piramidal" com base nas famílias. A palavra, na origem, significa "não lugar", uma forma irônica de o autor batizar sua sociedade alternativa. A eleição seria livre, sem competição e sem candidaturas e as leis, poucas, de caráter nacional e justas. A primeira parte do livro apre-

[1254] Ibidem, p. 693.

senta uma discussão com Rafael Hitlodeu (filósofo e alter ego de Morus), que critica as sociedades europeias da época, a riqueza e conclui que "o único meio de distribuir os bens com equidade e justiça, e de construir a felicidade humana é a abolição da propriedade". Nessa ilha imaginária, o trabalho é de seis horas por dia, e o resto do tempo é para cultivar o espírito e lazer. Não há pena de morte. Todas as religiões podem coexistir sem guerras em *Utopia*. A obra apresentava princípios socialistas.

6.5.1.2 Tomás Campanella (1568-1639)

Autor de *A cidade do sol* e *A monarquia do messias*. Oriundo de família calabresa, humilde, tornou-se frade dominicano. Estudou filosofia e ciências. Foi diversas vezes processado por heresia pela Inquisição. Participou de uma conjuração (1599) com o intuito de dividir as terras feudais, que fracassou, sendo preso em Nápoles e condenado à prisão perpétua. Foi libertado após 27 anos preso numa fortaleza e levado para Roma. A teoria de Campanella é platônica, pois o sol, com o apoio do poder, da sabedoria e do amor é o chefe (espiritual e temporal) da cidade, onde não há propriedade privada, e os bens são comunitários. É importante para a sociedade local a cultura, a ciência e a educação.

6.5.1.3 François Noël Babeuf (1760-1797)

Sob o codinome Graco (Gracchus) Babeuf, este jornalista político escreveu *Conspiração pela igualdade* ou *Manifesto dos iguais*. Participou da Revolução Francesa e desejava que ocorressem transformações radicais no campo social. Para isso conclamou o povo: "Chegou o momento de fundir a República dos iguais, esse grande hospício aberto a todos os homens". Exigia a restituição dos bens para todas as famílias que tinham sido roubadas, pois "a terra não é de ninguém" e sim da coletividade. Propunha uma revolução popular. Foi preso e condenado à morte juntamente com outros nomes da conspiração.

6.5.1.4 Charles Fourier (1772-1838)

Sofreu a influência de Morus e Campanella. Propôs um sistema social com uma falange (célula base), em que seus membros habitavam o "Falanstério". Haveria ampla área (400 hectares) para cultivo agrícola. O rendimento comum seria dividido entre os membros da "falange" para a própria subsistência. Não pretendia o fim da propriedade privada. Escreveu: *Théorie des quatre mouvements et des destinées générales* (*A teoria dos quatro movimentos e destinos/determinações gerais* – 1808), *Théorie de l'unité universelle* (*Teoria da unidade universal* – 1822) e *Le nouveau monde industriel et societaire* (*O novo mundo industrial e societário* – 1829).

6.5.1.5 Louis Auguste Blanqui (1805-1881)

Tinha as mesmas pretensões revolucionárias de Babeuf. Desejava uma ditadura do proletariado com desarmamento da burguesia, eleições, fim da imprensa lacaia e armamento do povo. Desejava uma autocracia, liderada por um "comitê de insurreição" para impor uma sociedade igualitária. Escreveu o *Prisioneiro*.

6.5.1.6 Conde Claude-Henri de Saint-Simon (1760-1825)

Saint Simon nasceu em Paris, de uma família aristocrática. Foi politicamente liberal e moderado, ficando preso durante a fase do terror na Revolução Francesa. Realizou especulações no campo financeiro e imobiliário, conseguindo fazer boa fortuna. Lançou em 1814 o livro *Sobre a reorganização da sociedade europeia*. Defendeu o desenvolvimento industrial, a meritocracia e a tecnocracia. Era materialista, favorável à economia "dirigida" pelo Estado e à nacionalização gradual dos "meios de produção", características do pensamento socialista. Outros trabalhos: a revista *O organizador*; *Sobre o sistema industrial*; *Catecismo das indústrias*; *A indústria* (três volumes); *O novo cristianismo*.

Propõe a retirada dos poderes do clero, da nobreza e dos magistrados, para entregar aos industriais. Defende que o papel da sociedade é produzir riquezas, e a burguesia industrial deve assumir a administração do país. Prega que todos os homens se consideram irmãos e propõe a ajuda aos operários e aos pobres em geral. Os seus herdeiros de ideias, os saint-simonistas, radicalizaram os seus princípios e discutiram a possibilidade de extinção da propriedade privada e da herança.

Na revista *O organizador* (1814), escreve o texto "Parábola dos trabalhadores e parasitas", um artigo provocador e satírico contra a nobreza, o clero, os políticos, os funcionários públicos e até a família real, que foi considerado subversivo. Foi processado e condenado a três meses de prisão, mas posteriormente conseguiu absolvição. Defendeu o primado da economia contra a política. Propôs combater "o egoísmo" e apoiar a filantropia a favor dos desvalidos. Desejava que o Estado, o governo e o parlamento criassem uma economia factível e não "anárquica", ou seja "organizada", "dirigida", com "órgãos reguladores" de processo industrial.

Combateu o regime das heranças e dos patrimônios, pois a fazenda pública devia distribuir os bens herdados para membros da sociedade. Afirmava: "de cada um segundo as suas capacidades, a cada um segundo o seu trabalho"[1255]. Na realidade, Saint-Simon foi um liberal avançado e radical com algumas ideias socialistas, e não o apregoado anarquista como alguns consideravam ou consideram.

6.5.1.7 Max Stirner (pseudônimo) ou Johann Kaspar Schmidt (1806-1856)

Nasceu em Bayreuth (Bavária), sendo de família humilde. Estudou na escola local e posteriormente foi para a Universidade de Berlim (1826 a 1828), quando recebeu aulas de Hegel. Parou os estudos durante a loucura da mãe, voltando à universidade em 1832. Após conclusão do curso, foi lecionar durante o governo prussiano como estagiário, mas não foi nomeado oficialmente como professor. Foi admitido em seguida, na Escola de Madame Gropius, onde era um professor apático, mas eficiente.

Durante a década de 1840, reunia-se com os jovens hegelianos (os livres) de Berlim, ocasiões em que criticava Hegel. Nesta fase conviveu com Marx e Engels. Em 1843, casou-se com Marie Dähnhardt e, no ano seguinte, publicou *O ego e o que a ele pertence*, no qual atacou Marx, Engels, Hegel, Feurbach e Proudhon. Ele e a mulher tentam montar uma leiteria em Berlim, mas, ambos inexperientes, deixaram o dote da mulher lhes escapar pelas mãos. Para enfrentar as dificuldades, passou a realizar traduções de obras econômicas para sobreviver.

Após separar-se de Marie Dähnhardt em 1846, caiu em pobreza absoluta (foi preso duas vezes por dívidas), mas ainda conseguiu publicar o livro *História da reação*. Em seu livro, *O ego*, partiu de Hegel para inverter as suas propostas, seguindo as "instruções" e os "absolutos" no sentido de defender um forte individualismo. Segundo ele, cada pessoa é única

[1255] Marx usará esse slogan posteriormente.

e deve cultivar o ego, e a "liberdade existe apenas em sonhos". "A todo o momento os grilhões da liberdade cortam vergões profundos na minha carne. Ainda assim, continuo sendo eu mesmo"[1256].

Sobre o Estado afirmava:

"Somos inimigos, o Estado e Eu, o egoísta, não me preocupo com o bem-estar da 'sociedade humana'. Não sacrifico nada por ela. Utilizo-a apenas; mas, para que possa utilizá-la completamente, é preciso que eu a transforme em minha propriedade e minha criatura - ou seja, devo aniquilá-la e colocar em seu lugar a União dos Egoístas. (...). É impossível imaginar um Estado sem senhores nem servos, já que ele deve desejar ser o senhor de tudo aquilo que abrange - e a isso chamamos 'a vontade do Estado' (...). A vontade que existe em mim pode destruí-lo e, por isso, ele a chama de egoísmo. Minha vontade e o Estado são duas forças em luta, entre as quais é impossível a paz eterna"[1257].

Em relação ao direito, proclamava: "Não exijo qualquer direito e, portanto, também não os reconheço. O que puder conquistar pela força, conquistarei e não terei qualquer direito àquilo que não puder conquistar - nem fingirei ter (...). Com autorização ou sem ela - isso não me preocupa. Se eu for poderoso, terei poderes sobre mim mesmo e não necessitarei de qualquer outro tipo de autorização ou direito[1258]. (...) Cada homem deve ter e tomar aquilo de que necessita e isso implica uma guerra de 'cada um, contra todos'[1259].

Exaltava a rebelião, contrapondo-se à revolução, com a seguinte frase:

"Revolução e rebelião não devem ser consideradas sinônimas. A primeira consiste na subversão das condições vigentes, da situação ou do *status* estabelecido, do Estado ou da sociedade, sendo, portanto, um ato político ou social. (...) A segunda tem, certamente, como consequência inevitável, uma transformação nas circunstâncias, porém não tem origem nelas e sim na insatisfação dos homens consigo mesmos; não é uma revolta armada, mas uma revolta de indivíduos, um levante que não leva

1256 Woodcock, George. *História das ideias e movimentos anarquistas – a ideia.* São Paulo: L&PM, 2003, v. 1, p. 113.

1257 Ibidem, p. 113-114.

1258 Ibidem, p. 114.

1259 Ibidem, p. 117.

em conta as consequências que poderá trazer. A revolução pretende chegar a novos arranjos; a rebelião nos leva a não permitir que sejamos arranjados por outros, mas a que nós mesmos nos arranjemos, sem depositar nenhuma esperança nas 'instituições'"[1260].

Radicalizou, portanto, as suas propostas, aproximando-se do "niilismo" e até do "existencialismo", pois deseja que o homem se realize independentemente da coletividade. É a "guerra de um contra todos", na defesa do egoísmo. É contra os intelectuais, a moral e propõe a derrubada do sistema com o uso da força.

Criticou a sociedade estatal e propôs: "Enquanto persistir uma só instituição, que o único não tenha o direito de destruir, não se pode falar na unidade do Eu nem na propriedade. O Estado, na medida em que constitui uma rede inextricável de sujeições, na medida em que constitui uma ordem de dependência, é o pior dos inimigos"[1261].

Propunha uma "associação" no lugar do Estado porque objetivava a realização do indivíduo e do seu bem-estar, sem qualquer controle ou direito sobre ele.

Na realidade, era um liberal extremado e destruía o Estado em suas propostas. Contudo, abriu caminho ao denominado **socialismo associacionista** e até ao anarquismo socialista. Escreveu *O único e sua propriedade*, que apresenta uma fusão de ideias socialistas com liberais. Foi um personagem complexo e confuso. Outra obra importante: *História da reação.*

6.5.1.8 Robert Owen (1771-1858)

Iniciou na Inglaterra a luta pelo socialismo dito "moderno". Descendente de uma família pequeno-burguesa, nasceu em Newton (País de Gales). Fez os estudos básicos da época. Trabalhou no comércio em Saintfort, Londres e em Manchester. Em 1790, ainda jovem, começou a dirigir uma fábrica têxtil em Manchester, na qual comandava 500 homens.

Em 1795, resolveu trabalhar por conta própria e passou a fabricar tecidos finos com grande sucesso empresarial. Dois anos depois, comprou outra fábrica na Escócia (New-Lanark), em que colocou em prática suas ideias reformistas, a saber:

[1260] Ibidem, p.117.

[1261] Fernandes, Antonio José. *Introdução à ciência política*, cit., p. 247.

- Abriu escolas para ensinar "lições das coisas". Proibiu castigos e os prêmios.
- Vetou o trabalho a menores de 10 anos.
- Adotou a jornada de 10 horas e meia de trabalho.
- Remodelou a fábrica e implantou medidas higiênicas.
- Fundou caixas de previdência para assistência médica e à velhice.

Pregava que os vícios não desapareceriam enquanto suas causas não fossem suprimidas. Defendeu os trabalhadores e os movimentos trabalhistas.

Em 1817, aderiu ao socialismo e passou a pedir a criação de cooperativas industriais e agrícolas e de colônias socialistas na América e Inglaterra. Denunciou as mazelas e injustiças que a Revolução Industrial gerou na ilha.

Em 1825, fundou colônias cooperativistas em New Harmony (EUA) e no México, que não tiveram sucesso. Desejava superar o "velho mundo imoral" que destruía o caráter do homem. Valorizava o meio ambiente e considerava as circunstâncias exteriores importantes para a formação social e ética da humanidade. Defendeu a Lei 1819, que limitou as horas trabalhadas pelas crianças e mulheres.

Na crise algodoeira, após o fechamento da sua fábrica por alguns meses, continuou pagando os trabalhadores. Engels elogiou Owen: "Mesmo do ponto de vista de um especialista, bem pouco se pode dizer contra a organização particular". Esse, "homem cuja pureza quase infantil tocava as raias do sublime", defende a reforma social do "mundo velho e imoral", é contra "a propriedade privada, a religião e a forma atual do casamento", que cobre "com o manto da lei a prostituição, completada ademais com uma abundância de adultérios"[1262].

Obras: *Uma nova visão da sociedade* ou *Ensaios sobre o princípio da formação do caráter humano*; *Conferências sobre um Estado inteiramente novo na sociedade*; *Autobiografia*.

[1262] MARQUES, J. Luiz. *O socialismo*. Porto Alegre: UFRGS, 1991, p. 19.

6.5.1.9 Louis Blanc (1811-1882)

Escreveu *Organização do trabalho*. Propõe o socialismo por sufrágio universal e de forma pacífica. O socialismo deveria ser implantado pelo espírito político, e o Estado deveria ser uma assembleia dos mandatários do povo, escolhidos por todos, para formularem as leis segundo a vontade geral.

Afirma "que o principal dentre vós seja o servidor de todos os outros". O Estado agiria como protetor das associações e permitiria a criação de "*ateliers* sociais. (...) O estado seria apenas, no que dissesse respeito aos *ateliers* sociais, aquilo que é hoje em relação a toda sociedade".

6.5.1.10 Philippe Buchez (1796-1865)

Autor de *História parlamentar da Revolução Francesa* e *Tratado de política e ciência social*. Segue os passos de Louis Blanc e defende o "sufrágio universal", para a implementação de uma democracia. Propõe, também, uma reforma social e econômica para que os direitos não sejam apenas de fachada. Nesse contexto, desenvolveu o anarquismo federalista e sindicalista, que teve como detaques Proudhon e Bakunin.

6.5.1.11 Pierre-Joseph Proudhon (1809-1865)

Nasceu em uma família pobre em Besançon, na França, mas conseguiu estudar no Liceu até os 19 anos. Foi revisor de provas, tipógrafo, jornalista e político. Defendeu sempre o trabalhador contra a burguesia capitalista. Foi perseguido, preso diversas vezes e exilado. Atuou como deputado e pregou uma revolução para derrubar o regime capitalista e impor um socialismo libertário de tendência anarquista. Afirmava: "Sou do partido do trabalho contra o partido do capital".

Escreveu: *O que é a propriedade*; *Ideia geral da revolução do século XIX*; *A filosofia da miséria* ou *Sistema de contradições econômicas* e; *Do princípio federativo*.

Não desejava nenhuma forma governamental e intitulava-se anarquista. Considerava a propriedade injusta e prejudicial, verdadeiro "roubo". Propunha um "federalismo anarquista", que terá como resultado final a destruição do estado, com o surgimento de muitos grupos independentes que se administram a si mesmo.

Defendeu a divisão da França para salvar a nação e a liberdade e "suprimir Paris".

Os seus princípios foram os seguintes:

- *Ilegitimidade do capitalismo* – "O empresário capitalista paga apenas o esforço individual, mas não o esforço coletivo". Portanto, "o capitalismo é um regime ilegítimo e a propriedade é um roubo".
- *É necessária uma revolução* – inicialmente acreditava no voto popular para chegar ao socialismo, como um acordo do proletariado e das classes medias contra os "magnatas burgueses". Mas devido à repressão do Estado contra os anarquistas, socialistas e rebeldes em geral, passou a defender a revolução.

Propôs, então, a criação de um "Partido Político Proletário" para derrubar a ditadura burguesa, expropriar o capitalismo e até usar a força para impor esse programa.

Afirmava: "Proprietários, defendei-vos! Haverá combates e massacres. É necessária a tomada do poder político pelo proletariado, a fim de demolir o Estado e eliminar a burguesia".

Defendia, após a concretização dessas ideias e ideais, uma "liberdade para todos" num grande "paraíso da terra".

- A *Anarquia* (palavra que significa sem governo) – parte do conceito de que o homem é bom naturalmente quando não é oprimido pelo Estado e nem explorado por uma elite. Na visão do pensador, como o sistema capitalista é opressor, é necessário que a propriedade seja comunitária (expropriando todos os bens), imponha a implantação de cooperativas, uma forte assistência social e administração pública em todos os municípios. Além disso, implementar o fim do Estado e do Direito para acabar com a repressão e a violência contra o povo. Ele investe na autogestão da classe trabalhadora para conseguir equidade na nova sociedade.

A Revolução implantaria uma sociedade justa sem haver um Estado totalitário e elitista com base nos princípios de "liberdade, igualdade e fraternidade". Proudhon abolia o Estado em suas pregações, ao contrário dos pensadores anteriores, como Platão, Morus e outros. Apesar dessas posições, consideradas avançadas, o seu pensamento entrará em choque com os de Marx e Engels.

6.5.1.12 Mikhail Bakunin (1814-1876)

Russo, de origem nobre, defendeu o anarcossindicalismo. Propôs a liberdade dos indivíduos através da sociedade e da ação coletiva. Defendeu o reconhecimento dos direitos humanos e da dignidade humana para todos e o fim da sociedade com autoridade. Em decorrência das suas posições, foi criada a Associação Internacional dos Trabalhadores (a 1ª Internacional).

É dentro desse panorama de ideias e ideais que Marx e Engels se insurgem e criticam esses pensadores, classificando-os de utópicos, por defenderem causas desvinculadas da realidade, tais como: "socialismo associacionista", "socialismo igualitário", "anarquismo" e sindicalismos. Partindo dessas contestações, os dois pensadores engendram o denominado socialismo científico.

6.5.2 Karl Marx e a ditadura do proletariado – uma pedra no sapato da democracia burguesa

Karl Marx nasceu em Trier (atual Trèves, na Renana, Alemanha), filho de um advogado (Heinrich Marx) de origem judaica. Posteriormente, tornou-se aluno de Direito na universidade de Bonn[1263] e, após um ano, transferiu-se para a de Berlim, onde se juntou aos "jovens hegelianos" que propunham críticas a parte dos princípios de Hegel[1264].

[1263] "Além de ter estudado com discípulos destacados de Hegel na Faculdade de Direito, em Berlim frequentou o grupo dos jovens hegelianos de esquerda. A par desse ambiente hegeliano em que formou seu espírito, há duas influências assinaláveis: a do seu amigo Mosse Hess, socialista radical de Colônia, com o qual colaborou na edição de um jornal; e, logo a seguir, no seu exílio francês, as ideias de Saint-Simon (1760-1825). Este concebeu um regime planificado e tecnocrático, a ser implantado pela classe industrial, que chamou de socialismo. Embora apresentado como científica, sua doutrina compreendia uma nova religião. De Mosse Hess, Marx herdaria o cacoete de que as transformações sociais somente ocorreriam de forma violenta, convicção que está presente na Liga Comunista, que funda com Engels, em 1847, e no Manifesto Comunista, que os dois publicam em 1848. Dos franceses, a crença na elaboração de uma ciência da sociedade." PAIM, Antonio. *Marxismo e descendência*. Campinas: Vide Editorial, 2009, p. 63.

[1264] Karl Marx foi muito influenciado pelas ideias de Hegel e adotou sua ideia de dialética, com restrições a sua ênfase na consciência. Ao contrário, Marx optou pela abordagem materialista. Marx adota o modelo de Hegel por inteiro, incluída a dialética, como força motriz da história, mas o coloca, como ele mesmo diz, "de cabeça para baixo". Para ele,

Concluiu seus estudos em 1841 com a tese de doutorado *Diferença da filosofia da natureza em Demócrito e Epicuro*. Obteve o título na universidade de Jena[1265] (liberal), considerada uma espécie de "fábrica de diplomas", à época concedendo doutorados por correspondência. Em 1843 tornou-se chefe de redação *da Gazeta Renana*, em Colônia[1266].

Como jornalista corajoso, seus artigos defendiam os camponeses, o que culminou no fechamento do jornal e sua fuga para a França aos 25 anos (1843). Em Paris reencontrou Frederich Engels, que conhecera em 1842, momento a partir do qual se tornaram colaboradores durante toda a vida[1267].

Após Marx publicar artigo ridicularizando o rei Frederico IV, o enviado prussiano em Paris protestou junto ao rei Luís Felipe, que prontamente determinou o fechamento da revista e a expulsão do filósofo da França em 1845. Leopoldo I, da Bélgica, aceitou acolhê-lo depois de receber por escrito de Marx a promessa de que não publicaria "qualquer obra sobre política contemporânea". Em 1848, foi publicado um panfleto que começava da seguinte forma: "*Um fantasma ronda a Europa, é o fantasma do comunismo...*". Os autores eram Karl Marx e Friedrich Engels. O panfleto chamava-se *Manifesto comunista*. Os policiais belgas estabeleceram relação entre a violenta retórica do manifesto e a revolução que eclodiria poucas semanas depois de sua publicação. O governo belga acabou por determinar que Karl Marx abandonasse o país em 24 horas e jamais retornasse. Por sorte, devido aos movimentos de 1848, que culminaram na abdicação do rei Luís Felipe e na proclamação da República francesa, havia o filósofo recebido um convite do novo governo provisório de Paris. Ficou um mês na cidade-luz e partiu para Colônia, onde fundou um jornal, a *Nova Gazeta Renana*. Mais uma vez, devido ao poder de sua tinta contra

a realidade não é mental, mas material. SCHWANITZ, Dietrich *et. al. Cultura geral – tudo o que se deve saber*. São Paulo: Martins Fontes, 2009, p. 307; e KELLY, Paul, *O livro da política*, cit., p. 159.

1265 Marx depositou sua tese no dia 6 de abril de 1841 e recebeu o título uma semana depois a 15 de abril. Essa universidade existe até hoje e, claro, sua reputação atual é muito melhor do que na época.

1266 AMARAL, Diogo Freitas do. *História do pensamento político ocidental*, cit., p. 384.

1267 Ibidem, p. 384.

os poderosos, em maio de 1849 acabou sendo deportado pelo governo prussiano, que cassou sua cidadania.

Seu destino foi novamente Paris, mas encontrou a cidade sob o domínio de uma reação monarquista e com epidemia de cólera. Se não bastasse, recebeu uma ordem oficial que o bania para o departamento de Morbiham, na região da Bretanha, então infestado pela malária. Em função disso, tomou uma das decisões mais importantes de sua vida e emigrou para Londres. Seguiu de navio para a Inglaterra em 27 de agosto de 1849 e ali permaneceu até sua morte, em 1883. Lá, encontrou todo o material de pesquisa que lhe possibilitou escrever *O Capital*[1268], sua principal obra. Nesse sentido, o Museu Britânico, na capital inglesa, foi seu principal local de pesquisa.

Na capital inglesa, criou um comitê de correspondência comunista e confrontou-se com Pierre Proudhon, teórico anarquista francês, escrevendo o livro *A miséria da filosofia*, em contraposição à obra *A filosofia da miséria*, esta redigida pelo rival.

Na Inglaterra, aceita ser correspondente do jornal americano *New York Tribune*, para conseguir melhorar a sua renda, mesmo tendo ajuda do empresário e parceiro Friedrich Engels, que o salvaria e a sua família da fome muitas vezes[1269]. Na Inglaterra, fez pesquisas no Museu Britânico, fundamentais para escrever *O Capital*. Em 1864, fundou a associação internacional dos trabalhadores em Londres e publicou o primeiro volume de "*O Capital*" (1867) – o segundo e o terceiro volumes só seriam publicados após sua morte, por iniciativa de Engels[1270].

Durante a Comuna de Paris (1871) fez declarações em nome da Internacional, que se transformaram no livro *A guerra civil na França*. Posteriormente, em 1872, rompeu com o líder anarquista Mikhail Bakunin e mudou a Internacional para Nova York. Em 1876, a internacional foi dissolvida na Filadélfia. Deste período em diante, Marx exauriu-se na miséria junto com a família, apesar da ajuda financeira de Engels, e faleceu em 14 de março de 1883[1271].

1268 Ibidem, p. 384.

1269 GONZÁLES, Horácio. *Karl Marx*. São Paulo: Brasiliense, 1984, p. 125.

1270 Ibidem, p. 125.

1271 Ibidem, p. 125.

6.5.3 A Revolução Francesa – a questão social e a emancipação política

Os textos produzidos por Marx em sua juventude evidenciam tanto "a crítica do idealismo hegeliano quanto a sombra das frustrações com a Revolução Francesa. As mesmas frustrações, aliás, que impulsionavam o pensamento socialista em vários países, a começar pela própria França. A crítica do idealismo filosófico traz de modo implícito – às vezes é bem mais do que isso – a crítica das revoluções burguesas e a necessidade de uma nova revolução. Isso não é, aliás, exclusivo de Marx. No período em que ele escreve, outros tendiam para o mesmo caminho, embora talvez sem a mesma força e influência. Como bem observa Eric Hobsbawm, 'por volta de 1840, a história europeia assumiu uma nova dimensão: o problema social', ou, para considerá-lo de outra perspectiva, a revolução social em potência encontrava expressão típica no fenômeno do 'proletariado'"[1272].

Lorenz von Stein, primeiro a estudar sistematicamente o comunismo e o socialismo, escreve em 1842: *"Já não se pode ter nenhuma dúvida sobre o fato de que, na parte mais importante da Europa, a reforma e a revolução políticas tenham chegado a uma conclusão; a revolução social tomou o seu lugar e se espalha sobre todos os movimentos do povo com sua terrível potência e suas graves incertezas. Há apenas poucos anos; o que hoje temos diante de nós não parecia mais que uma sombra sem conteúdo. Agora ela enfrenta todas as leis como inimigas; e qualquer esforço para fazê-la retroceder à sua originária nulidade é um esforço inútil. Como afirmariam Marx e Engels: 'Um espectro ronda a Europa: o espectro do comunismo'"*[1273].

Desde a *Crítica da filosofia do Estado de Hegel*, Marx ligava a crítica da religião à afirmação da "verdadeira democracia": "A questão (da soberania popular *versus* soberania do monarca) também se coloca assim: o soberano é Deus ou o soberano é o homem?" Está evidente qual deve ser a resposta. "Assim como a religião não cria o homem, mas é o homem quem cria a religião, não é também a Constituição que cria o povo, mas o povo que cria a Constituição"[1274].

[1272] Weffort, Francisco C. *Os clássicos da política*, cit., p. 236, v. 2.

[1273] Ibidem, p. 237.

[1274] Ibidem, p. 237.

Nesse texto de sua juventude, "que é, talvez, a sua mais clara afirmação como um democrata radical, Marx afirma que a democracia é 'o conteúdo e a forma'; 'na democracia, o princípio formal é, ao mesmo tempo, o princípio material'. Em outras palavras: a democracia 'é, antes de tudo, a verdadeira unidade do universal com o particular'. 'A democracia é o enigma decifrado de todas as constituições possíveis'"[1275]. Se a concepção democrática deste texto sofreu modificações posteriores, foi para receber acréscimos e especificações, não para ser colocada à margem. Landshut e Mayer, na sua introdução, datada de 1934, à *Crítica da filosofia do Estado de Hegel*, definem-no assim:

> *"A atitude fundamental de Marx com relação à filosofia está definitivamente determinada depois de seus primeiros três anos de estudo de Hegel, e não se modifica no desenvolvimento ulterior do trabalho de toda a sua vida. Apesar de que em certo sentido se pode dizer que a filosofia hegeliana é um elemento constitutivo da obra de Marx, também se pode afirmar que Marx, desde seu primeiro contato com Hegel, nunca foi hegeliano"*[1276].

"Nada mais enganoso, porém, do que imaginar que Marx, apegado à 'questão social', tenha chegado a considerar a 'questão política' como um simples reflexo ou um mero epifenômeno[1277]. 'Não há dúvida', diz em *A questão judaica*, 'que a emancipação política representa um grande progresso. [...] ela se caracteriza como a derradeira etapa da emancipação humana dentro do contexto do mundo atual'"[1278], diz. Em seguida, afirma: "'os chamados direitos humanos em sua forma autêntica, sob a forma que lhe deram seus descobridores norte-americanos e franceses, [são] direitos políticos, que só podem ser exercidos em comunidade com outros homens. Seu conteúdo é a participação na comunidade e, concretamente, na comunidade política, no Estado'. Marx chama também a esta 'emancipação política' de 'democracia política'. E a qualifica de 'cristã', já que 'nela o homem, não apenas um homem, mas todo homem, vale como

[1275] Ibidem, p. 237.
[1276] Ibidem, p. 238.
[1277] Refere-se a um fenômeno que vem se juntar a outro sem, no entanto, influenciá-lo.
[1278] Ibidem, p. 239.

ser soberano, como ser supremo'. E acrescenta: 'A imagem fantástica, o sonho, o postulado do cristianismo, a soberania do homem - porém como um ser estranho, distinto do homem real -, esta é, na democracia, realidade sensível, presente, máxima secular'"[1279].

"A 'emancipação social' do proletariado guarda, desse modo, suas peculiaridades em relação às revoluções 'do passado', isto é, às revoluções (políticas) da burguesia. O fato de que o proletariado apareça na história como uma classe sem propriedade definiria uma forma extrema de alienação: a força produtiva da sociedade, 'que nasce da cooperação de vários indivíduos condicionados pela divisão do trabalho', que aparece para os proletários como 'uma força estranha situada fora deles, de cuja origem e fim nada sabem, que não podem mais dominar', que, pelo contrário, os domina. A abolição da alienação pressupõe duas condições que se dão com o proletariado e com a sociedade na qual este se forma. Primeiro: pressupõe que a alienação 'se torne uma força insuportável', isto é, 'uma força contra a qual os homens vão à revolução'. Pressupõe que a alienação 'tenha feito da humanidade uma massa totalmente destituída de propriedade, que se encontra, ao mesmo tempo, em contradição com um mundo existente da riqueza e da cultura, coisas que supõem um grande aumento do poder produtivo, ou seja, uma fase adiantada de seu desenvolvimento'. Em segundo lugar, a abolição da alienação pressupõe que o desenvolvimento das forças produtivas tenha alcançado o 'plano da história mundial', porque sem este grande desenvolvimento 'é a penúria que se tornaria geral'"[1280]. Como Marx o diz, as ideias da classe dominante 'são as ideias de seu domínio'. (...) Isso significa que a luta de classes é tanto uma luta no plano material quanto no plano das ideias. É certo que 'as ideias daqueles que não dispõem dos meios da produção intelectual ficam sujeitas à classe dominante'. Mas também é verdade que nas épocas de revolução, a classe dominante perde o 'monopólio' das ideias e alguns de seus setores, em particular entre os intelectuais, passam para o campo contrário, o campo da revolução [1281]. E o materialismo histórico de Marx se entende como um aspecto desta luta.

[1279] Ibidem, p. 239.
[1280] Ibidem, p. 240-241.
[1281] Ibidem, p. 241.

Para Marx, a sociedade resulta do quadro econômico da sua época. A produção material designa os pensamentos e o modo de vida dos cidadãos, que são produtos do seu contexto histórico. Ele afirmava que os "filósofos têm se limitado a interpretar o mundo de várias formas, quando o que importa é transformá-lo", ou seja, é necessário propor uma mudança e até uma revolução para transformar o mundo capitalista.

Segundo o filósofo, a economia capitalista apresenta uma grande divisão de trabalho que origina a alienação do indivíduo e, portanto, ao bem comum. A causa desta exploração e injustiça é a "propriedade privada", que deve ser abolida e abrir caminho para que as pessoas desempenhem funções diversificadas e livres da tutela do capital.

O proletariado não possui bens, só tem a própria capacidade de trabalho, devendo insurgir-se contra a escravidão capitalista por intermédio de uma revolução. Após o processo revolucionário, a propriedade privada deve ser abolida e substituída pelo socialismo e, finalmente, pelo comunismo, quando haverá igualdade de fato na sociedade.

Lançou em sua obra o conceito de "materialismo histórico". Muitos consideram que essa visão é utópica e não reconhece a importância da divisão do trabalho para qualquer sistema econômico, como base da organização de um Estado. Acreditam que seria confuso e geraria incompetência alguém ser carpinteiro de manhã, mecânico à tarde e enfermeiro à noite, prejudicando a própria comunidade. Na realidade, Marx e seu parceiro Engels desenvolveram uma ideologia antiburguesa, que mostra a exploração do trabalhador, numa tentativa de conseguir um melhor equilíbrio com a elite econômica capitalista e, portanto, defendem os interesses do proletariado.

A luta de classes, para Marx, explica as transformações histórico-políticos, já que é no princípio socioeconômico que estão ligados os eventos políticos e jurídicos das sociedades. O marxismo pretende criar uma ciência, além de propor uma práxis revolucionária e realizar uma crítica de filosofia, principalmente ao idealismo e ao materialismo mecanicista. Ele levou em consideração os princípios científicos do século XIX.

O conceito de alienação marxista apresenta as seguintes características:

- *Econômica* – está ligada à transmissão da propriedade privada de uma pessoa para outra.

- *Jurídica* – é a transferência que o cidadão faz de sua liberdade para a sociedade.
- *Teológica* – em relação ao papel de Deus como criador e organizador do Universo.

Para Marx, "o objeto que o trabalho produz, ou seja, o seu produto, está perante o produtor como um ser estranho, como um poder independente dele"[1282]; logo, "o trabalhador relaciona-se com o produto do seu trabalho como um objeto estranho"[1283]. O homem e o produto ficam alienados. O homem é convertido em coisa, fica reificado, tornando-se uma mercadoria.

Em síntese, Marx realiza uma nova explicação para o conceito de Poder e de Estado e influencia a Ciência Política, oferecendo conotação científica para os fenômenos sociais. Para o marxismo, a história da humanidade apresenta quatro modelos econômicos: antigo, feudal, burguês e asiático. Extrai daí o seguinte raciocínio:

- a *superestrutura* política é determinada pela infraestrutura econômica.
- o *regime político* é ligado à superestrutura e reflete a luta de classes.
- o sistema de *produção* define as classes sociais e depende umbilicalmente da evolução das técnicas.
- a *política* é consequência das relações de produção.

Pode-se concluir que o humanismo faz parte do marxismo, uma vez que:

- promove uma crítica e ataca a alienação do ser humano; pretende, também, acabar com a exploração do homem e defender a sua libertação, partindo de princípios iluministas;
- nega a existência de um ser diferenciado e superior à natureza e ao ser humano. Considera a suficiência e independência do homem;

1282 Marx, Karl. Manuscritos econômico-filosóficos. Trad. Jesus Ranieri. São Paulo: Boitempo Editorial, 2004, p. 80.
1283 Ibidem, p. 81.

- apesar de muitos debates, coloca o ser humano como princípio da sociedade e, portanto, o sujeito da história, sendo "o princípio científico – explicativo da teoria da história"[1284].

6.5.4 De Hegel ao "Manifesto comunista"

O pensamento marxista está espalhado por diversas obras, geralmente extensas, e apresenta dificuldades para os leitores entenderem a sua filosofia. Marx iniciou suas reflexões estudando Hegel e sua dialética, posteriormente rompeu com o mestre. Em *Crítica da filosofia do direito de Hegel*, diverge na questão do Estado. Mostra que o Estado não é independente dos indivíduos que o compõem, sendo uma realidade a afirmação da sua autonomia perante a sociedade. O Estado é uma máquina parcial e pessoal para Marx, defendendo interesses privados de uma elite. Era produto da luta de classes. *O manifesto comunista* (1848) o projetou no mundo inteiro. Defendia o proletariado e atacava a burguesia em pleno apogeu da Revolução Industrial. Pregava a abolição do capitalismo liberal e a implantação do comunismo com base na história, na economia e na sociologia – era o "socialismo científico". Marx desconsiderou a ideia de democracia, pois contrariou os teóricos do socialismo democrático por defender a ditadura do proletariado[1285].

Propunha em sua "Revolução": abolição da propriedade da terra; abolição dos direitos de herança; imposto de renda progressivo; nacionalização dos meios de transporte e comércio; trabalho compulsório; educação gratuita e proibição do trabalho infantil; ampliação dos empreendimentos produtivos do Estado; harmonia entre a cidade e o campo[1286].

Em seus textos afirmava:

> *"A história de todas as sociedades até aqui existente é a história das lutas de classes. (...) – Homem livre e escravo, patrício e plebeu, senhor e servo, mestre de corporação e jornaleiro, numa palavra, opressor e oprimido, sempre estiveram em constante oposição um contra o outro, ambos em luta. (...)*

[1284] CORDON, Juan Manuel; e MARTINEZ, Tomas Calvo. *História da filosofia*, cit., p. 522.
[1285] AMARAL, Diogo Freitas do. *História do pensamento político ocidental*, cit., p. 386.
[1286] Ibidem, p. 386.

– As ideias dominantes, em cada período histórico, são as ideias da respectiva classe dominante. (...)
– A burguesia desempenhou na história um papel eminentemente revolucionário: destruiu todas as condições feudais, patriarcais, idílicas (...) e tudo mergulhou na água glacial do cálculo egoísta. Impiedosa, rasgou os laços multicores que relacionavam o homem com o seu natural superior e só deixou subsistir, entre homem e homem, o pagamento em dinheiro. (...)
– A burguesia fez muito mais do que qualquer outra classe dominante: criou o movimento, o desenvolvimento, a mudança permanente nas relações sociais; alargou os mercados a todo o mundo; aperfeiçoou os meios de produção e as comunicações; civilizou as nações mais bárbaras, tornou-as burguesas; submeteu o campo ao predomínio da vida urbana; fez surgir grandes cidades. E criou forças produtivas mais maciças e colossais do que todas as gerações anteriores juntas: máquinas, aplicações químicas, navegação a vapor, caminhos de ferro, telégrafos, canalização de rios, desmatação de continentes inteiros... (...)
– O fim da burguesia está próximo quando o proletariado se sente indignado com a sua pobreza e toma consciência da sociedade injusta em que vive e do seu poder enorme como classe mais numerosa. (...)
– O sindicalismo grevista suaviza algumas situações pontuais, mas não resolve o problema de fundo: é preciso fazer a Revolução, derrubar a burguesia como classe dominante, expropriá-la dos meios de produção com os quais explora o povo, conquistar o poder político para o proletariado, destruir pela violência todas as condições sociais existentes e, finalmente, instalar o socialismo (é a 1ª fase, inferior, do projeto) e depois o comunismo (2ª e última fase, superior). (...)
– Deixemos as classes dominantes tremer de medo perante a ameaça da revolução comunista. Elas têm tudo a perder. Os proletários nada têm a perder, a não ser as correntes de ferro que os prendem. E têm um mundo para ganhar"[1287].

Para Marx, o proletariado era o principal agente das transformações sociais, devido a seu trabalho que gerava as riquezas, mas não tinha direitos, pois os trabalhadores estavam excluídos de todos os benefícios pela elite burguesa. Daí a frase "Proletários de todo mundo, uni-vos! Nada tende a perder, a não ser seus grilhões!"[1288].

1287 Ibidem, p. 386-387.
1288 Ibidem, p. 387.

Sobre o poder – indicou como deveria se processar a conquista do poder pela classe trabalhadora: 1º) do capitalismo para a Revolução proletária; 2º) com a revolução haveria a implantação da ditadura do proletariado; 3º) após a eliminação do capitalismo, se o mundo estivesse livre das elites, haveria a implantação do comunismo integral[1289].

Quanto ao contexto da publicação do *Manifesto do Partido Comunista*: "publicado em alemão num ano de várias tentativas de revolução republicana e socialista na França e na Europa, mas não teve grande influência imediata: basta dizer que só foi traduzido para o inglês em 1850, no auge do conservadorismo vitoriano; para russo, em 1882; e para francês – língua do país europeu mais culto e mais revolucionário da época, em 1886". Significa que "a principal obra de Marx, escrita em termos panfletários, acessíveis ao grande público, só começou a exercer a sua influência na Europa ocidental no último decênio do século 19; e na Rússia – o país da primeira Revolução inspirada nas ideias de Marx –, apenas por volta de 1900 (cerca de 50 anos após o Manifesto)"[1290].

Marx considerava a história como uma guerra entre as classes sociais, sendo a luta de classes o seu principal motor e a fonte do seu dinamismo. No início (sociedades primitivas) havia o comunismo integral dos bens (tese), depois surge a propriedade privada e a luta de classes (antítese) e posteriormente aflora uma classe social dedicada, de artesanato e voltada ao comércio, a base do capitalismo (tese) e do proletariado do capitalismo, o que engendra a classe trabalhadora da indústria (antítese), que deverá trazer uma nova síntese, o socialismo e depois o comunismo[1291].

O resultado a que se chega com as teorias de Marx é de que a produção, a distribuição e a troca não são idênticos, mas membros de uma totalidade, apesar de suas diferenças dentro de uma unidade. O processo sempre começa (e recomeça) pela produção. A noção de que a troca e o consumo não possam ser um elemento predominante é coisa que se entende em si mesmo[1292].

Ele ainda afirma:

[1289] Ibidem, p. 388.
[1290] Ibidem, p. 386.
[1291] Ibidem, p. 403.
[1292] Ibidem, p. 403.

"Quando consideramos um dado do ponto de vista da economia política, começamos pela sua população, sua divisão em classes, seu estabelecimento nas cidades, no campo, no litoral, os diferentes ramos de produção e exportação e importação, a produção e o consumo anuais, os preços das mercadorias etc. Parece correto começar pelos dados concretos e reais, assim, então, em economia, pela população, que é a base e o assunto de todo ato social da produção"[1293]. Na continuação, ele descontrói esse método:

"Olhando mais de perto, trata-se de um falso método. A população é uma abstração, se deixo de lado as classes que a compõem. As classes, por sua vez, não têm sentido se ignoro os elementos sobre os quais repousam, por exemplo, o trabalho assalariado, o capital etc., que pressupõem a troca, a divisão do trabalho, os preços etc. O capital, por exemplo, nada é sem o trabalho assalariado, sem valor, sem dinheiro, preço. Se eu então começasse pela população, seria uma representação caótica do todo e com uma determinação mais estrita, eu chegaria sempre analiticamente e cada vez mais a conceitos simples do concreto representado, chegaria a abstrações cada vez mais seguras, até as mais simples determinações. Aí chegando seria preciso fazer a viagem de volta"[1294].

6.5.5 O Capital e suas contradições

Marx concentra sua atenção no modo de produção de sua época naturalmente, e não apenas em sua obra mais importante: *O capital*. "Nesse sistema, o trabalhador, que não possui nada além de sua capacidade de trabalho (ou força de trabalho), é forçado a vender tal capacidade ao proprietário de capital, que então o emprega para seu próprio lucro. Os seres humanos são convertidos em mercadorias substituíveis no mercado. O capitalista paga pelo aluguel da força de trabalho do operário nesta troca de mercadorias que conhecemos como salário – sendo este o custo do que o operário necessita para 'reproduzir' sua força de trabalho, isto é, os bens necessários para ele se manter vivo e trabalhando. Mas a força de trabalho, uma vez que não é um objeto fixo, mas uma forma de energia e potencial humanos, é um tipo de mercadoria particularmente sem limites e determinações; e ao pô-la em ação, o capitalista é capaz de extrair dele mais valor, sob a forma de bens produzidos e vendidos, que o necessário

1293 Aron, Raymond. *O marxismo de Marx*. São Paulo: Benvirá, 2012, p. 416.
1294 Ibidem, p. 416.

para pagar o trabalhador. Este processo, que Marx denomina a extração de "mais-valia" da classe operária, é a chave da natureza exploradora das relações sociais capitalistas"[1295].

Quando Karl Marx escreveu *O capital*, anunciando a "exploração" da classe trabalhadora, o isolamento psicológico do trabalhador (a alienação) e o aumento da riqueza daqueles que já tinham tudo, o trabalho nos países industriais do século XIX era uma desumanidade atroz. "Nas fábricas, o dia de trabalho, que começava às 6 horas e terminava às sete da noite, era considerado exemplarmente humano. Não era raro que homens, mulheres e crianças trabalhassem até a meia-noite. (...) *O capital* de Karl Marx recebeu, ainda em vida do autor, o título não oficial de 'A bíblia do proletariado'"[1296].

"Os conceitos oriundos de Marx mais recorrentes são *exploração*, mais-valia, acumulação de capital, depauperação do proletariado, alienação e *caráter fetichista da mercadoria*. Marx dizia que no capitalismo o trabalhador é explorado, porque não recebe o valor integral de seu trabalho. (...) A força de trabalho do trabalhador torna-se mercadoria. O capitalista (o empregador) compra a mercadoria força de trabalho e paga o preço correspondente, que é o salário. O salário corresponde ao que o trabalhador precisa para se manter disponível como força de trabalho ao capitalista". Na verdade, o trabalhador produz mais do que lhe pagam. Para obter o dinheiro de sua sobrevivência, basta meio dia de trabalho, mas ele trabalha um dia inteiro. "Então, quando o trabalhador trabalha doze horas por dia, seis são para seu salário e seis para o capitalista"[1297].

Para diferenciar entre salário e o valor real da mercadoria produzida, Marx usa o conceito de valor de troca (preço, isto é, a remuneração pelo trabalho) e valor de uso (valor dos objetos produzidos durante todo o tempo trabalhado). Se o salário (valor de troca) é subtraído do valor total do tempo trabalhado (valor de uso), resta algo: a mais-valia, que migra para o bolso do capitalista[1298].

[1295] EAGLETON, Terry. *Marx*. São Paulo: Unesp, 1999, p. 40-41.

[1296] ZSCHIRNT, Christiane. *Livros – tudo o que você não pode deixar de ler*, cit., p. 154.

[1297] Ibidem, p. 155.

[1298] Ibidem, p. 155.

O capitalista não usa a mais-valia só para sua vida de luxo, mas, muito pior: ele a investe para aumentar seus lucros e "transforma o dinheiro em capital. Isso é grave, porque coloca em movimento uma ação em cadeia, em cujo final os ricos tornam-se cada vez mais ricos, e os pobres tornam-se cada vez mais pobres. Grandes empresas estão sempre na dianteira, pois quanto maior é uma empresa (quanto mais trabalhadores possui), maior é a mais-valia, os investimentos, os lucros – e sua competitividade". O capital persegue apenas um único interesse: o aumento da mais-valia. Dessa maneira, fará tudo para reduzir o tempo de trabalho que o trabalhador precisa para ganhar seu salário (isto é, o que precisa para sobreviver). E para aumentar a produtividade do tempo de trabalho, o trabalho será dividido na maior quantidade possível de etapas isoladas[1299].

"Para Marx, a divisão de trabalho tem um significado ainda mais deletério: ela faz com que um trabalhador que nunca veja o produto inteiro, montado, em suas mãos, não mais se identifique com seu trabalho. Além disso, há outra experiência deprimente: o trabalhador produz com meios que lhe são estranhos (as máquinas do capitalista), objetos que não lhe pertencem, e que o tornam cada vez mais pobre, quanto mais rico torna-se o capitalista. Essas experiências desembocam na *alienação* causada pelo trabalho"[1300].

A pessoa desvinculada de seu trabalho só tem um desejo, o de querer "ter". E isso acaba por envenenar mais ainda as relações interpessoais. Dessa maneira, a alienação do trabalho se reproduz também nas relações entre as pessoas: determina o relacionamento com os colegas, com os empregadores, com a família e, por fim, da pessoa consigo mesma. Enquanto as relações interpessoais tornam-se cada vez mais distantes e superficiais, os objetos brilham sob uma luz mágica. O mundo perde sua magia, os objetos a recebem. "Eles contêm uma característica mística, o misterioso caráter de fetiche"[1301].

[1299] Ibidem, p. 155-156.

[1300] Ibidem, p. 156.

[1301] Ibidem, p. 157. A expressão fetiche deriva-se de feitiço, ou seja, um suposto poder mágico que os objetos, embora sejam coisas inanimadas, passam a ter, em contraste com o ser humano, que perde sua racionalidade e poder. Assim, em uma inversão cruel da importância dos seres, o homem torna-se coisa e a coisa torna-se homem.

6.5.6 A política em Marx

"A doutrina política de Marx é revolucionária – 'revolução' –, sendo para ele definida menos pela velocidade, pelo caráter repentino ou pela violência do processo (embora ele pareça pensar que a construção do socialismo envolve uma força insurrecional), pelo fato de que ela passa pela expulsão de uma classe possuidora e sua substituição por outra. E este é um processo que pode claramente requerer um grande espaço de tempo para ser levado a efeito. Podemos observar aqui a característica peculiar do socialismo: o fato de que ele envolve a chegada ao poder pela classe trabalhadora, que ao fazer isto cria as condições para a abolição de todas as classes. Uma vez sendo os meios de produção coletivamente possuídos e controlados, as próprias classes finalmente desaparecerão"[1302].

> "*Todas as classes que no passado conquistaram o poder, procuraram consolidar o 'status' adquirido sujeitando toda a sociedade às suas condições de apropriação. Os proletários não podem se apoderar das forças produtivas sociais a não ser abolindo o modo de apropriação a elas correspondente, e, com isto, também todos os modos anteriores de apropriação. Eles nada têm de seu para salvaguardar e consolidar; sua missão é destruir todas as seguranças e garantias da propriedade privada até agora existentes*" (trecho de *O Manifesto do Partido Comunista*)"[1303].

Em escritos de juventude, para Marx se o proletariado é a última classe histórica, é porque sua chegada ao poder "é o prelúdio da construção de uma sociedade na qual todos estarão na mesma relação com os meios de produção, como seus donos coletivos. 'Trabalhador' não mais significa ser membro de uma classe particular, mas simplesmente todos os homens e mulheres que contribuem para produzir e manter a vida social. A primeira fase da revolução anticapitalista é conhecida por Marx como o socialismo, e não é uma fase que envolva completa igualdade. Na verdade, Marx vê a noção de "direitos iguais", herdada da época burguesa, como um tipo de reflexo espiritual da troca de mercadorias abstratamente iguais. Isto não quer dizer que para ele o conceito seja desprovido de valor, mas que ele reprime inevitavelmente a particularidade de

1302 EAGLETON, Terry. *Marx*, cit., p. 47.
1303 Ibidem, p. 47-48.

homens e mulheres, os diversos talentos próprios de cada um. Ele atua assim, entre outras coisas, como uma forma de mistificação, ocultando o verdadeiro conteúdo das desigualdades sociais atrás de uma mera forma legal. No fim, ao próprio Marx interessa mais a diferença que a igualdade. No socialismo, continua sendo um fato que"[1304]:

> *"Um homem é superior a outros física ou mentalmente, e assim fornece mais trabalho no mesmo tempo, ou pode trabalhar por mais tempo; e, para servir como medida, o trabalho deve ser definido por sua duração ou intensidade, caso contrário deixa de constituir um padrão de medida. Tal direito igual é um direito desigual para o trabalho desigual. Não reconhece diferenças de classe, uma vez que cada homem é um trabalhador tanto quanto qualquer outro, mas reconhece tacitamente privilégios desiguais. É por conseguinte um direito de desigualdade em seu conteúdo, como todo direito. Por sua própria natureza, o direito só pode consistir na aplicação de um padrão igual; porém indivíduos desiguais (e eles não seriam indivíduos se não fossem desiguais) são mensuráveis apenas por um padrão igual na medida em que são considerados de um ponto de vista igual, apreendidos por um só aspecto determinado, por exemplo, no caso presente, enquanto forem considerados apenas como trabalhadores e nada mais, sendo tudo o mais ignorado. Além disso, um trabalhador é casado, outro é solteiro; um tem mais filhos que outro, e assim por diante. Desta maneira, com um desempenho igual no trabalho, e portanto com uma participação igual no fundo social de consumo, uns receberão efetivamente mais que outros, uns serão mais ricos que outros etc. Para evitar todos estes defeitos, o direito, em vez de ser igual, teria de ser desigual (Critique of the Gotha Programme, SW 324) [CPG 20-1]"*[1305].

O estágio mais desenvolvido da sociedade, contudo, chamado por Marx de comunismo, desenvolverá as forças produtivas até um ponto de abundância tal que nem a igualdade nem a desigualdade estarão em questão. Em lugar disso, homens e mulheres simplesmente retirarão do fundo comum de recursos o que quer que satisfaça suas necessidades:

> *"Numa fase superior da sociedade comunista, quando tiver desaparecido a escravizante subordinação do indivíduo à divisão do trabalho, e com ela também a antítese*

1304 Ibidem, p. 48-49.

1305 Ibidem, p. 48.

entre o trabalho mental e o físico; quando o trabalho houver se tornado não um meio de vida, mas a necessidade fundamental da vida; quando as forças produtivas tiverem crescido com o desenvolvimento geral do indivíduo; quando todas as fontes de riqueza cooperativa fluírem mais abundantemente só então o horizonte estreito do direito burguês será completamente ultrapassado, podendo a sociedade inscrever em suas bandeiras: 'De cada um de acordo com suas capacidades, a cada um de acordo com suas necessidades!'[1306].

Na sociedade comunista, disporíamos de lazer e energia para cultivar nossas personalidades de qualquer maneira que pudéssemos escolher, desde que respeitado o preceito de que a todos os outros seria permitido fazer o mesmo. O que distingue este objetivo político mais nitidamente do liberalismo é o fato de que, uma vez que para Marx uma expressão de nosso ser individual é também uma realização de nosso ser genérico, este processo de explorar e desenvolver a vida individual seria levado a cabo reciprocamente, por meio de laços mútuos, em vez de em isolamento esplêndido. A sociedade comunista também direcionaria as forças produtivas legadas a ela pelo capitalismo para a meta de abolir tanto quanto possível todo trabalho degradante, libertando, dessa forma, homens e mulheres da tirania da labuta e permitindo a eles engajarem-se no controle democrático da vida social como "indivíduos unidos", agora responsáveis por seus próprios destinos. No comunismo, homens e mulheres podem recuperar seus poderes alienados e reconhecer o mundo que criam como seu, depurado de sua imobilidade espúria[1307].

"Mas a revolução socialista requer um agente, e este Marx descobre no proletariado. Por que o proletariado? Não porque seja espiritualmente superior às outras classes, e não necessariamente porque seja o mais oprimido dos grupos sociais. Se fosse assim, os vagabundos, excluídos e indigentes que Marx um tanto devastadoramente chamava de 'lumpen-proletariado', seriam melhores. Pode-se alegar que é o próprio capitalismo, não o socialismo, que 'seleciona' a classe operária como o agente da mudança revolucionária"[1308].

[1306] Ibidem, p. 50.
[1307] Ibidem, p. 50-51.
[1308] Ibidem, p. 51.

"Que forma tal sociedade assumiria? Seguramente não a de uma ordem social dirigida pelo Estado. O Estado político para Marx pertence à "superestrutura" reguladora da sociedade: é ele próprio um produto da luta de classes em vez de estar sublimemente além deste conflito, ou consistir em alguma resolução ideal dele. O Estado é em última análise um instrumento da classe dirigente, uma maneira de assegurar sua hegemonia sobre as outras classes; e o Estado burguês em particular cresce a partir da alienação entre o indivíduo e a vida universal:

'A partir da própria contradição entre o interesse do indivíduo e o da comunidade, este assume uma configuração autônoma enquanto Estado, separada dos interesses reais do indivíduo e da comunidade, e ao mesmo tempo como uma vida coletiva ilusória, porém sempre tendo por base concreta os laços reais existentes em qualquer agregado familial ou tribal – tais como a consanguinidade, a língua, a divisão de trabalho em grande escala, e outros interesses e especialmente, como veremos em detalhe mais tarde, nas classes, já determinadas pela divisão do trabalho, que se destacam em cada agrupamento humano desse tipo e das quais uma domina todas as outras. Segue-se disto que todas as lutas dentro do Estado, a luta entre a democracia, a aristocracia e a monarquia, a luta pelo direito de voto etc. etc., são apenas as formas ilusórias nas quais se trava a verdadeira luta entre as diferentes classes. (GI 53) [IA 48]'"[1309].

A visão final de Marx parece assim algo anarquista: a de uma comunidade cooperativa formada pelo que denomina "associações livres" de trabalhadores, que estenderiam a democracia à esfera econômica enquanto fazem dela uma realidade na esfera política. Foi a este fim – que não é, afinal de contas, demasiado sinistro ou alarmante – que ele dedicou não apenas seus escritos, mas uma boa parte de sua vida ativa[1310].

6.5.7 Marx e o Estado

"Entende-se por marxismo o conjunto das ideias, dos conceitos, das teses, das teorias, das propostas de metodologia científica e de estratégia política e, em geral, a concepção do mundo, da vida associada e da polí-

[1309] Ibidem, p. 51-52.
[1310] Ibidem, p. 52.

tica, consideradas como um corpo homogêneo de proposições até constituir uma verdadeira e autêntica 'doutrina', derivadas das obras de Karl Marx e de Friedrich Engels. (...) Distinguem-se diversos marxismos, quer com base nas diferentes interpretações do pensamento dos dois fundadores, quer com base nos juízos de valor com que se pretende distinguir o marxismo que se aceita do marxismo que se refuta: para dar alguns exemplos, o marxismo da Segunda e da Terceira Internacional, marxismo revisionista e ortodoxo, marxismo vulgar, grosseiro, dogmático. A seguir, algumas considerações acerca da teoria marxista do Estado e, em geral, da política, com a advertência de que se levarão em conta principalmente as obras de Marx e apenas subsidiariamente as de Engels, que, como sempre e, portanto, também neste caso, por representarem frequentemente as teses de Marx em polêmica com seus detratores e deturpadores, acaba algumas vezes por enrijecê-las"[1311].

"Para reconstruir o pensamento de Marx sobre o Estado é preciso, portanto, recorrer às indicações esparsas com que nos deparamos nas obras econômicas, históricas e políticas. (...) Não é preciso acrescentar que, por causa dessa fragmentaridade e também pelo fato de que estes fragmentos estão disseminados ao longo de um período de mais de trinta anos e as teses que eles concisamente exprimem são frequentemente expostas de maneira ocasional e polêmica, toda reconstrução muito rígida da teoria marxiana do Estado arrisca-se a ser deformante ou ao menos unilateral"[1312].

Marx anuncia o desaparecimento do Estado na última página de *Miséria da filosofia*:

> *"A classe trabalhadora substituirá, no curso de seu desenvolvimento, a antiga sociedade civil por uma associação que excluirá as classes e seu antagonismo, e então não existirá mais poder político propriamente dito. (Marx, 1950a, p.140)"*[1313].

1311 BOBBIO, Norberto. *Nem com Marx, nem contra Marx*. São Paulo, UNESP, 2006, p. 149-150.
1312 Ibidem, p. 151.
1313 Ibidem, p. 163

E o *Manifesto* assim o trata:

"Se na luta contra a burguesia o proletariado é forçado a se organizar como classe, se mediante uma revolução se transforma em classe dominante e como classe dominante suprime violentamente as antigas relações de produção, então suprime também, juntamente com essas relações de produção, as condições de existência dos antagonismos de classe, as classes em geral e, com isso, seu próprio domínio de classe (Marx & Engels, 1966b, p.314-S)"[1314].

Essas duas características servem para distinguir a teoria de Marx da teoria social-democrática e da teoria anárquica. Aquela sustenta que a tarefa do movimento operário é a de conquistar o Estado (burguês) a partir de seu interior, não a de "despedaçá-lo"; a anárquica sustenta que é possível destruir o Estado como tal sem passar pelo Estado de transição. Contra a teoria social-democrática, Marx sustenta, ao contrário, que o Estado burguês não pode ser conquistado, mas tem primeiro de ser destruído; contra a teoria anárquica, sustenta que o que deve ser destruído não é o Estado *tout court*, mas precisamente o burguês, porque o Estado como tal, uma vez destruído, está destinado à extinção. Mantendo separados os dois momentos dialeticamente unidos da supressão e da superação, pode-se dizer que a supressão do Estado burguês não é a supressão do Estado, mas a condição para a sua superação. E é por isso que o Estado burguês tem de ser em um primeiro momento suprimido, diferentemente do que sustentam os social-democratas, para em um segundo, diferentemente do que sustentam os anarquistas, ser superado[1315].

No que se refere ao Poder Legislativo, Marx recusa o artificialismo da contradição que existiria entre este e a Constituição:

"O poder legislativo fez a Revolução Francesa; de um modo geral, fez grandes revoluções orgânicas genéricas em todos os lugares onde dominou em toda a sua particularidade. Não combateu a constituição, mas sim uma constituição particular e envelhecida, dado que o poder legislativo era o representante do povo, da vontade geral. Pelo contrário, o poder governativo fez as pequenas revoluções, as revoluções retrógradas, as reações; não

1314 Ibidem, p. 164.
1315 Ibidem, p. 164-165.

fez da revolução uma constituição oposta a uma outra mais antiga, mas sim algo que se opunha a toda a constituição, pois o poder governativo é o representante da vontade particular, da vontade subjetiva, do aspecto mágico da vontade"[1316].

Marx nega que seja de caráter abstrato o conflito entre o poder legislativo e o que chama, seguindo a Hegel, de poder governativo (diríamos, o Executivo). Escreve:

"*Não é uma abstração inventada pelos franceses, mas sim uma consequência necessária, desde que o Estado real existe apenas enquanto formalismo político do Estado, objeto de exame. A oposição no interior do poder é a existência política suprema do poder representativo. Mas no âmbito desta constituição representativa o problema que examinamos adquire uma orientação diferente da que Hegel estudara. Não se trata de saber aqui se a sociedade civil deve exercer o poder legislativo através de representantes ou se todos devem participar individualmente nele, mas sim da extensão e da generalização, tão grande quanto possível, da eleição realizada através do direito de sufrágio ativo enquanto passivo. É este o ponto verdadeiramente em litígio na reforma política, tanto em França como na Inglaterra*"[1317].

"A recusa do mandato imperativo, que se entendia então como incompatível com o papel que deveria desempenhar o representante no Estado Moderno, aparece em Hegel como uma contradição de representante de uma corporação (interesse particular)" [1318]. Para Marx, criticando a maneira como Hegel apresenta o problema, este esquece que introduziu a delegação a partir das corporações e que o poder governativo se lhe opõe diretamente[1319].

Em *Crítica ao programa de Gotha*, Marx explicita o que se poderia denominar "teoria marxista do Estado". Trata-se de documento aprovado no Congresso que teve lugar na cidade assim denominada, em 1875, no qual os dois principais partidos operários alemães resolvem fundir-se para dar

[1316] Paim, Antonio. *Marxismo e descendência*. Col. História e Pensamento. São Paulo: Vide Editorial, 2000, p. 77.
[1317] [1290] Ibidem, p. 79.
[1318] Ibidem, p. 79-80.
[1319] Ibidem, p. 80.

lugar ao Partido Social Democrata, que sobrevive até hoje. Ao criticar tal documento, Marx leva em conta que não consiste numa plataforma de ação comum, mas de uma redefinição dos princípios que seriam os da Internacional, da qual Marx discorda frontalmente. A redefinição em causa inspira-se na obra de Ferdinand Lassalle, ao qual se atribui a circunstância de que o socialismo haja reconhecido o significado do chamado processo de democratização da ideia liberal[1320].

"Quanto ao 'Estado atual', avança uma distinção relevante. Na Europa existiriam duas formas principais do Estado burguês. A primeira seria a República democrática, em que faz sentido falar de 'sufrágio universal, legislação direta, direito do povo, milícia popular etc.'. (...) Outra forma seria representada pelo Estado prussiano, que caracteriza como sendo 'um despotismo militar, com armadura burocrática e blindagem policial, com um simulacro de formas parlamentares, em mistura com elementos feudais e influências burguesas'. Manifesta descrença de que se lhe possa impor as características do que seria uma República democrática e muito menos 'por meios legais'"[1321].

Ao estabelecer a distinção indicada, ao contrário do que poderia parecer, não tem em vista manifestar preferências. Acerca da República Democrática, diz expressamente o seguinte:

"A própria democracia vulgar que, na República democrática aspira (*voit*) a emergência do reino milenar e que de modo algum suspeita ser precisamente sob esta última forma estatal da sociedade burguesa que será travada a suprema batalha entre as classes, a própria democracia acha-se ainda muito acima de um democratismo desta espécie (isto é, do defendido no programa), confinado nos limites do que é autorizado pela polícia e proibido pela lógica"[1322].

"Para Marx, entre a sociedade capitalista e a sociedade comunista, 'coloca-se o período de transformação revolucionária de uma na outra. O que corresponde a um período de transição política, no qual o Estado não seria outra coisa senão a ditadura revolucionária do proletariado. O

1320 Ibidem, p. 86.
1321 Ibidem, p. 87.
1322 Ibidem, p. 87.

programa não tem que se ocupar, por agora, nem desta última nem do Estado futuro na sociedade comunista'"[1323].

"Como se vê, Marx devota o maior desprezo pelo que então se construía, isto é, o sistema democrático representativo que, na Europa, viria a consolidar-se com a decidida colaboração dos partidos socialistas integrantes da Segunda Internacional. Desse modo, a aceitação daquele tipo de organização estatal, em cuja conquista se empenharam líderes socialistas como Bernstein e Kautsky[1324], não se explica a partir da obra de Marx, mas da de Lassalle, em que pese aquela liderança haja reivindicado a condição de marxista"[1325].

6.5.8 O Socialismo e o Estado – uma transição após o fim do capi talismo

Primeiro desenvolveu-se o socialismo utópico. "Expressão geralmente empregada para designar a primeira fase da história do socialismo, ou seja, o período entre as Guerras Napoleônicas e as Revoluções de 1848". Está associada, em particular, a três pensadores, dos quais, de um modo geral, derivaram as principais correntes do pensamento socialista pré-marxista: Claude Henri de Rouvroy, conde de Saint-Simon (1760-1825), François-Charles Fourier (1772-1837) e Robert Owen (1771-1858)[1326].

A designação desses pensadores como "utópicos", bem como o próprio termo "socialista", tornou-se comum em fins da década de 1830 tanto na Inglaterra como na França. Mas foi a qualificação da categoria "socialismo utópico" em textos marxistas que mais influenciou a imagem subsequente do "socialismo" desse período. Essa qualificação delineou-se na crítica que se faz ao "socialismo utópico crítico" no Manifesto comunista,

[1323] Ibidem, p. 88.

[1324] Karl Kaustsky e Eduard Bernstein eram, inicialmente, socialistas e ambos próximos das ideias de Marx e Engels. No entanto, depois, se distanciaram do pensamento dos dois pensadores alemães. O primeiro chegou a apoiar a participação da Alemanha na Primeira Guerra e, por isso, foi fortemente criticado por Lênin, que escreveu um opúsculo em que o citava como "renegado": *A Revolução Proletária e o Renegado Kautsky*. Ambos foram fundadores do Partido Social-Democrata alemão.

[1325] Paim, Antonio. *Marxismo e descendência*, cit., p. 88.

[1326] Bottomore, Tom. *Dicionário do Pensamento Marxista*. Rio de Janeiro: Jorge Zahar Editor, 1983, p. 339.

onde ele é relacionado ao "período inicial, ainda pouco desenvolvido (...), da luta entre o proletariado e a burguesia", e consolidou-se na historiografia socialista posterior, a partir da obra *Do socialismo utópico ao socialismo científico,* de Engels. O que era "utópico", segundo esse enfoque, era a crença na possibilidade de uma transformação social total, que compreendesse a eliminação do individualismo, da competição e da influência da propriedade privada, sem o reconhecimento da necessidade da luta de classes e do papel revolucionário do proletariado na realização dessa transição[1327].

Mas esse tratamento do socialismo anterior a 1848 como um marxismo *manqué* esquece alguma de suas características fundamentais. A conjugação do "socialismo" com os interesses específicos da classe operária foi produto de condições políticas particulares à Inglaterra e à França da década de 1830. Os aspectos característicos do owenismo, do saint-simonismo e do fourienismo eram anteriores a essa conjuntura. Alguns dos marcos do que mais tarde se identificaria com a posição socialista durante esse período podem ser percebidos por meio de uma comparação das primeiras obras sistemáticas dos três pensadores que fundaram o socialismo utópico: *Lettre d'un habitant de Genés'e à ses contemporains* (1802) (*Carta de um habitante de Gênova a seus contemporâneos*), de Saint-Simon; *Théorie des quatre mouvements et des destinées générales* – 1808 (*Teoria dos quatro movimentos e dos destinos gerais*), de Fourier; e *A New View of Society* (1812-1816) (*Uma nova visão de sociedade,* de Robert Owen[1328].

Ao contrário do que representava para a maior parte de seus antecessores, segundo Marx e Engels, o socialismo não era um ideal para o qual se podia fazer planos atraentes, mas o produto das leis do desenvolvimento do capitalismo que os economistas clássicos haviam sido os primeiros a descobrir e procurar analisar. A forma ou as formas que o socialismo poderia assumir só se revelariam, portanto, em um processo histórico que ainda se estava desdobrando. Tendo isso em vista, Marx e Engels abstiveram-se, muito logicamente, de qualquer tentativa de descrição detalhada, ou mesmo de definição, do socialismo. Para eles, o socialismo era, antes de qualquer outra coisa, uma negação do capitalismo,

1327 Ibidem, p. 340.
1328 Ibidem, p. 340.

que desenvolveria sua própria identidade positiva (o comunismo) através de um longo processo revolucionário no qual o proletariado transformaria a sociedade e, com isso, transformaria a si mesmo[1329].

"A unidade de perspectiva que se deve reconhecer a Marx na teoria política não impede que se reconheçam algumas mudanças significativas de conceito quanto ao Estado. Em um prefácio de 1872, assinado com Engels, em *O manifesto*, ele reafirma os 'princípios gerais' do texto de 1848 como 'inteiramente acertados', mas reconhece que 'alguns pontos deveriam ser retocados', já que 'a aplicação prática destes princípios dependerá sempre e em todas as partes das circunstâncias históricas existentes'. Depois da experiência da Comuna, de 1871[1330], 'que elevou pela primeira vez o proletariado ao poder político, durante dois meses', ficou claro que 'a classe operária não pode simplesmente tomar posse da máquina estatal existente e colocá-la em marcha para seus próprios fins', tem de destruí-la"[1331].

Em *O manifesto*, a confiança de Marx na utilização do Estado como um instrumento para a revolução do proletariado ia de par com a convicção de que, no Estado moderno, a burguesia 'conquistou, finalmente, a hegemonia exclusiva do poder político no Estado representativo moderno'. Está ligada a essa ideia de uma 'hegemonia exclusiva' da burguesia a frase famosa que vem logo a seguir: 'O governo do Estado moderno não é mais do que uma junta que administra os negócios comuns de toda a classe

[1329] Ibidem, p. 340.

[1330] Referimo-nos à Comuna de Paris, de 1871, considerada a primeira experiência de uma república proletária na história. Durante dois meses, até ser completamente esmagada pelo Exército, a Comuna adotou princípios socialistas em suas práticas políticas. Fundada naquele ano na capital francesa, a Comuna surgiu em consequência da invasão prussiana ao território francês durante a Guerra Franco-Prussiana. Foi tida como o primeiro governo operário da história do mundo e utilizou os princípios da Primeira Internacional dos Trabalhadores, entre os quais a abolição do trabalho noturno e da pena de morte, decretação da igualdade entre os sexos, criação de cooperativas nas oficinas e autogestão nas fábricas (que não chegou a ser adotada). Os governantes formais da cidade, entre eles Louis Alphonse Thiers, foram expulsos pelos revolucionários. Ao voltarem à cidade, a repressão foi terrível. Os soldados de Thiers, então reconciliados com a Alemanha, executaram diretamente 20 mil pessoas e 40 mil outras foram presas, sob suspeita de terem integrado a Comuna. Parte dos prisioneiros foram, posteriormente, executados.

[1331] WEFFORT, Francisco C. *Os clássicos da política*, cit., p. 242, v. 2.

burguesa'. Nestas circunstâncias, 'o primeiro passo da revolução operária é a elevação do proletariado a classe dominante', e a este primeiro passo Marx designa como 'a conquista da democracia'"[1332].

"'A antítese do Império', diz Marx, 'era a Comuna'. A Comuna foi, para ele, a negação de tudo o que o Estado, criado pelo absolutismo, havia chegado a ser depois que foi colocado a serviço da burguesia: é a negação do 'poder estatal centralizado, com seus órgãos onipotentes: o exército permanente, a polícia, a burocracia, o clero e a magistratura'. No lugar do exército a Comuna coloca a milícia, ou seja, o povo armado; no lugar da polícia e da burocracia designa funcionários eleitos cujos mandatos podem ser revogados; no lugar dos deputados eleitos para a Câmara, segundo os métodos da democracia representativa, estão os conselheiros municipais, eleitos por sufrágio universal com mandatos imperativos, revogáveis; separação da Igreja do Estado e expropriação de todas as igrejas como 'corporações possuidoras', obrigando os padres a voltarem 'a viver de esmolas dos fiéis', como seus antecessores, os apóstolos"[1333].

"Não é difícil entender o entusiasmo de Marx pela Comuna. É que nela ganham corpo as ideias sobre a 'verdadeira democracia' de seus escritos de juventude. A luta dos trabalhadores de Paris tomará para ele o valor de uma tentativa de destruição do Estado político. A revolução proletária, que assume a divisa de 'república social', pretende acabar não apenas 'com a forma monárquica da dominação de classe, mas com a própria dominação de classe'. São os ideais da democracia direta da Antiguidade clássica que retomam vida na experiência de luta dos operários de Paris. A Comuna de Paris haveria de servir de modelo para a organização do poder proletário em todos os centros industriais da França, abrindo passo para a destruição do antigo Estado centralizado e para a sua substituição pelos órgãos comunais em todo o país, até nos pequenos distritos rurais. Surge uma nova forma de organização da sociedade e da política: 'A Comuna não haveria de ser um organismo parlamentar, mas uma corporação de trabalho, executiva e legislativa ao mesmo tempo'. Eis aqui, segundo Marx, o verdadeiro segredo da Comuna: 'a Comuna era, essencialmente, um governo da classe operária, fruto da luta da classe

[1332] Ibidem, p. 242.
[1333] Ibidem, p. 245.

produtora contra a classe proprietária, a forma política enfim descoberta para levar a cabo dentro dela a emancipação econômica do trabalho'. Em textos posteriores de Marx e de Engels, com frequência a experiência da Comuna surgirá como exemplo daquilo que eles entendiam como a 'ditadura do proletariado'[1334].

"Completamente diferente é a atitude que consiste em interrogar-se sobre que noção de democracia o marxismo pode ter herdado e, sobretudo, em que contribuiu, poderosamente, para transformar a própria concepção que existia no século XIX. Marx, ao assimilar tendencialmente a democracia e a instituição, escreve: 'A democracia é o enigma firme de todas as constituições'. E, efetivamente, se considerarmos que um sistema político é a construção jurídica de um soberano e de regras de relação entre o soberano e o povo, a democracia é o próprio "gênero" da constituição, visto que identifica o povo e o soberano. Um termo caro para Marx, a **ditadura do proletariado**, equivale à **democracia direta**"[1335] (grifos do autor).

"Ditadura do proletariado é um conceito fundamental do pensamento político de Marx e também do Leninismo. Numa carta a J. Wedemeyer[1336], datada de 5 de março de 1852, Marx negou que houvesse descoberto as classes ou a luta de classes, afirmando apenas que "*o que fiz de novo foi provar: (1) que a existência das classes está apenas ligada a fases particulares do desenvolvimento da produção; (2) que a luta de classes leva necessariamente à ditadura do proletariado; (3) que essa ditadura constitui apenas a transição para a abolição de todas as classes e para uma sociedade sem classes*"[1337].

Há, porém, importante texto de Marx que pode ser encarado como uma elaboração do que ele queria dizer com esse conceito. Trata-se do panfleto que ele escreveu em 1871 sobre a Comuna de Paris, publicado sob o título de *A guerra civil na França*. O pensador escreveu mais tarde que a Comuna foi "apenas o levante de uma cidade em condições excepcionais" e que "a maioria da Comuna não era de modo algum socialista,

[1334] Ibidem, p. 245-246.
[1335] SPIRE, Arnaud. *Marx esse desconhecido*. Lisboa: Edições Piaget, 2004, p. 50.
[1336] Joseph Arnold Wedemeyer (1818-1866) foi um jornalista político, membro da Liga dos Comunistas e oficial militar prussiano, simpatizante do chamado socialismo científico.
[1337] BOTTOMORE, Tom. *Dicionário do Pensamento Marxista*, cit., p. 111.

nem poderia ser" (Carta de Marx a F. Domela-Nieuwenhuis, 22 de fevereiro de 1881). Segundo Engels, em 1891, numa edição alemã de *A guerra civil na França*, a Comuna de Paris foi a ditadura do proletariado. Para Marx, o traço distintivo e aspecto mais significativo da Comuna de Paris estava no fato de, ao contrário de todas as revoluções anteriores, ela ter começado a desmontar o aparelho de Estado e a dar poder ao povo: "*toda a iniciativa até então exercida pelo Estado foi colocada nas mãos da Comuna, cujo conselho municipal era eleito pelo sufrágio universal e da qual a maior parte dos membros eram naturalmente trabalhadores, ou representantes reconhecidos da classe operária. A Comuna (...) acabou com a polícia e suprimiu o exército permanente, substituindo-o pelo povo armado. Como o restante dos servidores públicos, os magistrados e juízes deveriam ser eleitos, responsáveis e demissíveis; e todo o serviço público tinha de ser remunerado com salários iguais aos dos trabalhadores. A constituição da Comuna teria devolvido ao corpo social todas as forças até então absorvidas pelo Estado parasitário, que se alimenta da sociedade, cujo livre movimento impede*". Em suma, Marx viu a Comuna de Paris como uma tentativa de dar poder à classe operária, mas infelizmente próximo à democracia direta, cuja origem está no comércio de Atenas, que se chocava com a ditadura do proletariado defendida em seus escritos[1338].

6.5.9 A futura sociedade como uma utopia revolucionária

O socialismo / o comunismo – o choque entre a burguesia (rico) e o proletariado (pobre) levará à destruição do capitalismo. Este cairá dividido diante das seguintes questões:

- as crises econômicas e a estatização da economia privada (causas externas);
- conscientização do operário com a multiplicação das greves e até o "terrorismo revolucionário" (causas internas).

Todavia, a queda do capitalismo só ocorrerá quando as contradições levarem à radicalização da luta de classes, sendo que "a tomada do poder político à burguesia pelo proletariado é, segundo Marx, apenas o "pri-

[1338] Ibidem, p. 112.

meiro episódio' da transformação revolucionária do capitalismo em socialismo"[1339].

O primeiro passo é "vencer a batalha da democracia", "elevando o proletariado à posição de classe dominante", "tomando o poder político". Marx sabia muito bem que o poder político é apenas o poder organizado de uma classe para oprimir outra, mas, em sua concepção, o proletariado "é obrigado pela força das circunstâncias" a usá-lo para varrer pela força as velhas condições de produção, as classes em geral e sua própria supremacia como classe. Para especificar o caráter do Estado dos trabalhadores, Marx usou a expressão Ditadura do Proletariado[1340], que já em sua época era controvertida e é questionada por muitos socialistas democratas hoje em dia. Os anarquistas (particularmente Bakunin) opuseram-se a essa ideia, afirmando que contribuiria para perpetuar a existência de um Estado autoritário e de uma elite dominante burocrática e tirânica[1341].

A revolução efetuada pelos trabalhadores, ao abolir o capitalismo, dominará o estado e implantará o novo regime, que apresentará duas fases:

1) inferior – equivalente à ditadura do proletariado, fase transitória, em que os trabalhadores assumem a administração pública (na economia e na sociedade) e podem usar inclusive a violência do estado para esmagar os capitalistas.
2) superior – a chegada ao comunismo, quando haverá solidariedade, altruísmo, justiça, liberdade, igualdade e todos serão trabalhadores do Estado e não haverá nenhum proprietário construindo uma sociedade sem classes[1342].

O comunismo, segundo Marx, é a abolição positiva da propriedade privada, da alienação humana e, portanto, a verdadeira apropriação da

[1339] Ibidem, p. 389.

[1340] É parte da ideologia marxista oficial em todos os países do "socialismo real" que o estabelecimento de uma ditadura do proletariado particular e altamente centralizada e a nacionalização dos meios de produção são medidas obrigatórias na transição para o socialismo. Ibidem, p. 389.

[1341] Ibidem, p. 389.

[1342] Ibidem, p. 389.

natureza humana através do e para o homem. O comunismo é, portanto, o retorno do próprio homem como um ser social, isto é, realmente humano; um retorno completo e consciente que assimila toda a riqueza do desenvolvimento prévio[1343]. Para o pensador, modestamente, o que fez de novo "foi demonstrar:

1º) que a existência das classes é ligada somente a determinadas fases do desenvolvimento histórico da produção, portanto as classes não existiram desde sempre e mudam dependendo das fases da produção;
2º) que a luta de classes conduz necessariamente à ditadura do proletariado;
3º) que esta ditadura constitui apenas o trânsito para a supressão de todas as classes, para uma sem classes"[1344].

"A ditadura do proletariado é uma fase do poder proletário que é transitória, mas indispensável para chegar a uma sociedade sem classes - portanto sem poder da classe operária - em que toda a sociedade é um conjunto de trabalhadores e, nesse sentido, o próprio proletariado é superado"[1345].

6.5.10 O direito e a economia

"O roteiro do pensamento de Marx está explícito no célebre '*Prefácio*' de *Contribuição à crítica da economia política,* de 1859. Marx começou, nos anos de 1841-1843, pelos estudos de direito, filosofia e história, buscando o caminho de uma revisão crítica de Hegel (*Crítica da filosofia do Estado de Hegel*; *Introdução à crítica da filosofia do direito*; e *A questão judaica*). Destes primeiros estudos, passou, logo a seguir, ao que ele chama o 'transe difícil' de opinar, por força de suas atividades jornalísticas na *Gazeta Renana*, sobre 'os chamados interesses materiais'. São deste período *A Sagrada Família,* de 1844, e *A ideologia alemã,* de 1845, ambas escritas em colaboração com Engels. Vêm logo a seguir, esboçando resultados da elaboração

[1343] GRUPPI, Luciano. *Tudo começou com Maquiavel.* São Paulo: L&PM Editores, 1996, p. 44.
[1344] Ibidem, p. 38.
[1345] Ibidem, p. 38-39.

de Marx sobre os temas da economia: *A miséria da filosofia*, de 1846-1847; e *O manifesto comunista*, de 1847. Estas obras, de um Marx que ainda não chegara aos 30 anos, antecipam o que virá a ser a preocupação fundamental da sua maturidade: a análise e a crítica da economia capitalista, em especial na sua obra máxima, *O capital*, de 1867"[1346].

"Marx entendia *O capital* como um 'guia para a ação'. O lugar de relevo ocupado em seu pensamento pela política é enfatizado por uma de suas famosas teses sobre Feuerbach: '*Até aqui (...) os filósofos apenas interpretaram o mundo de diferentes maneiras; trata-se agora de transformá-lo*'. Não há de ser irrelevante para a consideração que Marx haveria de dar à política o fato de que, no roteiro da formação do seu pensamento, não é apenas a crítica do direito e da filosofia de Hegel que antecede a sua 'crítica da economia política'. Antes da crítica da economia, reconheça-se o lugar que ele reserva à ideia de revolução. Momento de ruptura global da sociedade e do Estado, a revolução aparecia, para ele, no horizonte mais imediato do seu tempo"[1347].

O pensamento marxista entende o Direito como parte da superestrutura. Representa a correlação de forças e expressa a vontade de uma classe, no caso do capitalismo, a burguesia. Não representa, portanto, a aplicação da justiça nem representa os princípios no Direito Natural e do povo, mas regulamenta a opressão e a exploração da classe trabalhadora[1348].

Afirma-se muitas vezes que o marxismo compartilha com o socialismo revolucionário e com o anarquismo uma profunda hostilidade ao direito, uma convicção de que ele protege a propriedade, a desigualdade social e a dominação de classe e de que a necessidade do direito desaparecerá numa sociedade verdadeiramente humana de produtores associados. O próprio Marx, embora houvesse iniciado sua carreira universitária como estudante de direito, logo perdeu o interesse pelo assunto e nada escreveu de sistemático ou extenso sobre questões de teoria jurídica e de história do direito ou sobre o lugar do direito na sociedade[1349].

[1346] WEFFORT, FRANCISCO C. *Os clássicos da política*, cit., p. 229, v.2.
[1347] Ibidem, p. 230.
[1348] BOTTOMORE, Tom. *Dicionário do Pensamento Marxista*, cit., p. 109.
[1349] Ibidem, p. 109.

"No período 1844-1847, quando se encontrava no processo de desenvolver uma crítica ainda principalmente filosófica da sociedade, baseada na propriedade privada, Marx entendia que o direito real, vigente, era uma forma de alienação que abstraía o sujeito jurídico e os deveres e direitos legais dos seres humanos concretos e das realidades sociais, proclamando uma igualdade jurídica e política formal, ao mesmo tempo em que tolerava, e na verdade encorajava, a servidão econômica, religiosa e social, divorciando o homem como sujeito jurídico e o homem como cidadão político do homem econômico da sociedade civil"[1350].

"Depois de ter elaborado a sua concepção materialista da história, e mesmo já a partir de 1845, Marx desenvolveu a tese de que o direito era essencialmente epifenomenal, parte da superestrutura, um reflexo das concepções, das necessidades e dos interesses de uma classe dominante, produzida pelo desenvolvimento das forças produtivas e das relações de produção que constituem a base econômica do desenvolvimento social"[1351].

"A posição de Marx em sua produção teórica da maturidade, de que o direito é uma forma de dominação de classe, pode ser conciliada com suas duas concepções anteriores e, na verdade, as subsume. Mas enquanto a crítica do direito como forma de alienação o vê como um sistema de conceitos abstratos, a crítica do direito como forma de dominação de classe, sobretudo quando é exercida por Engels, trata-o como um conjunto de mandamentos sancionados pelo Estado. Todas as três perspectivas levam à conclusão de que, na sociedade verdadeiramente humana, não alienada, do comunismo, não haverá direito como força externa coercitiva que constrange os indivíduos. Em sua *Crítica ao Programa de Gotha* (1875), Marx distinguiu a fase imediatamente posterior à revolução, em que os hábitos burgueses ainda não desapareceram, em que os 'horizontes estreitos do direito (lei) burguês' ainda não podem ser transcendidos e cada qual trabalha segundo a sua capacidade e recebe de acordo com a sua contribuição, do estágio último do comunismo, em que cada qual contribui segundo as suas possibilidades e recebe de acordo com as suas necessidades. Engels proclamou que, nessa fase, em que proprie-

[1350] Ibidem, p. 109.
[1351] Ibidem, p. 109.

dade privada e divisão de classe já terão desaparecido, o Estado e o direito igualmente desaparecerão, vez que ambos, como órgãos da dominação de classe, terão perdido sua razão de ser"[1352].

6.5.11 A Justiça em Marx

Alguns autores, como John Rawls, consideram que há um paradoxo da concepção da justiça em Marx, a saber:

1. A definição que Marx deu à exploração em sua teoria do valor-trabalho é puramente descritiva: a exploração é igual ao quociente entre o sobretrabalho (trabalho não remunerado) e o trabalho necessário. "Isso, porém, certamente não explica tudo sobre o conceito de exploração. Isso porque, assim como qualquer outro tipo de sociedade, a sociedade socialista justa precisa, teoricamente, de um excedente social para poder oferecer bens comuns, tais como saúde pública, educação, bem-estar, proteção ambiental. Isso significa que as pessoas devem trabalhar mais tempo do que o necessário para produzir os bens que recebem como remuneração. Isso ocorre em toda sociedade em que se queira viver. Assim, embora o quociente s/v seja definido como a taxa de exploração e embora essa definição seja puramente descritiva, deve haver mais elementos para explicar a exploração. A exploração certamente é um conceito moral que apela implicitamente para certos princípios de determinada concepção da justiça; caso contrário, ela não teria para nós o interesse que desperta"[1353].

"O resultado é que o conceito de exploração pressupõe uma concepção de direito e justiça à luz da qual é julgada a estrutura básica da sociedade em questão. É necessária, se não uma concepção de direito e justiça, pelo menos alguma espécie de doutrina normativa. Isso levanta uma questão: que tipo de doutrina normativa Marx defendia? Tem havido considerável controvérsia sobre esse assunto entre estudiosos do pensamento de Marx. Discute-se, por exemplo, se Marx condenou o capitalismo como um sistema injusto"[1354].

[1352] Ibidem, p. 109.

[1353] RAWLS, John. *Conferências sobre a história da filosofia política*. São Paulo: Martins Fontes, 2012, p. 364.

[1354] Ibidem p. 365.

"Naturalmente, ambos os lados partem do princípio de que Marx condenou o capitalismo. Isso é óbvio e salta aos olhos nas páginas de *O capital*. A questão, porém, refere-se aos valores específicos usados por Marx como justificativa para a condenação. Inclui-se entre esses valores uma concepção de direito e justiça?"[1355]

2. "Marx de fato condenou o capitalismo como injusto. Porém não se via como autor desse tipo de condenação. Ele interpreta o conceito de justiça de modo estrito em dois aspectos:

(a) Marx acredita que a justiça seja as normas legais e jurídicas predominantes e intrínsecas à ordem social e econômica; quando conveniente, elas se adaptam para que essa ordem cumpra seu papel histórico.
(b) Ele considera ainda que a justiça se refira às relações cambiais no mercado e, mais que isso, à consequente distribuição de renda e de bens de consumo. Nessa perspectiva, a justiça é comutativa e distributiva, ambas compreendidas no sentido estrito"[1356].

A justiça como concepção jurídica apresenta as seguintes características:

"(a) Marx afirma em *O capital* que a relação salarial, como troca de valores equivalentes (força de trabalho em troca de remuneração), não implica injustiça ao trabalhador.
(b) Na *Crítica ao programa de Gotha*, Marx ataca a concepção socialista da distribuição justa como uma concepção seriamente equivocada que se desenvolve na direção errada.
(c) As normas do direito e da justiça, em Marx, são elementos internos (...) de modos de produção específicos; nesse sentido, são relativas ao período histórico específico em que são vigentes.
(d) Para Marx, a moral em geral é produto da ideologia e, portanto, pertence à superestrutura da sociedade; a moral, e com ela a jus-

[1355] Ibidem p. 365.
[1356] Ibidem p. 365.

tiça, transforma-se quando a superestrutura se ajusta à sequência histórica dos modos de produção específicos.

(e) Insistir que Marx se interessa pela justiça é lançar as ideias do filósofo equivocadamente na direção limitada e reformista dos interesses distributivos, tais como os níveis salariais e as diferenças de renda, enquanto seus objetivos eram de natureza claramente mais fundamental e mais revolucionária, pois diziam respeito à transformação da propriedade privada e do próprio sistema salarial.

(f) Dizer que Marx se interessava pela justiça é desviar de seu empenho principal, que era revelar as forças históricas reais e ativas que, segundo ele, estavam conduzindo à ruína e queda do capitalismo. Dizer isso seria, ao contrário, o mesmo que trazer à tona os diversos argumentos morais, que Marx considerava idealistas e dos quais ele tinha sérias suspeitas.

(g) Além disso, ele acreditava que a justiça, por ser um valor jurídico, não poderia vigorar em uma sociedade do comunismo total, pois esta teria sido concebida por Marx como uma sociedade sem instituições jurídicas legislativas e estatais.

(h) A sociedade comunista concebida por Marx está livre das situações de escassez e conflitos. São essas situações que tornam necessárias as normas da justiça, cujo objetivo é estabelecer o padrão distributivo: 'Cada um dá aquilo que pode e recebe aquilo de que precisa'[1357].

6.5.12 Conclusões – a democracia e a atualidade da Revolução – uma polêmica

O período em que Marx desenvolveu seus estudos foi bastante forte no sentido de surgimento de novas ideias revolucionárias na Europa, "aquelas que resultaram nos levantes de 1848. Em M*anuscritos econômico-filosóficos de* 1844, esboçou elementos importantes do seu pensamento econômico, considerando a maneira como a organização capitalista dificultava a vida dos trabalhadores. Ele argumentava que o comunismo resolveria um problema que atormentava o capitalismo – a organização do trabalho.

[1357] Ibidem p. 367.

No texto, ele desenvolveu a ideia de 'trabalho alienado', a separação dos seres humanos de sua verdadeira natureza e de seu potencial para satisfação. Marx identificou vários tipos de alienação como inevitáveis nos mercados de trabalho capitalistas"[1358].

A alienação manifesta-se, entre outras razões, pelo fato de esses bens feitos pelos trabalhadores não pertencerem a eles e não poderem ser mantidos por eles. Um terno cortado por um alfaiate numa fábrica de roupas é propriedade do capitalista dono da fábrica – o trabalhador faz os ternos e entrega a seu empregador. Para o trabalhador, os bens feitos por ele tornam-se objetos "alienados", com os quais tem pouca ligação. Conforme cria mais bens que contribuem para um mundo do qual ele não participa, sua vida interior se encolhe e sua satisfação atrofia. O trabalhador talvez produza lindos objetos para outras pessoas usarem e desfrutarem, mas só cria tédio e limitação para si[1359].

Até mesmo a própria execução do trabalho seria, para Marx, fonte de alienação. "Sob o capitalismo, a atividade não procede de sua criatividade inerente, mas da necessidade prática de trabalhar para alguém que é ele. O trabalhador não gosta da atividade, já que essa esmaga seu corpo e mente e o faz infeliz – o trabalho se torna uma atividade forçada que, se lhe fosse dada a escolha, ele não faria. Como os bens que ele acaba produzindo, a atividade do trabalho torna-se separada do trabalhador, algo com o qual ele tem uma pequena conexão real. '*O trabalhador, portanto, só se sente à vontade em seu tempo de folga, enquanto no trabalho se sente contrafeito*'. Ele se torna o sujeito de outra pessoa. Seu trabalho não é mais seu, e sua atividade não é mais espontânea e criativa, mas dirigida por outra pessoa que o trata como uma mera ferramenta de produção. A alienação do trabalhador dos frutos e da atividade do trabalho torna-o alheio a sua identidade – aquilo que Marx chama de um "ser espécie". Isso ocorre porque a identidade humana está enraizada na habilidade das pessoas em transformar as matérias-primas da natureza em objetos. Os trabalhadores no sistema capitalista perdem a conexão com essa identidade básica – a necessidade econômica faz da atividade produtiva um meio para um fim, em vez de algo em que a identidade fundamental do indivíduo está cor-

1358 KELLY, Paul, *O livro da política*, cit., p. 190.
1359 Ibidem, p. 191.

porificada e desempenhada. A atividade é o que legitima a vida, e a partir do momento em que ela se torna alienada ao trabalhador, esse perde o senso do seu ser humano"[1360].

A raiz da alienação do trabalhador, para o pensador, era a propriedade privada. A divisão da sociedade entre capitalistas que detêm a propriedade e trabalhadores sem propriedade é o que leva à alienação dos trabalhadores. Por outro lado, a própria alienação reforça essa divisão e perpetua a propriedade privada. Um aspecto do sistema de propriedade privada é a troca e a "divisão do trabalho". O trabalho torna-se especializado e entediante: um trabalhador faz a cabeça do alfinete, outro a ponta e outro realiza a montagem. Os capitalistas se especializam em diferentes tipos de bens e os trocam entre si. Nisso tudo, o trabalhador não passa de uma engrenagem, uma pequena parte da máquina econômica maior. Naturalmente, quanto mais complexo o produto, mais alienante é sua produção[1361].

"Um desafio ao se avaliar o legado de Marx é separar o que ele realmente quis dizer daquilo que foi feito em seu nome, em especial pelo fato de a ideologia comunista ser usada para justificar o totalitarismo e a opressão em muitos lugares e épocas diferentes. Ao final do século XX, o socialismo no Leste Europeu entrou em colapso, e as nações mais ricas se tornaram solidamente capitalistas. Assim, mesmo se os aspectos da análise de Marx da sociedade capitalista ainda tivessem algo de verdade, muitos críticos entendem como se a história o tivesse rejeitado, ainda mais no que diz respeito ao colapso do capitalismo. Mais recentemente, as ideias de Marx ecoaram nos argumentos de que a crise econômica global do começo do século XXI foi um sinal das profundas contradições inerentes ao sistema capitalista"[1362]. Talvez Marx tenha sido um dos pensadores mais capazes de compreender o capitalismo, ao contrário do que dizem seus críticos.

Na opinião de Marx, as mercadorias ganham uma correspondente vida própria e esse papel é visto *par excellence* no dinheiro, pelo qual o valor de uso (o valor atribuído a alguma coisa por causa do papel que ela

[1360] Ibidem, p. 191-192.
[1361] Ibidem, p. 192.
[1362] Ibidem, p. 193.

representa em relação a seres humanos) transforma-se em valor de troca. Se este é concebido em termos de que algo do ser humano é objetivado em tais objetos, a noção de alienação torna-se clara. Algo que é realmente humano separa-se desse ser humano. Marx entende que isso ocorre da forma mais extremada na instituição da propriedade. Além do mais, acha que nessa forma de alienação os homens se alienam uns aos outros. Transforma-se em meios recíprocos porque eles, também, transformaram-se em propriedade a ser comprada e vendida por dinheiro. Fala com grande convicção do papel corruptor do dinheiro neste particular; é a divindade visível, mas também a meretriz universal. É a "essência alienada do trabalho e do ser do homem" e domina-o enquanto ele a adora. Em termos marxistas, o dinheiro nada mais é do que um pedaço de papel pintado, mas carregado de "poderes mágicos" que o tornam artificialmente "poderoso".

"A grande questão sobre a atualidade de Marx é a contemporânea atualidade da revolução. Pode-se falar hoje de uma 'proximidade da revolução', de uma 'atualidade da revolução'? No caso de uma resposta afirmativa, qual o caráter da revolução atual em comparação com a da época de Marx? Já sabemos que as respostas dele para as sociedades capitalistas 'atrasadas' do século XX teriam de ser muito semelhantes às respostas que ofereceu, no século XIX, para as sociedades 'atrasadas' nas quais o capitalismo emergia. Não por acaso, o marxismo guarda forte influência nos países do Terceiro Mundo. Mas quais as respostas ou as inspirações que se podem buscar no pensador para a transformação das sociedades capitalistas modernas do século XX? Ou podemos admitir que Marx nada teria a dizer a respeito?"[1363]

"Está nestas palavras uma condenação global do sistema capitalista que antecipa boa parte das sofisticadas análises de *O capital* sobre a pauperização absoluta e a superpopulação relativa, bem como sobre a lei da tendência decrescente da taxa de lucro. Estes pontos se acham, no século XX, entre os mais criticados da teoria econômica de Marx. Já no início deste século, Franz Mehring[1364] observava:

[1363] Weffort, Francisco C. *Os clássicos da política*, p. 246, v. 2.

[1364] Escritor socialista, autor do livro *Karl Marx, sua vida*, que atuou no Partido Social Democrata Alemão entre 1918-1919.

'Hoje, não se poderia estabelecer em termos tão gerais o fato de que o operário moderno [...], longe de ganhar com os progressos da indústria, vai se afundando mais e mais por baixo do nível de vida de sua classe. Por marcada que seja esta tendência no regime capitalista de produção, não se pode negar que existem certos setores da classe operária aos quais a sociedade capitalista garante um regime material de vida superior, inclusive ao das camadas pequeno-burguesas'"[1365].

O final do século XX, no qual se assistiu à "terceira revolução industrial, parece ser o de uma redescoberta do valor do indivíduo. Poderia haver algo mais atual do que o lugar que Marx reserva para o indivíduo (e a personalidade) em sua concepção da 'emancipação humana'?[1366]

'A oposição entre a personalidade do proletário [...] e as condições de vida que lhe são impostas (ou seja, o trabalho) torna-se evidente ao próprio operário... Enquanto os servos fugitivos desejavam desenvolver livremente suas condições de existência, já estabelecidas, e valorizá-las [...] os proletários devem, se quiserem valorizar-se como pessoas, abolir sua própria condição de existência [...] quero dizer, abolir o trabalho. Encontram-se, por isso, em oposição direta [...] ao Estado, e devem derrubar esse Estado para realizar sua personalidade'"[1367].

Marx insistiu na tese de que uma revolução só se produzia quando a classe que tomava a iniciativa representava os interesses da sociedade inteira. Mas, acrescentava, essa representação dos interesses da sociedade inteira por uma classe não passa de uma representação transitória. A burguesia, derrubando o Antigo Regime ou o regime feudal, era realmente uma classe particular que, naquela época da história, falava por todas as classes, porque introduzia um modo de produção superior aos modos antigos. A burguesia tornava possível o desenvolvimento das forças produtivas, mas, dialeticamente, classe progressista no final do século XVIII e durante o século XIX, tornava-se uma classe conservadora, reacionária ou paralisante em uma fase ulterior[1368].

1365 WEFFORT, Francisco C. *Os clássicos da política*, cit., p. 247, v.2.
1366 Ibidem, p. 248.
1367 Ibidem, p. 248.
1368 ARON, Raymond. *O marxismo de Marx*. São Paulo: Benvirá, 2012, p. 224.

Daí, então, a seguinte questão: por que não se reproduziria o mesmo processo dialético? Por que, após a revolução socialista, o progresso econômico e social se desenvolveria sem distúrbios políticos? O texto mais claro quanto a isso encontra-se bem no fim de *Miséria da filosofia*:

"Será apenas em uma ordem de coisas em que não haverá mais classes e antagonismos de classes que as evoluções sociais cessarão de ser revoluções políticas"[1369].

"Tal concepção fez com que hegelianos puros, como o padre Fessard[1370], objetassem que Marx começava por uma concepção hegeliana, com a noção do fim da pré-história, e aceitava, após o fim da pré-história, o progresso indefinido, ou seja, que ele combinava duas filosofias diferentes, uma em que a história atinge um ponto de chegada, e outra em que a história continua indefinidamente em direção a um termo inacessível. Nos textos de Marx, fica claro que se encontram elementos de cada uma dessas duas concepções: a revolução socialista marca o fim da pré-história e, após a revolução socialista, a evolução social continua sem revolução política"[1371].

"Por que seria assim? Uma vez que o antagonismo resulta da propriedade privada e da divisão do trabalho, bastaria suprimir a propriedade privada e a divisão do trabalho, qualquer que seja o sentido dessa supressão, para chegar, ao menos em teoria, a um mundo desprovido de antagonismos. Mas dessa maneira só se faz adiar a dificuldade. Por que se poderia nesse estágio suprimir a divisão do trabalho e a propriedade privada?"[1372].

"O texto mais característico do pensamento de Marx, nessa época, encontra-se na página 26 de *A ideologia alemã*. Trata-se de um texto muito conhecido e muito importante e que, naturalmente, pode ser utilizado

[1369] Ibidem, p. 224.

[1370] O padre francês Gaston Fessard (1897-1978) era um jesuíta e teólogo seguidor de Hegel, cujo pensamento influenciou bastante o Papa Francisco I, anteriormente cardeal Jorge Mario Bergloglio.

[1371] Ibidem, p. 224-225.

[1372] Ibidem, p. 225.

nos conflitos ideológicos de hoje. Ele é também bastante característico do que pensava Marx por essa época"[1373].

"Essa 'alienação', para se manter inteligível aos filósofos [Essa fórmula irônica sobre o termo 'alienação', ou *Entfremdung*, que Marx empregava em 1844 no *Manuscrito*, vem do fato de se remeter a uma filosofia alemã agora distante de suas preocupações], só pode, naturalmente, ser abolido sob duas condições práticas. Para que se torne uma força 'insuportável' [a alienação], quer dizer, uma força contra a qual se faz a revolução, é necessário que ela tenha feito da massa humana uma massa totalmente 'privada de propriedade', que se encontra ao mesmo tempo em contradição com um mundo existente de riqueza e de cultura, coisas que pressupõem, ambas [...], um estágio elevado de seu desenvolvimento"[1374].

"A primeira condição colocada para a revolução é fácil de interpretar. Deve-se ir até o fim das contradições do mundo atual. Para se revoltar contra a alienação, é preciso que ela se torne insuportável e, para tanto, que se acumulem, como Marx dirá em *O capital*, a riqueza em um extremo e a miséria em outro. É preciso, então, que as contradições internas da sociedade atual se acentuem ao máximo. Encontra-se aí um dos aspectos da visão dialética da história"[1375]. Para que sejamos salvos pela revolução, basta que as coisas piorem e que continuem nesse passo. Marx, aliás, estava convencido, pelo menos nessa época, de que elas iriam espontaneamente da pior maneira possível, mas trata-se de um pessimismo imediato e de um otimismo a longo prazo. Em curto prazo, as coisas devem se agravar muito, depois tudo haverá de melhorar[1376].

"Por outro lado, esse desenvolvimento das forças produtivas (que já implica a existência empírica atual dos homens transcorrer no plano da história mundial em vez de transcorrer no da vida local), esse desenvolvimento das forças produtivas é uma condição prática prévia absolutamente indispensável, pois sem ele [o desenvolvimento das forças produtivas] a penúria seria geral e, com a necessidade, também a luta pelo necessário recomeçaria, e cairíamos fatalmente na mesma velha lama.

[1373] Ibidem, p. 225.
[1374] Ibidem, p. 225.
[1375] Ibidem, p. 225.
[1376] Ibidem, p. 225.

[O termo alemão utilizado é bem forte e consiste mais ou menos em: 'se retomaria a sujeirada ordinária'. E Marx acrescenta: 'Igualmente é uma condição prática *sine qua non*, pois relações universais do gênero humano podem ser estabelecidas unicamente por esse desenvolvimento universal das forças produtivas, engendrando, de um lado, o fenômeno da massa 'privada de propriedade' simultaneamente em todos os países (concorrência universal), cada um deles tornado dependente das inversões dos outros, e, por outro lado, colocando homens empiricamente universais, históricos, no lugar dos indivíduos que vivem num plano local"[1377].

"Digamos, de início, não existir no imediato nenhuma razão para considerar que esse texto represente a última palavra de Marx sobre a questão. Mas, na época em que escreve, o que ele exprime é evidentemente decisivo. Significa que a revolução não pode transformar as bases da ordem social atual sem que duas condições se realizem:

1ª) Um desenvolvimento das forças produtivas suficiente para pôr fim à penúria e suficiente ao mesmo tempo para criar homens empiricamente universais. Pode-se medir, evidentemente, o alcance desse texto com relação à ideologia do século XX. Mas, a sublinhá-la, deve-se acrescentar que existem textos de Marx que vão em outro sentido. Este que estudamos significa com clareza que a revolução socialista só pode ser uma revolução universal, e não uma revolução nacional ou local. Era, aliás, a convicção do próprio Lênin no momento em que disparava a revolução russa porque era um bom marxista e pensava, em consequência, que a verdadeira revolução só podia ser universal.

2ª) A outra condição é tão importante quanto a primeira. Essa transformação radical da sociedade põe fim às alienações. A supressão da propriedade privada e da divisão do trabalho supõe um enorme desenvolvimento das forças produtivas, que permitem, para além da revolução, distribuir na abundância e não na penúria"[1378].

[1377] Ibidem, p. 226.

[1378] Ibidem, p. 226.

Segundo essa concepção original de Marx, a condição fundamental da visão histórica era o desenvolvimento prodigioso dos meios de produção no próprio regime capitalista e a intervenção da revolução no momento em que se tratasse de distribuir os lucros desse crescimento das forças produtivas, e não de desenvolver essas forças produtivas. Porém, uma vez mais, é essa a ideia de Marx em 1845-1846, e ele pode ter pensado de outra forma em seguida. Mesmo assim, no marxismo clássico, isto é, o marxismo anterior a 1917, a visão histórica era, de qualquer forma, dominada pela ideia que acaba de ser exposta. O movimento da história desenvolvia as forças produtivas, e a revolução sobreviria no fim desse desenvolvimento, mais do que condicionando esse desenvolvimento. Era a concepção da história que Marx expunha em 1845-1846[1379].

"Marx precisa demonstrar que os interesses do proletariado são radicalmente contrários aos da burguesia. Isso quer dizer que precisa também demonstrar a teoria da exploração, como fará em *O capital*. Ou seja, sua filosofia da história pede a tese central de *O capital*, que concerne à exploração do assalariado no regime capitalista"[1380]. É necessário demonstrar, em segundo lugar, que a exploração do assalariado no regime capitalista não pode ser eliminada sem a revolução. Mais uma vez, é o que Marx vai tentar fazer em sua principal obra[1381].

Enfim, a terceira coisa a fazer não é tão fácil: demonstrar que o movimento da história de fato se inclina a realizar essa forma extrema de contradição, a oposição entre uma abundância virtual sem precedentes e uma miséria atual igualmente sem precedente. Isso cria a situação ideal para a revolução. Ideal porque mais de acordo com as exigências revolucionárias, pois a contradição entre abundância e miséria estará no máximo. Tendo previsto, antes de estudar economia política a fundo, que assim se passaria, Marx passará o resto de sua vida científica tentando demonstrar que efetivamente é assim que se passa. Em *O capital*, de fato, vai tentar demonstrar a tese da exploração do proletariado em regime capitalista, o caráter inarraigável da exploração do proletariado no capitalismo e a acentuação da miséria proletária ainda no capitalismo, para encontrar, no

1379 Ibidem, p. 227.
1380 Ibidem, p. 233.
1381 Ibidem, p. 233.

final do movimento histórico espontâneo, a situação revolucionária, que ele antecipa, ao mesmo tempo, como provável ou certa e desejável[1382].

Só que era preciso, assim mesmo, que demonstrasse ao mesmo tempo em que a revolução era inevitável e que o regime pós-capitalista responderia mais ou menos ao que se esperava, sem ter dado uma descrição[1383].

É evidente que, do ponto de vista da eficácia, a solução que adotou é de longe a melhor, pois se tivesse dado uma descrição da sociedade socialista teria ficado mais vulnerável. Se dissesse que não sabia o que seria a sociedade socialista, perguntariam: "E então?". Por isso, ele adotou a solução intermediária, quer dizer, ao mesmo tempo afirmou não saber o que seria a sociedade socialista mas que, no entanto, a condição indispensável para se eliminar os males da sociedade atual estava em uma revolução radical[1384].

Supõe-se que o filósofo tentou demonstrar duas coisas. Ele não as diferenciou explicitamente, mas é possível acreditar que não truncamos seu pensamento ao sugerir dois elementos distintos[1385].

"O primeiro é o que chamaria, de bom grado, de dialética racional implícita da representação marxista da história. Mostrando o mundo capitalista arrastado por um prodigioso desenvolvimento dos meios de produção e, simultaneamente, a miséria crescente das massas, fica-se inclinado a dizer que o que se vai produzir um dia ou outro é que o mundo cessará de ser completamente absurdo, e uma revolução virá permitir a um maior número de homens que aproveitemos benefícios da abundância criada. Existe, portanto, uma espécie de inversão dialética, conforme a racionalidade implícita. Uma parte dos textos de Marx segue nesse sentido: os que nada têm serão, um dia, agentes de uma revolução que porá fim ao escândalo da miséria no seio da abundância potencial. Marx sugere, então, uma espécie de visão racional da história, em que os acontecimentos reconciliariam o fato com a razão. Ele nunca o diz dessa

1382 Ibidem, p. 233-234.
1383 Ibidem, p. 234.
1384 Ibidem, p. 2343-235.
1385 Ibidem, p. 235.

forma, porque em princípio a linguagem permanece a linguagem filosófica de sua juventude, que ele se proíbe usar em seguida"[1386].

"A segunda demonstração é do estilo do determinismo histórico ou sociológico. Marx tenta demonstrar em *O capital* que a pauperização se agrava ao mesmo tempo em que a concorrência se autodestrói. Ele tenta reencontrar, sob a forma de um determinismo econômico-social, a visão dialética de sua juventude. Ele passa da visão histórica à demonstração econômico-social que se encontra em *O capital*"[1387].

"Isso, ao mesmo tempo, mostra o laço entre as obras da juventude e as obras da maturidade. Essas obras da juventude, no ponto a que chegamos, desembocam em certa interpretação das contradições, forças e relações de produção, contradição das classes ou contradição entre forças produtivas, estado social e consciência, mas todas essas contradições entre os momentos da realidade histórica não implicam uma visão escatológica da revolução salvadora. A melhor prova disso é que Georges Gurvitch, em seus livros, ou em suas aulas, sobre Marx, toma deste todos os elementos da interpretação sociológica e elimina como de pouca valia o que Marx mais prezava, quer dizer, evidentemente, a visão escatológica e o 'cumprimento da revolução socialista'"[1388].

"Não é absolutamente ilegítimo esse procedimento, pois podemos considerar que o mais importante em Marx é o que nos interessa mais pessoalmente. Todos fazemos isso. O próprio Marx, simplesmente, não se convenceria com isso, porque queria chegar a certa visão revolucionária"[1389].

"No ponto a que chegamos, dispomos de uma determinada visão histórica de uma maneira de pensar a história, mas falta ainda a Marx demonstrar, de forma diferente das proposições fáceis e categóricas, que efetivamente a história terá a complacência de realizar o que a ele parece ser uma dialética racional. Isso quer dizer que é preciso, de fato, que pelo próprio movimento da economia a miséria se acumule em um polo e a riqueza em outro, que o desenvolvimento das forças produtivas seja para-

[1386] Ibidem, p. 235.
[1387] Ibidem, p. 235.
[1388] Ibidem, p. 235.
[1389] Ibidem, p. 236.

lisado pelas contradições do capitalismo; quer dizer, é preciso ter lido *O capital* para saber que o Marx da juventude tinha razão"[1390].

"A noção de uma 'proximidade da revolução', de uma 'atualidade universal da revolução', constituiria, segundo Georg Lukács[1391], 'o núcleo da doutrina marxista'. A reflexão do filósofo húngaro toma como referência inicial o pensamento de Lênin, mas nos reconduz ao ponto central da teoria política em Marx. 'A atualidade da revolução [...] esta é a ideia fundamental de Lênin e também o ponto decisivo que o une a Marx'. Na verdade, não seria apenas uma noção, um conceito ou uma teoria abstrata, mas o sentido real de toda uma época histórica. Seria o 'fundamento objetivo de todo o período e, ao mesmo tempo, [...] a chave para a sua compreensão'. E mais adiante: 'A atualidade da revolução indica a nota dominante de toda uma época. [...] A atualidade da revolução significa [...] tratar todo problema cotidiano particular em ligação direta com a totalidade histórico-social; considerá-las como momentos da emancipação do proletariado'"[1392].

A teoria marxista é deveras polêmica, tendo em vista que quase em sua inteireza é passível de controvérsias. "Parece claro, porém, que, pelo menos no que diz respeito às expectativas de Marx e ao clima de sua época, estas anotações de Lukács não poderiam ser mais acertadas. O século XIX, em especial a sua primeira metade, cheirava a revolução. Em 1848, Marx esperava, para o ano seguinte, uma guerra mundial como resultado de uma insurreição que considerava inevitável por parte da classe operária inglesa. Diz Mehring que, no transcurso de 1850, as esperanças de Marx em uma revolução imediata decaem visivelmente. Mas a calmaria lhe parece ilusória: '*Uma nova revolução não poderá explodir até que estale uma nova crise. Mas tanto uma quanto outra são inevitáveis*'. Em 1857, quando os pagamentos do jornal americano para o qual escrevia naqueles anos, o *New York Daily Tribune*, começaram a atrasar e os sinais da crise internacional começaram a chegar até sua casa, escreve a Engels: '*Apesar da crise financeira que atravesso, nunca me senti tão bem, desde 1849, como agora*'.

1390 Ibidem, p. 236.

1391 Georg Lukács (1885-1971), filósofo e historiador húngaro, é tido como um dos expoentes do marxismo no século XX.

1392 WEFFORT, Francisco C. *Os clássicos da política*, cit., p. 230-231, v.2.

Ele escrevia, evidentemente, com um ânimo político ao qual Engels corresponde completamente com as seguintes palavras: 'Desde que começou a dança em Nova York [...], [eu] me sinto enormemente bem em meio desta hecatombe geral'"[1393].

"Como o século XX para muitos países da Ásia, da América Latina e da África, o século XIX foi, na Europa, um século de revoluções. Algumas destas revoluções (ou tentativas de revoluções, em certos casos) se prolongam até as primeiras décadas do século XX. O caso mais notável é o da Revolução Russa"[1394].

"O compromisso de Marx com a revolução é, porém, algo mais do que a atitude de um militante revolucionário. Este compromisso está no miolo de sua teoria. Que outro significado poderia ter a sua afirmação sobre o caráter crítico e revolucionário da dialética? Assim, se é verdade que a teoria política de Marx não se entende sem sua 'crítica da economia política', também é verdade que não se entende a sua teoria sobre as contradições econômicas do sistema capitalista sem uma noção a respeito da revolução que estas contradições estariam preparando. A teoria da revolução é bem mais do que um fruto dos entusiasmos do jovem Marx. A lógica da revolução está embutida na própria lógica das contradições do sistema capitalista. E é isso, precisamente, que permite a Marx falar de uma unidade da teoria e da prática"[1395].

"Não fossem as informações históricas abundantes sobre o passado, das quais Marx dispunha como grande estudioso do tema, bastaria observar o seu próprio tempo para conceber toda a história moderna como um processo de transformações revolucionárias. Como já observaram diver-

[1393] O período anterior a 1848-1850 "coincide com a primeira grande crise de desenvolvimento do primeiro capitalismo Industrial [anos 1830 e 1840], que em alguns países é ao mesmo tempo crise de transição para o capitalismo industrial; coincide também com a crise revolucionária que tem seu ápice em 1848". Já o período que compreende 1850-1875-1883 é considerado "o período clássico do desenvolvimento capitalista no século XIX [...]; o nascimento de um movimento operário no continente europeu (a I Internacional); [...] a Comuna de Paris, simultaneamente a última das revoluções jacobinas e a primeira revolução proletária. Esse período coincide com a maturação do pensamento de Marx [...]" (Ibidem, p. 231).

[1394] Ibidem, p. 232.

[1395] Ibidem, p. 232.

sos autores, a noção de revolução em Marx, como em muitos dos seus contemporâneos, nasce da Revolução Francesa, que, muito depois, haveria de se tornar uma referência necessária dos revolucionários russos"[1396]. Está aí a origem da ideia de uma revolução burguesa que abre passo a uma "revolução proletária:

> *'Se o manifesto tinha omitido fases inteiras do sacrossanto processo histórico com o objetivo de resumir duas revoluções diferentes em uma só, pelo menos seus autores podiam assinalar o exemplo que ofereciam as seitas socialistas e comunistas do período. Do mesmo modo que eles, Marx e Engels refletiam em termos da experiência revolucionária de 1789-1794, quando as facções mais radicais deslocaram as facções moderadas até que todo o movimento democrático tinha avançado muito além de seu ponto de partida inicial'"*[1397].

Portanto, nesse sentido, "uma revolução na Rússia deveria ser bem menos surpreendente para Marx do que muitos dos seus intérpretes gostam de pensar. Quem lê, em *A introdução à crítica da filosofia do direito* de Hegel, a comparação de Marx entre o caráter parcial (ou gradual) da revolução na França e o caráter global que ele esperava para a revolução na Alemanha 'atrasada', percebe que sua teoria da revolução se adapta melhor a este último caso. Além disso, como o ano de 1848 marca uma 'virada' que diminui, na segunda metade do século XIX, as perspectivas da revolução nos países mais modernos da Europa, na época a Inglaterra e a França, as expectativas de Marx e de Engels, bem como a dos revolucionários, se transferem progressivamente para os países 'atrasados' da periferia de então, em especial a Irlanda e, precisamente, a Rússia. Não por acaso a esquerda da velha Rússia foi das que mais rapidamente acolheu a obra de Marx, enquanto a da França permaneceu por muito tempo ligada à influência de Proudhon e a Inglaterra recebeu uma influência apenas marginal do marxismo. Embora de fatura Lêninista, a teoria da revolução no 'elo mais frágil' do sistema capitalista está, pelo menos em germe, em muitas anotações de Marx e, evidentemente, também de Engels. Nem mesmo o reconhecimento da guerra, tão notável no caso da

[1396] Ibidem, p. 235.
[1397] Ibidem, p. 235.

Revolução Russa, como condição favorável à revolução chega a ser surpreendente ao leitor de Marx"[1398].

6.5.13 Principais obras

Contribuição para a crítica da Filosofia do Direito de Hegel (1844); *Manuscrito* (1844); *A questão judaica* (1844); *Teses sobre Feuerbach* (1845); *A ideologia alemã* (1845-1846); *Manifesto comunista*, com Engels, (1848); *Crítica da economia política* (1859); *O capital*, I, (1867); vols. II e III (obras póstumas, 1885 e 1894).

As obras de Marx podem ser divididas em grupos. O *primeiro* é formado por obras da juventude e outros escritos filosóficos do início dos anos 1840: *A questão judaica* (1843) e *A ideologia alemã* (1845-46). Outros livros importantes: *Manuscritos econômico-filosóficos* (1844) e *Teses sobre Feuerbach* (1845)[1399]. No *segundo*, estão partes dos escritos de economia: *O capital*, v. 1 (1867) (primeiro esboço, 1861-63); v. II (1885) (escrito em 1868-70 e 1875-78); v. III (1894) (primeiro esboço, 1864-65). Ainda há outra obra importante, *O Grundrisse* (1857-58). E *no terceiro*, um dos escritos políticos de Marx: *Crítica ao programa de Gotha* (1875).

6.6 Eduard Bernstein (1850-1932) – o socialismo[1400] evolucionista (revisionista)

Eduard Bernstein nasceu em Berlim numa família de ferroviários. Militou no jornalismo e no partido social democrata (SPD). Exilou-se em Londres (1891-1901) devido à política antissocialista introduzida por Bismarck. Foi redator chefe do jornal do SPD (*Sozial Demokrat*).

Na Inglaterra conviveu com Engels e, posteriormente, foi acusado de não seguir os princípios socialistas. Em seus artigos (1896-1898) acabou iniciando a divisão entre socialistas e comunistas e fundamentando os princípios da "social democracia" alemã.

1398 Ibidem, p. 235-236.

1399 Rawls, John. *Conferências sobre a história da filosofia política*, cit., p. 348.

1400 Eduard Bernstein e Antonio Gramsci, analisados nos itens 6.6 e 6.7 respectivamente, são herdeiros das concepções socialistas e comunistas de sociedade.

6.6.1 Pensamento

Inicialmente apoiava as ideias marxistas e, posteriormente, realizou uma revisão crítica desses princípios e rejeitou a teoria revolucionária de Marx, gerando o "revisionismo", que defendia o "socialismo democrático". Apesar de se considerar "marxista", contestou a aplicação prática dessas teorias e defendeu a revisão de outras propostas pelo "socialismo científico", conforme a época e o contexto, como o materialismo histórico e dialético.

O pensador propunha a "evolução" e não a "revolução". Afirmava que "o materialismo histórico era um determinismo estreito, que condenava a liberdade humana em nome de uma fatalidade econômica". Recebeu duras críticas de Kautsky[1401]. Defendia a revisão da "teoria do valor marxista", por não ser "científica", que é a noção de "que o valor de um bem corresponde, sempre unicamente, ao custo do trabalho necessário para o produzir". Acreditava que o capitalismo era organizado e tinha meios de ampla sobrevivência e, portanto, o poder de compra dos trabalhadores alemães havia se ampliado. Propôs uma aliança com a classe média alemã do SPD, os camponeses e proletários, ao contrário dos marxistas, como Kautsky, que negava esse acordo, por considerar que havia o choque dessas classes sociais.

Politicamente, Bernstein defendia os "interesses comuns" entre as diversas classes e, portanto, a união, porque "o socialismo só seria possível se surgisse no momento próprio, como herdeiro natural de um capitalismo inteiramente desenvolvido". Era necessária uma democracia para um acordo entre as diversas classes, e os liberais deveriam estar nesse processo.

Afirmava: "a sociedade orienta-se para o socialismo, não sob o efeito de um dado determinismo econômico, mas porque o ideal socialista, fundado em imperativos de ordem moral, é um sentimento presente em cada homem. O advento da sociedade socialista surgirá de uma tomada de consciência moral por um número de homens cada vez maior".

[1401] Karl Kautsky (1854- 1938), economista, historiador e social-democrata alemão cuja atividade marxista iniciou-se sob a direção de Frederico Engels. Nasceu em Praga, tendo sido um dos dirigentes da social-democracia alemã e da II Internacional. Em 1899, publicou *A questão agrária*, um dos clássicos do marxismo.

6.6.2. Conclusões

Defendia, portanto, que o capitalismo se transformaria em socialismo de uma maneira evolutiva, pois dependeria do Estado para sobreviver, à medida que a propriedade dos meios de produção (privados) fossem nacionalizados, ou seja, estatizados.

6.6.3 Principais obras

Os textos mais difundidos de Bernstein são *Ferdinand Lassale como reformador social*; *Problemas do socialismo*; *Os pressupostos do socialismo e as tarefas de social democracia*; *A greve política.*

6.7 Antonio Gramsci (1891-1937) – A evolução cultural

Filósofo italiano, de origem humilde, nascido em Sardenha (Caligari). Bolsista na "Faculdade de Letras de Turim", tornou-se crítico teatral. Influenciado pelo filósofo idealista Benedetto Croce[1402], acabou entrando no Partido Socialista Italiano (PSI-1913), assumindo, posteriormente, a secretaria do partido. Passou a colaborar com jornais e, em 1917, lança a revista *Ordine Nuovo* (Turim), com Togliatti[1403], para divulgar os fatos da revolução russa. Organizou o movimento dos "conselhos de operários" em Turim (1919) e colaborou para a fundação do Partido Comunista Italiano (1921). Eleito deputado em 1924, pretendia destruir a velha política, a sociedade conservadora e defender o poder para a classe trabalhadora, desenvolvendo uma nova ordem social. Dirigiu o comitê executivo do PCI. Foi preso por Mussolini (8-11-1926) durante dez anos, quando escreveu *Cadernos do cárcere* (34 cadernos) e, posteriormente, rompeu com a administração stalinista da URSS.

[1402] Benedetto Croce (1866- 1952) foi um historiador, escritor, filósofo e político italiano. Os seus escritos giram em torno de um largo espectro temático, sobretudo estética e teoria/filosofia da história. É considerado uma das personalidades mais importantes do liberalismo italiano no século XX.

[1403] Palmiro Togliatti (1893-1964) foi membro do Partido Socialista Italiano desde 1914. Tradutor e propagandista das obras de Lênin, contribuiu para a formação do grupo comunista que fundaria o respectivo partido em janeiro de 1921. Em 1926, foi eleito secretário-geral do PCI. Participa na guerra civil de Espanha (1937-39), vive na URSS entre 1940 e 1944 e entre 1944 e 1946 integra o governo italiano.

No cárcere, situou a função política dos intelectuais com o novo estado italiano. Dividiu os intelectuais em *orgânicos* (comprometidos com a organização da nova ordem) e *tradicionais* (ligados ao passado, à tradição). Os intelectuais devem organizar a rede hegemônica de crenças e relações institucionais (indica a sua particular valência em relação à supremacia ampla que vai da economia até a literatura, da religião até a psicologia, a linguística e a religião). Ocorre, então, a ascendência de uma classe sobre a outra, que acaba aceitando o sistema como natural. Considera o Estado como força mais consentimento, visto que a "sociedade política organiza a força, e a sociedade civil consente, ocasionando, então, a hegemonia de coerção".

Valorizou a Filosofia da Práxis, colocando-a como independente em relação a outras filosofias e criticou a política interna da URSS (stalinismo) e a de Trotski[1404], por considerá-lo utópico. Pregava que o caminho para o proletariado chegar ao poder seria uma evolução cultural com uma educação geral e humanista. Após muitas arbitrariedades fascistas, sevícias e com a saúde precária, morreu em 27 de abril de 1937.

6.7.1 Pensamento

Em sua obra temos o enfoque cultural da "revolução proletária" e a institucionalização dos Conselhos de fábrica. Gramsci tentou introduzir o papel ideológico e não somente político que realizam os grupos sociais nas análises do "Estado Burguês". A elite pode manter-se no poder mesmo com as instituições políticas decadentes, graças ao controle hegemônico da cultura dentro da sociedade civil, por intermédio da escola, da igreja e outras organizações privadas ou públicas.

Afirmou que "o conselho de fábrica, lugar de síntese entre infraestrutura econômica e superestrutura política, permite ao proletariado 'consciente' exercer espontaneamente sua ditadura democrática a partir

[1404] Leon Trótski nasceu em 1879 na Ucrânia e foi assassinado em 1940 na Cidade do México, possivelmente a mando de Stálin. Foi um intelectual marxista e revolucionário bolchevique, tendo participado ativamente na organização do Exército Vermelho. Após o falecimento de Lênin rivalizou com Stalin pela liderança do Partido Comunista da União Soviética, tendo que posteriormente deixar o país.

da instância mesma em que se situam as contradições próprias ao Estado burguês"[1405].

Gramsci detém o mérito de ter salientado a imperfeição das análises simplificadoras concernentes ao Estado burguês e de ter tentado introduzir aí o papel ideológico – e não mais somente político – que desempenham os grupos sociais. Ele nos permite compreender que a burguesia pode manter-se no poder – mesmo que suas instituições políticas se achem enfraquecidas – graças à sua hegemonia cultural no seio da sociedade civil. Essa ideologia é difundida por intermédio de organizações "privadas", tais como a Igreja, a Escola etc. No término de tal análise, Gramsci reabilita a função do intelectual. Com efeito, como toda classe social em via de hegemonia, o proletariado tem uma vanguarda constituída por intelectuais "orgânicos": "Cada grupo social, nascendo sobre o terreno original de uma função essencial no mundo da produção econômica, cria ao mesmo tempo que ele uma ou várias camadas de intelectuais que lhe dão sua hegemonia e a consciência de sua própria função, não somente no domínio econômico, mas também no domínio político e social (...) a este novo 'bloco histórico' que Gramsci empresta a missão de realizar a revolução proletária e cultural"[1406].

Propunha aliança entre a classe operária e os camponeses para uma revolução socialista na Itália. Para haver "revolução" era "necessária a expansão do controle democrático pelas massas". Para Gramsci, "os conselhos" podiam contribuir para unir os trabalhadores e conscientizá-los do "seu lugar no sistema produtivo e social", onde desenvolveriam as bases da criação de uma nova sociedade, assim como de um novo Estado e, como consequência, uma "nova ordem política". Com base nessas reflexões, brota o conceito de hegemonia, que surgiria em consequência do declínio da burguesia empresarial e pela diminuição de investimentos do Estado e dos Bancos, levando a uma crise na "democracia liberal", transformando as relações econômicas, sociais e políticas.

Baseado em Maquiavel, considerava o "Príncipe Moderno" como o "partido Revolucionário", que irá ajudar a criar uma nova sociedade para os trabalhadores, com a ajuda dos "intelectuais orgânicos", solidificando

1405 Châtelet, François. *História da Filosofia*, cit., p. 250.
1406 Ibidem, p. 250.

uma nova hegemonia. Ele acreditava que a "Filosofia da práxis" levará o novo a se "tornar protagonista da história", porque os membros da classe marginalizada, tendo conhecimentos especializados e visão intelectual crítica, poderão ascender ao poder.

Propunha um humanismo absoluto, já que no âmbito "econômico" o princípio unitário é o valor; no político, o Estado; no "filosófico", a relação entre a vontade humana e as situações de fato que devem ser superadas, relação que sintetiza os dois primeiros pontos de vista, "já que permite a passagem do econômico para o ético político, por intermédio da práxis"[1407].

Contestava o "monismo materialista" e o "idealismo", pois considera a verdade como histórica. A hegemonia para Gramsci é ligada à prática política e ao direito, porque o Estado, além de repressor, deve convencer os trabalhadores a aceitarem as elites exploradoras. O Estado passa a ser o "educador". "No Oriente, o Estado era tudo, a sociedade civil era primitiva e gelatinosa; no Ocidente, havia entre o Estado e a sociedade civil uma justa relação e, ao oscilar o Estado, podia-se imediatamente reconhecer uma robusta estrutura da sociedade civil. O Estado era apenas uma trincheira avançada, por trás da qual se situava uma robusta cadeia de fortalezas e casamatas; em medida diversa de Estado para Estado, é claro, mas exatamente isto exigia um acurado reconhecimento de caráter nacional"[1408].

Analisando a sociedade política e civil, destaca que a repressão não é o fato mais importante, e sim a persuasão, objetivando consensos de caráter ideológico, e que tem ligações com a infraestrutura produtiva. "Por enquanto, podem-se fixar dois grandes 'planos' superestruturais: o que pode ser chamado de 'sociedade civil' (isto é, o conjunto de organismos designados vulgarmente como 'privados') e o da 'sociedade política ou Estado', planos que correspondem, respectivamente, à função de 'hegemonia' que o grupo dominante exerce em toda a sociedade e àquela de 'domínio direto' ou de comando, que se expressa no Estado e no governo 'jurídico'"[1409].

[1407] HUISMAN, Denis. *Dicionário dos filósofos*, cit., p. 450.

[1408] MASCARO, Alysson Leandro. *Filosofia do direito*, 6. ed. São Paulo: Atlas, 2018, p. 488-489.

[1409] Ibidem, p. 489.

O direito passa a ter um papel importante na ação política de Estado e na repressão. Em decorrência da ação conjunta da sociedade civil e política surge o "Estado Ampliado", pois há um equilíbrio entre as duas forças. O "estado ampliado" representa o "novo protagonismo do estado que ocorreu no século XX, no campo econômico, na organização da sociedade e na criação do consenso". É a relação entre a unidade-distinção que capta entre estado e sociedade civil para exprimir o que ele chama de Estado "em sentido integral"[1410].

Em sua visão, o direito apresentava dois aspectos distintos: "ordenamento jurídico", em seu significado "sociológico", verificável como "problema jurídico" à luz da função do direito no estado e na sociedade; e uma reconstrução histórica das formas que o direito assumiu na Idade Média até o "constitucionalismo". O direito acaba colaborando para o "conformismo social" que serve ao grupo dirigente"[1411].

6.7.2. Conclusões

Comparava o que ocorre na arte política com o que ocorre na área militar, ou seja, a guerra de movimento, quando afirma: "Ocorre na arte política o que ocorre na arte militar: a guerra de movimento torna-se cada vez mais guerra de posição; e pode-se dizer que um Estado vence uma guerra quando a prepara de modo minucioso e técnico no tempo de paz. A estrutura maciça das democracias modernas, seja como organizações estatais, seja como conjunto de associações na vida civil, constitui para a arte política algo similar às "trincheiras" e às fortificações permanentes da frente de combate na guerra de posição: faz com que seja apenas "parcial" o elemento do movimento que antes constituía "toda" a guerra etc."[1412].

Esse raciocínio chega ao partido político, que deve servir ao processo revolucionário, no caso o Partido Comunista, considerado o "moderno príncipe" e que deve conduzir à revolução. As revoluções são um processo, principalmente nos países ocidentais, que estão em contínuo

1410 Liguori, Guido e Voza, Pasquale (orgs.). *Dicionário Gramsciano (1926-1937)*. São Paulo: Boitempo Editorial, 2017., p. 261.

1411 Ibidem, p. 204.

1412 Mascaro, Alysson Leandro. *Filosofia do direito*, cit., p. 496.

movimento. "A revolução, para Gramsci, não é um ato sobrenatural, é um processo dialético de desenvolvimento histórico"[1413]; e no caso da Itália deve ser realizada por conselhos, similares aos *soviets* russos. Finalmente, sobre as constituições (adota a posição de Marx em relação à carta espanhola), considera uma norma fundamental e imutável, um texto que reflete as condições de força dentro de um estado.

"Pode-se dizer, em geral, que as Constituições são, acima de tudo, 'textos educativos' ideológicos e que a Constituição 'real' está noutros documentos legislativos (mas especialmente na relação efetiva das forças sociais no momento político-militar). Um estudo sério desses temas, feito com perspectiva histórica e com métodos científicos, pode ser um dos meios mais eficazes para combater a abstração mecanicista e o fatalismo determinista. Essa 'historicização' das Constituições acompanha de perto o relevo dado aos mecanismos jurídicos que são a base dos textos constitucionais. Demonstrando seguir um debate que naqueles anos opunha Kelsen a Schmitt, e iniciando a reflexão sobre os limites do constitucionalismo diante do nazismo ascendente, Gramsci aponta como 'em toda Constituição, devem ser vistos os pontos que permitem a passagem legal do regime constitucional-parlamentar ao ditatorial: exemplo, o art. 48 da Constituição de Weimar, que tanta importância teve na história alemã recente'"[1414].

6.7.3 Principais obras

Gramsci é um daqueles autores muito comentado neste século XXI, mas ainda pouco lido, o que leva a uma série de pré-juízos em relação à sua obra. Destacam-se aqui algumas delas, inclusive aquelas organizadas por seus estudiosos: *Cadernos do cárcere* – cartas do cárcere (1926-1937); *La città futura (1917-1818)* – org. Sergio Caprioglio; *La costruzione del Partito comunista* (1923-1926); *Cronache torinesi* (1913-1917) – org. Sergio Caprioglio; *2000 pagine di Gramsci* – org. Giansiro Ferrata e Niccolò Gallo; *La formazione dell'uomo* – org. Giovanni Urbani; *Lettere* 1908-1926 – org. Antonio A. Santucci; *Lettere dal cárcere* – org. Antonio A. Santucci; *Il nostro Marx* (1918-1919) – org. Sergio Caprioglio; *L'Ordine Nuovo* (1919-1920) –

1413 LIGUORI, Guido e VOZA, Pasquale. *Dicionário Gramsciano*, cit., p. 697.
1414 Ibidem, p. 144-145.

org. Valentino Gerratana e Antonio A. Santucci; *Per la verità*. Org. Renzo Martinelli; *Quaderni del cárcere* (edição crítica do Istituto Gramsci) -org. Valentino Gerratana; *La religione come senso comune* – org. e intr. Tommaso La Rocca; *Socialismo e fascismo*; *L'Ordine Nuovo* (1921-1922); Scritti politici (org. Paolo Spriano)[1415].

6.8 John Maynard Keynes (1883-1946) – a economia social de mercado

Nasceu em Cambridge, numa família rica. Fez curso de economia na universidade homônima com professores renomados, como Alfred Marshall, principal líder da chamada "escola neoclássica de Cambridge[1416]; Arthur Pigou[1417], sucessor de Marshal na cátedra na Universidade de Cambridge; e Henry Sidgwick, utilitarista, discípulo de Jeremy Bentham e Stuart Mill. A partir de 1908 passou a lecionar na mesma instituição. Foi nomeado "conselheiro do tesouro" durante a negociação do Tratado de Versalhes (1919), quando sugeriu diminuição das indenizações de guerra que os aliados propunham para a Alemanha, e acabou se demitindo do cargo. Considerou que uma humilhação estava sendo imposta aos alemães e teria como consequência uma nova guerra. Colaborou com o governo Roosevelt no plano de recuperação econômica dos EUA após a depressão de 1929. Suas ideias foram muito importantes para tirar aquele país da crise que enfrentava.

Em 1944 ajudou no planejamento do "sistema de Bretton Woods", que contava com a criação do "Banco Mundial" e do FMI (1947), apesar de não ter conseguido emplacar todas as suas ideias e propostas. Os estudiosos da ciência econômica afirmam que a economia pode ser dividida

[1415] Ibidem, p. 16.

[1416] Alfred Marschal (1842-1924) foi o mais importante e influente economista inglês de sua época. Sua obra, *Princípios da Economia*, que tratava de teorias da oferta e da procura e dos custos de produção, se tornou uma espécie de manual, adotado pelas principais universidades daquele país. É tido como um sucessor direto das ideias de Adam Smith e foi professor de Keynes na Universidade de Cambridge.

[1417] Arthur Cecil Pigou (1877-1959) foi um economista inglês que herdou a cadeira de Economia Política de seu professor Alfred Marshal. Professor na Universidade de Cambridge, celebrizou-se por desafiar teorias econômicas estabelecidas em relação à substituição da atividade industrial privada pelo Estado.

da seguinte forma: antes de Keynes; a revolução keynesiana; e depois de Keynes.

6.8.1 Pensamento

Tomou uma posição política entre o capitalismo liberal e o socialismo, expressando suas ideias no artigo *"Laissez-faire" and comunism* (1926) na revista *New Republic*:

> *"Não é verdade que os indivíduos disponham de uma liberdade natural [sem limites] nas suas atividades econômicas. Não há nenhum 'contrato' que confira direitos perpétuos [apenas] àqueles que têm ou que podem adquirir. O mundo não é governado de cima por forma a que os interesses privados e o interesse público coincidam sempre. E não é gerido cá em baixo de modo a que na prática eles coincidam por si próprios. Nem é verdade que em regra o interesse próprio seja esclarecido ou altruísta; mais frequentemente, os indivíduos, ao actuar separadamente na prossecução dos seus próprios fins, são demasiado ignorantes, ou demasiado fracos, para satisfazerem sequer os seus egoísmos"*[1418].

Considera que "um dos mais delicados problemas da governação dos povos consiste em determinar o que é que o Estado deve assumir para si próprio de acordo com a sabedoria pública, e o que é que ele deve deixar, com a menor interferência possível, aos esforços individuais".

Afirma:

> *"Temos de separar as actividades que são tecnicamente sociais daquelas outras que são tecnicamente individuais. A mais importante agenda do Estado não diz respeito às actividades que os indivíduos já desempenham, mas àquelas que estão fora da esfera de acção dos indivíduos, isto é, às funções que não podem ser, ou não são, exercidas por ninguém, se o Estado não as assumir para si e não as desempenhar. O que verdadeiramente importa não é que o Estado passe a fazer o que os indivíduos já fazem, ou que o faça um pouco melhor ou um pouco pior do que os privados; mas sim que faça aquilo que ninguém faz ou pode fazer"*[1419].

[1418] Amaral, Diogo Freitas do. *História do pensamento político ocidental.* Coimbra: Almedina, 2012, p. 619.

[1419] Ibidem, p. 620.

Sobre o capitalismo e o conflito com os "comunistas" reflete:

> *"É preciso saber, primeiro, se se aceita ou não o capitalismo face ao comunismo. Só depois, se se aceitar o capitalismo como ponto de partida, vale a pena discutir quais as melhores formas de o corrigir e melhorar (...). Por mim, penso que o capitalismo, bem gerido, pode provavelmente ser tornado mais eficiente para atingir finalidades económicas do que qualquer outro sistema conhecido; mas acho que ele é, em muitos aspectos, muito criticável. Por isso, o problema está em conceber uma forma de organização social que seja tão eficiente quanto possível, mas que não ofenda as nossas noções do que deve ser [para todos] um modo de vida satisfatório"*[1420].

Propõe que o Estado regulamente as atividades privadas. Deve ser estipulado o que o Estado pode executar e o que não pode executar. Propôs uma "economia social de mercado".

A crise econômica desencadeada em 1929 ("crash") era debatida por Keynes aos ricos e ao Estado, que não investiam no crescimento da economia com o objetivo de criar novos empregos e estancar o desemprego. Criticava, portanto, o liberalismo econômico do "Laissez-faire". Em decorrência, justificou e propôs de forma "cientifica":

- *Revolução no plano dos princípios* – provou que havia erro na concepção do chamado "equilíbrio econômico automático", que impedia o Estado de intervir devido aos chamados "mecanismos autorreguladores" do mercado.
- *Revolução no plano dos métodos* – afastou a concepção de "Homo Economicus", da teoria clássica, e propôs uma análise "macroeconômica" ao analisar as "quantias globais" (procura e oferta), originando o cálculo da denominada "contabilidade nacional".
- *Revolução no plano das políticas econômicas* – em caso de "recessão", quando a área privada diminui o seu investimento, é fundamental que o Estado interfira e realize mais investimentos para alavancar a economia, assim gerando e mantendo empregos.

[1420] Ibidem, p. 621.

Fundamentou a base para o intervencionismo do Estado. Para combater a recessão recomendava:

- *Política de rendimentos* – evitar a queda de salários.
- *Política de emprego* – evitar falências das empresas privadas para impedir desemprego.
- *Política de investimentos públicos* – o Estado deve fomentar as obras públicas.
- *Política de consumo público* – evitar diminuir o consumo e tentar aumentá-lo, com aquisição de "bens e serviços".
- *Políticas financeiras* – propõe um "desequilíbrio orçamental controlado", procurando diminuir impostos e o aumento seletivo da despesa pública, contrariando a teoria clássica ligada ao "equilíbrio orçamental".

6.8.2 Conclusões

Dessa forma, atacou o "liberalismo" em seus princípios: "equilíbrio orçamentário", "Laissez-faire" e a "não intervenção do Estado na economia". A macroeconomia passa a orientar as finanças públicas, tendo como exemplo a recuperação dos EUA após o "crack de 1929" e posteriormente a Europa, determinando a melhoria do nível de vida da população. O pensamento de Keynes colaborou para a política das democracias ocidentais (evitando grandes desempregos), facilitou as economias ocidentais no enfrentamento das flutuações conjunturais da economia e colaborou no plano social e humano na recuperação e aumento de empregos dos países que estavam em crise e aplicaram os seus princípios de economia e justiça. Recebeu críticas da direita e da esquerda, por esta considerá-lo "salvador do capitalismo".

6.8.3 Principais obras

"Laissez faire" e comunismo (1926); *As consequências econômicas da paz* (1919); *Possibilidades econômicas para os nosso netos* (1930); *Os meios de obter a propriedade*; *Teoria geral do emprego, do juro e moeda* (1936).

6.9 Friedrich Hayek (1899-1992) – um ataque à justiça social

Nasceu em Viena, numa família pequeno-burguesa. Estudou direito e ciência política na Universidade de Viena. Foi discípulo de Ludwig von

Mises[1421], este economista e filósofo liberal que foi considerado o principal teórico da Escola Austríaca de Economia do século XX por desenvolver o método para se entender a economia, a praxeologia.

Hayek Lecionou no *London School of Economics* (1931). A partir de 1944, com o lançamento do livro *O caminho para a servidão*, passou a criticar duramente o socialismo e o comunismo. Posteriormente, foi contratado como professor em Chicago, onde concluiu sua obra. Em 1974 recebeu o prêmio Nobel de economia, fomentando o neoliberalismo americano e europeu, sendo apoiado pelo presidente norte-americano Ronald Reagan (1981-1989) e pela primeira ministra inglesa Margaret Thatcher (1979-1990).

6.9.1 Pensamento

Criticou, inicialmente, a URSS e depois o "Estado Social" vigente na Europa. Admitia que no século XX havia apenas dois sistemas econômicos: o coletivismo e o individualismo. O primeiro dá prioridade para a coletividade sobre o indivíduo e o segundo, do indivíduo para a coletividade, permitindo a iniciativa privada e a liberdade econômica:

"Ora – é isto, precisamente, o que faz o sistema de preços em regime de concorrência [economia de mercado]. (...) Permite aos empresários, observando a oscilação dos preços, ajustar as suas atividades (...) como um engenheiro acerta os ponteiros dos mostradores. [Mas] o sistema de preços só cumprirá a sua função se houver concorrências (...).

Não há exagero em afirmar que, se tivéssemos tido que depender do planeamento racional centralizado para o desenvolvimento da nossa [economia] industrial, nunca se teria alcançado o grau de diversificação, complexidade e flexibilidade que se alcançou. Comparado com este processo de resolver o problema econômico por meio da descentralização, e da coordenação automática que lhe é inerente [efetuada através do mercado], qualquer sistema de dirigismo centralizado é inconcebivelmente rudimentar, primitivo e tacanho"[1422].

[1421] Mises (1881-1973) foi um economista teórico austríaco-americano da Escola Austríaca da Economia, estudioso da praxeologia, ou seja, o estudo dedutivo das ações e escolhas humanas.

[1422] Amaral, Diogo Freitas do. *História do pensamento político ocidental*, cit., p. 606.

Atacou o *Welfare State* nos escritos *Direito, Legislação e Liberdade* (vol. 2) em quatro pontos:

- Não é uma forma de justiça, pois é "a aplicação do direito vigente aos casos concretos de vida real", uma vez que as normas gerais são respeitadas por todos, e os infratores são punidos. "As regras do comportamento justo, são geralmente proibições de comportamentos injustos". Critica Platão e Aristóteles e as suas concepções de justiça.
- "O Bem Comum, numa sociedade livre, consiste principalmente na facilitação dos fins próprios de cada indivíduo". Acredita que "numa sociedade livre o Estado não administra os assuntos dos homens; administra a 'justiça' entre os homens na condução dos seus próprios assuntos". Portanto, "a justiça social é injusta, pois leva inevitavelmente à interferência crescente do Estado na vida privada dos indivíduos e das empresas privadas, ferindo os princípios de uma "sociedade livre". "Em primeiro lugar, porque esse novo valor moral, que se pretende fazer acrescentar aos anteriores, é inatingível: trata-se de uma miragem. Se um país a adotar como seu objetivo constitucional, por mais que faça, não conseguirá realizá-la, nunca a alcançará, porque o processo é infindável; atingido um patamar, logo se reivindicarão mais direitos e benefícios; sempre os "interesses especiais" exigirão mais e mais. E tudo acabará por se traduzir em sucessivas frustrações.

Em segundo lugar, porque "o conceito de justiça social, que conduz todas as sociedades contemporâneas para esforços cada vez maiores (...), tem uma peculiar tendência para a autoaceleração: quanto mais a posição dos indivíduos ou grupos for vista como dependente da ação dos governos, mais eles insistirão em que os governos se proponham atingir um esquema aceitável de justiça distributiva; e quanto mais os governos tentarem realizar um tipo pré-determinado de distribuição desejável, mais terão de sujeitar a posição de todos os indivíduos e grupos ao seu controle. Enquanto a crença na 'justiça social' orientar a ação política, este processo acabará por, progressivamente, se aproximar mais e mais de um regime totalitário"[1423].

Em terceiro, é um erro pensar que a igualdade social pode um dia ser atingida: "a lei natural do jogo econômico é (a de) que só a conduta dos jogadores pode ser justa, não o resultado do jogo". Nunca, em qualquer sociedade humana – individualista ou coletivista –, aconteceu ou acontecerá "que os diferentes indivíduos obtenham [todos, e sempre] aquilo que mereceriam". É falsa a ideia de que "quem tentar com engenho e empenho sucederá", pois a verdade nua e crua é que "alguns que mereceriam falhar terão êxito, e outros que mereceriam tê-lo falharão": "as recompensas serão baseadas em parte no mérito e em parte na sorte" (muitas delas, apenas na sorte).

Finalmente, em sociedades modernas muito complexas e diferenciadas, ninguém, nem um "comitê dos mais sábios", seria capaz de definir objetivamente critérios de riqueza ou de rendimento justos: vale mais um futebolista ou uma estrela de cinema? Uma enfermeira ou um padeiro? Um piloto de avião a jato ou um professor de matemática? Um guarda de segurança pública ou o condutor de uma ambulância? Um grande consultor de engenharia ou um grande advogado em tribunal? Uma sociedade justa, quer dizer, igualitária, nunca existiu nem existirá. E é lamentável – remata – que muitos sacerdotes cristãos, e verdadeiros santos, religiosos ou laicos, tenham passado a apregoá-la, pois, "enquanto vão perdendo a sua fé numa revelação sobrenatural [e no paraíso para além da morte], parecem tentar encontrar refúgio e consolação numa nova "religião social", que substitui a promessa de justiça celeste pela da justiça terrena, e esperam poder assim continuar a empenhar-se em fazer o bem"[1424].

6.9.2 Conclusões

Acreditava que no sistema capitalista é impossível compatibilizar igualdade e liberdade. No entanto, propôs "um rendimento mínimo garantido", denominado "rendimento social de inserção", que deve ser garantido pelo Estado, para evitar privações da população carente.

[1423] Ibidem, p. 608.
[1424] Ibidem, p. 608-609.

Para alguns, parece uma contradição essa proposta do neoliberal da escola de Chicago em relação ao que pretendia desconstruir, ou seja o Estado Social.

6.9.3 Principais obras

Destacam-se de sua produção *A constituição da liberdade*; *Direito, legislação e liberdade*; *A margem da justiça social*; *Caminho para a servidão*.

6.10 Jacques Maritain (1882-1973) - O humanismo integral e o cato licismo

Nasceu em uma família liberal e protestante de Paris. Formou-se em filosofia na Sorbonne (1905). Converteu-se ao catolicismo, tornando-se neotomista no início do século XX. Durante o domínio nazista da França, exilou-se no Canadá e nos EUA, dando aulas em Toronto, Princeton e Colúmbia.

Colaborou com a Resistência francesa (1939-1945) e posteriormente foi nomeado embaixador da França junto da Santa Sé (1945-1948). A sua obra influenciou o partido social cristão francês e europeu, com tendência de centro-esquerda. Inspirou, através da Unesco, propostas para a "Declaração Universal dos Direitos Humanos", esta aprovada pela ONU em 1948. Era um humanista.

6.10.1 Pensamento

Pregou uma terceira via para resolver o problema econômico gerado pelo capitalismo, que considerava superado, mas sem aderir ao socialismo e ao comunismo, materialista e ateu. A sua concepção foi mais ampla do que a dos papas Leão XIII[1425] e Pio XI[1426], que defenderam a doutrina social da igreja (1891) e a encíclica "Quadragesimo anno" (1931), respectivamente um meio caminho entre o "capitalismo-liberal", que gerava radical desigualdade entre ricos e indigentes e o socialismo comunista, ditato-

[1425] Cardeal Vicenzo Picci (1810-1903) - Chegou ao papado em 1878 com o título de Leão XIII. Propôs diversas reformas no âmbito social em sua encíclica "*Rerum Novarum*". Criticou o socialismo extremista e o capitalismo liberal.

[1426] Pio XI, nascido Ambrogio Damiano Achille Ratti, foi o 259º bispo de Roma e Papa da Igreja católica de 1922 até sua morte, em 1939.

rial, injusto e ateu. Defendeu os seus princípios em o *Humanismo integral* (1936).

Católico atuante, acreditava na máxima: "Amar a Deus sobre todas as coisas e amar ao próximo como a si mesmo". Identifica-se com Tomás de Aquino e procura adaptá-lo ao século XX no campo político, econômico e social. Defendia a dignidade do homem no campo religioso, político, jurídico, econômico e social, bem como o "Humanismo integral", que deseja a liberdade religiosa e de consciência com base nos Evangelhos, com Democracia, Estado de Direito, Direitos humanos, humanismo econômico (com superação das falhas do capitalismo e suas injustiças), dignificação do trabalho, proteção aos trabalhadores (sindicalismo) e um Estado Social que garantisse imposto progressivo, habitação, educação, saúde e segurança social. Pretendia a transformação da empresa capitalista em comunitária.

Para o filósofo, a propriedade privada é boa porque protege o cidadão dos abusos do Estado e dos grupos econômicos, mas o resultado tem sido ruim para o povo. É necessário, para resolver essa questão, generalizar a propriedade privada, dando a cada pessoa a possibilidade de ser um proprietário, ampliando os benefícios para todos os cidadãos. Este sistema levará a sociedade ao "humanismo econômico", segundo a doutrina cristã, que prega a "igualdade relativa ou proporcional", e gerará "a amizade cívica entre os homens". Com essas medidas o "catolicismo social" evoluirá para uma "sociedade sem classes", evitando lutas fratricidas, pois todos serão proprietários trabalhadores.

Propôs, também, uma "Reforma da empresa", a saber: "nos moldes atuais, a empresa capitalista é tida como sendo propriedade dos detentores do capital: são eles os donos, os acionistas e em regra os administradores; é deles a direção da empresa; para esta funcionar contratam, por salários tão baixos ou tão moderados quanto possível, os trabalhadores necessários; estes só têm direito ao preço do seu trabalho. Assim, os lucros que forem ganhos pelo esforço comum de capitalistas e trabalhadores pertencem, de direito, apenas aos primeiros; os segundos podem, às vezes, se o ano correr bem, receber como gratificação um mês adicional de salário – desde que os acionistas concordem, ano a ano, porque se trata de uma dádiva do capital e não de um direito do trabalho". Na sua proposta, como vimos anteriormente, o trabalhador se tornaria, também, empresário[1427].

6.10.2 Conclusões

Para Maritain, o trabalho é mais importante do que o dinheiro, pois, de um lado, o trabalho é uma atividade humana e o dinheiro, apenas uma coisa; do outro, porque o fundamento ético da posse do dinheiro é o trabalho próprio ou herdado. "Não há empresa sem combinação, em doses adequadas, entre capital e trabalho. Ambos devem ser, pois, donos da empresa (coproprietários). Ambos devem ter o direito de a dirigir e ambos devem partilhar os frutos da sua associação. A empresa não pode continuar a ser vista como pertença exclusiva de quem entra com o dinheiro, antes deve ser considerada como comunidade ou associação formada, em pé de igualdade, tanto por quem entra com o seu dinheiro como por quem entra com o seu trabalho. O dinheiro, sem o trabalho, nada produz (a não ser juros); e o trabalho, sem o dinheiro, pouco consegue produzir (a não ser em pequenas unidades familiares ou artesanais)"[1428].

Logo, propõe uma "concepção comunitária de empresa", com base no "trabalho que constitui a raiz legítima da apropriação individual dos bens". Maritain foi um dos grandes pensadores da democracia-cristã.

6.10.3 Principais obras

Destacam-se entre suas obras *Humanismo integral*; *Direitos do homem e democracia*; *Cristianismo e democracia*; *O homem e o Estado.*

6.11 Carl Schmitt (1888 - 1985) - a política do direito em prol do nazismo

Jurista alemão, professor, ensaísta, católico e traumatizado pelas derrotas de 1918 que atingiram o seu país. Formou-se em direito pela Faculdade de Estrasburgo (1915) e assumiu a Universidade de Berlim em 1933, quando ingressou no partido nazista. Carl Schmitt, em seus quase cem anos de existência, dedicou-se com afinco tanto à teoria como à prática política. Esta propensão à atuação política fica evidente no seu apoio ao

[1427] AMARAL, Diogo Freitas do. *História do pensamento político ocidental*, cit., p. 641.
[1428] Ibidem, p. 641.

nazismo na Alemanha, cuja adesão deu-se formalmente em 1933, mas ao qual, desde meados da década de 1920, já demonstrava grande afinidade, inclusive com publicações teóricas que de alguma forma contribuíram com a ideologia daquele partido. É reconhecido como importante especialista em direito constitucional e internacional e, talvez por isso, alguns autores contemporâneos tentam minimizar sua participação como um dos principais teóricos do nazismo. Esta atitude faz com que volte a ser estudado em escolas do Direito e de Política, mas não se deve separar a pessoa de sua práxis e, em relação a esta, Schmitt não só foi contundente crítico do sistema político da República de Weimar como ativo teórico a favor dos abusos perpetrados pelo partido de Hitler, o que lhe rendeu os apelidos de "jurista do nazismo" e "jurista de enfeite do Reich".

Após a Segunda Guerra Mundial, foi preso por dois anos (julgamento do tribunal de Nuremberg) e posteriormente recolheu-se a sua cidade natal. Continuou a produzir de modo profícuo inúmeros textos, apesar da perda de notoriedade nas décadas posteriores à queda nazista. Vale ressaltar que nunca renegou oficialmente o seu passado.

Sua obra indica que utilizou seu conhecimento científico para a defesa do estado totalitário, ao mesmo tempo que se opunha ao normativismo positivista de Kelsen, tendo em vista que queria dar ênfase ao político em detrimento da ordem normativa estatal, relativizando esta e supervalorizando aquele. "Sua tese é a de que o ponto mais fraco da constituição de representação parlamentar consiste na transformação de questões políticas substanciais em processos de mera quantificação de votos sem que se possa impedir a tomada de decisões irracionais"[1429].

Defendeu a xenofobia no texto *O Conceito do político* para justificar a identidade nacional. No texto está presente o eixo central "a partir da qual se agrupam as reflexões políticas e análises críticas de Schmitt. No livro, ele estrutura seu pensamento num sistema de antagonismos e contraposições, e considera que a distinção amigo-inimigo está na base da natureza do político. Este duo emana um caráter conflituoso e desa-

[1429] Guerra, Elizabete Olinda. Vida e pensamento político de Carl Schmitt: breves considerações, *Profanações*, Ano 4, n. 1, p. 64-75, jan./jul. 2017, p. 69.

gregador por guardar estreita ligação com a possibilidade de luta e da guerra"[1430].

Entende que o foco da disputa não ocorre entre países, mas deve dar--se dentro do próprio Estado, o que caracteriza o que chama de guerra civil. Há dificuldade de identificar o inimigo, já que este estaria mimetizado dentro da sociedade, sendo interno à própria sociedade. Pregava que "uma luta armada pressupõe a existência de instrumentos que possibilitem a eliminação física de pessoas. Logo, de acordo com Schmitt, as palavras combate e inimigo devem ser compreendidas dentro de sua originalidade ontológica e não simbólica ou espiritual. Para Schmitt, a guerra é apenas a realização extrema da inimizade"[1431]. E o inimigo interno imediatamente identificado são os judeus, ampliando posteriormente para os ciganos, negros, homossexuais, deficientes físicos etc.

Fica evidenciado que o pensador busca reforçar a ideia de que, em uma guerra, ocorre a decisão política acerca de quem é o inimigo. E isso vale para a questão interna de um país, naquilo que ele chama de guerra civil. A partir dessa percepção, "política", para o autor, é conflito, luta e dissenso. "Salienta-se que a ideia de guerra não é o fim e objetivo da política, mas o pressuposto para sua existência. Desta forma, somente ante a real possibilidade da guerra é que a decisão política se mostra em sua essência, em sua singularidade, despida de conteúdos morais, econômicos ou de outra natureza qualquer"[1432].

Schmitt utiliza o termo "democracia" em oposição a "liberalismo", não escondendo desde seus primeiros escritos a possibilidade de que uma democracia política está afeita à ditadura. O autor chega a afirmar em um dos seus textos que "à democracia pertence, em primeiro lugar, necessariamente, a homogeneidade, e em segundo lugar - se preciso - a eliminação ou o aniquilamento do heterogêneo"[1433]. A essência democrática, que repousa sobre a identidade entre lei e vontade geral, sobre a identidade governante/governados, tem por substância a igualdade, não

[1430] Ibidem, p. 70.

[1431] Ibidem, p. 70.

[1432] Ibidem, p. 72

[1433] FAYE, Emmanuel. *Heidegger* - a introdução do nazismo na filosofia. São Paulo: É Realizações, 2015, p. 287.

a liberdade. Porém a igualdade só é possível se a comunidade for homogênea, o que possibilita que um governo forte expresse de maneira firme seu poder político, impedindo qualquer ameaça externa ou interna à sua homogeneidade.

Nesse ponto que sua teoria aproxima-se de outro filósofo da época, Martin Heidegger. "Por trás dos juristas, há os 'filósofos', e a evolução que se constata nas obras de Schmitt, de sua *Teoria da Constituição*, de 1928, e seus escritos de 1933, pode ser comparada à de Heidegger, desde *Ser e Tempo*, de 1927, até os cursos, os discursos e as conferências dos anos 1933-1935"[1434]. Heidegger acaba por explicitar e relacionar que sua distinção entre existência própria e existência imprópria (autêntica e inautêntica) presente em *Ser e tempo* aproxima-se da discriminação schmittiana entre amigo e inimigo, sendo esta de cunho evidentemente racista. Para Schmitt "o amigo é identificado como 'da mesma raça' e o inimigo como 'de outra raça'"[1435].

Em suma, Schmitt buscou "para a luta nazista das raças uma caução existencial e 'ontológica'"[1436], encontrada nas obras e na doutrina de Heidegger, com a conveniência deste.

Desde os tempos de vigência da Constituição de Weimar, passando pelo nazismo e até em períodos mais recentes, "tiveram profunda repercussão as teorizações de um jurista de ampla cultura e múltiplos interesses culturais (...). Entre outras coisas, Schmitt expressou veementes críticas ao conceito de 'Estado de direito' (Rechtsstaat) elaborado pela doutrina jurídica do século XIX, acusada de legitimar, através de tal conceito, uma concepção liberal do Estado em que o direito (cristalizado na lei) podia contrapor-se à vontade do 'povo' (Volk), e com base nisso opor-se ao ordenamento instaurado em 1933 enquanto não jurídico e portanto ilegal. Outros juristas, defensores do regime hitlerista, limitaram-se a substituir a qualificação de 'liberal' até então atribuída ao Estado de direito pela qualificação de 'nacional'. Naquela época realizou-se, por outro lado, uma política universitária de adaptação dos docentes de direito público às teses do regime, com o afastamento de alguns professores contrários,

[1434] Ibidem, p. 289.

[1435] Ibidem, p. 297.

[1436] Ibidem, p. 299.

além daqueles afastados por motivos raciais. O ensino do direito romano também foi marginalizado"[1437].

6.11.1 Constituição e leis constitucionais

Carl Schmitt, pautado sobre a tese de que a Constituição é emanada de um poder constituinte, sobrepõe a parte política à jurídica, diferenciando a existência de Constituição e leis constitucionais. Aquelas correspondendo a uma decisão política fundamental, que tem de ser sempre respeitada como se cláusula pétrea fosse. Já as leis constitucionais ficam à mercê das decisões políticas, funcionando mais como compromisso moral que jurídico, tendo em vista que se a política sofre alterações em seu percurso nada impede que essas alterações atinjam também o sistema normativo, inclusive o que o autor chama de leis constitucionais.

Em sua proposta o conceito de Constituição do Estado de Direito surge como "um conceito ideal de Constituição". O processo histórico de formação das Constituições modernas, idealizado no século XVIII, favoreceu este conceito, tendo em vista que apresenta como Constituição apenas aquelas que garantem as liberdades burguesas. A consequência disto, em sua opinião, é a retirada do político da teoria e prática constitucionais. Deste modo, Schmitt afirma que o Estado de Direito só pode integrar uma parte da Constituição total do Estado. A outra parte da Constituição total é a que contém a decisão sobre a forma de decisão política. Assim, na sua opinião, a separação de poderes e os direitos fundamentais não fariam parte do conteúdo político essencial da Constituição"[1438].

Para estabelecer uma Constituição entende que sempre é necessário que ocorra uma decisão política fundamental, mas o caráter político dessa decisão persiste, atuando também após o surgimento da Constituição e concomitante com ela. O que importa é a sobrevivência da unidade política e, caso haja necessidade, uma decisão terá de ser tomada, como medida de exceção. E como exemplo mencionou a própria Constituição de Weimar, de 1919, que em seu art. 48 previa a possibilidade de estabe-

[1437] Schioppa, Antonio Padoa, *História do direito na Europa*, São Paulo: Martins Fontes, 2014, p. 431.

[1438] Bercovici, Gilberto. Carl Schmitt, o estado total e o guardião da constituição, Revista Brasileira de Direito Constitucional, n. 1, jan./jun. - 2003, p. 196.

lecer o Estado de Exceção, momento que apenas o caráter político prevalece, afastando o caráter jurídico da Constituição.

Para considerar uma Constituição como válida, Schmitt defendia não só que deveria ser proveniente de um poder constituinte, mas que também deveria ser estabelecida por sua vontade. "A norma vale porque está positivamente ordenada em virtude de uma vontade existente. A unidade e a ordenação de uma Constituição residem na existência da unidade política de um povo, ou seja, do Estado. Se a Constituição for considerada apenas no seu sentido formal, como Constituição escrita, ela está sendo igualada a uma série de leis constitucionais escritas. Com isso, o conceito de Constituição é relativizado, perdendo o seu significado objetivo. Para Schmitt, um conceito de Constituição só é possível se este for distinto da noção de lei constitucional. Este conceito é a Constituição em sentido positivo, surgida mediante ato do poder constituinte, que, por um único momento de decisão, contém a totalidade da unidade política. A Constituição, portanto, vale em virtude da vontade política existente tomada pelo poder constituinte. As leis constitucionais, ao contrário, valem com fundamento na Constituição. Toda lei, inclusive a constitucional, para ser válida, necessita, em última instância, de uma decisão política prévia, adotada por um poder politicamente existente. A essência da Constituição não está contida em uma norma jurídica: fundamentando toda normatização existe uma decisão política do poder constituinte"[1439].

A validade de uma Constituição não estaria alicerçada na justiça de suas normas, mas na decisão política que lhe dá existência. Como prevalece a visão política da Constituição, ficam os detentores do poder livres para impor, quase sempre com a anuência do povo, por intermédio de referendos e plebiscitos, a ditadura da "vontade geral" em detrimento dos direitos das minorias, servindo para justificar atos autoritários que escapam do controle do Poder Judiciário.

Schmitt considerava a Constituição de Weimar medíocre porque era andrógina e não se definia nem como socialista e nem como capitalista. Tentava unir os princípios burgueses e de apoio ao capital com direitos para os trabalhadores, tendo, portanto, fragilidade política. Estas contra-

[1439] Ibidem, p. 196.

dições irão facilitar a tese autoritária de Schmitt, assim como a ascensão de Hitler e do Nazismo, visto que considera a Constituição como uma decisão política que conduz o Estado, o direito e a sociedade, mas deve estar submetida ao líder soberano. Procurava, dessa forma, decodificar o realismo político e desconstruir o formalismo do Direito, do Estado e da política em prol do autoritarismo, que culmina na ditadura. Acabou por ajudar na suspensão dos "direitos fundamentais" na Alemanha.

Defendeu democracia como o princípio de que os iguais devem ser tratados igualmente e desconsidera os desiguais, pois não tem homogeneidade. Acredita que a ideia de igualdade é apenas uma questão humanitária e não ajuda a organização política. Para Schmitt o "sufrágio universal" só pode ser exercido em uma sociedade de iguais e a democracia é um meio de legitimar o governo.

6.11.2 O guardião da Constituição

Quando o assunto é a Teoria da Constituição, um dos principais embates que se tem notícia foi aquele estabelecido entre dois pensadores que se destacaram durante a primeira metade do século XX, mais precisamente Carl Schmitt e Hans Kelsen, no debate sobre quem deveria ser o Guardião da Constituição. Kelsen defendia que fosse um Tribunal Constitucional, com um controle concentrado de constitucionalidade. Foi responsável por aperfeiçoar esse instituto e introduzi-lo na Constituição austríaca de 1920. Para Schmitt deveria se o Presidente do Reich (República), eleito por todo o povo[1440].

Vale ressaltar que Schmitt defendeu em sua obra "que o controle judicial de constitucionalidade só poderia existir em um Estado Judicialista, em que toda a vida política fosse submetida ao controle dos tribunais. A consequência disto não seria a judicialização da política, mas a politização da justiça"[1441]. Percebe-se que muito da resistência de Carl Schmitt ao controle judicial de constitucionalidade está ligado à sua concepção de Constituição.

Após descartar a possibilidade de a Constituição ter como guardião o Poder Judiciário, Schmitt avalia a possibilidade de tal controle ser exer-

[1440] Ibidem, p. 195.
[1441] Ibidem, p. 196.

cido pelo Parlamento. Sua base de análise é o Estado liberal, que considera dualista, dividido entre Governo e Legislativo, mas que concentra cada vez mais força no legislativo, tendo em vista que o Parlamento sobressaía-se em relação aos demais poderes políticos. Paradoxalmente, para Carl Schmitt, este Estado liberal legislativo é um Estado antipolítico, portanto as "violações da Constituição podem ser solucionadas por um poder político máximo, situado acima de todos os outros (que seria, no caso, o soberano do Estado), ou por um órgão que não é superior aos outros, mas tem a função de coordenar os poderes"[1442]. Sugere um poder neutro, que esteja no mesmo nível de todos os poderes constitucionais, embora possua atribuições especiais com a finalidade de garantir o funcionamento dos demais poderes e da própria Constituição. Este poder deve ser neutro para não fortalecer um dos poderes existentes. Acaba por defender que esse poder deve ser concedido ao presidente do Reich.

Carl Schmitt defendeu que, ao estabelecer o presidente do Reich como guardião da Constituição, garantia-se também o princípio democrático da Constituição de Weimar, tendo em vista que todo o povo alemão participava diretamente da eleição do presidente. "Deste modo, este era o centro de um sistema plebiscitário e capaz de fazer frente ao pluralismo dos grupos sociais e econômicos representados no Parlamento. Ou seja, segundo Schmitt, o presidente do Reich não garantiria apenas a Constituição, mas também a unidade do povo alemão como conjunto político. O presidente seria o protetor e o guardião da unidade da Constituição e da integridade da nação. (...) A posição de Carl Schmitt, ao reforçar o poder presidencial em detrimento do Parlamento, como atestam os últimos gabinetes de Weimar (Brüning, Papen e Schleicher), nomeados pelo presidente Hindenburg à revelia das maiorias parlamentares, ajudou a gerar a crise política final do regime democrático, que desembocaria no nazismo"[1443].

Percebe-se que o autor defende o caráter autoritário de Constituição, em consonância com sua preferência pela democracia plebiscitária. Essa "vontade geral", que inclusive associa democracia e ditadura, permitia amplos poderes ao presidente do Reich, que tinha inclusive a prerroga-

[1442] Ibidem, p. 197.
[1443] Ibidem, p. 198.

tiva de submeter a *referendum* lei aprovada pelo Parlamento. E o regime nazista, assim como muitos regimes autoritários, foi hábil em utilizar-se dos mecanismos do plebiscito[1444] e referendo para impor a todos medidas tremendamente atentatórias aos ideais do liberalismo.

O problema surge, segundo Pablo Lucas Verdú, quando os órgãos de controle de constitucionalidade não se limitam mais a defender e a interpretar, como instância máxima, a Constituição, mas passam a assenhorear-se dela, ou seja, deixam de atuar como guardiões da Constituição para atuarem como senhores dela[1445]. O plebiscito, conferido ao presidente do Reich (guardião da Constituição), será utilizado à exaustão para manter o caráter político defendido na Constituição do Reich, prescindindo da presença do parlamento. Com essa política plebiscitária é possível ao presidente conduzir a política independentemente dos partidos, estando aquele legitimado inclusive para determinar quem é amigo e quem é inimigo dentro do próprio Estado, pressuposto da democracia identitária e racista schmittiana.

6.11.3 Conclusões: Democracia como homogeneidade - uma das fundamentações do nazismo

No final da década de 1930, Schmitt se interessa pelo Direito Internacional e, portanto, adentra a geopolítica. Escreveu o *Nomos da Terra.* A partir daí passa a analisar a chamada "guerra justa" e discute a visão do Estado Clássico, substituindo-o pelo denominado "grande espaço" e a correlação entre terra e mar, trazendo a ideia de Forma-Estado, inclusa na Europa moderna e as suas consequências na ordem internacional que acabou engendrando. Pensa numa possível gestão supraestatal da ordem mundial, refletindo sobre a crise europeia daquela época. É uma visão trágica de processo histórico que se enquadra numa tendência contrarrevolucionária.

1444 O referendo, um dos mecanismos de democracia direta, foi utilizado por Adolf Hitler para conseguir o poder de Chanceler em 1933.

1445 Verdú, Pablo Lucas. Lugar de la Teoria de la Constitución em el marco del derecho político, *Revista de Estudios Políticos*, Instituto de Estudios Políticos, vol 188, mar/abr, 1973, p. 5-6.

Para defender posições autoritárias, engendrou o conceito de "democracia pura", calcada no "princípio da identidade", significando que só um povo que consiga identidade com os governantes pode reagir perante crises opostas a sua realidade e conseguir implementar uma democracia. Acaba por atacar a liberdade, que não considera como princípio político, pois entende que nenhum regime governamental se origina da liberdade.

Com essa posição, Schmitt apresenta alguns traços já presentes em Hobbes.

"A maneira pela qual Schmitt ressalta e interpreta a oposição entre burguês e cidadão, tal como é exercida nos escritos de Iena [de Hegel], é, na verdade, reveladora sobretudo de suas próprias orientações. Afinal, a figura do burguês, que, se quiser, condensa os traços constitutivos da ideologia liberal, é, em relação aos princípios enunciados em *Le concept du politique*, aquela do inimigo. Schmitt é assim levado a dar uma importância absoluta àquilo de que Hegel, em Iena, descobre justamente os limites: ao modelo puramente político da eticidade, encarnado pela bela totalidade grega. Aliás, é uma interpretação totalmente coerente; a depreciação da vida pseudo-ética do burguês está de acordo com a sua própria ética do político, da qual o jovem Hegel parece ser o porta-voz. Nessa perspectiva, a nulidade política do burguês se deve ao fato de ele não ter e não querer ter inimigo, e sim, no máximo, 'um concorrente no domínio dos negócios e, no que se refere ao espírito, um adversário num debate'"[1446].

Em relação à democracia, defende a plebiscitária em detrimento da representativa, como fica explícito no texto a seguir, com clara inspiração em Rousseau: "Uma realização integral do princípio identitário, implicando um 'mínimo de governo' corresponderia ao que se entende normalmente por democracia direta. Um ano antes da *Théorie de la Constitution*, por ocasião de uma análise político-jurídica tratando do plebiscito e do referendo de iniciativa popular, Schmitt se perguntou sobre 'os limites da democracia direta'. Além de seu objeto imediato, que é mostrar que a iniciativa popular (Volksbegehren) é incompatível com a decisão democrática, ao passo que o plebiscito (Volksentscheid) expressaria

[1446] KERVÉGAN, Jean-François, *Hegel, Carl Schmitt* – O político entre a especulação e a positividade, Barueri: Manole, 2006, p. 186.

a sua essência íntima, esta análise é, sobretudo, a oportunidade de uma reflexão sobre a ideia de povo. Os limites da democracia direta não são somente técnicos; pode-se, de fato, imaginar todos os tipos de paliativos ante a impossibilidade de, num grande Estado, convocar a *Ecclesia*, inclusive através do plebiscito. A dificuldade essencial da democracia direta se deve ao fato de que 'o imediatismo da democracia não se deixa organizar sem parar de ser imediata'. Em suas diversas variantes, a democracia direta se baseia num postulado: um povo disporia de uma identidade espontânea, de modo que se poderia evitar o governo, portanto, da distinção entre governantes e governados. Ora, mesmo quando o povo inteiro é o magistrado, o que deve ocorrer na democracia direta, a diferença de natureza entre um e outro não é abolida. Por mais intensa que seja a sua presença em si mesmo, por mais forte que seja a sua coesão, o povo não é, da mesma forma, imediatamente capaz de agir, de (se) governar. O *populus*, diz Carl Schmitt (sem citar Hegel), 'não sabe o que quer' sabe apenas querer, 'dizer sim ou não'. É por isso que ele necessita de um *magistratus*, a fim de se constituir, de ter acesso ao ser político, que em nenhum caso é espontâneo. Supondo que seja possível reuni-lo, o povo soberano será diferente da soma de indivíduos que o compõem, da mesma forma que a vontade geral não é a vontade de todos. Numa democracia, cada eleitor é considerado, como dizia Rousseau, capaz de opinar somente de acordo com ele mesmo; em direito, seu sufrágio não enuncia uma vontade particular, mas um sentimento quanto ao conteúdo da vontade geral. A democracia, ainda que tão direta quanto possível, experimenta, portanto, os limites da identidade imediata. A própria assembleia do povo (cuja forma contemporânea é, para Schmitt, o plebiscito) não é o povo, a não ser porque representa o povo objetivando-o, encenando-o e, ao mesmo tempo, instituindo-o em sua unidade. Esta, a partir de então, é essencialmente distinta de sua identidade primeira, natural"[1447].

Em síntese, com a chegada ao poder dos nazistas, põe-se em prática a teoria de Schmitt. Evidencia-se no fato de que "os direitos fundamentais foram qualificados como legado do liberalismo e do individualismo, os quais, na 'comunidade étnica' podiam, quando muito, aspirar a um lugar

[1447] Ibidem, p. 329-331.

subordinado. De resto, liberalismo, individualismo e, evidentemente, também o judaísmo, o pacifismo, o socialismo e a maçonaria eram tidos como os piores inimigos dos filósofos do direito nacional-socialistas. Foi também em nome deste anti-individualismo que também se atacaram os direitos subjetivos, sobretudo os públicos. Também a restrição da capacidade e da subjetividade jurídicas foi consequência desta concepção totalitária do direito; só os 'compatriotas' podiam ter capacidade jurídica, não os 'diferentes' como os judeus, ou os ciganos. Desta forma, era abandonado o princípio da igualdade, naturalmente desconsiderado como heresia enquanto 'liberal', refém da democracia 'igualitária' proveniente de Weimar. (...) Queria-se construir e ajudou-se a construir o 'Estado autoritário', o 'Estado total', ou seja, o 'Fuehrerstaat'. Neste Estado, não havia, na prática, separação de poderes, a qual também era, evidentemente, denunciada como uma construção tipicamente liberal, aniquiladora de toda a verdadeira estrutura de chefia. O 'führer' não só detinha o poder governativo máximo, mas também era o legislador e o juiz supremo; a filosofia do direito nacional-socialista declarava-o até guardião da Constituição (Hüter der Verfassung)"[1448].

Schmitt afirmava que o povo tinha que apresentar homogeneidade tanto em seus aspectos sociológicos como psicológicos, demonstrando ojeriza aos que não se identificassem com este princípio. Criticava a eleição secreta e optava pela aclamação popular. Homogeneidade teria sentido de tradição, língua, crenças religiosas, ética etc. Para ele o Estado tem a função de garantir esta concepção homogênea do povo. Com este raciocínio, defendeu a ditadura como representação da vontade popular em detrimento da concepção legislativa, numa crítica dura à República de Weimar. Como opositor da democracia liberal, como visto, trava intenso debate com Hans Kelsen a respeito de quem seria melhor para resguardar a Constituição, já que o "estado de exceção" deveria estar incrustrado em seu texto para que facilitasse o trabalho do líder governante em sua missão de defesa da pátria (nação). Neste caso seria correto a suspensão do Estado de Direito para defender os interesses do povo.

1448 Kaufmann, A. e Hassemer, W. *Introdução à filosofia do direito e à teoria do direito contemporâneas*, 2. ed. Lisboa: Fundação Calouste Gulbekian, 2015, p. 123-124.

Evidente que não tolerava pensamentos divergentes, motivo pelo qual atacou duramente, em seu livro *A tirania dos valores*, o pensador Ortega Y Gasset, autor da *Rebelião das massas*. É que nesta obra Ortega não só condena a homogeneidade que começava a tomar conta do continente europeu, como critica o "politicismo", uma forma de ver o mundo em que tudo é absorvido pela política, exatamente o oposto do que defendia Schmitt.

O pensamento de Schmitt tem forte componente da teologia católica, daí o raciocínio de que se o Papa é o outro da decisão soberana, logo o Führer deve ser o protetor do direito, entendido este como uma decisão independente das normas. Afirma na obra *Teologia política* que: "soberano é quem decide sobre o Estado de exceção"[1449]. Por óbvio que é uma análise do direito considerando o poder, pois o soberano atropela as normas e impõe uma decisão original.

Condena a burocracia, por ser a cumpridora da regra e esconde a "verdade" do direito. Acredita que a "exceção" instaura a ordem, pois não está limitando as normas jurídicas que se encontram dentro do poder. O eixo da questão jurídica é o poder e, portanto, o Estado acima do direito. É a soberania que decide sobre o direito e não é concretizada na Constituição, daí a tese que Hitler (o Führer) protege o direito, pois é o condutor do povo com o Estado e não o parlamento.

A decisão e a exceção são a base estrutural do pensamento de Schmitt.

6.11.4 Principais obras

Carl Schmitt foi um autor muito profícuo, com inúmeros textos produzidos em seus quase cem anos de vida. Entre tantas obras destacamos *Romantismo político* (1919), *Catolicismo romano e forma política* (1923), *A crise da democracia parlamentar* (1923), *Teologia política* (1922), *A situação histórico-espiritual do parlamentarismo atual* (1923), *O conceito do político* (1927/1932), *Teoria da Constituição* (1928), *A defesa da Constituição* (1929), *O guardião da Constituição* (1931), *Legalidade e legitimidade* (1932), *Teologia política II* (1969) e *Escritos de política mundial* (1975).

1449 Schmitt, Carl, *Teologia política*, Belo Horizonte: Del Rey, 2006, p. 9.

6.12 Hans Kelsen (1881-1973) – o "normativista" do direito

Checo, de família judaica, nasceu em Praga, quando essa região ainda pertencia ao reino Austro-Húngaro. Foi criado em Viena, formando-se em direito pela Faculdade de Viena, onde posteriormente foi Professor (1919 a 1929) e concomitantemente Juiz no Tribunal Constitucional (1921 a 1930). Passou por Colônia (1930 a 1933) e, devido à perseguição nazista, teve de buscar novos horizontes, indo lecionar no Instituto de Altos Estudos Internacionais de Genebra e posteriormente em Praga (1933 a 1940), na Faculdade de Direito da Universidade Alemã de Praga. Com o início da Segunda Guerra teve de exilar-se nos EUA, assumindo o cargo de Professor de Ciência Política na Universidade da Califórnia, em Berkeley[1450]. Tinha 60 anos e certa dificuldade com o inglês, mas continuou com profícua produção acadêmica. Foi aluno tanto de Jellinek como de Max Weber. Trabalhou com os líderes do partido socialdemocrata Otto Bauer, Karl Renner e Max Adler.

Em 1918, participou do projeto de Constituição encomendado pelo chanceler Karl Renner para a Áustria, momento em que aperfeiçoou a tese da necessidade do controle concentrado de constitucionalidade por um Tribunal Constitucional, sendo este tema inserido no texto constitucional, fato que influenciou inúmeras outras constituições posteriores. Na década de 1920 realizou pesquisas sobre filosofia do Direito e da Política e trocou informações com Freud sobre psicologia social, conciliando com sua participação no Tribunal Constitucional. Polemizou com Carl Schmitt sobre quem deveria ser guardião da Constituição, defendendo a concepção jurídica e não a política, por ser transitória. Foi derrotado, pois o Reich acabou ungido por esta missão dentro da concepção nazista de Schmitt.

Recebeu influência de estudiosos como Gerber, Laband, Jellinek e Rudolf Stammler, além de Kant, sendo inclusive considerado um neokantiano. Afinal, o jurista é o que conhece o direito, não havendo necessidade de ter formação específica, ou seja, não precisa ser juiz ou advogado.

As teses de Kelsen são amplamente exploradas pelos doutrinadores pátrios e estrangeiros, tendo contribuído enormemente para colocar a

1450 KELSEN, Hans, *Autobiografia de Hans* Kelsen. Trad Gabriel Nogueira Dias e José Ignácio Coelho Mendes Neto. Rio de Janeiro: Forense Universitária, 2011.

norma como tema central do direito. Com obras tão utilizadas no âmbito do direito e do Estado, que para ele se confundiam, desperta profundas paixões, tanto favoráveis como desfavoráveis à sua tese. Teve como árduos defensores Herbert Hart e Norberto Bobbio por, de certa forma, complementarem parte de suas teses, ainda tão utilizadas no universo jurídico.

Com ampla produção acadêmica sobre a Teoria do Estado e do Direito, quando chegou aos EUA passou a se manifestar sobre Direito Internacional e participou da organização do Tribunal de Nuremberg. Na Teoria do Direito buscou desenvolver a ciência do Direito e a Teoria Geral do Direito com o objetivo de descrever o sistema jurídico de maneira lógica-formal, de forma que pudesse ser utilizado em todos os direitos positivos. Sua busca era por um sistema que não sucumbisse aos déspotas de plantão. Eis o motivo de estabelecer métodos para a ciência do direito independentes de ideologia e da metafisica, defendendo uma "teoria pura do direito".

6.12.1 O positivismo jurídico e a *Teoria pura do direito*

Kelsen rejeita a teoria do Direito Natural e considera que o positivismo jurídico não deve, por intermédio da ciência, resolver problemas morais ou políticos, mas descrever o direito em vigor sem lançar juízos de valor. A ciência do direito deve ser uma "ciência normativa", embasada em normas que fundamentam o direito positivo. Propõe clara distinção entre o significado objetivo e subjetivo da norma, tendo clara predileção por aquele. Defende que o direito subjetivo existe apenas a título derivado, ou seja, somente quando o direito objetivo assim o permite. Explica que as normas jurídicas estabelecem um dever, mas, em alguns casos, pode trazer uma autorização. Somente neste caso que se aplica o direito subjetivo, quando a norma, pela *facultas agendi*, autoriza o indivíduo a fazer uma escolha. Para Kelsen "o direito é a norma básica que estipula a sanção, e essa norma não é contestada pelo delito do sujeito que, ao contrário, constitui a condição específica da sanção"[1451].

Afirma que "as normas jurídicas podem ter qualquer tipo de conteúdo. Não existe nenhum tipo de comportamento humano que, devido a

[1451] MORRISON. Wayne, *Filosofia do Direito- dos gregos ao pós-modernismo*, cit., p. 385.

sua natureza, não se pudesse transformar um dever legal correspondente a um direito legal"[1452].

Adotou, portanto, a epistemologia pragmática neokantiana, pois nunca alcançaremos uma realidade absoluta e "verdadeira". Adota uma postura formalista. "De acordo com o conteúdo de uma declaração do direito, um ato coercivo deve ser imposto sob condições específicas, e apenas sob essas condições; todavia, num caso concreto em que o ato coercivo, por exemplo a punição, tenha sido imposto, pode ser duvidoso saber se a condição prevista na declaração de direito, por exemplo o crime, esteve de fato presente, ou se uma pessoa inocente não terá sido injustamente condenada pelo Estado. A ordem jurídica provê uma série de verificações dos julgamentos por tribunais superiores, mas, compreensivelmente, impõe um limite a tal série. O julgamento final termina em validade jurídica e não pode mais ser alterado. Na verdade, portanto, não se deveria considerar que a declaração do direito tenha força legal: se uma pessoa rouba, assassina etc., deve ser punida – pois como se vai determinar a verdade absoluta sobre o fato de alguém ter feito alguma coisa? Deveria ser assim: se, à luz de um procedimento específico, presume-se em última instância que alguém tenha roubado, assassinado etc., tal pessoa deve então ser punida. E, no que diz respeito a essa declaração, não se verifica nenhum erro judicial, nenhuma ilegalidade por parte do Estado"[1453].

Kelsen, em sua obra, acaba por rejeitar uma justificação do Estado pelo direito. Para ele "a Teoria Pura do direito não implica a impossibilidade de qualquer justificação desse tipo. Apenas nega que a ciência jurídica possa desempenhar tal função. Na verdade, nega que a tarefa da ciência jurídica consista em justificar o que quer que seja. A justificação implica um juízo de valor, e o juízo de valor é questão da ética e da política, mas não do conhecimento puro; a ciência jurídica se dedica a servir a esse conhecimento"[1454].

Em relação às formas de governo, acredita numa formação dualista em que a autonomia representa a democracia, e a heteronomia com a auto-

[1452] Ibidem, p. 393.
[1453] Ibidem, p. 389-390.
[1454] Ibidem, p. 391.

cracia, que se misturam em cada regime. Critica, portanto, a democracia representativa, que não passa de ficção, porque as pessoas são objetos de normas que não escolheram, apesar de se aproximar da concepção ideal de democracia. Nota-se que Kelsen é defensor do "positivismo jurídico", princípio defendido em sua obra "Teoria Pura do Direito", desvinculada da concepção ética. Criticou a Burocracia, ao defender que o Estado Moderno deve ter caráter jurídico. Com isso buscava reconhecer a liberdade essencial do homem e despojar o direito dos perigos de governos aventureiros e autoritários.

Com sua "Teoria pura" buscava conservar a Ciência do Direito livre de elementos estranhos ao método específico, cujo único objetivo é a cognição do Direito, o estudo de dado ordenamento positivo, e não a sua formação.

6.12.2 Estado e Constituição

O conceito de Estado baseia-se num conceito jurídico, pois não é uma realidade natural. Com isso acaba por defender a identidade entre o direito e o Estado. Propõe que as pessoas formam um grupo nacional porque são regidas por uma ordem normativa que organiza suas "condutas mútuas". Neste contexto aborda a questão da validade constitucional e que engendra a concepção da "norma fundamental", alvo de polêmicas nas discussões sobre o direito. Utiliza a hipótese de norma fundamental para aclarar a realidade de um direito e do seu objeto. Aclara a análise, afirmando que a norma fundamental é pressuposta pelo pensamento jurídico. Ou seja, sua base para o estudo do ordenamento jurídico é o direito posto (positivo), despreocupando-se com qualquer forma transcendental do direito, como é o direito natural. Até por isso, pela elaboração de um sistema lógico-formal que não leva em consideração o conteúdo da norma, não aceita nenhuma outra interferência, seja política, moral, histórica, econômica ou filosófica. Eis aí sua "teoria pura". Acaba por ser criticado exatamente nesse ponto, ou seja, para vários autores a norma fundamental acaba por ter caráter "transcendental".

Sobre a Constituição, considera que "a norma que representa a razão da validade de outra norma é chamada de norma 'superior'. Porém, a busca da razão da validade de uma norma não pode prosseguir indefinidamente. Deve terminar em uma norma cuja existência (...) se presume.

Deve ser presumida porque não pode ser 'postulada', isto é: criada por uma autoridade cuja competência teria de basear-se em uma norma mais superior ainda (...). Essa norma que se pressupõe mais elevada é (...) a norma básica. Todas as normas cuja validade pode remontar a uma e à mesma norma básica constituem um sistema de normas, uma ordem normativa. A norma básica é a origem comum da validade de todas as normas que pertencem à mesma ordem – é a razão da validade delas"[1455].

Com sua teoria, afirma existir uma Constituição que é historicamente a primeira, e que foi "formulada por um usurpador individual ou por algum tipo de assembleia. A validade dessa primeira Constituição é o último pressuposto, o derradeiro postulado do qual depende a validade de todas as normas de nossa ordem jurídica. Nela se determina que devemos nos comportar conforme determinou/determinaram aquele/s que a formulou/formularam"[1456]. Eis o "conteúdo" da norma fundamental: todos devem seguir o que a Constituição estabelecer. É nesse ponto que os nazistas vão se utilizar da teoria kelseniana, valendo apontar que ele se opôs a essa utilização.

Para Kelsen, "o evento que interpretamos como criador de uma lei está em conformidade com uma norma ainda mais elevada, a Constituição, porque essas pessoas foram dotadas, pela Constituição, do poder de criar leis. Essa 'Constituição' nada mais é, por sua vez, do que um evento factual *prima facie* cujo significado normativo só pode ser encontrado se recorrermos à Constituição anterior, de acordo com as regras com as quais foi criada. Esse recurso deve, em última análise, terminar na Constituição original, que não mais se pode derivar de uma Constituição mais anterior ainda. O jurista positivista, que não pode ir além dos fatos fundamentais, pressupõe que esse fato histórico original tem o significado de 'Constituição', que a decisão de uma assembleia de homens ou a ordem de um usurpador tem o significado normativo de uma lei fundamental. Somente ao fazer tal pressuposto pode ele demonstrar o significado normativo de todos os outros atos que entende como atos legais simplesmente porque, em última análise, ele os faz remontar à Constituição original. A norma básica hipotética que estabelece o legislador original expressa esse pres-

1455 Ibidem, p. 399.
1456 Ibidem, p. 399.

suposto; formula-o conscientemente, nada mais. Isso significa que o positivismo jurídico não vai além dessa Constituição original para produzir uma justificação material e absoluta da ordem jurídica"[1457].

Em seus textos procurou criticar as posições de Marx e Engels sobre as questões entre Direito e Estado. Acreditava que não há direito algum em que prevaleça o princípio de verdadeira igualdade, pois uma sociedade de justiça perfeita, sem Estado e sem direito é uma profecia utópica. Considera o socialismo científico uma ideologia[1458].

6.12.3 Conclusões: Uma comparação entre Hans Kelsen e Carl Schmitt

Vale começar este item apontando que a teoria jurídica de Carl Schmitt está intimamente ligada à sua teoria política, como visto anteriormente. Com base na tese de que a Constituição é emanada de um poder constituinte, defende a supremacia da parte política em relação à jurídica, estabelecendo a diferença entre o que chama de Constituição e leis constitucionais, aquela correspondendo a uma decisão política fundamental, que pode entender-se como a escolha do presidente do Reich pelo povo.

A partir de uma perspectiva homogênea, vai contra o pluralismo que se evidencia nos partidos, além de não entender que a democracia tenha relação direta com o parlamento.

Kelsen, por sua vez, com foco na ciência, defende que o ordenamento jurídico se pauta num escalonamento de normas, estando a Constituição em seu ápice. Todas as outras normas a ela se submetem, a partir de um sistema lógico formal que estabelece uma hierarquia normativa. Ao defender o normativismo, para o qual tudo é calculável e previsível, Kelsen estabelece um sistema jurídico na acepção do termo. Defende, portanto, a constituição em seu aspecto jurídico em oposição a Schmitt, que a defende no seu aspecto político.

Para Schmitt o tema fundamental é a "decisão". E a partir dessa percepção passa a atacar o Estado liberal e seus fundamentos. "É a decisão um elemento novo, que não deriva de norma alguma. Serve para fornecer

[1457] Ibidem, p. 400-401.
[1458] Ibidem, p. 401.

o conceito de Constituição, que é a decisão conjunta de um povo sobre o modo de sua existência política"[1459].

Criticou o positivismo jurídico presente nas posições de Kelsen que contestava o DNA do Direito para o político. Em oposição, defendia o chamado "decisionismo", que como supra apontado, baseia-se em que a norma é algo criado de forma imotivada. Alerta sobre as posições conflituosas que a área jurídica supõe e oculta e descamba na dicotomia amigo--inimigo. A tentativa do direito, para ele, é realizar uma ponderação administrativa dos ódios que se deve considerar em situações radicais, tais como: rebeliões, revoluções, ditaduras, guerras etc. e que acabam tendo alguma fundamentação. Dentro desta perspectiva, critica o liberalismo, o parlamentarismo e a democracia, que por sua contestação do político acaba colaborando para a sua própria destruição.

A sua posição em relação ao direito é discordante do juspositivismo. É diferente de Kelsen, que considera a ligação do direito e do Estado, pois se confundem. Schmitt despreza o liberalismo do século XX e as suas ideias fundamentaram as bases da violência nazista, com Hitler, que teria uma função superior para os alemães.

Quando Schmitt escreve *O guardião da Constituição*, em 1931, Kelsen, na época professor da Universidade de Colônia, responde com um artigo cujo título já é uma provocação e dá a tônica do seu texto: *Quem deve ser o guardião da Constituição?* Nesse texto defende o controle concentrado de constitucionalidade como ramo da ciência jurídica, cujo órgão executor deve ser uma corte constitucional. Kelsen entende que deve ocorrer a separação entre o direito e a política. Em muitas passagens implícitas de sua obra, utiliza dessa distinção para desqualificar a obra de Schmitt, sobretudo classificando-a como política do direito, não como ciência.

Kelsen, a partir das mudanças políticas do início do século XX, busca instrumentalizar um sistema jurídico que seja garantidor de direitos e que não possa ser solapado pelos movimentos políticos daquela época. Além da teoria normativista, também defende, em oposição, nesse caso, a Carl Schmitt, a existência de um órgão específico que fique responsável pela guarda da Constituição. Essa posição prevaleceu como referência

[1459] BARACHO, José Alfredo de Oliveira. Teoria da Constituição. *R. Inf. Legis.* a. 15, n. 58, abr/jun, 1978, p. 29.

para a criação e operacionalização dos Tribunais Constitucionais atuais. Kelsen, portanto, defendia o controle concentrado da Constituição, atribuindo a um único Tribunal tal tarefa.

6.12.4 Principais obras

Hans Kelsen produziu centenas de textos em seus mais de noventa anos de vida. Destacamos *Teoria pura do direito, Teoria comunista do direito e do estado, Teoria geral do direito e do estado* e *Teoria geral das normas.*

6.13 Karl R. Popper (1902-1994) – a condenação aos totalitarismos

Popper nasceu em Viena, à época do Império austro-húngaro, de família judaica convertida ao protestantismo. O pai era advogado e intelectual, com uma ampla biblioteca, sendo admirador de Darwin e Schopenhauer. A crise alemã empobreceu a sua família. Ingressou na universidade em 1918 para estudar Física e Filosofia e aprofundou os seus estudos em Metodologia das Ciências e da História do Pensamento Político.

Foi para a Nova Zelândia (1937) durante o domínio nazista, onde escreveu *A sociedade aberta e seus inimigos*, obra em que condena as ditaduras ou os Estados totalitários, a exemplo do fascismo, nazismo e comunismo, sendo publicada em Londres, no ano de 1945. Lecionou no "London School of Economics" (1946) e na Universidade de Oxford. Convivendo com Einstein, Popper interessou-se pela física, tendo também se aproximado dos intelectuais dos "Círculos de Viena"[1460].

Em sua opinião, Marx e Freud não eram cientistas, mas moralistas ou críticos sociais. Considerava a liberdade mais valiosa que a igualdade, pois se a liberdade fosse perdida, a igualdade não poderia ser mantida entre os que não fossem livres. A democracia seria a base para o conhecimento e a liberdade.

[1460] O Círculo de Viena foi um movimento intelectual formado por pensadores de diversas áreas. Visavam libertar a ciência de valores e critérios que não pudessem ser comprovados pela experiência. Em suma, a partir do conhecimento de várias áreas, pretendia-se eliminar a metafísica da estrutura do pensamento racional, uma vez que o conhecimento prescindiria da experiência. São nomes importantes desse grupo, Moritz Schilick, Otto Neurath, Rudolf Carnap e Hans Hahn.

6.13.1 Pensamento

Definia a sociedade aberta como aquela em que os cidadãos têm plena liberdade de pensamento, de expressão, de decisões, sem repressão ou censura. Já na sociedade fechada, ligada à economia de mercado, o Estado controla as pessoas, limita as liberdades essenciais, censura a liberdade de pensamento e expressão, proíbe viagens ao estrangeiro e as decisões livres, em nome da "linha correta ou justa", ditada pelo poder político. Era o caso de Atenas e Esparta (séc. V a.C.) na antiguidade.

As ideias devem ser debatidas de maneira civilizada, e os adversários não podem ser considerados inimigos, visto que deve haver tolerância e diálogo. Mas a sociedade aberta tem angariado diversos inimigos em seu processo evolutivo.

Para Popper, os inimigos da sociedade aberta são Platão, Hegel e Marx, pois, apesar "de serem grandes nomes, cometeram grandes erros". Esses três filósofos propuseram, em sua visão, a eliminação das liberdades individuais para implantar uma sociedade justa ou "uma nação superior às outras ou uma classe redentora da humanidade".

As liberdades individuais ficaram submetidas à nação, à raça, à classe social, ao Estado ou ao partido político, transformando o homem numa "pequena peça" de uma "grande engrenagem".

Popper desanca a "predeterminação" da história que evolui segundo as leis naturais impostas ao homem, o que permitiria, a quem conhece essas leis, prever o que vai acontecer no futuro, até a sua conclusão final, ou seja, o fim da história. Considera esse pensamento "determinismo histórico" e critica Hegel, Marx e a sua dialética. "Acredita que o futuro não está escrito em parte alguma" e não tem nenhum fundamento científico a análise de falsos profetas que vivem anunciando "ideias ou utopias" como previsões infalíveis e verdadeiras.

Segundo o pensador, *a democracia* é um instrumento político (regime político) que possibilita a manutenção de sociedade aberta, baseia-se no voto popular, sendo um conceito jurídico-político. Outro grande inimigo das democracias é a corrupção generalizada, que leva a crises e à derrocada do sistema (a sociedade aberta e democrática).

6.13.2 Conclusões

Em suma, Popper observava que "a tarefa de construir sociedades abertas, que objetivem a razoabilidade, a igualdade, a liberdade e o humanismo está ainda hoje na sua infância". O filósofo tinha posições reformistas com intuito progressista: "As nações devem enfrentar os problemas existentes e fazer da sua resolução a primeira prioridade". Propunha, em vez de "produzir modelos ideais, eliminar males evitáveis", ou "minimizar o sofrimento evitável".

O Estado não deve prometer a felicidade para o povo, deve melhorar as condições de vida dos excluídos, na saúde, educação, segurança social e habitação. Há "os que nada querem mudar, mantendo as coisas como estão, e os que tudo querem modificar, não deixando pedra sobre pedra; há uma atitude muito mais útil e patriótica – que é a daqueles que querem trabalhar na melhoria do que puder ser melhorado, peça por peça, setor por setor, problema por problema. Não se pode aceitar passivamente o mundo tal como ele está, mas também não se deve sonhar fantasiosamente com um mundo utópico que nunca existirá; a única atitude digna do homem é contribuir, dia após dia, para manter o que está bem, lutar contra o que está mal, e introduzir em cada momento as melhorias que forem necessárias e possíveis"[1461].

6.13.3 Principais obras

Destacam-se *A sociedade aberta e seus inimigos*; *A miséria do historicismo*; *Unded quest: an intelectual autobiography* (*Autobiografia intelectual*); *A lógica da pesquisa científica*; *Conjecturas e refutações*; *Conhecimento objetivo: uma abordagem evolucionária.*

6.14 John Rawls (1921-2002)[1462] – a questão da equidade: uma dicotomia – o "Rousseau contemporâneo"

Puritano, John Rawls nasceu em Baltimore (EUA). Era gago. A mãe era militante feminista. Estudou filosofia na universidade de Prince-

1461 Amaral, Diogo Freitas do. *História do pensamento político ocidental*, cit., p. 544.

1462 Os seus textos são muito utilizados e estudados nas faculdades de Direito brasileiras, formando uma forte corrente de advogados, estudantes, professores e juristas que defendem os seus princípios.

ton. Combateu na Segunda Guerra Mundial, servindo nas Filipinas e na Guiné. Participou da ocupação do Japão. Lecionou em Princeton, Cornell, Harvard. Realizou pesquisa em Oxford (1952-53), onde elaborou ideias sobre princípios morais. Editou o jornal *Philosophical Review*. Opunha-se à Guerra do Vietnã. Estudou Kant, Mill, Wittegenstein, Locke, Rousseau e Adam Smith, entre outros autores.

John Rawls é um dos destaques da filosofia política da segunda metade do século XX, ganhando reconhecimento após apresentar, na obra *A theory of justice*, de 1971, o que já aparecia antes em textos esparsos, ou seja, a teoria da justiça como equidade. Outro importante texto do autor data de 1999, *The law of people*.

Filósofo da política e da moral norte-americana, tentou propor uma *sociedade democrática justa*. Ligado à tradição contratualista de Locke, Rousseau e Kant, defendia o princípio justo para uma boa sociedade. Para Rawls, os cidadãos encontram-se numa "posição original" sob um "véu de ignorância", ou seja, os cidadãos e seus representantes (parlamentares) conhecem as suas condições sociais e econômicas e o consenso dificilmente é conseguido para que determinada classe ou categoria abdiquem dos seus direitos e privilégios. Em suma, não conhecem posição social, aptidões, riqueza, religião e as noções de valor e de bem[1463].

Uma das bases de sua principal teoria foi fornecer orientação filosófica e moral para as instituições democráticas, além de defender que todo sistema econômico está embasado em uma ideia de justiça. Em sua palavras, o estudo da "economia política tem de incluir uma concepção do bem público que seja baseada numa concepção da justiça"[1464]. Entende que a distribuição natural, como aptidões, força, riqueza etc. não é justa nem injusta, e sim a maneira como as instituições tratam essas diferenças que assim será considerada.

Nesse contexto, os cidadãos poderiam chegar a um "contrato social" em que haveria "justiça com equidade". Haveria liberdades básicas para todos (política, de reunião, de pensamento etc.). Considerava que as desigualdades devem ser divididas por todos, de forma a beneficiarem a coletividade e que todos consigam acesso a funções e posições de forma

[1463] Ibidem, p. 544.

[1464] Rawls, John. *Uma teoria da justiça*. Lisboa: Presença, 1993, p. 210.

igualitária, ou seja, a riqueza deve ser dividida de tal maneira que as pessoas em situação calamitosa fiquem bem.

Parte o autor de uma visão considerada neocontratualista, com forte influência de Rousseau, sendo sua teoria marcada pela ideia de uma igualdade natural entre os seres humanos, na qual todos têm a possibilidade de optar, em condições igualitárias, por direitos e deveres. Rawls preocupa-se muito mais com aquilo que é relativo ao chamado interesse comum a todas as partes do que com os interesses de cada parte em particular. A partir de um "pacto", o que se discute é a justiça das instituições estabelecidas, sendo estas consideradas justas mesmo que um conjunto de suas regras não seja condizente com a justiça. Vale ressaltar que o pacto social aparece como um ritual para a formação das instituições, não trazendo a percepção naturalista de Rousseau, e sim um plano mais abstrato que as teorias Contratualistas clássicas.

Aliás, Rawls utiliza o termo equidade de maneira diversa de Aristóteles. Para este seria a justiça no caso concreto, uma correção da lei, já para aquele a indicação da justiça como equidade "transmite a ideia de que o acordo sobre os princípios da justiça só pode ser alcançado a partir de uma situação inicial que seja equitativa"[1465]. A equidade tem morada no igualitarismo da posição original da qual todos partem quando da elaboração do pacto.

Traz dois princípios como base para a organização da sociedade: o princípio da igualdade aliado ao da diferença. Para o autor, as pessoas só abdicarão de seus direitos anteriores caso recebam em troca benefícios maiores do que aqueles que teriam caso não ocorresse a adesão[1466]. Rawls afirma que as pessoas podem escolher serem governadas "por dois princípios de justiça: o primeiro garante liberdades individuais (de expressão, de associação e de culto, entre outras); o segundo assegura que as desigualdades sociais e econômicas são distribuídas de modo a proporcionar o maior benefício possível aos menos favorecidos da sociedade, embora mantendo uma equitativa igualdade de oportunidades"[1467].

[1465] Ibidem, p. 34.

[1466] Bittar, C. B. Eduardo; Almeida, Guilherme Assis de. *Curso de filosofia do direito*. 7. ed. São Paulo: Atlas, 2009, p. 433.

[1467] Rawls, Jonh. *Uma teoria da justiça*, cit., p. 51.

A concepção de justiça origina-se de um consenso original, pautado na ignorância, em que ninguém conhece as condições particulares, ou seja, qual o lugar que ocupa na sociedade, o respectivo *status* social, habilidades naturais etc. É com base nessa ignorância que escolhem e estabelecem os princípios de justiça que serão fundamentais para a estrutura básica da sociedade, sendo resultado do consenso entre eles. Posteriormente é que os que estabeleceram o pacto passam a deliberar sobre as diretrizes que querem para sua sociedade, o que se dá por intermédio da votação de uma Constituição e em seguida o foco passa a ser o bem-estar da sociedade, buscando certa justiça social. A concepção da justiça como equidade, com foco nas instituições, traz a percepção pública da justiça específica de uma sociedade muito bem organizada, que surge a partir de uma igualdade inicial.

Com a obtenção do pacto original (teoria contratualista) e a escolha dos princípios, "as partes contratantes se vinculam a ponto de escolherem uma Constituição. A Constituição institui um governo de legalidade, no qual a ordem se estabelece na base da igualdade e da publicidade. É o dever natural de Justiça que propulsiona, diz Rawls, o cidadão à obediência da Constituição e das leis"[1468]. Saliente-se que a igualdade aqui referida está afeita à ideia de igualdade de oportunidades.

Para ele, a sociedade justa deve ser liberal, democrática e com uma distribuição das riquezas, para beneficiar os menos favorecidos. As pessoas devem ter possibilidades iguais de sucesso, sem nenhuma restrição às classes que tiveram origem simples e sejam consideradas marginais ou excluídas.

Rawls entende que devem estar na base da organização da sociedade os seguintes princípios:

- *Princípio da liberdade* – "toda pessoa tem um direito igual ao conjunto mais extenso de liberdades fundamentais".
- *Princípio da diferença* – os menos favorecidos devem ter o máximo de benefícios possível. Por defender essa posição, recebeu duras críticas, sendo acusado de transformar a pessoa como fundamento de

1468 Bittar, C. B. Eduardo; Almeida, Guilherme Assis de, *Curso de filosofia do direito*, cit., p. 436

sociedade, quando ocorre o contrário, uma vez que as comunidades é que são a célula base da sociedade. A sua tese, também, foi considerada antiliberal, porque acreditava que a sociedade justa é aquela na qual os pobres devem estar melhor do que estavam em qualquer outra condição.

Percebe-se aqui o utilitarismo negativo, pois não deseja a felicidade da maioria, mas a supressão máxima do sofrimento de uma grande quantidade de pessoas, por ser princípio universal.

- *Principío de tolerância* – em caso de dúvida, prevalece a posição que defenda maior grau de tolerância.

Rawls busca fundamentos em normas universais, a partir de sujeitos morais fictícios, situados numa situação originária também fictícia e que chegam a um acordo sobre regras jurídicas fundamentais. É o Estado de direito-liberal com base no consenso de todos, concepção utópica de se conseguir.

Defende, em alguns casos, a "insubordinação civil", ou seja, o "direito de resistência" do cidadão. Em outros termos:

A racionalidade proposta por Rawls parece amoral, pois defende a otimização dos meios para a melhor possível realização de objetivos de vida arbitrários, ainda por estabelecer. Temos que a "*ponderação de diferentes liberdades fundamentais, a que a construção teórica de Rawls não consegue escapar e para a qual ela não indica quaisquer meta-regras, remete-nos, quanto ao método, para a seção anterior. O próprio Rawls reconhece a falta de rigor do seu conceito de justiça ao ter, em geral ou a respeito de um problema específico, como possíveis diversas soluções. Parece-me, até, que ele relativiza, de fato, o princípio da igual liberdade, ao recorrer a condições de difícil definição quando diz 'As mesmas liberdades para todos só podem ser negadas quando isso seja necessário à mudança do nível civilizacional, de modo que num período de tempo previsível, cada um usufrua dessas liberdades'. Assim, nem sequer é certo que esta teoria confira ao conceito de justiça conteúdo suficiente, de forma a que a prevalência da liberdade dos que vivem agora seja assegurada de modo consequente face às expectativas da humanidade – quanto ao futuro domínio da repartição justa de bens econômicos*"[1469].

[1469] KAUFMANN, W.; e HASSEMER A. *Introdução à filosofia do direito e à teoria do direito contemporâneas*, cit., p. 258.

Para o filósofo, "a liberdade só pode ser prestigiada em nome da igualdade". O acordo de Rawls é hipotético e pretende fazer uma distribuição equitativa para minimizar a desigualdade. Ele pretende que a Justiça Política abrace os direitos e deveres estruturais da Justiça Social e da Justiça Distributiva[1470] (distribuição de bens econômicos, sociais e culturais). Deve haver uma "regulação" de cooperação individual para todas as democracias. Rawls considera como "evidente o fato de o poder político ser coercivo"[1471], e tenta conciliar a liberdade e coerção, pois "o poder político é, em definitivo, o poder público, ou seja, o poder dos cidadãos livres e iguais constituídos em corpo coletivo".

Em síntese, a sua obra principal, *Uma teoria da justiça*, proclama:

- *A posição original* – para evitar preconceitos, concebe uma hipótese em que todos os fatos são ocultados por um "véu de ignorância". Desconhecemos tudo (sexo, família, onde vivemos, emprego etc.). Essa posição elimina todos os elementos que nos distinguem e nos leva a uma experiência mental racional e imparcial. Dessa forma, haverá uma ordenação da sociedade para uma "justiça com equidade".
- *Princípio da liberdade* – "todos devem ter igual direito ao mais extenso sistema total de liberdades essenciais iguais com um sistema semelhante de liberdade para todos". Em caso contrário poderia haver discriminação. A lei é necessária para garantir as diversas liberdades.
- *Igualdade de oportunidade* – vale-se de dois princípios: "de justa igualdade e o princípio da diferença". Deve haver igualdade de oportunidades. Já o princípio da diferença defende que qualquer desigualdade econômica ou social só devem ser toleradas se trouxerem maiores benefícios aos mais desfavorecidos da sociedade. É maximizar o mínimo ou "Maximin". É necessário, portanto, distribuição das riquezas.

[1470] Rawls está no artigo 3ª da Constituição Federal de 1988: "a erradicação da pobreza, a redução de desigualdades sociais, bem como a promoção do bem-estar de todos".
[1471] PRADEAU, Jean F., *História da filosofia*, cit., p. 610.

6.14.1 A questão da pobreza

Dentre as variadas contingências que determinam variações na conversão da renda nos tipos de vida que as pessoas podem levar, destacam-se quatro importantes fontes de variação:

"(1) *Heterogeneidades pessoais*: as pessoas têm características físicas díspares em relação à idade, gênero, deficiência, propensão à doença etc., tornando suas necessidades extremamente diversas". Vide o exemplo de uma pessoa incapacitada fisicamente que, sem ter plena garantia de que conseguirá exercer direitos elementares em sua plenitude, como o de ir e vir, necessita de um aparato altamente dispendioso[1472].

"(2) *Diversidades no ambiente físico*: quão longe determinada renda pode chegar, dependerá também das condições ambientais, incluindo condições climáticas, como faixas de temperatura ou incidência de inundações". Isso significa que as variações ambientais, decorrentes da poluição ou do próprio esgotamento da natureza, impõem ao indivíduo um cenário em que lhe caberá "converter receitas e recursos pessoais em funcionamentos e qualidade de vida"[1473].

"(3) *Variações no clima social*: a conversão de recursos pessoais em funcionamentos é influenciada também pelas condições sociais, incluindo a saúde pública e as condições epidemiológicas, a estrutura do ensino público e a prevalência ou ausência de crime e violência nas localidades." Nesse contexto, lembre-se de que a natureza das relações comunitárias também pode ser muito importante, assim como a literatura mais recente sobre o "capital social" tende a enfatizar[1474].

"(4) *Diferenças de perspectivas relacionais*: os padrões estabelecidos de comportamento em uma comunidade também podem variar substancialmente a necessidade de renda para realizar os mesmos funcionamentos elementares." Exemplo disso são os padrões de vestuário impostos, digamos, por uma classe social mais alta quando a ocasião assim o determina (como Adam Smith observou há mais de dois séculos em *A riqueza das nações*)[1475].

1472 SEN, Amartya. *A ideia de justiça*. São Paulo: Companhia das Letras, 2011, p. 289.
1473 Ibidem, p. 289.
1474 Ibidem, p. 289- 290.
1475 Ibidem, p. 290.

Como se evidencia a distância entre as capacidades e os recursos, "é difícil não ser cético em relação ao princípio da diferença proposto por John Rawls, que se concentra inteiramente nos bens primários para julgar as questões distributivas segundo seus 'princípios de justiça' para a base institucional da sociedade"[1476].

Acredita-se que "a exaltada posição" que Rawls concede à métrica dos bens primários tende a subtrair importância do fato de que pessoas diferentes, por "suas próprias características pessoais ou pela influência do ambiente físico e social, ou pela privação relativa (quando as vantagens absolutas de uma pessoa dependem de sua posição relativa), podem ter oportunidades muito diversas para converter recursos gerais (como renda e riqueza) em capacidades – o que podem realmente fazer ou não". Quando variam as oportunidades de conversão, não se trata apenas do que "pode ser visto como 'necessidades especiais', mas refletem variações generalizadas – grandes, pequenas e médias – na condição humana e nas circunstâncias sociais relevantes"[1477].

Esse cenário revela "a profunda preocupação de Rawls com a desvantagem, mas a forma como ele lida com esse problema generalizado tem um alcance bastante limitado. Em primeiro lugar, essas correções só ocorrem, caso ocorram, depois de a estrutura institucional básica ser estabelecida através dos 'princípios de justiça' rawlsianos: a natureza dessas instituições básicas não é de forma alguma influenciada por essas 'necessidades especiais' (bens primários como renda e riqueza dominam de forma suprema o estabelecimento da base institucional que lida com as questões distributivas através do papel do princípio da diferença)"[1478].

Talvez Rawls estivesse preocupado com a "equidade distributiva das liberdades substantivas e capacidades". Ocorre que "ao fundamentar seus princípios de justiça na perspectiva informacional dos bens primários, contida no princípio da diferença, ele deixa a determinação das 'instituições justas' para a justiça distributiva e para a orientação institucional básica exclusivamente sobre os ombros delgados dos bens primários", o que não justifica a sua "preocupação subjacente com as capacidades um

1476 Ibidem, p. 294-295.

1477 Ibidem, p. 295.

1478 Ibidem, p. 295-296.

espaço suficiente para que elas influenciem a fase institucional pela qual seus princípios de justiça estão diretamente interessados"[1479].

Vale considerar, enfim, que "Rawls se concentrou nas instituições como objeto de seus princípios da justiça". Mas seu foco na escolha institucional não reflete sua falta de interesse pelas realizações sociais. No que se refere ao conceito da "justiça como equidade", Rawls parte das "realizações sociais como determinadas por uma combinação entre instituições justas e conduta de plena conformidade por parte de todos, para efetuar uma passagem previsível das instituições para os estados de coisas"[1480].

Mesmo apontando que a sociedade deve dar mais atenção para aqueles oriundos de posições sociais menos favorecidas, a teoria da justiça de Rawls não combate a desigualdade, apenas a vincula à exigência de que todos devem continuamente ter melhores condições de vida. Não importa que haja absurda concentração de renda, desde que o pobre fique cada vez menos pobre. Traz a ideia de uma teoria evolutiva do capitalismo e da democracia, embasada principalmente na perspectiva, falsa, de que dentro do capitalismo há igualdade de oportunidades. Seguindo o filósofo "A todos é assegurada uma liberdade igual para prosseguir o plano de vida que entender, desde que não viole as exigências de justiça. A partilha dos bens primários entre os sujeitos é feita com base no princípio de que alguns podem obter uma maior quantidade se os adquirem por formas que melhorem a situação dos que têm menos"[1481].

6.14.2 Críticas à teoria de Rawls

São várias as críticas à teoria da justiça de Jonh Rawls. Ela vem tanto dos libertarianos, como Nozick, dos igualitaristas, como Dworkin, e também dos comunitaristas, dos quais podemos destacar Michael Sandel[1482],

[1479] Ibidem, p. 296.

[1480] Ibidem, p. 446.

[1481] Rawls, Jonh. *Uma teoria da justiça*. Lisboa: Presença, 1993, p. 91

[1482] Michael J. Sandel (1953) – Professor em Havard, filósofo, ensaísta e escritor americano com várias publicações sobre a Justiça e política. Tenta aproximar a filosofia da realidade.

Michel Walzer[1483] e Charles Taylor[1484]. Em relação a estes, suas críticas podem ser divididas em cinco teses: "1) opera com uma concepção abstrata de pessoa que é consequência do modelo de representação da posição original sob o véu da ignorância; 2) utiliza princípios universais (deontológicos) com a pretensão de aplicação em todas as sociedades, criando uma supremacia dos direitos individuais em relação aos direitos coletivos; 3) não possui uma teoria da sociedade em função de seu contratualismo, trazendo como consequência uma atomização do social, em que a pessoa é considerada enquanto átomo isolado; 4) utiliza a ideia de um Estado neutro em relação aos valores morais, garantindo apenas a autonomia privada (liberdade dos modernos) e não a autonomia pública (liberdade dos antigos), estando circunscrita a um subjetivismo ético liberal; 5) é uma teoria deontológica e procedimental, que utiliza uma concepção ética antiperfeccionista, estabelecendo uma prioridade absoluta do justo em relação ao bem"[1485].

Destacam-se outras críticas à sua principal teoria, tais como:

- Sob a justificativa de que falta realismo, é impossível psicologicamente nos libertarmos "do conhecimento de quem e daquilo que somos, mesmo numa experiência mental". Rawls confirma os "seus preexistentes preconceitos liberais e dá-lhes uma aura de princípios racionalmente escolhidos".

[1483] Michael Laban Walzer (1935) – Intelectual americano, bacharel em história, professor do instituto de estudos avançados (IAS), colabora com o The New York Republic e a revista Dissent. Especialista em ética, política e crítica social. Defende a política comunitária e a tolerância e critica a abstração da filosofia política. Destaque para os livros: "A revolução dos Santos – um estudo sobre as origens da política radical", "Ação política", "Esferas da Justiça", "Razão, política e paixão" e "Argumentos sobre a guerra".

[1484] Charles Taylor (1931) – Historiador, filósofo canadense, professor emérito de Filosofia e política da universidade de McGil. Desenvolveu pesquisas sobre Heidegger, Merleau-Ponty e Wittgenstein. Acredita que a modernidade radicalizou o individualismo e a frustração com o mundo, tendo como objetivo a felicidade e o bem estar a qualquer custo. Critica John Rawls e Ronald Dworkin por desprezarem como o conceito de indivíduo emerge no contexto das sociedades. Obras: "Hegel, sistema, método e estrutura", "Uma era secular", "Imaginários sociais modernos", "A ética da atualidade".

[1485] Silveira, Denis Coitinho. Teoria da justiça de John Rawls: entre o liberalismo e o comunitarismo. Revista *Trans/Form/Ação*, São Paulo, 30(1): 169-190, 2007, p. 170.

- Os princípios da felicidade de Rawls receberam objeção dos utilitaristas por falta de maximização, que afirma "haver propósitos mais importantes do que apenas alcançar o mais alto grau de felicidade".
- Robert Nozick[1486] (1938-2002), um dos críticos do pensador, argumentou que o Estado não pode se envolver no controle das instituições sociais, como propõe Rawls, que deseja taxar a propriedade para corrigir a distribuição de riqueza. Ele afirmou: "Não está claro como Rawls poderia lidar com as implicações de longo alcance dessas concessões; ele se concentra nos princípios gerais do humanitarismo. Por sinal, admite que 'o ideal não pode ser plenamente alcançado' em relação a sua teoria ideal de justiça 'como equidade'. Abandona a sua primeira versão da teoria de Justiça por equidade e adequa os textos posteriores. Mas quão fundamental é a distinção entre equidade e justiça, uma distinção claramente indispensável para a teoria de Rawls da 'justiça como equidade'? Recebi uma resposta caracteristicamente esclarecedora de John Rawls, quando lhe pedi que comentasse uma crítica específica de sua abordagem que me foi apresentada, em conversa, por Isaiah Berlin[1487]. 'Justiça como equidade', Berlin me tinha dito, dificilmente poderá ser uma ideia fundamental, pois algumas das principais línguas do mundo nem sequer têm palavras claramente distintas para os dois conceitos. O francês, por exemplo, não tem termos especiais para um isolado do outro: 'justiça' tem de servir para ambas as acepções. Rawls respondeu que a existência real de palavras especializadas suficientemente distintas é de fato de pouca importância; a questão princi-

[1486] Filósofo norte-americano, foi professor da Universidade de Harvard e propôs uma nova teoria sobre justiça distributiva, tendo advogado em defesa do estado mínimo. Principal obra: *Anarquia, estado e utopia*, de 1974, que contrasta com as posições expostas de John Rawls em *Uma teoria da justiça*.

[1487] Isaiah Berlin (1909-1997), filósofo político britânico que lecionou por anos em Oxford e nasceu na Rússia, escreveu o ensaio que serviu de base a uma conferência em Oxford, em 1958, e ficou conhecido como um dos mais eloquentes manifestos anticomunistas do período da guerra fria: *Two concepts of liberty*. Nele discorre sobre dois conceitos de liberdade, a positiva e a negativa. Na primeira, observam-se condições para que os indivíduos ajam de modo a atingir seus objetivos; e na segunda, inexiste a coerção intencional por terceiros e pelo Estado (por este no plano político).

> pal é saber se as pessoas que falam uma língua que carece de uma distinção baseada em uma única palavra podem, ainda assim, diferenciar entre os conceitos distintos e passar a articular o contraste utilizando tantas palavras quanto necessitem. Creio que esta é realmente a resposta correta à pergunta de Berlin: as palavras têm sua importância, mas não devemos ficar demasiado presos a elas"[1488].

É inegável que as ideias de Rawls sobre equidade, justiça, instituições e comportamento desempenharam um papel construtivo no desenvolvimento da teoria da justiça. "Mas isso não pode ser feito do modo rawlsiano de pensar a justiça uma 'parada' intelectual", na medida em que é preciso "beneficiar-se da riqueza das ideias de Rawls – e depois seguir em frente, em vez de tirar 'férias'. Necessitamos de 'justitia', não de 'justitium'"[1489].

Para John Rawls, "as desigualdades sociais e econômicas devem satisfazer duas condições. Primeira, elas devem estar associadas a cargos e posições abertos a todos em condições de igualdade equitativa de oportunidades. Segunda, elas devem ser para o maior benefício dos membros menos favorecidos da sociedade".

Ainda que a primeira condição possa sugerir que se trata de "uma exigência direta de instituições não discriminatórias, que precisam ser condicionadas às normas de comportamento, é plausível pensar que as exigências da 'justa igualdade de oportunidade' possam dar um papel muito maior às características comportamentais (por exemplo, que tipo de critério de seleção seria eficaz, dadas as características comportamentais, e assim por diante) na determinação da escolha adequada das instituições"[1490].

Amartya Sen[1491] afirma: *"A proposta de imparcialidade fechada na 'Justiça como equidade' pode ser vista como construída 'paroquialmente'". (...) O questionamento diz respeito apenas à estratégia particular de Rawls"*[1492].

[1488] PRADEAU, Jean F., *História da filosofia*, cit., p. 610.

[1489] Ibidem, p. 610.

[1490] Ibidem, p. 611.

[1491] Nasceu em Bangladesh (antiga Santinketan) em 1933. Estudou na Índia. Doutorou-se em Economia no *Trinty Colege* (Cambridge – Inglaterra). Foi prêmio Nobel de Economia em 1988 devido o seu trabalho em relação ao "bem estar social". Lecionou em Harvard.

6.14.2.1 Amartya Sem

O filósofo e conomista indiano, professor de Harvard, indica as seguintes limitações no pensamento de John Rawls:

"(1) Negligência na exclusão: a imparcialidade fechada pode excluir a voz de pessoas que não pertencem ao grupo focal, mas cujas vidas são afetadas pelas decisões desse grupo. O problema não é adequadamente resolvido por formulações multiestágios da imparcialidade fechada, como em 'O direito dos povos' de Rawls". Entende-se que isso não será problema se as decisões tomadas pelo grupo focal (por exemplo, na posição original) não tiverem nenhum efeito sobre alguém de fora do grupo focal, ainda que isso não seja comum, *"a menos que as pessoas vivessem em um mundo de comunidades de todo separadas".* Essa discussão pode ser encarada como problemática *"para a 'justiça como equidade' ao lidar com a justiça através das fronteiras, uma vez que a estrutura social básica escolhida para uma sociedade pode ter influência sobre a vida não só dos membros dessa sociedade, mas também de outras pessoas (as que não são incluídas na posição original para essa sociedade)"*[1493].

"(2) Incoerência na inclusão: as inconsistências podem potencialmente surgir no exercício de 'fechamento' do grupo, quando as decisões a serem tomadas por qualquer grupo focal podem influenciar o tamanho ou a composição do próprio grupo"[1494].

Cita-se o caso de o tamanho ou a composição da população de um país (ou de uma comunidade política) serem influenciados direta ou indiretamente pelas decisões tomadas na posição original (em particular, a escolha da estrutura social básica). Nessa hipótese, a inclusão como membro do grupo focal varia de acordo com as decisões supostamente tomadas pelo próprio grupo focal. Os arranjos estruturais, como o 'princípio da diferença' rawlsiano, *"não podem deixar de influenciar o padrão de*

Destaque para os seus livros: "Sobre ética e economia", "Desenvolvimento como liberdade", "A ideia de Justiça", "As pessoas em primeiro lugar". Em Co-autoria com Jean Dreze: "Glória incerta - a Índia e suas contradições".

1492 Ibidem, p. 611.

1493 SEN, Amartya. *A ideia de justiça*, cit., p. 169.

1494 Ibidem, p. 169.

intercurso social – e biológico –, gerando, assim, populações de diferentes tamanhos e composições".[1495].

"(3) Paroquialismo processual: a imparcialidade fechada é concebida para eliminar a parcialidade que pende para os interesses no próprio benefício ou para os objetivos pessoais dos indivíduos do grupo focal, mas não é projetada para resolver as limitações da parcialidade que tende para preconceitos ou inclinações compartilhados do próprio grupo focal".[1496] Nos casos de "paroquialismo processual" e "incoerência na inclusão", a literatura geral nada versa a respeito. Isso não ocorre quando o assunto versa sobre "negligência na exclusão", que é bem debatido:

"Há claramente uma questão importante na negligência dos interesses e perspectivas dos que não são partes do contrato social de uma comunidade política, mas que suportam algumas das consequências das decisões tomadas nessa comunidade. Também defendo [Amartya Sen] *que, nesse contexto, temos de ver com clareza por que as exigências da 'justiça global' podem diferir substancialmente daquelas da 'justiça internacional'. A imparcialidade aberta, através de dispositivos como o espectador imparcial de Adam Smith, tem 'insights' a oferecer sobre esse difícil tema. As relações entre os diferentes países ou comunidades políticas são onipresentes em um mundo interdependente, e funcionam de forma interativa. O próprio John Rawls, entre outros, abordou essa questão especificamente no âmbito da justiça através das fronteiras por meio de sua proposta do 'direito dos povos', que invoca uma segunda posição original entre representantes de diferentes comunidades políticas (ou 'povos'). Outros também, incluindo Charles Beitz*[1497]*, Brian Barry*[1498]*,*

[1495] Ibidem, p. 170

[1496] Ibidem, p. 170.

[1497] Charles Beitz (1949) – Professor de política da Universidade de Princeton. Pesquisa sobre política internacional, democracia, Direitos Humanos e justiça global. Analisa e discute a obra de John Rawls. Obras: "Teoria política e relações internacionais", "Igualdade política: um ensaio da teoria democrática e a ideia de Direitos Humanos".

[1498] Brian Barry (1936 – 2009) – Bacharel e doutor por Oxford, se dedicou à filosofia moral e política, conectando ciência política e filosofia analítica. Lecionou em famosas universidades como Oxford, Nuffield College, Essex e Columbia. Membro da Academia de Artes e Ciências dos EUA e defensor da Revista "Ethics". Obras principais: "Justiça com imparcialidade", "Teorias da justiça", "A teoria liberal da justiça": "Democracia, poder e justiça: ensaios em teoria política e igualdade – uma crítica igualitária do multiculturalismo, entre outras".

Thomas Pogge[1499]*, investigaram esse problema e sugeriram formas e meios de lidar com ele"*[1500].

Para solucionar o problema, Rawls invoca outra 'posição original', por meio da inclusão de representantes dos diferentes 'povos'. Assim, simplificando em excesso, mesmo que isso não seja crucial no referido contexto, *"as duas 'posições originais' podem ser vistas como sendo respectivamente intranacionais (entre indivíduos de uma nação) e internacionais (entre os representantes de nações diferentes). Cada exercício é de imparcialidade fechada, mas os dois juntos abrangem toda a população mundial"*[1501].

As assimetrias entre os diferentes grupos de pessoas, em tal procedimento, não são eliminadas, pois as políticas diferentes são dotadas de recursos e oportunidades diversos. Nesse sentido, decorreria *"um claro contraste entre a cobertura da população mundial através de uma sequência de imparcialidades priorizadas (como no método de Rawls) e sua cobertura através de um exercício abrangente de imparcialidade (como na versão 'cosmopolita' da posição original rawlsiana, apresentada por Thomas Pogge e outros). No entanto, a ideia de um exercício global de contrato social para a população mundial inteira pareceria ser profundamente irrealista – agora ou no futuro previsível. Sem dúvida, há uma lacuna institucional aqui"*[1502].

6.14.2.2 Ronald Dworkin

Filósofo e jurista estadunidense, em obras distintas, ao refletir sobre a teoria moral construtivista à luz da teoria de Rawls, afirma que "ela só é cética em relação à verdade moral objetiva num sentido interno limitado", na medida em que a visão rawlsiana quis se apoiar unicamente nos "princípios inerentes às tradições políticas da comunidade a que se diri-

1499 Thomas Pogge (1953) – Filósofo Alemão com PHD em Harvard sob a orientação de John Rawls, professor de Yale sobre assuntos internacionais e membro da Academia Norueguesa de Ciências e Letras. Escreveu: "Realizando Rawls", onde analisa "A teoria da justiça" e o considera mal interpretado por Robert Nozick e Michael Sandel. Considera importante adotar o conceito de justiça de Rawls internacionalmente. Principais obras: "Pobreza Mundial e Direitos Humanos", "Liberdade da Pobreza como um direito humano", "Política como de costume: o que era da retórica pró-pobres".

1500 Ibidem, 170-171.

1501 Ibidem, p. 171.

1502 Ibidem, p. 171.

gia, mas precisava de pressupostos morais substantivos para determinar quais seriam essas tradições"[1503].

Às "faculdades morais" Rawls atribuía primeiro o caráter de "capacidade para um senso efetivo de justiça" e segundo como "a capacidade de formar, revisar e buscar racionalmente uma concepção do bem". Esses pressupostos alusivos a atitudes e interesses das pessoas justificam as características estruturais de sua estratégia da posição original, contanto que essa "concepção da pessoa" seja interpretada de uma forma muito especial, contrária a uma leitura supostamente natural, capaz de justificar o véu da ignorância. O filósofo pressupõe que as pessoas têm capacidade de senso de justiça e que elas queiram promover seus "fins derradeiros' e tenham, além disso, a capacidade de considerar racionalmente quais devem ser esses fins. Elas sabem que todas as outras também têm essas capacidades num grau "mínimo"; no entanto, "nada explica por que elas não poderiam exercer essas duas capacidades antes de instruir seus representantes na convenção. Se o fizessem, cada representante poderia negociar de modo a assegurar a constituição da sociedade que seu representado crê ser mais justa, em vista da sua concepção de quais sejam os corretos fins derradeiros para ele e, talvez, para todos. Até aqui, essa concepção da pessoa não parece contribuir em nada para explicar por que a posição original tem a estrutura que Rawls lhe atribuiu"[1504].

Segundo John Rawls, as pessoas partem do princípio de que a estrutura básica de governo, por elas escolhido, "deve demonstrar igual consideração e respeito por todos os membros da comunidade política". Assim, num plano abstrato, "elas pressupõem, sim, uma teoria igualitária da justiça. Mas não pressupõem nenhuma interpretação mais concreta deste padrão igualitário: tal interpretação deve ser construída por seus representantes sob o véu da ignorância"[1505].

Em análise crítica, entende-se que o tratamento da igualdade como um conceito criterial suscita a ideia de que a igualdade é *rasa*, ou seja, a de todos terem a mesma quantidade de riqueza ao longo de toda a sua

[1503] Dworkin, Ronald. *A raposa e o porco-espinho – justiça e valor*. São Paulo: Martins Fontes, 2015, p. 408.

[1504] Ibidem, p. 409.

[1505] Ibidem, p. 410.

vida, pois se entendemos a igualdade sob esse ponto de vista nenhuma outra definição é plausível. Entre os liberais, respeita-se a tese de que a igualdade é um falso valor, pois: "*o importante não é que todos tenham a mesma riqueza, mas que os mais pobres não tenham menos do que o necessário para levar uma vida decente, ou para evitar grandes desigualdades, ou alguma coisa do tipo*"[1506].

Outra consideração crítica refere-se ao princípio da diferença, considerado insuficientemente igualitário, pois melhor seria que todos tivessem a mesma riqueza e partilhassem de um mesmo destino, "a que alguns sejam ricos e outros, pobres, mesmo que nesse caso todos acabem possuindo menos riquezas materiais", pois declara-se que a igualdade é um objetivo aviltante, sendo defendida a tese de que a comunidade política deve depositar sua fé na liberdade. Alguns proclamam outra fé, por sinal desacreditada: "a de que o fornecimento de incentivos aos talentosos produzirá riqueza suficiente para que parte dela 'escorra para baixo' (*trickle down*) e chegue até os pobres. Outros simplesmente declaram, ou pelo menos acreditam, que os pobres devem cuidar de si"[1507].

Em outro sentido, as teorias da justiça distributiva são altamente artificiais, apoiando-se fortemente em elementos extravagantes: "antigos contratos fictícios, negociações entre pessoas que sofrem de amnésia, apólices de seguro que jamais serão escritas nem vendidas". John Rawls imagina indivíduos negociando os termos de uma constituição política original por trás de um véu opaco que oculta de cada um aquilo que ele realmente é, pensa e quer. Para Dworkin, assemelhar-se-ia a um "leilão realizado numa ilha deserta e que talvez demore meses para terminar"[1508].

Nas palavras de Dworkin sobre Rawls, "as pessoas reconheceriam um dever natural de apoiar as instituições que passem nos testes da justiça abstrata, e que elas estenderiam esse dever ao apoio a instituições não totalmente justas, pelo menos quando a justiça esporádica estiver nas decisões tomadas por instituições imparciais e majoritárias"[1509].

[1506] Ibidem, p. 411.

[1507] Dworkin, Ronald. *A raposa e o porco-espinho – justiça e valor*, cit., p. 529.

[1508] Ibidem, p. 529-530.

[1509] Dworkin, Ronald. *O império do direito*. 3.ed. São Paulo: Martins Fontes, 2014, p. 234.

Supõe-se que aqueles que rejeitam o método geral de Rawls assumiriam o dever de apoiar as instituições justas ou quase justas. Explique-se, aliás, que esse dever "não dá uma boa explicação da legitimidade", uma vez que não vinculam "obrigação política e a comunidade específica à qual pertencem aqueles que têm a obrigação; não mostra por que os ingleses têm o dever especial de apoiar as instituições da Inglaterra". Podemos elaborar um argumento prático e aleatório em favor desse dever especial: "Os ingleses têm mais oportunidades de ajudar as instituições inglesas do que aquelas dos outros povos cujas instituições eles também consideram justas. Contudo, esse argumento prático não é capaz de apreender a essência do dever especial. Não consegue mostrar como a legitimidade decorre da cidadania e a define. Essa objeção se distancia da justiça, que é conceitualmente universalista, e se volta para a integridade, que é mais pessoal nas diferentes exigências que impõe a diferentes comunidades, como origem primeira da legitimidade"[1510].

Para Mark Tushnet[1511], ao descrever o liberalismo, "qualquer descrição sumária do ponto de vista liberal clássico – o liberalismo de Hobbes, Locke e Mill, bem como o de Dworkin e Rawls – deve ser uma caricatura". Na sua visão, "A psicologia do liberalismo pressupõe um mundo de indivíduos autônomos, cada qual guiado por seus próprios valores e objetivos idiossincráticos, nenhum dos quais pode ser julgado mais ou menos legítimo do que aqueles defendidos pelos demais. Em tal mundo, as pessoas existem como ilhas isoladas de individualidade que optam por estabelecer relações que, metaforicamente, podem ser caracterizadas como relações exteriores. (...) Em um mundo de individualismo liberal (...) se os valores de uma pessoa levarem, por exemplo, a apoderar-se da propriedade de uma outra, a vítima não pode apelar a algum princípio superveniente com o qual o agressor deve estar comprometido"[1512].

6.14.2.3 Tony Judt

Historiador britânico na obra *Pensando o século XX*, afirma:

[1510] Ibidem, p. 234.

[1511] Um dos principais estudiosos de direito constitucional e da história jurídica dos Estados Unidos. Atualmente é professor de Direito na *Harvard Law School.*

[1512] Dworkin, Ronald. *O império do direito*, cit., p. 327.

"John Rawls apresenta em seu 'Teoria da justiça' a ideia de que a maneira de pensar sobre moralidade é imaginar que você está atrás de um véu de ignorância, e não conhece nada sobre si mesmo, nem mesmo seus talentos e seus compromissos. E então começar daí e tentar decidir o que é que você pediria em um tipo de jogo coletivo. Assim começa a revisão mais respeitada do liberalismo no século XX.

O problema da busca de Rawls de um argumento liberal arquimediano é que, para alcançar seus objetivos, o argumento é obrigado a evitar algumas das próprias perguntas que ele se propõe a responder. Uma pessoa que não está familiarizada com certos aspectos cruciais de seus interesses e capacidades – e que tem de ser ignorante desse modo para servir aos propósitos de Rawls – me parece mal situada para saber sobre si mesma o suficiente para fazer escolhas moralmente consistentes e intelectualmente coerentes. Esperar-se-ia que ela entendesse a diferença entre certo e errado e soubesse que tipo de mundo alguém como ela buscaria. Mas, nesse caso, certamente ela vem para o desafio com uma herança cultural: uma maneira de pensar sobre si e os outros e de estimar a propriedade de suas ações e objetivos. Essas não são perspectivas isentas de valor, de modo que o problema da fonte desses valores permanece irresolvido.

Talvez isso não importasse se a abordagem rawlsiana para fundamentar o pensamento liberal fosse dirigida essencialmente a pessoas com uma predisposição liberal. Mas isso seria inútil. (...) permanece a questão de como exatamente esses liberais devem agir quando lidam com pessoas e sociedades que não correspondem às suas preferências. Rawls não silencia de forma alguma sobre isso, mas é obrigado a introduzir considerações externas que não podem ser derivadas do modelo em si.

Para dizer a verdade, prefiro os especialistas em ética céticos da geração de Rawls e de um pouco depois: aqueles para quem o próprio projeto de identificação e fundamentação de uma ética universal passou a parecer, na melhor das hipóteses, inauspicioso, e em qualquer caso, em última análise, inútil. É melhor dizer que há normas de comportamento humano que emergiram como atraentes e universalizáveis; e que são, em circunstâncias razoáveis, exequíveis. Isso não é o mesmo que o neorrelativismo dos pragmáticos de última geração: as éticas que é possível impor são reais, e não apenas mais aceitáveis, mas melhores do que as éticas que se gostaria de impor. Mas elas são atraentes em parte porque as pessoas as consideram aceitáveis, e em todo caso são provavelmente o melhor que podemos esperar se estamos no ofício de praticar a ética, em vez de teorizar a moral" [1513].

[1513] JUDT, Tony e SNYDER, Timothy. *Pensando o século XX*. Rio de Janeiro: Objetiva, 2014, p. 312-313.

6.14.2.4 Perry Anderson

Para este historiador e ensaísta político marxista inglês na UCLA (Universidade da Califórnia), "*a prístina teoria de Rawls propõe dois princípios fundamentais de justiça. Primeiro: direitos políticos e liberdades iguais para todos; e segundo: apenas aquelas desigualdades econômicas ou sociais que são compatíveis com oportunidades iguais, e que concedam maior benefício para os menos abastados. Esses princípios, segundo Rawls, seriam certamente os escolhidos por nós se imaginássemos a decidir a forma de uma sociedade justa a partir do ponto de vista hipotético de uma 'posição original', sem o conhecimento de qual seria a nossa participação nela. Em torno desse núcleo doutrinário, concebido como uma variante atualizada do construtivismo kantiano para superar todas as formas posteriores de cálculo utilitarista, Rawls desenvolveu um imponente edifício intelectual, culminando em reflexões éticas de nobre alcance*"[1514].

Mas o referido pensador formula objeções a Rawls. Quanto à ideia da posição original, mereceu críticas por sua circularidade, vejamos: "*Para colocar as partes reunidas na posição original, a fim de produzir os princípios da justiça, Rawls foi obrigado sub-repticiamente a lhes conceder as simpatias que somente os próprios princípios poderiam induzir. O círculo lógico trai o 'petitio principi' histórico. Com efeito, longe de ser uma condição original, como o estado natural proposto em teorias anteriores do contrato social, a posição de Rawls dá origem a pressupostos que só seriam possíveis no capitalismo industrial avançado, O 'véu de ignorância' que cobre seus atores é excessivamente diáfano: à sua frente está a paisagem conhecida de uma moral estabelecida – ainda que não praticada. Entre os sinais mais óbvios do contexto restritivo da teoria de Rawls está o ordenamento 'léxico' dos princípios de justiça em si, objetos da segunda crítica mais comum. Por que liberdades iguais deveriam ter sempre prioridade sobre suficiências iguais? A subsistência material é condição de existência jurídica, e suas exigências para a maior parte da experiência humana têm sido insuperáveis*"[1515].

A indeterminação dessa construção de Rawls é aprovada, em um extremo, por John Roemer[1516], à esquerda, e, no outro, por Friedrich von

[1514] ANDERSON, Perry. *Espectro – da direita à esquerda no mundo das ideias*. São Paulo: Boitempo, 2011, p. 129.

[1515] Ibidem, p. 130.

[1516] Economista e cientista político norte-americano. Leciona Ciência Política e Economia na Universidade de Yale.

Hayek[1517] à direita, ambos alegando que suas mensagens coincidem com a de Rawls, de maneira que a Teoria de Rawls dá margem a duas opiniões, sendo a legitimidade do socialismo defendida numa página, e a sociedade americana considerada "quase justa" na seguinte. Logo, *"no âmbito da sua estrutura, o princípio da diferença é politicamente irrelevante"*[1518].

No plano internacional, as questões controvertidas de justiça não condizem com essa estrutura, de forma que *"a última das principais críticas à obra de Rawls foi sempre o anacronismo de suas premissas territoriais. Não somente o Ocidente, mas a nação-Estado formava a fronteira de sua imaginação"*[1519].

Então, no que pertine ao princípio da diferença, distintamente do princípio da liberdade, *"este é inadequado para codificação constitucional, pois sua interpretação é quase sempre contestável, baseada que é em 'complicadas inferências e julgamentos intuitivos que exigem de nós uma avaliação de informações sociais e econômicas complexas sobre tópicos mal compreendidos'"*. Na prática, as relações internacionais não passam de "problemas de extensão", que Rawls deixa de lado para se concentrar na "questão fundamental da justiça política"[1520].

O liberalismo político não perpassa pelas dificuldades clássicas que estão contidas em *Uma teoria da justiça*. Rawls *"argumentava que a real ilação estável do princípio da justiça exigia uma sociedade bem ordenada, em que os cidadãos tinham em comum certa perspectiva moral – um sentido do que é bom para complementar o sentido do que é direito"*. Na parte final da obra, reconheceu depois Rawls, por um equívoco, ao explorar a forma assumida por essa visão, houve uma conclusão errada, pois significava "uma doutrina filosófica abrangente", cujos efeitos, em vez de fortalecerem os princípios de justiça, motivaram sua ameaça. Segundo ele, *"numa sociedade moderna sempre haverá uma variedade de doutrinas abrangentes que são razoáveis, ainda que incompatíveis. Qualquer tentativa de fazer de uma delas a base da razão pública deverá, portanto, ser divisionista e sectária – um projeto que só poderia ter sucesso*

[1517] Friedrich August von Hayek (1899-1992) foi um economista e filósofo austríaco, depois naturalizado britânico. Defensor do liberalismo clássico, atuou também em filosofia do direito, economia, epistemologia, história das ideias, história econômica e psicologia.
[1518] Ibidem, p. 130.
[1519] Ibidem, p. 130.
[1520] Ibidem, p. 131.

pelo uso intolerante do poder do Estado, o que cancelaria exatamente o primeiro princípio de justiça"[1521].

Registre-se, sim, que o "*liberalismo político introduz a história e a sociologia diretamente na estrutura justificadora, mas de uma forma que expõe, em vez de sanar, a contradição original. Pois todo o livro depende da tese de que uma pluralidade de doutrinas abrangentes incompatíveis – ainda que razoáveis – é uma característica permanente das sociedades modernas*"[1522].

Se alguém perguntasse onde está a verdadeira justiça na América, aquela idealizada pelo filósofo, tendo em vista que, na verdade, ela baseia-se *nas "verdades simples amplamente aceitas pelos cidadãos"*, essa indagação não teria resposta. O liberalismo político não remete a nenhuma ordem contemporânea como sendo "quase justa", mas alude a "*uma sociedade democrática moderadamente bem governada*". Em todo o livro, remete-se a um único lugar do território americano: Malibu. Nenhuma alusão à miséria e ao desespero, à ganância e à violência da cena urbana, pois suas mazelas parecem situar-se em outro planeta[1523].

Na verdade, quanto às preocupações de Rawls, este *observa que a tendência dos mercados é a de "a justiça oculta ser erodida quando os indivíduos agem francamente"*, sem oferecer explicação desse processo, e aprova o princípio da redistribuição fiscal. No entanto, *as "desigualdades sociais e econômicas nas perspectivas de vida dos cidadãos, dependendo de suas origens sociais", são "inevitáveis, ou melhor, necessárias e altamente vantajosas na manutenção da cooperação social"*. Questiona-se até que ponto o princípio da diferença conseguiria mitigar essas desigualdades, mas isso estaria num plano por demais técnico-infraconstitucional para deter o leitor.

6.14.3 Conclusões

A *teoria da justiça como equidade* não compreende nenhuma concepção 'a priori' do bem e não leva em conta, diretamente, os méritos diferentes dos indivíduos. Segundo seus preceitos, as instituições básicas da sociedade devem respeitar dois princípios:

[1521] Ibidem, p. 131-132.
[1522] Ibidem, p. 132.
[1523] Ibidem, p. 135.

"1) Toda pessoa tem o mesmo direito a um sistema plenamente adequado de liberdades e de direitos básicos iguais para todos, compatível com um mesmo sistema para todos. 2) As desigualdades sociais e econômicas devem satisfazer duas condições: a) devem estar vinculadas a funções e ocupações abertas a todos em condições de justa ('fair') igualdade de oportunidades; e b) devem ser mais vantajosas para os membros menos favorecidos da sociedade ('princípio de diferença')"[1524].

No que se refere ao princípio de diferença, longe de propor "a igualdade total", a ideia condiz com *"desigualdades justas"*. Para Rawls, "a igualdade (de rendas) não poderia ser unanimemente aceita, pois, ao não estimular ninguém a trabalhar e assumir riscos, *"ela só pode produzir um resultado global inferior para todos em (certas) sociedades desigualitárias, mesmo não superestimando os efeitos deletérios da inveja"*[1525].

Como Rawls não ignora as virtudes do mercado como processo de produção racional de recursos, o princípio da determinação da renda pela contribuição marginal do trabalho – independentemente das redistribuições posteriores – é legítimo; contudo, ele não depende essencialmente do mérito de cada um, dado o papel desempenhado pela demanda. Quanto ao outro princípio, este intervém como *"critério de seleção das desigualdades legítimas. Um aumento da desigualdade só se justifica moralmente se repercutir de maneira favorável na situação dos mais desfavorecidos"*[1526].

Entende-se que os referidos princípios devem ser hierarquizados, *"porque não são dedutíveis de uma regra única que permitiria arbitragens pela existência de uma 'medida em comum', e porque convém superar o intuicionismo fornecendo um meio de hierarquizar as reivindicações que se fundamentem em um ou outro dos princípios"*. E Rawls ordena-os exatamente como a ordem das palavras num dicionário. Nesse sentido, nenhuma diminuição das desigualdades poderia ser um argumento para legitimar uma restrição das liberdades básicas, uma vez que *"Não se pode restringir a liberdade senão pela causa da liberdade"*[1527].

Quanto a essa concepção de justiça, acrescente-se:

1524 Huisman, Denis. *Dicionário dos filósofos*, cit., p. 827.

1525 Ibidem, p. 827.

1526 Ibidem, p. 827.

1527 Ibidem, p. 827-828.

"1) Pode ser preferida a outras no âmbito de uma deliberação moral; 2) não se choca com 'nossos' juízos intuitivos quanto ao que é inaceitável. É nesse ponto que intervém o procedimento do 'véu de ignorância', a ser concebido como uma experiência de pensamento que visa a abrir o campo de uma argumentação puramente ética, estruturada por coerções fortes que determinam o tipo de argumentos admissíveis. Mediante essa interpretação metodológica, a operação da 'posição original' se mostra uma ficção de tipo contratualista: suponhamos indivíduos racionais, não particularmente altruístas, mas desejosos de escolher princípios de justiça capazes de animar a sociedade, noutras palavras, de tornar possível uma cooperação social frutuosa e não violenta. Privam-se os indivíduos de toda informação sobre a posição deles na sociedade e sobre a sua própria concepção do 'bem viver'. Essa restrição visa a garantir a objetividade dos juízos. São mantidas apenas informações gerais indispensáveis à colocação do problema. Enfim, coerções formais de ordem ética pesam sobre a escolha dos 'contratantes': os princípios eleitos deverão ser gerais, de aplicação universal, públicos e irrevogáveis. O 'véu de ignorância' deveria permitir a escolha dos melhores princípios. Mas não dispomos de um mapeamento das teorias possíveis e devemos contentar-nos com uma lista de concepções tradicionais: o utilitarismo e suas variantes, as concepções 'perfeccionistas', o liberalismo integral ('sistema da liberdade natural'), a meritocracia e o sistema da igualdade democrática, representado pela interpretação rawlsiana dos 'dois princípios'"[1528].

Nesse passo, o utilitarista pode recorrer ao procedimento do véu de ignorância, contanto que mostre ser possível efetuar *"comparações interpessoais de utilidades cardinais"*, isto é, que existe uma medida em comum nos "índices de satisfação" dos indivíduos, caso prefira dar um sentido à afirmação de que os "ganhos de uns prevalecem sobre as perdas dos outros"[1529].

Em compensação, o princípio da diferença não requer o conhecimento das preferências de cada um, mas sim uma "comparação ordinal", pois basta concentrar-se no "mais mal aquinhoado". Os indivíduos sob o véu da ignorância não poderiam conhecer, segundo Rawls, suas preferências particulares, seus fins, sua concepção do "bem". Mas têm de supor que certos bens ("primários") lhes serão necessários, e isso seja qual for seu projeto de vida futuro. Trata-se dos direitos, das liberdades e das pos-

[1528] Ibidem, p. 828.
[1529] Ibidem, p. 828.

sibilidades oferecidas, da riqueza e do "senso do valor pessoal". Os contratantes, por ignorarem seu projeto de vida, "sabem que têm racionalmente interesse em garantir para si a maior quantidade possível de bens primários". Deixar de levar isso em consideração, equivaleria a privar os agentes de todo motivo de escolha[1530].

Enfim, quanto à liberdade de consciência para todos, "constitui um dos pontos fixos de nossos juízos bem ponderados, é o único princípio que se possa escolher com relação a esse bem primário, mesmo quando se ignoram as preferências próprias; talvez sejamos de temperamento intolerante, mas não nos é dado levar esse fator em conta. O véu de ignorância funciona como uma 'típica do juízo prático' e permite dar um sentido à idéia de 'vontade geral' em matéria de justiça[1531].

A justificação do 'princípio de diferença' suscita debate. Para Rawls, "o véu de ignorância submete a uma situação de incerteza radical, na qual a única regra de decisão racional é a do 'máximo'". Segundo tal princípio, deve-se preferir o roteiro que garanta o melhor resultado mínimo, o que configura uma regra de prudência, mas Rawls foi criticado nesse aspecto, visto que seu argumento baseia-se na ideia de que aqueles que têm o poder de decisão na situação original ignoram até mesmo as probabilidades objetivas de distribuição de rendas[1532].

Em síntese, a teoria rawlsiana[1533], por um processo natural, independentemente de suas dificuldades internas, submeteu-se às críticas dos individualistas radicais e às dos "comunitaristas, de inspiração conservadora ou neomarxista". Como objetivo, quer superar as oposições clássicas entre "socialismo' e "individualismo" ou entre a "liberdade dos Antigos" e a dos "Modernos". A questão da própria estabilidade da teoria é análoga à da estabilidade das sociedades democráticas contemporâneas, caracterizadas pela tensão entre os ideais "libertários" e igualitários, e pela busca de valores comuns num mundo de indivíduos"[1534].

1530 Ibidem, p. 828-829.
1531 Ibidem, p. 829.
1532 Ibidem, p. 829.
1533 Muito badalado nas faculdades de Direito do Brasil, apesar das variadas dicotomias em seu pensamento, que as vezes se aproxima de uma concepção idealista e romântica.
1534 Ibidem, p. 829.

6.14.4 Principais obras

John Rawls deixou notável produção, da qual destacam-se *Uma teoria da justiça*; *Liberalismo político*; *Justiça como equidade: esclarecimentos*; *Lições de história de filosofia política*; *A Lei dos povos*.

Capítulo 7
UM EXEMPLO DE *PRÁXIS* DO ILUMINISMO: AS ATUAÇÕES DE ROBESPIERRE, MARAT E DANTON – O USO DA DEMOCRACIA DIRETA NO TERROR DURANTE A REVOLUÇÃO FRANCESA

7.1 Maximiliano de Robespierre (1758-1794) - de Rousseau ao Terror[1535]

Maximiliano de Robespierre nasceu em Arras, na França (região de Pas--de-Calais), de uma família de advogados de província. Sua mãe, Jacque-

[1535] "O 'terror' é uma arma dirigida contra os inimigos da Revolução e que são subtraídos ao curso normal da justiça para serem julgados pelo tribunal revolucionário, que aplica um processo e uma escala de penas fixadas pela Convenção contra os açambarcadores, os insurretos, os aristocratas, especialmente. O 'terror' se destina a terminar fisicamente com os inimigos da Revolução; ele foi 'colocado' na ordem do dia pela Convenção, depois da jornada popular de 5 de setembro. O terror revolucionário se apoia na lei dos suspeitos (27 de setembro de 1793) e na rede dos tribunais revolucionários de Paris e das províncias. A colocação fora da lei por uma votação da Convenção suprime qualquer processo e implica a aplicação da pena de morte nas 24 horas seguintes à prisão. Os rebeldes apanhados com armas na mão incorrem na colocação fora da lei. As sociedades populares recebem poderes de vigilância e de polícia. O terror econômico se baseia nas leis que reprimem o açambarcamento, nas leis do máximo dos preços e dos salários, nas leis que obrigam os comerciantes e produtores a declarar seus estoques, a se submeter às requisições ordenadas pelas municipalidades e a aplicar o máximo dos preços. A partir de 19 de outubro, o Comitê de Salvação Pública coordena a política dos víveres em escala nacional. A taxação é estabelecida sobre um máximo de preços calculados sobre o preço de 1790 aumentado em 30% para 24 artigos (27 de julho) e para mais de 50 (2 de outubro de 1793). O mínimo dos salários é calculado sobre o salário de 179 aumentado em 50%. As finanças públicas são alimentadas por empréstimos forçados sobre os ricos. Num plano de

fundo, destaca-se um política social de redistribuição de rendas: os 'ricos' perdem uma parte de seus excedentes de riqueza em benefício dos 'indigentes'. O Estado utiliza estes créditos para uma política de instrução e assistência. Os agentes de execução desta política são os exércitos revolucionários e os representantes em missão. Robespierre justifica assim estas medidas: 'É mostra que a Convenção não pode aplicar a Constituição, em preceder a eleições por causa desta guerra da liberdade que impõe um regime diferente do regime constitucional que é da 'liberdade tranquila'. O governo revolucionário é a defesa revolucionária contra os aristocratas e em benefício do povo, ele não é anárquico, já que repousa sobre bases regulamentares precisas. A seguir, Robespierre denuncia dois desvios, 'a fraqueza e o moderantismo, a temeridade e os excessos', é entre os dois que o governo revolucionário deve colocar-se. Robespierre denuncia o fanatismo religioso e o fanatismo descristianizador. (...) Em 18 de pluvioso do ano II (5 de fevereiro de 1794), num relatório sobre os princípios de moral política que devem guiar a Convenção, Robespierre especifica que 'a mola do governo popular em revolução são a virtude e o terror; a virtude, sem a qual o terror é funesto, o terror, sem o qual a virtude é impotente (...) o governo da Revolução é o despotismo da liberdade contra a tirania (...) Que a tirania reine um só dia e no dia seguinte já não restará um único patriota. Até quando o furor dos déspotas será chamado justiça e a justiça do povo barbárie e rebelião?' (...) Duas facções se opõem à tendência dominante da Montanha, agrupada em torno do Comitê de Salvação Pública e de Robespierre a facção heberbista, que quer um reforço do terro, a facção indulgente, que, ao contrário, deseja o afrouxamento do rigor. Em março de 1794 (nivoso do ano II), os chefes hebertistas são presos, julgados por tentativa de insurreição armada, condenados à morte e guilhotinados. Alguns dias mais tarde, Robespierre consegue obter a prisão dos indulgentes: apresentados ao tribunal revolucionário, eles são julgados, condenados e executados em 17 de germinal do ano II (6 de abril de 1794). Uma política em favor dos indulgentes se desenvolve: ela está ligada à busca da igualdade. Em ventoso do ano II (fevereiro-março de 1794), um conjunto de leis prevê o confisco dos bens dos inimigos da República, a realização de um inventário desses novos bens nacionais e sua divisão entre os indigentes. Em 22 de floreal no ano II (11 de maio de 1794), o Grand Livre da beneficência pública é aberto: todos os indigentes devem inscrever-se. O terror judiciário é reorganizado. Todos os casos são concentrados no tribunal revolucionário de Paris e os tribunais revolucionários locais são suprimidos. A lei de 22 de prairial (10 de junho de 1794) amplia a noção de suspeito e simplifica o processo do tribunal revolucionário. O número de execuções capitais, agora concentrados em Paris, sobe a 2000 no mês de junho de 1794: a guilhotina funciona cerca de seis horas por dia". PÉRONNET, Michel. *Revolução Francesa em 50 palavras-chave*, São Paulo: Brasiliense, 1998, p. 261-265.
"Num reino que veio a ser conhecido como 'o Terror', instituições como o Comitê de Salvação Pública estabeleceram um regime implacável e arbitrário. Era justificado por um apelo à simplista mentalidade 'nós contra eles'. Robespierre insistia em que 'o povo fosse a única soberania em maio de 1793, dividindo a população da França em 'o povo e seus inimigos' ALMOND, Mark. *O livro de ouro das revoluções*. São Paulo: Ediouro, 2011, p. 59.

line Carrault, havia morrido ao dar a luz à filha Henriqueta, e o pai, François De Robespierre, desapareceu[1536].

Robespierre e dois irmãos foram acolhidos pelos avós maternos. Aos 12 anos, ele ganhou uma bolsa para estudar no Colégio Luis, o Grande, onde entrou em contato com as obras de Voltaire e Rousseau. Esteve ao lado de aristocratas nos bancos escolares, que o tratavam com desprezo por ser bolsista e pobre[1537]. Em 1778, visitou Rousseau. Em 1780, optou pelo curso de Direito.

No exercício da advocacia, ganhava o suficiente para sustentar a família. Durante a crise pré-revolucionária escreveu panfletos, denunciou prisões arbitrárias de devedores, a prepotência do clero, da aristocracia e, para não ser preso, lançou-se como candidato para as eleições dos Estados Gerais, com apoio da pequena burguesia[1538]. Robespierre foi eleito deputado por Artois, representando o Terceiro Estado. Em Paris, em 1789, foi organizado um clube que se denominava "amigos da Constituição" (ficando conhecidos como jacobinos)[1539].

Os jacobinos cresceram nas províncias. Robespierre, com o apoio da Convenção (parlamento nacional) aprofundou a fase do terror engendrada pelos jacobinos. Executou os girondinos, os herbistas e outros que eram considerados inimigos pela guilhotina, num total próximo a 20 mil pessoas sem julgamento. A violência foi justificada por ele, em 5 de fevereiro de 1794: "*A França é atualmente o teatro da luta entre o Bem e o Mal (...) É necessário eliminar os inimigos interiores e exteriores da República, ou então morrer com ela. (...) A primeira máxima de conduta deve ser conduzir o povo pela razão, e os inimigos do povo pelo terror. (...) Sem a virtude, o terror é funesto; sem o terror, a virtude é impotente. (...) . (...) . O governo revolucionário deve aos bons cidadãos toda a proteção nacional; aos inimigos do povo só deve a morte. Portanto, os 'bons' (revolucionários) deveriam viver e os maus (contrarrevolucionários) deveriam morrer*"[1540].

[1536] [s.a]. *Robespierre*. Col. Grandes Personagens da História Universal, fascículo 48, São Paulo: Abril, [s.d], p. 68.
[1537] Ibidem, p. 68.
[1538] Ibidem, p. 68.
[1539] Ibidem, p. 68.
[1540] AMARAL, Diogo Freitas. *História do pensamento político ocidental*, cit., p. 279.

Em julho de 1794, sem disparar um tiro (ou quase), os inimigos de Robespierre e Saint-Just destituíram-nos e os executaram em nome do povo soberano[1541].

7.1.1 Defendeu e aplicou a democracia direta durante a Revolução Francesa

Robespierre não foi um filósofo nem um pensador politico. Foi deputado e ministro durante o período radical da Revolução Francesa (1792 e 1794) e colocou em prática de forma totalitária o pensamento de Rousseau. Participou do clube dos jacobinos e tinha uma visão maniqueísta da política, considerando que a França dividia-se em bons e em maus. Os bons eram liderados por seu governo que dizia representar o povo e os maus era os membros da oposição por que criticavam os rumos da revolução[1542].

A revolução não deveria ser apenas política, mas social. O povo deveria ser o verdadeiro "soberano" a implantar a democracia direta[1543] por

[1541] Châtelet, François; Duhamel, Olivier; Pisier-Houchner, Évelyne, *História das ideias políticas*, cit., p. 92.

[1542] Amaral, Diogo Freitas do. *História do pensamento político ocidental*, cit., p. 279.

[1543] "A Constituição do Ano I (1793) era a mais democrática das constituições saídas da revolução. Incluía uma Declaração dos Direitos Humanos, que não era mera cópia da de 1789; as inovações diziam sobretudo respeito às relações sociais. Assim, a afirmação "todos os cidadãos são iguais perante a lei" era abreviada para "todos os cidadãos são iguais", ao passo que o art. 118 falava do "compromisso de proteção e reconhecimento entre o trabalhador e o seu patrão". A constituição incluía igualmente, o que era inédito, um reconhecimento expresso do direito ao trabalho e do direito de resistência ou reeleição contra a autoridade tirânica, que podia ser interpretado como direito à greve. "A França era uma república unitária, como resultava desde logo evidente do art. 1.º, no qual se declarava 'La Republique Française est une et indivisible'. Porém, os três poderes mantiveram-se democráticos pelo recurso a eleições. O Poder Legislativo pertencia a um *corps législativ*, eleito por sufrágio universal – mas apenas masculino. As leis aprovadas por esse corpo tinham de ser confirmadas por referendo. O Poder Executivo estava nas mãos do *Conseil exécutif*, eleito pelo *Corps légilativ* entre uma lista submetida pelo eleitorado, cada departamento indicando um candidato. Todos os juízes eram eleitos pelo povo. A Constituição do Ano I pode ser chamada uma Constituição fantasma, já que nunca chegou a ser aplicada, apesar de ter sido proclamada e, no decorrer de uma festa cívica, a 10 de agosto de 1793, solenemente colocada num singelo cesto de cedro. Após a cerimônia ter terminado, a Convenção decidiu não a por em prática, embora tivesse sido aprovada

intermédio de um "governo popular"[1544]. Para a democracia direta seguir os princípios republicanos era necessário garantir a "continuação da vida" para os revolucionários, os bons, e para os adversários, os maus, o "fim da vida".

Mas como provar que a ação empreendida situa-se em linha direta com a vontade do povo? Nenhuma prova pode existir além do apoio que esse concede ao grupo dirigente; e esse último só tem a apresentar como critério de "boa fé" seus atos e sua moralidade inatacável.

7.1.2 O terror – a base da revolução e da democracia direta mata os seus artífices

Com a tentativa de fuga do então monarca Luís XVI, Robespierre considera isso um ato de traição e lidera a radicalização da Revolução, no sentido da instalação de uma República, com o apoio dos *cordeliers* (Sociedade dos Amigos dos Direitos do Homem)[1545]. Em 10 de agosto de 1792, os jacobinos, liderando os *sans-culottes*, insurgiram-se contra Luís XVI,

em referendo (de 7 milhões de eleitores; 1 milhão e 800 mil tinham votado sim, 15.000 não, e o resto permaneceu em casa). A Constituição do Ano I reveste-se, não obstante, de algum interesse, porquanto faz luz sobre algumas das ideias à esquerda do espectro político. Foi também o protótipo de um certo tipo de Constituição que não era tanto um documento jurídico como um manifesto político e um exercício de retórica e propaganda. A Constituição do Ano III possuía caráter diferente e foi efetivamente aplicada. Foi a segunda Constituição da Convenção, e aquela que introduziu o Diretório. O seu objetivo primário era acabar com a exagerada concentração de poder que havia tornado possível a ditadura de Robespierre. Isso assegurar-se-ia através da separação de poderes e da introdução de um parlamento bicameral. O Poder Legislativo seria exercido pelas duas câmaras, com o que se esperava assegurar políticas mais sóbrias e moderadas. As duas câmaras, contudo, não eram muito diferentes – ao contrário do parlamento britânico. Ambas eram eleitas pelo povo, mas o sufrágio era censitário. As diferenças diziam respeito à idade dos respectivos membros e ao seu papel no processo legislativo. O *Conseil des Cinq-Cents* (Conselho dos Quinhentos) compreendia jovens parlamentares, com um mínimo de 25 anos, e tinha o direito de apresentar (arrojadas) propostas legislativas. O *Conseil des Anciens* (Conselho dos Anciões) era formado por homens de pelo menos 40 anos, casados ou viúvos, e supostamente com idade e sabedoria para decidir que propostas deviam tornar-se lei." CAENEGEM, R.C. van. *Uma introdução histórica ao direito constitucional ocidental.* Lisboa: Fundação Calouste Gulbekian 1998, p. 226-227.

1544 AMARAL, Diogo Freitas do. *História do pensamento político ocidental*, cit., p. 279.

1545 [s.a]. *Robespierre.* Col. Grandes Personagens da História Universal, cit., p. 68.

após o povo atacar as Tulherias e massacrar a guarda suíça que protegia a família real[1546].

Convocou-se nova Assembleia, denominada "Convenção Nacional"[1547], tendo Robespierre na liderança. A prefeitura de Paris foi invadida pelos jacobinos, que instalaram uma Comuna, ficando Robespierre como principal membro. Ele disse:

> *"Não há julgamento a fazer, Luís não é um réu no tribunal, nem vós sois seus juízes. Sois homens de estado e representantes do povo e não podeis ser mais que isso. Não tendes de proferir uma sentença a favor ou contra um homem, mas tomar uma medida que afeta vitalmente o bem do Estado. Luís declarou rebelde o povo da França e chamou os déspotas estrangeiros – seus colegas – para o castigar. A vitória e o povo decretaram que ele é o rebelde (...)*[1548].

[1546] Ibidem, p. 68.

[1547] "(...) Durante essa fase, a Convenção Nacional constituiu o poder supremo. Era constituída por uma assembleia eleita por uma minoria de extremistas e compostas por radicais revolucionários, quase todos membros da burguesia e profundamente marcados por consideração ideológica (quase um terço eram jurisconsultos). A monarquia foi abolida, a república proclamada, sendo declarada uma série de guerras europeias contra 'tiranos', que viriam a durar, com breves intervalos, até 1815: a fúria revolucionária atingiria o auge com o Terror. Em Paris e por toda a França, cerca de 40.000 vítimas sucumbiriam a esse furor, entre reais ou presumidos contrarrevolucionários, alguns dos quais mortos na prisão ('os massacres de setembro'). A ditadura dos clubes radicais e dos sans-cullotes levara não só ao extremismo político, mas também ao ideológico – sob a forma de perseguição dos crentes – e ao radicalismo social, através da arregimentação econômica, de pesados impostos diretos e da redistribuição da riqueza através, por exemplo, da venda de terras dos *émigrés* a favor dos mais desfavorecidos, a quem era permitido pagar a prestações ('a nenhum patriota deve ser negada a propriedade'). Tudo isto visava instaurar a igualdade não apenas jurídica, mas social e econômica. Esta segunda fase terminaria com a queda de Roberspierre, a 9 do Thermidor do ano II do calendário republicano (27 de junho de 1794), acontecimento que foi celebrado com gáudio pelos sobreviventes, e ao qual se seguiu o Diretório. Esta forma de governo manteve-se durante breves anos, sempre com grande dificuldade e mediante uma série de irregularidades que eram, na verdade, outros tantos golpes de Estado, servindo para manter afastados os inimigos à esquerda – os radicais sociais – e à direita – o clero e os realistas." CARNEGEM, Calouste. *Uma introdução histórica ao direito constitucional ocidental*. Lisboa: Fundação Calous Gulbenkian, 1998, p. 216.

[1548] [s.a]. *Robespierre*. Col. Grandes Personagens da História Universal, cit., p. 68.

Em 21 de janeiro de 1793, Luís XVI foi decapitado e, na sequência da crise (2 de junho), 32 girondinos foram condenados à guilhotina (31 de julho) sob o comando de Robespierre. Neste contexto foi criado um "Exército revolucionário" que gerou pânico entre os opositores dos jacobinos, com apoio do Comitê de Salvação Pública[1549].

Danton reage contra Robespierre, mas é preso em 30 de março e condenado à morte. Todavia, a oposição a Robespierre aumenta. A 27 de julho de 1794 (9 Termidor) Robespierre é preso na Convenção, mas solto; depois, agrupou os seus adeptos na Comuna (prefeitura), enquanto a Convenção reunia forças para reprimi-lo[1550].

Na Prefeitura, um gendarme deu um tiro na cabeça de Robespierre, despedaçando-lhe a mandíbula, e o convencional Bourdon prendeu o "incorruptível" , que foi guilhotinado. Era o Golpe Termidoriano[1551].

Robespierre não escreveu nenhuma obra. *O Contrato social* foi sua bíblia revolucionária. Defendeu seus princípios nos discursos (quóruns). Para administrar, durante o período do terror, com o Comitê de Salvação Pública, seguia os princípios de Jean-Jacques Rousseau. Era cognominado, o "Incorruptível", e levou à guilhotina diversos rivais políticos, entre eles Danton e Herbert[1552].

7.1.3 A democracia direta e o jacobinismo

Robespierre deu vida à teoria da democracia direta e republicana por intermédio da 2ª Constituição Francesa (1793). Todas as medidas justificadas pela convenção (parlamento) por votação levaram o governo a exercer o poder de maneira sanguinária e, portanto, tirânica.

Depois de Rousseau (embora mal compreendido), Sieyés dera à ideia de soberania nacional, toda ela enxertada no terceiro estado, o "toque" do pensador político que fornecia a ela uma sólida caução. A constituinte a reconhecera. A Declaração dos Direitos do Homem e do Cidadão proclamava-a solenemente para todo o mundo. Invoca-se a vontade geral do povo, a igualdade dos cidadãos, o amor vivo pela pátria. A Constituição

1549 Scurr, Ruth. *Pureza fatal*, Rio de Janeiro: Record, 2009, p. 20.
1550 Ibidem, p. 20.
1551 Ibidem, p. 21.
1552 [s.a]. *Robespierre*. Col. Grandes Personagens da História Universal, cit., p. 68.

da Montanha de 1793 (Ano I da República) está de fato imbuída da lógica do princípio democrático quando considera que a soberania que reside no povo é "una e indivisível" e, mais ainda, quando preconiza o sufrágio universal direto como corolário dessa soberania popular.

"Só que a realidade política não corresponde à idealidade do texto constitucional: o "despotismo da liberdade", proclamado por Robespierre, Saint Just e Marat, nada tem de uma democracia que defenda a igualdade, a liberdade e, de forma mais geral, os 'direitos' dos cidadãos". (...) Aliás, em 1799, a constituição do ano VIII, na qual, no entanto, o próprio Sieyès imprimiu sua marca, exprime sem rodeios o autoritarismo do poder. Sob as cores de uma legitimidade democrática que invoca sem cessar o apelo ao povo e sua aceitação, o regime napoleônico era uma nova traição da ideia de democracia"[1553].

Robespierre tornou-se a personificação da Revolução em seu estado mais feroz e justificou o terror como uma emanação da virtude republicana, um passo necessário no caminho para a sociedade ideal que estava determinado a estabelecer na França[1554].

Apesar de sua curta carreira política ter sido longa o suficiente para garantir-lhe uma posição duradoura na história mundial, ela não durou o bastante para mostrar que ele perpetrou o Terror e enviou milhares ao encontro da morte. Um inimigo, com sorte o bastante para permanecer vivo, previu:

> "*A história dirá pouco a respeito deste monstro; ela se limitará a essas palavras: 'Naquele momento, a desestruturação interna da França era tal que um charlatão sedento de sangue, sem talento nem coragem, chamado Robespierre, fez todos os cidadãos tremeram sob sua tirania. Enquanto mil e duzentos soldados derramavam o próprio sangue nas fronteiras da República, ele a colocou de joelhos com suas condenações*[1555]'".

Difamação[1556] e menosprezo foram consequências inevitáveis do Terror, mas "charlatão sedento do sangue" não pode ser uma descrição satis-

[1553] GOYARD-FABRE, Simone. *O que é democracia?* São Paulo Martins Fontes, 2006, p. 187.

[1554] SCURR, Ruth. *Pureza fatal*, cit., p. 20.

[1555] Ibidem, p. 20.

[1556] Tal como hoje, no Brasil e no mundo. A difamação de adversários, muito comum na época, equivale às atuais *fake news*, ou notícias falsas, plantadas na imprensa para atacar os

fatória do advogado que se opunha à pena de morte antes da Revolução e que depois se tornou o pacifista mais articulado da França quando a guerra com o resto da Europa começava a despontar. Para os defensores, Robespierre foi um profeta da ordem política do futuro injustamente caluniado. Quase cinquenta anos depois de sua morte, um deles escreveu: "*Eu daria minha vida para salvar Robespierre, que amei como a um irmão. Ninguém sabe melhor que eu como sua devoção à República era sincera, desinteressada e absoluta. Ele tornou-se o bode expiatório dos revolucionários, mas era o melhor homem entre todos eles*"[1557].

A esquerda francesa, e de outros lugares, tem descrito Robespierre principalmente como o defensor da República e do ideal da democracia direta; em suma, uma testemunha apaixonada dos sofrimentos dos pobres[1558] e das virtudes dos humildes ou oprimidos traídos pela história: "*Ele foi, afinal de contas, o revolucionário que tentou mudar a Declaração de Direitos para limitar a propriedade privada e sacramentar o direito de todos à vida e à subsistência. Foi Robespierre quem disse: 'Quando é que o povo será educado? Quando tiver pão suficiente para comer, quando os ricos e os governos deixarem de subornar penas e línguas traiçoeiras para enganá-lo... quando isto acontecerá? Nunca*'"[1559]. A democracia direta de Robespierre desenvolveu forte mimetismo entre os três poderes (executivo, legislativo e judiciário) que acabam sendo representados pelo Comitê de Salvação Pública, responsável pela tirania e terror durante a Revolução Francesa[1560].

"inimigos", criando um forte ânimo popular contra eles, distraindo os críticos e levando gente à guilhotina. No caso atual à execração pública, antes que sejam efetivamente condenados pela Justiça.

1557 Ibidem, p. 20.

1558 Louis Antoine de Saint- Just, associado de Robespierre no Comitê de Salvação Pública, proclamou, com entusiasmo, a certa altura no auge do Terror, que eram "os pobres (os *malhereux*) o verdadeiro poder do planeta". No original: "les malhereux sont les puissances de la terre; ils ont le droir de parler em maitre aux government que les négligent" (Os desafortunados são os poderes da Terra; eles têm o direito de falar como senhores aos governos que os negligenciam). Dunn, John. *A história da democracia*, cit., p. 225.

1559 Scurr, Ruth. *Pureza fatal*, cit., p. 21.

1560 Ibidem, p. 21.

7.1.4 Conclusões – Da democracia direta ao totalitarismo e a tirania

Quanto a Robespierre, suas convicções sociais não apresentavam mais coerência do que as políticas. Quando propôs, em abril de 1793, limitar o direito de propriedade, foi antes de mais nada para destacar-se do projeto girondino de declaração de direitos, no momento em que os jacobinos e a Comuna se mobilizaram contra os deputados "facciosos". Em contraste, Robespierre ergueu-se contra os tumultos sociais, por trás dos quais divisava invariavelmente a contrarrevolução. Censurou os agentes da "aristocracia que percorriam as ruas aparentando a indigência e a fome", acusou os "celerados fantasiados com a roupa respeitável da pobreza"![1561].

Do outono de 1793 à primavera de 1794 Robespierre deixou sua marca no processo inacabado de restauração do Estado; a Convenção foi amordaçada, foram desmantelados os quadros do movimento popular, os clubes foram transformados em peças da máquina administrativa, a autonomia local foi extinta. Tudo o que tinha origem na periferia e na base foi transportado ao centro e à cúpula[1562]. Em Termidor, visando livrar-se de toda a responsabilidade, tentou imputar, com má-fé evidente, ao maquiavelismo de seus inimigos o impulso que tinha tomado o Terror[1563].

Robespierre era, sem dúvida, o primeiro a crer na realização dessa utopia, mas também na possibilidade de pôr cobro à Revolução por decreto. O entusiasmo da opinião, no entanto, duraria pouco; no dia 22 Prairial foi aprovada a lei que reformava o procedimento do Tribunal Revolucionário, dele suprimindo as provas e a defesa, e faz com que o Terror ingressasse numa fase de aceleração incontrolável. Longe de anunciar o fim da Revolução, o novo culto cívico conferiu ao Terror um fundamento moral e uma legitimação que se tornara indispensável em função do desaparecimento – com a ajuda da eliminação das facções e das vitórias militares – de todo o critério em que se pudesse acreditar na seleção dos maus[1564].

Robespierre recebia aplausos mecânicos e julgava-se todo-poderoso. Mas bastou aos convencionais retomarem o uso da palavra para que ele, privado do apoio daqueles que três anos antes o levavam em triunfo, se

[1561] Furet, François e Ozouf, Mona. *Dicionário Crítico Da Revolução Francesa*, cit., p. 320.
[1562] Ibidem, p. 320.
[1563] Ibidem, p. 320.
[1564] Ibidem, p. 321.

mostrasse subitamente vulnerável e desarmado. Seu erro teria consistido em crer que o tempo trabalhava a seu favor[1565]. Se ele tivesse obtido vitória na provação do 9 Termidor, algumas carroças suplementares teriam tomado o caminho do cadafalso.

Contudo, as raízes e os princípios de radicalismo governamental executados nesse período irão se frutificar até o século XXI, por intermédio de várias revoluções e governos autoritários que irão se multiplicar em diversos países do mundo atual. Madame Roland[1566], intelectual, antes de ser guilhotinada, previu: "ó liberdade: quantos crimes são cometidos em teu nome!"[1567].

7.2 Jean-Paul Marat (1743-1793) – a imprensa radical e o povo

Jean Paul-Marat era médico, escritor, jornalista e político. Filho do italiano Giovani Marra[1568], conhecido como Jean Marat, ele nasceu em Boudry, cantão de Neuchâtel, na Suíça. Ao voltar para a França (1777), oriundo da Inglaterra, lançou o jornal panfletário "*O amigo do Povo*" (l'ami du Peuple), atacando a elite francesa e defendendo a revolução popular. Devido ao seu radicalismo foi preso (outubro/novembro de 1789) e teve de exilar-se na Inglaterra[1569].

Eleito deputado de Paris durante a Convenção pelos Montanheses, foi atacado pelos girondinos e teve que se explicar ao Tribunal Revolucionário que havia criado. Absolvido, voltou à Convenção (24-04-1793) de maneira triunfal a e colaborou para a derrubada e condenação dos giron-

1565 Ibidem, p. 321.

1566 Madame Roland (1754 – 1793) – Intelectual francesa ligada aos girondinos e crítica do período do terror. Escreveu "Memórias", sobre o conturbado contexto francês daquela época. Foi presa e executada como contrarrevolucionária.

1567 Ibidem, p. 322.

1568 Giovani Marra (pai de Marat) era de origem modesta. Nasceu na Sardenha e formou-se padre católico, mas desistiu da batina para procurar abrigo na calvinista Suíça, onde converteu-se ao protestantismo. Lá casou com uma jovem cujos pais haviam fugido da França por causa de perseguições religiosas. Detentor de conhecimentos, graças à sua formação religiosa, sustentou sua família com o que ganhava ensinando línguas e desenhando em tecidos de algodão numa fábrica. Conseguiu ter três de suas nove crianças educadas no Colégio Neuchâtel. Entre esses três estava Jean Paul Marat.

1569 COQUARD, Olivier. *Marat, o amigo do povo*. São Paulo: Scritta, 1996, p. 210.

dinos. Nos inícios de 1791, a situação se torna mais tranquila e a perseguição contra ele se afrouxa, e Marat participa ativamente do Clube dos Amigos dos Direitos do Homem, no qual Danton pontifica.

O Amigo do Povo[1570], porém, não desiste de denunciar a conspiração da corte, que pretende fazer o Rei Luís XVI fugir da França. Por causa de uma doença da pele, contraída na sua fase de fugitivo, quando morava em insalubres ruelas, Marat passa os dias mergulhado na banheira. Ali escreve, a cabeça envolvida num lenço com vinagre, numa imagem que o deixou marcado na história[1571].

Numa loja do centro de Paris, Charlotte Corday[1572], compra uma longa faca. Na manhã do dia 13, ela dirige-se à casa do "monstro", o homem que

1570 [...] As concepções políticas do fugidio Amigo do Povo constituem verdadeiro enigma historiográfico. Os historiadores clássicos da Revolução situaram-no, sucessivamente, em todos os campos. Ele é, ao gosto dos autores, realista, comunista, socialista, moderado e, até mesmo, tudo isso ao mesmo tempo. Esta confusão, que corresponde à da imagem de Marat na mesma historiografia, deriva das incertezas que vieram à tona em função da atividade política de Marat, durante sua própria vida: quando ele sai de sua clandestinidade, as imagens das concepções políticas de Marat são também diferentes daquelas que as formulam. Para frisar esta imagem, criada pelos contemporâneos da política de Marat, selecionaram-se três jornais, entre os mais difundidos, para registrar a totalidade das circunstâncias de Marat e *do L'Ami u peuple*: *Les Actes de apôtres*, sob a direção de Suleau, *Les Révolutions de France et de Brabant* de Desmoulins e o *Péree Duschesne*, de Hébert. [...] A política de Marat se destaca como verdadeiro mistério para os contemporâneos, um mistério do qual emergem algumas certezas, partilhadas por todos, mas interpretadas de maneira muito diversa; o Amigo do Povo é um radical, partidário das medidas mais brutais.

1571 Após sua morte, em 1793, o pintor Jean-David Louis foi contratado pelos revolucionários para produzir um belo quadro que o representa, caído na banheira, com o pano na cabeça e uma pena na mão direita. Sua pele, que estava descolorida devido aos problemas de saúde, foi embelezada na imagem. O caixão foi depositado no Panteão da Pátria e o coração ardente no Clube des Cordeliers. Posteriormente, tudo foi destruído e ele foi "descristianizado" pela Revolução. Seu caixão hoje repousa na Igreja de Santa Etiene.

1572 [...] Marat morre em 13 de julho de 1793, assassinado em sua banheira por Marie-Anne Charlotte de Corday d'Armans (ou d'Armont). Esse homicídio constitui um dos episódios mais famosos da história da Revolução Francesa. "Charlotte Corday" – como ela se faz chamar no decorrer do seu processo e como será doravante denominada – se apresenta como uma jovem educada nos quadros familiares de uma antiga nobreza em plena decadência. Sua educação é assegurada em parte entre os religiosos do Convento das Damas, em Caen, e com sua tia, senhora de Butteville, personalidade destacada da sociedade aristocrática de Caen. Ela lê Rousseau e Corneille, de quem é descendente

tirou tudo à sua família e aos amigos, o "massacrador" de setembro. Marat não pode recebê-la. Charlotte volta à tarde. A situação é a mesma. "Dei-

direta, e imagina um ideal de República romana, revista e corrigida pelo autor de Nova Heloísta. Ela assiste em 1789 ao terrível massacra do visconde de Belzunce, um oficial que ineptamente provocou a multidão de pobres de Caen. Ela recebe por intermédio de amigos – como Bougon-Longrais – notícias de Paris. Lê os jornais moderados, o Courrier-français e o Journal, de Perlet. Seus dois irmãos, monarquistas, emigram. Ela é ainda virgem e sabe estar quase condenada ao celibato pela total falta de fortuna paterna. A partir de maio de 1793, Caen torna-se a capital normanda do federalismo. Foi a cidade que primeiro deu guarida ao general Felix Wimpfen, a quem Marat contribuiu amplamente para desacreditar, e que tenta formar na cidade normanda um exército destinado a "libertar" a Convenção. Caen acolhe, sobretudo, a partir de junho de 1793, uma dezena de deputados proscritos – entre os quais Barobaroux e Pétion – que se tornam a coqueluche da cidade. Os indícios dos temores da província diante dos "maratistas" são numerosos. O maratismo é uma noção recorrente nos discursos moderados, Cambon lembra assim prazerosamente o 11 de julho com seus colegas "dos quais comissários, até então não classificados como pertencentes às fileiras dos maratistas". Charlotte Corday está toda comovida com as narrativas dos girondinos; ela identifica dois tiranos, Robespierre e Marat – sobretudo este, indicado por Wimpfen e depois pelos girondinos – como os principais responsáveis pelas desgraças do país. Ela decide, então, reeditar o gesto de Judite e prepara um assassinato notável: trata-se de apunhalar Marat no auge da Convenção, em 14 de julho, quarto aniversário da Tomada da Bastilha. Ela utiliza-se de um pretexto para viajar a Paris, acha um quarto no Hotel de la Providence, perto da Praça das Vitórias, em 11 de julho; no dia 12 faz as visitas que motivaram oficialmente sua vinda a Paris; encontra então Lauze Deperrot. Ela toma conhecimento de que Marat, doente, não vem mais à Convenção. No dia 13 pela manhã, ligeiramente empoada, ela compra um punhal – e sua bainha – no Palais Royal, arcada 177. As duas primeiras tentativas fracassam; apesar do anúncio de sua visita por meio de um bilhete ao Amigo do Povo ela é despachada por duas vezes por Marie-Barbe Pain (ou Aublain) e por Simonne Évrar. Charlotee envia um terceiro bilhete, que Marat não recebe, em que apela para sua compaixão ("Creio ser suficiente para o senhor saber que eu sou bem infeliz..."), e desta vez consegue ter acesso a ele. Marat está em sua banheira. Corrige velhos números do L'Ami du Peuple para uma nova edição, sem dúvida. Sua enfermidade provoca-lhe insuportáveis dores na pele (eczema piorado, de caráter canceroso e/ou talvez de origem diabética, tala é a hipótese atualmente aceita pelos mais recentes dos inúmeros médicos que se debruçaram sobre o caso). Para mitigá-las, Simonne deposita vinagre, turfa e diversas poções na banheira; ela fica ansiosa em saber se a dosagem é adequada em seguida sai. Charlotte avança e informa ao jornalista que Caen se rebelou e fornece a lista dos rebeldes. Marat, que parece não ter consciência, neste instante, que não detém mais qualquer poder, afirma-lhe com firmeza: "Eu mandarei todos à guilhotina". Charlotte saca então seu punhal e o enterra no corpo do Amigo do Povo. Grito, tumulto. Ela é atirada ao

xem entrar a cidadã", diz Marat. Ela pergunta, então, o que fará com os inimigos girondinos, ao que ele responde que os mandará à guilhotina. Pouco depois, a faca se enterra em seu peito, enchendo a banheira de sangue[1573].

Sua assassina o considerava sanguinário e ele tornou-se um mártir da Revolução. Charlotte era adepta dos girondinos. *"Como ele próprio escreveu, 'desde os primeiros anos fui devorado pelo desejo da glória... Com quinze anos quis ser professor, com dezoito autor, com vinte gênio criador, assim como agora quero sacrificar-me pela pátria'"*. Antes de ser guilhotinada, ela teria dito que "matei um homem para salvar 100 mil"[1574].

O doutor Marat, personagem obscuro da sociedade das Luzes, torna-se em alguns meses o Amigo do povo, um nome conhecido em toda a França revolucionária. Conforme ele mesmo conta:

> *"Eu vivia na penúria fazia cinco anos (...) quando a Revolução se anunciou pela convocação dos Estados Gerais. Cedo entrevi aonde as coisas chegariam e comecei a respirar na esperança de ver enfim a humanidade vingada, de concorrer para o rompimento dos seus grilhões e de me colocar a seu dispor. Aquilo não era senão um sonho, desfeito na vigília; uma doença cruel ameaçava de levar-me ao túmulo. Não querendo deixar a vida sem ter feito alguma coisa pela liberdade, compus a* Offrande à la patrie *em um leito de dor. Esse opúsculo obteve muito sucesso; foi premiado pela sociedade patriótica de Caveau, e o prazer que senti foi a principal causa do meu restabelecimento. Restituído à vida, ocupei-me unicamente com os meios de servir à causa da liberdade"*[1575].

O jornalista radical considerava que era necessário reformular a Constituição. Na base de todos os males, em sua opinião, encontrava-se o voto censitário, isto é, só podiam votar os que possuíssem renda superior a uma certa quantia. Deveriam substituí-lo pelo sufrágio universal[1576].

chão pelo comissário Laurent Bas, depois levada à polícia, julgada e, quatro dias após o homicídio, guilhotinada. Coquard, Olivier. *Marat, o amigo do povo*, cit., p. 360-361.

[1573] Coquard, Olivier. *Marat o amigo do povo*, cit., p. 56.

[1574] Ibidem, p. 56.

[1575] Ibidem, p. 319.

[1576] Ibidem, p. 43.

Durante anos, Marat pesquisara livros de toda espécie, preenchendo folhas e mais folhas com anotações sobre fatos históricos que falavam em atos de despotismo e sublevações populares. Plutarco[1577], Tito Lívio, Tácito[1578], De Sandoval[1579], La Houssaye[1580], Giannone[1581], Maquiavel, obscuras obras de historiografia, memórias – mais de setenta volumes foram arrolados em sua bibliografia. De todos eles extraiu material, classificou-o por assunto, por analogia, procurando as constâncias e repetições, na tentativa de descobrir leis gerais da política[1582].

1577 Plutarco (50 – 120/125) – Historiador, nasceu em Queroneia e estudou em Atenas e em Esmerina. Foi sacerdote dos Delfos. As suas obras são: "Vidas paralelas" e as "Obras Morais". Escreve sobre personagens ilustres gregos e romanos e aborda o declínio moral da república romana. Em "Moralia", apresenta 78 trabalhos, a saber: "Sobre a loquicidade", "A respeito da educação infantil", "Conselhos sobre o casamento", "Conselhos sobre a vida pública", "Questões Romanas" etc.

1578 Públio Cornélio Tácito (56/57 – 120) – Historiador, natural de Gália Narbonense, foi senador, questor, pretor e cônsul substituto. Grande orador fez importantes louvações fúnebres. Escreveu: "Anais", "Das histórias", "Dos costumes dos germanos" e "Diálogos dos oradores". O seu estilo é brilhante.

1579 Alonso de Sandoval (1576 – 1651) – Ainda menino, migrou para o Peru com seus genitores, onde seu pai assumiria o cargo de contador da Fazenda Real de Lima. Estudou no seminário de San Martín de Lima, onde teve conhecimentos de arte, teologia e moral. Era leitor de latim. Entrou para a Companhia de Jesus em 1593. Chegou a Cartagena de Índias em 1605 e, dali em diante, se ausentaria poucas vezes daquela cidade. Em 1623 concluiu sua obra maior, *Naturaleza, policia sagrada y profana, costumbres y ritos, disciplina y catecismo evangélico de todos etíopes*, impressa em Sevilha em 1627, e ficou mais conhecida pelo título em latim *De instauranda Æthiopum salute*. É considerado um dos mais importantes textos para a etnografia africana e afro-americana, publicados no período.

1580 Abraham Nicolas Amelot de la Houssaye (1634 – 1706) – Historiador e memorialista, exerceu a função de secretário da embaixada francesa na República de Veneza. Em *Histoire du gouvernement de Venise*, explica e critica a administração desse Estado, e expõe as causas de sua decadência.

1581 Pedro Giannone (1676 – 1748) – Historiador italiano, foi advogado em Nápoles, cidade na qual publicou História civil do reino de Nápoles, obra que foi colocada no Índex da Igreja Católica, sendo seu autor excomungado, tendo que sair da cidade. Passou longo tempo em busca de um asilo político, passando por Viena, Veneza, Pádua, Módena e Gênova. Chamado traiçoeiramente a Saboya, foi ali preso em 1736 por ordem do rei da Sardenha e encarcerado em Turim, onde morreu na prisão, mesmo tendo feito uma retratação. Também escreveu *Os três reinos: terrestre, celeste e papal.*

1582 COQUARD, Olivier. *Marat o amigo do povo*, cit., p. 44.

Em seu trabalho, a influência de Rousseau é indiscutível. "O homem nasceu livre e, em todos os lugares, ele se encontra agrilhoado", é o que diz o filósofo no início de seu livro *Do Contrato Social*. E, na introdução de *As Cadeias da Escravidão*, Jean-Paul Marat afirma claramente: "*Tratarei nesta obra dos esforços lentos e contínuos que, pouco a pouco, dobram a cabeça dos povos sob a canga e lhes fazem perder a vontade e até a força de sacudi-la*"[1583].

Finalmente, o livro explica como devem atuar os "amantes da liberdade". Da mesma forma que Maquiavel tratou do Golpe de Estado, Marat trata da insurreição[1584].

Depois de lançar o seu livro em Londres, fixa-se em Paris, onde também consegue rica clientela e, em pouco tempo, torna-se médico da moda, graças à influência de uma cliente famosa, a marquesa de L'Aubespine[1585]. Entra a serviço do Conde d'Artois, irmão do rei e futuro Carlos X, com bom ordenado e alojamento. Foi por essa época que redigiu o "Plano de Legislação Criminal". – Durante quatro anos, de 1784 a 1788, ao invés de convalescer, piorou a olhos vistos de seus problemas de saúde. A tal ponto que pensou estar morrendo. Fez um testamento, legando seus aparelhos científicos à Academia de Ciências[1586].

7.2.1 Pensamento político – atuação e a linguagem virulenta do "Amigo do Povo"

Com a convocação dos delegados para os Estados Gerais, Marat, que devido às suas doenças já se considerava moribundo, recuperou-se completamente. Participou das jornadas como membro da junta eleitoral de seu bairro e, no assalto à Bastilha, um dos momentos máximos da sublevação, exortou os soldados para que não atirassem sobre o povo. Mas foi apenas um entre tantos oradores.

[1583] Ibidem, p. 44.

[1584] Ibidem, p. 44.

[1585] Claire Adélaïde Antoinette de Choiseul Beaupré, a marquesa de L'Aubespine (1751 – 1794) – Era esposa de Maximilien Louis Marie L'Aubespine e sobrinha de Étienne-François, duque de Choiseul (1719-1785), ministro do Exterior de Luís XV de 1758 a 1770, responsável pela expulsão dos jesuítas da França em 1762. Marat a tratou com êxito curando-a de uma infecção pulmonar, tornando-se dela posteriormente amante.

[1586] Ibidem, p. 45.

No seu manifesto "Estamos liquidados!", Marat afirma que: "em lugar da tirania de 100 mil nobres teremos a de 1 milhão de agiotas". A Assembleia decreta sua culpa por crime de lesa-nação. Isso pouco o incomoda. Considera exasperante a aparente incapacidade do povo de revoltar-se contra a Constituição que está sendo elaborada e que o privará de seus direitos[1587]. Outro mandato de prisão é expedido contra ele. "Caçado de refúgio em refúgio, muitas vezes lugares úmidos onde não havia onde se deitar. Mergulhado em negra miséria, cobria o corpo com um simples capote vermelho e a cabeça com um lenço, quase sempre embebido em vinagre (Marat sofria de terríveis dores de cabeça). Um tinteiro na mão, papel nos joelhos, esta era sua mesa de trabalho"[1588].

O principal ponto de ataque de *O Amigo do Povo* é a democracia censitária. Ao invés de excluir os pobres do voto, propõe que se excluam os agiotas, os funcionários reais e os prelados. Para ambas as coisas, o jornal só vê o "remédio inglês: insurgir-se"[1589].

7.2.2 Despotismo, tirania e Marat – reflexões

O despotismo, segundo Marat, seria antes de tudo ligado a uma forma extrema de opressão: a escravidão. O cabeçalho de *Châines de l'esclavage* estabelece ligação direta entre a escravidão e "as cenas sangrentas que marcam o despotismo". Este, que implica uma escravidão de fato, existe quando o Príncipe detém "o poder de fazer as leis", o que o autoriza, em caso de revolta, " a violar as leis em nome das próprias leis". Analisando o primeiro capítulo da Constituição sobre os fundamentos do governo francês, apresentado em nome da Comissão de Constituição à Assembleia Nacional em 27 de julho de 1789, por Mounier, Marat demonstra que tal projeto voltaria a concentrar no rei o exercício dos três poderes que "por si só comporiam o despotismo mais terrível".

O despotismo em Marat evolui em função de numerosas leituras e de realidades diversas. Sua definição de despotismo não é muito original. Ela é inspirada expressamente nos pensamentos caros a todo o final do século XVIII; o de Rousseau e Montesquieu. O primeiro lembra, no

[1587] Ibidem, p. 45.
[1588] Ibidem, p. 50.
[1589] Ibidem, p. 49.

Discurso sobre a desigualdade, a "cabeça abjeta do despotismo". No *Contrato Social* ele fornece uma definição bastante sóbria do déspota: ele é o "usurpador do poder soberano, que se sobrepõe às próprias leis". Evidentemente, Marat se lembra desta definição quando afirma em *Les châines de l'esclavage* que "o golpe extremo que os príncipes infligem à liberdade é o de violar a lei em nome da própria lei". A influência de Jean-Jacques Rousseau é corrente: o conjunto dos dirigentes revolucionários, Robespierre à frente, sucumbe à preeminência ideológica do "pai da Revolução". O despotismo é, portanto, para Marat, a concentração numa mesma mão dos três poderes políticos clássicos e do poder exclusivo de designação do Executivo.

De conexão em conexão, a marca do *Discurso da servidão voluntária* é identificável nesta definição, embora ele não cite o pensador La Boétie em suas reflexões. Para ele, os caminhos do despotismo são sempre os mesmos: de início corrompe, depois oprime. O autor analisa longamente o processo da marcha ao despotismo no capítulo "Os vícios da constituição política" de *Chaines de l'escavage.* A repressão marca a passagem do despotismo à tirania.

Marat extrai de suas leituras históricas o horror pela tirania: a admiração extrema que nutre por Maquiavel deve-se à qualidade das descrições, mostrando em O *Príncipe* e em *História de Florença* a indissolúvel ligação entre atos despóticos e barbárie tirânica.

Assim, o povo, para Marat, sem prejuízo de uma identificação social e econômica, pode ser definido por duas qualidades essenciais: a liberdade e a altivez. As vítimas do despotismo perderam essas qualidades.

A lei natural leva o homem a recusar toda autoridade despótica. Marat reúne aqui, de uma só vez, Montesquieu, Rousseau, Jaucourt[1590], o qual redigiu para a *Enciclopédia* o verbete "poder", no qual afirma: "Seja quão ilimitado for o poder de que os soberanos gozam, ele não lhes permite

[1590] Chevalier Louis de Jaucourt (1704 – 1779) – Foi um erudito francês e um dos principais contribuidores para a Enciclopédia. Escreveu sobre assuntos envolvendo fisiologia, química, botânica, patologia e história política. Estudou teologia na Universidade de Genebra, ciências naturais na Universidade de Cambridge e medicina na Universidade de Leiden.

jamais violar as leis, oprimir os povos, tratar com o maior desprezo a razão e a equidade".

7.2.3 O Estado e Marat – pão para todos, o Fome Zero do século XVIII

Este é um sonho em transformação. A ideia que Marat faz dele modificou- se no curso da Revolução. O estado natural não se constitui para ele num paraíso perdido. Neste plano, se situa entre os revolucionários, duplamente à frente: de um lado por sua própria concepção do estado natural, de outra parte, pela integração do direito de subsistência aos direitos imprescritíveis do homem. O objetivo primordial do Estado de Marat é o pão para todos. Em matéria de Constituição, sua ótica não é política mas, simultaneamente, emocional e filosófica.

A constituição sonhada por ele em 1789 na *Offrande à la patrie* deve, pois, repousar sobre seis "leis fundamentais", das quais cinco são destinadas a permitir o controle dos atos do poder executivo e do poder judiciário pelos representantes do povo e pelo próprio povo. "Ao governo é necessário barreiras intransponíveis." Quanto à própria natureza de tal governo, Marat é relativamente indiferente.

Esse Estado pode ser identificado como uma democracia que repousa sobre a virtude dos cidadãos. O controle inflexível, incessante e recíproco dos elementos que o constituem representa a única garantia de sua sobrevivência. Isto se justifica, pois o Estado ideal deve permitir que se rompa com o temível estado natural: qualquer outro sistema faria submergir de novo o homem, submetendo-o à escolha entre a morte e a escravidão.

Marat, que se afastou voluntária e temporariamente – dizia – de suas funções, encontra-se *de fato* excluído do campo das decisões políticas. Essa exclusão é talvez facilitada pelo novo acesso da doença da qual padece então e serve de justificativa para sua ausência da Convenção. Ele mesmo anuncia sua doença aos deputados em uma carta lida na Convenção em 21 de junho. Em todas as cartas enviadas à Assembleia, ele chama a atenção para seu estado e apela – em vão – à solidariedade de seus colegas da Montanha para fazer passar suas propostas.

Alessandro Volta (1745-1827), cientista que se tornou famoso por inventar a primeira bateria elétrica, a pilha de Volta, fez as seguintes considerações sobre Marat:

"Por essa época Marat era pobre e vivia miseravelmente, e embora desde meu regresso da América eu o tenha visto pouco em casa, não creio que tenha trocado de princípios. Acusaram-no de venalidade, de corrupção. Não parei de dizer; ele estava acima da corrupção. Marat tinha uma única paixão, a de dominar na carreira que seguia. A ambição da glória era sua doença; não tinha a do dinheiro. De temperamento bilioso, e caráter atrabiliário, era pertinaz em seus sentimentos e constante em sua marcha. Pode-se julgar sua pertinácia por este traço: com a maior dificuldade de falar, ele, ainda assim, se apresentava em todas as tribunas[1591].

Desesperando-se por encontrar jornalistas aduladores, fundou ele próprio um jornal. Eu o anunciei com elogio, para lhe atrair assinantes. Prestando-lhe esse serviço que não recusei a nenhum de meus confrades, acreditava ser útil ao público. Deus! Como eu estava enganado! Qual não foi a minha surpresa quando li algumas de suas edições! Como um escritor que se respeitava podia se degradar a ponto de adotar um tom tão vil, tão escandaloso, tão cruel? Confesso que achava Marat um escritor medíocre, um lógico inconsequente, incrédulo em moral, ambicioso e inimigo de todos os talentos; mas não o julgava capaz de violar todos os princípios, todas as leis, a ponto de caluniar os homens mais virtuosos, pregar a chacina e a pilhagem. Detenho-me aqui, e termino por esta reflexão: qualquer que seja o mal que Marat me tenha feito, eu o perdoo; mas não lhe perdoarei jamais ter corrompido a moral do povo, ter-lhe inspirado o gosto do sangue"[1592].

7.2.4 Conclusões – Um homem do Iluminismo

Marat foi, antes de mais nada, um homem das Luzes. Ele não chegou a ser, no mundo dos escritores, dos cientistas do fim do século das Luzes, um nome ilustre.

Seus trabalhos não foram determinantes para as grandes descobertas científicas do fim daquele século. Respondendo de forma agressiva quando contrariado, o jornalista revolucionário angariou mais desafetos do que apreciadores dos seus estudos e escritos. É também um exemplo perfeito desses homens das Luzes.

Ele conseguiu, enfim, marcar com sua personalidade jornalística e carismática, o processo revolucionário. Perseguido pela polícia, criou a

[1591] Cioran, Emile Michel. *Antologia do retrato – De Saint-Simon a Tocqueville*. Rio de Janeiro: Rocco, 1998, p. 106.

[1592] Ibidem, p. 108-109.

mística de "proscrito" para criar um personagem emblemático da Revolução, um personagem fantástico proposto como modelo à admiração dos patriotas: este personagem era o Amigo do povo, perseguido impiedosamente por um poder cruel, obrigado a se esconder num subterrâneo, e, no entanto, revidando golpe por golpe, triunfando repetidamente, quer sobre seus perseguidores, quer sobre os traidores que procuravam fulminar a Revolução.

Ele marcou, por fim, com sua ação, o processo revolucionário. Esteve presente em todas as grandes jornadas revolucionárias parisienses. De outubro de 1789 a junho de 1793, seus artigos e panfletos ajudaram na mobilização das forças da Revolução contra seus inimigos.

"Esse destino singular Marat deve ainda a uma morte que reuniu todos os traços de uma inscrição duradoura na mentalidade coletiva. Homem famoso, feio e doente, golpeado por uma desconhecida bela e jovem; homem que reclamava cabeças, mas que era denominado "Amigo do Povo", e de quem a criminosa se aproximou mediante uma súplica"[1593].

Marat, precursor do socialismo? O que fundamenta tal interpretação é a reflexão de Marat sobre os direitos do homem, "belos direitos alterados, mutilados, truncados e mesmo anulados pelos decretos subsequentes, a presciência da distinção entre direitos formais e direitos reais, muito legível na advocacia. Veemente a favor dos cidadãos passivos, iniquamente considerados seres nulos a despeito da declaração dos direitos. Também a fundamenta a consciência da "influência das riquezas sobre as leis", e o pressentimento de que o povo "depois de ter rompido o jugo da nobreza bem pode romper o jugo da opulência"[1594]. Foi uma excelente vítima para o processo revolucionário.

7.3 George-Jacques Danton (1759-1794) – do radicalismo político à moderação libertária

George-Jacques Danton foi advogado, político, membro do Conselho do Rei (1787), deputado do Povo nos Estados Gerais, participou da criação do Clube dos Cordelliers. Foi procurador adjunto da Comuna de Paris,

[1593] FURET, François; e OZOUF, Mona. *Dicionário Crítico da Revolução Francesa*, cit., p. 272.
[1594] Ibidem, p. 274.

Ministro da Justiça no conselho Executivo (1792) e chefe de governo contra a invasão da Prússia[1595].

Assim, ao concluir seus estudos, em 1780, o jovem Georges decidiu tentar a sorte num universo mais amplo. Comprou o posto de Conselho do Rei por 78 mil libras, uma soma imensa que o jovem advogado de Arcis-sur-Aube teve de arrecadar mediante empréstimos vultosos da família, dos amigos e de agiotas profissionais.

As imperfeições de Danton, fictícias ou reais, podem ter desempenhado um importante papel na formação da política – e mesmo do destino – de seu país. Quando se casou com Gabrielle, estava muito endividado. Em 1790, todavia, sua vida parecia cada vez mais confortável, até mesmo luxuosa, e suas dívidas eram pagas com surpreendente rapidez. Contudo, os rendimentos que auferia através da profissão não seriam capazes de dar conta dessa prosperidade. Várias testemunhas – frequentemente inimigos de Danton – afirmavam que a abastança que ele conseguira atingir tinha uma origem diferente: os subornos[1596].

Foi deputado por Paris na Convenção (setembro/1792), quando se conflitou com os radicais girondinos e optou pelos montanheses menos extremistas. Foi ele que fez com que se decidisse pela criação do Comitê de Salvação Pública (06-04-1793), do qual iria ser, até julho, o presidente de fato[1597].

1595 Dwyer, Frank, *Os grandes líderes – Danton*. São Paulo: Nova Cultural, 1988, p. 9.

1596 Danton fora acusado de aceitar, ao longo da carreira, uma variedade de propinas, como dinheiro de Luís XVI. "Outras pessoas acreditavam que Luís Filipe, o Duque de Orléans – primo do rei –, seria o responsável pelo reforço financeiro do orçamento de Danton. O duque representava Paris na Assembleia e, como membro do Clube dos Jacobinos, chegou mesmo a mudar seu nome para Philippe Égalité (*égalité* em francês significa igualdade). Houve, durante certo tempo, fortes rumores de que ele seria nomeado eventual regente no lugar do jovem filho de Luís XVI e é possível que tenha dado dinheiro a Danton para que este incentivasse o projeto. (...) outras (...) acusações ainda mais graves, afirmando que o líder dos cordeliers aceitava suborno de inimigos da França, como o embaixador espanhol, o primeiro-ministro britânico e o Imperador austríaco. (...) alguns historiadores chegam a deduzir que ele aceitava de bom grado qualquer dinheiro que lhe fosse oferecido por qualquer fonte. Não há nenhuma prova (...), mas o acúmulo de evidências circunstanciais é certamente bastante convincente".DWYER, Frank, *Os grandes líderes – Danton*, cit., p. 36.

1597 Dwyer, Frank, *Os grandes líderes – Danton*, cit., p. 63.

Depois de presidir o Comitê de Salvação Pública, foi afastado em julho do mesmo ano. Danton encontrou na Revolução a ocasião de expandir sua força. Combateu o Terror Jacobino, liderado por Robespierre, e acabou preso (março de 1794) e condenado à morte em 5 de abril . Naquele momento, crescia a resistência oferecida por importantes representantes da burguesia contra a política revolucionária do governo jacobino.

Danton havia se transformado num ímã que exercia poderosa atração sobre os elementos de oposição dentro do bloco jacobino. Depois da morte de Marat, a sua importância era tão grande quanto a de Robespierre, a maior figura da Revolução. O papel desempenhado por ele nos dias críticos de 1792, a sua atividade nos órgãos dirigentes da República, os seus dotes de orador de massa asseguravam-lhe, mesmo depois de afastado do governo revolucionário, grande influência sobre o povo, e continuavam a fazer dele um dos chefes do partido jacobino. Mas, como escrevia Marx, "apesar de estar sentado no topo da Montanha... Danton era, em certa medida, o chefe da Planície". Patriota ardente, pronto a combater furiosamente os inimigos que atacassem a sua pátria, Danton não mostrava a mesma resolução no caso das crises da política interna. Em relação às questões sociais, Danton opunha-se à política dos "excessos revolucionários"; quando chegava a apoiá-los, essa atitude era apenas ditada por considerações de ordem tática, ou para conservar sua popularidade.

Passadas as incursões revolucionárias de Danton, pelas suas relações, pelas suas ideias e pelo seu governo de vida, pelas suas inclinações pessoais, pela sua sede de viver, pelo seu amor aos prazeres da luta, mas também aos bens materiais, encontrava-se ele próximo à jovem burguesia, que ascendia rapidamente. Obteve grande fortuna por diversos meios, e não se mostrava muito escrupuloso a respeito dos métodos empregados para satisfazer os seus desejos pessoais. No outono de 1793, Danton retirou-se durante algum tempo da vida pública, mas, mesmo ficando na sombra, ele continuava acompanhando atentamente os acontecimentos e exercendo influência na luta que se desenrolava entre os jacobinos. Em torno dele, cerravam fileiras alguns membros importantes da Convenção e do Clube dos Jacobinos, unidos não apenas por laços pessoais com o antigo chefe revolucionário, mas também pela comunidade dos seus pontos de vista políticos. Camille Desmoulins[1598], Fabre d'Eglantine[1599], Louis Legendre[1600], Delaunay[1601] etc., constituíam a *entourage* imediata de Danton.

A partir do outono de 1793, os dantonistas converteram-se nos campeões da política de moderação. Sob uma forma velada (mas às vezes bastante transparente), eles exigiam o afrouxamento da ditadura revolucionária e o retorno ao regime constitucional, o fim do terror, o abrandamento da política repressiva do governo, a criação de um comitê de clemência, a liberdade de imprensa.

Com o passar do tempo, os "indulgentes", como eram chamados no momento os dantonistas, tornaram-se cada vez mais afoitos. Sem ousar

[1598] Camille Desmoulins (1760 - 1794) - Jornalista francês, advogado, conclamou o povo às armas nos jardins do Palácio Real (12/07/1789). Ajudou no ataque a Bastilha. Defendeu a revolução nos jornais "As revoluções" da França e do Barbante. Como partícipe da convenção esteve com o grupo da Montanha. Posteriormente, em 1793, em o "Velho Franciscano" propôs uma comissão de Clemência para os presos políticos. Em decorrência, foi considerado suspeito de ser contrarrevolucionário e preso. Foi levado ao cadafalso junto com Danton, assim como a sua mulher Lucila Dupleiss (1771-1794), acusada de criticar Robespierre.

[1599] Philipe Fabre d'Elegantine (1750 - 1794) - Philippe François Nazaire Fabre d'Églantine foi um poeta francês, participou da Convenção, sendo aliado de Danton. Colaborou com o Calendário Republicano e a sua nomenclatura de meses e dias. Escreveu: "Filinto de Moliére" e a música "chove, chove".

[1600] Louis Legendre (1752 - 1797) - Quando estourou a Revolução Francesa, mantinha um açougue em Paris, tendo o apelido de "o carniceiro". Foi fervoroso defensor das ideias da Revolução, membro do Clube Jacobino e um dos fundadores do Clube dos Cordeliers. Apesar de sua dicção incorreta, era dotado de uma eloquência genuína e sabia muito bem como cativar o povo. Ele foi um ator proeminente na tomada da Bastilha (14 de julho de 1789), no massacre do *Champ de Mars* (julho de 1791) e no ataque às Tulherias (10 de agosto de 1792). Deputado de Paris à Convenção, votou pela morte de Luís XVI. Quando Danton foi preso, Legendre primeiro o defendeu, mas logo se intimidou e retirou sua defesa. Após a queda de Robespierre, participou do movimento reacionário, empreendeu o fechamento do Clube Jacobino, foi eleito presidente da Convenção. Posteriormente, foi eleito membro do Conselho dos Antigos e faleceu em 13 de dezembro de 1797.

[1601] Joseph Delaunay (1752 - 1794) - Foi um advogado e político francês durante o período da Revolução Francesa. Foi eleito deputado em 1791 para a assembleia pelo departamento do Maine e Loira. Em 1792 participa da Convenção Nacional como deputado pelo mesmo Departamento. Girondino, votou pela condenação à morte de Luís XVI. Foi condenado juntamente com Danton, sendo guilhotinado em 5 de abril de 1794

ainda atacar abertamente Robespierre e os comitês concentraram o seu fogo sobre os ultrarrevolucionários (eles usavam esse termo para designar os jacobinos de esquerda e os hebertistas) e passaram a denunciar os "excessos revolucionários" como o principal perigo para a Revolução.

Danton "protegera a frágil República[1602] francesa de muitos perigos, fora o orador cujos discursos apaixonados haviam levado seus compatriotas à ação; havia sido o político mais poderoso e popular do País. Contudo, muitos cidadãos temiam a ambição de Danton ou nutriam ressentimentos pessoais contra ele – suas decisões arrojadas lhe haviam criado numerosos inimigos. E esses inimigos esperavam ansiosamente pela execução da sentença de morte. Na carreta vermelha, os condenados choravam, rezavam ou praguejavam. Somente Danton permanecia em pé, rindo, brincando para confortar os amigos e desafiar os inimigos presentes em meio à multidão. "Mostre minha cabeça ao povo", disse ao carrasco, "ela merece ser vista!"[1603].

7.3.1 Danton contra o radicalismo de Robespierre e a democracia direta

A formação de Danton teve a influência da Declaração de Independência dos Estados Unidos da América, redigida por Thomas Jefferson, proclamando que todos os homens têm direito à vida, à liberdade e à busca da felicidade. O manifesto se baseava na criação de uma nova nação, sob um novo regime – a República dos Estados Unidos da América –, em que todos os cidadãos teriam voz ativa no governo.

Jefferson inspirara-se no Iluminismo, movimento intelectual que caracterizava o pensamento europeu daquele século e era liderado por filósofos franceses como Voltaire, Jean-Jacques Rousseau, Diderot e Montesquieu. Os Iluministas orgulhavam-se de possuir um pensamento

[1602] Danton era animador do Clube dos Franciscanos e membro da administração departamental do Sena (janeiro, 1791), rompeu com La Fayette após os tiroteios do Campo de Marte (17.07.1791) e, ameaçado de prisão, refugiou-se por algum tempo na Inglaterra. Por ocasião do seu retorno, foi eleito procurador adjunto da Comuna de Paris (dezembro, 1791). *Vide* SILVA, Rogério Forastieri da, *A Revolução Francesa*. São Paulo: Núcleo 1989, p. 99.
[1603] Ibidem, p. 99.

não obscurecido por preconceitos ou superstições e de examinar o Velho Mundo sob uma luz nova e radiante – a luz da razão.

Enquanto a rivalidade entre Danton e Robespierre começava a crescer, prosseguiam os trabalhos de redação da nova Constituição e o caldeirão revolucionário continuava a fervilhar.

Robespierre e Danton eram advogados brilhantes e corajosos líderes revolucionários, mas suas personalidades diferiam profundamente. O primeiro, conhecido como "o Incorruptível" por suas notórias probidade e retidão de caráter, era duro, frio e distante, um homem de ideais guiado pelo intelecto. Danton, ao contrário, era extrovertido e sociável, um homem de paixões movido pelo coração. Durante algum tempo esses dois líderes naturais mantiveram sua incômoda aliança pela causa da Revolução[1604].

O conflito entre Danton e Robespierre chegou ao ápice em 1793. Em novembro, Danton, que estava no campo, foi interrompido por uma mensagem urgente de Paris. Desmoulins e outros dantonistas pediam sua volta. O ardoroso revolucionário precisava responder com arrojo a todos os rumores a seu respeito, especialmente aqueles que falavam em aceitação de propinas e conspirações com os inimigos da República. Somente ele, o orador inflamado e sarcástico, seria forte o suficiente para enfrentar o cada vez mais poderoso Robespierre[1605].

A Convenção elegera "o Incorruptível" para o Comitê de Salvação Pública, que naquele momento governava abertamente a França. E Robespierre, com sua fama, sua crueldade implacável e sua incansável fidelidade aos princípios revolucionários, controlava o comitê com mão de ferro. "Digam a Robespierre que estarei lá em tempo para esmagá-lo", disse Danton ao mensageiro que o informou dos recentes acontecimentos na capital.

Robespierre, porém, ainda não estava pronto para atacar Danton. Outros rivais, mais incômodos, precisavam ser eliminados antes: os novos líderes da massa parisiense. Os homens que antigamente haviam dominado a multidão – Danton, Robespierre e Desmoulins – de certa forma haviam perdido o contato com ela, quando o poder lhes trouxera

1604 Ibidem, p. 99.

1605 Dwyer, Frank, *Os grandes líderes – Danton*, cit., p. 71.

maiores responsabilidades. Outro inimigo temido por Robespierre era Jacques-René Hébert[1606], um jornalista que se tornara o verdadeiro líder do governo municipal. O jornal de Hébert, *Le Pêre Duchesne*, era inescrupuloso e ainda mais violento do que o publicado por Marat. Na verdade, existem algumas evidências de que o próprio Robespierre pretendia abrandar sua política, quando as boas notícias do *front* lhe possibilitassem anunciar o término da necessidade de medidas extraordinárias. No entanto, vendo que Danton prosseguia clamando por tolerância, começou a achar que este estava interferindo em seus planos de governo. Então, finalmente, chegara a hora de os dois grandes rivais, Danton e Robespierre, se enfrentarem sobre o sangrento tabuleiro da política revolucionária. Danton deu o primeiro passo: uma tentativa de firmar a paz. "O Incorruptível" recebeu-o friamente. Um segundo encontro, contudo, terminou com um abraço e, confiante, Danton decidiu deixar Paris e levar a família para um descanso no campo[1607].

O líder jacobino não seria páreo para Danton, se o combate fosse físico. Mas, naquela batalha política até a morte, Robespierre possuía a arma mais poderosa: o Comitê de Salvação Pública – o mecanismo que o próprio Danton ajudara a criar e que tornava fácil, para o homem que o comandava, prender, julgar e executar seus inimigos[1608].

No dia seguinte à sua prisão, Danton fora defendido diante da Convenção por alguns partidários, mas quando Robespierre aparecera, os deputados se calaram. Saint-Just sustentou que Danton simpatizava com os girondinos e que defendia uma política de "clemência" no intuito de enfraquecer e destruir a República. No final, o "Anjo da Morte" preveniu os deputados: "Os dias do crime terminaram. Malditos sejam os que apoiam tal causa". Intimidada, a Convenção aprovou por unanimidade as acusações[1609].

[1606] Jacques-René Hébert (1757 – 1794) – Político radical, jornalista, redator do *Pére Duchesne* que apoiou a Comuna de Paris e o massacre de setembro. Foi preso e levado ao cadafalso, assim como os seus adeptos.

[1607] Ibidem, p. 74.

[1608] Ibidem, p. 74.

[1609] Ibidem, p. 76.

O julgamento de Danton e seus partidários teve início no dia 2 de abril de 1794. Por coragem – ou porque sabiam que seriam condenados –, os réus sentiam-se livres para falar. Atacavam seus acusadores, faziam discursos apaixonados e interrompiam a corte. "Para os dantonistas, o tribunal foi uma exibição de força visando amedrontar os jurados. Quando lhe perguntaram formalmente seu nome e endereço, Danton – sabedor de que aquele era um jogo de cartas marcadas – deu uma resposta que ficou célebre: "Meu endereço, em breve, não será lugar algum, vocês o encontrarão no panteão da História". Outro acusado, o general Westermann, comandante do ataque às Tulherias que derrubara o rei, causou grande tumulto. "Peço permissão para despir-me diante do público e deixá-lo ver minhas marcas. Recebi sete ferimentos, todos na frente. Somente uma vez fui golpeado pelas costas – por esta acusação!"[1610].

Ao ser informado das novas condições do julgamento, Danton rejeitou-o com desprezo. Não ficaria calado: "*Sou Danton até morrer. Estou certo de que amanhã, na minha morte, a fama espera por mim!*" O julgamento estava encerrado. Robespierre não podia arriscar-se a permitir que Danton falasse novamente[1611]. Ele foi o último a morrer.

Quanto à suspeita dos proventos de Danton, comenta-se:

> "*Os contemporâneos não tinham dúvidas quanto a essa venalidade. Em nossos dias, mesmo eliminando os testemunhos evidentemente suspeitos de seus inimigos (os de Brissot, de Bertrand de Moleville*[1612]*), ou as induções de Mathiez*[1613]*, a quem, como a Camille Desmoulins, bastavam 'indícios violentos' para chegar a uma conclusão, ainda se duvida menos. Não apenas Danton se libertou com demasiada rapidez dos*

[1610] Ibidem, p. 77-78.

[1611] Ibidem, p. 78.

[1612] Antoine François Bertrand de Moleville (1744 - 1818) – Era um político francês, considerado partidário inflamado da realeza. Foi ministro de Estado de Luís XVI em 1790-1791.

[1613] Albert Mathiez (1874 - 1932) – Foi um importante historiador francês. Formado na *École Normale Supérieure* em 1897, lecionou no Liceu Voltaire, doutorando-se pouco depois com duas teses sobre a Revolução Francesa. Membro do Partido Comunista na década de 1920, Mathiez publicaria nesse momento algumas de suas melhores obras, nas quais dedicou considerável atenção à política socioeconômica dos jacobinos, com especial destaque para Robespierre.

empréstimos que fez para adquirir o seu escritório de advogado, como comprou bens nacionais (e em dinheiro sonante, sem tirar proveito da cláusula das 12 anuidades) e aumentou constantemente, como bom camponês da Champagne, seus bens durante a Revolução. De onde provinha o dinheiro? Da corte, como o parece indicar uma carta de Mirabeau (o mais terrível dos documentos, pois Mirabeau, que sabia do que falava, não juntava a essa verificação qualquer julgamento moral)? Também possível, pois Danton havia seguramente querido salvar Luís XVI. Do Duque de Orléans? É ainda possível essa fonte, já que a petição do Campo de Marte sugeria substituir Luís XVI 'pelas vias constitucionais', abrindo assim caminho à regência"[1614].

7.3.2 Conclusões

Melhor que Mirabeau, melhor que Condorcet, Danton, por meio de sua existência e de seu pensamento, protestou contra a assimilação jacobina do privado ao público. Nesse sentido, é um homem igual à sua lenda. Nesse sentido, Robespierre e Saint-Just não se enganaram de adversário. A democracia direta tinha gerado o terror, a anarquia e a morte dos lideres revolucionários e membros do povo na França[1615].

Danton, na realidade, rejeitou as consequências da democracia direta de Rousseau aplicada por Robespierre e defendeu os princípios de liberdade e justiça da democracia representativa. A sua autocrítica em relação ao radicalismo revolucionário levou-o à morte. O pior é que as práticas aqui descritas vêm se repetindo desde aquela época até a atualidade, apesar de juntar "farsas" com "dramas", inclusive no Brasil do século XXI. É possível fazer uma séria reflexão a respeito da democracia direta, vista como moderna mas, na verdade, produto de um certo anacronismo, ou seja, quando utilizamos os conceitos e ideias de uma época para analisar os fatos de outro tempo. Esse tipo de comportamento deve ser evitado em qualquer pesquisa séria.

Pode-se classificar nesta prática da democracia direta e seus equívocos os três revolucionários que conseguiram êxito em seus objetivos políticos, como foi o fato concreto da Revolução Russa com Lênin, Trotsky e Stalin, que será objeto de análise no capítulo específico sobre a Rússia.

[1614] Furet, François e Ozouf, Mona. *Dicionário Crítico Da Revolução Francesa*, cit., p. 245.
[1615] Ibidem, p. 246.

Capítulo 8
PENSADORES E PRÁXIS

Após apresentar o pensamento de inúmeros filósofos que formularam, com profundidade e competência, de maneira direta ou indireta, princípios de organização do Estado, cumpre-nos a missão de informar em breve síntese os critérios que nortearam a escolha destes que aqui constam em detrimento de outros também importantíssimos pensadores.

Em um primeiro momento dividiu-se o tema em períodos históricos e, no âmbito dos respectivos períodos, foram avaliados quais pensadores influenciaram de maneira mais evidente filósofos dos períodos posteriores, principalmente na análise de como devem funcionar os poderes, tanto no quesito relacionado à forma de Estado como à forma de governo. Insta ressaltar que algumas discussões, como há de ser nas questões filosóficas, transpassam o tempo, sendo sempre pertinentes. Até porque perguntas iguais podem requerer respostas diferentes em épocas distintas. E conceitos se alteram no decorrer da história, tendo em vista que o mesmo texto em contextos diferentes pode apresentar significados diversos no decorrer da história. Um exemplo para ilustrar tal situação é o próprio conceito de "família", que na atualidade ocidental nem de longe se aproxima daquele entendido pelos romanos em sua época clássica. O mesmo vale para institutos fundamentais para a compreensão da organização do Estado, que precisam ser devidamente contextualizados para serem de fato compreendidos.

Estudar o passado com um binóculo cujas lentes sejam as do presente com certeza turva a compreensão do objeto em análise, levando sempre a uma percepção anacrônica da realidade estudada. O mesmo acontece quando conceitos formulados para sociedades específicas do passado são pinçados para serem aplicados em sociedades bem distintas em épocas díspares na história. Não adianta querer aplicar de maneira nua e crua a legislação que Licurgo tão brilhantemente estabeleceu em Esparta, já nos estertores do período homérico, em uma sociedade do século XVIII, assim como achar que a democracia direta, por meio de assembleias, base da organização política de Atenas na época clássica, pode ser a panaceia para todos os problemas das sociedades do século XXI.

Mas jamais se pode ignorar a gigantesca importância dos estudos da história e da filosofia para a compreensão da realidade atual e do direito. E os pensadores que passam para a história e são reproduzidos e estudados por séculos, é porque de alguma forma produziram um pensamento que possui permanência histórica, neste caso, na concepção da democracia, sendo o seu estudo fundamental para nos situarmos enquanto humanos, a partir dos aspectos culturais que nos humanizam.

Ao abordar a história do direito e da democracia, as relações entre Estado e poder, as análises aqui apresentadas vão muito além de uma obra de história do pensamento político, até porque, sem desprezar esta, a escolha dos filósofos leva em consideração a história econômica, social, política e cultural. E em momento algum o povo é retirado da história. Se em determinados autores pode estar mais presente a análise das estruturas econômicas ou geográficas, em outros há clara menção ao que as pressões sociais geram nas estruturas de poder. Tanto a ênfase na generalização e na comparação, como as abordagens que partem de questões particulares foram levadas em conta por ocasião da escolha dos filósofos analisados nesta obra. Não se trata, portanto, de escolha que privilegie uma história dos vencedores e traga somente aportes que sejam atinentes apenas a determinado segmento social ou categoria econômica. Pelo contrário, buscou-se trazer a maior amplitude possível da análise filosófica em relação ao tema proposto.

Ao levar em consideração todos os fatores supramencionados, a escolha dos filósofos abordados nos capítulos anteriores recaiu sobre aqueles que ainda hoje exercem enorme influência nas discussões sobre teoria política, Constituição, formas de Estado e de governo, representação política, participação popular, relação entre Estado e religião, economia política e principalmente as inúmeras discussões sobre democracia, monarquia, aristocracia e suas diversas variações, tanto as formas consideradas producentes como suas variantes, fruto de deteriorações das mais diversas origens. Também foram objeto de análise aqueles filósofos que, se não chegaram fortes até os nossos dias, serviram de base para estudos daqueles que hoje são referência.

Ao levar em consideração todos os fatores supramencionados, a escolha dos filósofos abordados nos Capítulos anteriores recaiu sobre aqueles que ainda hoje exercem enorme influência nas discussões sobre teoria política, Constituição, formas de Estado e de governo, representação política, participação popular, relação entre Estado e religião, economia política e principalmente as inúmeras discussões sobre democracia, monarquia, aristocracia e suas diversas variações, tanto as formas consideradas producentes como suas variantes, fruto de deteriorações das mais diversas origens. Também foram objeto de análise aqueles filósofos que, se não chegaram fortes até os nossos dias, serviram de base para estudos daqueles que hoje são referência.

A partir das abordagens das inúmeras teorias, muitas delas formuladas a partir de análise criteriosa da práxis de determinados momentos históricos, contemporâneos ou não a seus autores, busca-se uma compreensão de qual seria a melhor forma de organização política das sociedades atuais e, ao mesmo tempo, identificar avanços e retrocessos civilizatórios no decorrer dos séculos. As experiências do passado são essenciais para compreender a organização política atual e planejar o futuro, mas deve ser analisada a partir de parâmetros que não sejam de mera reprodução, sem análise da realidade atual. É neste contexto que se percebe que mesmo teorias que na aparência sejam "revolucionárias", na verdade podem representar retrocesso civilizatório. Um dos pontos que se evidenciam nessa análise é a relação histórica entre democracia direta e representativa, o impacto dos sistemas econômicos e religiosos na organização dos Estados, além da relação desses pontos nas respectivas Constituições, seja nos sentidos sociológico, político ou jurídico.

Em suma, havendo ampla defesa da democracita, pergunta-se se é possível promover justiça social se, em sua base, entrelaça-se ela com um sistema que não tem por foco propriamente os pressupostos da igualdade, a não ser em seu aspecto meramente formal, que é o sistema capitalista de produção. E caso essas duas características estejam presentes no mesmo texto constitucional, como conciliar tais pressupostos? Proponho, também, esclarecer o que é e o que faz a democracia. Avalia-se se a democracia direta é anacrônica, trazendo os resultados de sua aplicação em vários momentos históricos, ao mesmo tempo que também se avalia os efeitos práticos da democracia representativa. A resposta só pode ser construída a partir da análise ampla da produção intelectual de teóricos dos mais diversos matizes, cujos pensamentos, muitas vezes congruentes e muitas vezes colidentes, de alguma forma estão sistematizados neste livro.

Ao apresentar diversos princípios e ideias dos pensadores, a pretensão é evidenciar como a tentativa de aplicação do conceito de democracia no Brasil acabou se tornando confusa, incompleta e com resultados pífios, visto que se tratou de uma adaptação tosca das constituições de outros países.

REFERÊNCIAS

REFERÊNCIAS

ABRANCHES, Sergio. *Presidencialismo de coalizão - raízes e evolução do modelo político brasileiro*. Rio de Janeiro: Companhia das Letras, 2018.

ABREU, Alzira Alves de *et al* (Coord.). *Dicionário histórico-biográfico brasileiro: pós-1930*. 2. ed. rev. e atual. Rio de Janeiro: FGV, 2001. 5 v.

AB'SÁBER, Tales. *Lulismo, carisma pop e cultura anticrítica*. São Paulo: Hedra, 2012.

—. *Dilma Rousseff e o ódio político*, São Paulo: Hedra, 2015.

ADAMS, Ian e DYSON, R. W. *50 pensadores políticos essenciais da Grécia antiga aos dias atuais*, Rio de Janeiro: Difel, 2006.

ADORNO, Sérgio. *Os Aprendizes do Poder*. Rio de Janeiro: Editora Paz e Terra, 1988.

AGOSTINHO, Santo. *A Cidade de Deus*: parte II, Petrópolis: Vozes, 2010.

ALMEIDA, Ângela Mendes, *A República de Weimar e a ascensão do nazismo*. Col. Tudo é História, São Paulo: Brasiliense, 1990.

ALMEIDA, Leandro Thomaz de. "Matar um homem não é defender uma doutrina, é matar um homem": notas sobre a estratégia argumentativa de Sébastien Castellion no caso Miguel Servet. *Revista USP de Letras Clássicas*, São Paulo, v. 17, n. 1, p. 97-108, 2013.

ALMEIDA, Paulo Roberto de. *Nunca antes na diplomacia: a política externa brasileira em tempos não convencionais*. Curitiba: Appris, 2014.

—. *Formação da diplomacia econômica no Brasil: as relações econômicas internacionais no Império*. 3. ed. Brasília: Funag, 2017.

—. *A Constituição contra o Brasil – ensaios de Roberto Campos sobre a Constituinte e a Constituição de 1988*. São Paulo: LVM Editora, 2018.

—. *Contra a corrente: ensaios contrarianistas sobre as relações internacionais do Brasil. 2014-2018*. Curitiba: Appris, 2019.

—. *Miséria da diplomacia*: a destruição da inteligência no Itamaraty. Boa Vista: Editora da UFRR, 2019.

—. *O Itamaraty num labirinto de sombras*: ensaios de política externa e de diplomacia brasileira. Brasília: Diplomatizzando, 2020.

—. *O Mercosul e o regionalismo latino-americano*: ensaios selecionados, 1989-2020. Brasília: Diplomatizzando, 2020.

—. *A ordem econômica mundial e a América Latina*: ensaios sobre dois séculos de história econômica. Brasília: Diplomatizzando, 2020.

—. *Uma certa ideia do Itamaraty: a reconstrução da política externa e a restauração da diplomacia brasileira*. Brasília: Diplomatizzando, 2020.

ALMOND, Mark. *O livro de ouro das revoluções*. São Paulo: Ediouro, 2011.

ALVES, Cleger Francisco. A influência do pensamento de Benjamim Constant na formação do Estado Imperial Brasileiro, Brasília: *Revista de informação legislativa*, v. 45, n. 180, p. 65-75, out./dez. 2008.

AMARAL, Diogo Freitas do. *História do pensamento político ocidental*. Coimbra: Almedina, 2012.

ANDERSON, PERRY. *Espectro - da direita à esquerda no mundo das ideias*. São Paulo: Boitempo, 2011.

ANTUNES, Ricardo. *A desertificação neoliberal no Brasil (Collor, FHC e Lula)*. São Paulo: Autores Associados, 2004.

—. *O privilégio da servidão*. São Paulo: Boitempo Editorial, 2018.

AQUINO, Fernando; AQUINO, Rubim Santos Leão de; VIEIRA, Fernando Antonio da Costa; AGOSTINO, Carlos Gilberto Werneck; e ROEDEL, Hiran. *Sociedade brasileira: uma história através dos movimentos sociais*. Rio de Janeiro: Record, 1999.

AQUINO, Tomás de. *Suma Teológica I e II*. Coleção Os Pensadores. São Paulo: Nova Cultural, 2000.

ARANHA, Maria Lúcia de Arruda. *Maquiavel – a lógica da força*. 2. ed. São Paulo: Moderna, 2006.

ARAUJO, Cícero Romão Resende de. *A forma da república da constituição mista ao Estado*. São Paulo: Martins Fontes, 2013.

ARAÚJO, Rosalina Corrêa de. *O Estado e o Poder Judiciário no Brasil*. Rio de Janeiro: Lumen Juris, 2000.

ARRETCHE, Zaira Maria. *A ideia da representação nas teorias democráticas elitista* - republicana e democracia radical. Dissertação (mestrado em Ciências Humanas) - Universidade Federal de Pelotas: Pelotas, 2011.

ARISTÓTELES, *A política*. Lisboa: Publicação Europa-América, 1995.

ARMESTO, Felipe Fernandéz. *Américo: o homem que deu nome ao continente*. São Paulo: Companhia das Letras, 2002.

ARON, Raymond. *O marxismo de Marx*. São Paulo: Benvirá, 2012.

ARRAES, Virgílio Caixeta. O novo é o velho: o conservadorismo como força política na Itália. Meridiano 47, Brasília, v. 2, n. 10\12, p. 17-19, abr./jun. 2001. Disponível em: <http://periodicos.unb.br/index.php/MED/article/view/4679/3921>. Acesso em: 19 nov. 2019.

ASSUNÇÃO, Moacir e ASSUNÇÃO, Marcondes Pereira. *Ficha limpa, a lei da cidadania*. Realejo, Santos, 2010.

—. *Nem heróis nem vilões - curepas, cambás, macaquitos e caboclos e outras revelações da sangrenta Guerra do Paraguai*. São Paulo: Record, 2012.

— *São Paulo deve ser destruída*. Rio de Janeiro: Record, 2015.

—. *Os homens que mataram o facínora – a história dos grandes inimigos de Lampião*. Rio de Janeiro: Record, 2007.

AVELLAR, Hélio de Alcântara. *História administrativa e econômica do Brasil*. São Paulo: Fename, 1970.

AZEVEDO, Antonio Carlos do Amaral. *Dicionário de nomes, termos e conceitos históricos*. São Paulo: Lexicon, 2012.

BALEEIRO, Aliomar. *Constituições brasileiras, 1891*. 3. ed., v. II. Brasília: Senado Federal, 2012.

— e SOBRINHO, Barbosa Lima. *Constituições brasileiras – 1946*. 3. ed., v. V. Brasília: Senado Federal, 2001.

—; CAVALCANTI, Themístocles Brandão; BRITO, Luiz Navarro. *Constituições brasileiras – 1967*. 3. ed., v. VI. Brasília: Senado Federal, 2012.

BANDECCHI, Brasil. *História econômica e administrativa do Brasil*. 4. ed. São Paulo: Didática Irradiante, 1970.

BARACHO, José Alfredo de Oliveira. Teoria da Constituição. *R. Inf. Legis*. a. 15, n. 58, abr/jun, 1978.

BARAQUIM, Noella e LAFFITTE, Jacqueline. *Dicionário Universitário dos Filósofos*. São Paulo: Martins Fontes, 2007.

BARATA, Carlos Eduardo de Almeida e BUENO, Antônio Henrique da Cunha. *Dicionário das famílias brasileiras*. São Paulo: Originis-X, 1999, 2 v.

BARBOSA, Alexandre de Freitas; e KOURY, Ana Paula. Rômulo Almeida e o Brasil desenvolvimentista (1946-1964): ensaio de reinterpretação. *Revista Economia e Sociedade*. Campinas, v. 21, Número Especial, p. 1108, dez. 2012.

BARRETO, Tobias. *A questão do poder moderador e outros ensaios brasileiros.* Petrópolis: Editora Vozes, 1977.

BARROSO, Luís Roberto. *O direito constitucional e a efetividade de suas normas: limites e possibilidades da constituição brasileira.* 3. ed. Rio de Janeiro: Renovar, 1996.

BASTOS, Abguar. *Enciclopédia dos temas brasileiros- história da política revolucionária no Brasil,* 1º volume: 1900-1932; 2º volume: 1933-1945. São Paulo: Ler e Viver, 1978.

BATISTA, Felipe de Alvarenga. *Os Tratados de Methuen de 1703, guerras, portos, panos e vinhos.* Rio de Janeiro: Ed. UFRJ, 2014.

BAUMAN, Zygmunt. *Modernidade líquida.* Rio de Janeiro: Zahar, 2001.

BEARD, Henry e CERF, Christopher. *Dicionário do politicamente correto.* São Paulo: L&PM, 2007.

BEER, Max. *História do socialismo e das lutas sociais.* São Paulo: Expressão Popular, 2006.

BELO, Filomena; e OLIVEIRA, Ana. *A Revolução Francesa.* Lisboa: Quimera, 2001.

BENEDINI, Giuseppe Federico. A Rússia czarista e as origens da Revolução: um ensaio. *Cadernos do Tempo Presente,* n. 19, mar./abr. 2015.

BENEVIDES, Maria Victoria de Mesquita. *O governo Kubitschek.* Rio de Janeiro: Editora Paz e Terra, 1979.

—. *A cidadania ativa.* 3.ed. São Paulo: Ática Editora, 1991.

BERCOVICI, Gilberto; LIMA, Martonio Mont'Alverne Barreto; BELLO, Enzo. O fim das ilusões constitucionais de 1988? *Revista Direito & Práxis,* Rio de Janeiro, p. 1-43, 2018.

—. A problemática da constituição dirigente: algumas considerações sobre o caso brasileiro. Brasília: *Revista de Informação Legislativa,* a. 36, n. 142, abr./jun. 1999.

—. Carl Schmitt, o estado total e o guardião da constituição, *Revista Brasileira de Direito Constitucional,* n. 1, jan./jun. - 2003.

—. *Constituição econômica e desenvolvimento - uma leitura a partir da Constituição de 1988.* São Paulo: Malheiros, 2005.

—; MASSONETTO, Luís Fernando. A constituição dirigente invertida: a blindagem da Constituição Financeira e a agonia da Constituição Econômica. Coimbra: Faculdade de Direito da Universidade de Coimbra, *Boletim de Ciências Económicas,* v. XLIX, 2006.

BERTOLLI FILHO, Claudio. *A gripe espanhola em São Paulo 1918.* São Paulo: Paz e Terra, 2009.

BEWES, Diccon. *Swiss watching,* London: Nicholas Brealey Publishing, 2010.

BIGNOTTO, Newton. *Maquiavel - filosofia passo a passo*. Rio de Janeiro: Jorge Zahar, 2003.

BITTAR, C. B. Eduardo; ALMEIDA, Guilherme Assis de. *Curso de filosofia do direito*. 7. ed. São Paulo: Atlas, 2009.

BOBBIO, Norberto. *A era dos direitos*. Rio de Janeiro: Elsevier, 1992.

—. *Nem com Marx, nem contra Marx*. São Paulo, UNESP, 2006.

—, BOVERO, Michelângelo. *Sociedade e Estado na Filosofia Política Moderna*. São Paulo: Brasiliense, 1991.

— *et al*. *Dicionário de Política* - A-K. 13. ed. Brasília: UnB, 2007.

BÖCKENFÖRDE, Ernst-Wolfgang. *História da filosofia do direito e do estado - Antiguidade e Idade Média*. Porto Alegre: Sergio Antonio Fabris Editor, 2012.

BOCZAR, Sônia, Referendo e iniciativa popular na perspectiva dos modelos suíço e norte-americano (*dissertação de mestrado na Universidade de São Paulo – USP*). Orientador: Manoel Gonçalves Ferreira Filho, 1994.

BODIN, Jean. *Os seis livros da República* – livro primeiro. Trad. José Carlos Orsi Morel. São Paulo: Ícone, 2011.

BOLLE, Monica Baumgarten de. *Como matar a borboleta-azul: uma crônica da era Dilma*. Rio de Janeiro: Intrínseca, 2016 (edição digital).

BONAVIDES, Paulo. *Curso de Direito Constitucional*. 6. ed., São Paulo, Malheiros, 1996.

— e ANDRADE, Antônio Paes de. *História constitucional do Brasil*. Rio de Janeiro: Editora Paz e Terra, 1991, p. 92.

— e —. *História constitucional do Brasil*. 8. ed. Brasília: Editora OAB, 2006.

BORGES, Alexandre Walmott. *Clássicos de direito constitucional*. Curitiba: Clássica Editora, 2013.

BORGES, Maria de Lourdes Alves. *História e metafísica em Hegel*: sobre a noção do espírito no mundo. Porto Alegre: EdiPUCRS, 1998.

—. *A atualidade de Hegel*. Florianópolis: Universidade Federal de Santa Catarina, 2009.

BORJA, Sergio Augusto Pereira. *O projeto democrático*. São Paulo: Ricardo Lenz Editor, 2001.

—. Estudo sobre o bloco-constitucional da antiga URSS. *Revista Justiça e História*. Porto Alegre: Tribunal de Justiça do Estado do Rio Grande do Sul, v. 7, n. 13, p. 175–231, 2007.

BOTELHO, Catarina Santos. A história faz a constituição ou a constituição faz a história? - Reflexões sobre a história constitucional portuguesa. *Revista do Instituto do Direito Brasileiro da Faculdade de Direito da Universidade de Lisboa - RIDB*, 2013.

BOTTOMORE, Tom. *Dicionário do Pensamento Marxista*. Rio de Janeiro: Jorge Zahar Editor, 1983.

BOWDER, Diana. *Dicionário biográfico – quem foi quem em Roma Antiga*. São Paulo: Art Editora, 1995.

BRAGA, Hugo Wolovikis. Lavagem de dinheiro e o estudo do Tratado de Cooperação Jurídica em Matéria Penal entre a República Federativa do Brasil e a Confederação Suíça. *Revista do Tribunal Regional Federal da 1ª Região*, v. 18, n. 10, out. 2006.

BRANDÃO, Cláudio; SALDANHA, Nelson; FREITAS, Ricardo (coords.). *História do Direito e do pensamento jurídico em perspectiva*. São Paulo: Atlas, 2012.

BRAUDEL, Fernand. *Memórias do Mediterrâneo*. Lisboa: Terramar Editores, 2001.

BROCHADO, Mariá. O estado suíço e seus cantões. *Revista Veredas do Direito*. Belo Horizonte: Dom Helder - Escola de Direito, ano 1, n. 2, p. 103-112, 2004.

BROWN, Archie. *Ascenção e queda do comunismo*. Rio de Janeiro: Record, 2011.

BUARQUE, Felício. *Origens republicanas*. São Paulo: Editora Edaglit, 1962.

BUENO, José Pimenta. (Marquês de São Vicente). *Direito Público Brasileiro e análise da Constituição do Império*. São Paulo: Ed. 34, 2002.

BULOS, Uadi Lammêgo. *Curso de direito constitucional*. São Paulo: Saraiva, 2007.

BURKE, Edmund. *Reflexões sobre a Revolução em França*. Brasília: Editora UnB, 1982.

BUSHKOVITCH, Paul. *História concisa da Rússia*. São Paulo: Edipro, 2014.

CAENEGEM, R. C. Van. *Uma introdução histórica ao direito constitucional ocidental*. Lisboa: Fundação Calouste Guberkian, 1998; São Paulo: Martins Fontes, 2000.

CAGGIANI, Ivo. *David Canabarro, de tenente a general*. Porto Alegre: Martins Editora, 1992.

CALDERA, Alejandro Serrano. *Os dilemas da democracia*. São Leopoldo: Editora Unisinos, 1996.

CALDEIRA, Jorge. *Mauá, empresário do Império*. Rio de Janeiro, Nova Fronteira, 1995.

CALLINICOS, Alex. *A vingança da história* – o Marxismo e as revoluções do Leste Europeu, Rio de Janeiro: Jorge Zahar, 1982.

CALVIN, John. "Commentaries on Daniel". In *On God and Political Duty*. Indianapolis: Bobbs-Merrill, 1956.

CAMPOS, Raimundo C. B. e ALMEIDA JR., Antonio M., *Curso Abril Vestibular – história geral*, n. 09, São Paulo: Abril Cultural, 1972.

CAMPOS, Roberto. *O século esquisito*. São Paulo: Topbooks, 1990.

—. *A Lanterna na Popa*. São Paulo: Topbooks, 1994.

CANOTILHO, José Joaquim Gomes. *Constituição dirigente e vinculação do legislador: contributo para a compreensão das normas constitucionais programáticas*. 2. ed. Coimbra: Coimbra Editora, 2001.

—. Rever ou romper com a constituição dirigente? Defesa de um Constitucionalismo moralmente reflexivo. *Revista do Processo*. São Paulo: Revista dos Tribunais, abr.-jun. 2000.

—. *Direito constitucional e teoria da constituição*. 3. ed. Coimbra: Almedina, 1998.

CARNEIRO, Glauco. *História das revoluções brasileiras*. São Paulo: Edições O Cruzeiro, 1965.

CARONE, Edgar. *A República Velha – as instituições e classes sociais*. São Paulo: Difel, 1978.

—. *Evolução política do Brasil*, vol 2. São Paulo: Difel, 2000.

CARVALHO, Claudia Paiva. Desafios democráticos para a constituição dirigente: entre vinculação e abertura constitucional. Brasília: *Revista Jurídica da Presidência*, v. 14, n. 103, jun./set. 2012.

CARVALHO, José Murilo de. *Visconde do Uruguai*. São Paulo: Editora 34, 2002.

—. *A construção da ordem - teatro de sombras*. Rio de Janeiro: Editora Civilização Brasileira, 2003.

CARVALHO, Laura. *Valsa brasileira - do boom ao caos econômico*. São Paulo: Todavia, 2018.

CARVALHO, Manuel Proença de. *Manual de ciência política e sistemas políticos e constitucionais*. 3.ed. Lisboa: Quid Juris Sociedade Editora, 2010.

CARVALHO, Marcus J.M e CÂMARA, Bruno Dornelas. *A Praieira revisitada: considerações sobre o debate*. Brasília: Instituto Nacional do Livro - MEC, 1971.

CASTELLS, M.; HALL, P.; HALL, P.G. (2004). *Technopoles of the world: the making of twenty-first-century industrial complexes*. London: Routledge.

CASTRO, Celso. *A Proclamação da República*, Rio de Janeiro: Jorge Zahar, 2000.

CASTRO, Therezinha de. *História da civilização brasileira*. v. II, Rio de Janeiro: Record: 1969.

CAVA, Bruno. *A multidão foi ao deserto - as manifestações no Brasil em 2013*. São Paulo: Annablume, 2013.

CEREZO, Miguel Castro (Coord.). *História do Brasil - das origens ao século XXI*. Enciclopédia do Estudante, São Paulo: Moderna, 2008.

CERQUEIRA, Marcelo. *A Constituição na história*. Rio de Janeiro: Revan, 2002.

CHÂTELET, François. *Hegel.* Rio de Janeiro: Jorge Zahar, 1995.

—; DUHAMEL, Olivier; PISIER-HOUCHNER, Évelyne. Trad. Carlos Nelson Coutinho. *História das ideias políticas.* Rio de Janeiro: Jorge Zahar Editor, 1985.

CHEVALLIER, Jean-Jacques. *As grandes obras políticas*: de Maquiavel aos nossos dias. Rio de Janeiro: Agir, 1973.

CHIAVENATO, Julio José. *As lutas do povo brasileiro - do "descobrimento" a Canudos.* São Paulo: Moderna, 1988.

CÍCERO. *Da República.* Coleção Mestres pensadores. São Paulo: Editora Escala, 1995.

CIORAN, Emile Michel. *Antologia do retrato - De Saint-Simon a Tocqueville.* Rio de Janeiro: Rocco, 1998.

COELHO, Diva Julia Sousa da Cunha Safe; COELHO, Saulo de Oliveira Pinto; DINIZ, Ricardo Martins Spindola. Constituição, constitucionalismo e efetividade na China: ilações entre cultura tradicional, práxis política e discurso constitucionalista no contexto chinês. *Revista da Faculdade de Direito UFPR,* Curitiba, PR, Brasil, v. 62, n. 3, p. 187-220, set./dez. 2017. ISSN 2236-7284.

COMPARATO, Fábio Konder. *A afirmação histórica dos direitos humanos.* 2.ed. São Paulo: Saraiva, 2001.

—. A constituição de 1988: o direito e o avesso. In BENEDITO, Alexandre; FREITAS, Aline da Silva; e COSTA, Pedro Vitor Melo (orgs.). *Constituição Federal 30 anos - há o que comemorar?* Londrina: Thoth Editora, 2019.

CONSTANT, Benjamin. *Principes de politique,* Hofmann/Droz, 1980, t. I e II.

—. Da liberdade dos antigos comparada à dos modernos. Trad. Loura Silveira. Revista Filosofia Política, n. 2, 1985, p. 7-25. Disponível em: http://caosmose.net/candido/unisinos/fa/benjamin.doc. Acesso em: 17 jul. 2018.

COQUARD, Olivier. *Marat, o amigo do povo.* São Paulo: Scritta, 1996.

CORDEIRO, Néstor Luís. *A invenção da filosofia,* São Paulo: Odysseus, 2011.

CORDON, Juan Manoel e MARTÍNEZ, Tomás Calvo. *História da filosofia.* Coimbra: Edições 70, 1995.

COSTA, João Cruz. *Pequena história da República.* Rio de Janeiro: Civilização Brasileira, 1968.

COSTA, Maria Emilia Viotti da. *Da Monarquia à República - momentos decisivos.* 6.ed., São Paulo: Brasiliense, 1994.

COUTELLE, José Eduardo. Por que a Inglaterra não aderiu ao Euro? São Paulo: *Revista Superinteressante,* 4 jul. 2018.

COUTINHO, Sheyla Yvette Cavalcanti Ribeiro. Os princípios no direito constitucional brasileiro: diretrizes de regulação a partir dos trabalhos de Ronald Dworkin e Hans-Georg Gadamer. *Revista Teorias do Direito e Realismo Jurídico*, 2016.

CROISET, A. *As democracias antigas*. Rio de Janeiro: Garnier, 1923.

CROUZET, Maurício (Coord). *História geral das civilizações (17 v.)*. Trad. Vítor Ramos e J. GUINSBURG. São Paulo: Divisão Europeia do Livro, 1960, v. IV e XV.

CRUZ, Leonildo e CIRNE, Liana. *A Constituição Traída*. Curitiba: Hedra, 2017.

CUNHA, Diogo. O negacionismo como estratégia política e discurso de ódio, disponível em https://www.cartamaior.com.br/?/Editoria/Politica/O-negacionismo-como-estrategia-politica-e-discurso-de-odio-E-algumas-licoes-da-experiencia-francesa-/4/43903. Acesso em 08 jan 2020.

CUNHA, Paulo; e CABRAL, Fátima (orgs.). *Nelson Werneck Sodré - entre o sabre e a pena*. São Paulo: Unesp, 2006.

CUNHA, Paulo Ferreira da. *Miragens do direito*. Campinas: Milenium, 2002.

DAHL, Robert. *Sobre a democracia*. Brasília: Editora UnB, 1998.

DALLARI, Dalmo de Abreu. *Elementos de teoria geral do Estado*. 3.ed. São Paulo: Saraiva, 1976.

—. *A constituição na vida dos povos*. 2.ed. São Paulo: Saraiva, 2012.

DANTAS, Miguel Calmon. Ode ou réquiem pela Constituição Dirigente? Disponível em www.facs.br/revistajuridica/edicao_maio2005/.../doc_01.doc. Acesso em: 14 de jan. de 2013.

DANTAS, Monica Duarte (org.). *Revoltas, motins, revoluções: homens livres e libertos no Brasil do século XIX*. São Paulo: Alameda Editorial, 2011.

DAHRENDORF, Ralf. *Reflexões sobre a revolução na Europa*. Rio de Janeiro: Zahar, 1991.

D'ARAUJO, Maria Celina. *O Estado Novo*. Col. Descobrindo o Brasil, Rio de Janeiro: Zahar, 2000.

DARNTON, Robert e DUHAMEL, Olivier. *Democracia*. São Paulo: Record, 2001.

D'ÁVILA, Luiz Felipe. *As Constituições do Brasil*. São Paulo: Brasiliense, 1993.

DELGADO, Paulo. 30 anos de uma constituição traída: "nunca foram solucionados os enigmas da Constituição de 88". In BENEDITO, Alexandre; FREITAS, Aline da Silva; e COSTA, Pedro Vitor Melo (orgs.). *Constituição Federal 30 anos - há o que comemorar?* Londrina: Thoth Editora, 2019.

DELLAGNEZZE, René, *Os 100 anos da Revolução Russa de 1917, a Constituição da Federação da Rússia e os direitos humanos*. Disponível em https://docplayer.com.br/61778350-Os-100-anos-da-revolucao-russa-de-1917-a-constituicao-da-federacao-da-russia-e-os-direitos-humanos.html cit., Acesso 20 jan 2020.

DENT, N. J. H. *Dicionário Rousseau*. Trad. Álvaro Cabral. Rio de Janeiro: Jorge Zahar, 1996.

DENISVO, A. e KIRICHENKO, M., *Soviet State Law*, Moscow: Foreign Languages Publishing House, 1960.

DEROSA, Cristian. *O poder moderador e o legado de Benjamin Constant no Brasil*. Disponível em http://hid0141.blogspot.com.br/2011/04/o-poder-moderador-e-o-legado-de.html. Acesso em 04 dez. 2019.

DIAS, Mariana Dattolli Gouveia. *A efetividade das normas constitucionais programáticas*. Publicado no site *Conteúdo Jurídico*, em 24 de maio de 2015, disponível em https://conteudojuridico.com.br/consulta/Artigos/39393/a-efetividade-das-normas-constitucionais-programaticas, Acesso 12 dez 2019.

Dicionário Larousse Cultural da Língua Portuguesa. São Paulo: Nova Cultural, 1990.

Dictionnaire historique de la Suisse (DHS). Hauterive: Editions Gilles Attinger, 2002.

DIDEROT e D'ALEMBERT. Trad. Maria das Graças de Souza. *Verbetes políticos da enciclopédia*. São Paulo: Unesp, 2006.

DIMOULIS, Dimitri. *Dicionário Brasileiro de Direito Constitucional*. 2.ed. São Paulo: Saraiva, 2012.

—. A introdução do controle de constitucionalidade difuso na Grécia - um caso de "ativismo judicial" na Europa do século XIX. *Revista Brasileira de Direito Constitucional*, n. 1, jan. jun. 2003.

DINUCCI, Aldo. *Górgias de Leontinos*. Col. Sofistas. São Paulo: Oficina do Livro, 2017, v. I.

D'IPPOLITO, Francesco e FIGUEIREDO Marcelo. *Mani Pulite Operação Mãos Limpas - 25 anos depois*. Extraído do site migalhas.com.br (Migalhas de peso). Acesso em 13 nov 2019.

DISTEN, Yoran. *Guerra, agressão e legítima defesa*. Barueri: Manole, 2001.

DÓRIA, Palmério. *O príncipe da privataria*. São Paulo: Geração Editorial, 2013.

DOWBOR, Ladislau. *A era do capital improdutivo*: A nova arquitetura do poder, sob dominação financeira, sequestro da democracia e destruição do planeta. 2. ed., São Paulo: Autonomia Literária, 2018.

DRAIBE, Sônia Miriam. O "Welfare State" no Brasil: características e perspectivas. *Ciências Sociais Hoje*, 1989. São Paulo: ANPOCS e Vértice, 1989.

DULCI, Luiz. *Um salto para o futuro*. São Paulo: Editora Perseu Abramo, 2013.

DUNN, John. *A história da democracia – um ensaio sobre a libertação do povo*. São Paulo: Unifesp, 2016.

DUPEUX, Louis. *História cultural da Alemanha*, Trad. Elena Gaidano, São Paulo: Civilização Brasileira, 1992.

DUQUE-ESTRADA, Luiz Gonzaga; Francisco Foot Hardman (ORG.); e Vera Lins (Orgs.). *Revoluções brasileiras*. São Paulo: Unesp, 1998.

DUROZOI, Gérard e ROUSSEL, André. *Dicionário de filosofia*, São Paulo: Papirus, 1993.

DUVERGER, Maurice, *As modernas tecnodemocracias*. São Paulo: Paz e Terra, 1975.

DWORKIN, Ronald. *A raposa e o porco-espinho - justiça e valor*. São Paulo: Martins Fontes, 2015.

—. *O império do direito*. 3.ed. São Paulo: Martins Fontes, 2014.

DWYER, Frank. *Danton*. Col. Os grandes líderes São Paulo: Nova Cultural, 1987.

EAGLETON, Terry. *Marx*. São Paulo: Unesp, 1999.

ELIAS, Norbert. *Os alemães*. Rio de Janeiro: Jorge Zahar, 1996.

Enciclopédia Barsa Universal. São Paulo: Barsa Planeta, 1964. v. 17.

Enciclopédia do Mundo Contemporâneo. 3.ed. São Paulo: Publifolha, 2002.

ESPÍNDOLA, Alberi. *Rousseau - pontos e contrapontos*. São Paulo: Barcarolla, 2012.

SILVA, Nuno J. Espinosa Gomes da. *História do direito português*. Lisboa: Fundação Calouste Gulbenkian, 2006.

FAORO, Raymundo. *Os donos do poder*. Porto Alegre: Editora Globo S.A., 1976.

FARIA, José Eduardo. *Retórica política e ideologia democrática: a legitimação do discurso liberal*. Rio de Janeiro: Graal, 1984.

—. *O direito na economia globalizada*. São Paulo: Malheiros, 2004.

FARHAT, Said. *Dicionário Parlamentar e Político: o processo político e legislativo no Brasil*. São Paulo: Melhoramentos, 1996.

FÁTIMA, Branco Di. *Dias de tormenta: os movimentos de indignação que derrubaram ditaduras, minaram democracias e levaram a extrema direita ao poder no Brasil*. São Paulo: Geração Editorial, 2019.

FAYE, Emmanuel. *Heidegger* – a introdução do nazismo na filosofia. São Paulo: É Realizações, 2015.

FERGUSON, Niall. *Empire: The rise and demise of the British world order and the lessons for global power* (em inglês). [S.l.]: Basic Books, 2002.

FERNANDES, Antonio Teixeira. *O estado democrático e a cidadania*. Porto: Edições Afrontamento, 1998.

FERNANDES, Antonio José. *Introdução à ciência política*. Porto: Porto editora, 2010.

FERNANDES, Luís. As armadilhas da globalização. *In* Carrion, Raul K.M. e VICENTINI, Paulo G. Fagundes. *Globalização, neoliberalismo, privatizações – quem decide este jogo?*, Porto Alegre: UFRGS, 1997.

FERRO, Marc. *História de França*. Lisboa: Edições 70, 2011.

FILGUEIRAS, Luiz e GONÇALVES, Reinaldo. *A economia política do governo Lula*. Rio de Janeiro: Contraponto, 2007.

FITZGERALD, Ross (Org.). *Pensadores políticos comparados*, Col. Pensamento Político, v. 52, Brasília: Editora UnB, 1980.

FIUZA, Ricardo Arnaldo Malheiros. *Revista Informativo Legislativo*. Brasília, ano 29, n. 113, jan./mar. 1992.

FLORENZANO, Modesto. *As revoluções burguesas*. Col. Tudo é história. São Paulo: Brasiliense, 1981.

FLORY, Thomas. *El Juez de Paz y el Jurado en el Brasil Imperial*. México: Fondo de Cultura Econômica, 1986.

FORTES, Luiz R. Salinas. *O iluminismo e os reis filósofos*. Col. Tudo é História. São Paulo: Brasiliense, 1993.

FRANÇA, R. Limongi. Reforma do Código ou Consolidação das Leis Civis?. *Enciclopédia Saraiva do Direito*. São Paulo: Saraiva, v. 25, 1977.

FRANCO, Afonso Arinos de Melo. *Curso de direito constitucional brasileiro*. Rio de Janeiro: Forense, 1960.

—. *História e teoria dos partidos políticos no Brasil*. São Paulo: Editora Alfa Omega, 1974.

FRASER, Antonia. *A conspiração da pólvora - terror e fé na Revolução Inglesa*. Rio de Janeiro: Record, 1998.

FRIEDE, Reis. Que não se culpe a Constituição de Weimar! *Revista de Direito*. Universidade Federal de Viçosa, 2019.

FRIEDRICH, Carl J. *Uma introdução à teoria política*. Rio de Janeiro: Zahar, 1970.

FROTA, Guilherme de Andrea. *Quinhentos anos de história do Brasil*. Rio de Janeiro: Biblioteca do Exército, 2000.

FURET, François. História das Revoluções, n. 6, v. I, *Revista O Cruzeiro*, São Paulo: Editora Três, 1974.

— e OZOUF, Mona. *Dicionário Crítico da Revolução Francesa*. Rio de Janeiro: Nova Fronteira, 1989.

GALBRAITH, John Kenneth. *1929 – A Grande Depressão*. São Paulo: Larousse, 1996

—. *A Paz indesejável? Relatório sobre a utilidade das guerras*. Paris: Calmann-Lévy edit., 1968.

GALGANO, Francesco. *Le Institutioni dell'Economia Capitalística*. Bologna: Zanichelli, 1984.

GAULD, Charles A. *Farquhar, o último titã – um empreendedor americano na américa latina*. São Paulo: De Cultura, 2006.

GERHARD COLM, Theodore Geiger. *A economia dos Estados Unidos*. Trad. Octávio Mendes Cajado. São Paulo: Cultrix, 1968.

GIANOTTI, José Arthur. *Lições de filosofia primeira*. Companhia das Letras, São Paulo, 2001.

GILISSEN, John. *Introdução histórica ao direito*. 3.ed. Lisboa: Fundação Calouste Gulbenkian, 2011.

GIORDANI, Mário Curtis. *História da Grécia*. Petrópolis: Vozes, 1984.

—. *História de Roma*. 3. ed. Petrópolis: Vozes, 1972.

—. *História do mundo feudal*. 3.ed. Petrópolis: Vozes, 1997.

—. *História do século XX*. São Paulo: Ideias e Letras, 2012.

GODOY, Arnaldo Sampaio de Moraes. O direito constitucional francês. Teresina: *Revista Jus Navigandi*, n. 1656, 13 jan. 2008.

GOMES, Fernanda da Silva. *Rousseau - democracia e representação*. Florianópolis: Universidade Federal de Santa Catarina, 2006.

GONÇALVES, Míriam (Org.). *Enciclopédia do golpe*. Bauru: Canal 6 Editora, 2018, 2 v.

GONZÁLES, Horácio. *Karl Marx*. São Paulo: Brasiliense, 1984.

GONZÁLEZ, Justo. *História del Cristianismo*. Miami: Editorial Unilit, 1994.

GORCZEVSKI, Clóvis; BOTELHO, Edison; LEAL, Mônica Clarissa Hennig. *Introdução ao estudo da ciência política, teoria do Estado e da Constituição*. Porto Alegre: Verbo Jurídico, 2007.

GOYARD-FABRE, Simone. *O que é democracia?* Trad. Claudia Berliner. São Paulo: Martins Fontes, 2003.

GRACIELA, Nayara. *O federalismo e a democracia na Suíça*. Disponível em http://www.conteudojuridico.com.br/artigo,o-federalismo-e-a-democracia-na-suica,32163.html. Acesso 15 dez. 2019.

GRANT, Michael. *Civilização clássica - história resumida (Grécia e Roma)*. Rio de Janeiro: Jorge Zahar, 1994.

GRAU, Eros Roberto. *O direito posto e o direito pressuposto*. 4. ed. São Paulo: Malheiros, 2002.

GRAY, John. *Voltaire*. Col. Grandes filósofos. São Paulo: Unesp, 2012.

GRAZIA, Sebastian de. *Maquiavel no inferno*. Trad. Denise Bottmann. São Paulo: Companhia das Letras, 1993.

GRINBERG, Keila. *Código Civil e cidadania*. Rio de Janeiro: Jorge Zahar Editora, 2001.

Grunberg, Gérard. *La France vers le bipartisme? La présidentialisation du PS et de l'UMP*. [S.l.: s.n.], 2007.

GRUPPI, Luciano. *Tudo começou com Maquiavel*. São Paulo: L&PM Editores, 1996.

GHELERE, Gabriela Doll. *A liberdade individual para Benjamin Constant*. Dissertação de mestrado. Universidade de São Paulo - Departamento de Filosofia: São Paulo, 2008.

GUERRA, Elizabete Olinda. Vida e pensamento político de Carl Schmitt: breves considerações, *Profanações*, Ano 4, n. 1, p. 64-75, jan./jul. 2017.

HAMILTON, Alexander; MADISON, James e JAY, John. *Os federalistas*. Brasília: UnB, 1984.

HAMLYN, D. W. *Uma história da filosofia ocidental*. São Paulo: Jorge Zahar Editor, 2002.

HAMPSON, Norman. *A primeira revolução europeia*. Lisboa: Editorial Verbo, 1996.

HIRST, Paul. *A democracia representativa e seus limites*, Rio de Janeiro: Zahar, 1992.

HOBSBAWM, Eric J. *A era dos extremos*: o breve século XX. 2. ed. São Paulo: Companhia das Letras: 1997.

HOETZSCH, Otto. *A evolução da Rússia*. Lisboa: Editorial Verbo, 1966.

HOLLOWAY, Thomas H. *Vida e morte do Convênio de Taubaté - a primeira valorização do café*. Trad. Márcio Doctors. Rio de Janeiro: Paz e Terra, 1978.

HOUAISS, Antonio. *Dicionário Houaiss da Língua Portuguesa*. Rio de Janeiro: Objetiva, 2001.

HUISMAN, Denis. *Dicionário dos filósofos*. São Paulo: Martins Fontes, 2001.

HUME, David. *História da Inglaterra - da invasão de Júlio Cesar à revolução de 1688*. 2.ed. São Paulo: Unesp, 2017.

—. Col. *Os pensadores*. 3.ed. São Paulo: Abril, 1984.

HUSZAR, George B. *Aplicações práticas da democracia*. Trad. J. L. Melo. Rio de Janeiro: Record, 1965.

IGLÉSIAS, Francisco. *Constituintes e Constituições brasileiras*. Coleção Tudo é História. São Paulo: Brasiliense, 1982.

IGLÉSIAS, Francisco. *Trajetória política do Brasil: 1500 - 1964*. São Paulo: Companhia de Letras, 1993.

QUEIROZ, Maria Isaura Pereira de. *O messianismo no Brasil e no mundo*. 3.ed. São Paulo: Alfa-Ômega, 2003.

JANOT, Rodrigo e CARVALHO, Jaílton de. *Nada menos que tudo: bastidores da operação que colocou o sistema político em xeque*. São Paulo: Planeta, 2018.

JANUZZI, Giovanni. *Uma breve história da Itália*. Buenos Aires: Letemendia, 2005.

JEFFERSON, Thomas. *Escritos políticos*. Col. Os Pensadores. São Paulo: Abril Cultural, 1979.

JINKINGS, Ivana; DORIA, Kim e CLETO, Murilo (org.). *Por que gritamos golpe?* São Paulo: Boitempo Editorial, 2016.

JOHANN, Ernst e JUNKER, Jörg. *A República de Weimar (1918-1933)*, Excerto da História da Cultura Alemã dos Últimos Cem Anos. Munique: Nymphenburger Verlagshandlung, 1974.

JONES, Peter V., *O mundo de Atenas*. São Paulo: Martins Fontes, 1997.

JUDT, Tony e SNYDER, Timothy. *Pensando o século XX*. Rio de Janeiro: Objetiva, 2014.

KAGAN, Donald. *A guerra do Peloponeso*. Rio de Janeiro: Record, 2006.

KANT, Immanuel. *A religião nos limites da simples razão*. Trad. Artur Morão. Covilhã: LusoSofia, 2008.

—. *Doutrina do direito*. São Paulo: Ícone, 2013.

—, *Crítica da razão prática*. São Paulo: Martins Fontes, 1998.

KAUFMANN, A. e HASSEMER, W. *Introdução à filosofia do direito e à teoria do direito contemporâneas*, 2. ed. Lisboa: Fundação Calouste Gulbekian, 2015.

KEANE, John. *vida e morte da democracia*. Coimbra, Edições 70, 2011.

KELLER, Vilma (colab. especial). "*Café Filho*" (verbete). Rio de Janeiro: CPDOC | FGV - Centro de Pesquisa e Documentação de História Contemporânea do Brasil. Extraído de http://www.fgv.br/cpdoc/acervo/dicionarios/verbete-biografico/joao-cafe-filho. Acesso em 18 dez 2019.

KELLY, Paul *et al*. Trad. Rafael Longo. *O livro da política*. São Paulo: Editora Globo, 2013.

KELSEN, Hans. *Autobiografia de Hans* Kelsen. Trad Gabriel Nogueira Dias e José Ignácio Coelho Mendes Neto. Rio de Janeiro: Forense Universitária, 2011.

KERVÉGAN, Jean-François. *Hegel, Carl Schmitt* – O político entre a especulação e a positividade. Barueri: Manole, 2006.

KOERNER, Andrei. O Poder Judiciário na Constituição da República. *Dissertação de Mestrado em Ciência Política* - USP - S.P., 1992.

KOIFMAN, Fábio (Org.) *Presidente do Brasil - de Deodoro a FHC*. Rio de Janeiro: Editora Rio, 2002.

KONRAD, Diorge. *Em tribunais, política e justiça não nascem irmãs*, publicada no site www.vermelho.org.br, disponível in http://www.vermelho.org.br/coluna.php?id_coluna_texto=4983&id_coluna=14. Acesso em 12 dez. 2019.

KOSHIBA, Luiz; PEREIRA, Denise Manzi Frayze. *História do Brasil.* São Paulo: Atual, 1996.

KRITSCH, Raquel. Política, religião, revolução e soberania em "Reflexões sobre a revolução em França" do conservador E. Burke. *Revista Espaço Acadêmico*, n. 123, ago 2011.

KUGELMAS, Eduardo. *Marquês de São Vicente.* São Paulo: Editora 34, 2002.

LACOMBE, Américo Jacobina. A Cultura Jurídica in *História Geral da Civilização Brasileira.* T.II, v. 3. O Brasil Monárquico. Dir. HOLANDA, Sérgio Buarque. São Paulo: Editora Difel, 1976.

LATINI, A. Sidney. *A implantação da indústria automobilística no Brasil.* São Paulo: Alaúde, 2007.

LEAL, Aurelino. *História constitucional do Brasil*, Rio de Janeiro: Imprensa Nacional, 1915.

LEAL, Victor Nunes. *Coronelismo, Enxada e Voto.* São Paulo: Alfa Omega, 1986.

LEGROS, Robert. *O advento da democracia.* Lisboa: Instituto Piaget, 2001.

LEPAPE, Pierre. *Voltaire: nascimento dos intelectuais no século das luzes.* Rio de Janeiro: Jorge Zahar, 1995.

LIGUORI, Guido; e VOZA, Pasquale (orgs.). *Dicionário gramsciano (1926-1937).* São Paulo: Boitempo Editorial, 2017.

LIMA, Heitor Ferreira. *História político-econômica e industrial do Brasil.* São Paulo: Companhia Editora Nacional, 1970.

—. *História do pensamento econômico no Brasil*, São Paulo: Editora Nacional, 1978.

LINDOSO, José Antônio Spinelli. União Soviética: da Nova Política Econômica (NEP) à construção do "socialismo num só país". Universidade Federal do Rio Grande do Norte: *Revista Cronos*, v. 14, n. 1, p. 114, 2013.

LIPSON, Leslie. *A civilização democrática*, v. I. Rio de Janeiro: Zahar Editores, 1966.

LOPES, José Reinaldo de Lima. *O direito na história - lições introdutórias.* 3.ed. São Paulo: Atlas, 2008.

—; ACCA, Thiago dos Santos; QUEIROZ, Rafael Mafei Rabelo, *O direito na história*, São Paulo: Método, 2006.

LOPEZ, Luiz Roberto. *História do Brasil contemporâneo.* Porto Alegre: Editora Mercado Aberto, 1993.

LOUREIRO, Isabel. *A revolução alemã* [1918 - 1923], Col. Revoluções do Século XX, São Paulo: Editora UNESP, 2005.

MABOTT, J. D. *O Estado e o cidadão: uma introdução à teoria política.* Rio de Janeiro: Zahar, 1968.

MACIEL, José Fabio Rodrigues; AGUIAR, Renan. *Manual de História do Direito.* 9. ed. São Paulo: Saraiva, 2019.

—; Madeu, Diógenes. *Introdução ao estudo e à teoria geral do direito.* São Paulo: Saraiva, 2015.

— (Coordenador). *Formação Humanística em Direito.* 2. ed. São Paulo: Saraiva, 2015.

—. *Teoria Geral do Direito*: segurança, valor, hermenêutica, princípios, sistema. São Paulo: Editora Saraiva, 2004.

MALACARNE, Cassiano. *Decretais de Gregório IX* (Livro 5, Títulos 1-2). Tese de doutorado. Porto Alegre: Universidade Federal do Rio Grande do Sul, 2016.

MANFRED, A. Z. *A concepção materialista da Revolução Francesa.* São Paulo: Global, 1989.

MANNION, James. *O livro completo da filosofia.* São Paulo: Madras, 2004.

MANSO, Bruno, SOLANO, Esther e NOVAES, Willian. *Mascarados, a verdadeira história dos adeptos da tática black bloc.* São Paulo: Geração Editorial, 2014.

MARÉS, Carlos F. de Souza Filho. O Direito Envergonhado (O direito dos juízes no Brasil), in *Estudos jurídicos* - PUC, n. 1, Curitiba, 1993.

MARIA, José. *História da República.* São Paulo: Editora Síntese, 1956.

MARQUES, J. Luiz. *O socialismo.* Porto Alegre: UFRGS, 1991.

MARTINS JUNIOR, José Izidoro. *História do direito nacional.* Rio de Janeiro: Typographia da Empreza Democrática Editora, 1895. Disponível em http://www2.senado.leg.br/bdsf/handle/id/224218. Acesso em 13 nov. 2019.

MARTINS, Carlos Estevam. Da globalização da economia à falência da democracia. *Economia e Sociedade*, Campinas, (6): 1-23, jun. 1996.

MARX, Karl. *Manuscritos econômico-filosóficos.* Trad. Jesus Ranieri. São Paulo: Boitempo Editorial, 2004.

MASCARO, Alysson Leandro. *Filosofia do direito*, 6. ed. São Paulo: Atlas, 2018.

MASSIE, Robert K. *Catarina, a grande - retrato de uma mulher.* Rio de Janeiro: Rocco, 2012.

MATTOSO, José. *História de Portugal - antes de Portugal.* Lisboa: Círculo de Leitores. 1992, v. I.

MCCOOK, Alison. *Is peer review broken?*. Reprinted from the Scientist 20(2) 26, 2006.

MEIRELLES, Domingos. *1930, Os órfãos da Revolução*. Rio de Janeiro: Record, 2005.

—. *As noites das grandes fogueiras – uma história da Coluna Prestes*. Rio de Janeiro: Record, 2000.

MELO, Clóvis. *Os ciclos econômicos do Brasil*. Rio de Janeiro: Ed. Laemmert, 1969.

MELLO, F. I. M. Homem de. A Constituinte perante a História. In *A Constituinte de 1823*. LIMA SOBRINHO, Barbosa *et al*. Brasília: Centro Gráfico do Senado, 1973.

MELLO, Evaldo Cabral de. *Frei Joaquim do Amor Divino Caneca*. São Paulo: Editora 34, 2001.

MELLO FRANCO, Afonso Arinos. *Estudos de direito constitucional*. Rio de Janeiro: Freitas Bastos, 1957.

MENDES, Conrado Hübner. A política do pânico e circo. In *Democracia em risco? 22 ensaios sobre o Brasil de hoje*. São Paulo: Companhia das Letras, 2019.

MENDES JR., Antonio; RONCARI, Luiz e MARANHÃO, Ricardo. *Brasil - história, texto e consulta*. São Paulo: Brasiliense, 1979. 4v.

MENDONÇA, J. X. Carvalho. *Tratado de direito comercial brasileiro*. Rio de Janeiro: Livraria Freitas Bastos, 1953.

MENDONÇA, José Vicente dos Santos. Vedação do Retrocesso: O que é e como Perder o Medo, in: *Revista de Direito da Associação dos Procuradores do Novo Estado do Rio de Janeiro*, vol. XII. Rio de Janeiro: Lúmen Juris, 2003.

MENDOZA, Plínio Apuleyo; MONTANER, Carlos Alberto; e LLOSA, Álvaro Vargas. *A volta do idiota*. Rio de Janeiro: Odisseia Editorial, 2007.

MENEZES, Paulo Braga de. *As constituições outorgadas ao Império do Brasil e ao Reino de Portugal*. Rio de Janeiro: Arquivo Nacional, 1974.

MENEZES FILHO, Naercio; e SOUZA, André Portela. *A carta - para entender a Constituição*. São Paulo: Todavia, 2019.

MERCADANTE, Paulo. *A consciência conservadora no Brasil*. Rio de Janeiro: Editora Civilização Brasileira 1972.

MILL, Stuart. *Considerações sobre o governo representativo*. Brasília: Editora UnB, 1981.

MONTEIRO, Daniel Lago. Anarquia e conformação das coisas: algumas observações sobre revolução, história e linguagem em Edmund Burke. *Revista dos Departamentos de Filosofia da Universidade Federal do Paraná e da Universidade Federal de São Carlos*, v. 8, n. 1, 2011, p. 11-22.

MONTEIRO, Tobias. *História do Império: a elaboração da independência*. Belo Horizonte: Itatiaia-Edusp, 1981.

MONTESQUIEU, Charles Louis de Secondat. *Do espírito das leis*. Col. Os Pensadores. São Paulo: Abril Cultural, 1973.

—. *O espírito das leis.* Trad. Pedro Vieira Mota. São Paulo: Saraiva, 1987.

MOOREHEAD, Alan. *A Revolução Russa.* São Paulo: Ibrasa, 1960.

MORAES, Alexandre de. *Constituição da República: um projeto de nação - Homenagem aos 30 anos.* Brasília: OAB Editora, 2018.

MORAES, Alexandre de. *Direito constitucional.* 34. ed. São Paulo: Editora Atlas, 2018.

—. *Direitos humanos fundamentais - teoria geral.* 11. ed. São Paulo: Grupo GEN/Atlas, 2016.

—. *Improbidade administrativa.* 2. ed. Rio de Janeiro: Forense, 2016.

—. *Pareceres de direito público.* 2. ed. São Paulo: Atlas, 2015.

—. *IV Relatório Supremo em números - O Supremo e o Ministério Público.* Rio de Janeiro: FGV Rio, 2015.

—. *Jurisdição Constitucional e Tribunais Constitucionais - Garantia Suprema da Constituição.* 3. ed. São Paulo: Atlas, 2013.

—. *Presidencialismo.* 2. ed. São Paulo: Atlas, 2013.

—. *Constituição do Brasil Interpretada e Legislação Constitucional.* 9. ed. São Paulo: Atlas, 2013.

—. *Os 20 Anos da Constituição da República Federativa do Brasil.* São Paulo: Editora Atlas, 2009.

—. *Manual Atlas - Constituição da República Federativa do Brasil.* 30. ed. São Paulo: Editora Atlas, 2009.

—; SMANIO, G. P. *Legislação Penal Especial.* 10. ed. São Paulo: Editora Atlas S/A, 2008.

—. *Direito constitucional administrativo.* 4. ed. São Paulo: Editora Atlas, 2007.

—. *Constitucionalismo social.* São Paulo: LTr, 2003.

—. *Agência Reguladoras.* São Paulo: Editora Atlas, 2002.

—. *Administração Pública.* São Paulo: Revista dos Tribunais, 2002.

—. *Arguição de descumprimento de preceito fundamental: análise à luz da Lei nº 9.882/99.* São Paulo: Editora Atlas, 2001.

—. *Direito constitucional - Questões Ministério Público e Magistratura.* 2. ed. São Paulo: Editora Atlas, 2001.

MORAES, João Baptista Mascarenhas de. *A FEB pelo seu comandante.* Rio de Janeiro: Biblioteca do Exército Editora, Rio de Janeiro, 1947.

MORAES, Ricardo Quartim de. A evolução histórica do Estado Liberal ao Estado Democrático de Direito e sua relação com o constitucionalismo dirigente. *Revista de Informação Legislativa,* Brasília, ano 51, n. 204, p. 269-285, out./dez. 2014.

MORAIS, Fausto Santos de. A teoria constitucional e a morte do caráter dirigente e compromissório: pressupostos para uma teoria da Constituição brasileira. *Conteúdo Jurídico*, Brasília-DF: 16 jan 2020. Disponível em: https://conteudojuridico.com.br/consulta/Artigos/25711/a-teoria-constitucional-e-a-morte-do-carater-dirigente-e-compromissorio-pressupostos-para-uma-teoria-da-constituicao-brasileira. Acesso em: 16 jan 2020.

MOREIRA, Nelson Camatta. Dignidade humana na Constituição Dirigente de 1988. Belo Horizonte: *Revista Brasileira de Direito Público - RBDP*, ano 6, n. 21, abr. 2008.

MOREIRA, Ivone. Análise do conceito de natureza humana em Burke e Rousseau, *Gaudium Sciendi*, n. 5, p. 149-166, dez. 2013.

MORO, Sergio Fernando. Considerações sobre a operação *manipulite*. *R. CEJ, Brasília*, n. 26, p. 56-62, jul./set. 2004.

MORRISON, Wayne. *Filosofia do direito - dos gregos ao pós-modernismo*. 2. ed. São Paulo: Martins Fontes, 2012.

MOSS, Robert. *O colapso da democracia*. Lisboa: Edições FP, 1979.

MOSSÉ, Claude. *Péricles, o inventor da democracia*. São Paulo: Estação Liberdade, 2008.

—. *Dicionário da Civilização Grega*. Trad. Carlos Ramalhete. Rio de Janeiro: Jorge Zahar Editor, 2004.

MOURA, Clóvis. *Rebeliões da senzala, quilombos e guerrilhas*. São Paulo: Anita Garibaldi, 2014.

MOURA, Maurício e CORBELINI, Juliano. *Eleição disruptiva – por que Bolsonaro venceu*. São Paulo-Rio de Janeiro: Record, 2019.

MOURRE, Michel. *Dicionário de história universal*. Lisboa: ASA, 2005.

NABUCO, Joaquim. *Um estadista do Império*. Rio de Janeiro: Editora Nova Aguilar S/A, 1975.

NASCIMENTO, Maria das Graças. *Voltaire, a razão militante*. São Paulo: Moderna, 2004.

NASCIMENTO. Walter Vieira do. *Lições de história do direito*. Rio de Janeiro: Forense, 1990.

NEME, Mario. *Fórmulas políticas no Brasil holandês*. São Paulo: Difusão Europeia do Livro - Difel-Edusp, 1971.

NETO, Cláudio P. S. e SARMENTO, Daniel. *Direito constitucional- teoria, história e métodos de trabalho*. Belo Horizonte: Fórum, 2012.

NETO, Lira. *Getúlio (1930-1945): do governo provisório à ditadura do Estado Novo*. São Paulo: Companhia das Letras, 2013.

NETTO, Vladimir. *Lava-jato*. São Paulo: Geração Editorial, 2015.

NEVES, Guilherme Pereira das. *E receberá mercê: a mesa da consciência e Ordens e o clero secular no Brasil -1808-1828*: Rio de Janeiro: Arquivo Nacional, 1997.

NEVES, Marcelo. *A constituição simbólica*. São Paulo: Ed. Acadêmica, 1994.

NICOLA, Ubaldo. *Antologia ilustrada de filosofia*. Rio de Janeiro: Globo, 2005.

NIEBUHR, H. Richard. *As origens sociais das denominações cristãs*. Trad. Antônio Gouvêa Mendonça. São Paulo: Aste, 1992.

NOBRE, Marcos. *Imobilismo em movimento - da abertura democrática ao governo Dilma*. São Paulo: Companhia das Letras, 2013.

NOGUEIRA, Octaciano. *Constituições Brasileiras*: 1824. Coleção Constituições Brasileiras. Brasília: Senado Federal e Ministério da Ciência e Tecnologia, Centro de Estudos Estratégicos, 2001.

NUNES, Silvio Gabriel Serrano. *As origens do constitucionalismo calvinista e o direito de resistência: a legalidade bíblica do profeta em John Knox e o contratualismo secular do jurista em Théodore de Béze* (tese de doutorado). Universidade de São Paulo: São Paulo: 2017.

OLIVEIRA, Cecília Helena Lorenzini de Salles. Nação e cidadania: a constituição de 1824 e suas implicações políticas. Bragança Paulista: *Revista Horizonte*, 1998.

—. *Zacarias de Góes e Vasconcelos*. São Paulo: Editora 34, 2002.

OLIVEIRA, Liziane Paixão de. A soberania frente à globalização. *Revista do Programa de Mestrado em Direito do UniCEUB*, Brasília, v. 2, n. 1, p. 202-225, jan./jun. 2005.

OLIVEIRA, Raul José de Galaad. *Poder soberano e Constituições europeias*. Disponível em http://www2.Senado.leg.br/bdsf/bitstream/handle/id/771/R154-05.pdf?sequence=4. Acesso em 31 out. 2019.

OLIVEIRA, Reginaldo Gomes de; MAGALHÃES, Maria das Graças dias. A questão do Pirara: Roraima. Universidade Federal de Roraima: *Revista de Ciências Humanas*, n. 14, 2008.

OSBORNE, Catherine. *Filosofia pré-socrática*. Porto Alegre: L&PM Pocket Encyclopaedia, 2013.

PACHUKANIS, B. Eugeni. *Teoria geral do direito e do marxismo*. São Paulo: Boitempo Editorial, 2017.

PADOVANI, Humberto e CASTAGNOLA, Luiz. *História da filosofia*. São Paulo: Melhoramentos, 1998.

PAIM, Antonio. *Marxismo e descendência*. Col. História e Pensamento. São Paulo: Vide Editorial, 2009.

— e BARRETO, Vicente. *Evolução do pensamento político brasileiro*. Belo Horizonte: Itatiaia, 1989.

PAPINEAU, David. *Filosofia – grandes pensadores, principais fundamentos e escolas filosóficas*. São Paulo: Publifolha, 2009.

PATARRA, Ivo. *Petroladrões*. São Paulo: Luneta, 2016.

PAUPÉRIO, Arthur Machado. *Teoria democrática do Estado*, Rio de Janeiro: Forense Universitária, 1997.

PEIXINHO, Manoel Messias. *Os direitos fundamentais nas constituições francesas*. Disponível em http://www.publicadireito.com.br/artigos/?cod=b1bc40d056bad6ec. Acesso em 22 nov. 2019.

PELLEGRIN, Pierre. Trad. BERLINER, Claudia. *Vocabulário de Aristóteles*. São Paulo: Martins Fontes, 2010.

PENNA, Lincoln de Abreu. *Uma história da República*. Rio de Janeiro: Nova Fronteira, 1989.

PEREIRA, Maria Helena da Rocha. *Estudos de história da cultura clássica - cultura grega*. LIsboa: Fundação Calouste Gulbenkian, 2017.

PEREIRA, Merval. *O lulismo no poder*. Rio de Janeiro: Record, 2010.

PÉRRONET, Michel. *Revolução Francesa em 50 palavras-chaves*. Trad. Rita Braga. São Paulo: Brasiliense, 1989.

PERRY, Marvin. *Civilização ocidental, uma história concisa*. 4. ed., Martins Fontes: São Paulo, 2015.

PIGNERO, Jean. *As constituições democráticas do terceiro milênio*. Porto: Edições Enfrentamento, 1990.

PILAGALLO, Oscar. *A história do Brasil no século 20* (1900-1920). Col. Folha explica, Publifolha, São Paulo, 2002.

—. *A história do Brasil no século 20 (1920-1940)*. Col. Folha Explica. 2.ed. São Paulo: Publifolha, 2009.

—. *A história do Brasil no século 20 (1960-1980)*. 2.ed. São Paulo: Publifolha, 2009.

—. *A história do Brasil no século 20 (1980-2000)*. 2. ed. Col. Folha Explica. São Paulo: Publifolha, 2009.

PLOKHY, Seehii. *O último império: os últimos dias da União Soviética*. São Paulo: Leya, 2014.

PIRES, Francisco Murari. O *methodus* e a *Clio* tucidideana: as figurações heroicizantes do historiador. Belo Horizonte: *Varia história*, v.28, n. 47, jan./june, 2012.

POLETTI, Ronaldo. *Constituições brasileiras, 1934*. 3. ed. Brasília: Senado Federal, 2012, v. III.

POLITZER, Georges. *Princípios elementares de filosofia*. São Paulo: Fulgor, 1967.

POMAR, Pedro Estevam da Rocha. *Massacre na Lapa: como o Exército liquidou o Comitê Central do PCdoB*. São Paulo: Fundação Perseu Abramo, 1976.

PONDÉ, Luiz Felipe. *Guia politicamente incorreto da filosofia – um ensaio de ironia*. São Paulo: Leya, 2012.

POPPER, Karl. *A Sociedade Aberta e seus Inimigos*. Belo Horizonte: Itatiaia, 2006.

PORTO, Walter Costa. *Constituições brasileiras – 1937*. 3.ed. Brasília: Senado Federal, 2012, v. 4.

—. *Dicionário do voto*. Brasília: Giordano, 1995.

POSADA, Adolfo. *La Nouvelle Constitution Espagnole*. Paris: Librairie du Recueil Sirey, 1932.

PRADEAU, Jean François (coord.). *História da filosofia*. São Paulo: Vozes, 2011.

PRADO JR., Caio. *Evolução política do Brasil e outros estudos*. São Paulo: Editora Brasiliense, 1999.

—. *Evolução política do Brasil*. São Paulo: Editora Brasiliense, 1972.

PRIORE, Mary Del. *Histórias da gente brasileira: República: memórias (1889-1950)*, v. 3. Rio de Janeiro: Leya, 2017.

RAMON, Isabel de Cabo. *Turquia, Grécia y Chipre - historia del Mediterráneo oriental*. Barcelona: Universidad de Barcelona, 2005.

RAMOS. Dirceo Torrecillas. *Autoritarismo e democracia*. São Paulo: Madras, 1988.

RAMOS, Flamarion Caldeira; MELO, Rúrion e FRATESCHI, Yara. *Manual de filosofia política*. 2.ed. São Paulo: Saraiva, 2015.

RAMOS, Marcelo Maciel. *Os fundamentos éticos da cultura jurídica ocidental*. São Paulo: Alameda Editorial, 2012.

RANCIÈRE, Jacques. *O ódio à democracia*. São Paulo: Boitempo, 2005.

RANIERI, Nina. *Teoria geral do Estado*. São Paulo: Manole, 2004.

RAWLS, John. *Conferências sobre a história da filosofia política*. São Paulo: Martins Fontes, 2012.

—. *Uma teoria da justiça*. Lisboa: Presença, 1993.

REALE, Giovanni. *Sofistas, Sócrates e socráticos menores*. São Paulo: Edições Loyola, 1998.

RÉGIS, Osni de Medeiros. Observações sobre a nova Constituição da União Soviética. *Revista Sequência*, ano I, 1º semestre, p. 29-36, 1980.

REIS FILHO, Daniel Aarão. *A revolução alemã* - mitos e versões. São Paulo: Brasiliense, 1984.

RÉMOND, René. *O século XX - de 1914 aos nossos dias*. São Paulo: Cultrix, 1974.

—. *Introdução à história do nosso tempo* – do antigo regime aos nossos dias. Lisboa: Gradiva, 2017.

REVUNENKOV, V. G. *História dos tempos atuais* - 1917-1957. Rio de Janeiro: Editora Vitória, 1961.

RICHARD, Lionel. *A República de Weimar*. Trad. Jônatas Batista Neto. São Paulo: Companhia das Letras, 1983.

RISCAL, Sandra Aparecida. *O conceito de soberania em Jean Bodin: um estudo do desenvolvimento das ideias de administração pública, governo e Estado no século XVI*. Campinas: Universidade Estadual de Campinas, Faculdade de Educação (tese de doutorado), 2001.

RIZZI, Ester Gammardella. *Democracia e transformações sociais no estado parlamentar: Kirchheimer e a República de Weimar*. São Paulo: Faculdade de Direito da Universidade de São Paulo (dissertação de mestrado), 2011.

ROCHA, Cleidson de Jesus. *Princípios de política - o Estado segundo Benjamin Constant*. Acre: UFAC. [s.d].

ROCHA, Justiniano José. *Ação, reação, transação*. Rio de Janeiro: [s.e], 1855.

RODRIGUES, Gefferson Ramos. Ordem na baderna. Rio de Janeiro: UFF, *Revista de História*, fev. 2017.

RODRIGUES, José Honório. *Conciliação e reforma*. Rio de Janeiro: Civilização Brasileira, 1965.

RODRIGUES, Theófilo Codeço Machado; FERNANDES. Pedro de Araújo. *Constituições soviéticas*: da dissolução do Estado ao Estado-Partido. Rio de Janeiro: *Revista Direito e Práxis*, v. XX, n. X, 2018.

RODRÍGUEZ, Ricardo Vélez. *O liberalismo francês - a tradição doutrinária e a sua influência no Brasil*. Disponível em https://www.academia.edu/11727947/O_LIBERALISMO_FRANC%C3%8AS_-_A_TRADI%C3%87%C3%83O_DOUTRIN%C3%81RIA_E_A_SUA_INFLU%C3%8ANCIA_NO_BRASIL. Acesso 20 jan. 2020.

—. *Benjamin Constant de Rebecque e as origens do liberalismo doutrinário*. Juiz de Fora: UFJF, 2011.

—. *A democracia liberal segundo Alexis de Tocqueville*. São Paulo: Mandarim, 1998.

ROMERO, Jose Luiz Beired. *Breve história da Argentina*. São Paulo: Ática, 1996.

ROQUE, José Manuel de Carvalho. *Weimar* – Factores de colapso de um regime. 2013. Instituto Superior de Ciências Sociais e Políticas, Universidade Técnica de Lisboa (dissertação de mestrado). Disponível em: https://www.repository.utl.pt/handle/10400.5/5881. Acesso em: 30 out. 2019.

ROSENBERG, Arthur. *Democracia e socialismo*. São Paulo: Global, 1986.

ROSENFIELD, Denis L. *O que é democracia*. São Paulo: Brasiliense, 1984.

ROUSSEAU, Jean Jacques. *O contrato social e outros escritos*. São Paulo: Cultrix, 1990.

Royal Society. *Knowledge, networks and nations: scientific collaborations in the twenty-first century*. United Kingdom: Elsevier, 2011.

SADEK, Maria Tereza e QUIRINO, Celia. *O pensamento político clássico*. São Paulo: T.A Queiroz Editor, 1992.

SAINT-CLAIR, Clóvis. *Bolsonaro: o homem que peitou o Exército e desafia a democracia*. Rio de Janeiro: Máquina de Livros, 2018.

SALDANHA, Nelson. *Formação da teoria constitucional*. Rio de Janeiro Renovar, 2000.

SALGADO, Plínio. *História do Brasil*. São Paulo: FTD, 1970, v. 2.

SALLES, Hyllo Nader de Araújo. *Negócios e negociantes em uma conjuntura crítica: o porto de Salvador e os impactos da mineração - 1697-1731*. Juiz de Fora: Universidade Federal de Juiz de Fora, 2014.

SALOMÃO, Khalid Fernandes. *Reflexões sobre soberania, uma trajetória do pensamento clássico às questões contemporâneas*. Rio de Janeiro: PUC (dissertação de mestrado), 2007.

SANDRINI, Marcos. *As origens gregas da filosofia*. São Paulo: Vozes, 2011.

SARCEDO, Leandro. *Política criminal e crimes econômicos – uma crítica constitucional*. São Paulo: Alameda, 2012.

SARLET, Ingo Wolfgang. Proibição de retrocesso, dignidade da pessoa humana e direitos sociais: manifestação de um constitucionalismo dirigente possível. In: *Constituição e democracia* - estudos em homenagem ao professor J.J Gomes Canotilho. São Paulo: Malheiros, 2006.

—. *A eficácia dos direitos fundamentais*. 6. ed.. Porto Alegre: Livraria do Advogado Editora, 2006.

SCANTIMBURGO, João de. *O Brasil e a Revolução Francesa*, São Paulo: Pioneira, 1973.

SCHIOPPA, Antonio Padoa. *História do direito na Europa*. São Paulo: Martins Fontes, 2014.

SCHMIDT, Paulo. *Guia politicamente incorreto dos presidentes da República*. São Paulo: Leya, 2017.

SCHMITT, Carl, *Teologia política*. Belo Horizonte: Del Rey, 2006.

SCHOLZE, Victor. Emprego da teoria da constituição dirigente adequada à realidade brasileira. Teresina: *Revista Jus Navigandi*, ano 19, n. 4129, 21 out. 2014.

SCHUMPETER, Joseph A. *Capitalismo, socialismo e democracia*. São Paulo: Editora Unesp, 2017.

SCHWANITZ, Dietrich *et al. Cultura geral – tudo o que se deve saber*. São Paulo: Martins Fontes, 2009.

SCHWARCZ, Lilia Moritz. *Lima Barreto – triste visionário*. São Paulo: Companhia das Letras, 2002.

—; STARLING, Heloísa. *Brasil: uma biografia*. São Paulo: Companhia das Letras, 2015.

SCRUTON, Roger. *O que é conservadorismo*. São Paulo: É Realizações, 2015.

SCURR, Ruth. *Pureza fatal*. Rio de Janeiro: Record, 2009.

SECCO, Lincoln, *História do PT*. Cotia: Ateliê Editorial, 2018.

SEGRILLO, Ângelo. *Os russos*. São Paulo: Contexto, 2012.

SELLERS, Charles, MAY, Henry; Mc MILLEN, Neil R. *Uma reavaliação da história dos Estados Unidos*, Rio de Janeiro: Jorge Zahar Editor, 1990.

SEN, Amartya. *A ideia de justiça*. São Paulo: Companhia das Letras, 2011.

Senado Federal, *Constituição do Brasil e Constituições estrangeiras*. Brasília: Gráfica do Senado Federal, 1987.

SÉRGIO, António. *Breve interpretação da história de Portugal*. Coleção Clássicos Sá da Costa. Lisboa: Livr. Sá da Costa, 1972.

SERRA, Antonio Truyol y. *História da filosofia, do direito e do Estado*. Lisboa: Instituto das novas profissões, 1993. 2 v.

SEVERO, Jose Antônio. *Cinzas do Sul*. Rio de Janeiro: Record, 1998. v.2.

SGARBI, Adrian. *O referendo*. São Paulo: Renovar, 1999.

SIEYÈS, Abade. *Exposição refletida dos direitos do homem e do cidadão*. 2. ed., São Paulo: Atlas, 2015.

SILVA. Beatriz Coelho. *Jacobinismo*. Rio de Janeiro: Centro de Pesquisa e Documentação de História Contemporânea do Brasil (CPDOC), 2017.

SILVA, Hélio e CARNEIRO, Maria Cecília Ribas. *Os presidentes: Artur Bernardes - 12º presidente do Brasil (1922-1926)*. São Paulo: Editora Três, 1984.

— e —. *Os presidentes – Epitácio Pessoa 11º Presidente do Brasil 1919-1922*. São Paulo: Editora Três, 1984.

— e —. *Os presidentes – Washington Luís - Revolução de 30 (1926-1930)*. São Paulo: Editora Três, 1984.

SILVA, Ivan de Oliveira. *Curso moderno de filosofia do direito*. São Paulo: Atlas, 2012.

SILVA FILHO, João Antonio da. *A democracia e a democracia em Norberto Bobbio*. São Paulo: Verbatim, 2014.

SILVA, José Afonso da. *Curso de direito constitucional positivo*. 16. ed. São Paulo: Malheiros, 1999.

—. O sistema representativo e a democracia semi-direta: democracia participativa. São Paulo: *Revista do Advogado*, 2003.

—. *Aplicabilidade das normas constitucionais*. 6. ed. São Paulo: Malheiros, 2004.

SILVA, Joseane Suzart Lopes da. Teixeira de Freitas, o jurista que sedimentou o direito privado em prol da sociedade. Disponível em https://www.conjur.com.br/2017-out-23/teixeira-freitas-jurista-sedimentou-direto-privado#top. Acessado em 20 jan. 2020.

SILVA, Rogério Forastieri da. *A Revolução Francesa*. São Paulo: Núcleo 1989.

SILVA, Sergio S.; SZMRECSÁNYI, Tamás. *História econômica da Primeira República*. São Paulo: Edusp-Hucitec, 2002.

SILVEIRA, Denis Coitinho. Teoria da justiça de John Rawls: entre o liberalismo e o comunitarismo. Revista *Trans/Form/Ação*, São Paulo, 30(1): 169-190, 2007.

SILVEIRA, Renato de Mello Jorge. A aplicação da teoria da cegueira deliberada nos julgamentos da operação Lava Jato. *Revista Brasileira de Ciências Criminais*. Vol. 122/2016, p. 255-280, set. / out. 2016.

SIMÕES, Edson. *Intercâmbio cultural Brasil-Japão*. Coordenação: Kiyoshi Harada. São Paulo: Cadaris Comunicação, 2016 (coautoria).

—. *Tribunais de Contas – controle externo das contas públicas*. São Paulo: Saraiva, 2014.

—. *Tratado de Direito Financeiro*. Coordenação: Ives Gandra da Silva Martins, Gilmar Mendes e Carlos Valder Nascimento. Saraiva, São Paulo, 2013 (coautoria).

—. *Tratado de Direito Municipal*. Coordenação: Ives Gandra da Silva Martins e Mayr Godoy. São Paulo: Quartier Latin, 2012 (coautoria).

—. *Constituição Federal. 20 anos. Avanços, contribuições e modificações no processo democrático brasileiro*. Coordenação: Ives Gandra da Silva Martins e Francisco Rezek, Revista dos Tribunais, São Paulo, 2008 (coautoria).

—. *USP 70 Anos – Imagens de uma história vivida*. Organização: Shozo Motoyama (USP-CHC – Universidade de São Paulo, Centro de Interunidade de História da Ciência). São Paulo: Edusp, 2006 (coautoria).

—. *Construindo o futuro – 35 anos de pós-graduação da USP*. Organização: Shozo Motoyama (USP-CHC). São Paulo: Parma, 2004 (coautoria).

—. *50 Anos do CNPq – Conselho Nacional do Desenvolvimento Científico e Tecnológico contados pelos seus presidentes*. Organização: Shozo Motoyama (USP-CHC). São Paulo: Fapesp, 2002 (coautoria).

—. *Centenário: contribuição da imigração japonesa para o Brasil moderno e multicultural*. São Paulo: Paulo's Comunicação e Artes Gráficas, 2011 (coautoria).

—; ANTUNES, Celso. *Curso de geografia do Brasil*. São Paulo: Harba, 1985.

SIMONSEN, Roberto. *História econômica do Brasil* (1500-1820). Brasília: Edições do Senado, 2005.

SINGER, André. *Os sentidos do lulismo: reforma gradual e pacto conservador*. São Paulo: Companhia das Letras, 2012.

SKIDMORE, Thomas E. *Brasil de Getúlio a Castelo* – 1930-64. São Paulo: Companhia das Letras, 2010.

SKINNER, Kentin. *As fundações do pensamento político moderno*. São Paulo: Companhia das Letras, 1996.

SMITH, Douglas. *Rasputin, fé, poder e declínio dos Romanov*. São Paulo, Companhia das Letras, 2008.

SOARES, Luiz Eduardo. *O Brasil e o seu duplo*. São Paulo: Todavia, 2018.

SOARES, Marco Antônio Striquer. *Plebiscito, o referendo e o exercício do poder*. São Paulo: Celso Bastos, 1998.

SODRÉ, Nelson Werneck. *A Coluna Prestes*. Rio de Janeiro: Civilização Brasileira, 1978.

—. *História militar do Brasil*. São Paulo: Expressão Popular, 2010.

—; MELLO, Maurício Martins; UCHOA, Pedro Celso; FIGUEIRA; Pedro Alcântara; FERNANDES, Rubens Cézar; SANTOS, Joel Rufino dos. *História nova do Brasil*. São Paulo: Loyola, 1993.

SOLANO, Esther; MANSO, Bruno Paes; e NOVAES, Willian. *Mascarados*. São Paulo: Geração Editorial, 2014.

SOBOUL, Albert. *A Revolução Francesa*. São Paulo: Difel, 1982.

SOUTO MAIOR, Armando de. *História do Brasil*. São Paulo: Companhia Editora Nacional, 1968.

—, Armando de. *Quebra-quilos, lutas sociais no outono do Império*. São Paulo: São Paulo, 1978.

—, Laerte. *Luiz Carlos Prestes na Poesia*. Curitiba: Travessa dos Editores, 2006.

SOUSA, José Antonio Soares de. *A vida do Visconde de Uruguai*. São Paulo: Cia. Editora Nacional, 1944.

SOUZA, Braz Florentino de Henriques. *Do Poder Moderador*. Brasília: Senado Federal, 1978.

SOUZA, Ítalo Roberto Fuhrmann e. O princípio da proibição do retrocesso social como categoria autônoma no direito constitucional brasileiro: Conceito, fundamentação e alcance normativo frente a atual dogmática dos direito fundamentais. *Revista Brasileira de Estudos Constitucionais*. Belo Horizonte, v. 6, n. 23, jul./set. 2012.

SOUZA, Jessé; GRILLO, André. *A ralé brasileira, quem é e como vive*. São Paulo: Contracorrente, 2009.

—. *A radiografia do golpe*, São Paulo: Leya, 2015.

—. *A tolice da inteligência brasileira – ou como o país se deixa manipular pela elite*. São Paulo: Leya Brasil 2015.

—. *A elite do atraso – da escravidão à Lava Jato*. São Paulo: Leya 2017.

—. *A classe média no espelho – sua história, seus sonhos e ilusões, sua realidade*. São Paulo: Sextante, 2018

—. *Subcidadania brasileira: para entender o país além do jeitinho brasileiro*. São Paulo: Leya Brasil, 2018.

—. *A guerra contra o Brasil: como os EUA se uniram a uma organização criminosa para destruir o sonho brasileiro*. São Paulo: Sextante, 2020.

SOUZA, Maria das Graças de. *Natureza e ilustração sobre o materialismo de Diderot*. São Paulo: Unesp, 2002.

—. *Ilustração e história*. São Paulo: Fapesp, 2001.

SPECTOR, Céline. *Vocabulário de Montesquieu*. São Paulo: Martins Fontes, 2011.

SPIRE, Arnaud. *Marx esse desconhecido*. Lisboa: Edições Piaget, 2004.

STRECK, Lenio Luiz. *Hermenêutica jurídica e(m) crise*. Porto Alegre: Livraria do Advogado, 2009.

—. *Jurisdição constitucional e hermenêutica*. Rio de Janeiro: Forense, 2004.

—; MORAIS, José Luis Bolzan de. *Ciência política e teoria geral do estado*. 4. ed. Porto Alegre: Livraria do Advogado Editora, 2004.

TÁCITO, Caio. *1988 - Constituições brasileiras*. 3.ed.. Brasília: Senado Federal, 2012.

TAVARES, Ana Lucia de Lyra. A Constituição Brasileira de 1988: subsídios para os comparatistas. *Revista de informação legislativa*, v. 28, n. 109, p. 71-108, jan./mar. 1991.

TAVARES, Luís Henrique Dias. *História da Bahia*. 4. ed. Salvador: Itapuã, 1969.

TELLES, Ignácio da Silva. *A experiência da democracia liberal*. São Paulo: Revista dos Tribunais, 1977.

TEPEDINO, Gustavo José Mendes; FACHIN, Luiz Edson (Org.). *Doutrinas essenciais*: obrigações e contratos. São Paulo: RT, 2011, p. 15, v. 1.

THALMANN, Rita. *A República de Weimar*. Trad. Álvaro Cabral. Col. Cultura contemporânea, n. 11, Rio de Janeiro: Jorge Zahar Editora, 1988.

TOCQUEVILLE, Alexis de. *Lembranças de 1848, as jornadas revolucionárias de Paris*. São Paulo: Companhia das Letras, 1991.

—. *Igualdade social e liberdade política*. São Paulo: Editora Nerman, 1988.

—. *Viagens à Inglaterra e à Irlanda*. São Paulo: Imaginário, 2000.

TOMAZELI, Luiz Carlos, *O estado liberal e a democracia direta*. Porto Alegre: EDIPUCRS, 1999.

TORRES, João Camilo de Oliveira. *A democracia coroada* - teoria política do Império do Brasil. Rio de Janeiro: Vozes, 1964.

—. *Interpretação da realidade brasileira*. Rio de Janeiro: Livraria José Olympio, 1969.

—. *O Conselho de Estado*. Rio de Janeiro: Edições G.R.D., 1965.

TRAGTENBERG, Maurício. *A Revolução Russa*. 2. ed. São Paulo: Unesp, 1988.

TREVELYAN, G. M. *História concisa da Inglaterra*. Lisboa: Editora Europa-América, 1942, v I e II.

TREVISAN, Leonardo. *A República Velha – história popular do Brasil*. São Paulo: Global, 1982.

VAINFAS, Ronaldo. *Dicionário do Brasil Colonial* (1500-1808). Rio de Janeiro: Objetiva, 2001.

—. *Dicionário do Brasil Imperial* (1822-1889). Rio de Janeiro: Objetiva, 2002.

VASCONCELOS, Arnaldo. *Direito, humanismo e democracia*. 2.ed. São Paulo: Malheiros, 2006.

VERDÚ, Pablo Lucas. Lugar de la Teoria de la Constitución em el marco del derecho político. *Revista de Estudios Políticos*, Instituto de Estudios Políticos, v. 188, mar./abr., 1973.

VIANNA, Oliveira. *O idealismo da Constituição*. 2. ed. São Paulo: Companhia Editora Nacional, 1939.

VIEIRA, Oscar Vilhena. *A batalha dos poderes*. São Paulo, Companhia das Letras, 2018.

VILANI, Maria Cristina Seixas. *Origens medievais da democracia moderna*, Inédita: [s.l], 2000.

VILLA, Marco Antonio. *A história das constituições brasileiras*. São Paulo: Leya Brasil, 2012.

—. *Década perdida – 10 anos de PT no poder*, Rio de Janeiro: Record, 2013.

VILLAVERDE, João. *Perigosas pedaladas*. São Paulo: Geração Editorial, 2016.

Vocabulário Ortográfico da Língua Portuguesa. 5. ed. Rio de Janeiro: Academia Brasileira de Letras, 2009.

VOEGELIN, Eric. *História das ideias políticas - Idade Média até Tomás de Aquino*. São Paulo: É Realizações, 2012, v. II.

VOLTAIRE. *Comentários políticos*. São Paulo: Martins Fontes, 2001.

WALSH, R. *Notices of Brazil*. Boston: Richardson, 1831, v. II.

WARDE, Walfrido. *O espetáculo da corrupção, como um sistema corrupto e o modo de combatê-lo estão destruindo o País*. São Paulo: Leya, 2017.

WEBER, Max. *A ética protestante e o "espírito" do capitalismo*. São Paulo: Companhia das Letras, 2004.

WEEKS, Willian Earl. *Bulding the continental empire: the american expansionism from the revolution to the Civil War*. New York: American Ways, 1996.

WEFFORT, Francisco Corrêa. *Os clássicos da política*. 11. ed. São Paulo: Ática, 2006. v. 2.

WERTHEIN, Jorge. *Aspectos éticos da sociedade da informação: a marca da UNESCO no debate global*. Brasília: Observatório da Sociedade da Informação - Unesco, 2003.

WIKER, Benjamin. *Dez livros que estragaram o mundo e outros cinco que não ajudaram em nada*. Lisboa: Alêntheia, 2015.

WILLIAM, Wagner. *O soldado absoluto*. Rio de Janeiro: Record, 2002.

WILSON, Arthur M. *Diderot*. São Paulo: Perspectiva, 2012.

WITTMAN, Donald. A. *O mito do fracasso da democracia*. Rio de Janeiro: Bertrand Brasil, 1999.

WOLFF, Jonathan. *Introdução à filosofia política*. São Paulo: Madras, 2010.

WOKLER, Robert. *Rousseau*. São Paulo: L&PM Pocket Encyclopaedia, 2012.

WOODCOCK, George. *História das ideias e movimentos anarquistas - a ideia*. São Paulo: L&PM, 2003.

ZAGREBELSKY, Gustavo. *A crucificação e a democracia*. São Paulo: Saraiva, 2016.

ZIMMER, Robert. *O portal da filosofia*. São Paulo: Martins Fontes, 2010.

ZSCHIRNT, Christiane. *Livros, tudo o que você não pode deixar de ler*. São Paulo: Globo, 2000.

[s.a]. *Robespierre – o líder da Revolução Francesa*. Col. Grandes Personagens da História Universal, fascículo 48, São Paulo: Abril, 1988.